西方经济学圣经译丛

晏智杰 / 主编

经济学原理

[英] 阿弗里德·马歇尔 / 著　廉运杰 等 / 译

[珍藏本]

华夏出版社
HUAXIA PUBLISHING HOUSE

图书在版编目(CIP)数据

经济学原理:珍藏本/(英)马歇尔著;廉运杰译
-北京:华夏出版社,2012.1(2014 年重印)
(西方经济学圣经译丛)
ISBN 978-7-5080-6810-7

Ⅰ.①经… Ⅱ.①马… ②廉… Ⅲ.①经济学
Ⅳ.①F0

中国版本图书馆 CIP 数据核字(2012)第 000685 号

经济学原理(珍藏本)

〔英〕阿弗里德·马歇尔 著
廉运杰 译

策　　划:	陈小兰
责任编辑:	李雪飞
出版发行:	华夏出版社
	(北京市东直门外香河园北里 4 号　邮编:100028)
经　　销:	新华书店
印　　刷:	三河市万龙印装有限公司
装　　订:	三河市万龙印装有限公司
版　　次:	2012 年 1 月北京第 1 版
	2014 年 1 月北京第 2 次印刷
开　　本:	720×1030　1/16 开
印　　张:	48.25
字　　数:	762 千字
定　　价:	98.00 元

本版图书凡有印刷、装订错误,可及时向我社发行部调换

本书译自1920年英国麦克米伦有限公司出版的阿弗里德·马歇尔的《经济学原理》第八版，原英文书名为 PRINCIPLES OF ECONOMICS

《西方经济学圣经译丛》序

翻译出版西方经济学名著，如以1882年上海美华书馆印行《富国策》[英国经济学家H. 福西特（1833—1884）《政治经济学指南》（1863年）中译本］为开端，迄今为止已有一百多年历史。回顾这段不算很长然而曲折的历程，不难看出它同中国社会百多年来的巨大深刻的变迁密切相关，它在一定程度上是中国思想界特别是经济思想界潮流和走向的某种折射和反映。单就建国以来对西方经济学名著的翻译出版来说，窃以为明显呈现出各有特点的两个阶段。改革开放以前几十年间，翻译出版西方经济学著作不仅数量较少，而且其宗旨在于提供批判的对象和资料。对于出现这种局面的不可避免发生及其长短是非，人们的看法和评价可能不尽一致，但此种局面不能再原封不动地维持下去已是大多数人的共识。改革开放以来，对西方经济学著作的翻译出版进入到一个新阶段，短短二十多年间，翻译出版数量之巨，品种之多，速度之快，影响之广，均前所未有，呈现出一派生机勃勃的繁荣景象。这是中国社会改革发展的需要，也是历史的进步，主流无疑是好的；但也难免有选材不够精当和译文质量欠佳之嫌。

华夏出版社推出这套新的《西方经济学圣经译丛》，可谓正逢其时。在全面建设小康社会的新时期，随着社会主义市场经济体制改革的深入，随着中国经济学队伍的建设和壮大，我们需要更多更准确更深入地了解西方经济学；而以往几十年翻译出版西方经济学所积累的经验教训，也正在变成宝贵的财富，使我们将翻译出版西方经济学名著这项事业，得以在过去已有成就的基础上，百尺竿头，更进一步。我们会以实践为标准，比以往更恰当地把握选材范围和对象，尽可能全面准确地反映西方经济学的优秀成果，将各历史时期最有代表性和影响力的著作纳入视野；我们对译文质量会以人所共知的"信、达、雅"相要求，尽力向读者推出上乘之译作。我们还会认真听取广大读者和学者的任何批评和建议，在分批推出过程中不断加以改进和提高。

在西方经济学迄今的发展中，涌现了数量不少的重要著作，其中亚当·斯密《国富论》（初版于 1776 年）、马歇尔《经济学原理》（初版于 1890 年）和凯恩斯《就业、利息和货币通论》（1936 年），是公认的三部划时代著作。《国富论》为古典经济自由主义奠定了基础；《经济学原理》作为新古典经济学的代表作，为经济自由主义做了总结；《就业、利息和货币通论》则标志着经济自由主义的终结和现代国家干预主义的开端，故将它们同时首批推出。其他名著将陆续问世。

晏智杰

北京大学经济学院

2004 年 11 月 15 日

中译本导读

阿弗里德·马歇尔（Alfred Marshall，1842—1924），是19世纪末20世纪初的英国乃至世界著名的经济学家。1842年，马歇尔出生在英国伦敦泰晤士河南岸的柏孟塞，曾任剑桥大学教授，倾毕生精力研究经济学，是英国正统经济学界无可争辩的领袖。

提到马歇尔，就不能不提到在西方经济学上占有重要地位的剑桥学派。剑桥学派是19世纪末20世纪初由马歇尔创建的，因为马歇尔和他的忠实门徒庇古、罗伯逊、凯恩斯等人长期在英国剑桥大学任教，所以被称为剑桥学派。剑桥学派创始人马歇尔提出的"均衡价格论"，既继承了这个时期的庸俗经济学传统，以生产费用解释价值决定，又融合了19世纪70年代以边际效用解释价值决定的庸俗学说，故又被称为"新古典学派"。这个学派所传播的经济学说，主要包含和体现在马歇尔于1890年出版的《经济学原理》一书中。

马歇尔的《经济学原理》继承了19世纪初以来英国庸俗经济学的传统，兼收并蓄，用折衷主义的方法把供求论、生产费用论、边际效用论和边际生产力论等完美地融合在一起，形成了以"完全竞争"为前提和以"均衡价格论"为核心的庸俗经济学体系。该书一出版，就被一些学者与亚当·斯密的《国富论》是和大卫·李嘉图的《政治经济学及赋税原理》相提并论，并被公认为是政治经济学发展史上的一个"里程碑"。

马歇尔作为剑桥学派的创始人，作为一名有社会责任感的经济学家，他既站在了巨人的肩膀上，又小心翼翼地发展自己的理论体系，深恐自己的理论没有价值，不能更好地解释和运用于经济现实。实际上，马歇尔的《经济学原理》正是完成了经济学从古典的"斯密—李嘉图—穆勒"模式向新古典的模式转换，成为现代西方经济学的奠基之作。

马歇尔的《经济学原理》自1890年问世以来，已经再版过8次，成为许多国家大学课堂里的经济学教科书。这个中译本就是根据1938年出版的第8版翻译的。

本书无疑是一部经济学巨著，为了帮助读者更好地阅读和理解这本经济学著作，我们提炼和整理了本书的几个重要特征，谨供参考。

1. 经济学研究对象问题。在本书中，马歇尔把经济学定义为研究财富，同时也研究人的学问。这个定义从本质上来看与传统的经济学并没有什么区别，但它扩展了经济学的定义并吸纳了边际学派的理论分析。这里，马歇尔所说的研究人，主要是研究人的动机。他把人类动机分为两类：追求满足和避免牺牲。在人类经济生活中，前者促进人类的某种经济行为，后者则制约人类的某种经济行为。虽然人类的动机从性质上讲是无法衡量的，但其满足和牺牲的程度或者在数量上却可采用某种间接的方法，譬如以货币作为标准来衡量。因此，经济学主要就是用货币来对人类经济行为的动力和阻力来进行分析。这样，马歇尔就使经济学建立在人类心理分析的基础上。不仅如此，马歇尔还吸收了历史学派对经济学研究对象的广义界定，主张经济学与社会学合流。

2. 经济学方法论。马歇尔的《经济学原理》建立了经济学的"静态分析范式"，现在被演变为局部均衡分析法。熊彼特在马歇尔的《经济学原理》出版50周年的纪念文章中说，从根本上说，与其说马歇尔创造了一种分析的工具，还不如说他熟练地掌握了一种分析的工具；它不是一个具体的真理，而是一个去发现真理的"机械"。马歇尔的方法论主要可概括为：（1）既主张采用推导理论模型的抽象法，又赞成历史主义的描述法。他对历史学派和奥地利学派就经济学研究是采取历史归纳法还是抽象法争论的态度是：每一种研究方法都有利有弊，因此。各种方法应适当配合，而不应相互排斥。（2）吸收了庸俗进化论的观点，提出了所谓的"只有渐进，没有突变"的连续原理，用以分析各种商品现象。（3）数量关系分析法更明确地演化为边际增量分析法，不仅用它分析价值问题，而且把它推广到其他经济问题的分析上，如国民收入的分配、生产要素的组合替代原则、生产过程中各类资源的配置原则等。（4）把力学中的均衡引入到经济分析当中，创立了静态的局部均衡分析法，运用这种方法来分析相反经济力量的关系，如均衡价格的形成。这一分析方法奠定了现代微观经济学分析法的基础。（5）运用数学公式、几何图形以及图表来解释各种经济现象，例如供给表和需求表、供给曲线和需求曲线、弹性公式等。

3. 价格理论。在本书中，马歇尔用大量篇幅论述了价格理论，亦即他的价值论。在价值的决定问题上，马歇尔把传统经济的供给（生产费用）决定论和边际学派的需求（效用）决定论进行了有机结合。他认为，需求和供给都是价值决定的因素，二者相互作用，最终形成均衡价格。这样，马歇尔既否定了劳动价值论，又修改了边际效用价值论。这一价格理论至今仍然是西方经济学中价格理论的基础。

4. 分配理论。马歇尔把萨伊的生产三要素扩充为生产四要素，即劳动、资本、土地和组织（企业家才能）。他运用均衡价格分析方法依次研究各个生产要素，分配理论成为四个生产要素的均衡价格决定理论，即各生产要素的需求价格和供给价格的均衡形成。它们的均衡价格主要由工资、利息、地租和利润来决定。

马歇尔的《经济学原理》既博大精深，又通俗易懂。一方面，马歇尔吸取了古典经济学家如李嘉图学说的经验，深恐自己的理论不能有应用的价值，或者说不能应用于实际，于是尽量使自己的经济学著作通俗易懂（按照马歇尔的意愿，让工人也能看懂）；另一方面，马歇尔对经济分析中引用数学和图示方法非常感兴趣。虽然本书中并没有使用大量的数学和统计学的工具，但正如许多经济学家后来所指出的那样，马歇尔的《经济学原理》是以数学为基础的，只是把数学这个伟大的工具巧妙地隐藏起来了。凯恩斯在谈到本书时有这样的描述："缺乏重点和强烈的色彩，小心地磨去棱角，直到新颖的东西以陈旧的面目出现，使得读者轻易就忽略过去，就像一只鸭子离了水似的，他能够不怎么弄湿，但却能把思想冲洗掉，困难被隐藏起来；最棘手的问题在注释中解决；思想丰富而有创意的断言装成陈词滥调，作者不把他的理论用推销的标签贴起来，在他思想的衣柜里几乎没有钩子可挂衣服。"由此可见，一般的读者，在读完《经济学原理》后，会感到异常愉悦，因为它通俗易懂，而事实上，难点和精华均被马歇尔巧妙地置于注释中了。读这本书的注释，甚至比正文更有用。

廉运杰

2004年10月20日于辽宁大学

目 录

原著第一版序言

原著第八版序言

第一篇 导 言

第1章 绪论 §1. 经济学既是一门研究财富的学问，也是一门研究人的学问。宗教力量和经济力量共同塑造了世界历史 §2. 贫困是否必然令经济学家最关心 §3. 经济学主要是最近才得到发展 §4. 竞争可以是建设性的，也可以是破坏性的。但即使当竞争是建设性的时候，也没有像合作那样有利。不过，近代商业的基本特征是产业和企业的自由、自力更生及未雨绸缪 §5. 有关这些特征和经济学发展的概述，已从本篇移至附录一和附录二 ………………………………………… 1～11

第2章 经济学的实质 §1. 经济学主要研究人类活动的动力和阻力，这种动力和阻力的数量只能大略用货币来进行衡量。不过，这种衡量仅指动力和阻力的数量而言。不论是高尚的还是卑鄙的动机的质量，在性质上都是无法衡量的 §2. 同一先令衡量的动力计算起来应是穷人比富人大，但经济学通常寻求不受个人特性影响的广泛结果 §3. 习惯本身大都基于有意识的选择 §4. 经济动机不全是利己的。对金钱的欲望并不排斥受金钱以外因素的影响，欲望本身也许是出于高尚的动机。经济衡量的范围可以逐渐扩大到包括许多利他的活动在内 §5. 续前 §6. 共同活动的动机对于经济学家具有巨大和日益增长的重要性　§7. 经济学家主要是研究人的生活的一个方面的；但是这种生活是一个真实的人的生活，而不是一个虚构的人的生活。参看附录三 ················· 12~22

第3章　经济学普遍原理或经济规律　§1. 经济学需用归纳法和演绎法，但源于不同的目的，采用这两种方法的比重也有所不同　§2. 规律的性质：自然科学的各种规律有着不同的准确性。社会和经济的规律相当于比较复杂和不太精确的自然科学的规律　§3. 续前　§4. "正常的"这一用语的相对性　§5. 一切科学的学说无不含蓄地假设某些条件，但经济学的假设在经济规律中却特别明显。参看附录四 ················ 23~29

第4章　经济研究的次序与目的　§1. 第2章和第3章的大意　§2. 科学研究不是按照要达到的实际目的来排列的，而是按照所研究的课题的性质来排列的　§3. 经济学研究的主题　§4. 激励现在的英国经济学家进行实际问题的研究，虽然这些问题并不完全属于经济学的范畴　§5. 经济学家需要训练自己的知觉、想象、推理、同情和谨慎的能力　§6. 续前 ·· 30~37

第二篇　基本概念

第1章　绪论　§1. 经济学将财富看做是满足需要的东西和努力的结果　§2. 对性质和用途都在变化着的东西进行分类的困难　§3. 经济学必须遵循日常生活的实践　§4. 有必要清楚地说明概念，但没有必要硬使用术语 ··· 41~44

第2章　财富　§1. 财物一词的专门用法。物质商品。私人财物。外在的财物和内在的财物。可转让的财物和不可转让的财物。自由财物。可交换的财物　§2. 一个人的财富是由他的外在的财物中那些能用货币衡量的东西构成的　§3. 但是，有时广泛使用财富这个术语似包括一切个人财富在内更为妥当　§4. 共同财富中个人应得的部分　§5. 国家的财富。世界的财富。财富所有权的法律根据　§6. 价值。暂时用价格来代表一般购买力 ·· 45~52

第 3 章　生产　消费　劳动　必需品　§1. 人类所能生产和消费的只是效用，而不是物质本身　§2. 生产这个词易于引起误解，通常应当避免使用或加以解释　§3. 维持生活的必需品与维持效率的必需品　§4. 当任何人消费的东西少于维持效率所严格必需的时候，就有了损失。习惯上的必需品 ·············· 53~59

第 4 章　收入　资本　§1. 货币收入与营业资本　§2. 从日常经营的观点来看纯收入、利息和利润的定义。纯利益，经营收入，准地租　§3. 从私人的角度来看资本分类　§4. 从社会的角度来看资本和收入　§5. 续前　§6. 续前　§7. 续前　§8. 生产性和预见性在资本的需求和供给上是资本的两个对等的属性 ················· 60~68

第三篇　论需求及其满足

第 1 章　绪论　§1. 本篇与以下三篇的关系　§2. 直到最近才对需求和消费有了足够的注意 ··· 71~72

第 2 章　需求与活动的关系　§1. 多样化的欲望　§2. 自豪感的欲望　§3. 续前　§4. 由自豪感产生的追求自豪感的欲望。消费理论在经济学中的地位 ··· 73~77

第 3 章　消费者需求的等级　§1. 需求饱和律或效用递减律。全部效用。边际增加量。边际效用　§2. 需求价格　§3. 必须考虑货币效用的变化　§4. 一个人的需求表。"需求的增加"的意思　§5. 市场需求。需求律　§6. 对竞争商品的需求 ··· 78~86

第 4 章　需求弹性　§1. 需求弹性的定义　§2. 相对富人来说的低价格，对穷人来说或许就是高价格　§3. 续前　§4. 影响需求弹性的一般原因　§5. 与时间因素有关的种种困难　§6. 风尚的变化　§7. 获得必要统计数字的困难　§8. 消费统计的说明。商人的账本。消费者的预算表 ·· 87~99

第 5 章　一物不同用途之间的选择　立即使用与延缓使用　§1. 一个人的财产分配于不同需要的满足之中，因此同一价格在各种购买量的边际上就能测量出相等的效用　§2. 续前　§3. 现在的需要与未来的需要之间的分配。对未来的利益要打折扣　§4. 打折扣的未来愉快与打折扣的未来可得到的愉快的事情之间的区别 ………………………… 100～105

第6章　价值与效用　§1. 价格与效用。消费者剩余。时机　§2. 消费者剩余与个人需要的关系　§3. 消费者剩余与市场的关系。当我们考虑大多数人的平均数时，便可以不过问个人性格的差别；如果这个大多数人包括比例相同的富人和穷人在内，价格就变成对效用的一种正确的衡量　§4. 续前　§5. 以上两节所说的是在假定已经考虑了共同财富的问题的前提下进行的　§6. 贝诺利的意见。财富效用的更广泛的方面
………………………………………………………………… 106～117

第四篇　生产要素——土地、劳动、资本和组织

第1章　绪论　§1. 生产要素　§2. 边际反效用。虽然有时劳动就是其本身的报酬，但在某些假定条件下，我们可以认为，劳动的供给受到对工作能产生影响的价格的支配。供给价格 ………………… 121～125

第2章　土地肥力　§1. 土地是大自然赐予的，而土地的产物是人类劳动的结果，这个概念虽并不完全正确，但却内含真理　§2. 土地肥力的机械条件和化学条件　§3. 人类改变土壤性质的力量　§4. 在任何情况下，因资本和劳动的增加而增加的报酬，迟早都会递减 …………… 126～130

第3章　土地肥力（续前）　报酬递减倾向　§1. 土地也许耕种不到位，因此由于资本和劳动的增加而产生的报酬就会递增，直至达到最大的报酬率为止；而达到最大的报酬率之后，报酬就重新递减了。耕作方法的改良可使较多的资本和劳动能得到较好的应用。报酬递减律与生产物的数量有关，而不是与其价值有关　§2. 一个增量的资本和劳动。增加额、边际报酬、耕作边际。在时间方面，增加额不一定是最后的一个增量的。剩余生产物及与地租的关系。李嘉图的注意力只局限于一个古老国家的情况　§3. 对土地肥力的所有衡量都必然与地点和时间相关　§4. 因为人口压力增大，贫瘠土地的价值通常比肥沃土地相对来说有所增大

§5. 李嘉图曾说过，最肥沃的土地最先得到耕种。就他说这句话的意思而言，这是对的。但是，他低估了稠密的人口对农业提供的间接利益 §6. 续前 §7. 渔场、矿山和建筑用地的报酬规律 §8. 对报酬递减律和一个增量的资本和劳动的注释 ·················· 132~151

第4章 人口的增长 §1. 人口学说史 §2. 续前 §3. 马尔萨斯 §4. 结婚率与人口出生率 §5. 续前 §6. 英国人口史 §7. 续前
·· 152~168

第5章 人口的健康与强壮 §1. 健康与强壮的一般条件 §2. 续前 §3. 生活必需品 §4. 希望、自由和变化 §5. 职业的影响 §6. 城市生活的影响 §7. 大自然倾向于优胜劣汰，但很多善意的人类活动却是遏制强者的增加，使弱者能够生存。实际结论 §8. 续前 ············ 169~177

第6章 工业训练 §1. 无特殊技能的劳动者是一个相对的名词。我们对于所熟悉的技能，往往都不当做是技能。单纯的手工技能与一般的智慧和活力相比，已越来越失去其重要性了。一般能力与专门技能 §2. 续前 §3. 普通教育与工业教育。学徒制度 §4. 续前 §5. 续前 §6. 美术教育 §7. 教育作为国家的投资 §8. 流动性在职业的等级之间和等级之内日渐增大 ·· 178~189

第7章 财富的增长 §1. 在近代之前并没有使用什么高价形态的辅助资本；但现在这种资本正在迅速增加，积累的能力也在迅速增加 §2. 续前 §3. 续前 §4. 保障是储蓄的一个条件 §5. 货币经济的发展使奢侈有了新的诱惑，但使没有经营能力的人能得到储蓄的好处 §6. 储蓄的主要动机是家庭情感 §7. 积累的源泉。公共积累。合作事业 §8. 现在的满足与延缓的满足之间的选择。财富的积累一般含有满足的某种等待或延期的意思。利息是其报酬 §9. 报酬越多，储蓄率通常就越高。但也有例外 §10. 续前 §11. 有关财富增长统计的注释 ······ 190~205

第8章 工业组织 §1. 组织提高效率的学说过时了，但亚当·斯密赋予了其新的生命。经济学家和生物学家曾经共同研究过生存竞争对于组织的影响；这种竞争的最残酷的特征目前已受到遗传的缓和 §2. 续前 §3. 古代的社会等级与近代社会的阶层 §4. 亚当·斯密是谨慎的，但他的许多追随者却夸大了自然组织的经济。才能因使用而得到发展;才能的承袭则靠早年的训练或其他方法 §5. 续前 ················· 206~212

第9章 工业组织(续前) 分工 机械的影响 §1. 熟能生巧 §2. 在低级工作上,极端专门化能提高效率,而在高级工作上则不尽然 §3. 机械对人类生活的质量所产生的影响部分是好的,而部分是坏的 §4. 用机器制造机械开辟了零件配换制度的新时代 §5. 以印刷业作为例证 §6. 机械减轻了人类体力的紧张程度,因而单调的工作不会引起生活单调 §7. 专门技能与专门机械的比较。外部经济与内部经济
·· 213~225

第10章 工业组织(续前) 将专门工业集中于特定的地方 §1. 地方性工业:它的原始形态 §2. 地方性工业的起源 §3. 地方性工业的利益;祖传的技能;辅助行业的发展;高度专门化机械的使用;专门技能在本地的市场 §4. 交通工具的改良对工业地理分布的影响。以英国近代史作为例证 ·· 226~233

第11章 工业组织(续前) 大规模生产 §1. 典型的产业是制造业,这也是我们现在的主要目的。原料经济 §2. 大工厂的优势表现在专门机械的使用与改良、采购与销售、专门技术和企业经营管理工作的进一步划分上。小制造商在进行监督方面的优势。近代知识的发展在很大程度上有利于小制造商 §3. 续前 §4. 续前 §5. 在对大规模生产提供很大经济的行业中,如果一个企业能容易销售货物,则可迅速发达,但它却往往做不到这一点 §6. 大商店与小商店 §7. 运输业。矿山与采石场 ··· 234~243

第12章 工业组织(续前) 企业管理 §1. 原始的手工业者与消费者直接交易;现在,需要高深知识的职业也通常是如此 §2. 但在大多数经营中,都有企业家这个特殊阶层参与 §3. 在建筑业和其他的行业中,经营的主要风险有时与经营管理的细节无关。企业家不是雇主 §4. 续前 §5. 理想的工业家所需的才能 §6. 商人之子一开始就有很多优势,以致人们也许期望商人会形成一个世袭的阶层;没有出现这种结果的理由 §7. 私人合伙组织 §8. 股份公司。国营企业 §9. 续前

§10. 合作社。利润分配　§11. 工人地位提高的机会。工人因缺乏资本而受到的妨碍没有初看起来那样大；贷出资本正迅速增加，但日益复杂的经营管理对他不利　§12. 一个能干的商人迅速增加他所掌握的资本；而对于无能的人，生意越大，通常损失资本就越快。这两种力量会使资本与妥善运用资本所需的才能相适应。在像英国这样的国家中，运用资本的经营才能具有相当明确的供给价格 ················· 244～259

第13章　结论　报酬递增倾向与报酬递减倾向的相互关系　§1. 本篇后面几章的摘要　§2. 应当以一个代表性企业来说明生产费用，这个企业能正常获得一定总量的内部经济与外部经济。报酬不变与报酬递增　§3. 人口如果有所增加，共同效率一般就会随之有超比例的提高 ······ 260～265

第五篇　需求、供给与价值的一般关系

第1章　绪论　论市场　§1. 生物学和机械学关于相反力量均衡的概念。本篇的范围　§2. 市场的定义　§3. 市场在空间上的局限性。影响某物市场大小的一般条件；分等分级和选样的适合性；易于运输　§4. 组织完善的市场　§5. 即使一个小市场也往往受到远处市场的间接影响　§6. 市场在时间上的局限性 ································· 269～274

第2章　需求和供给的暂时均衡　§1. 欲望和劳作之间的均衡。在偶然的物物交换中一般不存在真正的均衡　§2. 在当地的谷物市场上，一般可以建立真正的（虽然是暂时的）均衡　§3. 在谷物市场交易过程中，需要货币的强度通常没有显著的变化，但在劳动市场上确实有这种变化。参阅附录六 ································· 275～279

第3章　正常需求和正常供给的均衡　§1. 几乎所有不易毁坏的商品的交易都受到对未来估计的影响　§2. 生产的实际成本与货币成本。生产费用。生产要素　§3. 代用原则　§4. 一个代表性企业的生产成本　§5. 供给表　§6. 均衡产量与均衡价格。某商品的供给价格和实际生产成本之间关系松散。正常均衡情况的真正意义。"长时期"一词的意思　§7. 在短时期内，效用对价值起着主要的影响作用；而在长时期内，生产成本对价值起着主要的影响作用 ·· 280~289

第4章　资金的投放与分配　§1. 在某人自己生产产品供自己使用情况下决定投资的诸动机。未来满足与现在满足的均衡　§2. 过去收支的积累与未来收支的折扣。区分经常支出与资本支出的困难　§3. 代用原则对其发生作用的有利边际，并非是任何路线上的一点，而是与所有路线相切的一线　§4. 家庭经济与企业经济中资源分配的对照　§5. 直接成本与补充成本的区分，因所述经营的时间长短不同而不同，而这种差异是我们之所以很难研究边际成本与价值的关系的主要原因　§6. 续前
·· 290~298

第5章　正常需求和供给的均衡（续）　关于长期与短期　§1. 正常一词作为日常用语和作为学术用语的差别　§2. 必须剖析正常价值这一复杂问题。第一步是静态的虚构；而对此的修正能使我们通过辅助性的静态假设来处理价值问题　§3. 续前　§4. 对正常需求和正常供给的均衡的研究，可以分为关于长期均衡和短期均衡的研究　§5. 续前　§6. 就短期而论，现有生产设备的数量实际上是固定的，但利用率却随着需求而变化　§7. 但在长期中，生产所需要的设备的数量是根据对这些设备的需求量进行调整的；生产是一个过程，而不是一组商品　§8. 价值问题的简单分类 ·· 299~311

第6章　连带需求与复合需求　连带供给与复合供给　§1. 间接的派生需求：连带需求。取自建筑业中劳资纠纷的例解。派生需求律　§2. 供给的减少可以大大提高一个生产要素的价格的一些条件　§3. 复合需求　§4. 连带供给。派生供给价格　§5. 复合供给　§6. 诸商品之间的错综复杂关系 ·· 312~322

第7章　直接成本和总成本同连带产品的关系　销售成本　风险保险　再生产成本　§1. 使混合企业的各个部门适当分担生产费用，特别是销售费用　§2. 续前　§3. 风险保险　§4. 续前　§5. 再生产成本。可暂时略过本篇的某些章节 ·· 323~328

第8章　边际成本和价值的关系　一般原理　§1. 本章和以下三章特别就时间因素的影响进一步研究直接成本和补充成本同产品价值的关系，还有

诸产品的派生需求对其生产中所使用的要素的价值的影响　§2. 替代原则的又一例解　§3. 纯产品的定义　§4. 过分使用任何要素都会引起报酬递减，这一事实和下述事实类似：投于土地的资本和各种劳动的相应增加会引起报酬递减，但这两种事实又不尽相同　§5. 各种边际用途只表明价值，但并不决定价值。边际用途和价值都是由供求的一般关系来决定的　§6. 利息和利润直接运用于流动资本，而根据特定假设，它们只能间接运用于生产资本。这几章的中心论题 ················· 329~336

第9章　边际成本和价值的关系　一般原理（续）　§1. 借租税转嫁来说明地租问题的种种理由　§2. 上一节中讨论的地租和准租与价值的关系的例解　§3. 续前　§4. 续前　§5. 稀有租金和级差租金 ······ 337~345

第10章　边际成本和农产品价值的关系　§1. 从一般农产品和新开发国家出现的地租中，可以很清楚地看出时间因素在这个问题上的作用　§2. 续前　§3. 对于生产者个人来说，土地只不过是资本的一种形式　§4. 对所有农产品和对单一农作物征收特别税的说明。准租和单一农作物的关系　§5. 续前　§6. 续前 ·· 346~356

第11章　边际成本和城市土地价值的关系　§1. 位置对城乡土地价值的影响。地基价值　§2. 通过个人或集体的有意行动所创造的位置价值的一些例外情况　§3. 决定永租地租的一些原因　§4. 报酬递减和建筑用地的关系　§5. 各种建筑物对同一块土地的竞争　§6. 企业家的租金和他们索取的价格的关系　§7. 城市地产的混合租金。参阅附录七
··· 357~367

第12章　从报酬递增规律来看正常需求和正常供给的均衡　§1. 报酬递增规律发生作用的一些方式。使用供给弹性一词的危险。整个工业和单一工厂的种种经济差异。参阅附录八　§2. 续前　§3. 续前 ······ 368~372

第13章　正常需求和正常供给变动的理论与最大限度满足的原理的关系　§1. 绪论　§2. 正常需求增加的结果　§3. 正常供给增加的结果　§4. 报酬不变、报酬递减和报酬递增的事例　§5. 最大限度满足的抽象原理的说明及其局限性　§6. 续前　§7. 续前 ················· 373~383

第14章 垄断理论 §1. 我们现在将比较垄断者从高价格上得到的收益和低价格对公众的利益 §2. 显然垄断者关注的是获得最大限度的纯收入 §3. 垄断收入表 §4. 对垄断征收总额不变的税不会使产量减少,征收与垄断纯收入成比例的税也不会使产量减少;但是如果根据产量来征税,便会使产量有所减少 §5. 垄断者往往能够在经营中保持节约 §6. 垄断者为了企业未来的发展,或者出于对消费者福利的直接关心,可能会降低价格 §7. 总利益,调和利益 §8. 需求规律和消费者剩余规律的统计研究对社会的重要性 §9. 相互补充的两种垄断问题一般得不到解决 ················· 384～397

第15章 供求均衡一般理论的总结 §1. 第五篇要点。参阅附录九 §2. 续前 §3. 续前 §4. 续前 §5. 续前 ································ 398～402

第六篇 国民收入的分配

第1章 分配概论 §1. 全篇要旨 §2. 重农学派根据法国当时的特殊情况假定工资的最低可能水平。还有这种最低可能水平适用的资本利息。这些严格的假定的一部分后来为亚当·斯密和马尔萨斯所扬弃 §3. 从一个不存在着劳资关系问题的静态社会来逐步说明需求对分配的影响 §4. 续前 §5. 续前 §6. 续前 §7. 以一个具有正常效率的工人来说明特定劳动的纯产品,假定对此工人的雇用并不会增加间接成本,而他的工作量恰恰也只达到雇主不能从中获得纯收益的那一边际 §8. 对一般资本的需求 §9. 简短的摘要 §10. 国民收入或国民收益的再定义 ········· 405～420

第2章 分配概论(续) §1. 影响生产要素供给的诸原因和影响需求的诸原因对分配有着同等的影响 §2. 对第四篇中影响各种不同形式的劳动和资本的原因的要点说明 §3. 续前 §4. 报酬增加对个人勤奋的影响无常,正常工资与人口增长和体制增强之间的适应的一般比较规则。储蓄所产生的利益对资本及其他财富积累的一般影响 §5. 就需求对分配的影响以及个人把资源用于生产的方面来说,可以将土地看成是一种特殊形式的资本，但与供给对分配的正常影响相比，土地却与资本有所不同，而这是我们在本章中要讨论的　§6. 本阶段论点总结　§7. 不同工种的工人的工资和效率之间的相互关系　§8. 我们始终假定特定工种的工人和特定行业的雇主在所述时间和地点上并不具有多于他们事实上所特有的那种竞争能力。知识和竞争的自由　§9. 论一般劳动和一般资本之间的关系。资本辅助劳动。资本与劳动的竞争。需要慎重解释这种说法　§10. 工资取决于资本垫支这种说法的正确程度的限定。参阅附录十、十一 ·· 421~435

第 3 章　劳动工资　§1. 第 3 章至第 10 章的范围　§2. 竞争有使相同职业中的周工资不等的趋势，但有使周工资与工人效率成比例的趋势。计时工资。计件工资。效率工资。计时工资没有相等的趋势，而效率工资则有这种趋势　§3. 实际工资与名义工资。必须对货币购买力（特别就该级劳工的消费而言）进行估量；也必须考虑职业费用和附带的便利与不便利　§4. 续前　§5. 工资部分上酬以实物。实物工资制　§6. 成功的不定性与就业的无常性　§7. 补充所得。家庭所得　§8. 某行业的吸引力并不仅仅取决于其货币收入，而且还取决于其纯利益。个人和国民性格的影响；最低阶层工人的特殊情况 ·································· 436~445

第 4 章　劳动工资（续）　§1. 劳动需求和供给中的许多特点的重要性，都大多取决于其积累性后果，因而和习惯势力相仿　§2. 第一个特点：工人出卖的是劳动，但工人本身并没有价格。因此，对工人的投资局限于他父母的资产、见识和无私。出身的重要性。道德力量的影响　§3. 续前　§4. 续前　§5. 第二个特点。工人和他的工作是分不开的　§6. 第三个特点与第四个特点。劳动力具有可毁坏性，劳动力的卖主在议价中往往处于不利地位 ·· 446~453

第 5 章　劳动工资（续）　§1. 劳动的第五个特点在于提供专业能力所需要的训练时间很长　§2. 父母为子女选择职业时必须展望整个一代人之后的前景；预见未来的困难　§3. 由于对一般能力的需求有所增长，成年劳工的流动越来越重要　§4. 重申长期正常价值和短期正常价值的区别。有别于补偿任何特定工作所需要的特殊技能所引起的疲劳的报酬的变动

§5. 续前　§6. 续前　§7. 稀有天赋才能的报酬提供一种超过培训费用的剩余，这种剩余在某些方面和地租相似 ························· 454～460

第6章　资本的利息　§1. 近来利息理论在许多细节上都有所改进，但却没有任何重大变动。中世纪对利息的误解，罗德伯图斯和马克思的错误分析　§2. 续前　§3. 续前　§4. 借款人支付的总利息既包括纯利息又包括风险（实际的与个人的）保险费和管理报酬，因此不像纯利息那样有相等的趋势　§5. 续前　§6. 将利率一词运用于旧的投资时必须慎重　§7. 货币购买力的变动和利息率的变动的关系 ·················· 461～471

第7章　资本与经营能力的利润　§1. 企业家之间的生存竞争。首创者的劳务　§2. 首先通过监工的劳务与普通工人的劳务，其次通过企业经理的劳务与监工的劳务，最后通过大企业经理与小企业经理的劳务的对比，来说明代替原则对管理报酬的影响　§3. 续前　§4. 续前　§5. 使用大量借贷资本的企业家　§6. 股份公司　§7. 现代企业经营方法有使管理报酬和所从事的业务的困难相适应的一般趋势 ····················· 472～480

第8章　资本与经营能力的利润（续）　§1. 我们还必须研究利润率是否有相等的一般趋势。在大企业中，有些管理报酬划作薪金；而在小企业中，经理的劳动工资大多划作利润。因此，小企业的利润表面上看起来比实际利润要多一些　§2. 在流动资本比固定资本相对多的部门中，所用资本的正常年利润率要高一些。大规模生产的经济一旦普及于整个工业，就不会提高该工业部门中的利润率　§3. 各行各业均有其习惯性的或公平的周转利润率　§4. 续前　§5. 利润是正常供给价格的构成因素。但是已投资本（以物质形式获取的技能上）的收入是由对商品的需求决定的　§6. 就价格的变动、不同个人的不同情况，还有全部收入中应归于劳动报酬和天赋才能的报酬的比例，来比较利润和其他报酬　§7. 续前　§8. 续前　§9. 在同一行业，特别是同一企业中，各种不同类别的工人的利害关系　§10. 续前 ·················· 481～495

第9章　地租　§1. 地租是一大类中的一种。此刻我们假定土地由所有者来耕种。重申以前的讨论　§2. 续前　§3. 农产品实际价值的提高一般会提高剩余产品的价值，而使产品的实际价值提高得更多。农产品的劳动价值和一般购买力的区别 §4. 改良对地租的影响 §5. 关于地租的主要理论几乎适用于所有的租佃制度。但在现代英国的租佃制中，地主的份额和农民的份额之间的明显界线对经济科学也极为重要。参阅附录十二 ·· 496~501

第10章 土地租佃 §1. 早期租佃形式一般建立在合伙的基础上，合伙的条件是由习惯决定的，而不是由契约决定的；所谓地主，一般是隐名合伙人 §2. 但正如英国近代史所证明的，习惯比表面上表现出来的显得更富有伸缩性。把李嘉图的分析运用于现代英国土地问题和早期租佃制度时，必须谨慎从事。其中合伙条件模棱两可，具有伸缩性，并且在许多方面可以被不知不觉地加以修改 §3. 续前 §4. 分成制和小土地所有制的利弊 §5. 续前 §6. 英国制度有可能使地主提供那部分他运用自如并对之负责的资本。英国制度给予各种选择以很大的自由，虽然比在其他工业部门中的自由要少一些 §7. 续前 §8. 大土地占有制和小土地占有制。合作 §9. 续前 §10. 决定正常价格和正常收成的困难。佃户进行改良和获得改良果实的自由 §11. 关于建筑物、空地和其他方面的公私利害的冲突 ··· 502~518

第11章 分配总论 §1. 前八章摘要，其中寻求一条连续线，这条连续线在第五篇第14章中，并在决定各种不同生产要素和生产工具（物质的和人的）的正常价值的原因上达到统一 §2. 续前 §3. 续前 §4. 各种不同的生产要素争相雇用，但它们也是相互雇用的唯一泉源 §5. 任何工种的工人人数的增加或效率的提高都有利于其他工人，但是当后者受益时，前者却受其害。这会改变自己和其他工人的边际产品，从而影响工资。计算正常边际产品时，要谨慎小心 ······················· 519~524

第12章 进步对价值的总的影响 §1. 在新开发国家中，资本和劳动投放场所的有利程度部分上取决于和旧世界市场的联系。在这些市场上它可以出售自己的产品，并以其未来的收入换取目前所需要的各种供应品 §2. 在上一世纪，英国的对外贸易增加了英国对安逸品和奢侈品的支配，而只是近来才大大增加了对必需品的支配 §3. 续前 §4. 英国从工业进步中获得的直接利益比最初看起来要少一些，但从新的运输业中得到

的利益要多一些　§5. 谷物、肉类、住房、燃料、衣着、自来水、灯光、新闻纸和旅行的劳动价值的变动　§6. 进步提高了英国城乡土地的价值，虽然它使大多数物质生产工具的价值有所降低。资本的增加降低了它应得的收入，但并没有减少它的总收入　§7. 续前　§8. 续前　§9. 不同工业阶层的所得的变动性质和原因　§10. 续前　§11. 特殊才能的报酬　§12. 进步对劳动工资提高的促进作用比一般想象得要大一些，而且也许减少了而不是增加了自由劳工的就业无常 ························· 525~539

第 13 章　进步和生活标准的关系　§1. 活动程度和需求程度；生活程度和安逸程度。一世纪以前英国的安逸程度提高了，便可以通过节制人口的办法大大提高工资，但由于从新开发国家中易于取得食物和原料，所以很少向那方面发展　§2. 续前　§3. 通过缩短工作时间来调节活动的种种努力。过长的劳动时间并不经济。但是不长的劳动时间缩短一般会减少产量，因此，虽然其直接结果也许可以刺激就业，但是除非这种剩余时间是用来发展更高级的、范围更大的产业，不然就会很快减少一定工资下的就业量。资本输出的危险。从观察材料中寻找真正原因的困难。直接结果和最后结果往往大相径庭　§4. 续前　§5. 续前　§6. 续前　§7. 职工工会的最初目的在于提高工资，同时也在于使工人具有独立性，从而提高他们的生活水平。这种尝试的成功证明了他们的主要武器——共同章程——的重要性。但是如果严格执行该章程，往往会造成虚假的劳动标准，并挫伤工人的积极性和驱逐资本，还有在其他方面损害工人阶级和其他社会阶层的利益　§8. 续前　§9. 续前　§10. 与货币购买力，特别是与商业信用变动相关的困难　§11. 关于社会进步的可能性的临时结论。国民收入的平均分配会降低许多技工家庭的收入。社会的最底层需要特殊对待，但是提高非技术性劳动的工资的捷径，莫过于使各阶层人民的性格和才干受到完备的教育，以使它一方面大大减少那些只能胜任无特殊技能劳动的人的数量，另一方面增加那些善于独立思考（这是人对自然控制的主要源泉）的人的数量。而真正的高标准的生活是不会达到的，除非人们学会了善于利用空闲时间：这是剧烈的经济变革为害的许多迹象之一，这些变革超过了人类从长期自私自利和斗争中继承下来的那种性格的逐步转变　§12. 续前　§13. 续前　§14. 续前

§15. 续前 …………………………………………………… 540~564

附录一 自由工业和企业的发展 §1. 在首先发端于温带的文明的早期阶段，自然因素的作用极其强烈 §2. 所有权的分割会加强习惯势力并抗拒各种变革 §3. 希腊人把北方人的精力和东方文化结合起来，但他们把劳动看成是专门属于奴隶的事情 §4. 罗马与现代经济条件的相似是表面上的；但是斯多葛学派和晚期罗马法学家见多识广的经验对经济思想与经济行为产生了巨大的间接影响 §5. 条顿族不善于向他们所征服的民族学习。撒拉逊人高举学术火炬 §6. 自治只能存在于自由城市中 §7. 续前 §8. 骑士和教会的影响。庞大军队的建立导致自由城市崩溃。但是印刷术的发明、宗教改革和新大陆的发现又燃起了进步的火焰 §9. 海外发现的利益首先归于西班牙和葡萄牙，进而归于荷兰和法国，再进而归于英国 §10. 英国人的性格很早就显示了他们具有现代组织才能的迹象。农业资本主义组织为工业资本主义组织开拓了道路 §11. 宗教改革的影响 §12. 续前 §13. 需要大量简单商品的海外消费者的增长促进了英国企业的发展。企业家最初只是从事组织供应，而不是监督工业；后来才把他们的工人集中在工厂中 §14. 此后，工人得到成批的雇用。新的组织带来了一些巨大的灾难，不过其中有些是由于别的原因，这种新制度使英国免于法国军队的践踏 §15. 续前 §16. 电报和印刷机现在有可能使人们对他们的灾难采取补救措施；我们正在逐步走向集体主义形式，如果以坚定的个人克制为基础，这些形式将比旧的形式更高级 §17. 续前 …………………………………………………… 565~592

附录二 经济学的发展 §1. 现代经济科学受古代思想间接影响多，而直接影响少 §2. 重农学派。亚当·斯密发展了自由贸易论，并认为价值论是使经济科学成为一个统一体的核心 §3. 续前 §4. 他的后辈们并没忽视对事实材料的研究，虽然他们中间有些人对演绎法持有偏见 §5. 续前 §6. 但他们对人性决定于环境估计不足。社会主义者和生物学家的研究在这方面的影响。约翰·斯图亚特·穆勒。现代著作的特点 §7. 续前 §8. 续前 …………………………………………………… 593~607

附录三 经济学的范围和方法 §1. 统一的社会科学可望而不可即。孔德建议的价值，他的非难的弱点　§2. 经济学、物理学和生物学的方法　§3. 解释和预测是方向相反的同一过程。只有以全面分析为基础的对过去材料的解释才能作为将来的借鉴　§4. 借助于常识往往能进行广泛的分析，但只凭常识很少能发现不明的原因，特别是原因之原因。科学机器的职能　§5. 续前　§6. 续前 ·················· 608～618

附录四　抽象推理在经济学中的运用　§1. 经济学中没有进行一长串演绎推理的余地。数学所提供的服务的性质及其局限性　§2. 独立思考是科学工作中的主要力量，但其作用并不在于提出抽象的假设，而在于使广大范围内发生作用的现实经济力量的错综复杂的影响相连起来　§3. 续前 ·· 619～621

附录五　资本的诸定义　§1. 产业资本不包括雇用劳动的全部财富　§2. 关于两种主要性质即预见性和生产性的相对重要性的争论是无谓的　§3. 续前 ·· 622～627

附录六　物物交换　§1. 在物物交换中，市场交换的不稳定性比使用货币的地方大；部分原因是由于某人一般能够以货币形式付出或收回一定量（非一定的百分比）的价值，而不会大大改变货币对他的边际效用。不过以单一商品的形式则不然 ················ 628～631

附录七　地方税的征税范围及有关政策的几点建议　§1. 地方税的最终征税范围极为不同，取决于居民是否流动，取决于是有偿税还是无偿税，条件的巨变使准确的预见成为不可能　§2. 地产的"建筑价值"和地基价值加起来就构成全部价值，条件是建筑物和该地基相称，否则另当别论　§3. 向地基价值征收的无偿税主要由地基所有者负担，或者如果事先不知道，则由承租人负担　§4. 但是，对建筑价值征收的无偿税（全国一致）主要由住户负担。特别重要的地方无偿税即使根据建筑价值来征收，也主要为所有者（或承租人）来支付　§5. 如果向住户征收原有捐税，其负担的部分很少受到影响，但在目前课税制度下，无偿税的急剧增加对住户（特别是店主）是一种严重的负担　§6. 根据资本价值向空建筑地基征税和将建筑价值税部分转移到地基价值上，一般说来是有益的，条件是这一切要逐步进行，并伴之以关于建筑物高度与其前后应留空地

的严格规定 §7.再论农业税 §8.一些实际建议。土地供给的永久局限性以及集体行动对其现有价值的巨大贡献，为了征税目的，有必要把它列入单独项目 §9.续前 ·· 632~642

附录八　关于报酬递增静态假设运用的局限性　§1.严格的供给表的假设会导致多重均衡（稳定的和不稳定的）位置的可能性。但是就报酬递增来说，这一假设与现实相距甚远，以致只能在狭隘的范围内进行尝试性的运用。因此，在使用正常供给价格一词时须加小心　§2.续前　§3.续前　§4.续前 ·· 643~650

附录九　李嘉图的价值论　§1.虽然李嘉图的价值理论含糊不清，但比杰文斯和其他一些批评家更能预见到近代关于成本、效用与价值之间的关系　§2.续前　§3.续前 ·· 651~659

附录十　工资基金学说　§1.一个世纪以前，资本的缺乏使经济学家过分强调资本的供给在决定工资方面所起的作用　§2.可以从穆勒的《价值论》的第二篇《工资论》中看出来这种夸大；但在第四篇《分配论》中，却不再有这种夸大。资本和劳动以及生产和劳动之间相互关系的部分对称　§3.续前　§4.产业资本和其他财富形式与工资的关系 ·· 660~667

附录十一　几种剩余　§1.任何生产部门的实际成本总额都以几种方式小于和它相应的诸边际成本，从特殊的角度来看，可以将其中的每一种都视为剩余。但是只有那些在文中所讨论的剩余需要进行慎重研究 ··· 668~670

附录十二　李嘉图关于农业税和土地改良的理论　§1.他的部分理论是根据潜在的、不可能的假设来做的。他虽然在逻辑上站得住脚，但却不适用于实际情况 ·· 671~675

数学附录 ·· 676~698

英汉人名、地名、术语对照表 ································· 699~729

原著第一版序言

经济状况在不断地变化着，每一代人都以自己的方式看待自己的问题。在英国以及欧洲大陆和美国，人们比以往更加积极地进行经济学研究；但是，这一切活动只是更清楚地表明：经济学的发展是——而且一定是——缓慢而又不间断的。在当代最好的著作中，有些初看上去的确与前人的著作观点不相容；但是，当这种著作日久定型，粗糙的棱角被磨平时，人们就会发现它实际上并没有违反经济学发展的连续性。新的学说补充了旧的学说，并且扩充、发展且有时还修正旧的学说，甚至还因为重新设定侧重点而常常赋予旧学说不同的特点，不过却很少推翻旧的学说。

本书试图借助于新时代的著作，就我们这一时代新出现的问题，对旧的学说重新进行解释。第一篇说明了本书总的范围和目的；在第一篇末，对经济研究的主要课题以及与经济研究有关的主要实际问题进行了简短的叙述。依照英国的传统观点，经济学的职能就是收集、整理和分析经济事实，并利用从观察和经验中获得的知识，确定各种原因所导致的直接和最终结果可能是什么；而且，经济学的规律是以陈述语气陈述一些倾向，而不是以命令的语气进行道德劝诫。事实上，经济规律和推论只不过是在某种程度上用良心和常识来解决实际问题以及建立可以指导生活的规则性的资料。

但是，道德的力量也包括在经济学家所必须考虑的那些力量之内。的确，经济学家也曾经做过这样的尝试：建立一种与某个"经济人"的活动有关的抽象经济学。假设"经济人"不受道德的影响，但却孜孜不倦、劲头十足、机械呆板而又自私自利地追求着金钱利益。不过，这一尝试并没成功，甚至没彻底进行过。因为，此"经济人"从未被真正当做过是完全自私的。一个为支持家庭而怀着无私的愿望，且又任劳任怨作出牺牲的人是最可靠的；而且他的正常的动机常被默认为包括家庭情感在内。但是，他的动机既然包括家庭情感在内，为什么就不能包括其他一切利他主义动机在内呢？迄今为止，这些动机的日常表现在任何时候、任何地点以及任何等级的人当中都是千篇一律的，甚至成为了普遍规则。这似乎是没有理由的。本书把正常的活动看做是一个产业集团的成员在一定条件下可能进行的活动，并没有因为有利他主义而试图排除任何在日常生活中有规律的动机。如果说本书有什么突出的特点的话，那么可以说在于本书注重对连续性原理的各种应用。

这个原理不但应用于动机的道德特性——一个人在选择其目标时会受到这种特性的影响，而且还应用于他追求目标所发挥的聪明、努力及进取心之中。因此，要强调下列事实：从"城市商人"的活动到普通人的活动不断地逐渐地变化着。前者本着谨小慎微、考虑长远和精打细算的原则，尽心尽力地进行着各种活动；而后者既无力量又不愿意以商业性的方式行事。正常的甘愿节省及甘愿为某种金钱报酬而付出某种努力，或者为寻找最好的买卖市场，或者为自己、为儿女寻找最有利的职业而正常的保持留意——诸如此类的行为与某一特定地点以及某一特定时期的某一特定阶级的成员有关。一旦懂得了这一点，那么正常的价值理论就可同样应用于非商业阶级的活动中，虽然在细节上没有像应用于商人或银行家的活动中那样精确。

就如正常的行为与暂时被忽视、被看做是不正常的行为之间没有明显的差别一样，正常的价值与"目前的"或"市场上的"或"偶然的"价值之间也没有明显的区别。后者是一时的偶然事件占优势的价值；正常的价值是所考虑的经济条件有时丝毫不受干扰地充分发挥作用，因而最终能获得的价值。但这二者之间并没有不可逾越的鸿沟，而是可以不断地逐渐变化为一体的。如果我们想到商品交易所中时时刻刻发生的变化，也许会认为那价值是正常的，但是，这仅仅表明相对一年的被历史记录的现行变化和有关这一年历史的正常价值相对一个世纪的历史而言，只不过是现行的价值而已。因为时间因素——这几乎是每一个经济问题的中心难题——本身就绝对有连续性：大自然并未绝对地将时间分为长期和短期；而只是由于令人难以察觉的程度上的差别，这二者才混为一体，即对一个问题来说是短期，但对另一个问题来说却是长期了。

这样，例如租金和资本的利息之间的区别虽然不十分明显，却也主要取决于我们心目中的对时间长短的这一点认识。那被恰当地当做是"自由的"

或"流动的"资本或新的投资的利息的东西，更适合被看做是一种旧的资本投资的租金——以后称之为准租金。流动资本与已被"固定"于某一特殊生产部门的资本之间并没有显著的区别，而新的投资与旧的投资之间也没有显著的区别；每一种资本都与对方逐渐混为一体。因此，即使土地的地租也不能被看做是一种孤立的东西，而应被看做是一大类当中主要的一种，虽然地租的的确确具有自己的特征——从理论和实践的角度来讲都是非常重要的特征。

另外，虽然人本身与他自身使用的工具有显著的区别，虽然对人类努力和牺牲的供给与需求各具特点，虽然与物质商品的供求不同，但毕竟物质商品本身通常都是人类努力和牺牲的结果。劳动价值理论和劳动产品价值理论是不可分的：它们是一个大的整体中的两个部分；即使在细节问题上两者之间存在着差别，但经过研究，结果发现主要是存在着程度上的差别，而不是种类之间的差别。鸟类与四肢动物虽然形状大不相同，但在它们的躯体内都贯穿着一个基本观念，即供求平衡观念，它是一个贯穿于分配与交换中心问题各个方面的一个基本观念①。

连续原理还应用于术语的使用当中。总是存在着这样一种诱惑：将经济商品进行概念明确的分类，可以进行许多有关这种商品的简明陈述，以立刻满足学者追求逻辑准确性的愿望，迎合人们普遍对貌似深奥但实则容易理解的教条的爱好。但是如果屈服于这种诱惑，并在大自然并没有划分界线的地方人为地划分出宽阔的界线来，就似乎产生了很大的弊端。如果一种经济学说所指的分界线在实际生活中找不到的话，那么这种经济学说越是简单化、绝对化，在实践中应用时，造成的混乱就会越大。在实际生活中，被当做资本与非资本的东西之间、必需品与非必需品之间或生产性的与非生产性的劳动之间，都没有明显的分界线。

---

① 1879年，在我和夫人共同出版的《产业经济学》中，曾试图努力显示这种基本一致性的本质。在谈论分配论之前，对于供求关系作了简短的临时性叙述，然后又将这种一般性的推论方法相继运用到劳动收入、资本利息和经营收入等方面。但是这种安排的意义却没有表达得十分清楚。现在，根据尼可科尔森教授的提议，我在本书中突出表达了这一点。

有关发展的连续性概念是所有近代经济思想派别的共性，不论是对这些派别产生影响的来自内赫伯特·斯宾塞作品所代表的生物学，还是来自黑格尔的《历史哲学》以及欧洲大陆和其他地方最近的伦理历史学所代表的历史和哲学的影响，这两种影响也对本书所表达的观点起的实质性作用最大，超出任何其他书。不过，本书在形式方面，却是受到连续性的数学观念的影响最大，此数学观念以库尔诺的《财富理论中数学原理的研究》为代表。本书告诉人们有必要面对这样的困难：不要将一个经济问题的各种因素看做是由一项单方面决定另一项因素的结果——甲决定乙，乙决定丙，等等，而是要将它们看做是相互决定的关系。大自然的作用是复杂的，如果硬把这种作用说成是简单的，并且设法用一系列的基本陈述来描述它，最终是不会有什么好处的。

库尔诺和图能对我有引导作用，不过，后者的影响较小。他们使我极为重视这样的事实：在精神世界和物质世界中，我们对大自然的观察与总的数量的关系没有与数量增加的关系那样大；特别是对一物的需求是一个连续的函数，而此物的"边际"① 增量在稳定的平衡下，又被它的生产费用的相应增加抵消了的情况下，如果没有数学符号或图表的帮助，就不容易完全明白这方面的连续性。使用图表并不需要专门的知识，而且图表比数学符号往往更能准确且容易地表明经济生活情况。因此，在本书的脚注中应用图表作为补充说明。正文中的论点是从不依赖图表的，图表可以省略掉。但是，经验似乎表明，借助图表要比不用图表更能牢固地掌握许多许多重要的原理；而且对于许多属于纯理论的问题，一旦知道使用图表的方法，那谁也不会愿意再用其他方法去解决了。

纯数学在经济问题上的主要用途似乎在于帮助一个人将他的一些思想迅速地、简短地、准确地记录下来，以供他自己使用；并且能确保他对他的结论有足够的且仅仅是足够的前提。（这就是说，他的方程式与他的未知数在数字上恰好相等。）但是，当必须使用许多符号时，除了作者本人，任何人都会

---

① 边际增量中"边际"这一术语是我从图能的《孤立国》（1850—1863 年之间连续出版 3 卷）当中借用的。现在广为德国经济学家使用。当杰文斯的《政治经济学理论》出版时，我采用了他的"最终的"一词，但我逐渐相信"边际"一词更好。

觉得非常麻烦。虽然库尔诺的天才必然给予每一个得到他的启发的人——一种新的智力活动，虽然与他有着相似才能的数学家们用他们自己得意的方法为自己扫清道路，以到达通向经济理论中那些只是被触及到外表边缘的难题中心；然而，是否有人会愿意去花时间阅读那些并非是由他自己将经济学说改写成的冗长的数学符号，这似乎是令人怀疑的。不过，最适合我的目的的几例数学语言的应用还是被我添加到本书的附录中了。

1890 年 9 月

原著第八版序言

本版是第七版的再版，仅在细节小问题上做了少量的更改。第七版又是第六版的再版。本版的序言与第七版的序言差不多一样。

本书的第一版曾许诺在适当的时间内出版第二卷以补充此专著，现在已过去三十年了。但是，我曾经制订的计划规模太大，其范围（尤其是现实的一面）随着现代工业革命的不断推动而扩大。此次工业革命发展的速度及推广程度都远远超过一个世纪前的种种变化，所以，不久我就被迫放弃了以两卷完成此著作的愿望。随后的计划曾经不止一次地进行过更改，部分原因是形势的发展，部分是因为我还有其他事务缠身，以及精力衰退。

1919年出版的《工业与贸易》实际上是本书的续集。第三本《论贸易、金融和工业的未来》则更超前。我尽能力所及，打算以这三卷书来探讨经济学中的所有主要问题。

因而，本书仍然是一本经济学的入门书；虽然不是在所有方面，但也在某些方面类似于研究经济学的基础著作——罗雪尔及其他经济学家把这类作品放在他们所撰写的有关经济学的一组各自半独立的著作的最前边。本书不涉及通货及市场组织这类特殊论题；至于工业结构、就业和工资问题这类论题，在本书中则主要研究其正常状态。

经济的发展是渐进的。经济的进步有时由于政治变故而突然停顿或倒退。但是，经济的前进运动却绝不是突然的。因为即使在西方和日本，经济运行也是以部分上的自觉和部分上的不自觉的习惯为基础的。虽然天才的发明家、组织者或金融家似乎可以一举改变一个民族的经济结构，但是，经过调查研究即可知道，那些并非仅仅是表面的、暂时的影响只不过体现了一个酝酿已久的广有建设性的想法的成功发挥。在大自然的各种现象中，那些最常发生、井然有序、可以进行仔细观察和认真研究的现象才是其他大多数科学著作以及经济学著作的基础；而那些偶发的、罕见的、难以观察到的现象通常都留到以后阶段再进行专门研究；"自然不能超越"，这句格言特别适合用来指经济学的基本著作。

上述两种不同现象的对比可以在本书和《工业与贸易》一书中，通过大企业研究的分配情况得到说明。如果任何产业部门都对新的企业提供了发展的机会，而这些企业又发展成了一流的企业，但过一段时间也许又衰落了，那么就可以参考"一个代表性企业"估算出这个产业部门中的正常生产费用。"代表性企业"有很大一部分是属于组织良好的个体企业的内部经济，但也有一部分是属于集体组织的总的经济或外部经济，而这种经济是将整个地区都作为整体来看的。对这种企业的研究正属于经济学基础研究工作的范畴。尽管一些在政府部门或大铁路公司内部的垄断企业调整价格的确主要是为自己的收入着想，但或多或少也考虑到顾客的利益，同样，对于这种垄断企业所遵循的原则的研究也正属于经济学基础研究工作的范畴。

但是，当托拉斯正力图控制一个大市场，当利害相关的团体正在建立、解散，尤其是当某一企业制定的政策方针可能不光着眼于其自身经营成功的思想并受其支配，而且还得服从于大的股票交易或控制市场的战役时，正常的活动就退避三舍了。这种问题就不适合在经济学基础研究的著作中讨论，可以将它们归到某些上层建筑的著作中。

经济学家的目标在于经济生物学，而不是经济力学。但是，生物学概念比力学概念更复杂。因此，研究基础的书相对来说必须更重视力学的类似性，并频繁使用"平衡"一词（此词表明某种静态相似的意思）。上述这一事实以及本书特别注意近代生活的正常状态，表明本书的中心思想是"静态的"，而不是"动态的"。但是，事实上，本书自始至终研究的是引起发展的种种力量：基调是动态的，而不是静态的。

由于要研究的力量数量极多，因此我们最好是一次同时研究几种力量，然后作出部分解答，以辅助我们的主要研究。这样，我们可以首先单独研究某种商品的供求和价格的基本关系，用"其他情况一样"这句话把其他一切力量都暂时当做是不起作用的：我们并不是认为这些力量是无用的，而只是暂时不理会它们的活动。这种科学方法早在科学诞生以前就有了。自古以来，明达事理之士都有意或无意地采用此方法解决日常生活中的每个难题。

在第二阶段，在原来假定不起作用的力量中，有更多的力量开始起作用了，特定种类的商品需求和供给条件发生变化并开始发挥作用，我们开始观察这些复杂的条件以及它们的相互作用。动态问题的范围逐渐扩大，而暂时的静态假定范围缩小了；最后，在许多不同的生产要素中开始触及国民收益分配这一重大核心问题。同时，动态的"替代"原则也经常发生作用，使任何一类生产要素的需求和供给都间接受到其他要素供求的影响，即使这些要素是属于毫无关联的产业部门的。

因此，经济学主要是研究不得不要求变化和进步（不论是好的还是坏的）的人类的。部分的静态假定是用来临时辅助动态的——或者说是生物学的——概念。不过，经济学的中心思想必须是有关活力和运动的思想的，即使经济学基础性的研究也是一样。

在社会历史中曾经有过这样的阶段：即土地所有权产生的收入支配着人类的关系，也许还会占优势。但在当代，新土地的开发加上低廉的水路运费，几乎阻止了报酬递减的倾向，这是按照马尔萨斯和李嘉图提出的术语的意思来说的，当时英国劳动者每周的工资往往低于0.5蒲式耳（在英国，1蒲式耳相当于36.368升上等小麦的价格）。不过，如果人口的增长按照现在增长率的四分之一的速度长久持续下去的话，那么从土地一切用途（假定和现在一样不受当局的限制）上所获得的总地租价值也许会超过从其他物质财产上所获得的总收入；即使那些财产体现出相当于现在劳动二十倍的价值也是一样。

本书历次再版（一直到第八版）都越来越重视上述事实和下述这样一个相互有关联的事实：在每一个生产和贸易部门中都有一个最低限度的利润——边际。在此利润范围内，增加使用任何一个生产要素在一定条件下都是有利的；但是，如果超出这个利润限度，再增加生产要素的使用量就会产生递减的报酬，除非有增加的需要，且同时与其一起使用的其他生产要素也随之同时适当增加。另外，下面这个补充事实也同样是应该引起重视的：有关边际利润这个概念不是千篇一律、绝对不变的，而是随着所研究的问题的条件变化而变化的，尤其是随着与之有关的时间的长短而变化的。有关普遍的规则是：（1）边际利润的成本并不决定价格；（2）那些决定价格的力量所起的作用只有在边际利润上才能清楚地表现出来；（3）那种必须依据长期、持久的结果来研究的边际利润，与必须依据短期、一时的波动来研究的边际利润在性质和范围上都是不同的。

边际利润的成本性质变化不同,这的确是造成以下人所共知的事实的主要原因:在一种经济原因所产生的结果中,那些不易看出的结果往往比那些表面的、随便就能观察到的结果更为重要,且与之处于相反方向。这是在过去的经济分析中存在的、令人感到麻烦的主要困难之一。目前,这种困难的全部重要性恐怕还没有得到广泛认识,也许还要做更多的工作才能充分了解其重要性。

就经济学材料极其不同的性质所允许的范围内,这一新的分析法正逐渐地试探着将少量增加科学(通常称为微分学)的方法用于经济学中。近代人类之所以能把握大自然的性质,大部分都直接或间接地归功于这种方法。不过,目前这种分析法还不够成熟;还没有一定的信条,也没有统一的标准;还没有经历充分的时间来获得一套十分确定的术语,有关术语的最恰当的使用及其他附属问题的意见分歧是经济学正常发展的标志。事实上,在那些按照这个新方法积极工作的人当中,尤其是在那些学过物理学上比较单纯明确且更高深的问题的人当中,对于这个方法的运用及基本原理表现出不一般的和谐与一致。此方法在有限的但却重要的经济学研究领域中非常适合,占有支配地位,这一点或许无须等到下一代可能就不会有争议了。

在本书历次再版的各个阶段中,我的夫人一直都在帮助我、给我出主意。每一版都多亏了她的建议、关心和见解。凯恩斯博士和普莱斯先生校阅了第一版,对我帮助极大;福拉克思先生也为我出了不少力。在某些特别问题上,有时关系到不止一个版本,而每一版本都有诸多人士帮助我。在此,我要特别感谢艾希礼、坎南、埃杰沃斯、哈弗菲尔德、庇古和陶西格教授,还有贝里博士、法伊先生和已故的西季威克教授。

1920年10月于剑桥曼第诺莱路6号公寓

第一篇

导　言

第1章 绪 论

§1. 经济学既是一门研究财富的学问，也是一门研究人的学问。宗教力量和经济力量共同塑造了世界历史 政治经济学或者经济学，是对人类一般生活的研究；是对个人与社会活动中获得和使用保证生活安康物质必需品的最密切相关的部分的研究。

因此，一方面经济学是对财富的研究；而另一方面——也是更重要的一方面——是对人的研究。这是因为人的性格形成于日常工作及由此获得物质资源的过程之中。除了宗教思想的影响之外，任何其他影响都不能塑造人的性格；而且塑造世界历史的两大力量就是宗教和经济。虽然对于武力的崇尚或对于艺术精神的热爱在各地也曾经盛行一时，但宗教和经济的影响仍居第一位，这在任何时候、任何地方都从未被取代过，而且它们几乎总是比所有其他的影响合在一起还重要。宗教的动机比经济的动机更强烈，但是宗教动机的直接作用却不如经济动机对人类生活的影响广泛。因为，一个人在心情最好时，在大部分时间里想的都是有关谋生的事情；在这段时间里，他在工作中运用才能的方式以及由此产生的想法与感情，还有他与同事、雇主或雇员之间的关系就塑造了他的性格。

但是，即使一个人收入的多少对于他的性格产生的影响不大，但也不比获得收入的方法产生的影响少多少。一个家庭每年收入是一千镑还是五千镑，对这个家庭生活的富足状况也许关系并不大；但是收入是三十镑还是一百五十镑就有很大差别了：因为如果有一百五十镑，这个家庭就可以获得维持美满生活的物质条件；但只有三十镑却不能获得这些条件。的确，在宗教、家庭情感和友谊方面，即使穷人也可以找到发挥许多才能的机会，这些才能是无上快乐的源泉。但是，在极端贫困的环境中生活，尤其总是在拥挤不堪的地方工作，就会使有较高才能的人受到窒息。那些被称做大城市中的贱民的人，几乎很少有机会寻求友谊；他们不知道什么叫做文雅或宁静，甚至不太了解家庭生活的和谐；而且宗教也常常不能光顾他们。毫无疑问，他们身体、精神和道德方面的不健康，虽然部分上是由于贫困以外的其他原因造成的，但贫困却是主要原因。

除了这些贱民之外，在城市和乡村里，还有许多人是在缺衣少食、居无定处的情况下长大的。他们幼年辍学，很早就出去工作、赚钱；且他们那营养不良的身体还长时间地做着令人疲劳的工作，因此没有机会发展更高的智力。这些人的生活并不一定就是不健康或不愉快的。他们以爱上帝和他人为乐，他们甚至可能还拥有某种自然情感方面的修养，所以，他们过的生活可能比许多拥有较多物质财富的人过得更充实。但是，尽管如此，贫困仍总是他们生活的一种巨大的、几乎是不折不扣的灾祸。即使在健康时，他们的疲劳也往往等于痛苦，而他们的欢乐又很少；当生病时，贫困所造成的痛苦就要加重十倍。虽然一种知足常乐的精神可能会令他们甘心受苦，但是还有许多别的苦难是这种精神无法使他们甘心忍受的，如过度劳作及教育不足、疲乏及忧郁、缺乏安静及空闲等，使他们没有尽情发挥才智的机会。

虽然有些常常伴随着贫困而来的邪恶并非总是贫困导致的必然结果，但是，总的说来，还是"贫困毁了穷人"。所以，研究贫困的原因实际上就是研究人类中的一大部分人的堕落的原因。

§2. 贫困是否必然令经济学家最关心　　奴隶制被亚里士多德看做是天经地义的，而古代的奴隶自己也大概是这样想的。人类的尊严得到基督教的广泛传播和近百年来的维护；只是最近由于教育的普及，我们才开始感受到此词的全部含义。现在，我们要开始认真地研究一下所谓"下等阶级"究竟应不应该存在的问题，即是否应该有许多人生来就注定要做苦工，注定要为别人提供美好和文明生活的必需品，而他们自己却因贫困和劳苦一点儿都分享不到这种生活。

的确，十九世纪工人阶级不断进步的事实燃起了人们消除贫困和愚昧的希望。蒸汽机使工人从许多费力又损害身体的工作中解脱出来；工资提高了；教育有所改善而且得到比较广泛的普及；铁路和印刷业能使国内各地同行业的人易于联系，并且使他们能在更广泛的区域范围内执行更具前景的政策方针；同时，对智力工作日益增长的需要使技术工人迅速增加，并且超过了那些完全没有特殊技能的工人。其中一些人的生活甚至比一个世纪以前的大多数上等阶级的生活过得更高雅、更高尚。

这种进步比其他任何事情都更能使人实际关心这一问题：所有的人初来这个世界时都应有过文明生活的公平机会，都应有免受贫困痛苦和免除由过度机械劳动所带来的令人呆滞的影响的机会。但这个是否真是不可能实现呢？这个问题在当代由于其日渐迫切而首推到前列。

不过，这个问题不能完全由经济学来解答。因为这个答案部分地要依靠人类本性的道德和政治能力来解决，而经济学家并没有了解这些事情特别方法的能力；他必须像别人一样做，尽力去推测。但是，由于这个答案还属经济学范围内的事实和推论，因而经济学主要的以及最关心的也正是这一点。

§3. **经济学主要是最近才得到发展** 人们也许曾经这样认为：一门研究与人类福利相关的至关重要问题的科学一定已经引起历代许多最有能力思考的思想家的注意，到现在应该是发展得接近成熟了。但事实却是这样：相对于要做的工作的难度而言，具有科学家头脑的经济学家的人数总是比较少的，因此这门科学差不多仍处于新生阶段。造成这一事实的其中一个原因就是经济学与人类较高福利的关系被忽视了。的确，一门以财富为主题的科学常常令许多学者乍一看上去生厌，因为那些尽力扩大知识范围的人是不大关心为占有财富而占有财富这一主题的。

但一个更重要的原因是：在近代经济学所研究的产业生活状况中，以及在生产、分配和消费的方式中，有许多只是新近才出现的。诚然，实质性变化在某些方面确实没有外形上的变化大；更多的近代经济理论虽然比最初时更能适用于落后民族的状况。但是，作为许多形式变化的基础——实质上的统一性——更令人不易察觉，而且形式上的变化已经产生的结果是，各个时代的作家从他们前辈的著作中获益较少，而不是更多。

近代生活的经济状况虽比从前复杂，但在许多方面却比从前更明确。生意与其他事情分得比较清楚；个人对别人、对社会的权力也有比较明确的规定；而最重要的是，摆脱习俗的束缚，以及更多的自由活动、不断产生的先见之明和永无止境的进取心，使决定各种东西和各类劳动的相对价值的种种原因都具有新的准确性和新的重要性。

§4. 竞争可以是建设性的，也可以是破坏性的。但即使当竞争是建设性的时候，也没有像合作那样有利。不过，近代商业的基本特征是产业和企业的自由、自力更生及未雨绸缪　人们常说近代产业生活的方式与过去的区别在于更具竞争性，但这种说法不能十分令人满意。竞争的严格意义似乎是指一个人与另一个人的比赛，尤其是关于物品买卖出价方面的比赛。这种比赛无疑比过去更激烈、更广泛，但这只是近代产业生活基本特征中次要的甚至可以说是偶然性的东西。

没有一个词能更能恰如其分地表达这些特征。就如我们现在将看到的一样，它们是：自己选择方向的某种独立性和习惯，自己做主；谨慎而快捷的选择及判断；对未来进行预测以及向遥远目标前进的习惯。的确，这些特征可能（而且往往）使人互相竞争。但在另一方面，它们倾向于（而且现在的确正倾向于）使人走向合作以及走向各种好坏结合的道路。但是，这种趋于共同所有和共同活动的倾向与从前的大不相同，因为这不是风俗习惯的结果，也不是任何被动地与邻人联合的结果，而是每个人自由选择其某种行为的结果。这种行为经过他仔细考虑之后，似乎是最适合他达到目的的，而不论这些目的是利己还是利他。

"竞争"这个词充满了罪恶的意味，而且还包含着某种自私自利以及对他人的安康漠不关心的意思。的确，以前的产业形式不像近代的那样有着有意的自私自利的特点，但也不如近代的那样具有有意的无私奉献之心，近代的特点是有意识性而不是自私性。

例如，当原始社会长安风俗扩大了家庭范围，并规定一个人对其邻居的某些义务时——这种义务已被后来的文明废除了——同时也确定了对陌生人的敌视态度。在近代社会里，善待家人的情感虽然涉及较小的范围，但却更为强烈；而对邻居和陌生人都差不多一视同仁。近代人平常对待这两类人时，公平和诚实的标准比原始人对待邻居的某些方面要低，但比原始人对待陌生人的却要高多了。这样，只有邻里关系疏远了，而家庭关系在许多方面都比从前加强了，家庭情感才能唤起更强烈的自我牺牲精神和忠诚意识。对陌生人的同情心，是有意识的利他主义的不断增长的源泉，在近代以前从未有过。那个近代竞争发源地的国家用于慈善事业的收入金额比其他任何国家都要大，花了两千万元去赎买西印度群岛的奴隶的自由。

历代诗人和社会改良家都试图用古代英雄的美德的动人故事，鼓舞他们自己时代的人过比较高尚的生活。但是，经过仔细研究，我们发现，历史记载和对当代落后民族的观察都不能支持这一说法：现在的人比从前的人总体上更苛刻冷酷；或者说，在习俗和法律任人自由选择的时候，从前的人比现在的人往往更愿意为他人的利益而牺牲自己的幸福。有些民族的智力似乎在其他方面都没有得到发展，也没有近代商人的独创能力，但却有许多人与邻居交易时的斤斤计较，表现出有害的聪明。最肆无忌惮乘人之危的商人，莫过于东方的谷物商人和放债者了。

再者，毫无疑问，在近代，贸易有了新的欺诈行为的机会。知识的进步发现了许多新的鱼目混珠的方法，并且使许多新的掺假的方法成为可能。现在，生产者与最终消费者之间相距甚远，其不正当的行为不会立刻受到严厉处罚。而如果一个人必须生活，乃至老死于故乡，当他欺骗乡邻时，就会受到这样的处罚。现在欺诈的机会的确是比过去多了，但也没有理由认为人们比过去会更多地利用这种欺诈机会。相反，近代贸易方式一方面包含信任他人的习惯，而另一方面则又包含着抵制欺诈行为诱惑的力量，这两点在落后民族之中是不存在的。在所有社会条件下，都不乏单纯的真理和个人忠诚的事例，但是那些曾经要在落后地区建立新式商业的人却常常感到不能对当地人委以重任。那种需要良好道德品质的工作比那种需要高超技能和智力的工作更需要引进外援。贸易上的掺假和欺诈行为盛行于中世纪，而且程度之惊人，我们现在所见到的种种不正当行为在当时普遍存在。

在金钱力量占优势的各个文明阶段中，在没有感觉到纯粹的有形黄金的压力之前，诗人们在诗歌中都喜欢描写一个过去的真正"黄金时代"。他们诗歌描写得非常美丽，激发了高尚的憧憬和决心，但这些描写却很少有历史的真实性。许多小的社团欲望单纯，大自然的恩惠充分满足了这些欲望。他们的确有时对物质需求几乎毫不关心，而且也不会引起卑鄙的野心。但是，每当我们能洞悉在我们时代中处于原始状态下的拥挤不堪的人的内部生活时，我们就会看到从比远处看起来更多的贫困、狭隘和艰难：我们从未见到过如此多的在今天西方世界中普遍存在的痛苦和不舒适的状况。所以，我们不应当在构成近代文明的力量上加上一个含有恶意的名称。

将"恶意"这层含义加到"竞争"这个名词中恐怕是不合理的，但事实上确实如此。实际上，当竞争受到非难及反社会的形式变得非常突出时，人们很少在乎它是否还有其他形式。而恰恰是这些形式对于维持活动力和自发性非常重要，缺少它们恐怕对社会福利非常有害。当商人或生产者发觉竞争者以低于使他们能获得更大利润的价格出售商品时，便对这种冒犯行为勃然大怒，并抱怨受到了损失，虽然那些购买廉价物品的人也许确实比他们贫困，也许他们的竞争者的精力和智谋确实有利于社会。在许多情况下，"限制竞争"是一个令人误解的词，掩盖了生产者中特权阶级形成的事实，因为这种生产者往往利用他们的联合力量，阻挠一个有能力的人努力从低于他们的阶层中发展起来。在抑制反社会竞争的借口下，他们剥夺了他人创业的自由。在他们看来，如果他人创立了新事业，并对商品消费者做出了贡献的话，就会大于对反对他人竞争的那一小群人所做出的损害。

如果将竞争与为公众利益义务无私工作的积极合作相对比的话，那么即使是最好的竞争形式也有害，至于较为苛刻卑鄙的竞争形式简直就是可恨了。这样，在一个人人都十分善良的世界里，竞争就不会存在了；私有财产与各种形式的私人权力也都不会存在了。人们只会想到他们的义务，没有人会希望比邻居享受更多一点生活上的舒适与奢侈。实力较强的生产者较能忍受困难，因此就会希望那些较弱小的邻居在生产出的东西较少的情况下，仍然能够有较多的东西可消费。因为假如他们以这种想法为乐，就会以所拥有的全部精力、创造力和热切的进取心去为公共利益工作；就会在人类与自然界的斗争中无往不前。这就是诗人和梦想家所向往的黄金时代。但是，做事要负责任，忽视仍然依附在人类本性上的种种缺点实乃愚蠢之至。

历史，尤其是社会主义冒险事业的历史，总体上表明普通人是不能长时间地在一起实行纯粹的、理想的利他主义的；只有一种例外，即少数的虔诚之至的笃信宗教者，与之相比，他们对崇高的信仰的关注胜过对物质的关心。

毫无疑问，即使现在，人们也能做出比通常做的大得多的无私贡献：经济学家的最高目标就是发现如何才能最快地发展一种潜在的社会资产，并最明智地加以利用。但是，绝不要不加分析地就对竞争统统加以诋毁，对竞争的任何特殊的表现都必须保持中立态度，直到相信人类本性确实如此，抑制竞争绝不会比竞争本身会更起到反社会的作用。

因此，我们可以得出如下的结论："竞争"这个词不太适合用来说明近代产业生活的特征。我们需要这样一个词：它不含有任何好的或坏的道德品质的意味，而只是说明一个无可争辩的事实，即近代企业和产业的特征是一个更能说明自力更生习惯、更有远见以及更为谨慎和自由的选择。没有一个词能适合于这个目的，只有"产业与企业的自由"，或简言之，"经济自由"意思更接近。在没有更好的词之前，可以采用它。当然，当合作或联合似乎是达到一定目的的最好的途径时，这种谨慎和自由的选择也许会导致某种与个人自由背道而驰的选择。至于这些谨慎的联合形式，对从它们中发源的个人自由会破坏到什么样的程度，以及对公共福利会有利到什么程度，这已在本书的研究范围之外①。

§5. 有关这些特征和经济学发展的概述，已从本篇移至附录一和附录二

在本书的前几个版本中，这一章绪论之后还有两篇概述：一篇是关于自由企业的发展和经济自由的发展；另一篇是关于经济学的发展。虽然经过压缩，但它们也不足以称做系统阐述；它们仅仅旨在说明，经济结构与经济思想发展到现在层次水平的历程中的某些里程碑而已。现在这两篇概述已被移到本书末的前两个附录中，部分上是因为只有对经济学的主题有了相当认识之后，才能彻底明白这两篇的全部意义；部分上也是因为自从这两篇概述最初写成到现在的二十年里，公众意见对于经济学和社会科学的研究在高等教育中所占据的地位已经大有发展。现在已不像从前那样需要强调说，许多现代经济问题的主题皆取自近来的技术和社会变化。这些问题的形式和迫切性都与对大众有效的经济自由有关。

许多古代希腊人和罗马人与家奴的关系是真诚的、仁慈的。但是，即使生在阿的卡（古希腊一个小国），市民都不会将大多数居民的物质和精神福利看做是生活的主要目的。生活虽然崇尚理想，但只与少数人有关：在近代极其复杂的价值学说在那时也可以计划出来，就像现在所能想出来的一样，只要当时几乎所有体力劳动都由自动机器代替就可以了，而这种机器仅需要使用一定量的蒸汽力和原料，但它却与一种美满的市民生活的要求无关。在中世纪的城市里，人们也许的确预先见到了近代经济学的许多内容。在那里，第一次有了智慧、大胆的精神与坚韧不拔的勤劳相结合的情况。但是，中世

---

① 在即将出版的《工业与贸易》中，这个问题占据了相当大的篇幅。

纪的城市却不能安静地创立自己的事业；世界必须等待新的经济纪元的到来，直到全国人民都准备接受这种经济自由的考验。

尤其是英国，在逐渐准备这项任务。但在接近十八世纪末时，一向缓慢而渐进的变化突然变得迅速而强烈了。机械的发明、工业的集中以及为远处市场大规模生产的制度，打破了旧的工业传统，使每个人都能尽量自由地讨价还价；同时，这一切还促进了人口的增加，不过这些增加的人口只在工厂和作坊里仅仅有立足之地而已。这样，自由竞争，或者不如说是工业和企业的自由就如同未驯服的怪兽一样被放任自流。那些能干却未受过教育的商人滥用新力量导致了各种罪恶。母亲们担任不适合的职务；孩子们因过度劳累和疾病而倒下；在许多地方人们都堕落了。同时，《扶贫法》原本善意但却显得草率，甚至比残忍的工业纪律的草率更降低了英国人的道德和身体的力量。这是因为《扶贫法》剥夺了人们适应事物新秩序的能力，增加了自由企业产生而造成的害处，减少了它带来的好处。

但是，当自由企业表现出一种反常的冷酷形式时，却正是经济学家对其大加颂扬的时候。这部分上是因为他们清楚地看到，已为自由企业所代替的风俗和严厉法令所具有的那种残酷性，而我们这一代的大部分人都已经忘记了；部分上也是因为当时英国人一般都倾向于认为，除了丧失安全之外，以任何代价换取享有一切政治和社会自由都值得。但更主要的是因为自由企业给予英国的生产力量是抵抗拿破仑获得胜利的唯一手段。所以，经济学家们的确不是将自由企业当做是一件纯粹的好事，而只认为其比当时所能实行的规章制度只有较少的害处而已。

自由企业的思想主要由中世纪商人首倡。十八世纪后半期的英法哲学家得以发扬，李嘉图及其追随者将这种思想发展成为了一种自由企业（或如他们自己所说，自由竞争）作用的理论。这一理论包含许多真理，其重要性也许将与世共存。他们的著作在所涉及的狭小范围内极其完美，其精华主要包括有关地租和谷物价值的问题——当时英国的命运似乎正取决于这些问题的解决。不过，其中李嘉图以特定方式解决的许多问题，都与现在的情况没有什么直接关系。

在他们的其余的著作中，有许多因过于注意当时英国的特殊情况而变得范围狭小；这种狭小性已经引起了一种反应：现在当更多的经验、更多的空闲和更多的物质资源已使我们能够对自由企业稍加控制，并能减少它的有害力量而增加它的有利力量时，一些经济学家却产生了一种对自由企业的厌恶之心。有些人甚至喜欢夸大其害处，并将愚昧和痛苦的原因也归咎于自由企业。其实，愚昧和痛苦是以往年代暴政和压迫的结果，或者是对经济自由的误解和误用的结果。

在许多不同国家里同时进行研究的大多数经济学家处于这两个极端之间。他们怀着探求真理的公正愿望，甘愿经历获得有价值的科学成果所必须经历的长期的、繁重的工作。意志、性情、训练和机会的不同使他们的工作方法各不相同，并使他们对问题注意的部分也各不相同。他们都或多或少要收集、整理有关过去和现在的事实以及统计数字；他们都差不多要根据手中的事实进行分析和推论：不过有些人觉得前一工作比较吸引人，而有些人觉得后一工作更有趣。然而，这样的分工在目的上并不相悖，而是和谐的。他们的工作都丰富了我们的知识，使我们能够了解谋生之道和生计的性质对于人类生活的质量和人类行为的特征所产生的种种影响。

第 2 章 经济学的实质

§1. 经济学主要研究人类活动的动力和阻力，这种动力和阻力的数量只能大略用货币来进行衡量。不过，这种衡量仅指动力和阻力的数量而言。不论是高尚的还是卑鄙的动机的质量，在性质上都是无法衡量的 经济学研究人在日常生活事务中的活动、思考等行为，但主要是研究在人的日常生活中最有力、最持久地影响人类行为的那些动机。尽管大部分人在经商中都会有比较高尚的品格；在经商中也像在别处一样受到个人情感、责任观念和对高尚理想的追求的影响。的确，最有能力的发明家和改进方法与工具的组织者，之所以发挥他们最大的能力，是因为他们受到高尚信念的鼓舞，而并非完全爱好财富。不过尽管如此，日常商业活动最执着的动机，还是为了获得作为工作物质报酬的工资的欲望。工资在使用上可以是利己或利人的，也可以是高尚的或卑鄙的。在这一点上，人类本性的多样化就起了作用。不过，这个动机是由一定数额的货币引起的。正是对商业活动这种最执着的动机的明确而准确的货币衡量，才使经济学远远胜过其他各门研究人类的学问。正像化学家的精确天平使化学比其他大多数自然科学都更精确一样，经济学家的这种货币天平虽然现在还很粗糙、不完善，但也使得经济学比其他任何一门社会科学都更精确。不过，经济学当然不能与精密的自然科学相比，因为经济学是研究人类本性不断变化背后的微妙的力量的。①

经济学比其他社会科学有优势，这似乎源于这样的事实：经济学的特殊的研究领域使之比其他任何一门学科都具有更多的机会采用精确的方法。经济学主要是研究人类的欲望、理想及人类本性中的其他情感问题的。而这一

---

① 关于经济学与社会科学总体的关系，将在附录三的第 1、2 节里进行说明。

切的外在表现形式都是经济学进步的种种动力,这些动力的驱动程度或数量甚至能够相当准确地加以估计和衡量;因此,在某种程度上,人们就能用科学方法来测试这些动力了。当一个人的动机所产生的力量——不是动机本身——差不多能用一笔金额来衡量的时候,而这笔金额又恰是他为了获得某种满足正好要放弃的,或者是刚好能使他忍受某种程度的疲劳,就便有可能使用科学的方法来测试。

很有必要指出下面一点:经济学家并没有声称可以衡量心中任何的情感,或者说直接衡量情感,情感只能通过情感的结果间接地进行衡量。一个人甚至不能将自己不同时间的心情进行准确的比较和衡量。至于别人的心情,除了从其结果进行间接的、推测性的衡量之外,是没人能够衡量得了的。当然,有些情感属于人类的较高的品性,而有些则属于较低的品性,它们是不相同的。不过,即使我们将注意力集中于仅仅是同一类型的肉体上的愉快和痛苦,我们也感到只能从其结果进行间接比较。实际上,除非同一个人在同一时间内体验同样的愉快和痛苦,否则,即使这种比较在某种程度上是必然的,也是推测性的。

例如,两个人从吸烟中获得的愉快是不能进行直接比较的。即使同一个人在不同的时间里从吸烟中获得的快乐也是不能直接进行比较的。不过,如果我们看到一个人犹豫不决,不知道该把他的几便士用于买一支雪茄烟,还是买一杯茶,或是坐车回家,这样的事我们可按照惯例说,他能从这几件事上获得同样的快乐。

因此,即使我们想比较物质上的满足,也不能进行直接比较,必须以这种满足对活动所提供的动力进行间接比较。如果要获得两种愉快之中的任何一种愉快,且这种欲望诱使处境相同的人各去做正好一小时的额外的工作,或是诱使身份相同、财产相当的人各为这一小时工作付出一个先令的话,那么我们就可以说,为着研究目的着想,这两种愉快是对等的,因为要获得愉快的欲望对于情况相似的人而言,是有同样强有力的激发活动的动力的。

所以,像人们在日常生活中所做的那样,我们用激发活动的原动力或刺激物来衡量一种心情,虽然在我们所要考虑的有些动机中,有些是属于人类的较高品性,有些则属于人类的较低品性,但也不会引起新的困难。

假如我们看到一个人在几种小小的满足之间犹豫不决,过了一会儿,他忽然想到，在归家的途中，他会遇到一个贫穷的病人；他用了一些时间才决定下来自己究竟是选择一种物质满足，还是去做一件善事，以他人之乐为乐。因为他的愿望时而这样，时而那样，所以他的心情就会发生性质上的变化。哲学家应该研究这种变化的实质。

不过，经济学家是通过心情的表现而不是心情本身来研究各种心情的。如果他们觉得不同的心情对活动提供了相等的动力的话，那么为了研究的目的，可以把这些心情也当做表面上是相同的。其实，他们所用的方法与每个人每天日常生活中所用的方法是一样的，只不过是更有耐心、考虑更周到以及更谨慎小心罢了。只是他们不想以人类本性当中的低级情感来衡量高级情感的真正价值，也不想将对美德的爱好与对美味食品的爱好进行比较。他们从结果中来估计出激发活动的动力，就像人们在日常生活中所做的一样。他们遵循平常谈话所采取的方式，不同的只是在他们进行研究时，更谨慎小心地去弄清楚他们的知识范围。他们从在一定情况下对人进行泛泛的观察中得出暂时性的结论，但并不打算探求个人的心理及精神特征。不过，他们也不忽视生活的心理、精神方面的因素。相反，即使在经济研究的比较狭小的范围方面，了解占有优势的欲望是否有助于形成一种坚强而正直的性格也是重要的。在经济研究的较广范围内，当这种研究被应用到实际问题上时，经济学家也像别人一样，必须关心人类的最终目的，并考虑对活动有同样强大影响的动力，以及具有对等经济价值的各种各样满足形式之间的实际价值差异。这些价值的研究只是经济学的起点，它的确是起点①。

---

① 一些哲学家就任何情况下的两种愉快都等同的说法提出的异议，似乎只适用于跟经济学家的说法无关的各种用法。然而不幸的是，经济学术语的习惯用法有时令人以为经济学家是享乐主义或公利主义的哲学体系的信徒。因为，经济学家通常认为最大的愉快是从努力尽职中获取的；而同时，他们又说"愉快"和"痛苦"是激发一切活动的动机。因此，他们就受到某些哲学家的谴责。这些哲学家主张：一个人尽职的愿望与他期望可能从尽职中获得愉快的欲望——如果他偶然想到这一点的话——是两种不同的事，这是一个原则性的问题，虽然这种愿望如果被称做"自我满足"或"满足永久的自我"的欲望也并无不妥（例如，参看格林著的《伦理学绪论》第165～166页）。

经济学显然不该参与伦理学上的争论：既然一致地认为就自觉的欲望而言，活动的动机简称为"满足"的欲望毫无不妥之处，那么，在谈到一切欲望的目的时，不论

§2. 同一先令衡量的动力计算起来应是穷人比富人大，但经济学通常寻求不受个人特性影响的广泛结果　这里还要讨论用货币衡量动机的几种其他局限性。第一种局限性的产生，是因为必须考虑到同额货币所代表的愉快或其他满足程度对不同环境中的不同的人来说是不同的。

即使对于同一个人而言，一先令获得的愉快（或其他满足），也许在一个时间比另一个时间要多。这是因为在前一个时间里他的金钱也许会更充足，或者因为他的感觉可能会发生变化①。同样的事对于经历相同、外表相似的人所产生的影响也常常不同。例如，一群城里小学生到乡下去度一天假，他们当中恐怕不会有两个人获得形式绝对一样，并且程度相同的愉快感。我们知道，父母对于子女当然是同样慈爱的，但对爱子的夭折，父母的悲痛程度是大不相同的。有些人虽说很不敏感，但却特别容易感到一种特殊的愉快和痛苦；同时，本性与教育的不同，也可使一个人对于苦乐的感受与另一个人全然不同。

所以说，任何有相同收入的两个人都能从收入的使用上获得同样的利益，是不合适的；或者说，他们会对收入的同样减少也感受到同样的痛苦，同样也是不合适的。向每年收入都是三百镑的两个人各征一镑税时，虽然每人都要放弃一镑价值的愉快（或其他满足）——这是他最能容易放弃的——也就是说每人将要放弃恰好用一镑来衡量的东西，但是，每人因为放弃所获得的满足程度却不一定是相同的。

这些欲望是否属于人类较高的品性还是较低的本性，都应该用"满足"这个词来代替"愉快"或许会更好。"满足"的反义词是"不满足"。如果用简短一点、没有色彩的词语"不利"来代替它或许还更好。

我们注意到某些边沁的追随者（虽然也许不是边沁本人），将"痛苦"和"愉快"的这种广义用法，当做从个人的快乐主义到完美的伦理教条的桥梁，却并没有意识到有必要提出一个独立的大前提，而这种必要性似乎是绝对的，虽然关于这一大前提的形式总会有不同的意见。有些人认为它是绝对命令式的；而某些人认为它是这样一种单纯的信念：不论我们的道德本能的起源怎样，这种本能的表现已为人类经验的判断所证实，从而知道如果没有自尊就不会得到真正的快乐，而自尊只有在努力生活以促进人类进步的条件下才能获得。

① 参照埃奇沃斯的《数学心理学》。

然而，如果我们取的平均数非常广泛，且足以使每个人的特性互相抵消，那么，有相同收入的人为了得到同一种利益或避免同一种损害，其所要付出的货币的确是这种利益或损害的一个很好的测量方法。假如有一千个人住在设菲尔德城，另有一千人住在利兹城，每人每年约有一百镑收入，并对他们都征一镑的税。我们可以相信，这一镑的税在设菲尔德城将造成的丧失愉快或其他损害，与在利兹城将要造成的差不多一样大。如果使他们的收入都增加一镑，那么这两个地方就会得到对等的愉快或其他利益。如果他们都是从事同一行业的成年男子，可以推测，他们的感觉和性情、品位及教育也大致相同，这种可能性是很大的。如果我们以家庭为单位，并比较这两个地方每年有一百镑收入的一千个家庭当因减少一镑的收入所引起的愉快的丧失，那么，这种可能性也丝毫都不会减。

另外，我们还必须考虑这样一个事实：如果让一个人对任何东西付出一定的价钱，那么其所需要的动力一定是穷人要比富人大。对于富人而言，一先令衡量的任何愉快或满足的程度都要比穷人小。一个富人对在是否花一先令只买一支雪茄烟犹豫不决时，他所考虑的种种愉快相对于一个正在考虑是否花一先令买可供他用一个月的烟草的穷人来说要少得多。雨下得再大，每年只有一百镑收入的职员仍是步行上班，而每年有三百镑收入的职员则不同：因为乘电车或公共汽车的费用所衡量的利益，对穷人来说要比富人大。如果用掉了那笔车费，穷人因缺少这笔钱会比富人感受到更大的痛苦。在穷人的心目中，车费所衡量的利益要比在富人的心目中所衡量的更大。

不过，当我们考虑较大人群的活动和动机时，造成这种差错的机会会减少。例如，如果我们知道一家银行的倒闭使利兹城的居民损失二十万镑，而使设菲尔德城的居民损失十万镑，那么我们很可能就会认为，在利兹城造成的损失会比在设菲尔德城大一倍。除非我们确实有某种特殊的理由，认为一个城市的银行股东是比另一城市的股东更为富有的阶层；或者认为银行倒闭对两个城市的工人阶级所造成的失业的比例不同。

经济学研究的绝大多数事件都对所有社会不同阶层有着比例大致相同的影响。因此，如果用来衡量两件事所产生愉快的货币标准相等的话，就有理由认为这两件事所产生的愉快也相同，这是合乎常例的习惯。进一步说，如果从西方国家任何两个地方都毫无偏见地抽出两大群人，假设他们会将比例大致相同的金钱用做生活较为高尚的用途，因此甚至就有这样一种表面上的可能性：如果他们的生活用品以同等的量增加，那么就会以几乎同等的程度促进他们生活的美满以及人类的真正进步。

§3. 习惯本身大都基于有意识的选择　再说说另外一点。当我们说到用欲望作为动力的活动时，并不是说我们认为一切活动都是有意识的或经过深思熟虑的。因为，在这一点上也正像在其他各个方面一样，经济学常把人看做是像在日常生活中的那样：在日常生活中，人们并不总是预先考虑每一个活动的结果，不管他的推动力是出自人们较高的品性，还是较低的品性①。

经济学特别关心的就是人们的行为在生活当中经过深思熟虑，且在未做某事之前总是先考虑好其利害得失的一面。在人们的这一面生活当中，当人们的确遵照习惯、按照惯例，不假思索地临时做某事时，其实习惯与惯例本身就几乎是精密而细心地观察不同行为过程所产生的利害得失的产物。当然，它一般不会有像资产负债表上借贷双方的任何正式计算，但人们在一天工作完毕回家时，或者是在社交场合相遇，便会对对方说"这样做不合适，那样做就好了"，等等；也不一定是为了自己的利益，或为了物质利益，才非要使一件事比另一件事做得更合适。这时，人们常常会这样说"这个或那个办法虽然省却了一点麻烦或一点钱，但是对别人是不公平的"，或者"它使人看起来卑鄙"或"它使人感到卑鄙"，等等。

的确，当一种情况下产生的习惯或风俗，或其他因素下影响行动时，习惯、风俗与付出的努力及目的之间至今还没有明确的因果关系。在落后国家里仍有许多风俗习惯，就类似于那些处于禁闭当中的海獭自己筑堤的习性；

---

① 有一类满足感有时被称做"追逐的愉快"，便是这种情况。这类满足不但包括游戏和消遣、狩猎和赛马这样轻松的竞赛，而且还包括比较严肃的职业及商业生活竞争。我们在研究决定工资和利润的种种原因及工业组织形式时，将特别注意这类满足。

　　有些人性情变化无常，连他们自己都弄不明白自己的活动动机。但是，如果一个人性情稳定、考虑周到，那么他的冲动就是有意养成的习惯的产物，不论这些冲动是他较高或较低的本性的表现，还是他受良心的左右、社会关系的压力及身体需求本身的影响。因为相对来说，他不假思索地受到这些冲动支配是以前已经过深思熟虑，所以才决定受其支配。一种活动比另一种活动在吸引力方面更具优势，这即便不是当时深思熟虑的结果，也是以前对大体的相同事件进行处理的结果。

这些风俗习惯在历史学家看来意义深刻,而且立法者也必须加以考虑。但在近代商业事务中,这种习惯很快就消失了。

人们生活中最系统化的部分通常就是他们谋生的那一部分,这可从从事任何一种职业的人的工作那儿得到观察并对这种工作作出一般性的说明,然后再与其他观察结果进行比较以检验这种说明;关于为这些人提供足够动机所需的货币量或一般购买力的大小,也能作出数字形式的估计。

不愿推迟享乐或为将来积蓄,这是用积累财富所产生的利息来衡量的,而利息恰恰为积蓄提供了足够的动力。然而,这种衡量却有着某种特殊困难,必须等到以后再进行研究。

§4. 经济动机不全是利己的。对金钱的欲望并不排斥受金钱以外因素的影响,欲望本身也许是出于高尚的动机。经济衡量的范围可以逐渐扩大到包括许多利他的活动在内 在这里也像在别处一样,我们必须记住赚钱的欲望本身并不一定出于低等的动机,即使赚来的钱是用在自己身上也是如此。金钱是达到目的的一种手段,如果目的是高尚的话,那么对这种手段的欲望也就不是卑鄙的了。一个青年为了自己以后能负担得起上大学的费用而努力工作,并尽量节省,他是渴望获得金钱的,但这种渴望之心并不卑鄙。简言之,金钱也是一般的购买力,且被当做是一种达到各种目的——不论这是高级的还是低级的,是精神上的还是物质上的——的手段①。

这样,"货币"或"一般购买力"或"物质财富的掌握",的的确确是经济学所围绕的和研究的中心问题。不过,这样说并非因为它是人类努力的主要目标,也并非因为它对经济学家的研究提供了主要课题,而是因为在我们这个世界里,它是大规模衡量人类动机的唯一方便的方法。如果以往的经济学家弄清楚了这一点,就会避免许多可悲的误解;卡莱尔和拉斯金两人关于人类努力的正确目标和财富的正当使用的光辉论述,就不会因为其中含有对

---

① 参看莱斯利的一篇令人钦佩的论文,题为《金钱的爱好》。我们的确听到有人是为赚钱而赚钱,却不管钱有什么用处,在商场上度过一生的人尤其如此。但是,在这种情况下也像在别的情况下一样,一个人做一件事情的习惯,在原来要做此事的目的消失后,仍然还会保留着。占有财富使这种人感到比别人有钱有势,并使他们受到人们的尊敬,令人羡慕,因此他们本人会感到一种辛苦而又强烈的愉快感。

经济学的猛烈攻击而减色了。那种攻击基于错误的观点，认为经济学除了研究对财富的自私欲望之外，与任何动机都无关，甚至认为经济学强调了一种卑鄙的自私政策①。

　　再者，当我们说到一个人的活动动机受到他将赚到的金钱的激发时，并不是说在他的心目中除了唯利是图的念头之外，就不想别的了。因为，即使生活在最纯粹的商业关系中也是要讲诚实与信用的；其中有许多商业关系即使不讲究慷慨，至少也是讲究不存卑鄙之心的，并且也讲究每个诚实的人为了洁身自好所具有的自尊心的。再说，人们借以谋生的工作有许多本身就是令人愉快的。社会主义者认为可以使人对更多的工作感受到更多愉快是有道理的。的确，即使乍一看上去似乎是索然无味的商业工作，但由于其对发挥人们的才能和争强好胜的本能提供了机会，也往往会使人产生很大的愉快感。因为，正像在比赛中的一匹马或一个运动员，竭尽全力要胜过他的竞争者，并对这种紧张感到愉快一样，一个制造商或一个商人受到胜过他的竞争对手的希望的鼓舞，往往要大于受到增加他的财产的欲望的激励②。

　　§5. 续前　的确，经济学家一向都是认真考虑某种职业所具有的吸引人们去谋求这种职业的优势，不论这些优势是否表现为货币形态。如果其他条件均等，人们将会喜欢一种不必弄脏双手且又享有良好社会地位等的职业；尽管这些优势对每一个人的影响并不完全相同，但对大多数人的影响却差不多是一样的。因此，这些优势的吸引力就能用被认为是等同物的货币工资来估计和衡量。

　　另外，想得到周围人的赞美、避免他们藐视的欲望也是对活动的一种刺激。这种刺激在一定的时间和地点，对于任何一类人都会产生大致相同的作用，尽管局部和暂时的情况不但对这种求得赞许的欲望的强烈程度有很大影响，而且对赞美者的范围也大有影响。例如，一个有职业的人或一个技术工人对于来自同一行业的人的毁誉会非常敏感，而对于其他人的毁誉则不太在乎；如果我们不注意观察这类动机的方向，并精确估计其力量，那么许多经

---

① 事实上，可以想象出这样一种世界，这里也有一种经济学，与我们自己的很像，但却没有任何种类的货币。参看附录二第8节与附录四第2节。
② 有如德国的经济学范畴，它将在附录四第3节里得到说明。

济问题的研究就会变得完全不真实了。

在一个人想做似乎有利于其同事的事情时,也许会有一点自私的念头。同样,当他希望家庭在他生前和身后都能兴旺发达时,也会包含个人自尊心的因素在内。但是家庭情感一般来说仍然是利他主义的一种纯粹形式。如果不是因为家庭关系本身具有一致性的话,那么家庭情感的作用恐怕就表现不出什么规律性来。事实上,家庭情感的作用是相当有规律的,经济学家总是充分考虑这种作用,尤其是关于家庭收入在家人之间的分配、为子女将来事业准备费用以及将他赚来的财富积累起来留作身后使用等问题。

因此,不是缺乏意志而是缺乏力量才使经济学家不能考虑这类动机的作用。如果采取很广泛的平均数,那么就能用统计表来说明某些种类的慈善活动,并且能在一定程度上将其归纳成规律,这一点很受经济学家的欢迎。因为,像这样变化无常而又不规则的动机的确很少,不过,借助于广泛而又耐心的观察,就能发现有关这种动机的某种规律。即使现在,也可能可以相当准确地预测出达到小康的十万英国居民将会向医院、教堂以及传道组织捐款的数目。要是能这样做,那么对医院护士、传教士及牧师的服务的供给和需求进行经济研究就有基础了。不过,另外一点恐怕也确实存在:由责任感以及对邻居的爱心所激起的活动大多是不能分类和归纳为规律并加以衡量的,因为这个理由——并非因为这些活动不是基于利己之心的——经济学的方法才不能用于这些活动。

§6. 共同活动的动机对于经济学家具有巨大和日益增长的重要性 也许以往的英国经济学家过于将注意力局限于个人活动的动机了。正像其他所有社会科学的学者一样,经济学家常常把个人当做社会组织中的一分子来研究。但事实上,正像一所教堂并不仅仅就等于建成它的那些石头、一个人并不仅仅就等于一系列的思想和感情一样,社会生活不仅仅就是各个成员的生活的总和。诚然,全部活动是由其构成的部分组成的;诚然,在研究大多数经济问题时,最好的出发点是那些对个人有影响的动机,但这里所指的个人并非只是一个孤立的分子,而是某一特殊行业或产业团体中的一员。德国学者极力主张,经济学应极其关注并应越来越关注这样的动机:与集体所有财产有关的动机。当代人们日益增长的热情、大众智慧的日益增长以及电报、印刷品和其他交流工具日益增长的威力,已经不断地扩大为为公众利益而进行的集体活动的范围了。这些变化、合作运动以及其他各种自愿团体,正在各种不包括金钱利益在内的动机的影响之下发展起来,它们常为经济学家不断创造衡量种种动机的新机会。而这些动机的作用似乎不能被归纳成为任何一种规律。

但事实上,多种多样的动机、衡量这些动机的困难以及克服这些困难的方法正是本书将要研究的主要课题之一。本章提到的每一点,几乎都会在以后讲到的与之相关的某些经济学的主要问题时,再进行较为详细的讨论。

§7. **经济学家主要是研究人的生活的一个方面的;但是这种生活是一个真实的人的生活,而不是一个虚构的人的生活。参看附录三** 可以暂时得出如下结论:经济学家研究的是个人的活动,但是是从个人活动与社会生活而非与个人生活的关系来进行这种研究的。经济学家不太注重个人性情及性格特点的研究;他们仔细观察一个阶级的整体行为,有时却是全民族的行为,有时却只是住在某一区域的人的行为,但更多的则是在某一时间和某一地点从事某种特殊行业的人的行为;然后依靠统计学的帮助或用其他方法,经济学家们就可以知道他们所观察到的某一群体的成员正好愿意平均付出多少钱,以此作为他们要的某一物品的价格,或者以此作为必须付给这一群体成员的钱,以使他们付出原先不愿付出的努力或牺牲。不过,这样得到的有关动机的衡量确实不十分准确;若是十分准确的话,经济学早就该与最先进的自然科学相提并论,而不会像现在这样与最不先进的科学混为一谈了。

不过,这种衡量的准确性足以使经验丰富的经济学家能够相当准确地预测出主要与这类动机有关的各种变化所导致的结果的程度。例如,如果在任何一个地方准备开办一种新的行业,他们就能很准确地估计出来,需要付多少工资才能获得充分的、从最低级到最高级的任何等级的劳动力的供给。当他们参观一个从未见过的工厂时,只要观察某个工人需要何等程度的技术,以及这一工作对此工人的肉体、精神以及道德功能等方面有什么样的压力,他们就能说出此工人每周可挣多少工钱,与实际情况只会差一两个先令。而且,他们还能非常准确地预测出某种物品的供给减去多少将会导致价格的上涨,以及价格的上涨将如何作用于供给。

而且,经济学家从这种简单的研究出发,就可以进一步分析出决定各种工业的地区分布的原因、住在相距遥远地方的人们相互交换货物的条件等等;他们能够解释并预言信贷的变化将如何影响对外贸易,或者将一种税收的负担从被征收者身上转嫁到花费税收者的身上，等等。

在这一切方面，经济学家研究的是一个实际存在的人，即一个有着血肉之躯的人而不是一个抽象的或"经济的"人。他们所研究的人在商业生活中受到利益驱动的影响极大，因而此人的商业生活在很大程度上都与这些利益驱动有关；但此人既不是没有虚荣心与草率作风的，也不是不喜欢为做好工作而做好工作的，或是不愿为他的家庭、邻居、国家作出牺牲的；他为热爱道德高尚的生活而热爱道德高尚的生活。经济学家研究的是一个实实在在的人，不过主要是研究生活的某些方面，而在这些方面，利益动机的作用是非常有规律的，能够加以预测；另外，对动力的估计也能从结果得到证实。经济学家已将他们的工作建立在科学的基础上了。

因为，第一点，他们研究的事实是能观察到的，研究的数量是能衡量和记录的；因此当出现有关这种事实和数量的意见分歧时，就能用公开而可靠的记录来判明这种分歧的是非；这样，经济学就获得了坚实的工作基础了。第二点，列入经济学的问题构成了一类性质颇为相似的问题，因为这类问题特别关系到的人类行为是受可以用货币价格衡量的动机的影响的。当然，这类问题具有许多共同的主题，这一点在性质上是很明显的。不过，以下两点在演绎上虽不那么明显，但也确实存在：有一种基本统一的形式贯穿于这类问题中的所有主要问题之中，结果是将这些问题放在一起研究就能更省事。正像派一个邮差在一条街上递送所有信件，而不是每个人都将其信件交给每个不同的信使一样。对任何一类问题来说，所需要的分析和经过有组织的推论以后，对于其他的同类问题，同样也是可以起作用的。

所以，我们越少找麻烦，越不去探究某问题是否属于经济学的范畴，这样就越好。如果事情是重要的，那我们就尽可能进行研究；如果是一个有争议的问题，还不能由正确而可靠的知识来解决，或者如果是一个一般的经济分析及推论方法还不能解决的问题，那么，在我们纯粹的经济研究之中，就将它放置在一边好了。不过，我们之所以这样做，只是因为如果要将这种问题包括在所有问题研究当中，反而会减少我们经济知识的正确性和精密性，以致一无所获。我们要记住：我们必须用伦理的本能和常识来研究这种问题，这种本能和常识作为最终的仲裁者，将把从经济学和其他科学获得的，而且是经过整理的知识应用到实际问题上去。

第3章　经济学普遍原理或经济规律

§1. 经济学需用归纳法和演绎法，但源于不同的目的，采用这两种方法的比重也有所不同　差不多像其他所有的科学一样，经济学的工作是收集事实、整理事实以及解释事实，并从这些事实中得出推论。"观察和说明、下定义和分类都是准备工作。但是，我们希望由此了解经济现象互相依赖着……归纳法和演绎法都必须为科学思想所采用，正如左右两只脚都是行走所不可缺少的一样①。"这种双重工作需要采用的方法不是经济学所特有的，而是一切科学的共性。经济学家也必须采用那些在研究科学方法的文章中讲到的寻求因果关系的一切方法；没有一种研究方法能够很恰当地称为经济学方法。但是，每种方法都必须恰当地使用，或者单独使用，或者与其他方法结合起来。正像棋盘上出现的千变万化的招数，从来都没有出现过完全相同的两局棋一样，学者在进行很值得探索的大自然所隐藏的真理中，从来都没有两次采用完全相同的方法。

但是，在经济研究的某些方面以及出于某种目的，查明新事实比自找麻烦去探讨已有的事实之间的相互关系及解释更为紧迫。而在其他方面，仍然很难确定任何事件表面的以及最先出现的原因究竟是不是它的**真正的**或**唯一**的原因。因此，对已知事实的推论进行仔细考察就比寻求更多的事实更为迫切了。

由于上述及其他种种理由，过去一直需要（而且将来恐怕也需要）具有不同才能及持不同目的的学者。其中一些人致力于事实研究，另一些人致力于科学分析。就是说，将复杂的事实分为许多部分，然后研究各部分之间的

---

① 引自希穆勒的《论国民经济》，载康拉德编的《辞典》。

相互关系及与相关事实间的关系。我们希望这两派（分析派和历史派）永远存在；每派都进行自己的工作，每派都充分利用好另一派的工作成果。这样我们就可以获得有关过去最正确的归纳和推论，并从中获得对将来的可靠指导。

§2. **规律的性质：自然科学的各种规律有着不同的准确性。社会和经济的规律相当于比较复杂和不太精确的自然科学的规律**　严格说来，那些远在才华横溢的自然科学家之上的希腊天才所获得的最进步的自然科学，并非都是"精确的科学"，但是这些自然科学都是以精确性为目的的。也就是说，都是以把许多观察结果归纳为临时性的明确说法为目的的，而这种明确说法足以经受住大自然的其他观察的考验。这些说法在最初出现时很少具有很高的权威性的，但是，在经受了许多独立的观察及考验之后，尤其是在被成功地用来预测未来的事件或新的实验的结果之后，就成为了规律。一门科学之所以取得进步，是靠规律的数目的增加和精确性的提高；是靠这些规律所经受住的日益严格的考验；是靠这些规律范围的扩大，以致到一个涉及面更广的规律产生并取代更多涉及面窄的规律，而这些涉及面窄的规律已被证明是这一涉及面更广的规律的许多特殊例证。

迄今为止任何科学都这样做，因为研究科学的学者在某些情况下能很有权威地——比他自己所拥有的权威更大（也许比任何无论多么有能力，但只靠自己的才能而忽视前辈学者所获得的结果的思想家的权威更大）——说明某种情况会有什么结果，或者某一已知事件的真正原因是什么。

虽然不能十分准确地衡量某些进步的自然科学的主题——至少现在是这样——但这些科学的进步依靠的是许多学者的广泛合作。他们尽可能精确地衡量事实并解释其说法，尽可能从其前辈停止研究的地方开始研究，他们希望在这一类科学中占有一席之地。虽然经济学的衡量很少精确，且从来也都不是最终的，但却不断地努力使这种衡量更为精确，这样，它扩大了每个学者在其研究的这门科学中很有权威地说明某些事情的范围。

§3. **续前**　那么，就让我们更仔细地考虑经济规律的性质及其局限性吧。如果没有什么阻碍的话，每个原因都将倾向于产生某种明确的结果。这样，引力使物体落到地上，但是，当一个气球充满比空气更轻的气体时，虽然引力倾向于使它下落，但空气的压力却会使它上升。引力规律说明两物体如何互相吸引,如何相向运动;如果没有阻碍的话,就会相向运动。所以,引力规律是一种有关倾向的说法。

这种说法是非常精确的——精确的程度足以使数学家能计算出航海历,而航海历能表明木星的每个卫星将隐在木星之后的时刻。数学家能提前许多年作出这种计算。航海者如果将航海历带到海上,就可用来找出他们所在的位置。现在没有一种经济倾向能像引力那样永恒不变地发挥作用,像引力那样被精确地衡量:因为没有一种经济学规律能比得上引力律的精确性。

但是,让我们看一下那些没有天文学那样精确的科学。研究潮汐的科学解释在太阳和月亮的作用下潮汐如何每天涨落两次,如何在新月及满月时涨得猛,如何在上下弦月期间涨得弱;当潮水涌进像塞弗恩那样狭窄的海峡时如何会涨得很高,等等。这样,在研究了不列颠群岛四周的水陆地理位置情况之后,人们就能预先计算出任何一天在伦敦桥或格洛斯特的潮水**很可能**在什么时候涨得最高,以及将会有多高。他们必须使用**很可能**这个词,而天文学家在说到木星的卫星被蚀时却不必使用这个词。因为,虽有许多因素对木星及其卫星产生影响,但每一种因素都以明确的方式可以预先得到测知或产生影响;但是,没有人能足够了解天气,没有人能预先知道天气将有什么样的影响。泰晤士河上游的一场大雨,或是日耳曼海洋一阵猛烈的东北风,都可能会使伦敦桥的潮汐出乎意料。

经济学规律可与潮汐规律相比较,却不能与简单而精确的引力律相比。因为,人们的活动多种多样,而且不确定,以致在研究人类行为的科学中,我们关于倾向的最好的说法必然是不精确的、有缺点的。这一点也许会被当做是对人类行为不能有任何说法的一个理由,但那差不多等于是放弃生活。生活就是人类的行为及围绕行为所产生的思想和感情。因为人类本性的冲动的缘故,我们大家——地位高的和地位低的、有学问的和没有学问的人——都在不同程度上不断地力求了解人类活动的方向,并使这种方向适合我们的目的,不论这目的是自私的还是无私的、是高尚的还是卑鄙的。因为我们要对自己形成关于人类活动倾向的某些概念,就要在是草率地形成这些概念还是认真地形成这些概念之间进行选择。这种工作越困难,就越需要不断耐心研究,就越需要利用比较进步的自然科学所获得的经验,就越需要尽可能地形成有关人类活动倾向的深思熟虑的估计或暂时性的规律。

§4. "正常的"这一用语的相对性　因此，"规律"这个术语的含义只不过是一种差不多可靠的、明确的一般命题或倾向性的说法而已。在每种科学当中，都差不多有这样的说法，但我们对这些说法都并不正式称之为规律，其实我们也不能这样做。我们必须进行选择，而这种选择更多地取决于实际和方便程度，而不是纯粹的科学研究。如果我们需要经常引用任何一般性的说法，但在需要详细引用这种说法时，又会比在讨论时外加一种正式的表达说法及附上一个新的术语更麻烦，那么，还不如给它一个专有名称，否则，就不必这样做①。

这样，一种社会科学的规律，即**社会规律**，是一种对社会倾向的表达说法；也就是说，它表达某一社会集团的成员在一定情况下应该出现的某种活动趋向。

经济规律，即对经济倾向的表达说法，就是与某种行为有关的社会规律，而与这种行为有主要关系的动机的力量是能用货币价格来衡量的。

这样，在被当做是经济规律的社会规律与不被当做是经济规律的社会规律之间，并没有严格而明显的区别。因为，从差不多完全能用价格衡量的动机的社会规律到这种动机不太重要的社会规律，变化是逐渐而持续不断的。所以，后一种社会规律远不及经济规律那样精密而准确，正像经济规律远远不如更为精确的自然科学规律一样。

对应于"规律"这个术语的形容词是"合法的"。但只有当把规律解释为是政府命令，即"法律"时，才会与"合法的"这个形容词的使用有关；而在把规律解释为因果关系时，是与它无关的。用于后一种目的的形容词源自于"准则"一词，这是一个差不多与"规律"同义的术语，在科学讨论中用它来代替"规律"一词也许有利。按照我们的经济规律的定义，可以说一个产业集团的成员**在一定的条件下**应有的某种活动，是与那种条件有关的那

---

① 对"自然规律与经济规律"的关系，诺伊曼曾进行过详细的讨论（见1892年《一般社会科学杂志》，第464页），他得出结论说，除了"规律"这个词之外，没有任何别的词可以用来说明在自然科学和经济学中都占有重要地位的倾向的说法。又参看瓦格纳的《经济学原理》，第86~92页。

个集团成员的**正常活动**。

"**正常的**"这个词的这种用法曾遭到误解，也许应该说这个词的各种不同用法之间有种统一性。当我们说到一个善良的人或一个强壮的人时，我们是指上下文中说的那些在身体、精神和道德等方面具有特殊优越感或力量的人。一个强壮的法官很少具有与一个强壮的船夫那样相同的特性；一个好的骑师并不常常具有特别的美德。同样，"正常的"这个词的每种用法都含有这样的意思，即都指某些好像有着固定和持久作用的倾向，它比那些比较例外和间断性的倾向更具优势。疾病是人类的不正常的状态，但在漫长的一生中从不生病也是不正常的。在积雪融化的时候，莱茵河的水位高出正常水平线，但在寒冷而干燥的春天，河水不像平常那样高出正常的水平线时，就可以说河水低得不正常了（就一年中的那个时候而论）。在这所有事例中，正常的结果就是上下文所指的那种倾向所产生的意料之内的结果。或者，换句话说，正常的结果符合那些上下文的"倾向性说法"或者规律或者准则。

根据上述观点，我们所说的正常的经济活动，是指在一定条件下（假定这些条件是持久的），一个产业集团最终会进行的那种经济活动。英国大多数地方的瓦匠都愿意工作一小时赚十便士，如果一小时给他七便士，就不肯工作了，而这是正常的情况。如果给约翰内斯堡的瓦匠每天不到一镑，他就不肯工作了，这也是正常的。如果不看是一年中的哪一个季节，真正新鲜鸡蛋的正常价格也许是一便士一个。但在一月，城市鸡蛋的正常价格也许是三便士一个；如果那时的天气温暖得"不合时令"，那么两便士一个鸡蛋也许就是不正常的低价。

另一种要防止的误解是出于这样的概念，即认为只有那些在自由竞争的作用没有受到阻碍的情况下产生的经济结果才是正常的。但是，正常的这一术语往往必须应用于完全自由竞争并不存在，甚至不能假定它存在的情况下；即使在自由竞争最具优势的地方，每一事实与倾向的正常状况也许也会包含并非属于竞争，甚至与竞争无关的重要因素在内。例如，零售和批发贸易以及证券和棉花交易所里的许多交易的正常进行，都是根据这样的假设的，即假设即使没有证人的口头契约，交易也会得到诚实的履行。在这种假设不能得到法律承认的国家里，西方的正常价值的学说有些部分就不适用了。因为各证券交易所的证券价格是"正常地"受到普通买主且还有"经济人"的爱国情绪的影响的,等等。

有时有些人误将经济学中的正常活动当做是道德公正的活动。其实,只有当上下文含有从伦理观点来判断活动的意思时才能作这样的理解。当我们是从现存状况,而不是从应当如何来考虑世界上的种种事实时,也许会把应当尽力阻止的许多活动当做相对于我们研究的情况来说是"正常的"活动。例如,一个大城市中的那些最贫困的居民的正常情况是缺乏进取心,他们不愿利用在别处可以得到的比较健康又不太肮脏的生活机会;他们没有摆脱悲惨处境所必需的身体、精神状况及道德力量。大量的劳动力都愿意以很低的工资去做火柴盒,这是正常的情况。就像四肢扭曲是服用马钱子碱(中枢兴奋剂)的正常结果一样。这就是我们必须研究其规律的那些倾向性的结果——一种可悲的结果。这说明了经济学与其他几种科学所具有的共性,即人类的努力能一定程度改变物质的性质。科学可以展示一种道德或实际的经验教训来改变那种性质,从而改变自然规律的作用。例如,经济学可以提出实际方法,用有能力的工人代替那些只会做火柴盒的工人,就像生理学可以提出改良牛种的方法,使牛可以早日长大并且骨轻肉多一样。信用与价格变动的规律已经因为预测能力的提高而被大大改变了。

将"正常的"价格与暂时的或市场价格相对比,"正常的"这一术语是指在一定条件下某些倾向终于会占优势。不过目前这一点引起了一些困难问题,留待以后再来讨论①。

§5. 一切科学的学说无不含蓄地假设某些条件,但经济学的假设在经济规律中却特别明显。参看附录四 经济学规律有时被说成是"假设的"。当然,像其他科学一样,经济学也研究某些原因将产生哪些结果,但这种因果关系并不是绝对的,而是受以下两个条件所限制的:第一,假定其他情况不变;第二,这些原因能够毫无阻碍地产生某些结果。在进行详细而正式的说明时,几乎每种学说都包含某种假定其他情况不变的附带条件在内:假定所研究的原因的作用是孤立的;如果这些原因会产生某些结果,就会事先假设除了一些明确应该给以说明的原因之外,其他一些原因是不能加进的。然而,对必须经过一定时间才能产生结果的原因的确认的确是经济学的重大困难的

---

① 在第五篇中,特别是将在第3章、第5章中讨论这些问题。

根源。因为，在一段时间里，原因所依据的材料甚至原因本身，都可能发生变化，而所说的倾向也许还没有足够的时间来充分展示。这种困难以后再进行研究。

一个规律所包含的假设，其语句并不需要不断地重复说明，读者的常识能使他自己注意到这种假设。不过，在经济学中，却需要比在别处更多地重复说明这种语句。因为，经济学说比其他任何科学学说都更容易被那些缺乏科学训练，也许只是间接听到并断章取义的人所引用。日常谈话在形式上比一篇科学论文更简单的原因，就是在谈话中我们更能放心大胆地省掉假设句。因为，假如听者自己没有注意到这种语句，我们很快就会发觉这种错误并加以更正。亚当·斯密和许多以前的经济学家依照谈话的习惯，省掉了许多假设句，因而作品表面上取得了简洁的效果。不过，这样做却使他们常常遭到误解，并在无益的争论中造成了许多时间上的浪费和麻烦。他们取得了表面上的简易效果，但却得不偿失①。

经济分析和推论虽然应用很广，但每一个时代以及每个国家都有其自己的问题；每当社会情况发生变化时，就需要经济学说有新的发展②。

---

① 参照第二篇中的第1章。
② 经济学某些部分因为主要研究的是泛泛的一般命题而比较抽象或纯粹，这是因为，一个命题必须包含很少的细节问题才能得到广泛应用。命题不能适应特殊的情况；如果用命题来进行预测的话，那就必须加上强有力的假设句进行限制，其中"假定其他情况不变"这句话具有非常重大的意义。

其他部分是比较实用的，因为它们比较详细地研究了涉及面更窄的问题，更多地考虑到了局部和暂时的因素；同时，研究的经济情况与其他生活情况及它们之间的关系更全面。这样，从一般意义来讲的实用银行学及到一般银行实务的广泛规律或规则之间，只不过是一小步之差而已；而实用银行学中的某一局部问题与银行实务中相对应的细则或规则之间的距离也许就更近了。

第4章 经济研究的次序与目的

§1. 第2章和第3章的大意 我们已经看到,经济学必须讲究事实,而事实本身并不说明任何问题。历史叙述的是按先后顺序发生或同时发生的事件;但只有进行推理才能解释这些事件并从中吸取教训。我们要做的工作有多种多样,但很多工作都必须要用训练有素的判断力进行研究,这种判断力是每个实际问题的最后仲裁者。经济学只不过是运用判断力,借助于有组织的分析和一般推理方法,使这种方法便于进行收集和整理特殊事实以及从中得出结论的工作。虽然经济学研究的范围总是有限的,虽然没有判断力的帮助经济学的研究工作是徒然的,但却能使判断力进一步得以说明经济学存在的困难和问题,否则,就无法做到这样。

经济规律是对人类在一定条件下进行某种活动倾向的表达说法。经济规律是假设的,正与自然科学中的规律是假设的一样:因为自然科学规律也包括或暗含种种条件。可是,要弄清楚这些条件,在经济学中要比在物理学中有更多的困难。而且,如果不弄清楚的话,危险也更大。人类活动的规律的确不像引力律那样简单、明确或者能被清楚地探求到。但其中有许多规律是可以与那些研究复杂主题的自然科学的规律相提并论的。

经济学之所以作为一门独立的科学存在,就是因为它主要是研究人类活动中最受可衡量的动机支配的那部分,因而这部分活动就比其他部分更能系统地接受推理和分析。诚然,我们不能衡量任何种类的动机本身,不论是高尚的还是低下的动机,我们只能衡量动机的动力。货币从来都不是衡量这种动力的完美标准,除非我们仔细考虑运用货币进行衡量的一般情况,尤其是所研究的穷人与富人的活动,否则,货币甚至算不上是一种很过得去的衡量标准。不过,如果谨慎小心的话,货币便可成为相当好的标准,成为衡量形成人类生活大部分动机的动力。

理论研究必须与事实研究同时进行。对于大多数近代问题的研究,近代的事实最有用。因为,古代的经济记载在有些方面无关紧要而且不可靠;且古代的经济情况与近代的自由企业、大众化教育、真正的民主、蒸汽和廉价的印刷品及电报这样的经济情况完全不同。

§2. 科学研究不是按照要达到的实际目的来排列的,而是按照所研究的课题的性质来排列的 因此,经济学的目的首先是为求知识而求知识的,其次才是用来解释实际问题。虽然我们在进行任何研究之前,必须先仔细考虑这种研究的种种用途,但我们却不应当直接根据这些用途来计划研究工作。因为如果这样做的话,那么当某种思路与我们当时心中的特殊目的没有直接关系时,我们就会打断这种思路,进而直接去追求实际目的。这样虽然会使我们将各种知识的点点滴滴归拢到一起,但这些知识除了供当时研究使用而集中在一起之外,彼此并无关系,也很少能相互作出解释。我们的心力就消耗在从一种知识到另一种知识上,而不能彻底想出其他什么东西来,也不能取得真正的进步。

所以,为了科学的目的,最好的分类法就是把所有性质相似的事实和推论收集在一起。这样对一事物进行研究就可以明了与之有关的事物。长期进行这样的研究,就能逐渐接近那些被我们称之为自然规律的那些最基本的统一性:我们首先探索这些规律单独产生的作用,然后探索它们共同发生的作用。这样,我们就能慢慢地并确确实实地取得进步。经济学家绝对不应当不注意经济研究的实际用途,但是他们的专门工作是研究并解释种种事实,同时找出不同的原因单独及合在一起产生作用时会有什么样的结果。

§3. 经济学研究的主题 列举出一些经济学家向自己提出的主要问题,便可以阐明这一点。经济学家们问道:

是什么原因影响了尤其是近代的财富的消费与生产、分配与交换、工业与贸易组织、金融市场、批发与零售业、对外贸易以及雇主与雇员之间的关系?这一切活动如何相互影响、相互作用?它们最终的倾向与目前的倾向有什么不同?

任何东西的价格作为衡量它是否值得向往的标准受到了哪些限制?社会上任何一个阶层的财富如果有一定的增加,那么会产生什么样的福利增加?

任何一个阶层的收入不足会对其产业效率造成何等程度的损害？如果一旦实现的话，任何一个阶层收入的增加靠提高其效率和赚钱能力会维持到什么样的程度？

在任何地方对社会上任何一个等级的人或是在任何特殊的工业部门，经济自由的影响实际上达到什么样的程度（或在某一时期它已达到什么样程度）？此外，还有哪些影响最为有利？这一切影响及合在一起的作用如何？尤其是由于经济自由的自动作用会趋向于促成何等程度的联合及垄断？垄断组织的效果怎样？社会上各阶级受到经济自由作用的影响怎样？当经济自由的最终结果还有待于实现时，中间会产生什么样的结果？如果考虑这些结果将蔓延的时间，最终的和中间的这两种结果的相对重要性是什么？各种纳税制度的归宿将会是什么？纳税制度给社会大众带来的负担是什么？它将为国家提供多少收入？

§4. 激励现在的英国经济学家进行实际问题的研究，虽然这些问题并不完全属于经济学的范畴　以上讲述的是经济学必须直接研究的主要问题。经济学的主要工作——收集事实、分析事实并进行推论——应该根据上述主要问题来安排。实际问题虽然大部分是在经济学的范围之外，但却对经济学家的工作在幕后提供了一种主要的推动力。实际问题随时间和地点的变化而不同，甚至比构成经济学家研究材料的经济事实和情况的变化都要大。当前，下列问题在我们国家似乎具有特别的重要性。

我们应当如何做才能提高经济自由最终结果中好的影响，而减少其坏的影响？如果最终结果是好的，而中间的效果是坏的话，但是那些遭受害处的人却未得到好处，他们得为别人的利益而受苦，如果说这是正确的话，那么它正确到何等程度呢？

如果想当然地认为应该比较平均地分配财富，那么只需这一点就可证明改变财产制度或者限制企业自由是合理的，即使财富的总数会因此减少也不在考虑范围之列，但这究竟合理到什么程度？换句话说，我们如果以增加穷人的收入和减少他们的工作为目的，即使这样涉及减少国家的物质财富也不管，但这个目的应该实现到什么样的程度？如果这样做公平，也不会使进步的领导者的努力松懈下来，那它会达到什么样的程度？纳税的负担应当如何在社会不同阶层的人士之间进行分配？

我们是否应当满足于现存的分工形式？大部分人专门从事没有升级机会的工作是否有必要？逐渐培养大多数工人从事比较高级工作的新能力，尤其是培养他们合作担任雇用他们的企业中的管理工作，这是否可能呢？

在我们这样的文明社会里，个人和集体的活动之间的关系怎样才算合适？应听任各种形式的新旧自发组织或团体为了集体的特别利益而将活动进行到什么样的程度？哪些商业事务应由社会本身通过中央或地方的政府来进行？比如像空地、艺术品、教育、娱乐的手段及我们必须采取联合行动才能供给文明生活的物质必需品（如煤气、自来水和铁路等等），其实行共同所有和共同使用的计划是否已经达到应该做的程度？

当政府本身不直接参与时，政府应允许以多大程度使个人及团体随自己的意愿去办理自己的事务？政府应允许以多大程度限制铁路以及其他有点儿处于垄断地位的企业经营？还有，应当以多大程度限制土地与其他在数量上人类不能增加的东西的经营？完全保留所有现存财产权利是否必要或是对于这种权利的最初的需要现在已经部分消失了吗？

现行的使用财富的方法是否完全正当呢？在那些经济关系中，政府对个人活动的干涉如果严厉而猛烈，就会弊大于利，就会有社会舆论道德方面的压力来约束并指导个人活动，但这种压力的程度又如何呢？一国在经济事务上对别国所负的责任在哪一方面不同于一国之内人民之间相互所负的责任？

如此，经济学是指对于人类的政治、社会和私人生活等经济方面的情况的研究；但尤其侧重社会生活方面的研究。这种研究的目的不但是为求知识而求知识，并且还是为在生活上尤其是社会生活上获得一个对实际行为的指导。对这种指导的需要从来没有像现在这样迫切；下一代人也许会有比我们现在更多的空闲从事研究工作，解释清楚在抽象思考中或以往历史中存在的模糊之处，但对于现在的困难却不能马上有所帮助。

但是，虽然经济学如此极大地受到实际需要的影响，但却尽可能避免讨论党派组织间的紧迫问题，还有对内对外的政治上的策略问题，这种策略问题是政治家所必须考虑的，然后才能决定提出某种办法，使他最容易达到想要为其国家达到的目的。诚然，经济学的目的在于帮助政治家决定应该持有何种目的，以及为达到那个目的应该采取哪些政策及最好的方法。但是，经济学却避免讨论讲究实际的人所不想忽视的许多政治问题。所以，经济学是一门纯粹的、实用的科学,而不是一种艺术。为此,对这样一门科学,用"经济学"这个有广义含义的术语来命名比用"政治经济学"这个含义比较窄的术语更好。

§5. 经济学家需要训练自己的知觉、想象、推理、同情和谨慎的能力

经济学家需要拥有三种重要的脑力功能:知觉、想象和推理。其中,最需要的是想象力,以使他能探索到显而易见事件背后可见或不可见的原因以及由此产生的结果。

自然科学(尤其是物理学)比一切研究人类活动的学科都更具有作为准则的极大优点,即在自然科学中,研究者必须得出正确的结论,以使这些结论能从以后的观察或实验中得到证实。如果他满足于表面上的原因和结果,或者忽视各种自然力量之间的相互作用——在这种作用中,每一种运动都改变了周围的一切力量,同时也被这一切力量所改变着——那么,他的过失不久就会被发现。一丝不苟的物理学学者并不满足于仅仅是一般性的分析;他不断地努力以使这种分析成为定量分析,并且按适当比重划分问题中的每一因素。

在与人类有关的科学研究中就不易获得精确性了。阻力最小的途径有时是唯一的可行之路,而这条道路总是充满诱惑力,尽管它往往是不可靠的。但即使在极果断的工作中开辟出一条比较畅通的路径,而要走这条道路的诱惑力还是很大的。科学的历史学者因不能进行实验而受到阻碍,并且甚至因为缺少估计历史事件相对重要性所依据的客观标准而受到更大的阻碍。这种估计几乎在他的论断的每一阶段中都存在着:如果他没有绝对估计出一些原因的相对重要性,那他就不能得出结论说某一个原因或某一类原因已被另一个或另一类原因胜过。他只有通过极大的努力,才能了解自己是如何依赖自己的主观印象的。经济学家也受到这种困难的阻碍,不过其阻碍程度比其他研究人类活动的学者小。因为,经济学家享有一些如物理学家那样的工作准确而客观的优点。不管怎样,只要他研究现在以及新近发生的事件,就可以将许多事实归纳成不同的种类,并对这些种类给予明确的表达和说法。在过去,这种说法在数字上往往接近正确,这样,他就更方便寻找在表象之下那不易见到的原因和结果,也更方便把复杂的情况拆分成为各个因素,并把许多因素重新组建成为一个整体。而在较小的事情中,凭借简单的经验就能看出许多不明显的因果关系。例如,经验会使人知道,如果欠考虑去帮助浪费

成性的人，那么虽然在表面上看到的是对这种人有所帮助，但却不利于这种人的性格的成长，而且对其家庭生活有害。但是，比如说，要探索提高就业稳定性的许多貌似合理的计划的真正效果，我们就需要更加努力，视野要更开阔，并且要更有利地运用想象力。为了这个目的，我们有必要了解信贷、对内对外贸易竞争、农作物收获以及价格等各种变化及相互间有怎样密切的关系，以及这一切变化对就业稳定性有什么样的影响。我们必须观察在西方世界任何一个地方发生的每个重大经济事件是如何影响其他各地及为何影响某些行业的就业情况的。如果我们只研究眼前的失业原因，恐怕就不能修正我们所看到的害处，反而会造成我们看不到的害处。我们如果能寻求那些潜在而遥远的原因，并权衡其轻重，那么当前的工作对我们的大脑实在是一种很好的锻炼。

另外，当任何行业的工资由于"标准规则"或其他方法保持得特别高时，就要运用想象力探索一下因为这种标准规则而导致那些不能做他们所能做的工作，而其本身又愿意为之付出代价的人的生活情况。他们的生活水平究竟是提高了还是降低了呢？如果有些人的生活水平提高了，而有些人的生活水平降低了，就如平常所发生的那样，是不是多数人的生活水平都提高了，而少数人的生活水平降低了呢？还是正相反呢？我们如果注意那些表面上的结果，也许会认为生活水平提高的是多数人。但是，如果我们科学地运用想象力，设想出一切来自工会或其他方面权威的阻碍性因素，就是这一切因素使人们不能尽其最大的能力而获得最多的收入，我们将往往得出这样的结论：即生活水平已经降低的是多数人，而提高的却是少数人。这部分人是由于受到英国的影响，有些在澳洲的殖民地正在进行大胆的冒险事业，而这种事业向工人提供的许诺实际是似是而非的眼前更舒适以及更安乐的生活。澳洲的大量地产中的确积蓄着巨大的借款力。如果所提出的捷径会造成工业衰落的话，那么这种衰落也许只是轻微而暂时的。但是，现在有人主张英国也应当像澳洲殖民地那样做。英国如果遇到这种衰落可就更为严重了。在最近的将来，我们所需要的以及我们所希望出现的就是对这类计划进行更广博的研究，我们要开动脑筋，就像判断一条军舰的新设计在恶劣的气候中是否会坚固那样进行周密的研究。

研究这类问题时，最需要的就是纯智力性的，有时甚至是批判性的能力。

但是，经济研究需要同情心，而且开发这种同情心，尤其是开发那使人们不但能为同伴，而且还能为其他阶级的人设身处地着想的难得的同情心。目前，该阶级同情心因对以下各个问题的研究而极大地发展起来，而且这种研究也正日益变得迫切起来。这些问题是：性格和收入、就业方法和用钱的习惯彼此会产生怎样的影响？一个国家的效率如何被每一经济集团的成员——家人、同一行业中的雇主和雇员、一国的公民——聚集在一起的信任和情感巩固着？同时效率又如何巩固了这种信任和情感？混杂在职业规则和工会惯例中的个人无私主义和阶级自私性是什么样的？利用我们日益增长的财富和机会来增进现代和后代的福利的行动是怎样的[①]？

§6. 续前　经济学家为了实现理想尤其需要想象力。但是经济学家最需要的是谨慎及严谨，这样他的理想才能不超出对未来的把握。

经历了许多代人之后，我们目前的理想及方法似乎属于婴幼儿时期了，而不属于成年人阶段。有一种进展是明确的。我们已经知道，一个人如果没被证明是软弱或卑鄙到不可救药的地步，就应该有充分的经济自由，但是现在我们还没有十足的把握猜出这样开始的进展最终会通向哪里。在中世纪后期，人们初步开始研究产业组织，认为它包容了所有人性。接下来每一代人都看到了那种组织的进一步发展，但是我们这一代人看到的发展才是最大的。随着产业组织的发展，对其进行研究的迫切性也随之发展。人们为了了解产业组织而作出广泛多样的努力，这是史无前例的。不过，最近研究的主要结果使我们更充分认识到了我们对形成进步的原因了解甚少，而且对产业组织的最终命运也极少能够作出预测。而前代人对这一点的认识并没有我们这一代充分。

上一世纪早期，一些为广泛的阶级特权而进行辩护的无情的雇主和政治家声称，他们拥有政治经济学权威会很方便；而且他们常常称自己为"经济学家"。甚至在我们这一时代，这个头衔也被那些反对在大众教育方面花费较大开支的人所采用。尽管在世的经济学家都一致认为这种花销的的确确是经济的，而且认为从国家的角度来考虑，否认这一点既是错误的也是糟糕的。

[①] 此章节选于1902年向剑桥大学提出的《在经济学和与政治学有关的学科中开设一门课程的请求》，这个请求在下一年就被采纳了。

但是卡莱尔和罗斯金不作调查研究，就认为那些伟大的经济学家该为他们所厌恶的说法与做法负责。而他们的追随者，即其他许多并没有他们那样光辉而崇高的理想化观点的著作家也那样认为。结果，现在对伟大的经济学家的思想及特点已经形成了误解，而且这种误解还很普遍。

事实上，几乎所有现代经济学的奠基者都性情温和、富有同情心和人情味。他们本人并不太在乎财富，但他们却非常在乎广大人民群众到底有多少财富。几代的经济学家都支持反对阶级立法的运动，此立法剥夺工会向雇主协会敞开大门的特权；他们还努力寻找一种方法，以解除旧的济贫法向农业及其他劳动者的心灵和家庭所灌输的流毒；他们支持工厂行动，尽管一些政治家和雇主声称是以他们的名义讲话的，但却极力反对他们。他们毫无例外地都忠实于这样的信条：即整个民族的安康应该是所有个人努力的以及公共政策的最终目标。尽管他们极其勇敢但又显得谨慎、冷淡，因为他们不愿承担提倡在未试过的途径上迅速前进的责任。这些途径是否安全，只有那些富有想象力的人的信心与希望作担保，而没有得到知识的保障，也没有经过努力的思考。

也许他们有点儿谨慎得不太必要了。因为即使是那个时代的伟大先知的观点和看法也要比当今时代大多数受过教育的人狭隘得多。在社会科学中，部分上是由于受到生物学研究的提示，环境影响通常被认为是塑造性格的主要因素。经济学家已经相应地学会以更深远、更有希望的眼光看待人类进步的种种可能性。他们已经学会相信人类意志在精心思考的指引下，能像改变性格那样去改变环境，而且因此还会带来对性格更有利的生活新环境，所以也会带来对经济以及对广大人民群众的道德、安康都更有利的生活新环境。现在他们比以往任何时候都更有责任反对所有通往那伟大目的的貌似合理的捷径，因为这些捷径会消耗精力与进取心的源泉。

这样的财产权利并未受到那些建立起经济学的大师们的敬重，但是，这种科学权威却错误地为一些人所拥有，这些人竭力推崇这种被赋予的权利，主张极端地而且是反社会地行使这些权利。因此，也许最好应该注意到：认真的经济研究趋向并不是将私有财产权利基于任何抽象的原则，而是基于一种观察，这种观察在过去是与稳定的进步不可分的；因此，负责的人应该谨慎地、试探性地废除或修改可能不适合理想的社会生活环境的那些权利。

第二篇

基本概念

第 1 章 绪 论

§1. 经济学将财富看做是满足需要的东西和努力的结果 我们已经看到,经济学一方面是一门研究财富的科学,而另一方面,经济学构成了社会学的一部分,是关于人在社会当中的行为,研究人为满足自己的需要而付出的努力,只要这种努力和需要能够以财富的形式,或者说以财富的一般代表形式即金钱的形式来衡量。本书的大部分内容都是有关这些需要及努力的,而且还研究那些使衡量需求的价格与衡量努力的价格变得平衡的原因。为了这一目的,我们将在第三篇里研究与人的各种各样的需求有关的及必须满足的这些需求的财富;而在第四篇中,将研究与人的各种各样的创造财富的努力有关的财富。

但在目前这一篇里,我们得研究:在人类努力获得的所有结果当中,在能满足人类需求的诸多事物当中,都有哪些可以算作财富;而且还要将这一切分门别类地加以研究。因为有一组完整的术语就与财富本身有关、与资本有关,而且对每一个术语的研究都使日后能解释其他术语;同时,将这些术语作为整体来研究就直接延续着,且在某些方面也正好补充着我们刚刚从事研究的经济学范围与方法。因此,从整体上来看,似乎最好马上研究这组术语,而不要走那条可能看上去更自然的途径,从分析需求以及与需求有直接关系的财富开始。

当然,我们这样做就必须考虑需求与努力的多样性,但我们不会采用任何不明显而且又不是常识性知识的术语。我们工作的真正困难在于另一方面,即在各种科学中,只有经济学必须设法使用几个平常用的术语来表明它许多细微的差别。

§2. 对性质和用途都在变化着的东西进行分类的困难 正像穆勒所说的

那样①:"如果将研究对象归入不同种类,这些种类能够做出更多的一般性命题,而这些命题又比那些对象也能归入其他种类所能做的命题更为重要,那么这样就有可能达到科学分类的目的。"但是,我们一开始就遇到了这样的困难:在经济发展的一个阶段中那些最重要的命题,如果也确实适用于另一阶段的话,那么它们就有可能变得最不重要了。

在这一点上,经济学家必须从生物学最近的经验中学习许多东西:达尔文对这个问题②的深刻研究有力地解释了我们当前的困难。他指出,决定自然组织中每个生物的生活习惯以及总的生活地点的那些部分,通常并不是其构造中最足以说明其起源的那些部分,而是最不足以说明其起源的那些部分。一个饲养动物者或一个园丁注意到的明显适合于一种动物或植物能在其环境中旺盛生长的特点,也可能正是因为这种原因,这些特点才能在比较近的时期发展起来;同样,在一种经济制度中,最能使它适合现在必须做的一切的那些特点,在很大程度上也可能正是这些特点最近才发展起来的原因。

在雇主与雇员、中间商与生产者、银行家与他的两种顾客——借款给他的人和向他借款的人——之间的许多关系中,我们可以找到不少例证。"利息"这个术语代替了"高利贷",这符合贷款性质的总体变化,这种变化使我们有了全新的主题,可将商品的生产成本分为各种不同因素进行分析和分类。再如,把劳动分为技术劳动和非特殊技能的劳动的一般方法也在逐渐发生变化;"租金"这个术语的含义范围在某些方面正在扩大,而在另一些方面则正在缩小,等等。

但在另一方面,我们必须常常记住我们所用的术语的历史。因为,首先,这种历史本身就很重要,而且还间接地说明了社会经济发展的历史。其次,即使我们研究经济学的唯一目的是要获得能指导我们达到目前实际目的的知识,我们也仍然应该尽量使我们的术语的用法符合过去的传统,以便迅速了解前人的经验所提供的间接暗示以及细致温和的告诫,并以作为指导。

§3. 经济学必须遵循日常生活的实践　我们的工作很艰难。的确,在自然科学中,每当我们看到一群事物具有某类共同特性并将它们放在一起说时,

---

① 见约翰·穆勒:《逻辑体系》,第四篇第 7 章中的第 2 节。
② 见达尔文:《物种起源》,第 14 章。

我们就可将这些东西归入一类，并专门起个名；而且，每当一个新的概念出现时，我们马上就会创造一个新的术语来代表它。但是，经济学却不敢这样做。经济学理论必须用大众能明白的语言来表达；所以，经济学必须力求使自己与日常生活中惯用的术语相符合，而且必须尽可能像平常那样来使用这些术语。

在普通用法中，几乎每个字都有许多不同的含义，所以必须根据上下文来解释。正如巴格特指出的那样，即便最注重形式的经济学家也不得不这样做，否则他们就没有足够的词汇任意使用。但不幸的是，他们并不总能承认自己用词很随便，有时甚至他们自己也不觉得用词很随便。他们开始说明经济学时所用的大胆而严格的定义，诱使读者感到安心。因为他们并没有告诫读者必须常常从上下文中寻找特殊的解释语句，读者从作品中就不能领会作者的原意，也许还会对作者产生误解从而导致错怪他们自己①。

另外，经济学术语表明的主要区别大多数不是种类上的差别，而是程度上的差别。初看上去，这些区别似乎是种类上的差别，而且能被清楚地划出明显的轮廓，但是在比较仔细地研究之后表明，那种连续性并没有真正间断过。值得注意的事实是，经济学并没有进步到发现任何新的真正的种类上的

---

① 我们应当"更多地写得像在日常生活中谈话那样，在日常生活中上下文是一种没有明确表达的'解释语句'；只是因为在政治经济学里，我们要说到的东西比在日常谈话中更难，如果有所改变必须更谨慎小心，多加告诫；有时对书中某一页或某项讨论，我们必须写出'解释语句'，以防出现错误。我知道这项工作非常困难而且棘手，我之所以必须为这项工作辩护，就是因为实际上它比对固定不变的定义争论的办法更为可靠。任何人要想以少数具有固定含义的词语来表达更为复杂事物的各种意思，都会感到其文体会变得累赘而不正确，他必须使用冗长的迂回语来表达平常的思想，而结果还是没有做对，因为他有一半时间要回到那些最适合目前情况的意思上去，而这些意思有时是这样，有时是那样，几乎总是与他的'固定不变'的词义不同。在这种讨论中，我们应当学会随时改变自己的定义，正如在不同的问题中，我们说'设X、Y、Z等于'有时这个，有时那个一样；这实在是最明白而又最有效的作家采用的办法，虽然他们常常不承认这一点。"（引自巴格特：《英国政治经济学的条件》，第78~79页）；凯恩斯也反对"一种定义所涉及的属性不该允许假设有程度上的差别"，并辩解说"允许程度上的差别是一切自然事实的特性"（见凯恩斯：《政治经济学的逻辑方法》，第6讲）。

差别，经济学只是不断将表面上的种类差别分解为程度差别。在大自然中，在那些原本并没有用分界线来划出差别的事物之间，要想划出明显而严格的分界线，就会产生弊端，我们将会遇到许多这样的例子。

§4. **有必要清楚地说明概念，但没有必要硬使用术语**　因此，我们必须仔细分析所要研究的各种事物的真正特性。这样，我们将会发现，每个术语的某种用法都比别的用法显然更有理由称之为主要用法，因为它代表的那种特性比其他任何符合日常用法的特性都更适合于近代科学的目的。当上下文没有说明或暗示相反的意思时，这种用法就可作为这个术语的意思，如果这个术语要用作别的意思——不论是较广的还是较窄的意思，都必须说明这种改变。

即使在最谨慎的思想家当中，对于至少是应当划出某些分界线的正确地方，也常有不同的意见分歧。这种有争论的问题，一般必须根据实际方便的程度来判断和解决，而这种判断不能常由科学的推论来建立或推翻，必须保留可争论的余地。但是，分析本身却没有这种余地：如果两个人对分析有不同的意见，那么他们两人不能都是正确的。我们可以期望经济学的进步将逐渐把这种分析建立在坚固的基础之上①。

---

① 当我们要缩小一个术语的意思时（用逻辑学的语言来说，就是增大其内涵，以缩小其外延），通常加上一个限制性形容词就够了，但是对于术语意思的相反改变却不能这样简单行事。关于定义的争论常常是这样：甲与乙是许多事物的共同特性，这些事物中有许多还有特性丙，又有许多有特性丁，而有些则兼有丙和丁两种特性。那么，就可以这样辩解说：总体上最好对术语下这样一个定义，以包括一切有甲和乙两种特性的事物在内，或只包括那些有甲、乙、丙或甲、乙、丁或甲、乙、丙、丁各种特性的事物。对这些不同途径，必须出于实际和方便的考虑来决定，但这种决定远不及对甲、乙、丙、丁各特性及其相互关系的仔细研究来得重要。但不幸的是，在英国经济学中，这种研究占据的地位比对定义的争论要小得多。诚然，这种争论有时也能间接地导致科学真理的发现，但却总是采取迂回的道路，而且浪费了许多时间和劳动。

第2章 财　富

§1. 财物一词的专门用法。物质商品。私人财物。外在的财物和内在的财物。可转让的财物和不可转让的财物。自由财物。可交换的财物　所有财富都是由人们要得到的东西构成的，是能直接或间接满足人类欲望的东西。但并非所有要得到的东西都能算作财富。例如，朋友的友情，它是幸福的一个重要因素，但除了在诗歌中的特殊用法之外，友情并不能算作财富。那么，让我们先对人们要得到的东西进行分类，然后再考虑其中哪些应当算作构成财富的因素。

因为缺少一个简短的通用术语作代表，我们就用财物这个术语来代表所有人们要得到的东西，即满足人类欲望的东西。人们要得到的东西（或者说财物）分物质财物、个人财物和非物质财物。**物质财物**包括有用的有形东西，以及保证有或使用这些东西或从中获利或等到将来再获得它们的一切权利。这样，物质财物就包括大自然的物质给予，如土地和水、空气和气候；农产品、矿产品、渔产品和工业产品；建筑物、机械和工具；抵押品和其他债券；公营和私营公司的股票、各种垄断权；专利权和版权；交通权和其他使用权。最后，旅行的机会、参观优美风景和博物馆的机会，等等，都体现着外在的物质便利条件，虽然欣赏风景和艺术品的能力属于内在的及个人的财物。

人的**非物质**财物分为两类：一类是由他自己的特点和活动及享乐的才能构成的，例如人的经营能力、专门技能或从阅读及音乐中得到娱乐的能力，都属于这一类。这一切都在人体之内，所以称为**内在的**财物；第二类称为**外在的**财物，因为这类财物是由对人有利的与别人的关系构成的。例如，过去统治阶级经常向农奴和其他下属索取的各种劳役和个人服务，就属于这一类。但是，这些现在已经消失了，现在这种有利于所有者的关系的主要例子，就是商人和自由职业者的信誉和商业关系①。

　　财物还可分为**可转让的**和**不可转让的**。属于后一类的财物是一个人的品性及活动和享乐的能力（就是他的内在财物），还有他的商业关系中依靠其个人信用而不能转让的部分，也就是他的有价值的信誉的一部分，也属于这一类；另外，气候、阳光、空气的好处，公民的权力和使用公共财产的权利和

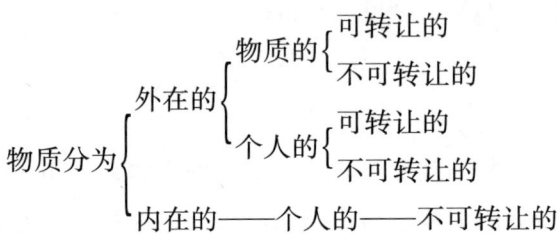

另一种排列更方便某些目的：

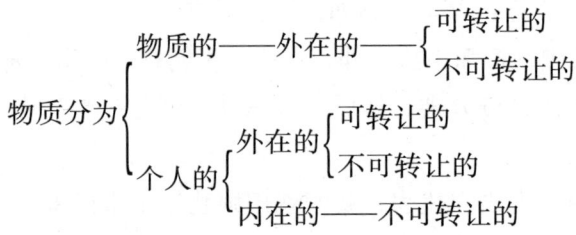

机会，也都属于这一类②。

　　无偿的财物。凡是不被个人独占，而由大自然供给，且并不需要人类付出努力的财物，都属于这一类。原始状态的土地是大自然给予的，但在固定的地方，从个人观点来看，它就不是无偿的财物了。在巴西的有些森林里，木材仍然是无偿的财物。海里的鱼通常是无偿的财物，但有些海上渔场受到严格保护，专供某一国家的人民使用，这些渔场就可列入国家财产一类。人工培养的牡蛎繁殖场，从任何意义上讲，它都不是无偿的财物，即使是私有财产，从国家角度来讲，也仍然是无偿的财物。但是，国家既然已准许将其

---

① 因为，赫尔曼在他对财富的精练分析中是这样开始的："有些财物对于个人而言是内在的，但也有些是外在的。内在的财物是天生的、存在于人本身之内的财物，或是人以自己的自由活动培养的自身财物，如体力、健康、学识等。凡是外界提供的以满足个人欲望的东西，对个人而言都是外在的财物。"

② 上述财物分类可表达为如此。

所有权归于个人，所以，从个人角度来看，就不是无偿的财物了；在河里捕鱼的个人权利也是如此。但是，在无偿的土地上所种的小麦和从无偿的渔场里捕来的鱼，都不是无偿的财物，因为它们是经过劳动而得到的。

§2. 一个人的财富是由他的外在的财物中的那些能用货币衡量的东西构成的 现在我们来说说一个人的财物中哪些种类可算作是他的一部分财富这个问题：对于这个问题意见不统一，但是，权衡一下，很显然以下答案似乎恰当且具有权威性。

当我们只说到一个人的财富，而在上下文中没有任何解释语句时，就是指他所拥有的两种财物：

第一种财物是私有财产权（根据法律或风俗）规定他所有的那些物质财物，它们是可以转让和交换的。要记住，这些财物不但包括像土地和房屋、家具和机器以及其他可以单独私有的有形物质，而且还包括公营公司的股票、债券、抵押品以及其他可持有的、向别人索取货币或财物的契约。当然，另一方面，他欠别人的债务可被看做是负财富，必须从他的财产总数中扣除，然后才能知道他的净财富。

服务及其他随生随灭的财物当然不属于财富储量的一部分①。

第二种财物是属于他所有的但又在他身外存在的，而且是直接作为使他能够获得物质财物的手段的那些非物质财物。这样，这种财物就不包括他自己的一切个人品性和才能，即使是他谋生的才能也不包括在内，因为这些都是内在的财物。这种财物也不包括他的个人友谊在内，但前提条件是这种友谊没有直接的商业价值。可是，这种财物包括他的商业和职业上的联系、他的企业组织以及——如果这种事情还存在的话——他的奴隶所有权、劳役所有权，等等。

财富术语的这种使用方法是符合日常生活的用法的。同时还包括那些——而且只是那些——显然属于经济学范围（如第一篇中说明的范围）之内的财物。所以这种财物可以被称之为**经济财物**。因为它包括一切外在的东西，这些东西（1）属于某一个人所有，而不是同样地属于他的邻居，因而显然是他的东西；（2）是直接能用货币衡量的东西——这种衡量一方面代表生

---

① 一家贸易公司的股份价值中，由主持业务的个人的声誉和关系而产生的那一部分价值，应当作为外在的个人财物列入第二种，但这一点没有多大的实际重要性。

产这些东西所付出的努力及作出的牺牲；另一方面代表他们所满足的欲望①。

§3. **但是，有时广泛使用财富这个术语似包括一切个人财富在内更为妥当**　为了某些目的，我们的确可以更广泛地看待财富。不过，我们必须借助于一些特殊的解释语句，以免产生混淆。例如，木匠的技能是使他能满足别人的物质需求，因而能间接地满足他自己的需求的一种直接手段，就像他工具篮中的工具一样。如果有一个术语将这种技能包含在财富更广义的用法当中，也许就方便了。依照亚当·斯密所说的和大多数欧洲大陆经济学家所遵循的方针，我们将**个人财富**解释为：包括一切直接有助手人们获得工业效率的精力、才能和习惯在内的东西；另外，我们前面已算作是狭义的财富的一部分的各种商业联系和组织，也可列入个人财富之列。工业才能被看做是经济的另一原因是，这种才能的价值通常可以加以间接的衡量②。

称这种才能为财富是否值得的问题，只不过是一个方便与否的问题，虽然对于这个问题有过很多讨论，且好像它是一个原则性的问题。

我们如果要把一个人的产业才能包括在内而单独使用"财富"这个术语，当然就会造成混淆。"财富"一词应当只指外在的财富而言。但是，有时使用"物质的与个人的财富"这个词语，似乎不会有多大害处，而且还会有一些好处。

§4. **共同财富中个人应得的部分**　不过，我们仍然得考虑一个人与其邻居共有的物质财富；因此，当将他的财富与邻居的财富进行比较时，就不必

---

① 这并不暗示着，如果可转让的财物所有者卖去了这些财物，便常常可以获得对他来说更值的全部货币价值。例如，一件很合身的衣服，也许是值一个高价裁缝向买这件衣服的人所要的价格的，因为他需要这件衣服，如果出较低的价格的话，他就得不到它；同样，如果买主只出一半价格，裁缝就不会卖。成功的金融家花了5万镑造一所房子和花园，以适合自己的特殊爱好。从一种观点来看，在他的财产目录中按照原来造价计算房屋和花园的价值是对的，但是，如果他的生意失败了，在他的债权人眼中，房屋和花园绝不会值那个价钱。

　　同样，从同一种观点来看，我们可以把律师或医生、商人或制造商的商业关系算作是与他的收入——如果没有这种关系他就会失去的收入——完全相等的收入；可是我们必须知道，商业关系的交换价值,,就是卖去它时他所能得到的价值，但却比那个收入小得多了。

② 17世纪时，达文南说："人的身体无疑是一个国家最有价值的财富。"每当政治发展的倾向使人们渴望人口迅速增长时，这类话就很常见了。

提起这种财富了,虽然为了某些目的,尤其是为了比较遥远的地方或遥远的时代之间的经济状况,考虑这种共有的物质财富也许更重要。

这些共有的财物是由一个人在某时住在某地并且作为某个国家或社团的一分子所获得的利益构成的,包括民事的和军事的安全、使用各种公共财产和像道路、煤气、照明等设施的权利和机会,以及法律保护和免费教育的权利。城市居民和乡村居民各自都有许多不用花任何代价的利益,这是对方所得不到的或是花了很大代价才能得到的。在其他情况相同的条件下,一个人住的地方如果有较好的气候、道路、用水和更卫生的下水道,并有较好的报纸、书籍和娱乐及教育的场所,那么,从最广义的财富来讲,他就比别人享有更多的真正财富。在寒冷气候中出现的房屋、食物和衣着不足的情况,在温暖气候中也许就充足了;但在另一方面,炎热的气候虽然可以减少人们的物质需要,虽然使人们只要有少许物质财富的供给就会富足,但却使他们获得财富的精力衰弱了。

这些东西当中有许多是集体财物,就是说不是私人所有的财物。这样,就使我们可以从与个人角度相反的社会角度来研究财富。

§5. 国家的财富。世界的财富。财富所有权的法律根据 因此,让我们来研究一下,当我们估计构成一国财富中的个人财富时,那些通常被忽略的国家财富因素。这些财富最明显的形态就是各种物质财产,如道路和运河、建筑物和公园、煤气厂和自来水厂;不过,不幸的是,其中有许多不是用公共储蓄来建设的,而是通过公共借款来建设的,因而,计算这种财富时就要扣除大宗债务中的巨大"负"财富。

不过,泰晤士河为英国增加的财富,大于英国所有的运河,甚至大于英国所有的铁路。虽然泰晤士河是大自然给予的(那经过改善的航运除外),而运河是人工开凿的,但为了许多目的,我们应当将泰晤士河算作是英国财富的一部分。

德国经济学家往往强调国家财富中的非物质因素,在关于国家财富的有些问题上这样做是对的,但却不能在一切问题上都这样做。的确,不管是在哪里发现的科学知识,很快就会变成整个文明世界的财产,并且可以被认为是世界财富,而不专门是某一国的财富。机械发明和其他许多生产方法的改进都是这样,音乐也是这样。不过,那种因翻译不当而失去色彩的文学作品,从特殊意义上讲可以被看做是用本国文字写成的国家的财富。为了某些目的，一个自由的和有条不紊的国家组织可以被看做是国家财富的一个重要因素。

但是，国家财富包括个人财产和国民的共同财产在内。在估计国民的个人财产的总和时，我们可略去一国国民相互之间的一切债务和其他义务，这样可省掉些麻烦。例如，英国的国债以及英国铁路的债券，只要是在国内为国民所持有的，我们就可以采用简单的方法，只计算铁路本身是国家财富的一部分，而不计算铁路和政府的债券。但是，我们仍要减去外国人持有的英国政府或英国个人所发行的债券等；英国人持有的外国债券则要加进去①。

世界财富不同于国家财富，就像国家财富不等同于个人财富一样。在计算世界财富时，为了方便起见，一国人民与别国人民之间的债务可以从收支

---

① 一个企业的价值也许在某种程度上产生于它所拥有的垄断权。这或者是凭专利权而获得的完全垄断，或是因它的货物比其他同样良好的货物更出名的缘故而获得的部分垄断；如果是这种情况，这种商业就不会增加国家的真正财富。如果打破垄断，由于它的价值的消失而造成国民财富的减少通常会得到补偿并且还有余。这在部分上是因为竞争者的商业价值增大了，或是部分上是因为代表社会中其他人财富的货币购买力增大了。（然而，我们还要知道，在某些例外情况下，一种商品的价值会因其生产获得垄断而降低，不过这种情况是很少的，现在可以不必管它。）

另外，商业关系和信誉能增加国民财富，只要它们能使买主和以一定价格最充分满足买主的真正愿望的那些生产者产生关系，或换句话说，只要它们能使整个社会都努力满足整个社会的愿望。然而，当我们不是直接而是间接地估计国家财富作为个人财富的总和时，我们必须根据这些商业的全部价值来计算，即使这个价值在部分上是由不用作公共利益的垄断构成的。因为，这些商业对与其竞争的生产者所造成的损害，在计算那些生产者的商业价值时，已考虑到了；同时，由于产品价格的提高，这些商品对购买它们的消费者所造成的损害，在计算消费者的财产购买力时（就这种特殊商品而言），也考虑到了。

关于这种情况的一个特殊事例就是信贷组织。它增大一国的生产效率，从而就能增加国家财富。而获得信用贷款的能力是每个商人的宝贵资产。然而，如果有任何意外事件使他的生意倒闭，国家的财富受到的损害就要小于这种资产的全部价值，因为他本来要做的生意，现在至少有一部分会由别人去做，而别人至少也可借助于他原本要借进的资本的一部分。

关于货币被算做什么程度的国家财富的一部分这个问题，也有类似的困难。但要彻底研究这一问题，我们就要预先知道许多关于货币的理论。

双方中略去。另外,正如河流是国家财富的重要因素一样,海洋是世界最有价值的财产之一。世界财富的概念的确只不过是将国家财富的概念扩大到整个地球上而已。

财富的个人和国家所有权是以国内和国际法律为根据的,或者至少是以具有法律效果的风俗为根据的。所以,要研究任何时点的经济情况,就需要研究法律和风俗;经济学大大得力于从事这种研究的那些学者。但是,经济学的范围已经很广了,而财产概念的历史和法律根据是个很大的课题,最好能在另外不同的书中进行讨论。

§6. **价值。暂时用价格来代表一般购买力** 价值的概念与财富的概念密切相关。关于价值在这里可以略为说一下。亚当·斯密说:"价值这个词有两种不同的含义,有时表示某种特殊物品的效用,有时则表示占有这一物品所显示的购买他物的能力。"但是,经验表明,将价值这个词用作前一种意思是不妥的。

一个东西的价值,即在任何地点和时间用另一物来表现的交换价值,就是在当时当地能够得到的并能与第一样东西交换的第二样东西的数量。因此,价值这个术语是相对的,表示在某一地点和时间上的两样东西之间的交换关系。

文明国家通常采用黄金或白银作为货币,或者二者兼用。我们不是用铅、锡、木材、谷物和其他东西来互相表示价值,而是首先用货币来表示它们的价值,并称这样表示的每样东西的价值为价格。如果我们知道,1吨铅在任何地点和时间都可换15镑,而1吨锡可换90镑,我们就说当时当地它们的价格各为15镑和90镑。而且我们知道,如果用铅来表示,当时当地1吨锡的价值就等于6吨铅。

每样东西的价格随时随地都有涨有落。就这样东西而论,每当出现这种价格变化,货币购买力也会随之发生变化。如果货币购买力相对某些东西而言提高了,而同时对同样重要的东西而言又有同等程度的下降,那么,它的一般购买力(或是人们购买一般物品的能力)保持不变。这句话包含一些难题在内,我们以后必须研究。但是,同时我们可按照普通的含义来理解这句话,那么就很清楚了:在本书中我们可以始终忽略不计货币一般购买力可能发生的变化。这样,可以将任何东西的价格视为代表它相对一般物品的交换价值。或换句话说，代表它的一般购买力①。

但是，如果创造发明大大增加了人类对大自然的控制能力，那么，为了某些目的，用劳动来衡量货币的实际价值比用商品衡量好。然而，这种困难不会对我们在本书中的工作有很大影响，因为本书只不过是经济学的"基础"研究而已。

---

① 正如考恩特指出的（见他著的《财富理论中数学原理的研究》，第2章），假定存在一定的可以衡量购买力的标准，会令我们感到很方便，正像天文学家假定有一个"正中的太阳"以一定的间隔时间越过子午线一样，因此时钟就能与这个太阳同时并进。其实，真正的太阳越过子午线时，有时是在时钟所指的正午之前，而有时则在这之后。

第3章 生产 消费 劳动 必需品

§1. 人类所能生产和消费的只是效用，而不是物质本身 人类不能创造有形物质。诚然，在精神和道德领域里，人是可以产生新思想的。但是，当我们说人生产有形物质时，其实他只是生产出物质的效用而已，换句话说，他的努力和牺牲的结果只是改变了物质的形态或排列组合，使物质更能适合满足需求。在自然界中，人所能做的只是整理物质，使物质更有用（如用木料做成一张桌子），或是设法使物质能被大自然变得更有用（像将种子播种在能借大自然的力量而生长的地方）①。

我们有时说商人是不生产商品的。制造家具的木匠生产了家具，而家具商只是出售已经生产出来的东西而已。但是，这种区别是没有科学根据的。他们生产的都是物质的效用，做不出更多的事。家具商人移动并重新整理物质，使家具比以前更有用，而木匠所做的也只不过如此。在地上搬运煤的船员和铁路工人也是生产煤的，正如在地下采煤的矿工一样；鱼贩帮助把鱼从需求不大的地方运到有较大需求的地方，而渔夫所做的也不过如此。的确，商人的数目往往多出需要，而一出现这种情况，就是一种浪费。但是，如果一个人就能胜任的犁地劳动却用两个人去做，也是一种浪费。在这两种情况下，所有参加劳动的人都在生产，虽然他们也许生产出很少的东西。有些学者重复了中世纪对贸易的攻击，理由就是贸易是不生产的。但是，他们搞错了目标。他们应当攻击的是不完善的贸易组织，尤

---

① 培根在其著的《新工具》第4章中说："人类在进行工作时只能归拢或分开自然物，其余的一切都要在自然物内进行。"（这句话是博纳在《哲学与政治经济》第249页引用的。）

其是零售贸易组织①。

消费可以被看做是负生产，正如人所能生产的只是物质的效用一样，人所能消费的也只是物质的效用而已。人能生产各种服务及其他非物质产品，也能消费它们。但是，正像人生产物质产品其实不过是重新整理物质、使物质具有新的作用一样，人对这些产品的消费也只不过是打乱物质排列顺序，减少或破坏其作用而已。的确，往往当我们说到一个人消费物质时，他只不过是持有这些物质以供自己使用而已。同时，正如西尼尔所说，这些物质"是被我们统称为时间的那些诸多力量逐渐破坏掉了"②。正像小麦的"生产者"是把种子播撒在自然力将使其生长的地方的人一样，图画、帘子甚至一幢房屋或一艘快艇的"消费者"所做的，也只是一点一点地把它们消磨掉；不过，他是通过时间的流逝来使用它们的。

还有一种区别一直挺突出，但现在很模糊，而且恐怕没有多大实际用处。这种区别一方面指的是**消费者财物**（也称**消费财物**或**一级财物**），如食物、衣服等，都是直接满足需求的东西，与另一方面的**生产者财物**（也称为**生产财物**、**工具**或**中间财物**），如耕犁、织机和原棉等，可以靠促进一级财物的生产而间接地满足需求的财物之间的区别③。

§2. 生产这个词易于引起误解，通常应当避免使用或加以解释　一切劳动的目的都是为产生某种结果。因为，虽然有些努力只是为努力而付出努力，就像为娱乐而进行的一种竞赛一样，但这些努力却不能算作是劳动。我们可以对**劳动**下这样的定义：劳动是一切头脑或身体付出的努力，部分上或全部都以获得某种好处为目的，而不是以直接从这种努力中获得某种好处为目的④。

---

① 从狭义上来说，生产改变了产品的形态和性质，贸易和运输改变了产品的外部关系。
② 参阅西尼尔的《政治经济学大纲》，第54页。他喜欢用"使用"这个动词来代替"消费"这个动词。
③ 这样，在消费者家中，要做蛋糕的面粉就被有些人当做是消费者财物；而如果在糖果商手中，不但是面粉，就是蛋糕本身也被当做是生产者财物。卡尔·门格尔说（见他所著《国民经济学原理》第1章第2节），面包属于一级财物，面粉属于二级财物，磨粉机属于三级财物，等等。如果一辆火车载有游客，还有若干罐装饼干以及磨粉机器和用来制造磨粉机的机器，那么，这辆火车就似乎同时是一级、二级、三级与四级财物。
④ 这是杰文斯的定义（见他著的《政治经济学理论》，第5章），不过他只包括痛苦的努力在内。但他自己又指出懒惰往往是如何痛苦。如果人们只考虑从工作中直接获得愉

如果我们必须重新开始的话,除了那种不能有助于所要达到的目的,因而生产不出任何物质效用的劳动之外,我们最好将一切劳动都看做是具有生产性的。但是,在"生产的"这个词的含义所经历的许多变化当中,其含义尤其与积蓄起来的财富有关,而比较忽视眼前的和暂时的享乐,有时甚至还不包括这种享乐在内①。一种几乎是牢不可破的传统迫使我们将这个词的中心意思看做是对将来的而不是对现在的需求的满足。的确,一切有益的享乐,不论是否奢侈,都是集体的和私人活动的正当目的;而且,奢侈的享乐的确为努力提供了动力,并在许多方面敦促了进步。但是,如果对产业的效率和精力没有影响的话,那么就放弃获得暂时奢侈的愿望,首先致力于获得那些比较坚固而且持久的资源,这些资源将有助于产业的将来运行并将从各个方面使生活更丰富,这样,通常就可增进一个国家的真正利益。这种思想似乎在经济理论的所有阶段中都存在,而且不同的学者对这种思想都作出了各种固定不变的区别,根据这种区别划分出某些行业是生产性的,而某些行业是非生产性的。

快的话,那么大多数人都会多做一点工作;但是,在健全的状态下,在大部分工作中——即使是被雇用的工作——愉快仍胜于痛苦。当然,这个定义有伸缩性:一个农业劳动者晚上在自己园子里劳动时,主要想的是他的劳动成果;一个技术工人在工厂里坐着操作一天后,回到家里再到园子里干活也绝对会获得一种喜悦,但他也很在乎自己的劳动成果,而同样在园中干活的富人,虽然做得好时也许自鸣得意,但却很可能不会太在乎他由此得到金钱方面的节省。

① 重商主义者认为贵重金属比任何其他东西都值得称作财富,这在部分上是因为贵金属不会损坏,他们将一切不是用来生产可以输出的货物以换取金银的劳动都看做是不生产的或"徒劳无益的"。重农主义者认为一切劳动都是徒劳无益的,因为劳动所消费的价值与生产的价值相等。他们都将农民看做是唯一生产的劳动者,因为只有他的劳动(照他们所想)才增大了积蓄起来的财富的纯剩余。亚当·斯密调和了重农主义的定义,但他仍然认为农业劳动比其他劳动更具生产性。他的追随者摒弃了这种区别,虽然在细节问题上还有许多不同意见,但他们一般仍然坚持这样的概念:生产性劳动总会增加积蓄起来的财富。这个概念在《国民财富的性质和原因的研究》较著名的一章中是暗示出来的,而不是明说的,这一章的名称是《论资本的积累,并论生产性和非生产性的劳动》。(参照特威斯:《政治经济学的进步》第6节,以及穆勒的论文和他的《政治经济学原理》中对于生产性这个词的讨论。)

例如，即使是近代的许多学者也墨守亚当·斯密的方法，将家庭仆人的劳动归入非生产性一类。毫无疑问，许多大家庭仆人过多，他们的一些精力如果用到别的地方，也许会对社会有利。但是，那些以蒸馏法提取威士忌酒为生的人大多数也是这样，但却从来没有哪个经济学家建议称他们为不生产的人。为一个家庭提供面包的烤面包师的工作，与烧马铃薯的厨师的工作在性质上并无区别。这个烤面包师如果是个糖果商，或者是个上等的烤面包师，那么他花在非生产性的劳动上，即根据一般意思花在供给不必要享乐的劳动上的时间，恐怕与家庭厨师所花的时间至少一样多。

每当我们单独使用"生产性的"这个词时，就知道它是指为生产资料的生产而生产，它是持续享乐的。但这是一个难以捉摸的术语，在需要准确用法的地方，不应当使用这个词①。

我们如果要把这个词用作不同的意义，就必须加以说明，例如，我们可以把劳动说成是**生产必需品**，等等。

生产性消费当做一个术语用时，通常解释为使用财富以生产更多的财富的意思。它应当包括的并不是生产工人的所有消费，而是维持他们的效率所必需的那种消费。在研究物质财富的积累时，这个术语也许有用。但它容易令人误解。因为消费是生产的目的，一切有益的消费都产生利益，而其中有许多最有价值的利益却并不直接有助于物质财富的生产②。

---

① 生产资料包括劳动必需品，但不包括暂时性的奢侈品。因此制冰者被列入非生产性一类，不论他是为糕点厨师工作还是在乡村住宅中做私人雇工。但从事建造一所剧院的瓦工被列入生产性的一类。毫无疑问，永久性的和暂时性的享乐源泉的区别是模糊而且不切实际的。但是，这种困难存在于事物的性质中，不是用任何文字的方法所能完全避免的。我们可以说高个子比矮个子多，而不能断定是否五尺九寸以上的人都列入高个子行列，或只是五尺十寸以上的人才算是高个子。我们可以说生产性劳动是以牺牲非生产性劳动而得到增加的，但不能在它们之间确定任何严格的因而也是武断的分界线。如果为了任何特殊目的的需要划出分界线，那么必须清楚地划出来。但事实上，这种情况很少或从不会发生。

② 在使用生产性这个词上的一切区别都很空洞，并且有一种不真实的感觉。现在说明这些区别似乎不值得，但它们却有悠久的历史。让这些区别逐渐消失，而不是突然将它们摒弃掉，这恐怕比较好。在本来没有真正中断的地方，却要划出一条固定不变的分界线，这虽然比有时对生产性的这个词所下的严格定义造成的弊端更大，但也许从来

§3. 维持生活的必需品与维持效率的必需品　这样就使我们来考虑必需品一词。必需品、舒适品和奢侈品之间的区别很简单：第一类包括一切为满足必须满足的欲望所必需的东西；后两类包括的是满足不像第一类那样迫切的欲望的东西。但这里又有一种麻烦而模糊的意思。当我们说到一种欲望必须得到满足时，如果得不到满足的话，我们会想象出有什么样的结果呢？这种结果是不是包括死亡在内？还是这种结果只是导致力量和精力衰竭？换言之，必需品究竟是维持生活所必需的东西，还是维持效率所必需的东西呢？

必需品这个词像**生产性**这个词一样过于简略，它所指的东西要由读者自己加上去；这种暗指的东西既然有所不同，读者就往往会加上一个不合作者原意的意思，因而误会了作者的用意。在这里正像以上情况一样，在每个关键地方都要清楚地说明要使读者了解的东西，这样才能消除造成混淆的主要因素。

必需品这个词的比较旧的用法只限于指大体上足以使劳动者能维持自己和家庭生活的那些东西。亚当·斯密和他的一些比较谨慎的追随者的确看到了舒适和"高雅情趣"的标准有所不同。而且他们认识到气候的不同、风俗的不同使得有些东西在有些情况下是必需的，而在别的情况下则是多余的①。但是，亚当·斯密受到重农学派理论的影响：这种理论是以18世纪法国人民的情况为根据的，那时大多数法国人除了仅仅知道生存所必需的东西之外，就不知道还有其他什么必需品了。然而，在比较幸福的时代，我们更仔细地分析一下就会明白：在任何时间和地点，对于每一种产业，有一种规定多少比较明确的收入，这个收入是仅仅维持这一产业中的人员的生活所必需的。

都不会比这些定义还能导致更离奇的结果。例如，有些定义导致这样的结论：歌剧院中的歌唱者是非生产性的，而歌剧票的印刷者却是生产性的；同时，剧院中的引座员属于非生产性，除非他碰巧出售节目单，那么他就是生产性的。西尼尔指出："我们不说一个厨师'制作'烤肉，而是说他'烹饪'烤肉；但我们说他'制作'布丁……我们说一个裁缝用布'制做'一件衣服，我们不说一个染匠将没染的布'制成'已染的布。染匠所造成的变化也许大于裁缝所造成的变化，但是布经过裁缝之手改变了名称，而经过染匠的手却没有改变名称：染匠没有制造一个新的名称，因此就没有生产一样新东西。"（见西尼尔的《政治经济学大纲》，第51~52页。）

① 参照卡弗的《政治经济学原理》，第474页；它使我注意到亚当·斯密的意见：惯常的高雅情趣实在也是必需的东西。

同时，还有一种较大的收入，这是维持这些产业的充分效率所必需的①。

任何产业阶层的劳动者，如果能够十分明智地花工资的话，那他们的工资也许就会足够维持较高的效率，这样说也许是对的。但是，对必需品的每一种估计都必须与一定的地点和时间联系起来，除非有意思相反的特别解释语句，否则我们就可以假定他们花工资所表现出的明智、远见以及无私的程度，恰恰与所说的任何产业阶层的普遍的实际情况一样。明白了这一点，我们便可以说，任何产业阶层的收入都是在其**必需**的水平以下，劳动者收入的增加经过相当的时间会使他们的效率有超比例的提高。改变习惯也许可以节省消费，但节省必需品却是浪费②。

§4. **当任何人消费的东西少于维持效率所严格必需的时候，就有了损失。习惯上的必需品** 当我们研究有效率的劳动供给的原因时，必须详细研究维持各种工人效率的必需品。但是，我们如果在这里考虑一下，什么是维持这一代中英国的普通农业劳动者或城镇非技术工人及其家庭的效率的必需品，就可以使我们的观念明确。可以说这些必需品是由以下东西构成的：一所有几个房间和良好下水道的住宅；温暖的衣着以及一些更换用的内衣；干净的水；供给丰足的谷类食物、适量的肉类、牛奶以及少量的茶，等等；必要的

---

① 因此，在近百年中，英国南部的人口增加得相当快，这还尚未将移民计算在内。但是，从前与英国北部一样高的劳动效率现在却低于北部了，因此，南部的低工资劳动往往比北部的高工资劳动还要昂贵。这样，除非我们知道必需品这个词的使用是指这两种意义中的哪一种，否则，我们就不能说南部的劳动者是否已经获得了必需品。然而，我们必须记住：南部的最强壮的劳动者不断北移，因为那里具有较大的经济自由以及提高地位的希望，北部劳动者的精力更充沛了。参看麦克1891年2月发表在《慈善机关杂志》上的文章。

② 如果我们考虑的是一个非常有能力的人，就必须考虑这样的事实：他对社会所做的工作的真正价值，与他由此而得到的收入之间，恐怕不会像任何产业阶层中一个平常人的工作价值与收入之间那样相符合。而且我们应当说，他的一切消费都绝对具有生产性，这是必需的。因为只要他的消费减少一点，他的效率就会减少，而对于他或世界上其余的人来说，减少的这一部分效率要比他从消费中所节省的具有更大的实际价值。一个像牛顿或瓦特那样的人，如果加倍其个人费用而能增加他1%的效率的话，那么他的消费的增加就真正具有生产性。我们以后将知道，这样的情况与用高昂的地租租下的肥沃土地要多花一些费用是相似的：虽然他的报酬在比例上比以前所得的报酬少些，但仍会有利。

教育和娱乐；一个家庭中作为妻子的可以不做其他工作，而能有充分的自由尽她做母亲以及料理家务的职责。在任何一个地方，如果缺少其中任何一样东西，非技术工人的效率就会受到损害，正像一匹马饲养不良或一架蒸汽机没有供给充足的煤一样。达到这种程度的一切消费都是不折不扣的生产性消费；这种消费的任何节省都不是节约，而是浪费。

此外，烟酒的消费以及对时髦服装的追求，也许在许多地方都成了习惯了，因此它们可以说是习惯上的必需品。因为，为了得到这些东西，普通的男女将要牺牲一些维持效率所必需的东西。因此，他们的工资就要少于维持效率所必需的数目，除非他们的工资不但可以满足绝对必需品的消费，而且还包括一定数量的习惯上的必需品在内①。

生产工人的习惯上的必需品的消费，通常列入生产消费一类，但严格说来，不应列入这类消费；在文章的关键地方，应当加上特殊的解释来说明习惯上的必需品是否包括在内。然而，我们还应注意，许多被恰当地称为多余的奢侈品的东西，在某种程度上也可视为必需品。这种程度是奢侈品在被生产者消费时也应当是生产性的②。

---

① 参照詹姆斯·斯图亚特的《政治经济学原理研究》（1767年版），第2篇中的第21章关于"物质必需品与政治必需品"的区别。

② 这样，在3月里，一盘可能要花费10先令的青豆，就是一种多余的奢侈品，但它仍是有益的食物，也许和值3便士的卷心菜的作用一样；或者因为变换了食物花样而无疑有益于健康，甚至作用比卷心菜还大，所以，也许可以将4便士的价值列入必需品一类，而将其余9.8先令的价值列入多余品一类，这种消费中的1/4可以看做是绝对具有生产性的1先令是12便士，10先令共120便士，用值3便士的卷心菜计算，正是一盘青豆价值的1/40。在例外的情况下，例如青豆是给病人吃的时候，那么10先令的全部花费也许很值得，而且重新产生了其自己的价值。

　　为了明确这个观念，试对必需品进行估计也许是对的，虽然这种估计必然会粗略、杂乱。或者按现在的价格来算，一个普通的农民家庭的绝对必需品每星期有15或18先令就够了，习惯上的必需品大约有5先令多一点也够了。对于城镇非技术工人来说，绝对必需品还要多几个先令。住在城市中的技术工人的家庭，绝对必需品也许是25或30先令，而习惯上的必需品是10先令。对于一个不断紧张用脑的人来说，如果是未婚的，绝对必需品也许每年要200或250镑；但如果他有一个要花很多教育费用的家庭，就得是这个数目的2倍以上。他的习惯上的必需品取决于他的职业性质。

第4章 收入 资本

§1. 货币收入与营业资本 在原始社会中，每个家庭都差不多自给自足，大部分食物和衣服甚至家具都是自己供给的。家庭收入或进项只有极少一部分是货币的形态；如果想到他们的收入，那么计算他们从烹饪用具上获得的利益，就如同他们从耕犁上得到的利益一样。因此，在他们的资本与包括烹饪用具和耕犁在内的其余积累起来的资产之间，就看不出有什么区别了①。

但是，随着货币经济的发展，就产生一种强烈倾向，将收入的概念只限于那些货币形态的收入：其中，包括将"实物工资"（如免费使用房屋、煤、煤气和水）作为一部分雇工报酬来代替货币工资。

与**收入**这种意义相符合的是，市场用语通常把一个人的资本看做是他的财富中用于获得货币形态的收入的那部分，或者更普遍的说法是，以营业的方法获得收入的那一部分。有时，称这一部分为他的营业资本也许很方便，可以说这种资本是由一个人用于其营业的那些外在的货物构成的，他或是持有这些货物以便出售而换得货币，或是用它们来生产可以出售以换取货币的东西。属于这种资本的显著要素是工厂以及制造商的营业设备，即机器、原料、可供他的雇工使用的食物、衣服和房屋，以及他的营业信誉。

对于一个人所有的东西还要加上那些属于他的权利，以及他由此可获得收入的东西：包括他以抵押或其他方法所放的贷款，以及在近代"金融市场"

---

① 由于这个以及类似的事实，有些人不但以为近代分析中某些部分不适用于原始社会（这是对的），而且认为这种分析的重要部分无一处可以适用（这就不对了）。这是一个显著表现出种种危险的例子：如果自己甘心于相信文字记载，而不肯做必要的艰苦工作以去发现贯穿于形式变化之中的实质性，就要出现危险了。

的复杂形态下他可持有的对资本的所有支配权；另一方面，必须从其资本中减除他所欠的债务。

上述从个人或经营的角度来看待资本的这个定义，牢牢地被确定为日常用法了。在本书中，每当我们讨论有关一般经营问题，特别是有关在公开市场上出售的某一类商品的供给问题时，始终都会采用这个定义。在本章的前半部分，我们将从私人营业的角度来讨论收入和资本，然后再从社会角度来考虑这个问题。

§2. 从日常经营的观点来看纯收入、利息和利润的定义。纯利益，经营收入，准地租 一个人如果要营业，就必定要付一定的费用来购买原料、雇用工人，等等。在这种情况下，他真正的收入或**纯收入**，是从他的总收入中减去"总收入的生产费用"而得到的①。

一个人所做的任何能使他直接或间接获得货币报酬的事情，都会增大他的名义收入，而他为自己做的事情通常则并不能算作增大他的名义收入。但是，如果是一些琐碎的事情，最好不要加以过问。不过，如果是人们要做时就要付出代价的事情，那么，为了一致起见，就应当加以考虑。因此，一个为自己做衣服的女子，或是一个在自己的园中掘地或修理自己房屋的男子，都在获得收入；正像被雇来的裁缝、园丁或木工做这种工作能获得收入一样。

关于这一点，我们可以介绍一个以后会常用的名词。需要使用这个名词，是因为这样的事实：每种职业除了其中必不可免的工作疲劳之外，还有其他的不利因素，而每种职业除了货币工资收入之外，也还有其他利益。一种职业对劳动所提供的真正报酬，必须从他的所有利益的货币价值中减去所有不利的货币价值，才能计算出来，我们可将这种真正的报酬称为职业的**纯利益**。借款人为了使用贷款——比如说是一年——所付的报酬，表明了这种报酬与贷款的比率，称为利息。这个名词更广义的用法代表了从资本中得到的全部收入的货币等价，通常表明对于贷款的"资本"额的某种百分比。每当出现这样的情况时，我们就不能将资本看做是一般的现有的东西，而必须将它看做是代表一般东西的某种特殊的储备形式，就是货币。这样，可以将100镑以4%的利率贷出，就是每年有4镑的利息。又如，一个人如果用于经营的各

---

① 参看1878年英国科学协会委员会关于所得税的一篇报告。

种货物的资本额估计共值 10 镑，假定构成此资本额的货物的总货币价值没有变动，那么，我们可以说，一年 400 镑就是代表这资本 4% 利率的利息。然而，除非他期望从这资本所得的全部纯收益会超过按现行利率计算的资本的利息，否则，他恐怕不愿意继续这种经营。这些收益就称为**利润**。

对于具有一定货币价值的货物的支配权，若能用于任何目的，就常称为"自由"或"流动"资本①。

当一个人从事经营时，他一年里的利润，就是同年中他从经营中所得的收入超过他为经营支出的数目。他现有的设备、材料等的价值在年终和年初的差额，依照价值的增减而成为他的收入或支出的一部分。从利润中减去按现行利率计算的他的资本利息（如有必要，还要减去保险费）之后，所剩下的通常就称为他的**企业收入**或**经营收入**。一年中他的利润与他的资本的比率，就称为他的**利润率**。但是，这种说法也像有关利息的说法一样，是假定构成他的资本的种种东西的货币价值已经估定了：而这样估计往往存在着很大的困难。

当任何一件东西（如一所房屋，一架钢琴，或一架缝纫机）租出去时，所付的报酬常称为**租金**。当经济学家从个别商人的角度来考虑收入时，也可遵循这种做法而不会有什么不方便之处。但是，正如现在所要讨论到的，每当从个人的角度转到从全体社会的角度来讨论经营事物时，似乎更方便保留租金这个词，作为代表从大自然的馈赠中所得到的收入。因为这个缘故，在本书中将用**准地租**这个名词代表从机器及其他人工生产的工具中获得的收入。这就是说，任何一台机器都可产生一种具有地租性质的收入，而有时也被称为**地租**，然而从总体意义上来讲，称它为**准地租**似乎更有利。但却不能说机器产生利息，这样说是不妥当的。即使我们使用"利息"这个词，也一定不是与机器本身有关，而是与机器的货币价值有关。例如，一台值 100 镑的机器所做的工作如果一年净值 4 镑的话，那么此机器就创造了 4 镑的准地租，它等于原来成本的 4% 的利息。但是，如果现在这台机器只值 80 镑了，那么

---

① 克拉克教授曾经提出区别纯粹资本与资本货物的建议：前者相当于静止的瀑布，而资本货物则是出入于企业的特殊的东西，像飞泻而下的瀑布中的点滴之水一样。在这里，他当然是把利息看做与纯粹资本有关，而不是与资本货物有关。

它就创造机器现在价值的5%的准地租。然而，这一点引起了一些原则性的困难问题，在第5章中再加以讨论。

§3. 从私人的角度来看资本分类 我们再来考虑有关资本的一些细节问题。资本被分为**消费资本**和**辅助资本**或**工具资本**两类。在这两类资本之间虽然不能划出清楚的界线，但我们明白它们的含义是模糊的，那样使用这些名词有时很方便。在需要明确的地方，就应当避免使用这些名词，并应该有明确的详细叙述。我们能从以下近似的定义中，得到这些名词所要表达的一般性区别的概念。

消费资本是由具有直接满足需求的有形的货物构成的，就是直接维持工人生活的货物，如食物、衣服、房屋等。

辅助资本或**工具资本**之所以有这种名称，是因为它是由在生产上帮助劳动的一切货物构成的。属于这一类的资本有工具、机器、工厂、铁路、码头、船舶等等，还有各种原材料。

但是，一个人的衣服在他的工作中对他当然有所帮助，并且有助于使他保暖；他从自己工厂的劳动保护中所得到的直接利益，与他从自己的房屋的保护中所得到的直接利益一样[①]。

我们可以遵循穆勒对**流动资本**与**固定资本**所作的区别，前者"只使用一次，就完成了将它用于生产的全部任务"，而后者"以持久的形态存在着，要经过相应的持久的年限才能还原为资本"[②]。

§4. 从社会的角度来看资本和收入 当我们讨论为市场生产商品以及支配商品交换价值的原因时，商人惯常的观点便是经济学家最便于采取的观点。但是，当商人研究支配整个社会的物质福利的原因时，就必须和经济学家一样都必须采取一种更广泛的观点。平常的谈话可以从一种观点转到另一种观点，而不需要对这种转变作出任何正式说明。这是因为，一旦产生误会，就

---

① 参看本篇第3章第1节。

② 亚当·斯密认为固定资本和流动资本的区别取决于这样的问题：货物是否"产生利润而未改变其所有者"。李嘉图认为这种区别应取决于货物是否"慢慢地消费还是需要常常再生产"；但他的确认为这是"一种非本质的区别，而且不能由此正确地划出分界线"。穆勒对这种区别的修正通常为近代经济学家所接受。

会很快搞明白，只要提出一个问题或主动进行解释便可消除混乱。但是，经济学家却不可冒这种险，他必须说明他的观点或术语用法上的任何改变。如果不加说明地从一种用法转到另一种用法，他的进展也许好像一时平稳，但如果在每一种令人产生疑问的情况下都对每一个术语清楚地加以说明，这样的进步还会更大①。

因此，在本章剩下的部分，就让我们有意识地采取与个人观点相对比的**社会**观点：让我们研究整个社会的生产，以及可用于一切目的的社会全部纯收入。这就是说，让我们几乎回到原始人的观点，他们主要关心的是他们希望得到的东西的生产，以及这些东西的直接用途，而很少关注交换和买卖。

从这个观点来看，收入被看做是包括人类在任何时候——过去和现在——努力尽可能好地利用自然资源，从而获得的一切利益。从彩虹的美丽或者清晨新鲜的空气中所获得的愉快是不算作利益的，这并不是因为它们不重要，也不是因为把它们计算在内会使估计有失准确性，而只是因为将它们算作利益不会有好的结果，反而会使我们的文句极为冗长，讨论繁琐。出于同样的理由，我们也不值得去分别考虑几乎每个人都为自己做的简单事情，如自己穿衣服等等，虽然也有一些人情愿花钱雇别人来做这种事情。所以，不把这种事情算作是利益并不是一个原则性的问题，有些喜欢争论的学者讨论这个问题所花的时间实在是浪费。把它们排除在外只不过是遵照"法律不过问小事情"这句格言罢了。一个开车的人没有注意到路上的积水，因而溅了一个行人一身水，这在法律上并不被认为是加害于人，虽然他的行为与另一个因为同样不小心而造成重大伤害的人的行为毫无原则性的区别。

当一个人现在是为自己劳动时，这种劳动就直接为他产生收入；如果他以这种劳动作为对别人的服务，那他就期待着从中获得某种形式的报酬。同样，他过去制作的或获得的任何有用的东西，或者由原来制作的或获得的人根据现行财产制度遗留给他的任何有用的东西，通常都直接或间接地成为他的物质利益的源泉。如果他把这种东西用于经营的话，所得的收入通常会表现为货币形式。但是，有时需要收入这个名词有比较广泛的用法，这包括一个人从他的财产所有权中获得的各种利益的全部收入在内，而不论他如何使用财产。例

---

① 参照本篇第1章第3节。

如，这包括使用自己的钢琴所得到的利益，完全等同于一个钢琴商出租一架钢琴可得到的利益。即使在讨论社会问题时，日常生活用语也与收入这个词的广义用法不符合，但习惯上却包括货币收入以外的其他形式的收入。

所得税委员们将房主自己居住的房屋也算作是可征税的收入源泉，虽然这房屋只不过使房主直接获得舒适而已。他们之所以这样做，并非出于任何抽象的原理，而是部分上因为房屋实际很重要，部分上因为人们通常是以商业的方式来看待房屋所有权的，并且部分上因为由此产生的实际收入能够易于分开和估计。对于他们的征税条例包含或不包含的东西之间，他们并不要求建立任何绝对的种类区别。

杰文斯从纯粹数学的角度来考虑这个问题，把在消费者手中的一切商品都归入资本一类，这是有道理的。但是，有些学者却非常巧妙地发展了这种观点，已经将它当做一个重要的原理，这就似乎造成了判断失误。出于比例关系的真正意义，我们不应该不断列举次要的细节问题来加重工作负担。在平常谈话中是不必考虑这些细节问题的，因为叙述它们会违反通常的惯例。

§5. **续前** 这就使我们必须从研究整个社会的物质福利的观点来考虑**资本**这个词的用法。亚当·斯密说过，一个人的资本是**他期望从他的资产中获得收入的那一部分**。历史上所知道的几乎所有有关资本这个词的每一种用法都多多少少与收入这个词的相同用法有着密切的对应：几乎资本的每一种用法都是指一个人期望从他的资产中获得收入的那一部分。

一般**资本**这个名词——即从社会的观点来看资本——的最重要的用途，在于研究生产的三个要素土地（即自然要素）、劳动和资本是如何有助于产生国民收入（或以后称为国民总效益）的，以及国民收入如何分配于这三个要素上。这是使得资本和收入这两个词从社会观点和个人观点来看都相互有关的另一原因。

因此，在本书中，对土地之外的一切在平常谈话中能产生算作收入的东西，以及类似的属于公有的东西（如政府工厂等），从社会观点来看都算作资本的一部分。土地这个词用来包括一切产生收入的大自然的馈赠，如矿山、渔场等。这样，资本就包括为经营目的所持有的一切东西在内，不论是机器、原材料，还是制成品、剧院和旅馆、家庭农场和房屋，但使用者所拥有的家具或衣服是不包括在内的。因为人们通常将前者看做是产生收入的东西，而后者却不能，正如所得税税收入员实施的办法所表明的那样。

这个词的这种用法符合经济学家们首先概略地研究社会问题，然后将次要的细节问题留到以后研究的通常做法；也符合经济学家们的另一种通常做法，即把被看做是广义的收入源泉的种种活动——只有这些活动——包括在劳动之内。在计算国民收入时，通常考虑的一切收入的源泉就是劳动和照这样解释的资本和土地①。

§6. 续前 可以把社会——一个国家或集团——中的个人收入加在一起来估算社会收入。但是，我们绝不能将同样东西计算两次。如果我们计算了一条毯子的全部价值，那么就已把制造毯子所用的纱线和劳动计算在内了，就绝不能再将这些东西计算进去了。而且，如果这毯子是用上一年库存的羊毛制成的，那么在计算这一年的纯收入时，就必须先将羊毛的价值从毯子的价值中减去；同时，用于制造毯子的机器以及其他设备的损耗也同样要减去。我们之所以要这样做，是根据我们最初提出的一般法则，即真正收入或纯收入是从总收入中减去产生总收入的费用而得到的。

但是，这毯子如果是由家里的仆人或蒸汽洗涤厂洗干净了，那么用于洗涤劳动中的价值必须分别计算进去，否则，这种劳动成果就会从构成国家实际收入的那些新生产的商品和便利设施的目录中完全遗漏掉。家庭仆人的工作通常专门被归入"劳动"一类。因为能依据仆人所得的货币和实物报酬的价值来全部估定这种劳动，这里就不逐一列举了。所以，将它包括在社会收入之内不会造成很大的统计困难。然而，在不用仆人的家庭，由家庭妇女及其他人所做的繁重家务如果漏计的话，就会造成前后不一致了。

另外，假设一个每年有1万镑收入的地主以500镑的薪水雇用一个私人秘书，而后者又以50镑的工资雇用一个仆人。如果将这三个人的收入都计算进去作为国家纯收入的一部分的话，那么有些收入似乎要计算两次，而有些则似乎要算三次。但事实并不是这样。地主把从土地产物中获得的一部分购

---

① 出于实际目的，我们不必逐一列举像一个人从早晨刷帽子的劳动中获得利益的那种"收入"一样，我们也不必过问投在他的刷子上的资本因素。但是，在只是抽象的讨论中，是不会出现这种想法的。所以，杰文斯的观点在逻辑上很简明，他认为，在消费者手中的商品都是资本。这对于用数学来解释的经济学说是有利无弊的。

买力转移给他的秘书，作为他的帮助的报酬；而秘书又把其中的一部分转移给他的仆人，作为对他的帮助的报酬。其价值作为地租归于地主的农产物、地主从秘书工作中得到的帮助、秘书从仆人的工作中得到的帮助，都是国家的真正纯收入的独立部分。所以，1 万镑、500 镑和 50 镑这三个不同数量的货币，在我们计算国家收入时，都必须被计算进去。但是，这地主如果每年给他儿子 500 镑的津贴，那就绝不能算作是独立的收入，因为他并没有做出什么服务就获得了这 500 镑，这钱也不会被征所得税。

正如一个人从利息或其他方面所得到的纯收入——减去他欠别人的款项之后的数额——是他的收入的一部分一样，一个国家从别国纯收入的货币和其他东西，也是国家收入的一部分。

§7. 续前 财富的货币收入或财富的流入是对一国繁荣程度的衡量，这种衡量虽不可靠，但在某些方面比以一国现有财富的货币价值作为衡量标准要更好。

因为，收入主要是由直接产生愉快的商品构成的，而国家财富则绝大部分是由生产资料构成的。生产资料只有在有助于生产供消费用的商品时，才会对国家有所贡献。而且，虽然这不是很重要的一点，但供消费用的商品更便于携带，比用来生产它们的东西都有更为统一的价格，这一点在世界范围内也如此。在曼尼托巴和肯特，每英亩上等土地的价格差别要大于这两地生产的 1 蒲式耳小麦的价格的差别。

但是，如果我们主要研究一个国家的收入，那么就必须减去收入中的折旧部分。如果一座房屋是用木材建成的，那么从它产生的收入中减去的折旧应是比用石头建造的房屋要更大一些；石建房屋比用同样优良设备的木建房屋，对于一国的真正财富价值更大。又如，一个矿井一段时间内可以产生大宗收入，但几年后也许就开采完了，在这种情况下，必须把此矿井与年收入少得多但却能永远产生收入的田地或渔场等同起来看待。

§8. 生产性和预见性在资本的需求和供给上是资本的两个对等的属性
在纯粹抽象的尤其是数学推理上，除了为了某些目的可以从资本中略去固有的"土地"这一点之外，**资本**和**财富**这两个术语几乎必然会作为同义词来用，但是，有这样一种较为清晰的传统的说法：当我们把东西作为生产要素来考虑时，就应当说是**资本**；而当我们把东西作为生产的结果、消费的对象以及产生拥有快感的东西来考虑时，我们就应当说是**财富**。这样，对资本的主要需求就产生于资本的生产性和它所提供的服务上。例如，这种服务使羊毛的纺织能比用手工来做更容易，或者使水在需要的地方能自由流出，而不必辛苦地用水桶来提送。（虽然资本还有别的用途，但如果将它贷给一个浪费的人时就不能归入这一类。）在另一方面，资本的供给是由这样一个事实控制的：为了积累资本，人们必须未雨绸缪，他们必须"等待"并且"节省"，他们必须为将来而牺牲现在。

在本篇开始时我们已经说过，经济学家必须放弃借助于一整套术语的想法，必须依靠限制性修饰语或上下文中其他说明的帮助，然后使用普通的用语，用以表达正确的思想。如果一个词在市场交换过程中其用法有多个模糊不清的含义，而他对此词又武断地规定一种固定的准确用法，那么这样他不但会使商人感到迷惑不解，而且还会陷于困境。所以，对像收入和资本这样的术语选择一种正常的用法，必须经过在实际使用中的考验①。

---

① 在这里我们可以对这种工作的某些部分做一个简短的预测。以后我们将会知道如何需要从资本的使用中体现出总的利益，以及如何从资本的产生中体现出需要付出努力和节省的总资本的数量；而且还会看到，这两个总数是如何趋于平衡的。因此在第五篇第 4 章中——在某种意义上可以把这一章看做是本章的继续——我们可以看得出来：在一个像鲁滨逊那样的人的眼中，这两个总数会直接平衡；在一个近代商人的眼中——至少大部分是这样——它们会以货币形式来表现平衡。不论是哪一种情况，计算上的两方面必须采取同一日期；在那日期之后发生的费用要在计算中"减去"；在那日期之前所发生的费用要"积累"起来计算。

在资本的全部利益和费用上也有相似的平衡，这种平衡将是社会经济的主要基石：虽然由于财富不平均分配的结果，从社会观点所做的计算，的确不能得到像在个人的情况下——不论是一个像鲁滨逊这样的人还是一个近代的商人——所能得到的那样清楚的轮廓。

在我们研究支配生产资源积累与使用的各种原因时，这种研究的每一部分都表现出以下各点：采用迂回的生产方法比直接生产方法更有效，关于这一点是没有普遍规律的；为获得机械和为将来的需求花费很大的精力，在某些条件下是经济的，而在有些条件下却并不如此；资本的积累一方面与人的预见性成正比，而另一方面则与采用迂回生产方法有利的资本吸收成正比。特别参看第四篇第 7 章中的第 8 节；第五篇中的第 4 章；第 6 篇第 1 章中的第 8 节和第 6 篇第 6 章中的第 1 节。

第三篇

论需求及其满足

第1章　绪　论

§1. 本篇与以下三篇的关系　较早的经济学定义把经济学说成是研究财富的生产、分配、交换和消费的科学。后来的经验表明，分配问题与交换问题密切相关，将它们分开来研究是否有利，实在令人怀疑。不过，有很多关于需求与供给关系的一般性推论，这种推论被用来作为有关价值的实际问题的基础，并起着基本骨干的作用，使经济学推论的主体具有统一性和一致性。这种推论具有广泛性和一般性，与所说明的分配与交换的比较具体的问题截然不同，所以将这种推论完全放在第五篇《需求与供给的一般理论》之中，而这一篇是为第六篇《分配与交换或价值》铺垫道路。

但首先是现在的第三篇中的研究需求及其满足，也就是对需求与消费的研究；然后第四篇是对生产要素的研究，生产要素就是用来作为满足需求的手段的那些要素，包括人本身在内。人是生产的主要要素和唯一目标。第四篇在大体上相当于对生产的研究，这种研究在过去两代英国所有的关于一般经济学的著作中几乎都占有重要地位，虽然它与需求和供给问题的关系并没有十分清楚的说明。

§2. 直到最近才对需求和消费有了足够的注意　即便是到最近，需要或消费这个问题都还有些遭到忽视。因为对如何最好地利用我们的资源这一问题的研究虽然重要，但就个人花销而言，这种研究却不适合经济学的研究。对于这种事情，一个具有丰富生活经验的人，就是凭他的常识，他也会比从精细的经济分析中得到更多的指导。一直到最近，经济学家对这个问题都说得很少，因为他们实在没有太多的话好说，只能说那是一切有常识的人共有的特性。只是最近由于以下几个原因合在一起，这个问题在经济研究中才变得非常重要。

第一个原因是，经济学家日益相信，在分析那些决定交换价值的原因时，李嘉图的过于注重生产费用方面的研究实属有害。因为虽然他和他的主要追随者知道需求的条件与供给的条件对决定价值同样重要，但他们都没有十分清楚地表达出这一点。于是，除了非常细心的读者之外，大家都对他们产生了误解。

第二个原因是，人们已养成了精确思考经济问题的习惯，并更加注意要清楚地叙述他们推论的前提。人们之所以这样细心，部分上是由于有些学者应用数学语言和数学思维的习惯。使用复杂的数学公式究竟有多大好处，的确令人怀疑；不过，应用数学思维的习惯的作用的确很大，因为人们在不太明白问题是怎样一回事时，是不肯考虑这个问题的；现在他们知道，在进一步研究之前，什么是需要假定的，而什么是不需要假定的。

这又使我们不得不回过头来对经济学的所有主要概念，尤其是对需求的概念，进行更仔细的分析。因为仅仅试图清楚说明如何衡量对一件东西的需要，就已展示了经济学主要问题的新方面。而有关需求的理论虽然还不成熟，但我们已能看到，也许可以凭借收集和整理消费统计数字方面的资料来解释对公共福利极为重要的难题。

第三个原因是，时代精神迫使我们要更加注意以下这个问题，是否可以使我们日益增长的财富能比现在更进一步地提高呢？这个问题又迫使我们去研究，对于公共使用还是个人使用的任何财富，其交换价值究竟能准确地代表幸福和福利增加到何种程度了呢？

在这一篇中，我们将从对各种人类需求的简短研究着手，从它们与人类努力和活动的关系来考虑。因为人类进步实质是一个整体的进步。为了便于研究，我们只能暂时地、临时地把人类生活的经济方面先作单个研究，然后再仔细地全面地进行整体方面的研究。我们现在特别需要坚持这一点，因为对李嘉图及其追随者那些比较忽视需求研究的反应，表现出了两个相反的极端，而维护他们略微过于偏激的重要真理仍然是重要的。这个真理就是，需求主宰着低等动物的生活，但这种需求随着人类历史基本原则的变化，其行为方式在形式上也在发生变化。

第 2 章　需求与活动的关系

　　§1. **多样化的欲望**　人类的欲望和需求在数量上是无穷无尽的，在种类上也是多种多样的，但总的来说还是有限的，并能得到满足的。野蛮时代的人的欲望的确比野兽多不了多少，但是，每向前进展一步都促进了野蛮人的需求和满足需求的方法朝多样化方面迈进了一步。人们不仅希望他们习惯消费的东西数量更多，而且也希望那些东西质量更好；人们还希望对事物可以有更多的选择，并且希望有满足他们心中所产生的新的欲望的东西。

　　因此，虽然野兽和野蛮人都同样喜欢精美的少量之物，但都不大注意为多样化而求多样化。可是，随着人类文明程度的提高，随着人类智力的开发，甚至连人类的性欲都开始与精神活动相结合了，人类的需求很快就变得更细致，而且更加多样化。人类早在自觉摆脱习惯的束缚之前，就开始注重生活上的细小事情，希望为变化而求变化了。在这方面重要的第一步是随着人类对火的使用而开始的，人类渐渐习惯于用各种不同方法烹调各种不同的食物了，但后来不久就开始厌恶起单调而无变化的饮食了。当意外的事情迫使人类长时间以一两种食物维持生活时，人们就会觉得这样很苦。

　　当一个人的财富增加时，他的食物和饮料就变得更加丰富而且昂贵起来了，但他的食欲是有限的，因此，当他花在食物上的费用达到奢侈浪费的程度时，更多的是为了满足好客和炫耀的欲望，而不是为满足自己的感官需求。

　　这一点使我们注意西尼尔的话："求得多样化的欲望尽管很强，但与自豪感的欲望相比却很弱。如果我们考虑后一种欲望的普遍性和永久性，那么后一种欲望就是一直影响所有人的欲望，这是从我们一生下来就随之而来的，一直会到我们进入坟墓才会离我们而去。这种情感可以说是人类情感中最强烈的一种。"这个重要的真理，从人类对精美而多样化的食物的欲望与对精美而多样化服饰的欲望的比较当中，便足以得到证明。

§2. 自豪感的欲望 由于大自然的变化而产生的对衣物的需求，是随着气候和季节的变化而变化的，并随着人的职业的性质不同而有所不同。不过在衣物方面，习惯上的需求却胜过了自然的需求。这样，在许多较早的文明中，**法律和风俗**当中关于节俭的规则，都曾经严格地规定每一社会阶层或产业阶层等成员的衣服所必须达到的式样和费用标准，而且不可超过。这些规则虽然已经发生了实质性的变化，但有一部分到现在还保留着。例如，在亚当·斯密时代的苏格兰，许多人出门不穿鞋袜是风俗所允许的，而现在人们也许不会这样做了；但在苏格兰许多人也许仍然还这样做，而在英格兰恐怕就不会这样了。又如，在英国，一个小康之家的工人在星期天可能会穿着黑色上装出去，在有些地方还会戴着丝帽。但在不久前，这种装束就遭人耻笑了。风俗要求的那种最低限度的多样化和昂贵之花费，还有风俗允许的那种最高限度的多样化和昂贵之花费，都在不断地上涨。在英国社会的下层社会中，正风行着从衣服上获取荣誉感。

但在上层社会中，虽然女子的服饰仍然是多种多样而且是昂贵的，但如果与不久以前的欧洲以及目前的东方相比，男子的服饰是简单而廉价的。因为那些靠自己本领而真正出类拔萃的男子，自然不会喜欢以服饰而引起别人的注意，他们在这方面树立了良好的风尚①。

§3. 续前 房屋满足了遮风避雨的需要，但这种需要对房屋强有力的需求却不起什么决定作用。因为，一所小但建筑良好的木屋虽然足以遮风避雨，但那令人窒息的空气、不可避免的不清洁以及缺少生活上的高雅和安静，都有很大的害处。这些害处不但能造成身体上的不舒适，而且还会阻碍一个人

---

① 一个女子可以用她的服饰来炫耀富有，但却不能只以服饰来炫耀，否则就达不到目的了。她必须还要以性格和财富来暗示其某种优越感。这是因为，虽然她的服饰也许更归功于她的裁缝而不是她自己，但有一种传统的假定，那就是妇女没有像男子那样忙于对外事务，因而就能花更多的时间去研究自己的服饰。即使在摩登时尚的影响下，"穿得好"——而不是"穿得贵"——对于那些要以才干和能力表现出卓越的人，也是一种合理的小目标；如果消灭时尚那令人琢磨不定的恶习的话，也许更会这样。因为把服装穿得美观、多样化而又很适合需要，是一个很值得努力的目标，这与画一幅优美的画一样，虽然工作性质不尽不同，但实质是一样的。

才能的发展，并限制人们从事较高尚的活动。每当这些活动有所增加时，人们就迫切需要更大的房屋①。

所以，即使对于最低社会等级的人来说，比较宽敞而且设备完善的房屋，也是一种"维持效率的必需品"，而且是在物质上求得社会声誉的最方便且也最立竿见影的方法。即使那些已拥有足够供自己及家庭进行较高尚活动的房屋的社会阶层的人，仍然希望房屋更大一些，而且这种欲望几乎无限增大。因为较大的房屋是进行许多更高级的社会活动所必不可少的②。

§4. 由自豪感产生的追求自豪感的欲望。消费理论在经济学中的地位

再者，在社会每一等级的人当中，还有一种发挥和发展活动的欲望，这种欲望不但导致人们为科学、文学和艺术的本身而追求它们，而且还导致人们越来越将这些作为职业来追求。仅仅用作休息的空闲机会越来越少了；对于一些娱乐活动（如运动比赛和旅行），人们越来越需要将其发展成为活动，而不是只满足感官的需求③。

因为，的确为自豪而求自豪的愿望范围广泛，它几乎与较低的追求荣誉的欲望差不多。正如对荣誉的欲望可分为等级一样，上自那些希望名垂千古、声名远扬的人的雄心大志，下至乡下姑娘们怀着在复活节上戴上新头饰以引起人们注意的希望；为自豪而求自豪的愿望也可分成不同等级，上自像牛顿或斯特拉迪凡立斯（意大利著名小提琴制作家。——译者注）那样的人对自豪感的追求，下至渔夫对自豪感的追求——即使在没人看见他，而他也在不忙的时候，对于灵巧地驾驭着自己的渔船，并对这艘建造良好的船很听从他的指挥而感到高兴。这种欲望对发挥最高的才能以及创造出最大的发明都产生很大的影响。而在需求方面，也很重要。因为，对于非常熟练的职业性服务和技术工作的追求，大部分是出于人们对自己才能的训练的爱好，以及人

---

① 的确有许多有积极上进精神的工人，宁愿住狭隘的城市寓所，也不愿住宽敞的乡下房屋。不过那是因为乡村生活对他们所嗜好的那些活动没有提供很多机会。
② 参看第二篇第3章中的第3节。
③ 我们可以注意一个细小问题：那些刺激精神活动的饮料，正极大地取代着那些仅仅满足感觉器官需要的饮料。茶的消费增加很快，而酒的消费却静止不变，在社会所有阶层中，对于各种较浓的和较易麻醉人的含酒精度较高的饮料的需要，正在日益减少。

们想借助于非常精巧的和用起来得心应手的工具以发挥自己的才能。

所以,总的来说,虽然在人类发展的最初阶段中,是人类的欲望引起了人类的活动,但以后人类每向前迈进一步,都被认为是新的活动的发展产生了新的欲望,而不是新的欲望的发展产生了新的活动。

如果我们抛开不断发展的新的活动的健全生活状态而向别处看,就可清楚地看到这一点。我们看到西印度群岛上的黑人并没有将新的自由和财富用来获得满足新的欲望,而是用在并非是休息的且是怠惰停滞不前的生活状态上;或者我们再看一下英国工人阶级中正迅速减少的那一部分人,他们胸无大志,对自己才能和活动的发展也并不感到自豪和高兴,却将工资除了用在恶劣生活最低必需品上之外,剩下的部分都花在了酗酒上。

所以,"消费理论是经济学的科学基础"① 这句话是不对的。因为,在研究需求的学问中,很多令人最感兴趣的东西都来自于研究努力与活动的学问。这两者互相补充,缺一项就不完整。但是,如果两者之中有可以称为人类历史——不论是经济方面还是任何其他方面——的解释者,那么它就是研究活动的学问,而不是研究需求的学问。麦卡洛克在研究"人类进步的本性"时②,说明了两者的真正关系,他说:"一种欲望或需求的满足不过是向某一新的追求前进了一步而已。在人类进步的每一阶段中,人类都注定要进行设计和发明,从事新的事业;而在完成这些新事业之后,还要以新的精力从事其他新的事业。"

由此可知,在我们工作的目前阶段中所能做的关于需求的研究,必须限于几乎是纯粹形式的初步分析。关于消费的比较高一层次的研究,必须放在

---

① 这个学说是班菲尔德创立的,而杰文斯采用它作为立论的要点。不幸的是,在这里也像在其他方面一样,杰文斯喜欢强调说明他自己的情况,结果使他得出的结论不但不正确,反而还因为对前一代经济学家的缺点含有言过其实之处,甚至产生了害处。班菲尔德说:"消费理论的第一命题,就是在欲望等级上每一较低的欲望中都创造一种较高性质的欲望。"如果真是这样的话,那么他以这一点作为根据的上述学说是对的。但是,杰文斯却指出这一点不对(见杰文斯:《政治经济学理论》,第 2 版,第 59 页)。他以这样的说明来代替它:一种较低的欲望的满足允许以一种较高的欲望表现出来。这是一个真实的且是相同的命题,但却不足以证明消费理论应居于首要地位。

② 见麦卡洛克:《政治经济学原理》第 2 章。

经济分析之后，而不是之前；这种研究虽可在经济学固有的范围内开始，但却不能从那里得出结论，而必须远远超出那个范围之外①。

---

① 需求的形式分类并非是件没趣的工作，但因为我们的研究目的不同而不需要。在这方面大多数近代工作的基础都可见于赫尔曼的《国家经济学研究》第2章。在这该章中，他将需求分为以下几类："绝对的与相对的；高级的与低级的；迫切的与可缓的；积极的与消极的；直接的与间接的；一般的与特殊的；经常的与中断的；永久的与暂时的；平常的与非常的；现在的与将来的；个人的与集体的；私人的与公共的。"

　　即使在上一代的法国和其他欧洲大陆国家的大多数的经济学著作中，也可看到关于欲望和愿望的一些分析。但英国经济学家将他们的经济学限制在严格的范围内，因而就将这种研究排除在外了。但是有一个独特的事实，即边沁在他的《政治经济学纲要》一书中没有提到欲望和需求，虽然在他的《道德与立法原理导论》和《人类活动的起源表》两书中，他对欲望的深奥分析曾产生过广泛的影响。赫尔曼曾经研究边沁，而班菲尔德，英国大学中最早汲取德国经济思想的经济学家，他承认，这一点应特别归功于赫尔曼。在英国，为杰文斯的有关需求理论的优秀著作开辟道路的是边沁本人；还有西尼尔（他对这个问题的简短评论富有深邃的暗示）和班菲尔德，以及澳洲学者赫恩。赫恩的《经济学，或满足人类欲望的努力的理论》一书，既简明又深奥。此书对以下这样的方法提供了绝佳的例子。那些详细的分析可作为是对青年人提供的一种很高级的训练，使他们熟悉生活的经济状况，而不是强迫他们去具体解决那些他们尚且不能作出独立判断的比较难的问题。大约在杰文斯的《政治经济学理论》一书出版的同时，卡尔·门格尔也极大地推动了奥地利学派的经济学家所进行的有关需求与效用的精辟而有趣的研究。这种研究事先是由图能倡导的，这一点在本书的序文中已说过了。

第3章 消费者需求的等级

§1. 需求饱和律或效用递减律。全部效用。边际增加量。边际效用 当一个商人或制造商购买任何用于生产或转卖的东西时,他的需要是基于他预期从中所能获得的利润。这些利润在任何时候都取决于投机的风险以及其他种种原因,我们以后还要考虑这些原因。但是,一个商人或制造商对一样东西所能付出的价格,终究要看消费者对这种东西或用它制成的东西肯付的价格而定。所以,一切需求的最终调节者是消费者的需求。本篇中我们将专门研究消费者的需求。

效用被当做是与**欲望**或**需求**有关的术语。我们已经说过,不能直接衡量欲望,而只能通过欲望引起的外部现象进行间接衡量。而且在经济学主要研究的那些事例中,是以一个人为了实现或满足他的愿望而愿付出的价格作为这种衡量方法的。也许他有一些不是有意要满足的愿望和抱负,但是,现在我们主要讲的是一些其主要目的在于得到满足的愿望和抱负。我们认为,一般来说,由此而获得的满足感大体上相当于购买东西时所希望获得的那种满足感①。

需求的种类无穷无尽,但每一种需求都有其限度。人类本性的这种平凡

---

① 直接地或从本身来衡量欲望,或直接来衡量由于欲望的实现而得到的满足,即使不是不可想象的,这也是不可能的,对于这一点我们不能过于坚持。换句话说,即使我们能够这样做,我们也应当从两个方面来考虑:一方面是欲望;另一方面是已获得的满足。这两方面也许大有不同。因为,即使不说高尚的抱负就是经济学主要研究的那种需求,或就是与好胜心有关的那种需求,但有些是由于一时的情感冲动引起的,有许多是由于习惯的力量产生的,而有些则是病态的,这些只会引起危害;而还有许多是永远都不能实现的期望(参看第一篇第2章中的第3~4节)。当然,有许多种满足并不是普通的愉快,而是属于人类较高本性的发展。或者用一个很好的旧词来说,属于

而基本的倾向，可用**需求饱和规律**或**效用递减规律**来说明：某物对任何人的**全部效用**（即此物带给他的全部是快乐或其他利益），是随着他对此物拥有量的增加而增加的，不过不如拥有量的增加那样快。如果他对此物的所有拥有量是以一致的比率增加，那么由此而获得的利益是以递减的比率而增加的。换句话说，一个人对一件物体的拥有量有了一定的增加，便会得到部分新增加的利益，而这部分新增加的利益会随着他已拥有的数量的每一点的增加量而递减。

他仅仅是由于受到吸引而购买的那部分东西，可以称为他的**边际购买量**，因为他还处于犹豫不决的边缘，不知是否值得花钱去购买。他的边际购买量的效用，可以被称作是此物对他的**边际效用**。或者，他不去购买此物，而是自己去制造，那么，此物的**边际效用**，就是他认为刚好值得他去制造的那一部分的效用。这样，刚才所说的规律可作如下说明。

某物对任何人的边际效用，是随着他拥有此物数量的每一点增加而递减的[①]。

可是，应当说明的是，在这一规律之中还有一个暗含的条件：我们假定，不允许在这期间有机会使消费者在性格和爱好上发生任何变化。因此，此规律就没有这些例外，一个人听优美的音乐越多，他对音乐的爱好就会越强烈；贪婪和野心往往是不会有满足的时候的；整洁的美德和酗酒的恶习都同样

人类的祝福；而有些满足也许甚至在部分上是由于舍己为人而产生的（参看第一篇第2章中的第1节）。因此，这两方面的直接衡量方法是会不同的。但是，这两方面的直接衡量既然都不可能，那我们还是采用经济学提供的有关对活动的动机或动力的衡量法。这种衡量虽有种种缺点，但我们仍可用来衡量鼓舞活动的欲望以及由这些欲望产生的满足感（参照庇古教授在1903年3月号《经济杂志》上著的《关于效用的一些评述》一文）。

① 参看本书末数学附录中注1。这一规律的地位领先于土地的报酬递减律，虽然在时间上后者占先，但因为具有半数学性质的严密的分析首先用于前一规律。如果我们预先借用它的一些术语，就可以说，一个人从一种商品每增加一份中所得到的新的愉快是递减的，直到最后达到边际，如果再获得此商品就不再值得了。

是奥地利学者威泽将边际效用这个词最初用在这方面的。威克斯蒂德教授曾经采用这个术语。它相当于杰文斯用的最终效用这个词。威泽在其序文中（英文版第23页）承认得归功于杰文斯。1854年，他提出的他的学说的先行者的名单，是以戈森为首的。

愈演愈烈。由于我们观察的是若干时期，而且被观察的人在各个不同的时期具有不同的性格和爱好。因此，如果我们就像现在这样来对待一个人，而不允许他有时间发生性格变化，那么某物对他的边际效用就会随着这件东西的供给量的每一点增加而不断地递减下去①。

§2. **需求价格** 现在让我们用价格来说明这个效用递减律。让我以茶这种经常需要而又能够少量购买的商品为例。例如，假设某种质量的茶每磅花2先令就可以买到。一个人也许每年都愿一次出10先令买5磅茶，而不愿终年不喝茶。但是，如果他能得到任何数量的茶，也许一年之中就不会只消费30磅以上的茶。但实际上，他也许一年中只买了10磅茶。这就是说，他买9磅所得到的满足，与买10磅所得到的满足之间的差额，足以使他愿付2先令的价格。同时，他不买11磅的茶，是说明他并不认为多花2先令能买到11磅的茶就划算。这就是说，每磅2先令的价格衡量了处于他购买的边际或末端或终点上的茶对他的效用；这个价格衡量了茶对他的边际效用。他对任何一磅茶刚好愿付的价格，就称为他的**需求价**。那么。2先令就是他的**边际需求价格**。这个规律可说明如下。

一个人拥有某物数量越多，假定其他情况不变（就是货币购买力和在他支配下的货币数量不变），那么他对此物稍多一点所愿付的价格就越低。换句话说，他对此物付出的边际需求价格是递减的。

只有当他愿出的价格达到别人愿意出售的价格时，他的需求才是**有**

---

① 在这里，我们可以注意以下这样一个事实，虽然它实际上并不太重要：某样商品数量很少，或许并不足以满足某一特殊的需要。因此，当消费者得到足够的数量，使他能达到所要达到的目的时，他的愉快就会超比例增加。例如，如果糊满房内的墙壁需要12张墙壁纸，而10张又不够，那么任何人从10张墙壁纸上获得的愉快就要比从12张墙壁纸上获得的愉快要少。又如，一个很短的音乐会或一天的假期，恐怕不能达到慰藉和消遣的目的，而加倍长的音乐会或假期恐怕会有超量的效用。这种情况相当于我们即将研究的与报酬递减倾向有关的下列事实，已经用于任何一块土地上的资本和劳动，也许不足以发挥土地的全部作用，以至于进一步把费用投入土地以后，即使以现行的农业技术而论，也会产生超比例的报酬，而且从农业技术的改良可以阻止报酬递减倾向的事实中，我们可以找到与正文内容所说的暗含在效用递减律中的条件相似的条件。

效的。

这最后一句话提醒我们，我们还没有考虑货币或一般购买力的边际效用。在同一时间内，如果一个人的物质资产不变，那么货币的边际效用对他来说就是一个固定的数量，因此，他对两样商品正好愿付出的价格的相互比率，是与那两样商品的效用的比率相同的。

§3. **必须考虑货币效用的变化** 一件物品的效用，对穷人来说是比对富人更大的。我们已经知道，一年有100镑收入的职员与一年有300镑收入的职员相比，会在更大的雨中仍步行上班①。虽然在穷人的心目中，2便士所衡量的效用或利益比在富人心目中的效用或利益要更大，但如果富人一年中乘车100次，而穷人一年中则乘车20次，那么，刚好使富人乘第100次车的效用，对穷人来说，也是2便士。对他们当中的每一个人来说，边际效用都是2便士，不过这边际效用对穷人比对富人要更大。

换句话说，一个人越是富有，其货币的边际效用对他来说就越小；每当他的资产有所增加时，他对任何一种利益所愿付出的价格就随之增加。同样，每当他的资产有所减少，货币对他的边际效用就越大，而他对任何利益所愿付出的价格也就随之减少②。

§4. **一个人的需求表。"需求的增加"的意思** 为了完全了解对某物的需求，我们必须确定在此物可被供应的每一种价格上，一个人愿意购买多少。如某人对茶的需求情况，可以用由他愿付的价格表，即他对不同量的茶的几种需求价格非常清楚地表明。这个表可称为他的需求表。

例如，我们可以看到，他会购买：

每磅50便士时——6镑；每磅24便士时——10镑；

每磅40便士时——7镑；每磅21便士时——11镑；

每磅33便士时——8镑；每磅19便士时——12镑；

每磅28便士时——9镑；每磅17便士时——13镑；

如果对上表中所有处于中间位置的购买量和相应的价格加以对照，我们

---

① 参看第一篇第2章中的第2节。

② 参看数学附录中的注2。

就能精确地说明他的需求①。我们不能只用"他愿购买的量"或"他要购买某种量的渴望强度"来表明一个人对某物的需求,而不说明他要购买的数量以及各种不同数量下的各种价格。我们只有列出他愿购买的一物的不同数量的各种价格,才能准确表明他的需要②。

---

① 根据现在惯用的方法,这样一个需求表可以改为一条曲线,这条曲线可称之为他的需求曲线。Ox 划成横线,Oy 划成竖线,Ox 线上的 1 寸长代表 10 磅,Oy 线上的 1 寸长代表 40 便士。

  1 寸的 1/10 寸的 1/40
  设 $Om_1 = 6$ 并画 $m_1 p_1 = 50$
  $Om_2 = 7$ 并画 $m_2 p_2 = 40$
  $Om_3 = 8$ 并画 $m_3 p_3 = 33$
  $Om_4 = 9$ 并画 $m_4 p_4 = 28$
  $Om_5 = 10$ 并画 $m_5 p_5 = 24$
  $Om_6 = 11$ 并画 $m_6 p_6 = 21$
  $Om_7 = 12$ 并画 $m_7 p_7 = 19$
  $Om_8 = 13$ 并画 $m_8 p_8 = 17$

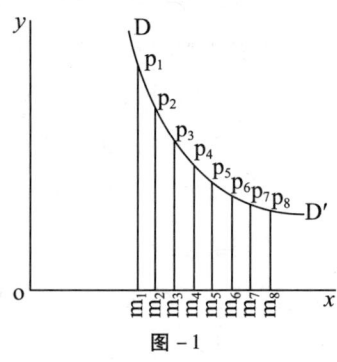

图 - 1

m_1 在 Ox 线上,$m_1 p_1$ 是从 m_1 垂直画成的;以下都是如此。于是,$p_1 p_2 \cdots\cdots p_8$ 就是他对茶的需求曲线上的各点;或者我们可称之为需求点。如果我们对茶的每一种可能的购买量都能同样找到需求点,我们就能得到如上图这个整条连续的曲线 DD'。需求表和需求曲线的这种说明是暂时性的,与之有关的几个难点问题将在第 5 章中再加以说明。

② 穆勒这样说:(我们)"对需求这个词下的定义必须是指所需求的数量,而且要记住,这个需求量不是固定的数量,而是通常随着价值变动的数量。"(见穆勒著的《政治经济学原理》第三篇第 2 章中的第 4 节)这个说明实质上是科学的,但却没有得到清楚的说明,因而就遭到了极大的误解。凯恩斯喜欢这样解释:"需求作为对商品和服务的欲望,是以提供一般购买力而来达到目的的;供给作为对一般购买力的欲望,是以提供特殊商品或服务而来达到目的的。"他这样说,也许是为了能说出需求与供给的比率或等式。但是,两个人的两种欲望的数量是不能直接比较的:对其衡量虽可进行比较,但其本身是不能比较的。实际上,凯恩斯自己也不得不说供给是"受到供出售的特殊商品数量的限制的;而需求则受到为购买这些商品所提供的购买力的数量的限制"。但是,卖方不会不论能得到什么价格,就都能把一定数量的商品无条件地卖出去;而买方也不会不论价格多少,就把一定数量的购买力用来购买这些特殊商品。因此,为了补充凯恩斯的说明,不论在哪一种情况下,我们都必须考虑数量与价格的关

当我们说到一个人对某物的需求时，我们说的是如果价格不变，他对此物会比以前多买一点；如果价格较高，他会保持以前同样的水平。他的需求的总体上的增加，就是愿购买此物的不同数量下的各种价格的增加，而不仅仅是按现行价格他愿意购买的更多的量①。

§5. 市场需求。需求律　以上我们研究的只不过是单个人的需求量。在像茶这种东西的特殊情况下，单个人的需求颇能代表整个市场的总需求量。因为对茶的需求是一种经常性的需求；而且，茶还能少量购买，价格每有变动，就都会影响一个人的购买量。但是，在那些经常性使用的东西当中，有许多东西是不会因价格每有小变动而个人对其需求量产生变化的，只有在价格有大的变动时才会改变。例如，帽子或手表的价格如果下跌，是不会影响每个人的购买力的，但却会诱使那些正想要买一顶新帽子或一块新手表的人做出购买的决定。

就任何个人而言，他对许多种类的东西的需要都是不经常的，而是时有时无、没有规律的。对于结婚蛋糕或外科专家的服务，就不会有个人的需求价格表。但是，经济学家并不过问个人生活中的特殊偶然事件。他所研究的是"在某些条件下会出现的一个产业集团的成员的活动的过程"，而那种活动的动机以能以货币价格衡量为限。在这些广泛的结果当中，个人活动的多样性和易变性就消失在多数人比较有规则的总体活动当中了。

因此，在大的市场中——那里的富人和穷人、老年人和青年人、男子和女子，各种不同嗜好、性情和职业的人都混合在了一起——个人需求方面的

系，当这样做的时候，我们就回到穆勒采取的方法上去了。诚然，凯恩斯也说："穆勒解释的需求，与我的定义要求不同，不是由支持对商品的欲望所提供的购买力的数量来衡量的，而是由这种购买力所提供的商品数最来衡量的。"在以下两种讲法之间的确有很大的不同："我要买12个鸡蛋"与"我要买1先令的鸡蛋"。但是，在这样两种讲法之间就没有实质性的不同："1便士1个鸡蛋，我要买12个，但1.5便士1个，我只要买6个"与"1便士1个鸡蛋，我要买1先令的，但1.5便士1个，我要买9便士的。"但是，凯恩斯的说明经补充后实质上虽与穆勒的说明相同，而它现在的形式甚至更让人感到迷惑了（参看马歇尔：《穆勒的价值理论》，载《双周评论》，1876年4月号）。

① 有时我们也许觉得更便于将这一点称为他的需求表的升高。在几何学上用升高他的需求曲线来表明这一点，或者使它右移动，将它的形状略加改变，也可同样表明这一点。

特点，会在比较有规则的总的需求等级当中互相抵消。如果其他情况不变，使用较广的某件商品的价格每有下跌，不论怎样轻微，也会增加其销售总量。正像有碍健康的秋天的气候会使一个大城市的死亡人数有所上升一样，虽然有许多人并未遭受其害。所以，如果我们具有必要的知识，就能制出一张价格表，并按照表上不同的价格，找出同类商品的每一种不同量下的不同地区的不同的购买者。

在这个地方对茶（比如说）的全部需求，就是那个地方所有个人需求的总和。有些人会比我们上面所记录的那种需求的个别消费者更富有，而有些人则比他更贫穷；有些人比他更爱好茶，而有些人却不如他喜欢茶。让我们假定某个地方有 100 万购买茶的人，并假定他们的平均消费额在各种不同的价格上都与上面所说的人的消费额相等。那么，就能用与上述相同的价格表来说明这个地方的需求，只要把 1 磅茶改为 100 万磅就行了①。

因此，就可得出一条普遍的**需求律**：要出售的量越大，为了找到购买者，这个量的售价就必然越低。或者，换句话说，需要的量随着价格的下跌而增加，并随着价格的上涨而减少。在价格下跌与需求增加之间并没有什么一致性的关系。价格下跌 1/10，也许会增加 1/20 或 1/4 的销售，或者会使销售加倍。不过，当需求表上左面一栏的数字增大时，右面一栏的数字总是会减小②。

---

① 这个需求由与以前相同的曲线来表示，只是在 Ox 线上的一寸长现在不是代表 10 磅而是代表 1000 万磅。对于市场需求曲线的正式定义可说明如下：在一定单位时间内市场上对任何商品的需求曲线，就是对这一商品的需要点的轨迹。就是说，它是这样一条曲线，如从这条曲线上任何一点 P 引一条直线 PM 与 Ox 垂直，PM 就代表购买者对 OM 所代表的商品数量将付给的价格。

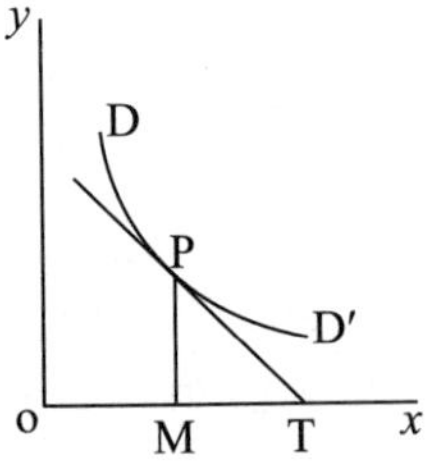

② 这就是说：如果一点从 Oy 沿着曲线向外移动，那么它将不断地接近 Ox。所以，如果引一条直线 PT，在 P 点与曲线相切，在 T 点与 Ox 相交，那么角 PTx 是钝角。如有简便方法用来表明这个事实将很方便；如果我们说 PT 是负倾向，便可达到这个目的。这样，需求曲线遵循的一个普遍规律，就是这种曲线的全部长度都是负倾向的（即自左至右逐渐向下倾斜的曲线）。

图-2

当然不言而喻，"需求律"不适用于投机者集团之间竞争时的需求。一个集团要想在市场上抛出大量货物，往往先公开买进一点。当此物的价格因此抬高时，就设法悄悄地并通过并非惯常使用的渠道，将货物大量卖出。参看陶西格教授在《经济季价格可以衡量商品对每一个购买者的个别边际效用，但却不能说价格可以衡量一般的边际效用，因为每个人的需求与环境是不同的。

§6. **对竞争商品的需求** 上述需求表中的需求价格，是在**一定时期一定条件下**的市场上能够出售的某物的不同数量的价格。如果任何方面的条件发生了变化，价格也会发生变化；当对某物的欲望因风俗发生改变，或因一种与之竞争的商品而减价供应，或因一种新商品的发明而发生重大变化时，价格也会不断地发生变化。例如，茶的需求价格表是在假定知道咖啡价格的前提下作出的，但如果咖啡歉收，茶的价格就会上扬。电灯的改良容易减少对煤气的需要；同样，某一种茶的价格下跌，就可使它取代另一种质量较差但却价格较便宜的茶①。

下一步我们将要研究某些立即消费的重要商品的需求的一般性质。这样，我们将继续前一章中有关需求多样化和饱和性的研究。但我们将另一个不同的角度，即从价格统计的角度来研究这个问题②。

刊》（1921年5月号第402页）上的一篇文章。

① 所有种类的茶在价格同时按比例下跌时，都能减少人们对某一种茶的需求，这种情况即使不可能发生，也是可以想象得出的；如果茶价大跌造成以上等茶代替这种茶的人多于以这种茶代替劣等茶的人，就会发生这种情况。不同商品之间的分界线应在何处划分的问题，必须按具体研究是否方便来解决。为了某些目的，也许最好是把中国茶和印度茶，甚至把一种品质精良的红茶和香红茶当做不同的商品，每种商品各有单独的需求价格表。同时，为了另一些目的，也许最好是把不同的商品（如牛肉和羊肉）归为一类；甚至把茶和咖啡归入一类，以一张需求表来代表合在一起的两种商品的需求。但在这种情况下，关于到底多少两的茶等于一磅咖啡，当然必须要有规定。

另外，一种商品可能会因几种用途而同时受到需要。例如，为了制造鞋和行囊，对于皮革就有"复合需求"；并且对一物的需求也许以另一物的供给为条件，没有后者，前者就没有多大用处。比如对棉花和纺纱工人的劳动，就有"联合需求"。还有，商人购买一样商品只是为了转卖出去，他对这样商品的需求，虽然受背后最终消费者需求的支配，但这种需求也有自己的某些特性。不过，上述各点最好留到以后再进行研究。

② 当代在经济思想方法上发生了一种很大的变化，这是因为：一是由于普遍采用半数学用语来表明一种商品的少量增加及与此相应的价格的少量增加之间的关系；二是由于在形式上把价格的这些少量增加说成是愉快的少量增加。前一步骤——也是重要得多的一个步骤——是库尔诺采取的（见库尔诺：《财富理论中数学原理的研究》1838年

出版）；后一步骤则是迪普伊（见他著的一篇文章《公共工程效用的衡量》，1844年发表）和戈森（见他所著的《人类交换法则及由此而产生的人类行为标准的发展》，1854年版）所采取的。但是，他们的著作却遭到遗忘。后来，这些著作由瓦尔拉、杰文斯和门格尔在1871年同时重新整理并出版。杰文斯那美妙、流畅且有趣的文体，引起公众的广泛注意。他巧妙地应用最终效用这个新名称，使得完全不懂数学的人也能明白在因果关系上逐渐互相变化的两样东西的少量增加之间的一般关系；甚至他的缺点也有助于他的成功。因为，他确实相信李嘉图及其追随者因不注重需求饱和律而使得他们关于决定价值的原因的说明有极端的错误，他使许多人认为他是在改正他们的错误，而其实他只不过是加上了些很重要的解释而已。他的杰出的工作成就在于他坚持了以下事实：市场上所需要的某物的数量减少，表明个别消费者在他们的需求达到饱和点之后，对于此物的需求度降低了。他的前辈学者，甚至是库尔诺，都以为这个事实非常明白而不必说得特别清楚，其实它并不因此而不重要。但是，由于杰文斯夸大了他喜爱的词句的应用，不加限制地说一物的价格不但可以衡量此物对个人的最终效用，而且可以衡量它对"一个贸易团体"的最终效用（见他著的《政治经济学理论》第2版，第105页）。前者是能做到的，而后者却是做不到的，因而就使他的许多读者对论义务和快乐关系的伦理学的范畴与经济学的范畴弄不清楚了。以上各点以后将在附录九关于李嘉图的价值理论中再进行研究。应当附带说明一下，塞利格曼教授曾经指出（见1903年《经济杂志》第356～363页），劳埃德教授1833年在牛津大学所作的一次久已为人遗忘的演讲，已经预料到现在效用学说的许多核心概念了。

  费希尔教授所做的关于数理经济学的一个杰出的书目，放在库尔诺的《财富理论中数学理论的研究》一书的培根的英译本中作为附录，关于较早的数学经济学的著作，还有埃奇沃斯、帕累托、威克斯蒂德、奥斯皮茨、利本和其他学者的著作的较为详细的叙述，读者可参考那个书目。庞塔勒奥尼著的《纯粹经济学》一书有很多长处，其中之一就是使戈森那极富有创造力和略为抽象的推论变得易于理解。

第4章 需求弹性

§1. **需求弹性的定义** 我们已经看到，一个人对某种商品的需求的唯一普遍规律就是：如果其他情况不变，他对此商品的需求会随着对其拥有量的增加而递减。但是，这种递减也许缓慢，也许迅速。如果缓慢，那么他对此商品所出的价格，就不会因为他对此商品的拥有量的大量增加而大幅度下降；而且价格的小幅度下降会使他的购买量大幅度增加。但是，如果这种递减迅速，价格的小幅度下跌使他的购买量也只有小幅度的增加。在前一种情况下，商品只需要有很小的诱惑力，他就会非常愿意购买。这样，我们可以说，他的需求弹性大。在后一种情况下，价格下跌并没有诱使他更多地购买此物：这也就是他的需求弹性小。如果假定每磅茶的价格从16便士跌到15便士会极大地增加他的购买量，那么，价格从15便士涨到16便士，也会极大地减少他的购买量。这就是说，当价格下跌时需求是有弹性的，价格上涨时需求也是有弹性的。

一个人的需求如此，整个市场的需求也是如此。我们可以概括地说：市场中**需求弹性（或感应性）**的大小，是由需求量在价格的一定程度的下跌时增加多少以及在价格的一定程度的上涨时减少的多少而决定的①。

---

① 我们可以说，如果价格的小幅度下跌会使需求量同样按比例增加，那么需求弹性是1；或者我们可以概括地说，如果价格下跌1%会增加1%的销售，那么需求弹性是1；如果价格下跌1%使需要量分别增加2%或0.5%，那么需求弹性是2或0.5，以此类推（这个说明是概括性的，因为98对100和100对102的比例，不是恰好相同的）。借助于以下的法则，我们能最好地在需求曲线上找出需求弹性。引一直线与曲线上的任何一点P相切，在T点与Ox

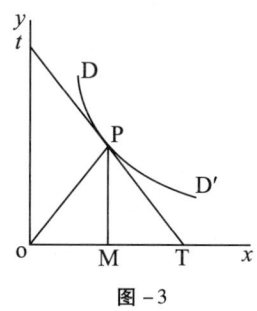

图-3

§2. 相对富人来说的低价格，对穷人来说或许就是高价格

相对穷人来说高得几乎使他们无力购买的价格，对富人来说却并不算什么。例如，穷人从未尝过葡萄酒的滋味，但非常富有的人也许可以随意纵饮，且根本不考虑酒的价格。所以，我们整体考虑一个社会阶层，就会得到有关这个阶层的最清晰的需求弹性规律。当然，富人当中的富有程度是不尽相同的；穷人当中的贫穷程度也是不尽相同的。但目前我们可以忽略这些细小的区别。

当一物的价格相对任何阶级的人来说都非常高时，人们对此物的购买力将很小；而在某些情况下，即使此物价格大幅度下跌之后，风俗和习惯也会使他们不随便购买和使用此物。此物也许仍然留在特殊场合用，或是在病重时用，等等。但是，这种情况虽并不罕见，但却也并不构成一般法则。总之，此物一旦成为日常用品，它的价格的大幅度下跌就会使它的需求量大幅度增加。高价商品的需求弹性大，而中等价格的商品需求弹性也大，至少是相当大；但是，需求弹性是随着价格的下跌而下降的，而且如果价格下跌到顶点，需求弹性就逐渐消失了。

这个法则几乎适用于所有商品以及每个阶层的人的需求；只有遇到以下两种情况才例外：第一，不同阶层的人有不同的高价终点和低价起点水平；第二，不同阶层的人也有不同的低价终点和更低价起点。可是，在细节问题上却变化多端，这主要是由以下这个事实引起的：对于有些商品，人们容易达到饱和点，而有些商品——主要是用作炫耀的东西——人们对它们的欲望无穷。对于后者，不论价格怎样下跌，需求弹性仍然相当大，而对前者，一旦达到低价时，需求就几乎完全丧失了弹性[1]。

相交，在 t 点与 Oy 相交，那么，在 P 点的弹性的测量就是 PT 与 Pt 的比率。

如果 PT 是 Pt 的 2 倍，那么价格下跌 1% 会使需求量增加 2%，需求弹性就是 2。如果 PT 是 Pt 的 1/3，那么价格下跌 1% 会使需求量增加百分之 0.3；需求弹性就是 1/3，以此类推。还有一种方法也可取得同样的结果：在 P 点的弹性以 PT 与 Pt 的比率来测量，也就是以 MT 与 MO 的比率来测量（因为 PM 与 OM 是垂直的）；所以，当角 TPM 与角 OPM 相等时，弹性就等于 1；当角 TPM 比角 OPM 加大时，弹性就是加大的，相反也如此，参看数学附录中注 2。

[1] 让我们以下面的例子作为说明：假定在一个镇中，所有蔬菜都在一个市场里进行买卖，以这个镇的青豆（比如说）的需求为例。在青豆成熟的季节之初，也许每天有

§3. **续前** 在英国，某些东西的现行价格即使对较穷的人来说也比较低，例如，食盐、许多种香料和廉价的药品就是如此。这些东西的价格下跌是否会引起消费的大量增加，实在令人怀疑。

100 磅青豆运入市场，每磅售价 1 先令；以后每天有 500 磅上市，每磅售价 6 便士；后来有 1 000 磅，售价 4 便士；后来又有 5 000 磅，售价 2 便士；最后达到 1 万磅，只售 1.5 便士。这样，需求就由图 – 4 来表示，Ox 线上的 1 寸代表 5 000 磅；Oy 线上的 1 寸代表 10 便士。于是，如图所示：

经过 $P_1 P_2 \cdots\cdots P_6$ 的这条曲线，就是全部需求曲线。但是，这个全部需求是由富人、中产阶级和穷人的需求所构成的，他们各自需求的数量也许可由下表来表示：

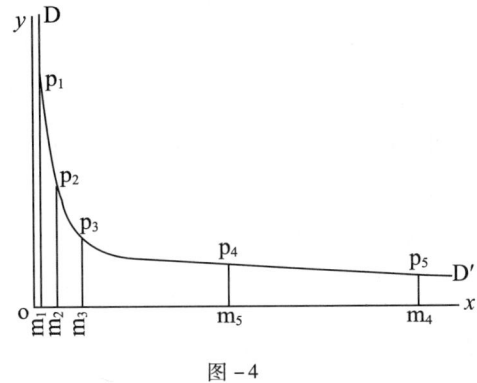

图 – 4

	购买磅数			
每磅价格（便士）	富人	中产阶级	穷人	总计
12	100	0	0	100
6	300	200	0	500
4	500	400	100	1 000
2	800	2 500	1 700	5 000
1.5	1 000	4 000	5 000	10 000

图 – 5　　　　图 – 6　　　　图 – 7

我们可把上表制作成为图 – 5、图 – 6、图 – 7 的曲线，表示富人、中产阶级和穷人的需求，尺度与图 – 4 的相同。这样，例如 AH、BK、CL 各代表 2 便士的价格，长度是 0.2 寸；那么 OH = 0.16 寸，代表 800 磅，OK = 0.5 寸，代表 2 500 磅，OL = 0.34 寸，代表 1 700 磅，同时，OH + OK + OL = 1 寸，即等于图 – 4 中的 Om4，它们正应当是这样。这可作为以下这个方法的一个例子：依照同一尺度的几条部分需求曲线能够横着互相交叠在一起，以使全部需求曲线代表部分需求的总和。

以肉类、牛奶和黄油、羊毛织品、烟草、进口水果以及普通医疗用品的现行价格而论,价格每有变动就使得工人阶级和下中等阶层的人对这些商品的消费发生很大变化;但不论它们价格如何低廉,富人的个人消费都不会大量增加。换句话说,工人阶级和下中等阶层的人对这些商品的直接需求很有弹性,而富人并非如此。但是,工人阶级为数众多,他们对这些商品力所能及的消费要比富人的消费大得多;所以,对于这一类东西的总需求都相当有弹性。不久前,食糖也属于这一类商品,但在现在的英国,糖价已经跌得很多了,即使对工人阶级来说也是比较低了,因此对糖的需求就没有弹性了①。

以温室储藏的水果、上等鱼类以及其他颇为昂贵的奢侈品的现行价格而论,价格每有下跌,就会使得中产阶级的人对这些东西的消费量有很大的增加。换句话说,中产阶级对于它们的需求是很有弹性的,而富人和工人阶级对这些东西的需求却都没有什么弹性。对于富人而言,需求已经几乎达到了饱和,而对工人阶级而言,价格仍然太高。

像名贵的酒类、没到季的水果、高水平的医疗和法律服务等事物的现行价格仍非常高,除了富人之外,人们对它们几乎没有什么需求。但是,如果有需求的话,这种需求也往往是具有很大弹性的。其实对于较昂贵的食品的需求,部分上是一种对获得社会声誉的手段的需求,而且这种需求几乎是不会达到饱和的②。

---

① 不过,我们必须记住:任何商品的需求表的性质都在很大程度上取决于它的竞争品的价格是固定的还是随之变动的。如果我们把对牛肉的需求和对羊肉的需求分开,并假定牛肉价格上涨时羊肉价格是固定的,那么对牛肉的需求会变得非常有弹性。因为,牛肉价格稍有下跌,就会大大地替代羊肉,从而导致牛肉消费量大大增加;而另一方面,价格即使稍微上涨,也会使许多人差不多完全不吃牛肉而改吃羊肉。但是,以包括所有鲜肉种类在内的整个需求表而言,假定它们的价格彼此总是保持大致相同的关系,而与现在英国一般的价格没有很大差别,那么这个需求表只不过是表示有限的弹性而已。这种解释同样适用于甜菜根和蔗糖的关系。参照本书第三篇的有关注解。

② 参看本篇第2章中的第1节。例如,在1894年4月,这个季节中最早上市的6 000个鸟蛋在伦敦每个售价是10.6便士。第二天,蛋的供应多了,售价跌到5先令;再过一天跌到每个3先令;一星期后跌到4便士。

§4. 影响需求弹性的一般原因　必需品的情况例外。当小麦的价格很高或很低时,需求几乎没有弹性:只要我们假定即使在缺少时,小麦也是人类最廉价的食物;即使在最丰富时,小麦也不会用于其他消费。我们知道,4磅重的面包的价格从6便士跌到了4便士,对于增加面包的消费没有什么影响。至于相反的情况,就更难断定了。因为自从废除谷物条例以来,英国从未发生过小麦不足的情况。但是,按照不太繁荣时代的经验来看,我们可以假定,小麦供给缺少 1/10 ~ 4/10 或 5/10,会使价格相应上涨 3/10、8/10、16/10、28/10 或 45/10①。

的确,比这大得多的价格变化,也并非罕见。如 1335 年伦敦的小麦,每蒲式耳售 10 先令,而在下一年就跌到 10 便士②。

如果不是必需品,而是易腐坏的且其需求是没有弹性的东西,那么其价格变动甚至会比上述更剧烈。因此鱼的价格在某一天也许很高,而在两三天后或许就会当肥料出售了。还有少数东西的消费情况可以在其各种价格上观察到——从最高的价格到一文不值,水便是其中的一种。在适中的价格上,对水的需求很有弹性。但是,水的各种用途是能够得到完全满足的。因为水的价格降到近于零时,对水的需求就失去了弹性。食盐差不多也是同样的情况。英国食盐价格非常低,对食盐作为一种食物的需求非常没有弹性,但印

---

① 这个估计通常被认为是格雷戈里·金作的。关于它和需求律的关系,罗德戴尔勋爵作的研究是令人钦佩的(见他著的《公共财富的性质及其增加的图 – 8 方法和原因之研究》第 51 – 53 页)。图 – 8 中 DD′这条曲线是代表它的,A 点相当于普通的价格。如果我们考虑以下的事实:在小麦价格很低的地方,例如像 1834 年的情况那样,小麦也许用作牛羊和猪的饲料,以及作为酿酒之用,那么这曲线的下半段会成为图中虚线的下半部分那种形状。如果我们假定:

当小麦的价格很高时能有较廉价的替代品,那么这曲线的上半部分会与图中上半部分的虚线那样的形状相同。

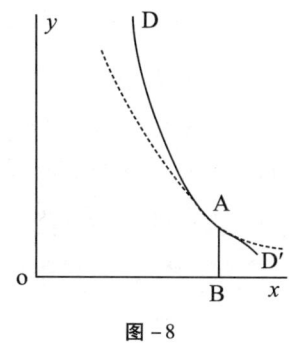

图 – 8

② 据克劳尼肯·普雷西奥萨姆(1745 年)说:1336 年伦敦的小麦价格低到每夸特(等于 1 吨的 1/4。——译者注)2 先令,而在列斯特,某一个星期六的小麦售价是 40 先令,下一个星期五只售 14 先令。

度食盐价格比较高，需求也比较有弹性。

在另一方面，除了在被居民放弃的地方之外，住房的价格从来都没有跌得很低。在社会情况良好、不会妨碍总的繁荣程度的地方，住房需求似乎总会有弹性，因为住房为人们提供了真正的便利和社会地位。对于不是用于炫耀目的的那种衣服的欲望，是能达到饱和的：即当这种衣服价格低廉时，对它的需求是没有什么弹性的。

对于高级物品的需求很大程度上要凭感觉而定。对于有些人来说，如果能得到大量的酒就行，不管酒味如何；而对有些人来说，却渴望得到高级酒，但这种需求容易达到饱和。在普通工人阶级的居住区里，次等肉和上等肉的售价几乎相同，但是英国北部的一些高工资的技术工人已经养成要吃最好的肉的嗜好，而且会以与伦敦西端几乎同样高的价格购买最好的肉。而在伦敦西端，由于次等肉必须运往别处出售，所以价格人为地抬得很高。实践习惯也会养成后天的厌恶和爱好。一本书上的插图会使许多读者觉得这本书有吸引力，但却会使那些看惯较好的作品而不喜欢插图的人感到厌恶。一个大城市里的具有高度音乐欣赏力的人不会去听不好的音乐会，如果他住在一个小城市中也许就会高兴去听了。在小城市里是不会听到好的音乐会的，因为没有人愿意付高额音乐演奏会的费用。对一流音乐的有效需求只有在大城市里才有弹性，而对二流音乐的有效需求则在大小城市里都有弹性。

一般来说，那些能用于许多不同用途的东西的需求是最有弹性的。例如，水首先作为饮料而为人所需，其次是烹饪需要水，各种洗涤也需要水，等等。如果没有发生特别的干旱，水是按桶出售时，那么价格也许很低，就连比较穷的人也能尽情饮用，烹饪时他们可以一桶水分两次用，而在洗涤上则用得少些。中产阶级的人在烹饪上也许不会将一桶水分两次用，但他们用于洗涤的一桶水，会比在可以无限制用水时要省多了。当水是通过水管供给并照水表以很低的比率收费时，许多人即使在洗涤时也会任意使用；当水不是照水表计算收费，而是每年的水费都是固定的，并且在需要的地方都装了水管，那么用于所有用途的水就会达到完全饱和的限度①。

---

① 这样，任何一个人对于像水这样东西的总需求，都是他对水所有用途的需求的总和（或复合用途，参看第五篇第 6 章中的第 3 节）；正像有不同等级财富的一群人对只

而另一方面，那些绝对必需品（不同于常规必需品和维持效率的必需品），其需求是非常没有弹性的；然后是富人用的奢侈品中的有些花费不了他们多少收入的东西，其需求也是非常没有弹性的。

§5. 与时间因素有关的种种困难　直到这里我们还未考虑作出精确的需求价格表用以正确解释这些价格表的种种困难。我们面对的第一个困难是由时间因素引起的，时间因素是经济学上许多特大困难的根源。

因此，一个需求价格表——**假定其他情况不变**——就代表能出售的某一种商品价格的变化，而这种变化又是由于该商品供出售的数量发生变化而引起的。但事实上，在那足以收集到完全而又可靠的统计数字的很长时间内，其他情况是不会没有变化的。常常会出现一些干扰性的原因，而这些原因的结果与我们要分开研究的那个特殊原因的结果混合在一起，是不易区分出来的。这种困难由于以下的事实从而变得更大：在经济学上，一种原因的结果很少立即全部都出现，而往往是在这个原因已经消失之后才表现出来的。

首先，货币购买力不断发生着变化，我们有必要改正从货币保持一律的价值这个假定中得到的结果。然而，既然我们能相当准确地知道货币购买力的比较广泛的变化，就能相当妥善地克服这种困难。

其次，就是总的繁荣程度和整个社会所支配的全部购买力的变化。这些变化的影响很重要，但没有一般想象得那样重要。因为，当繁荣的波浪下落时，价格下跌，这样就增加了那些有固定收入的人的财产，而那些依靠经营利润为收入的人却要为此付出代价。繁荣程度向下波动，一般也完全是以后一种人所遭受的明显损失来作为衡量的。但是，像茶、食糖、牛油、毛织品这些商品的全部消费量的统计数字，证明了人们的全部购买力并不是同时很

能用于一种用途的商品的需求是这群人当中每个人的需求总和一样。再者，正像富人对豌豆的需求一样，即使在价格很高时需求也是相当大的，但到了价格对于穷人的消费仍然比较高时，就完全失去弹性了；个人对于饮用水的需求，即使在价格很高时也是相当大的，但等到价格相对于他打扫房屋用水的需求仍然很高时，就完全失去弹性了。正像不同阶层的人对于豌豆的许多需求的总和在较大的价格变动幅度内比任何个人的需求都能保持弹性那样，个人对水的各种用途的需求，在较大的价格变动幅度内，比他对水的任何一种用途的需求都能保持弹性。参照克拉克在《哈佛经济学杂志》第8卷上著的一篇论文：《经济变化的普遍规律》。

快就下降的。下降仍然存在着,但我们必须尽可能多地比较东西的价格和消费量,才能确知这种下降的程度。

再次,就是由于人口和财富的逐步增长所引起的变化。如果知道事实的话,我们对于这些变化就能很容易地作出数字上的改正①。

§6. 风尚的变化 我们还必须考虑风尚、爱好和习惯上的变化②,并对一种商品的新用途的产生以及能代替它的其他东西的发现、改进或跌价都要加以考虑。在所有这些情况当中,经济原因与其结果之间所经过的时间造成很大的困难。因为,一种商品的价格上涨对消费发挥出的全部影响,是需要时间的;消费者对替代品感到习惯,也是需要时间的;而生产者生产大量替代品,恐怕也是需要时间的;培养对新商品的熟悉和习惯,以及发现节省使用这些新商品的方法,也都需要时间。

例如,当木材和炭的价格在英国变得昂贵起来时,人们就慢慢培养起用煤作燃料的习惯,而火炉对使用煤的适应却是缓慢的。即使在水运便利的地方,有组织的煤炭贸易也没有迅速发展起来;工业上用煤来代替炭的发明方法甚至更缓慢,的确到现在还没有完善。另外,近年来当煤的价格变得很贵时,极大地推进了节省用煤方法的发明,在铁和蒸汽的生产方面尤其如此;

---

① 当一张统计表表明某种商品的消费量在多年中逐渐增长时,我们就可以比较它历年增长的百分比。只要稍加练习,我们就能容易作出这种比较。但是,当以统计图的形式表明数字时,如果不将这种图重新写成数字,就不能容易作出这种比较;这就是许多统计学家不赞成图解方法的一个原因。但是,如果知道一个简单的法则,图解方法——以这一点而论——就能变为有利了。这个法则如下:假定所消费的商品(或所进行的贸易,或所征收的税,等等)的数量,是以图 – 9 中与 Ox 平行的横线来测量的,而相应的年数则照平常一样以 Oy 线上依次向下的相同距离来表示。为了测量 P 的任何一点的增长率,用尺画一条线在 P 点与曲线相交。这条线在 t 点与 Oy 相交,而 N 是 Oy 线上的一点,其垂直高度与 P 相同。那么,在 Oy 线上由 Nt 的距离所表明的年数,就是每年消费增加的分数的反量。这就是说,如果 Nt 是 20 年,则消费额是以 1/20 的比率——就是 5% 的比率——增长的;如果 Nt 是 25 年,则增长率是每年1/25,或 4%,以此类推。参看作者在 1885 丰 6 月《伦敦统计学会杂志》纪念号上发表的一篇论文,以及数学附录中的注 4 和图 – 9。

② 关于时尚的影响的例证,参看福莱女士在《经济杂志》第 3 卷上的文章,以及希瑟毕克女士在《第十九世纪》第 23 卷上的文章。

但一直到煤的高价期已经过去之后，这些发明当中的一些才有了很大的实效。又如，当新的电车路线或郊区铁路开通时，即使那些靠近这条线路住的人也不会马上养成尽量利用它的习惯；而在工作场所，靠近这条线路一端的那些人当中，有许多人为了要住在这条线路的另一端而搬家，则更要经过相当长的时间。再如，当石油最初大量供应时，很少有人愿意随意使用，后来社会上所有阶层的人才慢慢对石油与石油灯觉得习惯。所以，如果把消费的增加全归因于自那时以来所出现的价格下跌，那么就是过于看重价格下跌的影响了。

还有属于同一种类的另一困难是由于这样的事实造成的：有许多要购买的东西能够很容易在短时间内推迟购买，但却不能长时期拖延下去，尤其是衣服及其他逐渐损坏而在高价压力下能设法比平常用得长久一点的东西，情况更是这样。例如，在棉荒开始时，有记录的英国棉花的消费量很小。这在部分上是因为零售商减少了他们的库存，但主要是因为人们一般都设法尽可能长久用下去而不买新的棉制品。然而到了 1864 年，许多人觉得不能再等下去了。虽然那时的价格比以前任何一年都高得多，但那一年国内消费的棉花量却极大增加。以这类商品而论，突然变少不会马上使价格上涨完全达到相当于供给减少的水平。同样，在美国 1873 年商业大萧条之后，我们看到制靴业比一般服装业先恢复。这是因为人们还留着许多在繁荣时期积累起来而丢在一旁的衣帽，但却没有保留那么多的靴子。

§7. 获得必要统计数字的困难 以上都是些基本困难，但还有其他种种困难，与我们的统计表上多多少少不可避免的缺点同样明显。

首先，如果可能的话，我们希望得到同一种商品的不同数量，以及在一定时间内能在一个市场上找到买主的一系列价格。一个完善的市场就是一个或大或小的区域，在此区域内有许多买方和卖方都彼此密切注意对方，并且都熟悉彼此的情况，这样，同一种商品的价格在整个区域中实际上总是相同的。但是，那些为自己消费而不是以贸易为目的的买方，常常并不留心市场中的每一个变化，他们也无法确知在每一次交易中所付的准确价格。我们姑且不管这个事实。而且，除非以海洋或以海关边界来划分地界，否则，没有一个国家的市场地理界线能划分得很清楚，也没有哪一个能国家对本国生产的供本国消费的商品作出准确的统计。

其次，即使是现有的统计数字也通常有模糊之处。一旦货物到了商人手中，这些统计数字一般就把这样的货物记入消费额内。因此，商人存货的增加与消费的增加就不容易区别开来。不过，这两种增加是受不同原因支配的。价格上涨势必抑制消费，但是如果这种上涨可望继续下去的话，则如前所述，很可能会使商人增加库存①。

再次，很难保证所指的同种商品总是有相同的质量。经过一个干燥的夏季之后，小麦依然是小麦，但质量却特别优良，到下一年小麦的价格就似乎比应有的价格高了。这一点可能得考虑到，特别是因为现在干燥的加利福尼亚小麦已经成为标准的小麦。但是，同时还要考虑其他许多种类的加工产品的质量变化，却几乎不可能。即使像茶这类东西，也存在这种困难。近年来较浓的印度茶代替了较淡的中国茶，这已经使得消费量的实际增加大于统计数字所显示的增加了。

§8. **消费统计的说明。商人的账本。消费者的预算表**　许多国家的政府都发表关于某些种类商品的笼统的消费统计数字。但是，部分上因为上述原因，这些统计数字几乎不能帮助我们探求价格的变化与人们将购买的商品量的变化之间的因果关系，或者价格的变化与社会不同阶层各种消费分配变化之间的因果关系。

关于这两个目的中的第一个目的，就是价格变化所引起的消费变化规律的发现，如果我们明白杰文斯（见他著的《政治经济理论》第11、12页）提出的有关店主的账本的暗示，就会有很大益处。在一个工业城市中的工人居住区里，一个店主或合作社的经理，通常有办法十分准确地知道他的大多数顾客的经济情况。他能知道有多少工厂在开工，一周工作多少小时，而且他能详细打听到工资率的重要变化：事实上，他把打听这种事情当做他的本职工作了。他的顾客通常很快就会发现他们日常使用的东西的价格变化。所以，

---

① 在检查课税结果时，通常比较的是就在增税前税后列入消费的数量。但这是不可靠的。因为，如果商人预料到税将增加，就会在增税之前购进大量货存着，而且在以后的一段时间内就不再购进什么了。而减税的时候，情况正相反。另外，重税将导致不可靠的统计报告。例如，1776年罗金汉内阁将糖汁的税从每加仑6便士减到1便士，结果波士顿的糖汁进口额名义上增加了50倍。但是，这主要是因为在减税之后付1便士的关税比走私还便宜的缘故。

他往往会知道某种商品的消费增加了，是由于价格下跌造成的，且这个原因迅速并单独产生作用，并无其他妨碍原因掺杂在一起。即使出现妨碍性原因，他也往往能够考虑到这些原因的影响。例如，他会知道，当冬季到来时，黄油和蔬菜的价格的涨落情况，因为寒冷的天气使人们比以前要用更多的黄油，而蔬菜用得就较少；而在冬季蔬菜与黄油的价格都上涨时，他会预料到蔬菜消费的减少将大于仅仅是由于价格上涨所造成的减少，但黄油消费的减少却不会这么大。不过，在接连的两个冬天里，如果他的顾客人数大致相同，而且他们的工资收入也大致相同；如果一个冬天的黄油价格比另一个冬天高出很多，那么比较两个冬天中他的账本，就可得到极为正确的有关价格的变化对消费的影响的说明。供应社会其他阶层的人的店主有时必定也能提供有关顾客消费的相同事实。

　　如果能获得足够的有关社会各阶层人士的需求表，这些表就可提供一种方法，即它能间接衡量价格发生极大变化时所引起的全部需求的变化，从而达到靠其他方法所达不到的目的。这是因为，一种商品的价格通常只是在狭小的限度内发生变动，所以，如果它的价格是原来价格的 5 倍或 1/5，那么统计数字就不能使我们获得直接方法来推测其消费会发生什么变化。不过，我们知道，如果此商品的价格非常高，那么其消费只能几乎完全限于富人；如果此商品的价格很低，那么大多数情况是这样，即其消费大部分属于工人阶级。因此，如果现在的价格相对中产阶级或工人阶级都很高时，我们就能从现在价格上他们的需求律进行推测：如果价格上涨到即使对富人而言也很高时，富人的需求会如何；而另一方面，如果现在的价格相对富人而言是适中的，我们就能从富人的需求进行推测：即如果价格下跌到对工人阶级而言也是适中的，工人阶级的需求会怎样。只有这样将不完全的需求律结合在一起，我们才有希望得出有关差别很大的价格的正确规律。（这就是说，直到我们能将社会上各阶层的片断需求曲线结合成为总的需求曲线，才能根据接近现行价格的价格，可靠地画出同一种商品的总需求曲线。参看本章第 2 节。）

　　当我们取得一些进展，从用做直接消费的商品的需求中总结出一些明确的规律时，只有在这时——而且非到这时不可——对于那些依赖这种商品的次要需求做同样的工作，才会有用处——次要的需求是：参加销售商品的生产技术工人和其他工人的劳动需要；机器、工厂、铁道材料和其他生产工具的需求。医务人员、家庭仆人以及直接为消费者提供服务的所有人的工作的需求，在性质上与用做直接消费的商品的需求相同，这种需求规律也可用同样的方法来研究。

要确知社会上各阶层的人在必需品、舒适品和奢侈品之间按什么比例分配支出；在仅仅提供目前愉快的东西与增进身体和道德力量的东西之间按什么比例分配支出；在满足低级欲望的东西与鼓励和培养高级欲望的东西之间按照什么比例分配支出，这是一项很重要且也很棘手的工作。过去50年里，欧洲大陆对于这方面的研究做了种种努力；近来，不但在欧洲大陆，而且在英美两国，人们都越来越努力研究这个问题了①。

---

① 这里我们可以引用伟大的统计学家恩格尔在1857年对萨克森地方的下层阶级、中产阶级和工人阶级的消费所作的一张表，因为这张表已经成为以后这方面研究的指南和对比的标准了。此表如下：

支出项目	三类家庭支出的比例		
	1 每年有45～60镑 收入的工人家庭	2 每年有90～120镑 收入的工人家庭	3 每年有150～200镑 收入的中产阶级家庭
1. 食物一项	62.0%	55.0%	50.0%
2. 衣着	16.0%	18.0%	18.0%
3. 居住	12.0%	12.0%	12.0%
4. 照明与燃料	5.0%	5.0%	5.0%
5. 教育	2.0%	3.5%	5.5%
6. 法律保护	1.0%	2.0%	3.0%
7. 保健	1.0%	2.0%	3.5%
8. 舒适与娱乐	1.0%	2.5%	3.5%
合计	100%	100%	100%

该预算表经过了屡次收集材料和进行比较。但是，这种预算表与同类的其他数字一样因以下事实而受到影响：那些不辞辛苦而自愿作这种报告的人不是普通人，那些记有详细账目的人也不是普通人。而且当账目必须靠回忆来进行补充时，这种回忆容易偏于金钱应当怎样花费的想法——尤其当这些账目记在一起是专门为给别人看的时候。介于家庭经济与公共经济之间的范畴，给许多不愿从事比较笼统而抽象思维的人做出杰出工作成就提供了极有利的研究范畴。

关于这个问题的资料，很久之前已由哈里森、配第、坎蒂恩（在他的已散失的《补遗》中似乎已包括一些工人家庭的改变预算表）、马尔萨斯和其他经济学家加以收集了。在18世纪末，工人的预算表由艾登收集。而在其后关于救贫、工厂等委员会的报告中，有很多关于工人阶级的支出的各种资料。的确，我们从公共或私人方面得到的关于这些问题的重要资料，差不多每年都有所增加。

我们可以注意的是：雷·普莱的伟大作品《欧洲劳动者》所用的方法，是对经过仔细选择的几个家庭的家庭生活的所有细节问题进行深入研究的方法。这个方法要用得好，需要兼有选择事例的判断力以及解释这些事例的见识与同情心的非凡才能。如果用得好的话，那它就是最好的方法。不过，在平常人那儿，这个方法提示的一般结论可能比采用广博的方法所得到的一般结论更不可靠。广博的方法就是较快地收集很多的观察资料，尽可能地将这些从观察中得来的资料转化为统计形式，并获得广泛的平均数。在这些平均数当中，我们深信一些不十分准确的东西和个人的特性在某种程度上可以互相抵消。

第 5 章 一物不同用途之间的选择 立即使用与延缓使用

§1. **一个人的财产分配于不同需要的满足之中，因此同一价格在各种购买量的边际上就能测量出相等的效用**　原始时代的家庭主妇在知道当年收获的羊毛只够做成很少几卷毛线之后，就考虑全家对衣着的所有需求，并设法将这点毛线分配于这些不同的需求，以求尽量有助于家庭幸福。如果在分配之后，她有理由懊悔当初没有多用一点毛线织（比如说）袜子，而少用一点织背心，她会认为自己这件事没做好。这个意思是说，她算错了袜子和背心之间各应需要多少毛线的比例关系。她用了太多的毛线织背心，而用在袜子上的线就不够了。所以当她实际停止时，织成袜子的毛线的效用大于织成背心的毛线的效用。但是，另一方面，如果她刚好在该停止的地方停下来，那么，她就刚好织成了一定数量的袜子和背心，而她从用于袜子的最后一卷毛线和用于背心的最后一卷毛线中也得到了同等的利益。这就说明了一个一般的原理，这个原理如下：

如果一个人的一样东西能用于几种用途，那么他会把此物分配于这些各种不同的用途之上，使之在所有用途上都具有相同的边际效用。这是因为，如果这种东西的一种用途比另一种用途具有更大的边际效用，那么，他就会从前一种用途上取出此物的一部分用于后一种用途，因而获得利益①。

---

① 诚然我们的例证是属于家庭生产的，而不是属于家庭消费的。但这几乎不可避免，因为只有很少的东西才有许多不同用途的直接消费，将财产分配于不同用途的学说在用于研究需求时，没有像在研究供给时那样重要而有趣。参看第五篇第 3 章中的第 3 节的例子。

原始经济几乎没有自由交换，这有一个很大的缺点，就是一个人可能极容易过多地拥有某一种东西（比如说羊毛），结果当他将此物用于其他每一种可能的用途时，其边际效用很低；但是，他很少拥有的其他另一种东西（比如说木材），其边际效用可能很高。但他的邻居中有些也许非常需要羊毛，而他们拥有的木材却多得用不了。如果各自都放弃对他们来说效用较低的东西，而接受效用较高的东西，那么每个人都会从交换中得到利益。但是，靠以物易物的办法来进行这样的调节，免不了既麻烦又困难。

在只有几样简单商品，而每样商品都适用于几种家庭劳动的地方，的确以物易物不会有很大困难；会织布的妻子和会纺纱的女儿适当调整羊毛的各种用途的边际效用，同时，丈夫和儿子对木材的各种用途也可作同样调整。

§2. **续前** 但是，当商品变得非常多而且高度专门化的时候，就迫切需要自由使用货币或一般购买力。这是因为，只有货币才方便用于无限的购买形式之中。在货币经济中，良好的管理表现在调整每种支出中的最后一个边际，这样在每种支出中值一先令的货物的边际效用都是相同的。每个人都可获得这种结果，只要经常注意他是否花在某样东西上的费用太多，那么从一种支出中取出一点来用在其他支出上，就会得到好处。

例如，职员对坐车进城还是步行进城而吃丰富一点儿的午饭犹豫不决时，这就是他正在权衡两种不同花钱方式的（边际）效用；又如，当一个有经验的主妇极力劝告一对年轻夫妇仔细记账有多么重要时，这个劝告的一个主要动机在于使他们可以避免不经考虑就把许多钱花在购买家具和其他东西上。这是因为，虽然实在有必要拥有这些东西的一定数量，但如果买得太多，那么按照购买它们的费用的比例，这些东西就不能产生太高的（边际）效用。年终时，这对年轻夫妇看一下一年来的预算表，也许就会发现在某些地方必须节省支出，他们会比较各项支出的（边际）效用，对从这里节省一镑支出所造成的效用损失，与从那里节省一镑支出所造成的效用损失权衡轻重。他们努力调整削减的东西，以使总的效用损失可达到最低限度，而保留的总体效用仍可达到最高限度。①

§3. 现在的需要与未来的需要之间的分配。对未来的利益要打折扣 一种商品被分配于各种不同的用途，而这些用途不一定完全是现在的用途：有些也许是现在的，而有些也许是将来的。一个谨慎的人会努力把财产分配于所有不同的用途（现在的和将来的）之上，以使财产在每一种用途上都有相同的边际效用。但是，在估计遥远的愉快源泉的现在的边际效用时，必须要有双重考虑：第一，考虑它的不确定性（这是一切有见识的人都会同样估计的一种**客观**特性）；第二，考虑比较遥远的愉快与现在的愉快在价值上的差别（这是不同的人会依照自己不同的个性以及当时的环境，按不同的方法来估计的一种**主观**特性）。

如果人们认为同样需要未来的利益与现在的利益相类似，大概便会努力在一生当中平均分配他们的愉快和其他满足。所以，如果他们能有把握得到同样的未来愉快，通常就会愿意为了这种愉快而放弃现在的愉快。但事实上，人类本性的构成是这样的，大多数人在估计一种未来利益的"现在价值"时，通常是以我们可称为"折扣"的形式再减少它的未来价值，而利益延缓时期越长，这种折扣就越大。一个人会把一种遥远的利益与现在的利益一样当做是对他有几乎相同的价值，而另一个人由于想象未来的能力较低，不太耐心而自制力也不太强，对于不是眼前的利益就不很关心。即使同一个人的心情也会发生变化，有时急躁而贪图眼前的享乐；有时精神上又寄望于未来，对一切能方便等待的享乐，都愿意延缓。有时他处于对其他任何事情都不关心的地步，有时他就像一个从糕点中拣出梅子马上就吃掉的孩子一样，有时又像一个把梅子留到最后吃的孩子一样。不论是哪种情况，当计算未来利益的

---

① 在本篇第4章第8节中的提到的工人阶级的预算表，能非常有助于将他们的财产明智地分配于不同用途方面，从而使得为每一目的的边际效用都可以相同。但是，家庭经济的重要问题与明智的行为有关，正如与明智的花费有关一样。英美的家庭主妇在使用很少的财产来满足需求方面赶不上法国的主妇，这并不是因为她们不知道怎样购买，而是因为她们不能像法国主妇那样以廉价的肉、蔬菜等原料做出好的成品。家庭经济往往被说成是属于消费的行为，但这只说对了一半。家庭经济的最大缺点——至少在英国工人阶级中饮酒有节制的人是这样——与其说是消费上的缺点，还不如说是生产上的缺点。

折扣率时，我们都必须仔细考虑所期待的愉快。

不同的人对于未来的折扣率，不但影响他们节省的倾向（照这个名词通常的含义来说），而且也影响他们购买具有持久愉快源泉的东西以及不购买那些提供较强但又较短暂的享乐的东西的倾向。例如，宁愿买一件新衣服而不沉湎于一次狂饮；或是宁愿选择耐用的简单家具，而不选择很快就会损坏的漂亮家具。

占有的愉快尤其与这些事情有关。许多人仅从所有权的感觉中，就能比从狭义的普通愉快中获得更大的满足。例如，占有土地的愉快往往使人们为土地付出高价，而这价格相对于他们的投资只会产生很低的报酬。有一种占有的愉快是为了占有而占有；还有一种占有的愉快是因为占有可产生荣耀感。有时后者比前者强，有时比前者弱；恐怕没有人对自己或对别人了解到能在这两者之间十分明确地划分出界限的程度。

§4. 打折扣的未来愉快与打折扣的未来可得到的愉快的事情之间的区别
前面已经说过，即使同一个人在不同时间里享受的两种利益的**数量**，也不能进行比较。当一个人延缓可得愉快的事件时，他并没有延缓愉快，他只不过是放弃现在的愉快，而以另一种愉快或以将来可得到另一种愉快的期望来取而代之。我们不能说他期望得到的未来愉快是否大于他放弃的愉快，除非我们知道这件事的所有情况。所以，即使我们知道他对将来可获得愉快的事件的折扣率，就如他花费一镑而立刻获得的满足一样，但我们还是不知道他对未来愉快的折扣率①。

---

① 在分类中将某些愉快列入比其他愉快更迫切的一类时，人们往往忘却以下的情况：一件可得愉快的事件的延缓，可以改变这个事件发生时的环境，因而可以改变愉快本身的性质。例如我们可以说，一个青年希望在发财后自己能有能力去阿尔卑斯山旅游一次，他对这次旅游的折扣率很高，他宁愿现在就能去旅游，这在部分上是因为现在进行这旅游会令他更愉快。

另外，也许会发生这样的事：可得愉快的事件的延缓引起某样东西在时间上分配不平均，而且对于这样的东西，边际效用递减律会发生强烈的作用。例如，有时我们说吃东西的心情特别迫切：如果一个人一星期中六天没有吃晚饭，而在第七天吃了七顿晚饭，他便有很大损失，这无疑是肯定的。因为当他不吃六顿晚饭时，他并不是延缓吃六顿晚饭的愉快，而是代之以一天过度饱餐的愉快。又如，一个人将鸡蛋留到冬然而，我们如果作出两种假定，就能获得一种他对未来利益的折扣率的人为衡量法：第一个假定是，他期望在将来差不多与现在同样富有；第二个假定是，他从货币可购买的东西中可获益的能力，虽然在有些方面会有增加，有些方面会有减少，但大体上保持不变。在这两个假定下，如果他确信一年后会有一个金币（值二十一先令）的收入（为他自己或他的后代使用），而愿意——不过只是愿意而已——从他现在的支出中节省一镑，那么我们就可以说，他对完全有保障的（只受死亡条件的限制）未来利益的折扣率是每年百分之五。而且在这两个假定下，他对未来（确定的）利益的折扣率就是在金融市场上他会对货币打的贴现率①。

天吃的时候，他并不期望这些鸡蛋到冬天时会比现在更好吃，而是预料到冬天会缺少鸡蛋，因而鸡蛋的效用会比现在大。这表明了他在对未来的愉快打折扣与对从一样商品的一定数量的未来享乐中所得到的愉快打折扣之间已经划分清楚了该区别的重要性。因为，在后一种情况中，我们必须分别考虑该商品在两个时段中边际效用之间的差别，但在前一种情况中，在估计愉快是多少时已将这种差别考虑在内了，因而不必再加以考虑了。

① 除了这两个假定的条件之外，在货币贷款的贴现率与未来愉快的折扣率之间是没有直接关系的，记住这一点很重要。一个人也许非常没耐心推迟获得愉快，即使非常有希望在十年后获得某种愉快，也不能使他放弃他认为只有未来愉快四分之一的眼前愉快。但是，如果他担心十年后也许会缺少金钱（因而钱的边际效用就高了），以致到那时半个皇冠币（每个值五先令）会比现在的一镑给他带来更大的愉快或免除更多的痛苦，那么即使是要把货币埋藏起来他也会节省一些以供将来使用。这个道理同他储藏鸡蛋到冬天吃的道理是一样的。但在这里我们却走向与供给相比与需要更为密切相关的问题上去了。在说到关于财富的积累和以后关于决定利率的原因时，我们再从不同的观点角度来考虑这些问题。

然而，假定我们知道：（1）未来愉快的多少；（2）将会到来的日期——如果的确会到来的话；（3）会到来的机会；（4）所指的这个人对未来愉快的折扣率，那么，在这里就可考虑如何用数字来衡量未来愉快的现在价值。

如果有三比一的可能性享受一种愉快，而且四个机会中有三个对这种愉快有利，那么期待这种愉快的价值是它可能会有的价值——如果可靠的话——的四分之三；如果享受这种愉快的可能性只有七比五，因而十二个机会中只有七个是有利的，那么这种愉快的期待价值只是其可有的价值——如果可靠的话——的十二分之七，以此类推（这是这种愉快的保险会计上的价值，但我们还要考虑以下事实：不确定的利益对人以上我们是单独考虑各种愉快。但人们购买的东西中有许多是耐用品，就是说，不是用一次就消耗掉的东西：一样耐用的东西（如一架钢琴），可能会成为比较长久的许多愉快的源泉；一样耐用的东西对购买者的价值，是全部财产收益或所有这些愉快对于他的总价值，但要考虑到这些愉快的不确定性和非常遥远的问题①。

的真正价值通常小于其保险会计上的价值，参看本书第四篇第 6 章第 4 节的脚注）。如果预料的愉快既不确定又很遥远，我们就要对这种愉快的全部价值打双重折扣。例如，我们假定有一个愿付出十先令以获得眼前的而且是确定的一种满足的人，如果一年之后才能得到这种满足，而且一年后实现这种满足的可能性是三比一；再假定他对未来的折扣率是每年百分之二十，那么，这一满足的期待对他的价值是：四分之三乘百分之八十再乘以十先令，就是六先令。参照杰文斯的《政治经济学理论》的绪论一章。

① 当然，这个估计是凭草率的直觉作出的；如果要使它数字准确（参看数学附录中注 5），我们必须记住本节及前一节中所说的不可能得到的有关不同时发生的愉快或其他满足的正确比较，还有在认为对未来愉快的折扣要服从指数法则这一点上所包含的一致性假定。

第6章 价值与效用

§1. 价格与效用。消费者剩余。时机 我们现在可以进而考虑：对一物实际支付的价格会以什么程度代表占有此物所产生的利益。这是一个泛泛的问题，经济学对此并没有太多可说的，但能说的那很少的一部分却相当重要。

我们已经知道，一个人对一物支付的价格绝不会超过，而且也很少会达到一个他宁愿支付但又不愿得不到此物的价格。因此，他从购买此物当中所得到的满足，通常超过他为此物付价时所放弃的满足。这样，从这种购买中他就得到一种满足剩余。他宁愿付出也不愿得不到此物的价格超过他实际付出价格的那部分，是对这种剩余满足的经济衡量。这部分可称为**消费者剩余**。

很明显，从某些商品中获得的消费者剩余比从另一些商品中得到的大得多。许多舒适品和奢侈品的价格，比许多人宁愿支付也不愿完全得不到这些东西的价格低得多，因而这些东西提供了很大的消费者剩余。火柴、食盐、一便士一份的报纸或一张邮票都是很好的例子。

一个人从低价购买他宁愿支付高价也不愿得不到的东西中得到的利益，可以称为他从他的**机会**或**环境**，或者借用几代人以前常用的一个词，即从他的**时机**中得到的利益。本章中我们的目的是要运用消费者剩余这个概念，来帮助我们大略估计一下一个人从他的环境或时机中得到的某些利益①。

---

① 这个术语常见于德国经济学，满足了英国经济学感受很深的那种需求。因为，唯一可用的代替词"机会"和"环境"，有时极易让人产生误解，据瓦格纳说（见他著的《政治经济学原理》第三版第387页），时机"就是技术、经济、社会及法律条件的总和；这些条件在基于分工和私有财产——尤其是在土地和其他物质生产资料方面的私有财产——的国民经济中，决定货物的需求和供给，从而决定货物的交换价值；这种决定通常或至少在大体上与货物所有者的意志、活动和疏忽无关。"

§2. 消费者剩余与个人需要的关系　　为了使概念明确，让我们考虑供家庭消费用而购买的茶的情况。以这样一个人为例：如果茶的价格是 20 先令 1 磅，这个价格刚好使他每年购买 1 磅；如果价格是 14 先令，刚好使他买 2 磅；如果价格是 10 先令，就买 3 磅；如果价格是 6 先令，就买 4 磅；如果价格是 4 先令，就买 5 磅；如果价格是 3 先令，就买 6 磅。而实际上价格是 2 先令，他最后买了 7 磅。我们必须研究他从以每磅 2 先令的价格购买茶的能力中获得的消费者剩余。

如果价格是 20 先令刚好使他购买 1 磅，这个事实便证明他从那一磅中得到的全部享乐或满足与他把这 20 先令用于购买其他东西所能得到的全部享乐或满足是一样大的；当价格跌到 14 先令时，如果他愿意的话，仍然可以只买 1 磅。于是他就以 14 先令得到对他至少值 20 先令的东西；他将得到对他至少值 6 先令的剩余满足，或换句话说，至少是 6 先令的消费者剩余。但事实上，由于他自己的自由选择，他买了第二磅，这样就表明他认为第二磅茶对他至少值 14 先令，这一点代表第二磅茶对他所增加的效用。他以 28 先令得到对他至少值 20 先令加 14 先令，即 34 先令的东西。无论如何他的剩余满足不会因购买第二磅茶而减少，这种满足对他至少仍值 6 先令。这两磅茶的全部效用至少值 34 先令，而他的消费者剩余至少是 6 先令①。每次增加的购买量都对他以前所决定的购买量的效用产生相反的作用，这个事实在**画需求表时就**

---

① 对于这个说明可再加一些解释：虽然事实上这种解释不外乎是用别的话来重复已经说过的事情的。正文中有一个条件，就是他买的第三磅是由他自己自由选择的，这个条件的重要性可用以下的理由来说明：如果以他买 2 磅作为向他开价 14 先令的条件，那么他必须在以 20 先令买 1 磅与以 28 先令买 2 磅之间进行选择，于是他买了 2 磅，这个事实不能证明他以为第二磅对他值 8 先令以上。但是，实际上他无条件地付出 14 先令买了第二磅，这就证明第二磅对他至少值 14 先令（假如他能以每个 1 便士的价格购买甜面包，而 6 便士便可买 7 个，于是，他情愿购买 7 个。因而我们知道，他为了购买第六和第七个甜面包而愿意花费第六个便士。但是，如果不是这样，我们却不知道他宁愿付多少钱去买那个他不愿得不到的第七个甜面包）。

有时有这样的反对意见：因为他的购买量增加了，他对以前每一次购买的需求迫切程度就有所递减，每次购买量的效用也随之降低。所以，当我们向需求价格表中较低的价格靠近时，应当不断地把表中以前购买的那部分重新画在需求曲线的较低水平上（这就是说，当我们沿需求曲线向右靠近时，应当把这条曲线重新画在较低的水平

已被考虑在内，因而不能重复计算。

当价格跌到 10 先令时，如果他愿意的话，仍然可以只买 2 磅；而以 20 先令就能得到对他至少值 34 先令的东西，并且得到至少值 14 先令的剩余满足。但事实上，他宁愿购买第三磅。因为他毫不在乎地这样做了，我们就知道他买第三磅并未减少他的剩余满足。他现在以 30 先令买了 3 磅，其中第一磅对他至少值 20 先令，第二磅至少值 14 先令，第三磅至少值 10 先令。三磅的全部效用至少值 44 先令，以此类推。

最后当价格跌到 2 先令时，他买了 7 磅，这 7 磅对他的价值不会少于 20、14、10、6、4、3、2 先令，或者总计是 59 先令。这个总数测量出这 7 磅对他的全部效用，而他的消费者剩余（至少）是这个总数超过他实际为这 7 磅所付的 14 先令这个数，即 45 先令。这 45 先令就是他从购买茶中获得的满足，超过他花这 14 先令多买一点其他商品所能得到的满足价值，因为他认为按其他商品的现行价格多买一点这些商品是不值得的；如果以现行价格多买其他

上）。但是，这种意见却误解了价格表所依据的办法。假如对各磅茶所定的需求价格代表各磅的平均效用，这种意见也许是对的。因为，如果他买第一磅刚好付 20 先令，买第二磅刚好付 14 先令，那么他买两磅刚好付 34 先令，即每磅平均 17 先令，这是对的。如果我们的价格表与他所付的平均价格有关，并将第二磅的价格定为 17 先令，那么当我们继续趋向低价时，毫无疑问应当重画需求曲线。因为，当他买第三磅时，这三磅中每磅对他的平均效用都将小于 17 先令的平均效用；如果照我们以前假定的那样，假如他对第三磅只付 10 先令，那么事实上平均效用是 10.8 先令。但是，根据这里我们制定需求价格的办法，就可以完全避免这种困难了；依照这个办法，他的第二磅不是因为代表两磅中每磅的平均价格的 17 先令而购买的，而是因为代表第二磅对他增加的效用 14 先令而购买的。因为当他买第三磅时，这种增加的效用保持不变，而第三磅所增加的效用是以 10 先令来衡量的。

第一磅对他也许值 20 先令以上。我们所知道的只是第一磅对他的价值不少于 20 先令而已。即使以 20 先令而论，恐怕他也只得到一点剩余满足。第二磅对他也许值 14 先令以上。我们所知道的只是第二磅对他至少值 14 先令，而不会值 20 先令。因此，他在这个阶段会得到至少 6 先令的剩余满足，也许更多一点。当我们注意像从每磅 20 先令跌到 14 先令那样大的变化效果时，总是存在着这种出入，这一点数学家是了解的。如果我们从很高的价格开始，而实际上价格是以每磅相差一个小铜币（值 1 便士的 1/4）的极小变化下跌，并注意在他的消费上每次只有相差一磅几分之几的极小变化，那么这种出入就会消失了。

商品就不会使他得到消费者剩余。换言之，他是从时机，即从在茶这种东西上使环境适应他的需求，因而获得值 45 先令的剩余享乐的。如果没有这种适应，如果无论他出什么价也得不到茶，那么他就会受得不到满足的损失，这种满足至少等于他多花 45 先令购买其他东西所能得到的满足，而这些东西对他来说刚好只值他所付出的价格①。

§3. **消费者剩余与市场的关系。当我们考虑大多数人的平均数时，便可以不过问个人性格的差别；如果这个大多数人包括比例相同的富人和穷人在内，价格就变成对效用的一种正确的衡量** 同样，如果我们暂且不管以下这个事实：同额货币对不同的人代表不同数量的愉快，那么我们同样可以根据对茶的全部需求价格表中所表明的价格超过茶的销售价格的合计的总额，来衡量（比方说）在伦敦市场上茶的销售所提供的剩余满足②。

---

① 尼科尔森教授（见他著的《政治经济学原理》第 1 卷和《经济杂志》第 4 卷）对消费者剩余这个概念曾经提出反对意见，而埃奇沃斯教授在《经济杂志》上已经给出了答复。尼科尔森教授说："说一年收入（比方说）100 镑的效用值（比方说）1 000 镑，究竟有什么用处呢？"这样的说法也许没有什么用处。但是，当我们对中非的生活与英国的生活进行比较时，这样的说法也许是有用处的。在中非，货币能买到的东西平均起来虽然像在英国那样廉价，但在中非，有许多东西根本买不到，因此，在中非一个人有 1 000 镑收入就不及在英国有 300～400 镑收入的人那样舒适。如果一个人付了 1 便士的过桥税而能节省 1 先令的车费，我们不是说这 1 便士值 1 先令，而是说这 1 便士和这桥带给他的利益（这桥在他的时机中所起的作用）合在一起在那一天值 1 先令。如果在他需要的那一天这桥被水冲毁了，那他就会处于至少与失去 11 便士同样糟的境地。

② 那么，就让我们考虑在任何大市场中对茶的需求曲线 DD′ 吧。我们以一年作为时间单位，假定 OH 是这市场在 HA 价格上茶每年销售的数量。在 OH 线上取任何一点 M，向上画直线 MP，在 P 点与曲线相交，另画一条横线通过 A 点和 R 点，我们假定购买的磅数是依照各个购买者的需求程度来排列的：任何一磅的购买者的需求程度是以他对那一磅只愿支付的价格来衡量的。图–10 告诉我们：在 PM 的价格上，能售出 OM 这么多的数量，但如果价格高于 PM，就不能售出这么多的数量。因此，一定有一个人在 PM 的价格上比在较高的价格上买得多；我们就可认为第 OM 磅是卖给这个人的数量。例如，假定 PM 代表 4 先令，OM 代表 100 万磅。正文中所说的购买者在价格

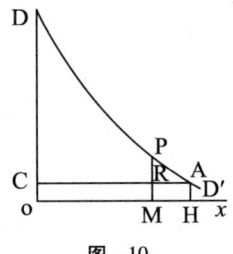

图–10

这个分析连同它的新名称和详尽的方法一样，乍一看上去似乎既费劲又不真实。但经过仔细研究之后，我们就可知道它并未带来新的困难，也没有作出新的假定：只不过是对市场日常用语中潜在的困难和假定加以说明罢了。因为在这种情况下，就像在其他情况一样，日常用语因表面简单而掩盖了真正的复杂性，学术研究的义务就是要揭露这种潜在的复杂性，并面对这种复杂性来尽量减少这种复杂性。因此，在以后的阶段中，我们就可以坚决地处理日常生活中模糊的思想以及语言不能彻底说明的种种困难。

在日常生活中通常有这样的说法：各种东西对一个人的真正价值不是以

---

4 先令时，只愿购买第 5 磅茶，我们可以说第 OM 磅或第 100 万磅是要卖给他的数量。如果 AH——因而也是 RM——代表 2 先令，那么他从第 OM 磅所得的消费者剩余就是 PM 或 4 先令——购买者本来愿意支付的价格——超过 RM 或 2 先令——他实际付出的价格——的数目。假定画一个垂直的平行四边形，其高度为 PM，其底面是 Ox 线上衡量 1 个单位或 1 磅茶的距离。那么以后价格不是以像 PM 那样没有阔度的数学上的直线来衡量的，而是以一个较窄的平行四边形——或者可称为有阔度的直线——来衡量的，这样就会方便了，它的阔度在任何情况下都是等于 Ox 线上衡量 1 个单位或 1 磅茶的距离。这样，我们可以说，从第 OM 磅茶所得的全部满足是以有阔度的直线 MP 来代表的（或者根据正文的最后一段中所作的假定，是用它来衡量的）；对这一磅支付的价格是以有阔度的直线 MR 来代表的，而从这一磅中所得到的消费者剩余是以有阔度的直线 RP 来代表的。现在让我们假定这种较窄的平行四边形或有阔度的直线。从 O 到 H 之间所有 M 的位置上都画出来，每条线代表各磅茶。像 MP 那样，从 Ox 向上到需求曲线所画出来的有阔度的各条直线，各代表从 1 磅茶中所得的满足的总数；这些直线合起来就占据了并刚好填满了 DOHA 的全部面积。所以，我们可以说，面积 DOHA 代表从茶的消费中所得到的总体满足。而像 MR 那样，从 Ox 向上到 AC 为止所画出来的各条直线，代表对 1 磅茶实际付出的价格。这些直线合在一起就构成了 CO-HA 的面积；因此，这个面积代表对茶所支付的全部价格。最后，像 RP 那样，从 AC 向上到需求曲线为止所画出来的各条直线，代表从相应的各磅茶中所得到的消费者剩余。这些直线合在一起就构成了面积 DCA；当价格是 AH 时，这个面积就代表从所有茶中所得到的全部消费者剩余。但必须重复说一下，除了正文中所作的假定之外，这种几何学的测量不过是测量总体利益，而这些利益不是完全按照同一尺度来测量的。除非作了这样的假定，即这面积不过是代表总体满足，而对满足的个别数量却未进行正确的测量。只有在这样的假定之下，这个面积才能测量各购买者从所有茶中所得的全部纯满足的数量。

他对这些东西所付出的价格来衡量的。例如，他对茶比对盐花的费用虽然大得多，但盐对他却有较大的真正价值，如果他完全得不到盐的话，就可以清楚地看出这一点。当说到我们不能相信一种商品的边际效用可表明它的全部效用时，只不过是把这种说法变成了精确的专门术语形式而已。假如有一些乘船遇难的人预料得等一年方能得救，那么当有几磅茶和几磅盐要在他们当中平分时，盐就会被看得比较贵重；当一个人预料到在一年中只能得到少许盐时，一两盐的边际效用比在同样情况下茶的边际效用要大。但是，在平常情况下，盐的价格非常低廉，每个人都买了那么多盐，结果再多买一磅也不会令他更满足。诚然，盐对他的全部效用很大，但是盐的边际效用却很低；另一方面，因为茶价格昂贵，大多数人用茶较少，而用水泡茶的时间较长，如果茶的价格差不多能像盐那样低廉的话，他们就不会这样节省了。他们对茶的欲望还远远没有达到饱和的程度：茶的边际效用很高，他们也许愿意支付同样的价格而多买一两茶，就像多买一磅盐那样。我们开头所说的日常生活中的通常说法表明了这一切道理，但却不是以一种精确而明确的形式表达出来的，而是用那种像在以后工作中我们会常常用到的叙述时所表达的那种形式。开始就使用专门术语并不会增加知识，但却可以使我们熟悉的知识具有稳定而简洁的形式，并以此作为进一步研究的基础①。

或者，一物的真正价值不是按它与个别人的关系来研究的，而是按它与一般人的关系来研究的；这样自然就会假定，"首先"，对一个英国人值一先令的满足可当做等同于对另一个英国人的一先令的价值，而且，"直到出现相反的原因为止"。但是，每个人都知道，只有假定茶的消费者和盐的消费者都属于同一阶层，而且包括各种性情的人都在内，这种说法才合理②。

---

① 哈里森1775年在《货币论》一书中说："一般东西的价值，不是依照这些东西在供给人们必需品方面的真正用途来估计的，而是依照生产它们所需要的土地、劳动和技能的比例来估计的。东西或商品几乎就是依照这个比例进行交换的；大多数东西的真正价值主要就是根据上述标准来估计的。水有很大的用途，但通常价值很小或根本没有价值。因为在大多数地方，水都是天然地大量流出来的，而不能放在私有财产范围之内，大家都可有足够的水，除了在需要管理和运送水的时候支付费用外，没有其他费用；但另一方面，钻石是稀有的东西，尽管没有什么大用处，却因稀少而有很大价值。"

② 可以想象出也许有些高度敏感的人对缺乏盐或茶会感到特别痛苦，而有些人却并不怎

这样说也是考虑到对一个普通的穷人来说，值一磅的满足比对一个普通的富人要大得多；如果我们不是比较所有阶层的人都大量使用的茶和盐，而将其中的一种与香槟酒或菠萝作比较，那么为此而作出的改正就更重要了，会改变这种估计的全部性质。在前几代中，许多政治家，甚至有些经济学家，都不充分注意考虑这种原因，在制订征税计划时尤其如此；他们的言行当中似乎缺乏对穷人的痛苦的同情，虽然较多时候他们只是由于没有想到才会如此。

然而，总的来说，经济学研究的大多数事情都是以大体相同的比例影响着社会上所有不同阶层的人的事情。因此，如果对两个事件引起的幸福用货币来衡量是相等的话，那么一般来说这两个事件幸福的多少就没有什么很大的差异。正是因为这个缘故，正确衡量一个市场上消费者剩余才在理论上很有趣，而且在实践上也会很重要。

不过，我们要注意，对各种商品的全部效用和消费者剩余的估计是根据其需求价格来进行的。当某种商品的价格上涨到罕见的价值时，是在假定**其他情况不变**的条件下才有了这种需求价格的。当根据这个办法计算用于同一目的两种商品的全部效用时，我们不能说两种商品合在一起的全部效用等于每种商品的效用加在一起的总和①。

么敏感，而只是会对失去他们收入的一部分会比同等状况的其他人更感到痛苦。但是，不论在哪一种情况下，我们既然考虑大多数人的平均数，就可以暂时略去个人之间的这些差异，除非我们相信（比方说）那些极其重视茶的人的确特别敏感，非要去考虑是否有什么特别理由不可。如果必须要这样做的话，那么在把经济分析应用于伦理学或政治学的实际问题之前，我们就必须对这一点另加考虑。

① 在本书的前几版中，某些模棱两可的语句似乎向一些读者表达了相反的意思。但是，除了采用最精确的数学公式之外，是无法很好地将一切商品的全部效用都加在一起以获得全部财富的所有效用的总和的。几年前，用数学公式来做这项工作的打算使作者相信：即使这项工作在理论上可以做得到，结果也会受到许多假定的妨碍，以致实际上毫无用处。

我们已经注意到以下事实（见第三篇第3章中的第6节和第4章中的第3节）：为了某些目的，像茶和咖啡这些东西必须当做同类可以互相替代的商品。很明显，如果人们得不到茶，就会增加咖啡的消费；反之，则增加茶的消费。人们从得不到茶和咖啡两种东西上遭受到的损失，比只是得不到其中的一种所遭受的损失更大。所以，茶和咖啡的全部效用，比在人们假定能得到咖啡的条件下所计算的茶的全部效用的总和、比在人们假定能得到茶的条件下所计算的咖啡的全部效用的总和更大。如果把这两种

§4. **续前** 对以下事实的考虑，也不会使我们的论断受到实质性的影响：一个人花在某物上的钱越多，他多买此物或他物的能力就越小，而货币对他的价值就越大（用专门语言来说，就是每一项新支出都增加了货币对他的边际价值）。但是，虽然论断实质性不变，但形式却因变得复杂而没有相应的收获。因为，在这个题目下进行了改正的非常重要的实际问题很少①。

可是，也有一些例外情况。例如，像吉芬爵士指出的那样，面包价格上涨会使贫穷的劳动者家庭财源枯竭，并且大大提高货币对他们的边际效用，他们不得不节省肉类和较贵的淀粉类食物消费。然而，面包仍是他们所必须得到的和要购买的最廉价的食物，他们消费的面包不是少了，而是多了。但是，这种情况罕见；如果遇到这种情况，我们必须根据各种实际情况来研究。

前面已经说过，我们根本不能正确推测出当任何一物的价格与人们惯常为它支付的价格相差很大时，人们会买多少；或换句话说，如果销售量与平常的销售量相差很大时，我们根本不能正确推测出此物的需求价格会怎样。因此，除了接近平常的价格之外，我们的需求价格表具有很大的推测性；我们对任何一物的全部效用所能作出的最好的估计也难免会有很大差错。但实

"竞争性的"商品放在一个共同的需求表中，在理论上就能避免这种困难；另外，如果我们考虑没有燃料就无法把茶叶泡开这一事实而计算了燃料的全部效用，如果我们再把出于同样考虑的茶叶的全部效用加到燃料的全部效用中去，那么就是把一物计算两次了。又如，农产品的全部效用应包括犁的全部效用在内，尽管研究犁的全部效用也许与某一个问题有关，而研究小麦的全部效用也许与另一个问题有关，但这两种效用却不可加在一起。这两种困难的其他方面将在第五篇第6章中再进行研究。

帕腾教授在有些含意深刻的杰作中曾经极力坚持上面两个问题中的后一个问题。但是，他所打算表明的所有形式的财富的总效用，却似乎忽视了许多困难。

① 用数学语言来说，被忽视的因素通常属于少量的次等级的东西。如果不是尼科尔森教授的反对，那么忽视这些因素的常用的科学方法的妥当性，似乎是不成问题的。埃奇沃斯教授在1894年3月的《经济杂志》上对尼科尔森教授已作出了简短的答复；巴龙教授在1894年9月用的《经济刊物》上也有比较详细的答复；桑格先生在1885年3月的《经济杂志》上对这篇答复曾有说明。

像数学附录中注6所说明的那样，我们能考虑货币边际效用的变化形式，如果希望这样做的话。但假如我们打算将一切商品的全部效用加在一起，就非这样做不可了。可是这一工作到底是很难进行的。

际上，这种困难并不重要。因为，消费者剩余学说的主要应用涉及其中的一些变化，这是一些随着我们所说到的商品的价格在接近平常价格变化的时而产生的变化。这就是说，这种应用要求我们只用那些很容易获得的资料，因为将这些资料用于必需品上时特别具有说服力①。

§5. 以上两节所说的是在假定已经考虑了共同财富的问题的前提下进行的 在估计福利对物质财富的依赖关系时，还有一种考虑容易受到忽视，即不但一个人的幸福往往要依赖他健康的身心和道德，而不是依赖其外在条件，而且即使具备这些条件，有许多对他的真正幸福至关重要的条件也容易从他的财富目录中漏掉。有些条件是大自然的恩赐。如果这些条件对每个人都一样的话，那么即使不加过问也不会有很大害处。但事实上，它们在各地都大不相同。然而，这些条件中更多的是属于共同财富因素，在计算个人财富时，这种共同财富常被省掉不算。但当我们比较近代文明世界中的各个不同部分时，共同财富就变得很重要，而当我们把自己的时代与前代进行比较时，甚至更加重要。

---

① 消费者剩余这一概念现在可能对我们只是稍有帮助。当我们的统计知识更进一步完善时，这个概念会大大帮助我们的断定：对每磅茶增6便士的税或增加1/10的运费，会对公众会造成多大损害。虽然这个概念不太能帮助我们估计出对每磅茶课税30先令或运费上涨10倍时所造成的损失，但它的价值却并不因此而减少。

我们再看一下图-10，可这样说明这个问题：如果A是曲线上的一点，相当于这市场上经常销售的数量，那么我们就能获得足够的资料，在A点两边的不远处相当准确地画一条曲线；虽然我们不能相当准确地将这一曲线向上画到D点为止。其实这一点并不重要。因为在价值理论的主要实际应用中，即使我们了解需求曲线的完整形状，也很少利用它。我们需要的只是能得到资料，就是对靠近A点的需求曲线的形状有相当准确的了解，我们很少需要知道DCA的全部面积。为了大多数目的，我们只要知道关于A点在曲线的任何一面都有短距离的移动以及在这个面积内所引起的变化就够了。虽然如此，如果我们暂时假定——在纯理论中我们可以这样做——这条曲线是完全画出来的，就可省掉麻烦。

然而，在估计某些商品——其部分供应是生活上所必需的——的效用总和时，却特别困难。如果我们打算这样做的话，最好的办法也许是把那一必需供应的部分当做没有问题，而只估计超过这个数的那部分商品的全部效用。但我们必须记住：对任何一物的欲望在很大程度上要看获得此物的代用品的难度而定（参看数学附录中注6）。

在我们研究之末,将对为了保证共同福利的共同活动——例如街道照明和洒水——进行详细研究。为个人消费而购买东西的合作社在英国比在别处更进步,但为贸易目的而购买为农民及其他人所需要的东西的合作社,在英国一直到最近都很落后。两种合作社有时都被称为**消费者**组织,但它们其实是为某些商业部门省力的组织,与其说它们是属于消费问题,还不如说属于**生产**问题。

§6. **贝诺利的意见。财富效用的更广泛的方面** 当我们说到福利要依赖物质财富时,是指以收进的源源不断的财富流入以及由此产生的使用和消费这种财富的能力来衡量源源不断流入的福利。一个人现有的财富通过使用因而产生了幸福,这种幸福应将拥有财富的快乐计算在内。但是,他现有的财富总额与总的幸福之间没有什么直接关系。因为这个缘故,我们在这一章和前几章中说到富人、中产阶级和穷人时,都是说他们各有大的、中的和小的收入,而不是财产①。

依照丹尼尔·贝诺利提出的意见,我们可以认为一个人从他的收入中得到的满足,在他的收入足以维持生活时就开始了,以后每当他的收入以陆续相等的比例增加时,满足感也随之有等额增加;在收入减少时,满足感也随之相应减少②。

---

① 参看数学附录中注7。
② 这就是说,假定 30 镑代表必需品,那么一个人从他的收入中获得的满足就从这一点开始;当他的收入达到 40 镑时,再增加 1 镑就代表产生幸福的那 10 镑收入增加了 1/10。但是,如果他的收入是 100 镑,就超过了必需品水平的 70 镑。现在需要再增加 7 镑才能得到在收入 40 镑时再增加 1 镑所得的幸福;同时,如果他的收入是 1 万镑,就需要再增加 1 000 镑才能产生同样的效果(参看数学附录中注8)。当然,这种估计是非常随便的,也不能适应各个不同的人的生活情况。以后我们会知道,现在最通行的赋税制度一般是遵循贝诺利的意见方针的。以前的赋税制度向穷人征收的税比按照贝诺利的办法所计算的大得多;同时,累进税制度在几个国家中已有被采用的预兆,即使在贝诺利对必需品已经作了修正之后,这个制度在某种程度上还是基于以下条件假定的:有巨大收入的人如果增加1%的收入,他因此而增加的幸福就不及收入较少的人增加1%收入所增加的幸福那样多。

我们可以顺便说一下,增加 1 镑而对任何人所产生的效用是随着他已有的镑数而递减的。从这个一般规律中得出了两个重要的实际原理:第一,即使在完全公正和平但过了一段时间后,新的财富就往往失去大部分吸引力。这在部分上是习以为常的结果;习以为常之后就使人们从习惯用的舒适品和奢侈品之中不会再获得更多的愉快,虽然如果他们失去了这些东西,就会感到更痛苦。这在部分上是由于以下事实造成的:财富的增加往往伴随着年老厌倦感或至少是神经紧张的增加;甚至随着财富的增加,还会养成降低身体活力以及减少对愉快的享受的生活习惯。

在各个文明国家里都有一些佛教信徒,佛教的教义认为:淡泊宁静是最高尚的生活理想,智者应做之事是要尽量从本性中根除一切欲念和愿望;真正的财富不在于多财,而在于寡欲。另外一些人的意见则极端相反,他们主张:新的欲念和愿望的产生总是有益的,因为那会鼓励人们更加努力。但就像斯宾塞说的那样,这些人似乎错误地以为生活是为了工作,而不是工作为了生活①。

实情似乎是这样的:照人类本性的构成来看,除非人有某些艰苦的工作要做和某些困难要克服,否则就会迅速堕落;而且发奋努力对身体和道德健康都是必要的。充实的生活在于尽可能多地发展和发挥高尚的才能。在对任何目标——不论这目标是经营的成功、艺术和科学的进步,还是人类状况的改善——的热烈追求中都有强烈的愉快感。各种最高尚的建设性工作必然常常交替出现在心力过度紧张和疲惫时期;但是,对于平常人和没有雄心大志(不论是高等的还是低等的雄心大志)的人而言,从适中和相当稳定的工作中

等条件下进行的赌博,也会造成经济上的损失。例如,一个有 600 镑的人,公正平等地与人赌 100 镑,这时他所期望的幸福等于从 700 镑上得到的幸福的一半和从 500 镑上得到的幸福的一半,而这幸福少于他期望从 600 镑上得到的幸福。因为,根据上述假定,从 600 镑和 500 镑上得到的幸福之间的差异,大于从 700 镑和 600 镑上得到的幸福之间的差异(参照数学附录中注 9 与杰文斯的《政治经济学理论》第 4 章);第二个原理与第一个刚好相反,即理论上是公正的风险保险常有经济利益。但是,各保险公司计算了理论上是公正的保险费之后,除了保险费用之外,当然必须分出足够的款项以支付其资本利润和营业费用,而往往将广告费和被骗保的巨额损失费支出也算在营业费用之内。所以,支付保险公司实际所收的保险费是否适合的问题,是一个必须根据各种情况的真相来决定的问题。

① 参看他的作品《养生之道》。

所获得的适中的收入，对身心健康和各种良好习惯的养成都提供了最好的机会，只有在这些习惯之中才有真正的幸福。

在社会所有等级之中，人都存在着某种误用财富的情况。一般来说，我们虽然可以说，每当工人阶级的财富有所增加时，就会使人类生活变得更丰富和高尚，因为所增加的财富主要用于满足真正的需求；但是，即使在英国的技术工人当中——在新的国家中恐怕更是如此，以财富作为炫耀手段的有害欲望已有增长的迹象，这种欲望早已成为各文明国家中小康阶级的主要祸根了。禁止奢侈的法律不奏效。但是，如果社会道德能使人避免对个人财富的各种炫耀的话，那就有利了。诚然，从适当的豪华中能得到真正而可贵的愉快感。但是，只有在一方面不存在个人虚荣而另一方面不存在别人的妒忌时，才能最大限度地获得这种愉快；像从公共建筑物、公园、公共收藏的美术品、公共竞赛及娱乐等上所获得的愉快就是这样。只要财富是用来为每个家庭提供生活、文化必需品和为集体提供多种形式的高尚的娱乐品的，那么追求财富的目的就是高尚的；而这种追求所带来的愉快感，就可以随着我们用财富促进的那些高尚活动的发展而增大。

一旦有了生活必需品之后，每个人就应该设法使他现有的种种东西更美观，而不应增加其数量或使它们更华丽。提高家具和服装的艺术性，能提高制造商的才能，而且这对使用者而言也是一种日益增长的幸福源泉。但是，如果我们不去追求较高的审美标准，而把增长的资源用来使家庭用品更复杂，那么就不能由此得到真正的好处和持久的幸福。如果人人都购买少一些的东西和简单些的东西，且为了真正的美观而情愿费点精力来选择这些东西，这当然要使物有所值了；如果宁愿购买少数由高工资劳动者精工制作的东西，也不愿购买由低工资劳动者粗制滥造的东西，那么这个世界就会好多了。

但是，我们这已超出本篇的研究范围了：研究每个人花费自己的收入的一般方法对福利的影响，是把经济学应用于生活艺术中的一种比较重要的应用研究方法。

第四篇

生产要素——土地、劳动、资本和组织

第1章 绪 论

§1. 生产要素 生产要素通常分为**土地**、**劳动**和**资本**三类。**土地**是指**大自然**赐予人类的和有助于人类的在陆地、海洋、空气、光和热各方面的物质及力量。**劳动**是指人类的经济工作,不论是体力方面的还是脑力方面的①。**资本**是指为了生产物质产品以及为了获得通常被算做一部分收入的利益而储备的一切资源。资本是财富的主要组成部分,与其将资本看做是满足欲望的直接源泉,还不如将它看做是生产的一个要素。

资本主要是由知识和组织构成的,其中有一部分是私人所有,而其他部分则不是。知识是我们最有力的生产动力。知识使我们能够征服大**自然**,并迫使大自然满足我们的需求;组织则有助于知识。组织有许多形式,例如单一的商业组织、同一行业中各种商业组织、互相有关的各种行业的商业组织、对公众保障安全以及为许多人提供帮助的国家组织。知识和组织的公有和私有之间的区别非常重要,并且越来越重要。在某些方面,甚至比有形物质的公有和私有之间的区别更重要。部分上为了这个原因,有时似乎非常适合把**组织**分离开来,单独算做一个独立的生产要素。我们要到研究的后一阶段,才能仔细研究组织这个要素,但在本篇中我们要说到一点。

---

① 当劳动"是在部分上或全部地为了获得直接从劳动中获得愉快以外的某种利益而进行"时,就可列入经济工作这一类。参看第二篇第 3 章中的第 2 节及脚注。我们研究的生产只限于用平常意义解释的生产,因此,凡是不能直接或间接促进物质生产的那类劳动(例如学生的作业),都不进行研究。从某些观点——但不是从一切观点——来看,假如把劳动解释为劳动者——也就是人类——的意思,那么土地、劳动和资本这三个词就比较对称了。参看沃尔拉思著的《纯政治经济学》第 17 讲和费希尔教授在《经济杂志》上的文章(第 6 卷,第 529 页)。

从某种意义上说，生产要素只有两个，即自然与人类。资本与组织是人类在大自然的帮助下，在人类预测将来的能力以及甘愿为将来作准备的心理指导下进行工作的结果。假如大自然和人类的本性和力量固定不变，那么财富、知识和组织就随之增长，就如同原因产生结果一样。但是，人类本身在很大程度上是由环境塑造形成的，而在环境中，大自然产生了很大的作用。因而不论从哪一个角度来看，人类都是生产问题的中心，也是消费问题的中心，而且进一步又是生产与消费之间的关系问题——也称为**分配**与**交换**问题——的中心。

人类在数目上、在健康强壮上、在知识和能力上以及在性格多样化上的发展，是我们一切研究的目的。但对于这个目的，经济学能研究的只不过是贡献一些重要的因素而已。所以，从经济学最广泛的一面来看，这种发展的研究如果属于经济学著作的一部分，也应当放在最后，不过即使放在最后也不合适；还有，我们不能不考虑人类在生产上的直接作用以及决定人类（作为生产者）效率的各种条件。因此，大体上把关于人类在数目和性格上发展的一些说明，包括在有关生产的一般性研究之内并作为其中的一部分，恐怕是最方便的办法，而且确实也是最符合传统英国经济学的方法的。

§2. 边际反效用。虽然有时劳动就是其本身的报酬，但在某些假定条件下，我们可以认为，劳动的供给受到对工作能产生影响的价格的支配。供给价格 在目前这个阶段中，我们只能稍稍说明需求与供给的一般关系以及消费与生产的一般关系。但是，当对效用和价值的研究在我们心中还记忆犹新时，略微说一下价值与反效用或负商品的关系也未尝不可。为了得到具有价值的货物——这种货物之所以具有价值是因为既是需要的又是不易得到的，我们必须克服这种反效用或负商品。现在我们所能说的一切必然是暂时性的，甚至是引起困难的而不是解决困难的。但在我们面前，能有一个研究范围的轮廓，即使不充分又不完全也会有好处的。

需求是基于获得商品的欲望，而供给主要取决于克服不愿遭受"负商品"的心理。这种负商品通常可分为两类：劳动；延迟消费所导致的牺牲。这里只要大概说明一下普通劳动在供给方面发生的作用就够了，以后也会以类似的、虽然并不完全相同的语言论述有关经营管理工作和由于积累生产资料所需要的等待而造成的牺牲（有时如此，但不总是如此）。

劳动负商品的产生也许是由于身体或精神疲劳，或是由于在有碍健康的环境中继续劳动，或是由于与不受欢迎的同事一同工作，或是由于占用了娱乐、社交和智力活动所需的时间。但是，不论这种负商品是什么形态，其强度几乎总是随着劳动的紧张程度和持续的时间而增大。

当然，有很多努力是为了工作本身而进行的，例如登山、竞赛以及从事文学、艺术和科学活动，就是如此。但有很多艰难的工作是在使别人获益的动机驱使下进行的①。以我们使用的劳动这个术语而言，大部分劳动的主要动机就都受到要得到某种物质利益欲望的驱动，这种利益在当今世界状况下一般都表现为获得一定数额的货币。的确，即使一个人是到受雇用而工作，他也往往会从工作中获得愉快。但是，在做完工作之前，他通常感到非常疲乏，以至于停工时他就觉得非常高兴。也许在他失业一段时间后，就他直接的舒适而言，他宁愿工作不要报酬，也不愿没有工作；不过，恐怕他还是不愿以比正常价格低得多的价格出卖力气和扰乱他自己的劳动力价格的市场，正像一个制造商所做的那样。关于这一点在后面部分将再详述。

用学术用语来说，这可称为劳动的**边际反效用**。因为，每当一样商品的数量有所增加时，其边际效用就随之下降；每当需求有所减少时，不光是对此商品的最后部分，而且对其全部所能得到的价格就随之下跌；同样，劳动的边际反效用总是随着劳动量的增加而增大的。

任何已经有了职业的人都不愿更努力的心理，在一般情况下取决于人类的本性，经济学家必须承认这一事实。像杰文斯所说的那样②，在开始工作

---

① 我们已经知道（见第三篇第 6 章中的第 1 节），假如一个人以他对最后购买物品的数量的价格购买了所有的东西，那么他从以前的购买量中便得到了消费者剩余的满足。这是因为他购买所有东西所付的价格低于他宁愿支付而不愿得不到的东西的价格。同样，如果付给他的任何工作的价格，是他最不愿做的工作的充分报酬，而且，如平常发生的那样，如果对他比较愿做的以及对他自己实际用力较少的那种工作，也付给同样的价格，那么从这种工作中他就得到生产者剩余。关于生产者剩余这个概念的一些困难将在附录十一中再考虑。

工人不愿以低于正常价格的价格出卖力气，与制造商不愿以低价出售货物从而破坏自身商品的市场是一样的，显然以特殊的交易而论，制造商宁愿接受低价也不愿让工厂停工。

② 见杰文斯著的《政治经济学理论》第 5 章。奥地利和美国的经济学家已强调并大大发展了这种学说。

前,往往要克服一些阻力。开始工作时,往往要做一点令人感到痛苦的努力,但这种令人痛苦的努力逐渐减少到零时,愉快就随之而来;这种愉快在短时间内是呈增加趋势的,直至达到某种最大限度,然后又减少到零,随后而来的是越来越疲劳,并渴望休息及发生变化。然而,在智力工作中,一旦产生愉快和兴奋,往往就不断增大,直到有必要或因为谨慎的缘故才会停止。每个健康的人都储有一定的精力可以释放出来,但只有经过休息之后精力才能得到恢复。因此,如果他长期用力多而休息少,他的身体就要垮掉。雇主往往知道在非常需要时,暂时增加工资会使工人多做工作,但不论报酬多少,工人也不能长久保持做这么多的工作。关于这个问题的一个理由是,每当增加劳动的时间超过一定限度,随之就更迫切需要休息,人们越来越厌恶增加工作;而部分上又是因为当留作休息与其他活动的时间减少时,人们就更喜欢增加空闲时间。

由于上述及其他一些限制性因素,无论是哪类工人所做的努力,都随着给他的报酬增减而增减,这一点确实存在。正像吸引购买者去购买一定数量的某种商品的价格称为那个数量在一年或一定时期中的需求价格一样,对生产一定数量的某种商品所必须做的努力的价格,可称为那个数量在同一时期中的**供给价格**。如果我们暂时假定,生产完全依靠现有经过训练的一定人数的工人的努力,那么我们就可得到一张供给价格表,与我们以前考虑过的需求价格表相符合。在理论上,供给价格表在一个数字栏内表明各种工作量,也就是生产量,而在另一个数字栏内表明诱使工人提供各种工作量所必须支付的各种价格①。

但是,这是一种简单方法,它研究任何一种工作的供给,从而研究由这种工作所生产的货物的供给。此方法假定胜任这种工作的人数是固定的,但这种假定只能在短期内采用。因为人口总数在许多原因的影响下是有变化的。在这些原因中,只有一部分是经济原因,而在经济原因中,平均劳动收入占有突出的地位,虽然它对人口增长的影响不固定而且不规则。

但是,在各种行业间的人口分布却更受到经济原因的影响。毕竟任何行业的劳动供给数量都需密切适应劳动的需要:深谋远虑的父母会帮助子女得

---

① 参看第三篇第3章中的第4节。

到最有利的职业,这就是说,使他们得到劳动量不太大、劳动强度也不太大、所需的技能不太难学,而在工资及其他利益上都有最好的报酬的职业。然而,劳动供求之间的适应是绝不会是这样完美的:需求的变动可以使这种报酬在短时期内,甚至在许多年内,都比那刚刚足以使父母为子女选择某一行业而不选择同类其他行业的那种报酬高得多或低得多。所以,任何一种工作在任何时候都可得到的报酬,虽然与学到的必需要的技能的难易程度以及工作本身所包含的强度、乏味、缺少空闲等问题的确有一些关系,但这种适应却容易受到很大的妨碍。对这种妨碍的研究是一项艰难的工作,我们将在以后阶段中再对这个问题进行详述。本篇只是以叙述为主,并没有提出什么难题。

第2章 土地肥力

§1. 土地是大自然赐予的，而土地的产物是人类劳动的结果，这个概念虽并不完全正确，但却内含真理 我们通常说生产要素有土地、劳动和资本三类，凡是依靠人类劳动而成为有用的有形物都归入资本这一类，而不依靠人类劳动就成为有用的有形物则归入土地这一类。这个区别显然不够精确。因为，砖头只不过是稍作加工的泥土而已；而久已有人居住的地方的土壤大部分是经过人类多次耕作的，其现在的状态归功于人类劳动。可是，这个区别却包含科学原理在内。人类没有创造物质的力量，只是有把东西变为有用形态而创造效用①的能力；如果这种效用的需求有所增加，那么人类所创造的效用的供给也能增加：这种效用就有了供给价格。但是，还有别的效用的供给是人类所不能控制的；这种效用是由大自然以固定的数量供给的，因此就没有供给价格。"土地"这个术语的含义已被经济学家扩大使用，包括这种效用的永久源泉在内②，不论这效用是出现在土地这个词的通常用法上，还是出现在海洋与河流、日光与雨水以及风力和瀑布等词的用法当中。

如果我们研究了土地与我们看做是土地产物的那些有形物质的区别后，我们就可以知道土地的基本属性其实就是其广袤性。使用一块土地的权利就是对一定空间——地面的某一部分——的支配权。地球面积是固定的，地球

---

① 参看第二篇第3章。
② 用李嘉图的一句名言来说，就是"土壤固有的和不灭的力量"。图能对地租理论研究的根据以及亚当·斯密和李嘉图对地租理论所采取的立场和研究方法，是值得注意的。图能在研究中说到"土地本身"（DerBoden, ansich）这一概念，不幸这句话无法用英文翻译出来，意思是说，如果没有人类活动进行改变的话，土地便还是原来的样子（见图能著的《孤立国》第一篇第1章中的第5节）。

上任何一个部分与其他部分的几何学关系也是固定的。人类无法控制这种关系，而这种关系也丝毫不受需求的影响，它没有生产费用，也没有生产它的供给价格。

使用地球表面的一定面积，是人能做任何事情的基本条件；这种使用使人有了自己活动的空间，享受大自然赐予此地的热和光、空气和雨水，并决定了人与其他东西和其他人的距离，而在很大程度上决定了人与其他东西和其他人的关系。我们将会知道，土地的这一特性虽然还没有得到十分重视，但却是所有经济学家对于土地和其他东西不得不进行区别的最后原因。这个特性是经济学中许多最有趣而且最难的问题的基础。

地球表面某些地方有助于生产，这主要是指对航海者提供的服务；而某些地方却主要对开矿者具有价值；还有一些地方——虽然这种选择是人类而不是大自然做出的——主要对建筑者具有价值。但是，说到土地有生产力时，我们首先想到的就是土地在农业中的用途。

§2. **土地肥力的机械条件和化学条件** 对于研究农业的专家来说，一定面积的土地是维持一定数量的植物生命——也许最终是动物生命——的手段。为了这个目的，土壤必须具有某些机械性质和化学性质。

在机械条件方面，土壤必须非常松软，植物的细根能在土中自由伸展，但同时又必须坚实，足以很好地支撑植物生长。土地不可像沙子那样过松，使水在土中流得太快，因为这样土壤往往很快就会干燥，而植物养料在土中一经产生或是被投入土中，就会立刻随水流去；土壤又不可过硬，像坚硬的黏土那样，这样会使水在土中不能相当自由地流动。因为，不断流入土中的新鲜的水以及因水在土中流动而不断注入的空气，都是必不可少的：水和空气把矿物质和气体变为植物的养料，否则就会变得无用，甚至有毒。新鲜空气、水和霜的作用，是大自然对土地的耕作；即使没有其他形式的帮助，这些也可及时地使地球表面上的任何一个地方变得相当肥沃，只要所形成的土壤能停留在原来的地方，而不是一形成就立刻被大雨和洪水冲走。但是，对于土壤的这种机械性质的形成，人类给予了很大的帮助。人类耕作的主要目的，就是帮助大自然使土壤能够松软而又坚实地支撑植物根部，并使空气和水能在土中自由流动。绿肥使黏性土壤分化并变得松软；对于砂性土壤来说，绿肥能使这种土壤具有在构造上非常必需的坚实性，并从机械和化学方面帮助这种土壤保持住作为植物养料的物质，否则这种物质就会迅速被水从土中冲走。

在化学条件方面，土壤必须具有植物所需要的被植被所吸收的无机成分；在某些情况下，人类只要花一点劳动就能使土壤发生很大变化。因为人类只要加进一点点土壤所需要的东西，就可使不毛之地变成肥沃良田。在大多数情况下，从那具有许多形态的石灰中，人类或者选择其中的某些形态的石灰来使用，或者使用近代化学所提供的各种各样的人造肥料，也都可使不毛之地变得肥沃。人类现在还利用细菌来帮助农业。

§3. 人类改变土壤性质的力量 靠所有这些方法，人类就能控制土壤的肥力。依靠充分的劳动，人类几乎能使任何土地都生长大量农作物。人类能从机械上和化学上使土壤适合下一次要种植的任何作物。人类也能使作物适应土壤的性质，并使作物互相适应。人类选择这样一种轮种方法，每次耕作会使土地处于这样一种状态和一个季节，因此就很容易将土地耕作成适宜下一种作物的苗床。人类甚至采用排水的方法，或者混合两种土壤以补充成分不足的方法，就能改变土壤的性质。不过，迄今为止，这只不过是小规模在进行着，有白垩和石灰、黏土和泥灰石的地方，除了园圃和其他土质较好的地方能改变土地肥力外，其他地方很少能改造成新的土壤。但是，将来很有可能大规模地应用建造铁道和其他大型土木工程所用的机械，将上述两种贫瘠程度不同的土壤改造成肥沃的土壤。甚至有些人认为这是会实现的。

这一切变化到将来可能比过去实行得更普遍和更彻底。但是即使在现在，古老国家里大部分土壤的性质也主要取决于人类的活动；在紧挨着地表的所有土壤里，有很大的资本因素——人类过去劳动的产物。被李嘉图归入土壤的"固有的"和"不灭的"特性一类中的那些大自然的丰厚礼物，已经有了极大的改变：由人类世世代代耕作的部分土地荒芜了，而另部分土地则更肥沃了。

不过，事情也并非总是如此。每年大自然都将热和光、空气和湿气赐予给每一片土地，对于这一切人类是控制不了的。人类的确可以通过大规模排水工程、植林造林、采伐森林的方法略微改变气候，但是，总体上，太阳和风雨活动是每年大自然对每块土地固定赐予的。土地所有权就是每年拥有土地的这种活动，并为植物和动物的生活及活动提供所需要的空间。但此空间的价值是受到地理位置的极大影响的。

因此，我们要区分清楚土地从大自然中获得的原来的或固有的特性和土地那由于人类活动而造成的人为特性之间的区别，条件是我们要记住以下一点：前一种特性包括所指的地方的空间关系，还有大自然每年给予它的日光、空气和雨水。在许多情况下，这些东西是土地固有特性中的主要特性。而土地所有权的特殊意义和**地租理论**的特殊重要性，主要就是从这一切当中得来的。

§4. 在任何情况下，因资本和劳动的增加而增加的报酬，迟早都会递减

关于大自然赐予土壤的肥力有何种程度的固有特性，还有人类对土壤的改变进行到何种程度的问题，如果我们不考虑从土地中获得的是哪一种产物，就不能进行充分的研究。首先，人力对于促进某些作物的生长所能做的，比对另外一些作物大得多。人类最无能为力的是那些自然成林的树木。橡树即使种植得法，它也无法从人力的帮助中得到什么好处：人是没有办法从对橡树使用的劳动中获得巨大的收获的。有些肥沃的河边低地有着肥沃的土壤和良好的天然排水条件，但那里生长的草却几乎也是属于同样的情况。以这种路边草作为主要食粮的野兽，对这种草照管得几乎与人同样好。英国最肥沃的田地（一英亩付6镑及6镑以上的地租）中，有很多凭着非人力帮助的天然特性所产生的报酬，几乎与现在从这种田地上得到的报酬一样多。其次，就是虽不完全像上述土地那样肥沃，但仍可作为永久牧场的土地。再次，就是耕地，对这种土地，人类并不依赖大自然进行播种，而是为各种作物准备苗床以适合其特殊需要，人类自己播种并除去对种子有害的东西。人类所播的种子是经过选择的，能使这些种子具有迅速成熟并充分发育以及对人类最有用的那部分性质。这种仔细选种的习惯虽然只不过是近代才有，但是，即使现在尚不普遍，而几千年的不断耕作使人类拥有的植物与原始野生植物已不大相同了。最后，最得力于人类劳动和照管的那种产物，就是品种优良的水果、鲜花、蔬菜和牲畜，特别是作为改良品种用的那种产物。因为，如果人类不参与的话，大自然就会自行选择最能照管自己及其后代的那些品种，而人类则选择那些能以最快速度大量供给人类最需要的那些东西；如果没有人类的照管，许多最优良的产物根本无法生存。

因此，人类在帮助大自然种植各种农作物上所起的作用是多种多样的。

在各种情况下,人类都继续耕作,直到资本和劳动的增加所产生的**报**酬增加变为**递减**、再增加资本和劳动也不会再增加报酬为止。在很快达到这个限度的地方,人类几乎把一切工作都委托于大自然;而在有些地方,人类对生产出很大力,是因为人类因长久工作而又达不到这个限度。因此,我们就要进一步研究报酬递减律了。

  注意以下一点是很重要的:现在我们研究的资本和劳动的报酬,是以获得产物的**数量**而进行衡量的,而与可能发生交换的产物在交换价值或价格上的任何变化无关。例如,如果在附近一个地方筑成了一条新的铁路,或是一个城区的人口大量增加而农产品却不易输入时,就会发生这种变化。当我们根据报酬递减律进行推论时,尤其是当我们研究人口增加对生活资料的压力时,这种变化就会非常重要了。但是,这种变化与报酬递减律本身并无关系,因为报酬递减律与所获得的产物价值无关,只与其数量有关①。

---

① 仍可参看本篇第 3 章中的第 8 节的后一部分和本篇第 13 章中的第 2 节。

第3章 土地肥力（续前） 报酬递减倾向

§1. 土地也许耕种不到位，因此由于资本和劳动的增加而产生的报酬就会递增，直至达到最大的报酬率为止；而达到最大的报酬率之后，报酬就重新递减了。耕作方法的改良可使较多的资本和劳动能得到较好的应用。报酬递减律与生产物的数量有关，而不是与其价值有关 报酬递减律或报酬递减倾向暂时说明如下：

用于耕种土地的资本和劳动的增加，**一般使收获的农产品的量的增加比例较小，除非碰巧同时发生农业技术改良。**

从历史和观察中我们知道：各个时代和各个地方的每个农民都希望耕种大量土地。当他不能无偿获得土地时，如果他有财产，他就会出钱购买土地。假如他认为把他所有的资本和劳动都用于一块很小的土地，也可得到与使用大量土地同样良好的结果，那么除了这一块很小的土地之外，他就不会再出钱去买其他土地了。

在可以无偿获得不需要开垦的土地时，每个人耕种土地的量，只是他认为会给他的资本和劳动以最大报酬的量。他的耕作是"粗耕"而不是"精耕"。他的目的不在于从一英亩的土地上获得大量谷物。因为，如果这样的话，他只要耕种几英亩土地就行了。他的目的是要付出一定量的种子，并且付出一定量的劳动就尽可能多地收获产品。所以，只要在粗耕下他能管理，他就在许多英亩的土地上进行播种。当然，他也许会做得过了头。他所耕作的面积也许太大了，或许把资本和劳动集中用于较小的面积反而更有利。在这种情况下，如果他能支配更多的资本和劳动，在每英亩土地上多用一些，那么土地就会给他**递增的报酬**，这就是比例大于土地对他现在的费用所给予的报酬。但是，如果他计算准确的话，他使用的土地恰好是能让他获得最大报酬的面积；而他把资本和劳动集中用于较小的面积，反而要遭受损失。那么他将能支配的资本和劳动全用在现有的土地上，那他所得的利益就会小于耕种更多的土地所能获得的报酬，即他就会得到**递减的报酬**。这就是说，他现在获得的报酬的增加在比例上小于上一次使用的资本和劳动所能获得的报酬。当然，这是假定与此同时他的农业技术并无显著的改良。等到他的儿女长大时，他们会有更多的资本和劳动用于土地上；为了避免获得递减的报酬，他们就要耕种更多的土地。但是，也许到那时所有邻近的土地都已有人耕种了，为了得到更多的土地，他们就必须购买土地，或付地租租用土地，或迁居到能够免费得到土地的地方去[1]。

报酬递减倾向是亚伯拉罕与洛特分手的原因[2]，也是历史上所说的大多数移民的原因。凡是在极其需要耕种权利的地方，我们就可以相信报酬递减的倾向充分发挥着作用。如果不是因为这种倾向的缘故，每个农民除了他的一小块土地之外，放弃所有的租地，并把所有资本和劳动都用于这一小块土地上，就能节省差不多的全部地租。在这种情况下，如果他用于这一小块土地上的一切资本和劳动所产生的报酬，与他现在用于这块土地上的资本和劳动所产生的报酬有着同样的比例，那么他从这一小块土地上获得的产物，就可与他现在从所有田地上获得的产物一样多，这样，除了他保留的那一小块土地的地租外，原来付出的地租都可变为他的纯利了。

我们应当承认，农民的奢望往往使他们耕种的土地超过了他们能够妥善管理的量。的确，自阿瑟·扬以后，几乎每个农业权威学者都痛斥这一错误。但是，当他们告诉农民，把资本和劳动用于较小的土地面积更有利时，他们不一定是说这样就会得到更多的总产物。如果节省的地租能抵过农民从土地上获得的部分报酬，而可能出现的减少部分又有余时，那么这一点就足以成为他们的论据。假如一个农民用1/4的产物付地租，假定他用于每英亩土地

---

[1] 在耕作初期阶段中，报酬的递增在部分上是由于有组织的经济，这与使大规模工业获得利益的那种组织经济是相同的。但是，部分上这也是由于以下的事实造成的：在对土地进行粗耕的地方，农民的收获易受天然条件的制约。**递减的报酬**与**递增的报酬**之间的关系，在本篇的最后一章中再进行详述。

[2] "如果他们住在一起，那个地方便容不下他们：因为他们的财物甚多，所以他们不能住在一起。"（见《旧约》中《创世纪》第13章中的第6节）

的资本和劳动的增加，使他现在所获得的报酬比他从以前所获得的报酬在比例上至少要超过 3/4，那么，他把资本和劳动集中用于较少的土地上就会更有利。

另外，即使在像英国这样进步的国家里，仍然有很多土地的耕作缺乏熟练技术。如果非常技术地将两倍于现在的资本和劳动用于土地上，那么这些土地所生产的总产物就可达两倍以上，这一点我们也可以承认。有些人主张这样很可能是对的。如果所有的英国农民都像最优秀的农民那样能干、聪明，并且精力充沛，他们就能便利地使用两倍于现在的资本和劳动。假定地租占现在产物的 1/4，他们现在所获得的产物的每 4 英担（1 英担等于 120 磅）就会增加到 7 英担。可以设想一下，如果采用更先进的耕作方法，他们就会得到 8 英担，甚至更多。但是，**按现状而论**，这一点并不等于证明多用资本和劳动就能从土地上得到递增的报酬。事实是这样的：以现在这样的农民和他们实际所拥有的技能与精力而论，我们普遍观察得出的结果是，靠放弃大部分土地，而把所有资本和劳动都集中用于剩下的土地上，除了这一部分土地的地租之外，省下所有其他的地租，这样做他们是找不到一条致富的捷径的。他们之所以不能这样做，是因为报酬递减律的缘故。如前所述，这种报酬是以其数量来衡量的，而不是以交换价值来衡量的。

现在，我们可以清楚地说明以上在关于报酬递减律中说明的"一般"这个词的局限性了。报酬递减律是一种倾向的叙述，的确，这种倾向可能由于生产技术的改良以及开发土壤全部作用的时断时续的过程而一时受到阻碍。但是，假如对产物的需求无限制地增加，那么这种倾向最终必然成为不可抗拒的。我们对这种倾向的最终叙述可分为以下两部分：

尽管农业技术的改良可以提高土地对一定量的资本和劳动所提供的报酬率；尽管那已经用于任何一块土地上的资本和劳动也许远远不足以开发出土地的全部潜力，以至即使在现有的农业技术下，对这块土地增加费用也可得到超比例的报酬。但是，这种情况在一个古老的国家里是罕见的，除了存在这种情况之外，假如用于土地上的资本和劳动的增加，就会使所获得的产物量有较低的比例的增加，除非个别耕作者的技能同时也有所提高。另外，不论农业技术将来发展如何，不断增加用于土地上的资本和劳动，最终都必然会造成因增加一定量的资本和劳动所能得到的产物增加量的递减。

§2. **一个增量的资本和劳动。增加额、边际报酬、耕作边际。**在时间方面，增加额不一定是最后的一个增量的。**剩余生产物及与地租的关系。李嘉图的注意力只局限于一个古老国家的情况** 如果采用詹姆士·穆勒提出的一个术语，我们可以把用于土地上的资本和劳动，当做是由等量的连续使用的**各种剂**构成的①。我们已经知道，最初使用几剂所产生的报酬也许很小，而以后使用许多剂就能产生超比例的报酬；在例外的情况下，连续使用各剂所产生的报酬甚至会交替出现时增时减的现象。但是，根据报酬递减规律，迟早（总是假定同时耕作技术没有变化）总要达到某一点，过了这一点，所有增加的各剂所产生的报酬，在比例上就会小于以前各剂所产生的报酬。此剂总是指合劳动与资本为一体的一个增量的，不论是由独立在自己土地上耕作的自耕农使用的一个增量的，还是由那自己不从事耕作的农业资本家付费的一个增量的。但是，在后一种情况中，费用的主体表现为货币形态：在研究与英国情况有关的农业经营经济时，按照市场价值把劳动折合为货币等价物来考虑，只说各剂资本而不说各剂劳动和资本，这往往是很方便的。

那刚好抵偿耕作者的费用的一个增量的，可以称为**增加额**，而它所产生的报酬可称为**边际报酬**。如果碰巧在近处有已经耕种的土地，但这土地只是刚好能抵偿其费用，而没有剩余作地租用时，我们就可以认为用于此土地的就是增加额。这样，我们可以说，用于此土地的这一个增量的，就是用于在**耕作边际**上的土地，这样讲法具有简明的好处。但是，这一论断并不需要假定存在这样的土地，我们所要注意的只是增加额所产生的报酬，不论它碰巧是用于贫瘠的土地上，还是肥沃的土地上，这都没有关系。必要的只是，它应当是能有利地用于那在耕作边际上的土地的最后一个增量的②。

当我们说到用于土地的增加额或"最后"剂时，我们并不是指时间意义上的最后一个增量的，而是指处于有利的支出边际上的那一个增量的。这就是说，使用这一个增量的刚好使耕作者的资本和劳动获得一般的报酬而没有

---

① 关于这个名词，参看本章第 8 节。
② 李嘉图对这一点非常了解，虽然他并没有着重说明。那些反对他的学说的人认为，对于所有土地都要付地租的地方，他的学说是不适用的，这些人误解了他的论断的实质。

第 3 章　土地肥力（续前）　报酬递减倾向

剩余。用具体的例子来说，我们可以假定：一个农民想到再一次派些锄草的人到田地里去除草，而犹豫片刻之后，他断定这样做很合算，不过这样做也只是合算而已。因此，花在这上面的一个增量的资本和劳动，就是我们所说的最后一个增量的，虽然在以后收割时还要使用很多剂。当然，这最后一个增量的所产生的报酬与其他报酬是不可分的。但是，如果他决定不增加这次锄草，我们相信生产物中就不会多出这一部分来。因此，我们就把这部分产物全都作为最后一个增量的产生的①。

既然用在耕作边际上的这一个增量的所产生的报酬仅仅可以抵偿耕作者的费用，那么，他使用各剂的总数所产生的各种边际报酬的总和，也仅仅可以抵偿他的全部资本和劳动。他得到的超过这个数额的报酬部分就是土地的剩余生产物。如果土地为耕作者自己所有，那么，此剩余生产物也归他所有②。

---

① 一个取自有记录的实验例证，可以帮助我们更了解由一个增加额的资本和劳动所产生的报酬这个概念。根据阿肯色实验站的报告（见 1889 年 11 月 18 日《泰晤士报》），有四块各为 1 英亩的土地，除了用犁耕和耙耕外，其他管理完全相同，其结果如下：

土地	耕作	每英亩生产的英斗数
1	犁耕 1 次	16
2	犁耕 1 次并耙耕 1 次	$18\frac{1}{2}$
3	犁耕 2 次并耙耕 1 次	$21\frac{2}{3}$
4	犁耕 2 次并耙耕 2 次	$23\frac{1}{4}$

从上表中可以看出，在已经犁耕过 2 次的这 1 英亩土地上，再耙耕 2 次所用的这剂资本和劳动便产生了 $1\frac{7}{12}$ 英斗的报酬。如果这 $1\frac{7}{12}$ 英斗的价值在减去了收割等费用之后剩下的利润，恰好能抵偿这剂资本和劳动，那么，这剂就是增加额。虽然在时间意义上这并不是最后一个增量的，因为用于收割的各剂必然是在其后的。

② 让我们用图形来说明一下，见图 - 11。要记住图例解释并不是证明什么，图解不过是大体上相当于某些实际问题的主要条件的图表而已，它只求轮廓清楚，而不考虑随着实际问题变化出现的许多事情，对于这些事情农民在其自己的特殊情况中，必须加以充分考虑。如果在某一块田地上用了 50 镑的资本，就可从这块土地上获得一定数量

以上关于剩余生产物性质的叙述并**不是**地租理论,我们要到很靠后的阶段才会说到地租理论,注意这样一点是很重要的。这里所能说的只是:此剩余生产物**在一定条件下**可以变为地租,而地租是土地所有者为了使用其土地而可以向佃户强行索取的。但是,以后我们将会知道,在一个古老国家里,田地的全部地租是由三个因素构成的:第一是大自然创造的土壤的价值;第二是人类对土地作出的改良;第三——这往往是其中最重要的因素——是稠密的大量人口的增长、公路和铁道等交通便利设施。

还有一点要注意的是:在一个古老国家里,人们不可能知道土地在最早耕种之前的原来状态是什么样的。某些人的劳动的结果不论是好是坏都已经固定在土地当中了,而与大自然作用的结果无法区分。两者分界线模糊,只能多少带点武断地加以划分。但是,为了大多数目的,最好是把对抗大自然的最初的困难,看做是在我们考虑农民的耕作之前已经完全克服了。这样,

的生产物:如果在这土地上用了51镑的资本,那么可获得大于上述数量的生产物。这两个数量的差额可以被认为是第51镑所增加的生产物。如果我们假定,以后陆续使用的各剂资本都是1镑,就可以说,这差额是第51剂所增加的生产物。假设 OD 线代表陆续用于土地的各剂,按照先后次序加以相等的划分。再从代表第51剂的 M,画一直线 MP 与 OD 成直角,在阔度上 MP 等于划分的这些部分中之一的长度,这样,它的长度就代表

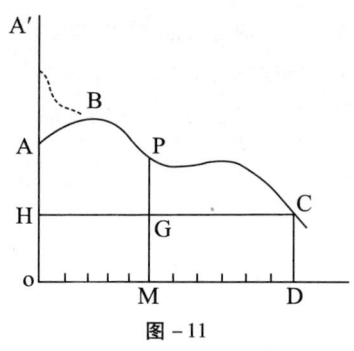

图-11

第51剂所增加的生产物的数量。假定在 OD 线上划分的各部分都——这样作为代表各剂的产量,直到相当于最后一个增量的那部分为止,而这最后一个增量的用于土地上仍是有利的。假定这最后一个增量是在 D 点上的第110剂,而 DC 代表刚好抵偿农民支出的报酬。这些直线的顶端就构成了曲线 APC,这些直线的总和就代表生产物的总量。这就是说,既然各直线的厚阔等于它所划分的各部分的长度,生产物的总量就是由 ODCA 面积来代表。作 CGH 横线与 DO 平行,在 G 与 PM 相切;于是,MG 等于 CD;DC 既是刚好抵偿农民一个增量的支出,MG 也是刚好抵偿他的另一个增量的支出,在 OD 与 HC 之间所作的有阔度的各直线也都是如此。所以,这些直线的总和,即 ODCH 的面积,就代表抵偿他的支出所需的生产物的部分,而其余 AHGCPA 这一部分,就是剩余生产物,在一定的条件下,这种剩余生产物就变为地租了。

我们当做是最初使用的各剂资本和劳动所产生的报酬,一般是所有报酬中最大的,而报酬递减的倾向立即就表现出来了。因为我们主要考虑英国农业,所以,就可以像李嘉图那样把英国农业当做典型的事例①。

§3. 对土地肥力的所有衡量都必然与地点和时间相关　下面,让我们来研究一下陆续使用的各剂资本和劳动所产生的报酬递减或递增的**比率**是由什么决定的。我们已经知道,人类也许将一部分生产物看做是其增加自己的工作,超过了只凭大自然所能生产的产物的结果。但这部分生产物有很大的差别。在很大程度上这部分生产物的大小,要看是哪些作物、土壤和耕作方法而定的。大体上来说,从森林到牧地,从牧地到耕地,从犁耕地到锄耕地,这部分生产物是越来越多。这是因为,通常森林报酬递减率最大,牧地的较小,耕地的更小,而锄耕地的最小。

土地的丰饶或肥沃没有绝对的尺度,即使农业技术没有变化,仅仅是对生产物需求的增加,也可能颠倒两块相邻的土地在肥力上的等级。当两块土

---

① 这就是说,我们可用虚线 BA′代替 BA（见图-11）,而将 A′BPC 看做是用于英国农业的资本和劳动所产生的报酬的典型曲线。毫无疑问,不费相当大的劳动,小麦和其他一年生的作物便不能获得收获。但是,自然播种并天然生长的草类,不费什么劳动就会产生很好的报酬,是这些草类喂养着不挑食的牛。

我们已经知道（见第三篇第3章中的第1节）,报酬递减律与需求律非常相似。土地对一个增量的资本和劳动所产生的报酬,可看做是土地对这一个增量的所出的价格。土地对资本和劳动的报酬,就可称作是土地对它们的有效需求;土地对任何一个增量的报酬,就可称作土地对这一个增量的需求价格。因此,土地对陆续使用的各剂所产生的报酬的一张表,就可当做是土地的需求表。但为了避免混淆,我们称之为土地的"报酬表"。相当于正文中土地的情况的,就是前边所述的某人购买糊墙纸的例子。此人对于可以糊满他的房间的全部墙壁的一张糊墙纸,比只能糊一半墙壁的那张糊墙纸,愿意支付超比例的价格。因此,他的需求表在一个阶段中对于量的增加,就表现出需求价格的递增,而不是递减。但是,在许多个人的总需求中,这种差别就互相抵消了。所以,一群人的总需求表,常表现出需求价格每随供应量的增加而逐步下跌。同样,如果把许多块土地合在一起,我们所得到的一张报酬表,就会表现出报酬每随所用的资本和劳动的增加而不断递减。但是,在许多土地方面比在许多人的方面更较易知道个别需求的变化,而且在某些方面对此加以注意也更为重要。所以,我们的典型报酬表所表现的报酬递减倾向,就不像典型需求表所表现的需求价格那样整齐一致了。

地都未得到耕种，或者都同样受到粗耕时，其中一块土地的生产物或许会较少；但当两块地都同样得到精耕时，这块土地或许就会超过另一块，从而被公平地列为比较肥沃的土地。换句话说，有许多土地在只是粗耕时最不肥沃，而在精耕时，就变成最肥沃的了。例如，本身能排水的牧地，只要花费很少的资本和劳动，就可得到比例较大的报酬，但再投入费用，报酬就迅速递减了。随着人口增加，开垦一部分牧地，采用根、谷物和牧草混合耕种的办法就会逐渐变得有利。这样，增加使用各剂资本和劳动所产生的报酬，就不会像以前那样迅速递减了。

有些土地当做牧地用时很贫瘠，但对这种土地投入大量资本和劳动进行耕作和施肥时，却能产生几乎可以算作是丰厚的报酬。这种土地对于最初使用的各剂所产生的报酬并不很大，但报酬却缓慢地递减。

另外，有些土地多是沼泽地。像英国东部的沼泽地，除了柳条和野禽外，不生产什么东西；或者，许多热带地区，其土地上也许草木繁盛，但瘴气密布，人难以在那里生活，耕作就更难了。在这种情况下，资本和劳动的报酬起初很低，但随着耕作的进展，报酬就增加了，而此后或许又下降了①。

---

① 可用图形来表示这种情况。如果生产物的实际价值，是以 OH′ 与 OH 的比率增大（因此抵偿农民的一个增量的资本和劳动所需的金额就从 OH 下降到 OH′），剩余生产物只增加到 AH′C′，比原来的数额 AHC 大得不多，图-12 代表第一种情况。图-13 代表第二种情况，在这种情况下，生产物价格的同样变化，使得新的剩余生产物 AH′C′，比原来的剩余生产物 AHC 大约大 3 倍；图-14 代表第三种情况。起初用于土地的各剂资本和劳动所产生的报酬非常少，除非想进一步耕作，否则，使用它们是不合算的。但是，以后各剂却产生了递增的报酬，达到最高点 P 之后又递减了。如果生产物可以得到的价格非常低，而需要 OH″ 数额才能抵偿耕作者所用的一个增量的资本和劳动，那么耕种这块土地只不过是刚刚划得来而已。因为，这样，耕作就会达到 D″；起初使

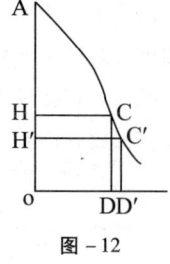

图-12

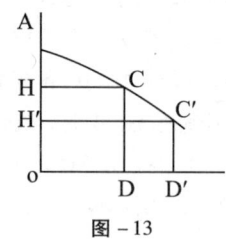

图-13

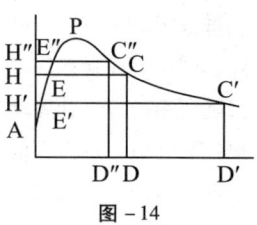

图-14

但是如果进行改良，那么投于土壤中的资本就不能再挪走了。耕种的初期历史是不会重演的，因增加使用资本和劳动而获得的生产物是体现出报酬递减倾向的①。

已经耕作得很好的土地也会发生类似、但并不如此显著的变化。例如，虽然不是沼泽地，但土地可能也需要排水工作排出积水，并使新鲜的水和空气在这里能够畅通无阻；或者，下层的土壤也许碰巧比地表的土壤天然肥沃；或者是下层的土壤虽不肥沃，但也许刚好具有地表土壤所缺少的那些特质。因此，彻底用蒸汽犁深耕的方法就可永久改变土地的性质。

这样，我们就不必认为当增加的资本和劳动所产生的报酬开始递减时，就会一直递减下去。生产技术的改良——我们总是这样理解——通常可以提高任何资本和劳动量所能产生的报酬。但这里所说的不是这个意思。这里所说的意思是这样的：农民知识的增长姑且不论，就算农民只使用他早已熟悉的方法，如果他支配的资本和劳动有所增加，那么即使在他耕作的后一阶段，有时他也可获得递增的报酬②。

有一句话说得很对，一条锁链的力量取决于它最弱的一环的力量。同样土地的肥力也受到它最缺少的成分的限制。那些匆忙的人不会使用一条有一

用的各剂的亏损，是由 H″AE″ 的面积代表的，以后各剂的剩余则由 E″PC 的面积代表。因为这两个面积大致相等，所以土地的耕作在这一点上也仅仅是够本而已。但是，如果生产物的价格上涨了，OH 的数额就足以抵偿耕作者所用的一个增量的资本和劳动，那么起初使用的各剂的亏损就缩小到 HAE，以后各剂的剩余就扩大到 EPC，纯剩余（土地如果租出则为真正的地租）就是 EPC 超过 HAE 的部分。假如生产物的价格再上涨（OH′ 的数额就足以抵偿耕作者所用的一个增量的资本和劳动），那么，纯剩余就增加到很大的数额，而由 E′PC′ 超过 H′AE′ 的部分来代表。

① 在这种情况下，起初使用的各剂资本和劳动的确与土地合在一起而不能收回；如果土地租出的话，则所付的实际地租，除了上图中表示的剩余生产物或真正的地租外，还包括起初使用的各剂资本和劳动的利润在内。对于地主的资本所产生的报酬，也很容易用图形来表示。

② 当然，他的报酬也许先递减，然后递增，然后再递减；但是当他能再进一步改进时，又再递增，就像图-11 所表示的那样。但是，像图-15 所表示的这种较为极端的例子，也并非是罕见的。

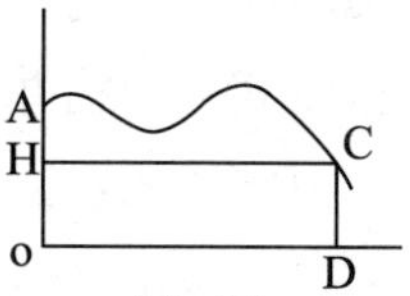

图-15

两个很弱的环节的锁链，不论其余的环节有多么坚固。他们宁愿使用比它细得多而没有毛病的锁链。但是，如果要做繁重的工作，而他们又有时间进行修理的话，就会修好那条较大的锁链，于是它的力量就会超过另一条锁链的力量。这个事实可以用来解释农业史上许多似乎是奇怪的事情。

一个新的国家中的最初的移民，通常都不要那不适宜立即耕种的土地。如果那里天生的植物碰巧不是他们所要的那一种，那么他们往往讨厌这些茂盛的植物，不论那块土地经过精细耕作会变得如何肥沃。如果难耕的话，他们也不愿耕种。他们更不去耕种积水很多的土地。他们通常选择容易耕种的土地，这种土地只需用两把犁就能很容易地耕作了，然后他们广泛地播种。所以，作物在生长时就可吸收大量的阳光和空气，并可以从广阔的周围面积中吸收养料。

当人们最初定居美洲时，许多现在用马达机械做的农活仍需手工去做；虽然现在农民非常喜欢平坦的草原，那里没有树桩和石块，机器能容易操作而且没有危险，但那时的农民也不大嫌恶山地。他们的收获相对于耕作面积的比例是小的，但相对于种植作物所用的资本和劳动的比例却是大的。

因此，直到我们了解一些关于耕作者的技能和进取心，还有他能动用的资本和劳动量，并且知道对生产物的需求使他以现有的资源进行精耕是否有利时，我们才能说一块土地比另一块土地肥沃。如果对生产物的需求使精耕有利，那么对大量资本和劳动回报以最大的平均报酬的土地，就是最肥沃的土地。否则，对最初使用几剂资本和劳动回报最好的报酬的土地，就是最肥沃的土地。肥力这个词除了与一定的时间和地点的特殊情况有关外，是没有任何意义的。

但是，即使有这样的限制，这个术语的用法还是有一些不明确的地方。有时，人们主要注意土地对精耕充分产生的报酬，注意每亩土地生产全部产物的极大力量；而有时则注意土地那生产出很大的剩余生产物或地租的力量，虽然其总产物并不很大。因此，按照前一种意义来说，英国现在富饶的耕地是很肥沃的；而按照后一种意义来说，牧地是肥沃的。为了许多目的，这个术语不论被理解为哪一种意义都没关系。不过，在少数情况下确实有关系时，必须在上下文中有解释语句①。

§4. **因为人口压力增大，贫瘠土地的价值通常比肥沃土地相对来说有所增大** 但是，再进一步说，各种土壤肥力大小的等级容易因为耕作方法及各种作物的相对价值的变化而改变。例如，在上一世纪末，科克先生说明怎样用先种三叶草的办法，使小麦在松软的土地上生长良好。因此，松软土地的价值就比黏性土地相对增大了。现在，这种土地有时虽然仍照旧习惯称为"瘠"地，但其中有一部分即使凭其自然状态，也比许多曾经精细耕作的土地具有较高的价值，而且其实更肥沃。

另外，在中欧对用作燃料和建筑材料的木材的需求越来越大，这使得有松树的山坡地的价值，差不多比其他各种土地的价值都相对有所提高。但在英国，由于煤代替木材作燃料，铁代替木材作造船材料，还有因为英国输入木材特别方便的缘故，山坡地价值的上升就受到了阻碍。又如，种植水稻和黄麻，往往会使那种积水太多以至于其他大多数作物都不能生长的土地，具有很高的价值。再如，自从废除《谷物法》以来，英国的肉类和乳品的价格相对谷物的价格是上涨了。那与谷物轮种可盛产饲料作物的耕地的价值，比冷黏性土地相对增大了；永久性牧地的价值比耕地相对有了极大的下降，但因人口的增加，这下降的价值已有一部分回升了②。

---

① 如果生产物的价格是这样的，以后需要 OH 的数额（见图－12、图－13、图－14）才能抵偿耕作者的一个增量的资本和劳动，于是耕作就会扩大到 D；而所获得的生产物 AODC，在图－12 中最大，在图－13 中次之，在图－14 中最小。但是，如果对农产品的需求增加了，以至于 OH′ 的数额足以抵偿耕作者的一个增量的支出，于是耕作就达到 D′，而所获得的生产物 AOD′C′，在图－14 中最大，在图－13 中次之，在图－12 中最小。如果我们考虑剩余生产物，那么这种对比就会更明显，剩余生产物是减去足以抵偿耕作者的支出之后的余额，而在某些条件下就变为土地的地租。因为，在第一种情况下，剩余生产物在图－12 和图－13 中是 AHC，而在第二种情况下，是 AH′C′；而在图－14 中，在第一种情况下，剩余生产物是 AODCPA 超过 ODCH 的部分，也就是 PEC 超过 AHE 的部分；而在第二种情况下，就是 PE′C′ 超过 AH′E′ 的部分。

② 据罗杰斯计算（见他著的《六个世纪的工作和工资》第 73 页），如果用谷物估计，肥沃的牧地在五或六个世纪之前就大约有与现在相同的价值了；但同样用谷物估计，耕地的价值在同一时间内增长了大约 5 倍。这部分上是因为在可食用根的植物和其他近代的各种家畜冬季饲料还不为人所知的时候，干草是极其重要的东西。

即使不论普通种植的作物以及耕作方法适合特殊土壤的任何变化，也有一种不断使各种土地的价值都趋于均等的倾向。如果没有任何相反的特殊原因，人口和财富的增长会使贫瘠地达到肥沃地的价值。一度完全为人忽视的土地，由于投入了很多劳动，就可长出多产的作物。这种土地在一年中吸收的阳光、热和空气，大概与肥沃地一样多，并且通过劳动能极大减少其缺点①。

正像土地的肥力没有绝对的标准一样，对于良好的耕作也没有绝对的标准。例如，海峡群岛的最肥沃的地方的最好的耕作，是对每英亩土地都要投入极大的资本和劳动。因为这些地方靠近大市场，而且得天独厚，没有气候

---

① 这样，我们可以比较图-16和图-17所表示的两块土地。对于这两块土地，报酬递减律发生同样的作用，因而它们的生产物曲线的形状也相似，但前者各种程度的精耕都造成了比后者具有更大的肥力。土地的价值一般可由它的剩余生产物或地租来代表。在这两种情况下，当需要 OH 的数额抵偿一个增量的资本和劳动时，剩余生产物就由 AHC 来代表；当人口和财富的增长使 OH′ 的数额就足以抵偿一个增量的资本和劳动时，则由 AH′C′ 来代表。很明显，图-17 中的 AH′C′ 同图-16 中的 AH′C′ 对比，比图-17 中的 AHC 同图-16 中的 AHC 对比更有利。同样——虽然程度不同——图-17 中的全部生产物 AOD′C′ 同图-16 中的 AOD′C′ 对比，就比图-17 中的 AODC 同图-16 中的 AODC 对比更得利。（在威克斯蒂德著的《分配规律的坐标》一书的第 51、52 页上巧妙地论到了地租可以成为负数。当然，赋税可以吸收地租，但使耕作得不到报酬的土地，就会生长树木和杂草了。参看以上本章第3节。）

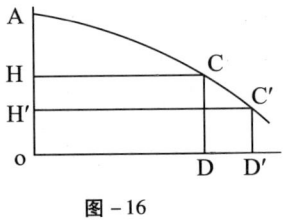

图-16

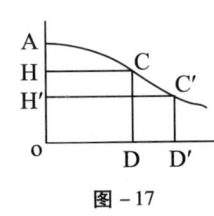

图-17

勒鲁瓦·博留（见他著的《财富的分配》第2章）曾经收集了各种事实，以说明贫瘠地的价值比肥沃地相对增大这个倾向。他引用了下列数字，表明 1829 年和 1852 年优尔和瓦兹两县中几个区的五种土地每公顷（等于2.5英亩）的地租额（以法郎计算）。

	第一种	第二种	第三种	第四种	第五种
1829 年	58	48	34	20	8
1852 年	80	78	60	50	40

变化，而且农作物早熟。如果顺其自然的话，那里的土地就不会非常肥沃。因为，那里土地虽有许多优点，但也有两个薄弱环节（缺少磷酸和碳酸钾）。但是，部分上依靠那里海岸上丰富海草的帮助，这两个薄弱环节就能得到加强了，因而这条链索就会变得非常坚固。因此，精耕——或者像在英国通常被称为"良好的"耕作——会使每英亩土地生产值100镑的早熟马铃薯。但是，一个美洲西部的农民如果在每英亩土地也有同样的支出，那就会使他破产。以他的情况而论，精耕不好，那是种不好的耕作方法。

§5. **李嘉图曾说过，最肥沃的土地最先得到耕种。就他说这句话的意思而言，这是对的。但是，他低估了稠密的人口对农业提供的间接利益** 李嘉图对报酬递减律的讲法不精确。然而，这种不精确大概不是由于思想上的疏忽，而只是由于措辞方面的疏忽。无论如何，以他写下此规律时英国的特殊情况而论，还有为了他心目中某些实际问题的特殊目的，他都认为报酬递减的种种情况并不很重要，他这样想并没什么问题。当然，他不会料到会出现很多的发明，而这些发明将开辟新的供给源泉，并且借助于自由贸易，还可以革新英国的农业。不过，英国和其他国家的农业史也许曾使他特别着重某种变化的可能性①。

他说过，一个新国家中最初的移民必然选择最肥沃的土地，而随着人口增加，逐渐地，无论多么贫瘠的土地也都得到耕种了。他这样随便一说，好像土地的肥力有了绝对的标准一样。但是，我们已经知道，在可以免费得到土地的地方，每个人都选择最适合自己目的的土地，并且是考虑一切都能给他的资本和劳动带来最好的报酬的土地。所以，他寻找立刻就能耕种的土地，而忽略在肥力因素锁链上有任何薄弱环节——不论其他环节怎样坚固——的土地。但是，除了必须避免瘴气之外，他必须考虑他与市场和资源基地的交通情况。而在某些情况下，对敌人和野兽袭击的保障的需要，比其他一切问

---

① 正如罗雪尔（见他著的《政治经济学》）说："在评价李嘉图时，我们不要忘了写一本政治经济学教科书并不是他的本意，他只是尽可能简略地将他研究的结果告知精通政治经济学的人。所以，在他的著作中常常采用某些假定，只有经过适当考虑之后，我们才能把他所说的话引申到其他情况中去，或者不如重新写，以适合已经改变的情况。"

题都更重要。所以，我们不能期望最初选择的土地常常会最终也被看做是最肥沃的土地。李嘉图没有考虑到这一点，因而受到凯里和其他人的攻击，这种攻击虽然主要是由于误解了李嘉图的见解，但其中也有一些实质性的东西。

在新的国家中，会被英国农民看做是贫瘠的土地，有时反而比他认为是肥沃的邻近土地先得到耕种。这个事实，不像某些外国学者认为的那样与李嘉图学说的要旨相矛盾。这个事实的实际重要性与这样的条件有关：在这种条件下，人口的增长势必将造成对生活资料的压力的增加；这种重要性使研究兴趣的中心从仅仅是从农民生产物的量移转到生产物的交换价值上，而交换价值是由农民邻近的工业人口来提供的，以农产物交换的东西来表示的①。

§6. 续前 一般来说，李嘉图和他同时代的经济学家从报酬递减律中得出以上这个推论都过于草率，他们没有充分考虑来自组织方面的力量的增大。事实上，每个农民都因为有了邻居——不论是农民还是城镇居民——而得到帮助②。即使大多数邻居都和他一样从事农业，他们也会逐渐供给他良好的道路和其他交通工具，并使他有一个市场，而在这个市场上他能以合理的条件

---

① 凯里断言他已经证明了以下这一点："在世界各地，耕作是从山两旁的土地开始的，那里的土地最贫瘠，地理位置的天然利益最小。随着财富和人口的增长，人类就从两面接连山谷的高地下来，聚在山脚。"（见他著的《社会科学原理》第4章第4节）他甚至这样论述：每当一个人口稠密的地方遭到破坏时，"每当人口、财富和联合的力量衰落时，人类所放弃的却是肥沃的土地，再逃避到贫瘠的地方去"（前书第5章中的第3节）；躲藏着野兽和盗贼的丛林迅速成长，或是发生瘴气，都会使肥沃的土地遭受困难和危险。可是，新近在南非及其他地方的殖民者的经验，一般都没有证实他的结论，而他的结论的确有大部分是基于与热带地方有关的事实。但是，热带地方表面上的吸引力有许多是不可靠的：热带地方也会产生使艰苦的劳动获得非常丰厚的回报，但在那里，艰苦的劳动现在仍是不可能的，虽然医学的进步，尤其是细菌学的进步，在这方面也许会造成某种变化。凉爽的微风是人类生活的必需品，与食物本身完全一样。能生产许多食物但其气候却是破坏人的精力的土地，与生产较少的食物但有适宜的气候的土地相比，不会生产更多的有助于人类福利的物质产品。

已故阿盖尔公爵说明了不安全和贫困的影响，因此在能对苏格兰高地的山谷进行耕作之前，不得不先耕种山地。见他著的《苏格兰的今昔》。

② 在一个新的国家中，这种帮助的一个重要形式就是使他能够敢于耕作肥沃的土地。否则，由于害怕敌人和瘴气，他就会知难而退了。

购买到所需要的东西，以供自己和家庭使用的必需品、舒适品和奢侈品以及农业上的各种必需品。他们使他获得知识，给他提供医疗、教育和娱乐的便利；他的胸襟日益开阔，他的效率在许多方面也都提高了。如果附近的城镇扩充为一个大的工业中心，他的利益就更大了。他的一切生产物会更值钱，有些他一向丢掉的东西也可卖上好价钱。在牧场经营和园艺经营方面，他得到新的机会。因为生产物的范围渐广，他就采用轮种的方法，使他的土地一直可以得到利用，而不会丧失土地肥力所需要的任何一种成分。

还有，我们以后就会知道，人口的增长势必将发展贸易和工业组织。所以，报酬递减律适用于投在一个区域的全部资本和劳动，就不像适用于投在一块田地上的全部资本和劳动那样明确。即使耕作已经达到了某一阶段，在此阶段后，接连用于耕地的每剂资本和劳动，都会比前一个增量的产生较少的报酬，但人口的增加也许可能使生活资料超比例的增加。诚然，不祥的日子不过是推迟了而已，但的确是推迟了。如果没有受到其他原因的阻碍，人口的增长最终会因为难以获得农产物而受到阻碍。但是，虽然报酬递减律发生作用，但人口对生活资料的压力，在很长时期内仍可能受到新的供给范围、铁路和轮船交通的低廉以及组织和知识的进步的影响。

与上述相反的是，在人口稠密的地方，必然越来越难获得新鲜空气、阳光和（在某些情况下）淡水。名胜地的天然美具有不可忽视的直接货币价值，但是，为了实现男女和儿童都能游玩各种美丽风景的真正价值，却要付出一些努力。

§7. 渔场、矿山和建筑用地的报酬规律 如前所述，经济学用语中的土地包括江河与海洋在内。在江河捕鱼方面，增加使用资本和劳动而增加的报酬表现出急剧递减。至于在海洋捕鱼方面，则有意见分歧。海洋容积巨大，鱼类非常丰富。有些人认为，实际上人类能从海洋中得到无限的鱼类供给，而不会明显影响海洋中剩下的鱼类数量。或换句话说，报酬递减律对于海洋捕鱼几乎不适用。而另一些人则认为，凡是竭力捕捞、尤其是用蒸汽拖网渔船进行捕捞会使渔场生产力下降。这个问题很重要，因为，将来世界人口在数量上和质量上，将会受到所能获得的鱼类供给的显著影响。

矿山生产物——石矿和制砖场也可算在矿山之内——据说也依照报酬递减律。但这种讲法令人误解。除非只有依靠矿业技术改良和更了解地壳内含物，否则我们无法获得更大的控制大自然矿藏的能力。除此之外，我们会遇到越来越多的困难，会难以获得进一步的矿产供给，这一点是确实存在的。而且毫无疑问，如果其他情况不变，对矿山不断使用资本和劳动，结果会造成产量递减。不过，这种产物并不像我们在报酬递减律中所说的报酬那样是纯产物。那种报酬是不断循环发生的一部分收入，而矿山产物只不过是从其蕴藏的财富中取出的一部分而已。田地的生产物是土地以外的东西。因为田地如果得到适当耕作，仍然会保持其肥力，而矿山的产物却是矿山本身的一部分。

这个问题也可以用另一种方式来说明。农产物和鱼类的供给是源源不断的河流，而矿产则好像是天然的蓄水池。蓄水池越接近干涸，那么，从池中抽水所付出的劳动就越多；但是，如果一个人十天能抽完池中的水，那么十个人一天也就能抽完。而一旦抽完，蓄水池中就不再有水了。所以，今年正在开采的矿山，如果在许多年前开采也许同样容易：如果事先适当订好计划，并准备好开采工作所需要的专门资本和技能，那么供十年用的煤，就可以在一年内开采出来，而不会增加任何困难；但矿藏一旦开采完，它就不能再有产物了。这种区别还可用这样一个事实来说明：矿山的地租与田地的地租是按不同的原理来计算的。佃农在契约上可以订明归还与原来同样肥沃的土地，但矿山公司则不能这样做；佃农的地租是按年来计算的，而矿山的地租主要是由"租用费"构成的，这种租用费是按照从大自然的蕴藏中所取出的物品的比例征收的[①]。

另一方面，土地在为人类服务和提供人类生活和工作所必需的空间、阳光和空气时，的确严格符合报酬递减律。不断增加用在具有特殊位置利益——自然的或人为的——的土地上的资本是有利的。建筑物高耸入云；用人工方法补充自然的光线和通风，而且电梯减少了最高层房屋的不便条件；对于这种支出，额外获得的方便就是报酬，但却是递减的报酬。不论建筑用

---

① 正如李嘉图说的（见他著的《政治经济学及赋税原理》第2章）："对煤矿或石矿所付的报酬（由租用矿山的人支付），是为了从矿山中能开采出来的煤或石料的价值而付给的，与土地固有的或不灭的能力没有关系。"但是，在把报酬递减律应用于矿山的研究上时，李嘉图和其他学者有时似乎都忽视这种差别。李嘉图对亚当•斯密的地租理论的批评尤其如此（见《政治经济学及赋税原理》第24章）。

地的地租有多高，最后总要达到一个限度，超过这个限度，与其再层层建造上去，还不如支付较多地租以使用更大的土地面积更合算。这正像农民知道最后总要达到一个阶段，超过这个阶段，再进一步精耕也抵偿不了支出，与其对原有的土地投入更多的资本和劳动而得到递减的报酬，还不如支付更多地租以使用较大的土地更合算一样①。由此可知，地皮地租理论与田地地租理论实质上是相同的。这个以及类似的事实现在能使我们简化并发展李嘉图与穆勒提出的价值理论。

建筑用地如此，那么其他许多东西也如此。假如一个制造商有（比方说）三台刨床，他就不难得到一定量的作业。如果要得到更多的作业，他就必须在平常工作时间内努力节省这些刨床的操作时间，一分钟也不浪费，或许还要加班工作。这样，这些刨床一旦得到充分利用，那么每次对其用力都会出现报酬递减倾向。最后，纯报酬就非常少，以至于他觉得与其硬要他的旧机器做很多工作，还不如购买第四台机器更合算：这正像一个农民已经充分耕种了其他的土地一样，觉得与其硬要现有的土地生产更多的生产物，还不如购买更多的土地更合算。诚然，从某些观点来看，从机械上得到的收入多少带有一点地租的性质，这一点将在第五篇中再加以说明。

§8. 对报酬递减律和一个增量的资本和劳动的注释　　在这里我们不能充分考虑报酬递减概念的伸缩性。因为，这个概念不过是投资方面关于资源的经济分配这个一般性大问题中的一个重要细节而已，而这一问题是第五篇的主要论点，其实也是全书大部分内容的中心。但现在在这里似乎需要稍稍说明一下这个概念，因为在卡尔教授那有力而又有启发性的倡导下，近来人们对这个概念极为重视②。

如果一个制造商用于机械方面的资本过多，以至于有相当一部分机器经

---

① 当然，用于建筑物的资本所产生的报酬，对于起初使用的各剂资本是递增的。即使在差不多不花代价就能获得土地的地方，建造两层高的房屋也比一层便宜；迄今为止，建造大约四层高的厂房被认为是最便宜的。但在美国正产生这样一种意见：在土地不很昂贵的地方，厂房应当只有两层高。这在部分上是为了避免高建筑物的震动，还有预防震动所产生的地基和墙壁有害的结果。这就是说，将建造两层高的房屋所需的资本和劳动继续投在这片土地上之后，这种报酬显然已经递减了。

② 再参看布洛克教授和兰德里教授的著作。

常闲着用不上；或者用于建筑物方面的资本过多，以至于有相当一部分的土地没有得到充分使用；或者用于雇用职员的资本过多，以至于所用的职员中肯定有一部分人的工作抵不上付给他们的工资。因此，他在这方面的过度支出，就不像以前的支出那样有利可图了。所以我们可以说，这种支出对他产生了"递减的报酬"。但是，这样用这个词虽然极其正确，但是除非使用谨慎，否则就容易令人误解。这是因为，将用于土地的劳动和资本的增加所产生的报酬递减倾向，看做是任何生产要素的使用在比例上过多超出其他要素和由此而产生的一般报酬递减倾向的特殊例证时，人们就容易认为可以增加其他生产要素的供给。这就是说，人们易于否认存在这样一个条件，即在一个古老国家中现有的全部可耕土地的固定性。而这个条件是我们刚刚考虑过的关于报酬递减律的伟大经典性研究的主要基础。即使个别农民要在靠近他自己用的土地增加10英亩或50英亩土地时，除非能出高到令人不敢问津的价格，否则恐怕总也得不到它们。在这方面，即使从个人角度来看，土地也不同于其他大多数生产要素。对于个别农民而言，这种差别的确可以看做是没有多大关系的。但从社会角度来看，从以下各章关于人口的观点来看，这种差别至关重要。让我们就来研究一下这个问题。

在任何生产部门的各个方面，都要将资财分配于各种支出，而某种分配办法能比其他任何分配办法都会产生更好的效果。管理企业的人越能干，他的分配就越接近完美，这正像那支配一个家庭全部羊毛的原始社会的主妇那样，她越能干，就越能理想地将羊毛在家庭的各种需求之间进行分配①。

如果他的营业扩大了，他就要以**适当的**比例来扩大各种生产要素的使用

---

① 在这方面，他将充分利用以后所说的"替代"原理，即以比较恰当的方法来代替比较不恰当的方法。与这一段有直接关系的研究，参见第三篇第5章中的第1～3节；第4篇第7章中的第18节和第13章中的第2节；第五篇第3章中的第3节、第4章中的第1～4节、第5章中的第6～8节、第8章中的第1～5节和第10章中的第3节；第六篇第1章中的第7节和第2章中的第5节。

　　效用递减倾向和报酬递减倾向都各有根源：一个基于人类的本性和品质；另一个基于工业技术条件。但是，这两种倾向所指的资产分配恰好受同一规律的支配。用数学术语来说，这两种倾向产生的最大数和最小数上的种种问题，是由同一的普通方程式来表明的；参看数学附录中注14就可明了。

范围，但并不是像有时所说的那样，按照比例来扩大。例如，在一家小家具厂里也许是很恰当的手工操作与机器操作的比例，但在一家大家具厂里恐怕就不恰当了。如果他将其资产分配得尽可能恰当，就会从各种生产资料中得到他的企业所能得到的最大（边际）报酬。如果他使用任何一种生产资料过多，就会从这种生产资料中得到递减的报酬，因为其他生产资料与这一种不会配合恰当。这种递减报酬与这样一位农民所得到的递减报酬是相同的：此农民精耕土地，能从土地中获得递减的报酬。假如农民能以与原来土地付出的地租相同的地租获得更多的土地，他就会租用更多土地，否则，他就会受到责难，被看做是无能的经营者。这就说明了以下的事实：从个别耕作者的角度来看，土地只不过是资本的一种形态而已。

但是，老一辈的经济学家说到**报酬递减律**时，不但是从个别耕作者的角度，而且是从整个国家的角度来研究农业问题的。现在，如果作为一个整体的国家发觉现有的刨床或耕犁为数过多或者过少，便就能重新分配其资源。国家能增加缺少的东西，同时逐步减少过多的东西，**但对土地却不能这样做**。国家对土地可以更加精耕细作，但却不能获得更多的土地。由于这个理由，老一辈的经济学家坚持以下一点是对的：从社会观点来看，土地的地位不同于其他人类可以无限增加的生产资料的地位。

毫无疑问，在一个新的国家中，还有大量的肥沃土地未得到耕种，因此，现有的全部土地的固定性是不起作用的。美国经济学家说到土地的价值或地租时，往往认为它随着土地与良好市场的距离而发生变化，而不是随着土地的肥力而不同。这是因为，即使现在在美国，也还有许多肥沃的土地未得到充分耕作。同样，他们不大重视以下事实：在像英国那样的国家里，谨慎的农民用于土地的劳动和资本一般产生的递减报酬，与不谨慎的农民或制造商对数量过多的耕犁或刨床的不妥当投资所产生的递减报酬，不是处于完全相同的地位。

的确，当报酬递减倾向变得普遍时，报酬易于以价值，而不是以数量来表示。然而，必须承认这一点：用数量来衡量报酬的老方法，往往碰到不借助于货币衡量就不能正确解释一个增量的劳动和资本的困难。而且，这个方法虽然有助于广泛的初步衡量，但不能供深入研究使用。

但是，如果我们要把很久以前的或远处的土地的生产力都纳入一个共同的标准，即使采用货币衡量方法也无济于事。因此，我们必须重新采用概略性的、多少有点武断的测量方法,这种方法不求数字精确,但仍然足以用作广泛的历史研究。我们必须考虑这些事实:一个增量中的劳动和资本的相对数额极为不同;资本利息这个项目在农业落后阶段,通常远远不如在农业进步阶段那样重要,虽然利率在后一阶段一般低多了。为了大多数目的,以具有一定效率的一天的非技术性劳动作为共同标准大概最为妥当。这样,我们认为一个增量的是由一定数量的各种劳动以及资本的使用与偿还的一定费用构成的,而合在一起就等于这种劳动的 10 天(比如说)的价值。这些因素的相对比例,还有以这样的劳动表示的它们个别的价值,是按照每个问题的特殊情况来确定的①。

在比较用于不同情况下的劳动和资本所得到的报酬时,也有类似的困难。只要作物属于同一种类,一种报酬的数量就能与另一种报酬的数量相比较。但是,如果作物属于不同种类,那么要把它们化为一个共同的价值尺度之后才能比较。例如,当我们说到种植某种作物或某种作物轮种比种植另一种作物或另一种作物轮种更能使用于土地上的资本和劳动产生更好的报酬时,我们必须理解这种讲法只是在以当时的价格为基础才是对的。在这种情况下,我们必须把整个轮种时期合在一起计算,并假定在轮种之初与轮种之末土地的状况相同,一方面要计算在整个轮种时期所用的一切资本和劳动,另一方面还要计算所有作物的总收获。

我们必须记住,在这里不把一个增量的劳动和资本所产生的报酬当做包括资本本身的价值在内。例如,如果用于田地上的资本中的一部分是由若干头两岁的牦牛构成的,那么,一年的劳动和资本所产生的报酬并不包括年终时这些牦牛的全部重量在内,而只包括这一年内它们增加的重量。又如,当我们说到一个农民耕种土地的资本是 10 镑时,这 10 镑包括他田里所有东西的价值在内。但是,一年(比如说)之中用于田地上的各剂劳动和资本的总数,并不包括像机械和马达这样的固定资本的全部价值在内,而只包括扣除了利息、折旧和修理费用之后的使用价值,虽然这一总数的确包括像种子这样的流通资本的全部价值在内。

---

① 当然,一个增量的中的劳动部分是当时的农业劳动,而资本部分本身也是劳动的产物。这种劳动是由各种各样的并带有"等待"心理的劳动者在过去所提供的。

上述是一般采用的衡量资本的方法，如果没有相反的意见，便毫无疑问可以当做这个方法了。但是，有时另一种方法更恰当。有时很方便将所用的一切资本都说成好像是一年之初或一年之中所用的流通资本。在这种情况下，年终时凡是田地上的东西都是生产物的一部分。这样，幼小的家畜可以被当做一种原料，而经过一定时间将它养成为肥壮的家畜以供屠宰。甚至也可同样处理农具，年初时将农具的价值当做是用于田地的一定数额的流通资本，而到年终时就当做是一定数额的生产物。这个办法使我们能够避免一再重复使用关于折旧等方面的假定语句，并在许多方面能省去许多话。对于具有抽象性质的一般推论——尤其当这种推论是以数学方式来表达时——这个办法往往是最妥当的。

在每个人口稠密的国家里，有思想的人都必须研究报酬递减律。正如坎南教授指出的那样，最初是特戈特阁清楚地说明了报酬递减律（见他著的《生存》第420~421页）；而李嘉图则发展了报酬递减律的主要应用。

第 4 章　人口的增长

§1. 人口学说史　生产财富是人类为了满足人类的物质需求所进行的身体、精神及道德等方面的一系列的活动生产财富是人类的最终目的①。本章及以下两章将研究劳动的供给，即研究人口在数量上、体力上、知识上和性格上的发展。

在动物界和植物界中，动植物的繁殖一方面受个体繁殖自身种类的倾向的支配；另一方面又受生存竞争的支配。这种竞争或许会使年幼者还没有完全成熟就遭到淘汰。只有在人类中，这两种相反力量的冲突会因其他影响而变得复杂：一方面，对将来的顾虑使许多人控制他们的自然冲动。有时是为了尽父母之责这一目的，有时则出于卑鄙的动机。例如古罗马帝国时代就是如此；另一方面，社会以宗教、道德和法律制裁对个人施加压力，以达到时而加速、时而阻碍人口增长的目的。

对人口增长的研究往往被说成好像是从近代开始的。但是，世界各国历代所有有思想的人都早已注意到那形式多少有点模糊的人口研究。在东方和西方世界中，由立法者、道德家和那些无名思想家——这些有远见的思想家的智慧已对国民的习惯产生了影响——制定了法规、风俗和礼仪，而其中大部分都源于人口研究的影响，但这种影响往往未得到承认，有时甚至未得到清楚的认识。在强盛的民族中，在重大的军事冲突时期，他们力求增加能使用武器的男子的供给；而在进一步的发展阶段，他们谆谆教导人们要尊重人类生活的神圣不可侵犯性；但在低级发展阶段，他们又鼓励甚至强行残酷屠杀老人、弱者，有时甚至是杀一部分女婴。

---

① 参看第四篇第 1 章中的第 1 节。

在古希腊和罗马，为了保持开拓殖民地的力量，并且因为不断发生战争，市民人数的增加被看做是一种公共力量的源泉。舆论鼓励结婚。而在许多情况下，甚至法律也加以鼓励。虽然甚至在那时有思想的人也觉得，如果要减轻父母的责任，也许有必要采取相反的行动①。在以后的时代里，正像罗雪尔说的那样②，对于国家是否应当鼓励人口增长的意见就时盛时衰了。在英国都铎王朝最初俩王的统治下，这种意见最盛行；但在16世纪期间，这种意见就减弱并改变了。僧侣独身生活制的废除，国情稳定明显刺激的人口增加，牧羊场的增加，工业体系中僧院建立的那部分工业的瓦解，如此等等，一切都减少了对劳动的有效需求，这时，这种意见就开始衰落了。往后，人口的增长因生活舒适标准的提高而受到遏制。这种提高的后果就是在18世纪上半期英国人民普遍以小麦为主要食物。在那时，甚至还怕人口其实是在减少了，而以后的研究证明，这种恐惧是没有根据的。佩蒂③预先说出了一些凯里和韦克菲尔德关于人口稠密的好处的论点。奇尔德也说："凡是可以使一国人口减少的事物，都可以使一国贫穷"，他又说："世界文明地区大多数国家的贫富，多少与人口的多少成正比关系，而不是与土地的肥瘠成正比关系④。"在对法国的世界战争达到白热化时，由于需要越来越多的军队，而制造商也需要更多的人来使用新的机器产品，有偏见的统治阶级就非常赞成人口增加。这种意见普遍流行，以至于皮特在1796年宣布，凡是以几个孩子报效国家的人，

---

① 见罗雪尔著的《政治经济学》第254页。
② 他辩论说，荷兰与法国相比似乎更富裕，因为荷兰人获得的许多利益是住在贫瘠的土地上因而是更分散的人们所得不到的。"肥沃的土地比产生同样地租的劣等土地更好。"见他著的《政治数学论》第1章。
③ 亚里士多德（见他著的《政治学》第二篇第6章）反对柏拉图的平分财产以及消灭贫困的办法。理由是，除非国家对人口增长加以坚决的控制，否则这个办法是不能实行的。正如乔伊特指出的，柏拉图自己也知道这一点（见他著的《法律》以及亚里士多德的《政治学》第七篇第16章）。以前认为，希腊人口是从公元前7世纪减少的，罗马人口则是从公元前3世纪减少的，现在这种意见已经成为问题了。参看《社会科学大辞典》中爱德华·迈耶著的《古代人口》一文。
④ 见奇尔德著的《贸易论》第10章。哈里斯在他著的《货币论》中也有类似的议论，并且建议"对有孩子的人给予某些特权，以鼓励下层阶级中的婚姻"等等。

都有权享有国家补助。在 1806 年的军事紧急中，通过了一项条例规定，凡是有两个以上嫡出孩子的父亲，可以享受免税的权利。后来拿破仑被囚禁在圣海伦娜岛上以后，这个条例才被废除①。

§2. 续前 一直以来，那些思考社会问题最认真的人士日益感到，人口过度增加不论是否已使国家强大，都必然会造成巨大的困苦；而且国家的统治者无权以牺牲个人的幸福来扩大国家的疆域。我们已经知道，特别是在法国，宫廷成员及其随从为了其自身的奢侈和军事上的光荣而牺牲人民的幸福，这种冷酷的自私心曾经引起了反抗。假如重农主义者仁慈的同情心在当时能够克服法国特权阶级的轻浮与苛刻，大概 18 世纪就不会以骚乱和流血而告终，在英国自由的进程就不会受到阻止，而进步的指针就会比现在向前推进至少一代了。实际上，人们当时几乎并未注意到魁奈那慎重而有力的抗议。他抗议说："一个人应当志在增加国民收入，而不应求人口的增加。因为，从优厚的收入中享有较多的舒适这一情况，比人口超过收入而经常处于迫切需求生活资料的窘境更可取。"②

---

① 皮特说："在有许多孩子的情况下，我们要使救济成为权利和荣誉的问题，而不是耻辱和藐视的理由。这将使大家庭更幸福，而不是祸害。这样，就能在以劳动维持自己生活的人与以几个孩子报效国家之后有权要求国家帮助以维持生活的人之间作出适当区别了。"当然，他希望"在不需要救济的地方就不鼓励救济"。拿破仑一世曾经愿意以他自己的费用来抚养任何有七个男孩的家庭中的一人；在屠杀人民方面算是拿破仑前辈的路易十四，曾对于凡在二十岁之前结婚的人，或凡是有十个以上嫡出的孩子的人，都豁免一切公税。德国人口的迅速增加与法国人口的比较，是法国国会在 1885 年颁布一项法令的主要动力。这项法令规定由公费供给穷困家庭的第七个孩子的教育费和膳宿费；在 1913 年又通过一项法律，规定在一定的条件下，对大家庭的父母给予津贴。1909 年的英国法案，也略微减少了家庭中父亲的所得税。

② 重农学派关于人口有倾向增加到生活资料的边际的学说，可以用杜阁的话加以说明：雇主"因为总有大量工人可供他选择，于是就选择最廉价的工人。而工人因为互相竞争不得不降低各自的价格。无论哪一种劳动，必然会达到——而且事实上已经达到了——以下的结果：工人的工资被限制在获得生活资料所必需的工资额上。"（见杜阁著的《财富的生产与分配的研究》，第 6 章）。

同样，詹姆士·斯图亚特爵士也说（见他所著《政治经济学原理的研究》第一篇第 3 章）："生殖力像是载有重量的弹簧，伸张力总是与阻力的减少成反比。当食物暂亚当·斯密对人口问题说得很少,因为他著书的时代的确是英国工人阶级最繁荣的一个时代。但他所说的确实明智和不偏不倚,而且论调现代。他接受重农学说作为他的学说的根据,而且进行这样的修正:生活必需品不应是一个固定而又确定的数量,而是应随时随地变化,并且应有更大的变化①。但他却没有充分说明这个暗示。当时没有什么事情会使他预料到重农学说的第二大限制。到了我们这个时代,由于小麦从美洲中部运到利物浦的运费比过去在美国国内的运费还少,这个限制就变得突出了。

18世纪渐渐接近尾声,直到终了,下一世纪开始了,英国工人阶级的状况变得更为凄惨,惊人的一连串的歉收②,耗尽资源的战争③,在工业方法上打破旧的束缚的变化,不妥当的救贫法,这一切使得工人阶级陷入空前的困苦中,至少是英国社会史上自有可靠记载以来的最大困苦④。尤其是善意的热心者主要受法国的影响,提倡共产主义的办法,使人们能把抚养孩子的全部责任归之于社会⑤。

时没有增减时,生殖数目就会尽可能升高;如果以后食物减少了,弹簧被压得过重,生殖力就降到零点以下,人口至少将按照超重的比例减少;另一方面,如果食物增加了,处于零点的弹簧就会开始随着阻力的减少而伸张。人们开始吃得更好,人口就会增加,食物就会按照人口增加的比例重新变为不足。"斯图亚特很受重农学派的影响。而在某些方面,他又受到欧洲大陆的政治观念的影响,而不是英国的政治观念的影响。他的人为的节制人口的办法,似乎现在很不适合我们。参看他的《政治经济学原理的研究》第一篇中的第12章:"为了增加人口,要把易于理解的理论和关于事实的完善知识,与政府的实际职能结合起来才能产生巨大的利益。"

① 参看《国民财富的性质和原因的研究》第一篇第8章和第五篇第2章。并参看其第二篇第4章。
② 在亚当·斯密著书的1771~1780年的10年间,小麦的平均价格是34.7先令;1781~1790年是37.1先令;1791~1800年是63先令;1801~1810年是83.11先令,1811~1820年是87.6先令。
③ 在上世纪初,帝国税——大部分是战争税——高达国家全部收入的1/5,但现在只占1/20多一点,而且其中大部分都用于当时政府不负担的教育及其他利益。
④ 参看以下第7节和以上第一篇第3章第5~6节。
⑤ 特别是戈德温在他所著的《政治正义之研究》(1792年)中有这样的主张。把马尔萨斯对于这本书的批评(《人口论》第三篇第2章)和亚里士多德对于柏拉图的《理想国》的批评(特别参看亚里士多德所著的《政治学》第二篇第6章)作一比较,是很有趣味的。

这样，当募兵的军曹和劳动者的雇主需要采取使人口增长的措施时，比较有远见的人开始研究，如果人口像当时那样长久不断地增加，民族是否能够避免堕落。在这些研究者当中，主要是马尔萨斯，他著的《人口论》，是所有关于这个问题的近代理论的起点。

§3. **马尔萨斯** 马尔萨斯的推论是由三个部分构成的，必须将这三个部分区别开。第一部分是关于劳动的供给。经过对事实的仔细研究，他证明了这样一点：每一个有着可靠历史记载的民族都生育繁多。如果不是因为缺少生活必需品或其他原因——疾病、战争、杀死婴儿、自愿节制——的遏制，那么人口的增长就会迅速而持续。

他的第二个论点是关于劳动的需求。像第一部分一样。这部分也以事实为依据，不过是用一类不同的事实来证明的。他表明到他著书的时候为止，还没有一个国家（不同于罗马或威尼斯那样的城市）在其领土上的人口变得非常稠密之后，仍能得到丰富的生活必需品供给。大自然回报人类劳动的，就是为如此多的人口提供更有效的需求。但他又证明，到目前为止，已经很稠密的人口迅速增加，还没有引起这种有效需求的同比例的增加。①

为此，他得出以下的结论：过去发生的事情将来还可能发生；人口的增长会受到贫困或其他困苦因素的遏制，除非我们以自愿节制的方式加以阻止。所以，他极力主张人们采用这种自愿节制的方式，并且要过道德清白的生活，力戒早婚②。

---

① 但是，在批评马尔萨斯的人当中，有许多人认为他说明的论点远不如他做的更直爽。他们忘记了以下这样一段话："回顾以前几代的社会状态和现代的社会状态之后，我可以肯定地说，由于人口规则导致的灾害，即使在几乎完全不知道这种灾害的真正原因的情况下，也已经减少了，而并未增加。我们深深希望这种无知将会不存在。不过，我们希望这种灾害仍会进一步减少，这似乎也不是不合理的。当然会出现人口绝对数的增加，但这种增加显然不会削弱这种期望，因为一切都取决于人口与食物的相对比例，而不是取决于人口的绝对数。从本书的前半部来看，人口最少的国家似乎往往是最受人口规则结果之害的国家。"见《人口原理》第四篇第12章。

② 马尔萨斯在1798年的《人口原理》第1版中，对于他的论断并没有进行任何关于事实的详细叙述，虽然他一开始就认为必须把他的论断与事实的研究直接联系起来，他对普赖姆（后来他成为剑桥大学的第一个政治经济学教授）说的话就可证明这一点。他说："在与他的父亲辩论其他某些国家的情况时，他最初想出了他的理论。"（见普

他的关于人口供给的论点实质上仍然有效,在本章中这一部分与我们直接有关。形势的发展使人口学说发生的变化,主要体现在与他推论的第二和第三阶段有关。我们已经知道,上一世纪前半期的英国经济学家过高地估计了人口增长对生活资料产生的压力,马尔萨斯没能预料到在海陆运输中使用蒸汽的巨大进步,这并不是他的过错。这种进步使现代英国人能以较少的费用得到世界上最肥沃的土地的生产物。

但是,他没有预料到这种变化使他的论断的第二和第三阶段在形式上过时了,虽然实质上它们在很大程度上仍然有效。的确,除非总体上加强在十九世纪末所实行的遏制人口的增长(在尚未完全变为文明的地方,这种遏制必然要改变形式),否则,要将盛行于西欧的舒适习惯推广到全世界,并维持

赖姆著的《回忆录》第66页)美国的经验表明,如果对人口不加以遏制,至少每二十五年人口就会增加一倍。他辩论说,即使在像有七百万居民的英国那样人口稠密的国家里,人口加倍也会使英国土地生产的生活资料加倍,这是可以想象的,但却是不可能的。但是,劳动再加倍也不足以使生产物再加倍。"那么,虽然这一点很不切合实际,还是让我们以此为法则吧:假定每二十五年(即每次随着人口的加倍),英国的全部生产物增加的数量便可以等于现在生产的生活资料的数量",或换句话说,就是以算术级数增加。正像瓦格纳在他对人口研究的卓越的绪论中说的(见他著的《经济学原理》第3版,第453页)那样,马尔萨斯要使自己被人清楚理解的愿望,"使他对他的学说加上了过于尖锐的观点,并且他以公式表明他的学说过于绝对了。"这样,他习惯将生产说成是能以算术比率增加。许多学者认为他强调这句话的本身,其实这不过是他说明他认为任何有理性的人都能要求他承认的一个极端的简捷方法而已。如果用现代的话来说,他的意思就是:他的论断中始终采用的报酬递减倾向,在英国的生产物加倍之后,就开始充分发挥作用了。加倍的劳动也许会产生加倍的生产物,但四倍的劳动不会使生产物增加三倍,而八倍的劳动也不会使生产物增加四倍。

在1803年《人口原理》第2版中,他依据的事实的叙述非常广博而且谨慎,以至于使他在历史派经济学的创始者当中可以占一席之地;他虽然没有放弃(如本书的前几版中暗示的)使用"算术比率"这句话,但已缓和并解释了他的旧学说中许多"尖锐的观点",尤其是他对于人类的未来已不采取从前那样失望的观点了,并抱有以下的希望:道德的约束可以阻止人口的增加,因而"罪恶与困苦"就可以停止了。弗朗西斯·普莱斯并非不知道马尔萨斯的许多缺点,但在1823年写了为马尔萨斯辩护的文章,论调与判断都好极了。关于马尔萨斯著作的良好说明,见博纳著的《马尔萨斯及其著作》、坎南著的《1776~1848年英国政治经济学中的生产与分配的学说史》和尼科尔森著的《政治经济学》第一篇第12章。

好几百年,将是不可能的。关于这一点,以后再进行详述①。

§4. 结婚率与人口出生率　一个民族的人口增长,首先取决于人口的自然增加,即人口出生数超过人口死亡数;其次取决于移民。

人口出生数主要取决于有关结婚的习惯,这种习惯在古代历史上充满经验教训,但在这里我们必须限于研究现代文明国家的婚姻状况。

结婚的年龄随着气候而不同。在气候温暖的地方,生育开始得早,停止得也早;而在气候寒冷的地方,生育开始得晚,停止得也晚②;但不论在哪一种情况下,将结婚年龄推延到当地自然结婚年龄以上的时间越长,人口出生率就越低;当然,在这方面妻子的年龄比丈夫的年龄重要得多③。

假定气候没有变化,那么平均结婚年龄主要取决于年轻人能够自立并按照其朋友与其相识的人所依据的养家糊口的标准难易而定。所以,平均结婚年龄对于生活状况不同的人也就不同了。

在中产阶级中,一个人的收入在他四十或五十岁之前,很少达到最大限度;抚养孩子的费用很大,而且要持续许多年;技术工人除非是升到主管的

---

① 现在全世界的人口如果以 15 亿来计算,假定人口现在的增长率(每年 1 000 人中大约增加 8 人,参看雷文斯泰恩 1890 年在英国协会宣读的论文)仍然继续下去的话,那么就可以知道,在不到 200 年内,世界人口将达到 60 亿。或者说,人口是以相当于肥沃土地每平方里大约 200 人的比率增加的(按照雷文斯泰恩的计算,这相当于肥沃土地 2 800 万平方英里,贫瘠草地 1 400 万平方英里。许多人认为第一个估计太高。但是,如果考虑到这一点:把比较不肥沃的土地价值也计算在内,那么结果将是大约 3 000 万平方英里)。同时,农业技术大概会有很大的改良。如果是这样的话,人口对生活资料的压力就可以在大约 200 年之内受到遏制,但不会再长了。

② 当然,一代的长短本身对于人口的增长也有一些影响。在一个地方,一代是 25 年,而在另一个地方,是 20 年;假定两地的人口在 1000 年中每两代增加 1 倍,那么第一个地方的人口将增加 100 万倍,而在第二个地方为 3 000 万倍。

③ 根据奥格尔博士的计算(见《统计杂志》第 53 期),假定英国女子的平均结婚年龄延迟五年,那么每一个婚姻所产生的孩子数,就会从现在的 4.2 降到 3.1。科勒西根据布达佩斯的气候比较温暖的事实,认为 18 至 20 岁是女子生育高峰期,24 至 26 岁是男子生殖力最旺盛的年龄。但是,他得出结论说,适宜将结婚年龄比以上年龄稍稍延迟一点。这主要是因为,20 岁以下的女子生的孩子生命力一般都很弱。参看 1892 年在伦敦发表的《卫生学与人口学会议记录》和《统计杂志》第 57 期。

地位，否则，在二十一岁时他的收入差不多达到最高点了。但在二十一岁之前，他却赚得不多：他的孩子在大约十五岁之前可能对他来说是很大的负担，除非他将孩子送进工厂做工，让他们在很幼小时就能自己谋生；无特殊技能的劳动者在十八岁时差不多就赚到所能赚到的最多的工资了。同时，他的孩子在很小时就开始自己维持生活了。结果，平均结婚年龄在中产阶级当中最高，在技术工人中次之，而在没有特殊技能的劳动者当中最低①。

如果不是穷到无以为生，并且不受任何外部原因的抑制，无特殊技能的劳动者具有在三十年内增加一倍的能力：这就是在六百年中增加一百万倍，在一千二百年中增加一万亿倍。如果说他们真正表现出来的增长能力比这低，也是很少见的。所以，可从**演绎上**推知，无特殊技能的劳动者的增加，从来不是不更加遏制地长时间继续下去的。这一推论从一切历史教训中得到证实。在中世纪时期的整个欧洲，甚至在现在欧洲的某些地方，未婚的无特殊技能的劳动者通常住在田舍内，或与父母住在一起；而已婚夫妇通常需要自己住的房屋。当一个村庄能尽可能多地雇用工人而房屋的数量却没有增加时，年

---

① 对正文中婚姻这个名词必须作出广义的解释，不仅包括合法婚姻，而且包括所有那些非正式的结合——这种结合是永久性的，足以包含至少几年婚姻生活的实际责任在内。这种非正式的结合往往在早年就定下了，而经过若干年之后成为合法的婚姻也是常有的事。由于这个理由，广义的婚姻——我们在这里所说的只是这种婚姻——的平均年龄，是低于合法婚姻的平均年龄的。在这方面恐怕得考虑整个工人阶级，但更应该考虑无特殊技能的劳动者。以下的统计数字必须按照这种意见和这样一个事实来解释：所有英国工业统计数字都因为在官方报告中并不十分注意工人阶级的分类而变得不完全可靠。据户籍局长的第四十九次年报记载，在某些经过选择的区域里，研究了1884~1885年的结婚报告，便得出以下统计结果，每种职业后的数字是该职业中未婚男子结婚时的平均年龄，括弧内的数字则是与从事该职业的男子结婚的未婚女子的平均年龄：矿工24.06（22.46）；纺织工人24.38（23.43）；鞋匠与裁缝24.92（24.31）；技术工人25.35（23.70），无特殊技能的劳动者25.56（23.66）；商业职员26.25（24.43）；店主与店员26.67（24.22）；农民及其儿子29.23（26.91）；自由职业者和独立阶层31.22（26.40）。

奥格尔博士在前面说到的论文中表明，在英国，十五至二十岁的女子在工厂中做工占的百分比最大的地方，通常就是结婚率最高的地方。无疑这在部分上是由于——如他所提示的——男子想以妻子的货币收入来补充自己的货币收入；或许在部分上还由于在这些区域内已达结婚年龄的女子太多的缘故。

轻人不得不尽可能地等待了。

即使现在，在欧洲许多风俗还具有法律效力的地方，还不允许一家中有一个以上的儿子结婚，结婚的儿子通常是长子；但在有些地方是最小的儿子。如果其他儿子结婚，就必须离开这个村。在古老的欧洲大陆的老式乡村里，如果出现了物质极为繁荣的现象，并消灭了一切极端的贫困现象，一般就将这种风俗解释为有害并且残忍[①]。的确，这种风俗的严酷性可由移民的力量来调和。但在中世纪，人们的自由搬迁受到严厉的法规的限制。的确，自由的城镇往往鼓励乡村人移入。但在某些方面，对于要从故乡逃出去的人，行会的规矩与封建地主所实行的法规差不多同样残酷[②]。

§5. 续前 在这方面，受雇用的农业劳动者的地位已经发生了很大的变化。现在城市对农业劳动者及其子女总是开放的。如果这些人到新大陆去，就可能比其他一些移民获得的成就都更大；但在另一方面，土地日渐稀少及土地价值逐渐上涨，这在某些盛行自耕农制度的区域里，势必将阻止人口的增加。而在这些区域里，是没有多少进行新的贸易或向外移民的胆识的，父母感觉到他们孩子的社会地位将取决于土地的多少。他们喜欢人为地限制家庭的人数，而且对待婚姻很像是商业合同，总是设法使他们的儿子与有继承权的女子结婚。弗朗西斯·高尔顿曾经指出，虽然英国贵族家庭一般都很大，但是，使长子与似乎生育不多的家族的女继承人结婚的习惯和劝阻幼子结婚的习惯，已经使得许多贵族的家系断绝了。在法国农民中也有类似的习惯，再加上他们喜欢小家庭，使得他们的人口数几乎没有变化。

另外，就人口迅速增长的条件而言，似乎没有比新的国家中农业区域的条件更有利了。那里土地很多，铁路和轮船运出许多土地上的产物以换回新式工具和许多生活舒适品及奢侈品。所以，"农民"——在美国这是对自耕农的称呼——觉得大家庭并不是一种负担，而是对他有帮助的。他和家人过着

[①] 例如，大约在1880年曾到过德国巴伐利亚的阿尔卑斯山中的雅兴瑙山谷游历的人，看到这种风俗依然盛行。当地的居民曾经采取有远见的森林政策，致使他们近来的森林价值大涨，于是他们便过着富裕的生活，住在很大的房屋里，而其年轻的兄弟姐妹们则在自己的家里或别的地方做仆人。他们与邻近山谷中的劳动者属于不同的种族，后者过的生活穷苦而艰难，但似乎认为雅兴瑙居民为物质繁荣所付出的代价太大了。

[②] 例如，参看罗杰斯著的《六个世纪的工作和工资》第106~107页。

健康的户外生活，没有什么会遏制人口的增长，而一切都会刺激人口的增长。外来的移民有助于人口自然增长。这样，虽然据说美国大城市居民中某些阶级不愿有很多孩子，但美国的人口在近百年中已增加了十六倍①。

大体上，以下一点似乎已得到证明：人口出生率在富裕人群中更低，而在那些为自己和家庭的将来不作过多打算并且过着忙碌生活的人当中更高。

---

① 马尔萨斯注意到了在没有变化的情况下自耕农极其谨慎的情况，参看他的关于瑞士的说明（见《人口原理》第二篇第5章）。亚当·斯密说，苏格兰高地的贫穷妇女常常生产二十个孩子，其中活到成年的不到两个（见《国民财富的性质和原因的研究》第一篇第8章）道布尔迪坚持贫穷刺激生育这个概念，见他所著的《人口的真正法则》。并参看萨德勒著的《人口的法则》。斯潘塞似乎认为，文明的进步自然就会完全遏制人口的增长。但是，马尔萨斯则认为，野蛮民族的生殖力比文明民族低，这个意见已被达尔文广泛地应用到动物和植物界了。

查尔斯·布思先生（见1893年的《统计杂志》）把伦敦分为二十七个区（主要是登记区）；并按照贫穷、人口过多、高出生率和高死亡率的顺序加以排列。他发觉这四种先后次序一般相同。在很富和很穷的区域里，出生率超过死亡率都是最低的。

英国和威尔士的出生率在城市和乡村中名义上都以大约相同的比率降低。但是，年轻人不断从农村转入工业区域，使农村中年轻的已婚女子的人数大为减少。如果考虑到了这个事实，我们就知道在乡村中达到生育年龄的女子的生育百分比比城市中高多了，1907年户籍局长所发表的下面这张表就表明了这一点。

法国人口的变动已得到非常仔细的研究了：利瓦瑟关于这个问题的伟大著作《法国的人口》，不仅是关于法国而且是关于其他国家的宝贵资料的源泉。孟德斯鸠或许是从演绎上进行推论的，因此他谴责当时法国实行的长子继承法，因为这种法律使家庭中孩子的人数减少了；勒普莱对于强制分产法也有同样的指责。利瓦瑟（见《法国的人口》第3卷第171~177页）则叫人注意相反的方面，并说马尔萨斯对于民法对人口影响的期望符合孟德斯鸠的判断，而不符合勒普莱的判断。但事实上，法国各地的出生率大有不同。在大部分居民都有土地的地方，出生率比不是这样的地方低。然而，如果法国各县依照遗产由少到多的次序分类排列，那么相应的出生率差不多是一律下降的，在有遗产48~57法郎的10个县中，在15~50岁的已婚女子中，每百人的生育率是23；而在塞纳河流域，遗产是412法郎，而生育率却是13.2。而且就在巴黎，在富人居住的各区，有2个孩子以上的家庭所占的百分比，比贫民居住的各区小。利瓦瑟对于经济状况与出生率的关系所作的细心的分析非常有趣。他的总的结论说，这种关系不是直接的，而是间接的，是通过它们两者对于生活方式和习惯的相互富裕的家庭奢侈的生活习惯使生殖力降低了,而剧烈的精神紧张恐怕也会使生殖力有所降低。这就是说,假定父母固有的体力没有变化,他们对于拥有一个大家庭的期望就会因精神紧张程度的加剧而减少。当然,那些从事高智力工作的人,作为一个阶层来说,其体质和精神承受力都在平均水平以上。高尔顿曾经说,作为一个阶层而论,他们并非不富有生殖力,而是通常都是晚婚。

§6. 英国人口史 英国人口增长的历史,比整个联合王国人口增长的历史更清楚,我们觉得研究这种主要变动颇有趣味。

在中世纪,英国也与别国一样,也遏制人口增长。也像在别国一样,僧侣在英国是无力成家立业者的救助员。毫无疑问,在某种程度上,宗教独身主义对人口的增长起了一种独立的遏制作用;但就大体而言,独身主义被看做是那些势必将遏制人口增长的广泛的自然力量中所表现出来的一种力量,

---

影响而发生的。他认为,从政治和军事观点来看,与邻近国家相比,法国人口有很大减少似乎很遗憾,但人口减少对于人们物质上的舒适,甚至社会进步的影响却是利多害少。

城市和农村平均每年的人口出生率

时 期	城　市　20 个城市在 1901 年人口普查时的人口数共为 9 742 404 人			
	以全部人口计算		以 15~45 岁的女子人口计算	
	每 1000 人的比率	与 1870~1872 年的比率按百分比比较	每 1000 人的比率	与 1870~1872 年的比率按百分比比较
1870~1872 年	36.7	100.0	143.1	100.0
1880~1882 年	35.7	97.3	140.6	98.3
1890~1892 年	32.0	87.2	124.6	87.1
1900~1802 年	29.8	81.2	111.4	77.8
	农　村　112 个农村在 1901 年人口普查时的人口数共为 1 330 319 人			
1870~1872 年	31.6	100.0	158.9	100.0
1880~1882 年	30.3	95.9	153.5	96.6
1890~1892 年	27.8	88.0	135.6	85.3
1900~1802 年	26.0	82.3	120.7	76.0

而不被看做一种新的自然力量。传染性和流行性疾病——风土病和传染病——是由不讲卫生的生活习惯造成的,这种习惯在英国比在欧洲南部更糟。农业歉收和交通困难造成了饥荒,虽然在英国这种灾害还不像在别国那样大。

像在别国一样,乡村生活习惯刻板。在某对已婚夫妇死去,因而在他们自己的教区内有了空缺之前,年轻人很难成家立业。这是因为在通常情况下,一个农业劳动者很少会想到迁往另一个教区。因此,当瘟疫、战争或饥荒使人口减少时,总有许多人等着结婚,他们填补了这些空缺。他们也许比一般新婚夫妇更年轻力壮,因而有较大的家庭①。

然而,即使在农业劳动者当中,有的也向受瘟疫、饥荒或战争破坏得比附近地区更严重的区域迁移。而且,技术工人往往几乎总在各处流动,尤其是那些从事建筑业、五金业和木材业的人。虽然,毫无疑问,"漫游年"主要是年轻时的事,但过了漫游年之后,漫游者就会在他的出生地定居下来。另外,一些贵族家庭——尤其是在国内几处地方有住宅的大贵族——的家丁,似乎有很大的流动性。还有,行会那利己的排外性虽然与日俱增,但是,英国的城市也像别国一样,变成了许多在故乡得不到工作和结婚的好机会的人的避难所。由于这种种情况,呆板的中世纪经济制度就有了一些伸缩性。由于知识的进步、法律秩序的建立以及海外贸易的发达,对劳动的需求就逐渐增加,而在某种程度上劳动需求的增加对人口是有利的②。

---

① 例如,据说1349年黑死病之后,大多数的婚姻都生育很多子女(见罗杰斯著的《农业与价格史》第1卷中的第301页)。
② 无法确实了解18世纪以前英国人口的密度,但是,下面从斯蒂芬(见他所著的《英国工资劳动者的历史》第一篇第463及以后各页)的作品中所转载的估计,恐怕是现有的最好的了。据《土地测量簿》记载,1086年英国的人口是在200万~250万之间。就在黑死病(1343年)之前,英国的人口大概是在350万~450万之间;黑死病刚刚过去的时候,大概是250万。此后英国的人口开始迅速恢复,但在1400年至1550年之间只有缓慢的增长;而在其后的100年当中增长颇快,至1700年达到550万。

如果我们相信哈里森(见他所著的《描写英国》第二篇第16章)所说的话,1574年英国能服兵役的男子总数达到117.2674万人。

黑死病是英国唯一的大灾难。英国与欧洲其他国家不同,没有遭受像30年战争在17世纪下半叶和18世纪上半叶,中央政府竭尽全力凭借**居住法律**来阻止国内各地人口的供给与需求。这种法律规定任何人如果在某一教区居住了四十天,就该归该教区管辖,但在这四十天内随时就有可能被强行遣回原来所属的教区①。

地主与佃农竭力阻止外来人在他们的教区内获得"居住权",因此就很难建造新茅屋,有时甚至将茅屋完全毁坏掉。结果,在到1760年为止的百年之中,英国的农业人口没有变化;同时,工业还不十分发达,因而不能吸收大量的人口。这时人口增长缓慢,部分上是由生活水平的提高所造成的,而同时部分上也是生活水平提高的原因。生活水平提高的一个主要因素,就是普通人大多用小麦代替次等谷物作为食物②。

1760年以后无法在故乡谋生的人,到新的工业区或矿业区去找职业几乎没有什么困难。在这些区里,对工人的需求往往使地方当局不能执行**居住条例**中遣回原籍的规定。年轻人自由地到那些区去,因而那里的人口出生率就变得特别高了,但死亡率也特别高,其结果则是人口迅速增加。在18世纪末,当马尔萨斯著书时,济贫法重新开始影响结婚年龄,但这时却使结婚年龄趋于不适当地降低了。连年饥荒以及对法战争所造成的工人阶级的痛苦,使得救济措施成为必要;而大量补充海陆军兵员的需要,更使慈悲为怀的人

那样的战争灾难,这场战争毁灭了一半以上的德国人口,这个损失需要整整一个世纪才能恢复。(参看申贝尔格编的《手册》中吕梅林著的《人口论》,这是一篇有益的论文。)

① 亚当·斯密对这种法律甚为愤慨是对的(参看《国民财富的性质和原因的研究》第一篇第10章中的第二部分和第四篇第2章)。居住条例规定:"由于法律上的某些欠缺,不禁止穷人在各教区之间来往,因而他们总是力图居住在财源最大、有最大荒地或公地可建茅屋并有最多森林可供他们作燃料及采伐的教区,等等。"所以,就有以下这样的法令:"任何这样的人或人们照以上所说的那样居住在任何年值十镑以下的出租房屋后四十天内……如有人控告,负责治安的任何两名法官……将这样的人或人们遣回他或他们最近居住的教区,这在法律上是许可的。"在亚当·斯密时代以前,曾经通过几个条例,意在缓和这种法律的严酷性,但都没有奏效。然而,到了1795年,又有以下的法令:在一个人实际上未被控告之前,他不应被遣回原来的教区去。

② 艾登对这个问题有一些有趣的论述,见他著的《穷人的历史》第560—564页。

觉得应对大家庭略微增加补助。而实际结果使得有许多孩子的父亲往往不必工作而能得到很多好处。如果他没有结婚或只有一个小家庭，即使辛苦工作也得不到这么多的好处。最会利用这种补助的人，当然是那些最懒惰并且最卑鄙、最没有自尊心和进取心的人。所以，虽然在工业城市中存在着可怕的死亡率，尤其是婴儿死亡率，但人数还是迅速增加。但在 1834 年通过**新济贫法**之前，人的品质即使有所提高也是很少的。自从那年以来，城市人口迅速增加——在下一章我们就会知道——就趋向于增大死亡率，但这一点已为节欲、医学知识、卫生和总的清洁程度的提高所抵消了。向外移民增多了，结婚的年龄略微提高了，而且在全部人口中已婚者所占的比例也略有下降了；但是，另一方面，生育率相对结婚率却提高了①；结果人口差不多是稳步地增长②。

---

① 但是，这种数字提高表明了部分上是由于人口出生登记方法的改进。（见法尔著的《生死统计》第 97 页）。
② 下表说明自 18 世纪初以来英格兰和威尔士的人口增长。1801 年之前的数字是从出生和死亡登记簿以及人头税和炉税的报告中计算出来的；1801 年以后的数字，是从人口调查报告中计算出来的。从表中可以看出，1760 年以后的二十年中人口数的增长，与 1760 年以前六十年中所增长的几乎一样多。拿破仑战争与高昂的谷物价格的压力，表现在 1790—1801 年之间人口的缓慢增长。一视同仁的救贫补助的结果尽管造成了更大压力，但表现在其后十年之间却是人口的迅速增加。而自 1811—1821 年的十年间，当那种压力已经消除时，人口增长就更多了。第三栏表明每十年之初的人口比前十年人口增加的百分比。

年 度	人口数（千人）	增加的百分比年	年 度	人口数（千人）	增加的百分比
1700 年	5 475		1801 年	8 892	2.5
1710 年	5 240	-4.9*	1811 年	10 164	14.3
1720 年	5 565	6.2	1821 年	12 000	18.1
1730 年	5 796	4.1	1831 年	13 897	15.8
1740 年	6 064	4.6	1841 年	15 909	14.5
1750 年	6 467	6.6	1851 年	17 928	12.7
1760 年	6 736	4.1	1861 年	20 066	11.9
1770 年	7 428	10.3	1871 年	22 712	13.2
1780 年	7 953	7.1	1881 年	25 974	14.4
1790 年	8 675	9.1	1891 年	29 002	11.7
			1901 年	32 527	11.7

*减少；但初期的数字是不可靠的。

以下就让我们稍稍地详细研究一下这新近变化的过程。

§7. 续前 在 19 世纪初，当工资低、小麦贵时，工人阶级花在面包上的费用通常占他们收入的一半以上。因此，小麦价格的上涨大大减少了工人的结婚数字。这就是说，大大减少了在教堂中宣读的结婚预告的次数。但是，小麦价格上涨却提高了富裕阶层中许多人的收入，所以往往增加了正式发证的结婚次数[①]。然而，这些人不过是全部人口中的一小部分，净结果却是降低了结婚率[②]。但是，时过境迁，麦价跌了，而工资涨了，到现在工人阶级花在面包上的费用平均还不到他们收入的 1/4。因此，商业繁荣的变动必然对结婚率产生了压倒一切的影响[③]。

自 1873 年以来，虽然英国居民的平均实际收入确实有所增加，但其增加

由于在近年中向国外移民有很大的增长趋势，因此修正表中用最近三十年的数字以表明"自然增加"，即人口出生超过死亡的数是重要的。1871—1881 年的十年间，还有 1881—1891 年的十年间，从联合王国向国外移民的净人数分别为 148 万人和 174.7 万人。

① 参看法尔任户籍局长时提出的 1854 年第十七次年度报告，或是他所著的《生死统计》的报告摘要（第 72~75 页）。

② 例如，小麦的价格以先令来表示，英国和威尔士的结婚数以千来表示，1801 年小麦是 119，结婚数是 67；1803 年小麦是 59，结婚数是 94；1805 年两数是 90 与 80；1807 年是 75 与 24，1812 年是 126 与 82；1815 年是 66 与 100；1817 年是 97 与 88；1822 年是 45 与 99。

③ 自 1820 年以来，小麦的平均价格很少超过 60 先令，而且从未超过 75 先令；接连的商业膨胀，在 1826、1836~1839、1848、1856、1866 和 1873 各年达到顶点而后下降，对于结婚率所产生的影响与对谷物价格变化所产生的影响大约相同。当这两个原因一同发生作用时，其影响是非常显著的。如在 1829 年与 1834 年之间，由于小麦价格逐步下跌，恢复了繁荣，结婚数就从 10.4 万增加到 12.1 万。1842 年至 1845 年之间，当小麦价格比前几年稍低，全国的商业复兴时，结婚率再度迅速提高；而在 1847 年与 1853 年之间，在 1862 年与 1866 年之间，在类似的情况下结婚率又有所提高。

罗森爵士在 1885 年 12 月份的《统计杂志》中，对 1749 年至 1883 年瑞典的结婚率与农业收获作了一个比较。他发现，农业收成的好坏要等到年度的结婚数额大致确定之后才会知道。而且，收获的丰歉在一定程度上是由储藏的谷物来补充的。所以，个别年份的收获数字与结婚率不十分符合。但是，当接连发生几次丰收或歉收时，对于提高或降低结婚率的影响就非常显著了。

率却低于前几年，同时物价不断下跌，因此社会上许多阶层的货币收入就不断减少。这时，当人们考虑是否能结得起婚的时候，他们不是为周密考虑货币收入的购买力的变动所支配，而是为他们期望能够得到的货币收入所支配。所以，工人阶级的生活水平迅速提高，也许比英国历史上其他任何时代都更为迅速：他们的家庭费用如果以货币计算大致没有变动，而以物品计算则增加很快。同时，小麦的价格也大大下跌，全国结婚率的显著下降往往伴随着小麦价格的显著下跌。现在结婚率是根据以下的办法来计算的：每次结婚涉及两个人，因此应当以两个人计算。英格兰的结婚率在1873年是17.6‰，到1886年降低到14.2‰。1899年又上升到16.5‰；1907年是15.8‰，但在1908年只有14.9‰①。

从苏格兰和爱尔兰的人口史中可以学到许多东西。在苏格兰低地，高度的教育水平、矿产资源的开发以及与富裕的英格兰邻居密切接触等因素合在一起，就使迅速增加的人口的平均收入大大增加。另一方面，爱尔兰在1874年马铃薯荒以前，人口的过度增长以及那年之后的逐步减少，将永远是经济史上的重大事件。

比较了各国的习惯之后②，我们知道：在中欧和北欧的条顿民族国家中，结婚年龄大，这在部分上是因为男子在成年初期要服兵役；但在俄国，结婚年龄很小。在俄国，至少是在旧政权下，家庭方面极力主张儿子尽早娶妻以

---

① 输出品的统计数字是最方便的商业信用和工业活动变动的一个标志。奥格尔在前面引用过的那篇文章中，说明了结婚率符合每人所占的输出额。参照勒瓦瑟的《法国的人口》第2卷第12页的图表，以及威尔科克斯在《政治学季刊》第8期第76~82页写的关于马萨诸塞州的文章。胡克于1898年1月在曼彻斯特统计学会上宣读的一篇论文对奥格尔的研究作了扩大和修正；胡克指出，如果结婚率有变动的话，那么在结婚率处于上升时期的出生率，不是与处在上升时期的结婚率相对应，而是易于与以前处于下降时期的结婚率相对应，反之亦然。"所以，当结婚率上升时，出生相对结婚的比率就下降，当结婚率下降时，出生相对结婚的比率就上升。表示出生相对结婚比率的曲线的移动，是与结婚率相反的。"他又指出，出生相对结婚的比率的下降是不大的，这是因为私生子迅速减少的缘故。合法的出生相对结婚的比率并未显著下降。

② 以下的说明主要是根据已故的博迪奥、勒瓦瑟（见他的《法国的人口》）和英国户籍局长（见他的1907年的报告）所编的统计。

帮助家务劳动，即使儿子必须暂时离开妻子出外谋生也要早婚。在联合王国和美国没有强制兵役，男子是早婚的。在法国，正与一般的意见相反，男子早婚并不罕见；除了最盛行早婚的斯拉夫民族各国之外，女子早婚比任何有统计数字的国家都更常见。

结婚率、出生率和死亡率几乎在各国都在降低。但是，一般在出生率高的地方，死亡率也高。例如，在斯拉夫民族各国中，两者都高；而在北欧，两者都低。在澳洲死亡率低，而"自然的"增加相当高，虽然出生率低而且下降很快。事实上，在1881年至1901年期间，澳洲的各州出生率从30％降至22％①。

---

① 与本章主题有关的许多有益的，并且可供参考的资料，都包含在1909年地方政治局出版的《关于公共健康和社会状况的统计记录与图表》一书当中。

第5章 人口的健康与强壮

§1. 健康与强壮的一般条件 接下来，我们必须考虑健康与强壮，还有身体、精神与道德所依赖的种种条件。这些条件是工业效率的基础，而物质财富的生产又取决于工业效率。物质财富最重要的一点是：如果能够明智地使用物质财富，就可以增进人类的身心的健康。

在许多职业中，除了身体的活力之外，工业效率并不需要什么其他东西。而身体的活力就是指肌肉的力量、健全的体格及奋发有为的习惯。在估计肌肉力量或其他任何种类的以工业为目的的力量时，我们必须考虑在一天中能够使用这种体力的小时数、一年中使用的天数和一生中使用的年数。有了这种考虑之后，我们就能测量出一个人的体力了。如果他的体力直接用于举重，我们就能以他举起一磅重量所达到的高度来进行测量。或者换句话说，就是以他举重所举起的"高度"来测量他的体力[1]。

---

[1] 这种测量方法能够直接应用于大多数铁路工人和搬运工的各类工作，并能间接应用于诸多种类的农业劳动。在重大的农业停工之后，发生了关于英国南部和北部的非特殊技能性劳动的相对效率的争论，其中最可靠的测量方法就是一个男子一天中能装入货车的材料的吨数。其他测量方法是根据收获或收割的亩数，或是收割谷物的英斗数等等来测量的。但这些测量方法并不能令人满意，尤其是在比较不同的农业条件时。因为使用农具之后，作物的性质和操作方法都有很大的不同。因此，在我们还没有办法考虑农业方法变化的影响之前，根据收割、收获等工资所进行的中世纪与近代工作工资的比较，都没有价值。例如，在手工收割谷物100英斗的作物上花费的劳动，现在比以前少了。这是因为现在用的农具比以前进步了。但是，现在收割1英亩的谷物花费的劳动不一定比以前少，因为收获量比以前多了。

在落后国家里，尤其是在使用马匹或其他驮兽不多的地方，大部分男女劳动都可虽然维持巨大的体力劳动的力量似乎依赖于体力和其他身体条件，但也依赖于意志的力量和坚强的性格。这类精力也许可以被看做是人的力量，与他的身体力量不同，是属于精神方面的，而不是身体方面的，但不过仍然依靠神经力量的身体条件。这种人的坚强、决心、精力和自制力，简言之，这种"活力"，是一切进步的源泉，它体现在伟大的事业、伟大的思想以及感受真正的宗教的能力当中①。

活力以多种形式发挥作用，因此进行简单的测量是不可能的。但是，我们大家都在不断地估计着活力，认为某个人比另一个人更"坚强"，更具有"优良品质"或者是"更强壮"。即使从事不同行业的商人以及进行不同研究的学者，也对彼此的力量进行估计。如果在一种研究中比在另一种研究中用了较少的力量，但却做到了出类拔萃，那么这不久就会为人所知。

§2. **续前** 在研究人口增长时，我曾经顺便提到了决定生命长短的各种原因。但大体上，它们与决定体力和活力的各种原因相同，在本章中我们将再来研究一下这些原因。

这些原因中的第一个就是气候。在温暖的国家里，我们看到早婚和高出生率，因此就不够重视人类的生命。这恐怕是大部分高死亡率的原因，而高死亡率一般都被归咎于气候不利于健康②。

以以其中包含的体力劳动来作为相当好的测量方法。但在英国，现在从事这种劳动的人在产业阶级中不到 1/6；同时，单是蒸汽机做的工作，就等于全部英国人凭体力能做的工作的 20 倍以上。

① 必须将这与神经过敏区别开来。神经过敏通常表现为总体上缺乏神经力量，虽然有时是由于神经刺激或失去平衡而产生的。一个在某些方面有很大的神经力量的人，也许在另一些方面只有很少的神经力量。特别是艺术家，他们往往只发展一类神经力量，而牺牲了其他类神经力量。不过，艺术家并非由于某些神经特别强健导致神经过敏，而是由于某些神经衰弱才导致神经过敏。最完美的艺术家似乎并不神经过敏，达·芬奇和莎士比亚就是例证。"神经力量"这个名词在某种程度上相当于安格尔对心情的著名分类，他把效率的因素归因于以下三类：(1) 身体；(2) 理智；(3) 心情。他对活动的分类是按照 a，ab，ac，abc，acb；b，ba，bc，bca，bac；c，cb，cab，cba 这样来排列的。各组的次序是按相对重要性来排列的，在某种因素只有很小的作用的地方，其相应的字母就省去了。

在 1870 年的战争中，那似乎比普通士兵衰弱的柏林大学学生，却更能忍受疲劳。

② 暖热的气候有损于活力，但并不是完全不容高度的智力和艺术工作。不过却使人不能

活力在部分上要取决于人种的特点。但是，这些特点——就其能得到的解释而论——似乎主要是由于气候的缘故①。

§3. 生活必需品　气候对于确定生活必需品起到了很大的作用，排在第一位的生活必需品就是食物。食物调制得是否适当关系很大：在一星期有10先令用于食物上的精明的主妇，比一星期有20先令的不精明的主妇，往往更能增进家人的健康和强壮。穷人中婴儿的高死亡率大多是由于不注意食物的调制以及缺乏判断力，而那些缺乏母亲照顾而没有死亡的婴儿，长大之后也往往体质孱弱。

除了现代以外，在历史上所有的时代中，缺乏食物都曾经导致大批人死亡。即使在17世纪和18世纪的伦敦，死亡率在谷物贵的年份也比在谷物贱的年份高8%②。但后来在全世界都几乎逐渐感觉到了财富增加和交通工具的改良的影响，即使在像印度那样的国家里，饥荒的残酷性也有所减轻；而欧洲和新大陆已不存在饥荒了。在现在的英国，缺乏食物几乎已不是死亡的直接原因了。但是，缺乏食物常常是整个身体衰弱的原因，会使身体抵抗不了疾病，这也是工业缺乏效率的一个主要原因。

我们已经知道，维持效率的必需品是随着要做的工作的性质而不同的，但现在我们必须稍微详细地研究一下这个问题。

长久地忍受任何一种非常艰苦的工作。在温带比较凉爽的一些地方，比其他任何地方都更适合做持久的艰苦工作。在像英国以及与它非常相像的新西兰那种地方，海风使温度差不多保持一致。在那地方最适合进行长久的艰苦工作。欧美许多地方平均温度适中，但冬寒夏热使一年中可以工作的时间大约减少了两个月。极端的以及持续的寒冷会使人精力衰退，这在部分上是因为这种气候会使人们把很多时间都花在密不透风和狭小的寓所里的缘故；北极地区的居民一般是不能忍受持久的剧烈劳动的。在英国，普遍的意见是，"温暖的耶稣圣诞节使很多人死亡"。但统计数字却无疑证明与这句话有相反的效果：平均死亡率在一年中最冷的季节最高，而在寒冷的冬季又比在温暖的冬季高。

① 人种史对于经济学家是一种有诱惑力的但却令他们失望的研究。这是因为胜利的种族通常与被征服的种族的女子通婚：他们在迁移时往往把许多男女奴隶带走，而奴隶在战争中可被杀或去当僧侣的可能性比自由民更小。因此，几乎在每一个种族当中都有奴隶的血，也就是混血。因为在工业阶级中，奴隶的血缘最多，因此似乎不可能有关于工业习惯的人种史了。

② 这一点已为法尔证明了。他以有益的统计方法消除了种种妨碍性原因（见他著的《生死统计》第139页）。

一个人所有的食物供给与他可使出的力气之间有着密切的关系,在体力劳动方面尤其如此。如果工作是间歇性的,就像有些码头工人的工作那样,那么价廉而有营养的谷类食物就足够了。但是,对于像炼铁工人和最艰苦的铁路工人的工作那样包含非常繁重的连续紧张性的工作,就需要一些即使在身体疲劳时也能消化和吸收的食物。高级劳动者的工作含有高强度的神经紧张,他们的食物就更需要具有这种质量,虽然他们所需要的食物量一般都很小。

仅次于食物的生活和劳动必需品,就是衣着、住房和燃料。缺乏这些东西时,精神就会变得迟钝,最终体质也会受到损害。人们非常缺乏衣着时,就通常将衣服日夜都穿在身上,因此污秽的东西就会侵入皮肤。缺乏住房或燃料会使人们生活在有害于健康和活力的污浊空气中。煤变便宜使英国人受益匪浅,但英国人特有的即使在冷天也要使房间通风的良好的习惯,却相当有好处。排水设施不完善、建得很糟的房屋会造成疾病。这些疾病即使比较轻,也能惊人地消耗生命力。住房过度拥挤会导致道德败坏,因而减少人口并降低人口的素质。

休息与食物、衣着及其他属于物质的必需品同样是强壮人口增长所必需的。各种形式的过度劳累都会降低生命力。同时,忧虑、烦恼和过度精神紧张,对于损害体质、损伤生殖力以及减少民族的活力,都有极大的影响。

§4. 希望、自由和变化 其次就是有关活力的三个密切相关的条件,即希望、自由和变化。所有历史都大量记载了有关奴隶制、农奴制以及其他各种民间的和政治的压制与迫害所造成的不同程度的缺乏效率[①]。

在所有时代中,殖民地人民的活力和精力都易于胜过母国。这在部分上是由于土地充足以及很多供他们支配的必需品都很廉价的缘故;而在部分上

---

① 自由与希望不但使人更愿意工作,而且也使人更有力量工作。生理学家告诉我们,同样的工作,如果在愉快的刺激下来做,就比在痛苦的刺激下来做消耗较少的人类固有的神经力量。没有希望就没有进取心。希望和自由,是人身和财产的保障。但是,保障总包含着对自由的限制。文明最难的问题之一,就是去发现如何得到自由的一个条件——保障,而又不会牺牲自由本身。工作、地点和个人接触的变化,会带来新的思想,唤起对旧的方法的缺点的注意,鼓励一种"神圣的不满",并从各方面发展创造性精力。

是由于大自然选择适合冒险生活的最具有坚强性格的人的缘故；另外部分上是由于与人种混合有关的生理原因。但是，也许最重要的原因是在于他们生活当中的希望、自由和变化①。

以上所说的自由被看做是不受外界束缚的自由。但是，来自自制力方面的较高级的自由，对于最高级的工作来说，是更重要的条件。这种自由取决于高尚的生活理想。而高尚的生活理想在一方面是由于政治和经济原因，在另一方面是由于个人和宗教的影响。其中，幼年时期母亲的影响最大。

§5. **职业的影响** 身体和精神的健康与强壮受职业的影响很大②。在本世纪初，工厂的工作条件不利于所有人（尤其是儿童）的健康，令人难以忍受。但是，**工厂**和**教育**的法令，已把这些弊端中最坏的部分从工厂中清除出去了，虽然其中许多弊端在家庭工业和较小的工厂中仍然存在。

---

① 旅行者与来自不同地方并具有不同风俗的其他人交谈后，就知道试验一下许多思想上和行动上的习惯。否则，他们会一直肯定这些习惯，从而把它们看成好像是自然法则。而且，迁徙会使比较有能力和独创精神的人能有充分发挥精力的机会，并能跃居重要的地位。相反，那些留在故乡的人往往依然毫无长进，在故乡能成为预言家的人很少。邻居和亲戚通常最不能原谅的是那些不像周围人那样容易驯服且有较强的进取心的人的缺点，并且认识不到他们的优点。毫无疑问，主要是由于这个理由，几乎在英国的每一个地方，精力最旺盛而进取心最强的人，绝大多数都是些外地人。

但是，变化也许会过度。当人口迅速迁移时，一个人常会不顾自己的名誉，那样他就丧失了部分有助于形成高尚道德品格的最好的外界的帮助。到新的国家里的那些人的极度的希望和不安定，使他们一半用于获得技术和一半用于完成工作的努力有了很大的浪费，因为他们为了转到某种新的职业上去，便会很快放弃这种技术和工作。

② 在牧师和教师当中，在农民阶级当中，在其他像造车工人、造船工人和煤矿工人那样的行业当中，死亡率都低。在铅矿业和锡矿业当中，在制造纸业和陶器业当中，死亡率都高。但是，这些行业和其他任何正规的行业，都没有出现像伦敦的普通劳动者和小贩那样高的死亡率。另外，死亡率最高的是旅店中的招待。这样的职业并不直接有害于健康，但却使体质和性格上都很弱的人容易养成不规律的习惯。关于职业对于死亡率的影响的良好的说明，载于户籍局长第四十五次（1885年）年报的附录中。再参看法尔的《生死统计》第392~411页、汉弗莱斯在1887年6月号《统计杂志》上的论文《阶级死亡率统计》，还有一般关于工厂法令方面的资料。

城市居民工资较高,知识较多,医疗比较方便,这些条件应当使城市中的婴儿死亡率比乡村中低得多,但事实上却比较高,尤其在许多母亲为了获得工资而忽视家务的地方更是如此。

§6. **城市生活的影响** 几乎在所有国家中,都存在着不断向城市迁移的现象①。各大城市,尤其是伦敦从英国其他所有的地方吸收了拥有最优良血统的人。最有进取心的人,天分最高的人,有最健全的体格和最坚强的性格的人,都到大城市去寻找发展能力的机会。在那些最能干而且性格最坚强的人当中,住在郊外的人数日见增加。郊外有优良的排水、供水和照明设施,还有优良的学校和户外游戏的好机会。这些条件至少能增进活力,与乡村条件

---

① 戴夫南(见他著的《贸易平衡》第20页)继格雷戈里·金之后,证明以下一点:依照官方数字,伦敦每年死亡人数超过出生人数2 000人,但移入的有5 000人;后一数字等于他以颇为冒险的方法计算出来的英国人口的真正纯增加数的一半以上。按照他的计算,住在伦敦的有53万人,住在其他都市和城镇的有87万人,住在大小乡村的有410万人。将这些数字与英格兰和威尔士1901年的人口调查比较之后,我们知道那时伦敦有450万以上的人口;还有5个城市平均有53万以上的人口;另外超过5万人口的69个城市,平均有10万以上的人口。还不止这些,因为没有计算其人口在内的许多郊区,它们其实往往是大城市的一部分。而在某些情况下,几个邻近城市的郊区纵横交错,构成一个很大的且颇为分散的城市。曼彻斯特的郊区有居民22万人,可算为一个大城市;伦敦的郊区西哈姆有居民27.5万人,也是如此。每隔不固定的时间有些大城市的边界就会把这样的郊区包括进去。结果是一个城市中的真正人口也许增长得很快,而名义上的人口却增长得很慢,甚至减少,然后又突然跃升。例如利物浦名义上的人口,在1881年是55.2万;1891年是51.8万;而在1901年跃升到68.5万。

在其他国家也有类似的变化。例如,19世纪中巴黎人口的增长,比整个法国人口的增长快20倍。德国城市的人口是以每年农村人口降低1.5%为代价来增加的。在1800年,美国没有一个城市的居民在7.5万人以上;而到1905年,3个城市的居民共有700万人以上,还有11个城市各有人口30万以上。维多利亚的人口有1/3以上集中在墨尔本。

我们必须记住:每每随着城市及其郊区的扩大,城市生活的利弊特征便会有不同程度的增加。乡村中的新鲜空气在接触到普通的伦敦居民之前,已比某个小城市的普通居民经过多得多的有害气体的发源地。伦敦居民一般必须走得很远才能接触到乡村的安静与悠闲。所以,有450万居民的伦敦,比只有4.5万居民的城市,使英国生活增加了百倍以上的都市性质。

一样。虽然现在仍有许多城市区域，其有害于生命力的程度比若干年前的大城市只是略有下降。但大体上，以目前而论，因人口密度增大而成为危险源泉的程度减小了。那种近来为居住在远离工商业主要中心的地方所提供的种种便利条件的迅速发展，的确迟早一定会缓慢下来。但是，工业向郊外迁移，甚至向新的田园都市迁移，以寻找和招用强壮工人的运动，似乎没有任何缓慢下来的迹象。

的确，统计数字的平均数非常有利于城市的情况，这在部分上是因为许多降低活力的城市对死亡率的影响都不大；在部分上是因为在向城市移居的人当中，大多数是年富力强的青年，具有超出一般人的精力和勇气。同时，父母住在乡村的年轻人在患重病时，通常就回到故乡去①。

公私资金用于以下用途是最好的：在大都市中设立公园和运动场，与铁路方面约定增加由工人管理的工人列车的数量，帮助工人阶级中那些愿意离开大城市的人离开，并帮助他们与企业一同迁走②。

§7. 大自然倾向于优胜劣汰，但很多善意的人类活动却是遏制强者的增

---

① 为了这类理由，威尔顿（见1897年的《统计杂志》）提出了极端的建议，主张在比较各城市的死亡率时，省略所有15~35岁的人。主要因为这个理由，伦敦的15~35岁女子的死亡率异常低。但是如果一个城镇人口静止不动，那么更容易获得其重要的统计数字。威尔顿选择考文垂作为典型城市。根据他的计算，城市居民中技术工人的成年子女，等于住在健康的乡村区域中劳动者的成年子女人数的一半多一点。当一个地方衰落时，身强力壮的青年流往他处，剩下些老弱病残，因此出生率一般很低。另一方面，吸引人口的工业中心会有很高的出生率。因为在那里活力充沛的人特别多。在采煤业和炼铁业的城市中尤其如此。这在部分上是因为这些城市不像纺织业城市那样有男子不足之患；而另外部分上也是因为作为一个阶级来说的矿工早婚。在这些城市中，有些城市的死亡率虽然高，但出生率超过死亡率之数为人口的20‰以上。在二流城市中，死亡率一般最高，主要因为它们的卫生设备还没有像那些最大的城市那样好。

海克拉夫特教授（见他著的《达尔文主义与人种进步》一书）有相反的论述。他相当注重减少像肺痨和癞这类疾病对人类所产生的危险，因为这类疾病主要侵袭体质虚弱的人，因而对人种会产生淘汰的影响，除非在其他方面也有相应的改进。但是，并非所有患肺痨病的人都会死，所以减少这种病的起因终归是有些好处的。

② 参看作者在1884年2月号《当代评论》中的一篇文章，名为《叫伦敦的穷人住在何处》。

加，使弱者能够生存。实际结论 此外，还有其他值得忧虑的原因。因为，在较早的文明阶段中，由于斗争和竞争淘汰的影响，使最强壮和最有活力的人留下的子孙最多。这比其他任何原因对人类进步的影响都大。但现在这种影响部分已经消失了。在较后的文明阶段中，上层阶级结婚很迟，因而他们的孩子就比工人阶级的要少，这已成为常规。不过由于仍受工人阶级本身仍然保持的旧规的影响，因此，在上层阶级中趋于熄灭的活力，正受到不断从下面阶层涌出的新生力量的补足。但在法国，工人阶级人口中有些比较能干并且比较有知识的人，早已显出不愿要大家庭的愿望，近来在美国和英国也有这种迹象。这是一种危险的迹象。

因此，就更有理由怀有以下这样的恐惧感：当医学和卫生进步到把身体和精神衰弱的人的孩子从死亡中救出来的人数不断增加时，最有思想并最富有精力、进取心和自制力的人，却要延迟结婚，并以其他方法来限制自己孩子出生的数目。这个动机有时很自私，但如果苛刻并轻浮的人留下很少像他们自己那样的子孙，那或许是件好事。不过，更多的时候，这是出于为自己的孩子获得良好的社会地位的愿望。这种愿望包括许多不能称为人生目的的最高理想的因素在内。而在某些情况下，还包括一些显然是卑鄙的因素在内。但这毕竟是社会进步的主要因素之一。在受这种愿望影响的人之中，有许多人的子女大概会列入最优良和最强壮的种族当中。

我们必须记住：大家庭中的成员互相教育，通常他们在各方面都比小家庭中的成员更聪明、更活泼，而且往往更强壮。毫无疑问，这在部分上是因为他们的父母非常具有活力。而由于同样的原因，轮到他们自己也会有强壮的大家庭。在很大程度上，人种的进步都归功于几个非常大而强壮的家庭的子孙。

但是，毫无疑问，在另一方面，父母往往对一个小家庭会比对一个大家庭在许多方面都能照顾得更好。如果其他情况不变，那么所生的孩子数的增加，就使婴儿的死亡数也增加，这纯粹是一种害处。生育孩子却缺乏照顾和充分的收入而致使孩子死亡，这对其母亲来说是一种有害的精神伤害，而对家庭中其他的人来说，也是一种伤害①。

---

① 由于可预防的种种原因而引起的婴儿死亡率的大小，可从以下的事实来推知：未满1

§8. 续前 除以上所说的之外，还有其他应当加以考虑的原因。但是，就本章所论的各点而言，以下的结论表面上似乎是可取的：人们在能有把握给予孩子至少与自己所受的同样良好的身体和精神教育之前，不应生养孩子；如果自制力足以使家庭保持在必要的限度之内，而不违反道德的话，那么适当早婚是最好的事了。一般采取这些行动原则，再加上为城市人口注入新鲜空气和健康的活力，那么人种的强壮和活力就不会不增进。现在我们就可以有理由相信，如果人种的强壮和活力增进了，那么人口的增长在一个很长的时间内就不会减少人们的平均实际收入。

因此，知识的进步，特别是医学的进步，在有关保健的一切工作上政府采取更多并且更明智的活动，再加上物质财富的增加——这些因素都会减少死亡、增进健康和延长寿命。另一方面，城市生活节奏的加快、人口中门第较高的人比较低的人结婚迟并且生孩子少的倾向，却使生命力降低，而使死亡率上升。如果只是前一类原因在起作用，但加以调节以避免人口过多的危险，那么人类大概很快就会达到前所未有的身心方面俱优的程度；但如果是后一类原因起作用，并且不加以遏制，那么人类很快就会退化。

事实上，这两类原因的作用几乎不相上下，只是前一类原因略占优势。当英国的人口几乎与过去一样迅速增长时，在全部人口中，身体上或精神上不健康的人确实没有增加。许多人的衣食都好多了，而且，除了人口过于拥挤的工业区域之外，他们一般也越来越强壮。多年来，男女的平均寿命已经稳步提高了。

岁的婴儿的死亡与出生的百分比，在城市区域通常高于乡村区域大约 $1\frac{1}{3}$；但在人口富裕的许多城市区域中，这个百分比低于全国的平均数（见 1905 年户籍局长的报告）。每年未满 5 岁儿童的死亡率，在贵族家庭中只有约 2%，在整个上层阶级中是 3% 以下，而在全国是 6%~7% 之间，这是几年前发现的。另一方面，波流教授说，在法国只有极少数的孩子的父母比较溺爱孩子，而过于关心孩子反而会损害他们的勇气、进取心和忍耐力（参看《统计杂志》第 45 期，第 378~379 页）。

第6章 工业训练

§1. **无特殊技能的劳动者是一个相对的名词。我们对于所熟悉的技能，往往都不当做是技能。单纯的手工技能与一般的智慧和活力相比，已越来越失去其重要性了。一般能力与专门技能**　在研究了众多的人口增长的原因之后，下一步我们就要考虑发展工业效率所需要的训练。

那能使一个人在某种事业上获得很大成就的天生的活力，一般来说，它几乎在其他任何事业上都有用，不过也有例外的。例如，有些人似乎生来就适合从事艺术工作，而不适合其他工作；而有时一个很富有天才的人，却几乎完全缺乏艺术感。但是，神经非常强健类型的种族在有利的条件下，几乎能在几代人之内，就发展起他们特别重视的任何一种能力。一个在战争中或在比较简陋的工业形态中获得活力的种族，有时很快就获得了高级的智力和艺术能力；古代和中世纪几乎每一个文学和艺术新纪元都归功于神经非常强健型的民族，他们在养成极其嗜好舒适品和奢侈品之前，曾接触过高尚的思想。

在我们自己的时代里，这种嗜好的发展使我们不能充分利用那大大增加了的资源所给予我们的机会，而把种族的最高能力用于最高尚的目的之上了。但是，由于科学研究事业的发展，也许当代的知识活力看起来比实际所有的要少。因为，在艺术和文学方面，当天才们仍然有着令人惊叹的青春外表时，就往往已有成就；但在近代科学方面，需要有大量的知识才能有所创造，结果还没等一个学者成名，他奋发的精神就往往失去了当初的旺盛力，而且他的工作的真正价值不像一幅画或一首诗的价值那样大，且常为大家所共知①。

---

① 在这方面值得注意这样一点：一种划时代思想的全部重要性，在它出现的这一代中往往未被人认识到。这种思想使世界的思想走上新的道路，但要过了转折点很久之后，

同样，近代管理机器的技术工人的实实在在的品质，被看得低于中世纪手工艺人那微不足道的美德。这在部分上是因为我们易于把在我们自己时代中常见的长处看做是平凡的，并且易于忽视"无特殊技能的劳动者"这个名词的意义在不断变更的这一事实。

§2. **续前** 非常落后的种族不能长久地持续进行任何种类的工作，即使我们认为是不需要特殊技能的工作中最简单的工作，对于他们来说，也是相对需要特殊技能的工作。这是因为他们缺乏必要的孜孜不倦的精神。而只有经过长期的训练，他们才能养成这种精神。但在教育普及的地方，即使需要懂得读写的职业，也可列入不需要特殊技能的工作一类。其次，在一向是工业所在地的区域，负责任的习惯以及在处理高价机械和原料上的谨慎和敏捷的习惯，已成为大家的共同特性了。因此，在管理机械的工作中，许多都被说成是完全机械的和不需要特殊技能的以及不值得重视的一类人的才能了。但事实上，在现实世界中，具有这种工作所需要的智力和道德才能、智慧和自制力的人，恐怕不到十分之一；经过两代人切切实实的训练之后而能胜任这种工作的人，恐怕不到一半。即使在工业人口之中，能够担任许多初看起来好像是完全单调的工作的人，也只有一小部分。例如，似乎是很简单的机器织布的工作却分为高级和低级的工作；在担任低级工作的那些人当中，大多数都没有织几种颜色的布所需要的那种"天分"。在从事坚固的材料、木材、金属或陶器工业中，这种差别甚至更大。

有若干种手工作业需要持久练习某一类动作，但是，现在这种情况并不常见，而且日益少见了。因为机械不断地代替这种需要手工技能的工作。的的确确，一般来说，自如地运用手指是工业效率的一个非常重要的因素，但这主要是神经强健和自制力的结果。当然，这是经过训练培养起来的，但其中大部分也许属于一般性质，而不是某种特殊职业所特有的，这正像一个打曲棍球的人很快就学会了打网球一样，一个熟练的技术工人往往能转到别的

人们才会明白改变了方向。同样，每一时代的机械发明都比前代的发明容易受到小看。这是因为要等到相关的许多较小的改良和辅助性发明已经完备之后，一项新发明才有充分的使用效用；一项划时代的发明往往出现在它所划的时代的前一代。因此，情况就是这样：每一代人都似乎主要忙于实现前一代的思想，而它自己的思想的全部重要性尚未得到清楚的了解。

行业上去，而且不会长久地丧失很高的效率。

那种非常专门化，以致完全不能从一种职业转用到另一种职业上去的手工技能，正逐步在生产上变得越来越不重要了。例如我们暂且不论艺术感受和艺术创造才能如何，那么我们可以说，一种职业之所以高于另一种职业，一个城市或国家的工人之所以比另一个城市或国家的工人富有效率，主要是由于他们拥有不为任何职业所特有的且总体上却特别聪明的头脑和旺盛的精力。

能一下子记住许多事情，需要什么东西时已现成备好了，无论什么事出了差错都能行动敏捷并表现出足智多谋，能迅速适应所做工作在细节上发生的变化，稳定可靠，总是养精蓄锐以便应付紧急情况，等等，这些就成为一个伟大的工业民族的特性。这些特性不是某一职业所特有的，而是一切职业所需要的，倘若它们常常不能容易地从一种行业转用到其他同类行业上去，主要就是因为需要用有关原料的一些知识和熟悉的特殊方法进行补充。

因此，我们可用**一般能力**这个名词来表示在不同程度上作为一切高级工业的共同特性的才能以及一般性的知识和智慧。而为个别行业的特殊目的所需要的那种手工技能和对特殊材料及方法的熟悉，就可归入**专门能力**一类。

§3. 普通教育与工业教育。学徒制度 一般能力大多取决于幼年和少年时代的环境。在这方面，最早和最有力的影响是母亲①。其次是父亲和其他孩子的影响。而在某些情况下，还有仆人的影响②。随着年龄的增长，工人子弟从周围看到的和听到的事情中学到很多东西。当我们研究富裕阶级的孩子比

---

① 按照高尔顿的意见，所有伟人都出于伟大的母教的讲法是言之过甚的。它只是表明母亲的影响并没有超过其他所有的影响，而不是说不比其他影响中的任何一种影响都大。他说，在神学家和科学家当中最容易追溯到母亲的影响。因为一个热诚的母亲引导她的孩子对伟大事物进行探索；而一个有思想的母亲不是压制，而是鼓励孩子的好奇心，这种好奇心是科学的思考习惯形成的动力。

② 在家庭仆人之中，有许多具有优良品质的人。但是，生活在非常富有的家庭中的仆人，易于染上放纵的习惯，会过高估计财富的重要性，并且一般重视低级的生活目的。这种情况对于独立的劳动人民来说是不常有的。在我们有些最好的家庭中，大部分时间与孩子交往的人，没有与普通家庭交往的人那样高尚。不过在这些家庭中，不是特别合格的仆人连一头小猎犬或小马都不许照管。

技术工人的孩子、技术工人的孩子比无特殊技能的劳动者的孩子在开始独立生活时所具有的种种良好环境时，我们就必须比较详细地考虑这些家庭的影响。但是，现在我们可以转而考虑更普遍的学校教育的影响。

关于普通教育不需要说什么了，尽管普通教育对于工业效率的影响也比表面上所表现出来的更大。过去，工人阶级的孩子只学习了读书、写字、算术和图画的初步知识之后，往往就不得不辍学了。并且有时有人认为，花在这些课程上的那点时间中的一部分，还是用在实际工作上更好。但在学校中取得的进步之所以重要，除了由于其本身的缘故之外，更多的是由于学校教育能给予将来取得进步的能力。这是因为，真正高级的普通教育使人能在业务上发挥出最好的才能，并能使人将业务本身作为提高教育的一种手段，虽然普通教育与某一特别行业的细节无关，那属于技术教育的范围①。

§4. **续前** 近年来技术教育同样提高了目的。过去技术教育的意义不外乎是传授那种手工技巧和关于机械及方法的初步知识。而一个聪明的小伙子在开始工作时自己很快就能学会这些，虽然如果他事先学会了这种工作技术，那么在开始时他也许能比完全不懂的人多赚几个先令。但是，这种所谓的教育不能发展才能，而是有点妨碍才能的发展。一个青年自己学到了知识，就算是教育了自己，他比一个在旧式学校读书的人将来会更有进步。然而，工业教育的发展已可以纠正其缺点，其目的在于：第一，使人一般能两眼和手指运用自如（虽然已有迹象表明，普通教育正在接管这种工作，而它属于普

---

① 工人阶级的子弟缺乏良好的普通教育，这有害于工业进步，与中产阶级的旧式拉丁语学校的狭隘教育范围的弊端差不多。的确，直到最近这种教育一直都是普通教师能引导学生把心思用在吸收知识以外的任何高尚事物的唯一的教育方式。所以，称它为高级普通教育是很对的。因为它是能得到的最好的教育了。但是，它在使市民熟悉伟大的古代思想的目的上是失败的。人们通常一离开学校，学的东西就都忘了。而且这种教育在经营与教育之间造成了有害的对抗关系。然而，现代知识的进步使我们能用科学和艺术来补充这种学校课程，对能进这种学校的人给予一种教育，以发展他们的最好才能，并使他们养成最能刺激他们的头脑在以后生活中进行高级思维活动的方法。花在学习拼写上的时间几乎是浪费的。如果能使英语中的拼写与发音和谐一致，就像大多数别国语言那样，那么不必增加什么费用，将有效的学校教育大约延长一年就行了。

通教育是合适的）；第二，传授对专门的职业有用的且在实际工作过程中很少能学得好的工艺的技能和知识以及研究的方法。可是，还要记住，每当自动机械的精密性和用途有所进步时，就能缩小极其注重运用手眼的手工操作的范围。现在，由最好的普通教育形式训练出来的那些才能正变得越来越重要①。

按照英国最好的意见，为高级工业而设的技术教育，应像普通教育那样，不断以发展才能为目的。它应当与完善的普通教育建立在同一个基础上，但应当进一步详细订出专门的学科，以利于专门行业②。我们的目的应当是把科学训练——在这方面西欧各国已走在我们前面了——融进敢作敢为、奋斗不息的精神与从实践中产生的本能当中。如果青年时代不是在工厂中度过，那么就很少会有旺盛的精力和本能。我们要记住：一个青年在管理完善的工厂中，自己从直接的经验中学到的东西比在技术学校中教师以标准方法教给他的东西更有用，更能促进他的智力活动③。

旧的学徒制度不完全适合近代的情况，已经废除了，但却需要一种替代的制度。在最近几年中，许多最能干的制造商已经开始树立这样一种风尚：让他们的子弟先后在企业各个部门工作，因为这企业是他们的子弟终究要管

---

① 正如史密斯说的，如果一个青年在桌上随便落下两颗豌豆之后，便能轻易地把第三颗豌豆放在前两颗之间的同一条线上的当中，那么他将来就会成为一个优秀的技师。在英国平常游戏中得到的运用手眼的能力，与在幼儿园的游戏中得到的一样。绘画常常是介于工作和游戏之间的一种能力。

② 技术教育的一个最大的弱点，就是培养不了对称的感觉和化繁为简的能力。但英国人在实际经营中培养出了一种才能，它可以与机械和制造方法上的错综复杂相媲美，而美国人甚至更有过之，这种实践的本能往往使他们能在与更有学问的欧洲大陆的对手的竞争中获得成功。

③ 一个良好的方法就是从学校毕业后，把几年里的冬天的六个多月都花在大学中学习科学，而把夏天的六个月都花在大工厂中当实习生。本书作者四十年前曾在布里斯托尔的大学学院（即现在的布里斯托尔大学）实行这个办法，但是存在着实际困难，只有大企业与大学的领导才愿诚恳而慷慨地合作，才能克服这种困难。另外，曼彻斯特的梅瑟·马瑟和普拉特工厂的附属学校采用了这个办法。"学校中做的绘图工作就是工厂中实际进行的绘图工作。某日，教师做必要的解释和计算，次日，学生就看到——好像是有所准备似的——教师所讲解的问题中的那种东西。"

理的。但这只是少数人才能得到的一种绝妙的教育。近代任何大的工业都是部门繁多,而且也很不同,结果雇主们要像过去那样,保证他们所接受的每个青年都能学会一切,这是不可能的,而且一个能力平常的青年会对这种尝试感到迷惑。不过,要恢复一种形式有所改良的学徒制度似乎并非不可①。

迄今为止,重大的划时代的工业发明几乎完全发生在英国。但是,现在其他各国也参与发明的竞争了。美国人的普通学校优良,他们生活丰富多彩,他们之中不同民族进行思想交流,而且他们的农业有着独特的条件,这些已经使他们养成一种顽强的研究精神。同时,技术教育现在也正在大力推广之中;另一方面,德国的中产阶级甚至在工人阶级中普及科学知识,再加上他们通晓近代各种语言,还有旅行求学的习惯,就使他们在机械学方面能与英美并驾齐驱。而在把化学应用到企业的许多方面,他们也是领先的②。

§5. **续前** 的确,没有知识的工人能做好许多种工作,并且与有知识的工人相比同样有效率。而且除了对雇主、工头以及少数的技术工人之外,教育的高等学科没有什么直接用处。不过,对即使是普通工人进行优良教育,也有很大的间接好处。这种教育能刺激工人的智力活动,并使他们养成善于

---

① 雇主有义务在工厂中彻底教会学徒有关其行业的一个大部门中的所有小部门的工作,而不是像现在常常进行的那样,只让学徒学会这些小部门中的一部分工作。这样,学徒的训练就往往会像几代前的训练那样广泛,好像把整个行业的工作都教给他了。而且不妨用技术学校中所教的关于此行业各部门的理论知识来补充这种训练。对于要想学习在一个新国家的特殊情况下的农业经营的英国青年,近来已经风行一种类似旧式学徒制度的办法。有些迹象表明,这个办法可以推广到英国的农业经营中去,因为它在许多方面都非常适合英国的农业。但除此之外,还有许多适合农民以及农业雇佣劳动者的教育,最好能在农业大学和制酪业学校中推行。

　　同时,对成年人进行教育的许多大机构正在迅速发展起来。例如,公开展览会、行业工会和行业杂志等,它们各有自己的分工。在农业和其他某些行业领域,最有利于进步的恐怕是公开展览会了。但是,那些比较进步并掌握有良好学习习惯的人和工业,却更得力于行业杂志所传播的实际的科学知识。这些杂志借助于工业方法和社会条件的变化,打破了行业的秘密,帮助资本小的人与富有的对手竞争。

② 在欧洲大陆上,几乎每个进步的企业领导都曾在外国细心研究制造方法和机械。英国人是著名的旅行家。但是,也许在部分上是因为他们不懂外国语言的缘故,所以他们并不重视利用旅行而获得的工业教育。

研究的习惯，使他们在日常工作中更聪明、更敏捷、更可靠，能提高他们在工作时间内和工作时间外的生活品质。因此，这种教育是生产物质财富的一个重要手段。另外，即使这种教育被看做是其本身的目的，也不低于物质财富的生产所能促成的任何事情。

然而，我们必须从另一方面来探求国家从许多人的普通教育和技术教育的改良中得到的直接经济利益的一部分，这或许是一大部分。我们要重视原来属于工人阶级的那些成员，要重视那些出身低微而高升成为熟练高级技术工人、工头或雇主的人员，还有那些扩大科学的范围或者能在艺术和文学上增加国家财富的人。

左右天才诞生的法则是不可思议的。具有最高天赋的工人阶级的孩子占的百分比，恐怕很可能没有具有这种才能的、在社会上已经获得或承袭高位的人的孩子占的百分比那样大。但是，从事体力劳动阶级的人数，比其他所有阶级的人数加在一起还多四五倍。所以，极有可能在一个国家中生下来的最优秀的天才，多半都会属于这一阶层，而其中一大部分只是因为缺少机会而未获得结果。对于碰巧是出身低微的天才，任其消磨于低级工作之中而置之不理，实在是一种最有害于国家财富增长的浪费。有助于物质财富迅速增长的变化，无过于改良我们的学校，尤其是对中等学校进行改良，如果这种改良能与普通的奖学金制度相结合的话。这种制度使聪明的工人子弟能逐步升学，直到他受到当代所能给予的最好的理论和实际的教育为止。

中世纪自由城市和近代苏格兰的成就，大部分可归功于工人阶级子弟的才能。即使在英格兰，也可得到同类教训。在英格兰进步最快的地方，就是工人子弟在工业领导者中占比重最大的地方。例如，在工业时代之初，在英格兰南部比在北部有更显著、更牢固的悬殊的社会地位。在英格兰南部，有种略似世袭社会阶层的精神，使工人及其子弟不能升到领导地位；而古老的家庭缺乏的只是天赋，而不是社会利益所能供给的那种灵活而清新的精神。这种世袭社会阶层的精神，与工业领导者当中缺乏新的血液相辅相成。在当代人的记忆中，有不少英格兰南部城市的衰落，都在很大程度上可以归因于上述原因。

§6. 美术教育 美术教育与进行艰苦思考的教育地位稍有不同。因为后者常使性格变坚强，而前者往往做不到这一点。然而，人们的美术才能的发展，本身就是一个最重要的目的，并正在成为工业效率的一个主要因素。

我们在这里研究的几乎全都是那种取悦于视觉的美术学科。这是因为虽然文学和音乐与这种学科同样（并且更能）有助于丰富生活，但它们的发展却不直接影响且也不依靠经营的方法、制造的方法和技术工人的技能。

中世纪的欧洲以及现在东方各国的技术工人，素以富有创造力闻名于世，不过他们实际并不像传说的那样有创造力。例如，东方的地毯充满了宏伟的想象。但是，如果我们研究一下任何一个地方的艺术样品——也许是从几个世纪的作品中挑选出来的——我们往往会发现，它们的基本思想并没有什么不同之处。但是，在充满种种迅速变化——有些是风尚造成的，有些是工业和社会进步的有利运动造成的——的近代，人人都可自由创造新局面，每个人都主要必须依靠自己的才力，因为没有一种较为成熟的公众批评来指导他①。

然而，这不是我们时代当中美术设计唯一的不利条件。它并没有充分理由让我们相信：中世纪普通工人的孩子，比现在普通的乡村木匠或铁匠的孩子更具有美术创造力。不过，如果那时一万人中碰巧有一个人是天才，那么在他的作品中就表现出天才，而且受到行会及其他方面的竞争的鼓励。但是，近代的技术工人易于从事机械管理，虽然他所培养出来的各种才能，比他的中世纪前辈的审美力和想象力会更坚实，终究会更有助于人类的最大进步，但这些才能却不能直接促进美术的进步。假如他觉得自己比同事具有较大的能力，他恐怕会力图在工会或其他组织的管理上取得领导地位，或者集中少量资本，从他受益匪浅的那个行业中发展起来。这些都不是卑鄙的目的。但是，如果他仍干他的本行，努力创造出不朽的美术作品，那么他的志向也许会更高尚，对世界会更有利。

但是，必须承认他要这样做会有很大的困难。现在我们所允许的装饰方

---

① 事实上，每个设计师最初都受先例的影响。只有非常敢作敢为的人才不受先例的约束。但他们当中没有过于违背先例的，因为他们的革新要受到经验的考验——经验毕竟是正确无误的。这是因为，在社会上有势力的人士的提倡下，艺术和文学上最粗糙和最可笑的风尚虽然一时会为人们所接受，但只有真正优秀的艺术才会使一首短歌或曲子、一种服装的式样、一种家具的式样，会在整个民族中接连许多代都保存下来。因此，凡是与真正的艺术精神不协调的革新都受到了抑制，而遵循艺术途径的那些革新就得以保存下来，并成为更大进步的起点。这样，在保存东方各国工艺的纯粹性上，传统曾起很大的作用，而在某种程度上，中世纪的欧洲也是如此。

法的变化时间短暂，时间短暂的害处与这种变化遍布于世界广阔的面积上所造成的害处不相上下。因为，这样就迫使设计师一直注意美术品的供给和需求在世界上的变动，他的草率而仓促的努力就会更分散。这是一种对于凭自己双手操作的技术工人不太适合的工作。因此，现在普通的技术工人觉得最好跟上潮流而不要领先潮流。即使里昂的织工的卓越技能，现在也几乎完全表现为继承精致的手工技能和优秀的色彩感觉力，因而使他能完全实现职业设计师的理想。

  财富的增长使人们能购买各种喜欢的物品，而对于这些物品是否耐用却认为是次要的。所以，各种服装和家具的销售越来越取决于式样。因为受到已故的威廉·莫里斯以及其他人的影响，加上许多英国的设计师效仿东方——特别是波斯和印度对色彩很有研究的大师，他们促使法国人自己承认，某些种类的英国纺织物和装饰品已达到一流了。而在其他方面，法国确实是首屈一指的。据说，有些在世界上保持自己独特风格的英国制造商，如果还是依靠英国的式样就要被赶出市场了。这在部分上是由于巴黎在时尚方面居于领导地位，这是它对妇女服装一向具有敏锐而细致的审美力的结果。巴黎的设计会与即将到来的时尚和谐一致，而比来自其他地方具有同等真实价值的设计有更好的销路①。

  因此，技术教育虽不能直接大大增加美术天才的供给，虽不能比在科学和经营方面能增加更多的天才供给，但却能使许多天生的美术天才不会变得

---

① 法国设计师觉得最好住在巴黎。如果他们长久不接触时尚的主要动态，就似乎落后了。他们当中的大多数人所受的教育是要当艺术家，但是他们最高的志向却未必能实现。那些已经成为艺术家的人觉得从事设计工作是值得的，但这只是例外的情况而已，例如像色佛尔的瓷器业那样。然而，英国人在为东方市场的设计工作上还能保持自己的独特地位，但也有证据表明，英国人在创造力方面至少不低于法国人，如在如何配式样和色彩以获得有效的结果方面，英国人还没有法国人那样敏锐（参看《技术教育报告》第1卷第256、261、324、325页和第3卷第151、152、202、203、211页以及其他页），而近代设计师的职业还没有达到能保持最好的地位。因为，此职业在很大程度上都处于一个民族的影响之下，而每个民族的最高艺术的作品本来就不能移植。这些作品的确在当时常为其他各国所赞美和模仿，不过，它们还很少成为后世最优秀的作品的基调。

无用。因为绝不能大规模恢复旧式手工业所实行的训练方法，所以就更需要技术教育的这种目的了①。

§7. 教育作为国家的投资 因此，我们可得出这样的结论：把公私两大块资金用于教育上是否明智，不能单以教育的直接结果来衡量。仅仅将教育当做是一种投资，使大多数人拥有比通常能利用的大得多的机会，也会很有利。这是因为，依靠这个手段，许多原本会默默无闻地死去的人就能获得发挥他们潜在的能力。而且，一个伟大的工业天才的经济价值，足以抵偿整个城市的教育费用。因为像贝塞默发明的那样一种新思想能提高英国的生产力，它相当于十万人的劳动；像詹纳或帕斯特那样的医学发明，能促进我们的健康和工作能力；还有像有关数学或生物学的科学研究工作，即使也许要经过许多代之后才能显示出增大物质福利的功效，但对生产的帮助虽没有前者那样直接，却是同样重要。如果能培养出像牛顿、达尔文、莎士比亚或贝多芬那样的人物，那么在许多年中为大多数人举办高等教育所花的一切费用，就足以得到补偿了。

经济学家直接关心的实际问题，莫过于在国家与父母之间如何分配儿童教育费用这一问题。但是，不论父母负担多少费用，我们还必须考虑能决定父母负担这种费用的能力及意志的力量。

大多数父母极愿以其父母对待他们的方式去对待自己的孩子。而且，如果他们碰巧有标准较高的邻居，那么他们对待孩子也许甚至会更好一点。但是，如果要求父母比这再进一步对待孩子，那么除了无私的道德品质和强烈的情感——这两点也许并不罕见——之外，还需要某种洞察力，而这一点还不很普通。这种洞察力能清楚地预料未来并将遥远的事件看做与眼前的事件几乎同样重要（就是以低利率对未来加以折扣）；这种洞察力是文明的主要产物，也是文明的主要原因，除了在比较文明的国家里中等和上层阶级之外，这种洞察力很少得到发展。

§8. 流动性在职业的等级之间和等级之内日渐增大 父母通常培养自己

---

① 画家自己在画廊中也记载以下的事实：在中世纪——甚至较晚——他们的艺术比现在更能吸引更多的最优秀的人士；而现在却是这样：青年人的志向受到近代经营那令人兴奋的事实的诱惑；建树不朽事业的热诚在近代科学发明中得到了发挥；为定期刊物随便写些浅薄的文章就可获得报酬。因此，许多优秀的人才就不知不觉地改变了高尚的目标。

的孩子从事他们自己那一等级的职业,所以,在一代人当中,任何等级的劳动者的全部供给,都在很大程度上取决于前一代人中该等级的人数。但在该等级本身之内,却有较大的流动性。如果该等级内任何一种职业的利益超过平均的利益,那么青年人就会从同等级内其他职业迅速转入这一职业。从一个等级到另一个等级的纵向流动不很迅速,规模也不大,但是,当一个等级的利益已高于所需工作的困难时,那么青年及成年劳动者就会开始不断流入这一等级。虽然每次流入的人数也许并不很多,但合起来人数就多了,不久就足以满足对这个等级的劳动者增长了的需求了。

我们要到以后的阶段才对以下两点进行比较详细的研究:第一,任何地点和时间的各种条件对劳动者的自由流动所产生的影响;第二,这些条件引诱任何人改变其职业或培养其子弟从事与他自己不同的职业。但是,就我们已经知道的而论,足以得出以下的结论:如果其他情况不变,那么劳动所得的收入的增加会提高劳动的增长率。或换句话说,劳动的需求价格的上涨,增加了劳动的供给。假定知识情况、伦理、社会和家庭习惯的情况固定不变,那么即使不说人口总数,就是说全体人口的活力以及任何特别行业的人口数和活力,可以说都在以下这种意义上具有供给价格:如果有某种水平的需求价格使上述人口数和活力保持不变,那么较高的需求价格会使它们有所增加;较低的需求价格会使它们有所减少。因此,经济原因会发挥作用,会影响整个人口的增长和任何一个等级内的劳动供给。但是,经济原因对于人口总数的影响大都是间接的,是通过生活当中伦理、社会和家庭习惯而产生的。因为这些习惯本身受经济原因的影响虽然很慢,但却很深,且在方式上有些难以探索,不可能预测到①。

---

① 一个父亲打算培养儿子从事一种与自己的职业在性质上大不相同的职业,他会遇到种种困难。穆勒对这些困难感触很深,因此说(见穆勒著的《经济学原理》第二篇第14章第2节):"的确,不同等级的劳动者之间的悬殊一向很彻底,他们之间的分界线非常明显,以致几乎等于世袭社会阶层了。各职业所需的人,主要是由已经从事这种职业的人的子弟来进行补充的,或是由在社会地位上与这种职业属于同一等级的其他职业中的人的子弟来补充的,或是由原来等级较低而通过自己的努力地位已经提高的人的子弟来补充的。自由职业所需的人,大多数是由自由职业阶层或闲散阶层的子弟来补充的,需要高度技能的手工职业,由熟练的技术工人或与他等级相同的商人阶层

的子弟来填补的。等级较低的需要技能的职业也是如此。而不需要特殊技能的劳动者，从父亲到儿子仍然保持他原来的样子，但偶尔也有例外。因此，每个阶层的工资一向为它自己的人口增加所限制，而不是为全国总人口的增加所限制。"但是，他接着说："然而，现在习惯和观念正在迅速发生变化，越来越破坏这一切差别了。"

自从他著书以后，他的先见之明已得到变化的进程的证实。在本章开头时我们已经说过，种种原因使得某些职业需要的一定程度的技术和能力有所减少，另外一些职业需要的一定程度的技术和能力却有所增加。由于这些原因迅速发生作用，他指出的明显分界线几乎已被消除了。我们不能再把不同的职业看做是分属于四个大的部分，但我们也许可以认为不同的职业类似阶梯之间宽度不等的一座长梯，其中有些阶梯非常宽，可以作为梯顶用；或者我们不妨把各种职业想象为两座楼梯就更好了，一座代表"难做的工业"，另一座代表"易做的工业"。因为这两者之间的纵向划分，事实上是与任何两个等级之间的横向划分都同样广泛而明显。

凯恩斯采用穆勒的分类时，其中主要价值已经丧失了（见凯恩斯著的《政治经济学主要原理新论》第72页）。比较适合我们现在情况的分类是吉丁斯提出的（见《政治学季刊》第2期第69~71页）。对这个分类的反对意见是这样的：它在大自然原来并没有划出明显分界线的地方划出了明显的分界线；但是，这个分类也许不亚于把工业分为四个等级的最好的分类。他所分的等级是：（1）自动的体力劳动者，包括普通劳动者和管理机器的工人在内；（2）负责的体力劳动者，包括那些能委以某种责任和自行管理劳动的工人在内；（3）自动的脑力劳动者，如会计员；（4）负责的脑力劳动者，包括监工和董事在内。

关于人口在等级之间或上或下的大量而不断的流动的条件与方法，在以后第六篇中的第4、5、7三章中再进行比较详细的研究。

由于越来越需要供差遣和从事其他没有教育价值的工作的男仆，这样的危险就越来越大，父母会将他们的儿子送去做一些将来不会获得良好教育的职业。公共机关在这方面做了一些工作，而私人团体由于其中的男子和女子的热心和努力，在这方面做得更多，都警告人们不要从事这种"死胡同"职业，并帮助青年准备从事技术性工作。这些努力也许具有很大的民族价值，但必须注意，这种指导和帮助不但要给予工人阶级中出身较低的人，而在必要时同样要给予出身较高的人，否则，民族就会退化了。

第7章　财富的增长

§1. 在近代之前并没有使用什么高价形态的辅助资本；但现在这种资本正在迅速增加，积累的能力也在迅速增加　在本章中，不需要区别将财富看做是消费对象的观点与将财富看做是生产要素的观点，我们只是研究财富的增长，并不需要注重财富作为资本的各种用途。

最早的财富形态，恐怕是渔猎工具和个人装饰品；而在气候寒冷的地方，则是衣着和茅屋①。在这个阶段中，人们开始驯养动物。但是，最初人爱护动物恐怕主要是因为动物本身的缘故，因为它们外形美丽，驯养它们令人愉快。就像个人装饰品一样，人要获得动物，并不是为了准备应付将来的需要，而是因为拥有动物就可立刻得到满足②。渐渐地，驯养的动物增多了。而在畜牧时代，动物既是令所有者愉快和引以为豪的东西，又是社会地位的体现，已成为准备应付将来的需要而积累的最重要的财富。

因为人口渐密，人们定居下来从事农业，耕地就在财富中占了第一位。而在土地的价值中，由于各种改良（其中井占有显著的地位）而产生的那部分价值，就变成了狭义上的主要资本因素。属于次要的是：房屋、家畜，在

---

① 在泰勒的《人类学》当中，有关于原始形态的财富的增长和生活方法的简短论述而足以用作参考的研究。

② 贝奇特（见他著的《经济研究》第 163～165 页）在引用了高尔顿所收集的关于原始民族驯养宠物的证据之后指出：在这里我们找到了关于以下事实的很好的例证：原始民族不论怎样不关心将来，也不能不为将来做一些准备。一张弓或一个渔网在今天足以供获取食物之用，而在未来好长时间内也必然有用。今天足以供人代步的一匹马或一只独木舟，必然是许多未来享乐的储备源泉。原始人的首领中的最不未雨绸缪者，也会建立一大批建筑物，因为那是他现有财富和势力的最显著的象征。

有些地方还有小舟和船只。但是，不论是供农业用的还是供家庭工业用的生产工具，在长时间内一直都没有什么价值。而在有些地方，各种宝石和贵重金属早已成为欲望的主要对象和公认的财富储藏的手段。而帝王的宫殿自然不必说了，即使在许多比较初级的文明阶段中，大部分社会财富也表现为主要用于宗教目的的公共建筑物、道路和桥梁、运河和灌溉工程等形态。

上述这些东西在好几千年里一直是财富的主要形态。的确，在一些城镇里，房屋和家具占第一位，储备的高价原料也非常重要。但是，虽然城市居民平均每个人拥有的财富往往比乡村居民多，但城市居民的全部人数较多，因而他们的财富总额比乡村的财富总额少多了。唯一使用高价工具的行业，一直都是水上运输业还有织工的织机和农民的耕犁。铁匠的铁砧都是构造简单的物体，与商人的船只相比几乎无足轻重。但到了18世纪，英国开始了使用高价工具的时代。

很久以来英国农民工具的价值一直在慢慢上涨，但到了18世纪就上涨得快了。首先是利用水力，然后是利用蒸汽力，使生产部门相继用高价的机械迅速代替廉价的手工用具。正如以往价值最高的工具是船舶、在某些情况下供航行和灌溉用的是运河一样，现在价值最高的工具也是一般的交通工具——铁路和电车、运河、码头和船舶、电报和电话系统以及自来水厂，甚至煤气厂也可以归入这类，因为它的设备主要是用于输送煤气；其次为矿山、钢铁厂和化工厂、造船厂、印刷厂以及其他有很多高价机械的大工厂。

不论从哪一方面看，我们都觉得，知识的进步和普及导致不断地采用新方法和新机械。如果人类要在很长时间内花费努力才能达到最终目的，那么这种新方法和新机械就可以节省人力。要正确衡量这种进步是不容易的，因为在古代，与许多近代工业相同的工业都没有。但是，我们可以比较过去产品性质并没有太大改变的四大产业的过去和现在的情况，它们是农业、建筑业、纺织业和运输业。在前两种产业中，手工操作仍占重要地位，但即使在它们当中，高价机械也有了很大的发展。例如，甚至可以把现在印度农民用的简陋工具与进步的苏格兰低地的农民的设备比较一下[①]；可以考虑一下近代

[①] 包括六七个成年男子在内的头等印度农民的家庭农具，主要是几把木制的轻便的犁和锄，全部价值大约是13卢比（见菲尔爵士著的《雅利安人的乡村》第233页），即相

建筑业者的制砖机、制灰泥机、锯木机、刨木机、嵌线机、凿孔机以及蒸汽起重机和电灯。如果我们再看一下纺织业，或者至少是制造产品比较简单的纺织业的情况，就会看到过去每个工人对工具都感到满意，这些工具的成本不过相当于他几个月的劳动。而在近代，单是工厂设备所占用的资本，以所雇用的每个男工、女工和重工来估算，就占 200 镑以上，即相当于每人 5 年的劳动。又如，一条汽船的成本也许相当于驾驶此船的那些人的 15 年或更多年的劳动。同时，投于英格兰和威尔士的铁路上的资本大约为 10 亿镑，相当于铁路雇用 30 万劳动者 20 年以上的工作。

§2. **续前** 随着文明的进步，人类总是形成新的需求以及满足这些新需求的新方法。进步的速度有时缓慢，有时甚至还有很大的退步。但无论如何，现在我们正以一年比一年更迅速的步伐前进，而且无法推测将在何处停下来。在各个方面都一定会进一步出现机会，这些机会都会改变我们的社会和工业生活的性质，并使我们能利用巨额储存的资本来提供新的满足方式，并用于预料遥远未来的需求，以提供节省人力的新方法。似乎没有充足的理由让人们相信我们已接近静止状态，在此状态下，不会有新的重要的需求得到满足，不会再有机会把现在的努力投到对未来的防备上，而且财富的积累也不会再有任何报酬了。人类的整个历史表明，人的需求随着其财富和知识的增长而扩大①。

当于他们一个月的工作；而在一个有良好设备的近代大农场里，每亩地单是机械的价值就达 3 镑（见莫顿编的《农场的设备》一书），即用相当于农场雇用的每个人一年的工作。这种机械包括：蒸汽机、开沟犁、掘地土犁和普通犁，它们有些靠蒸汽运转，有些用马力运转，还有各种掘土机、耕耙、滚筒、碎土机、播种机和施肥机、马锄、钉耙、干草机、锄草机、收割机、蒸汽或马力打谷机、切饲料机、切萝卜机、压草机以及其他许多机器等。同时，越来越多地使用地窖和有遮蔽的庭院进行保藏，还在不断改良牧场和其他农业建筑物的设备。这一切终究会极大地节省人力，但要花费较大的人力才能为农民种植农产品开辟道路。

① 例如，近来在某些美国城市进行的改良说明了以下一点：如果有充足的资本支出，每个家庭就能更有效地得到它所需要的东西，并能除去它所不需要的东西；虽能让大部分人口住在城市里，但却能免除现有许多城市生活的害处。第一步就是在一切道路的下方都开掘大隧道，将许多管子和电线都设置在隧道中，如有损坏也能进行维修，而不会妨碍交通，也不要花很大的费用。然后就可从远离城市的地方（在有些情况下是从煤矿中）发出动力甚至是热力，凡是需要的地方都可设置。淡水、泉水，甚至海水

随着投资机会的增多，生产物超过生活必需品的剩余也不断增加。这种剩余产生了储蓄的能力。当生产技术落后时，很少有剩余，只有在强大的统治阶级以最低的生活必需品迫使臣服的民众艰苦劳作的地方，只有在在气候温和因而生活必需品很少并且容易获得的地方才有例外。但是，在生产技术方面，只要支撑将来生产而积累的资本有进一步增加时，就会增加剩余，就能从这剩余中积累出更多的财富。不久，在气候温暖的地方，甚至在寒冷的地方，就可能出现文明。而物质财富的增加，在不折磨工人因而也就没有破坏物质财富所依靠的基础的条件下也可能出现了①。这样，财富和知识就一步步地增长起来，而储蓄财富和普及知识的力量也随之进一步增大。

§3. **续前** 在人类历史的过程中清楚地预想将来并为将来做准备的习惯发展得很慢，而且时断时续。旅行家告诉我们，有些部落如果只要预先运用一点他们的力量和知识所及的手段，例如，将他们的小菜园围起篱笆以防野兽侵入，他们就可以使自己的资源和享乐加倍增长，而不必增加全部劳动量。

但是，如果与现在我们自己国家中见到的某些阶层的浪费现象相比，甚至连这种漠不关心的态度恐怕也不足为奇。人们时而一星期挣两三镑，时而濒临饥饿，这种情况并不罕见。当他们有工作时，一先令对于他们的效用，比他们失业时一便士的效用还小，但他们从不打算储蓄和以防万一②。而极端相反的一面就是守财奴，其中有些人爱财接近到疯狂的地步。还有，即使

和臭氧化的空气，就可通过不同的管道送到每个家庭；冬天可由热气管送暖气，夏天可压缩空气降低热度；或者可由装在特别管子里的有很大热力的煤气来供给热力；同时，也可从特别装置的煤气或电力中得到灯光；而且每个家庭都可以与城市中其余的家庭通电话。一切有害健康的煤烟，包括仍在使用的家用燃料散发出的煤烟在内，可通过长管道以强大的气流送出去，并通过大炉子滤清，再从大烟囱中散入高空。要在英国城市实行这样的计划，需要比用于铁路大得多的资本和费用。这种关于城市改良的最终途径的推测，也许离事实太远，但过去的经验显示，有许多途径可将现在的努力用于提供多种满足我们将来需求的方式，上述的推测就是用来说明那些途径中的一种的。

① 参照附录一。
② 他们以每年百分之好几千的比率对将来的利益进行"折扣"（参看第三篇第5章中的第3节）。

在自耕农和其他某些阶层中，我们也常常看到有些人非常节省，连必需品也省掉了，以致损害了他们将来工作的能力。这样，他们就处处吃亏，他们从来都享受不到真正的生活乐趣；同时，他们从储存的财富中得到的收入，比因赚钱能力的提高而能得到的收入还少，如果他们把以物质形态的财富用于自己身上，那么他们由于赚钱能力的提高而获得的收入恐怕会更多。

在印度，我们看到有些人的确节制目前的享乐，以极大的自我牺牲精神节省了巨额款项，但却把他们的全部储蓄都用于婚丧的奢侈排场上。在爱尔兰也有这样的人，不过在程度上比印度轻些。他们只是为不久的将来间歇性地做些准备，而对遥远的将来，却不做任何永久性的准备。巨大的公共工程极大地增加了他们的生产资源，但这些工程主要是由克己力差得多的英格兰人投资兴办的。

这样，支配财富积累的各种原因，在不同国家和不同时代中也大不相同。在任何两个民族之中，这些原因也不完全相同，即使在同一民族内的任何两个社会阶级中，恐怕也不完全相同。它们相当依赖于社会和宗教的制裁。而且值得注意的是，当风俗的约束力稍有松懈时，个人性格上的差异会如何使得在相同条件下长大的邻居，在其奢侈或节俭的习惯方面各不相同，这几乎比其他任何方面的不同都更普遍和更常见。

§4. 保障是储蓄的一个条件　　以前人们不事节俭，这在很大程度上是由于缺乏保障的缘故，因为那些为将来进行储蓄的人是要享有保障的：只有那些已经富有的人才有力量保住他们积蓄的东西；勤劳而克己的农民积蓄了一点财富，却眼看着财富被强行夺走，这使他们不断警告邻居，叫他们在能享受时就享受快乐和安逸。在英格兰和苏格兰的边境地带，只要抢劫事件一天不停止，就不会有什么进步；18世纪的法国农民很少储蓄，当时他们只有表现出贫穷的样子，才能逃避税吏的强取豪夺。即使在四十年前，爱尔兰的许多佃户们为了避免地主索取过高的地租，也不得不这样做。

在文明世界里，此类缺乏保障的情况几乎已成为过去。但在英国，我们仍然受到《济贫法》的影响之害，《济贫法》盛行于上一世纪初，为工人阶级带来了一种新的缺乏保障的形式。因为它规定：工人阶级的一部分工资，要以贫穷救济金的方式拿出来，而这种救济金在他们当中的分配，是与他们勤劳、节俭和远见成反比例的。因此许多人认为，为将来进行储蓄是愚蠢的。

即使到现在由这种有害的经验发展成的传统和本能,对工人阶级的进步仍是一大障碍。而且,至少名义上作为现在的《济贫法》的基础原理,即国家只考虑贫穷而完全不考虑功绩,也产生同样的作用,虽然作用不那么大。

这种缺乏保障感也正在减少,国家和个人对贫民的义务的开明观点有了发展,这足以使人日益明确一点:自力更生并努力为自己的将来做准备的人,要比懒惰而不为别人着想者,将更好地得到社会的照顾。但这方面进步仍然缓慢,还需要做出很大的努力。

§5. 货币经济的发展使奢侈有了新的诱惑,但使没有经营能力的人能得到储蓄的好处 货币经济与近代经营习惯的发展,的确因为对于爱过奢侈生活的人产生了新的诱惑,从而妨碍了财富的积累。在古代,一个人如果要住一所好房屋,就必须自己动手建造;而现在出租的好房子很多,只要付房租就能租到。从前他要喝到好酒,就要有好的酿造作坊,而现在他能买到比自己酿造的还要好而且更便宜的酒。现在,他能向图书馆借阅书籍,而不必自己购买;不等他准备好购买家具的钱,他也能用家具布置自己的房屋。这样,近代的买卖制度、借贷制度以及新的需求的发展,在许多方面都引起新的奢侈方式,并将现在的利益置于将来的利益之上。

但在另一个方面,货币经济使人能以多种方式分配其将来支出的种种用途。在原始社会状态下,一个人储存了一些东西以备将来所用,但他也许觉得对所储存的那些东西的需求,毕竟不像对没有储存的东西的需求那样大。有许多未来的需求是不可能以储存货物的方式直接得到满足的。但是,如果他积蓄了资本,并从资本中获得货币收入,就可以做到需要什么就购买什么①。

另外,近代的经营方法带来了安全投资的机会,使得没有好机会从事任何经营——甚至没有了经营农业的机会,在农业中土地在某些条件下起着可靠的储蓄银行的作用——的人也能获得收入。这些新机会已使有些人积蓄一些东西以供老年之用。如果没有这些机会,他们恐怕不会这样做。财富的增长还具有比这大得多的效果:就是能使一个人更容易为死后供妻子儿女有可靠的收入做准备。因为,家庭情感是储蓄的主要动机。

---

① 参照第三篇第 5 章第 2 节。

§6. 储蓄的主要动机是家庭情感 的确，有些人看到他们积蓄的财富在自己手中增多便感到极其愉快，而几乎没有想到他们自己或别人使用财富会得到幸福。他们之所以如此，在部分上是由于追求的本能、胜过竞争者的愿望、获得财富的能力以及凭借富有而取得势力与社会地位的雄心等方面的原因。有时，由于一种反射作用，在他们真正需要货币时所产生的习惯性力量，使他们在为积聚财富而积聚财富时，便产生了一种人为的而且是不理智的愉快感。但是，如果不是为了家庭情感，现在许多艰苦工作并用心储蓄的人，只要能获得供自己生活用的舒适的年金，就不必更努力了。他们或者向保险公司购买年金，或者安排好退职后每年花费自己的资本及其他所有收入的一部分。在前一种情况下，他们身后就一无所有了；而在后一种情况下，他们只留下为老年做准备却因早死而剩下的那部分储蓄。主要为家庭而工作和储蓄的人，可以用以下的事实来证明：在他们退职之后，他们的费用很少超过从其储蓄中所得的收入，而宁愿把他们储存的财富原封不动地留给他们的家庭；单单在英国，每年就有两千万镑是以保险单的形式储蓄起来的，而且只有在储蓄的人死后才能动用。

最能刺激一个人的精力和进取心的，莫过于在生活中提高地位的愿望，莫过于使家人从比他创业时有更高的社会地位的愿望。这种愿望甚至使他有一种不可抵挡的热情，而这种热情使他对追求安逸和一切普通的愉快的愿望都微不足道了，有时甚至破坏了他内心美好的感觉和崇高的憧憬。但是，像现代美国财富那惊人的增长速度所表明的那样，这种愿望使他成为一个有力的生产者和财富积累者。的确，如果他不是急于攫取财富所能给予他的社会地位，那么他的雄心就会使他走上巨大的奢侈之途，正像浪费的性情以及放纵自己的性情所能引起的那样。

以下这样的人才会有最大的储蓄：出身贫寒，长大后从事严峻而艰苦的工作的人；虽然在经营上获得成就，但仍保持朴素习惯的人；鄙视挥霍并抱有死后他们会比人们认为的还要富有的人。这种性格常见于古老而富有活力的国家里的比较僻静的地方。而受到重大的对法战争以及随之而来的重税的压迫之后，这种性格在英国乡村区域的中产阶级中也很普遍，历时一代人以上。

§7. 积累的源泉。公共积累。合作事业 现在谈关于积累的源泉的问题。储蓄的能力取决于超过必要的开支的那部分收入。在富人中，这部分最大。

在英国，大部分的巨额收入主要是从资本中得到的，但小额收入中只有一小部分是从资本中得到的。在本世纪初，英国的商人阶层要比乡村绅士或工人阶级更具有储蓄的习惯。这些原因合在一起，就使得上一代经济学家将储蓄几乎看做是完全从资本的利润中得来的。

但是，即使在近代英国，地租与自由职业者及雇用劳动者的收入，也都是积累的一个重要源泉，而且在一切初期文明阶段中，它们都是积累的主要源泉①。而且，中产阶级（尤其是自由职业阶层）为了把资本投到儿女的教育上，他们自己总是非常清苦；同时，工人阶级的大部分工资都是用在使子女的身体健康和强壮上。以往的经济学家不太重视这样的事实：人类的才能与其他任何种类的资本都同样是重要的生产手段。我们可得出与他们相反的结论：如果其他情况不变，财富分配上产生的任何变化，即只要给挣工资的劳动者多一些，而给资本家少一些，那么就会加速物质生产的增长，从而不会明显推迟物质财富的储存。当然，如果这种变化是暴力的手段带来的，会令公共安全发生动摇，那么其他情况就不会不发生变化了。但是，即使从纯粹的经济观点来看，轻微而暂时地遏制物质财富积累也不一定是一件坏事，只要平静地实行这种遏制方法，从而不引起骚乱，并为大多数人提供更好的机会，就能提高他们的效率，在他们内心养成自尊的习惯，以便在下一代中产生效率高得多的生产者。如果这样，这种遏制比大量增加我们现有的工厂和蒸汽机终究会更能促进物质财富的增长。

财富分配得很好并拥有崇高志向的民族，就会积累巨额公共财产。有些富裕的民主政体单凭这种形式进行的储蓄，就构成了这一时代从前一代继承的绝大财富的一部分。各种形式的合作运动、建筑协会、友谊会、职工会、工人储蓄银行等的发展，都表明了以下一点：即使以直接积累物质财富而论，将国家的资源用于支付工资也并非完全是损失性的。过去的经济学家就是这样认为的②。

---

① 参照琼斯著的《政治经济学原理》。
② 然而，必须承认所谓的公共财产，往往不过是以将来的公共收入作为抵押而借入的私有财富而已。例如，公营的煤气厂一般并不是公共积累的结果。这种煤气厂是用私人储蓄的但为了公共用途而借入的财富建造的。

§8. 现在的满足与延缓的满足之间的选择。财富的积累一般含有满足的某种等待或延期的意思。利息是其报酬 在研究了储蓄方法和财富积累的发展之后,现在我们可以回头分析一下现在的满足与延缓的满足之间的关系。在以前研究需求时,我们从另一角度开始了这种分析①。

在研究需求时我们知道:任何人如果存有可以有几种用途的商品,他就会力图将此商品分配于所有用途上,以使自己得到最大的满足。如果他认为把此商品的一部分从一种用途转到另一种用途上,从而能获得更大的满足,他就会这样做。所以,如果他分配得当,在把此商品用于各种不同用途上时,他就会停在某一点上,从而使此商品在各种不同用途上得到相同的好处(换句话说,就是他把此商品分配于各种不同用途,使其在每种用途上都有同样的边际效用)。

而且我们还知道:不论一切用途都是现在的,还是有些是现在的,有些是延缓的,上述原理都同样有效。但在后一种情况下,却使人有些新的想法,其中主要的是:第一,延缓获得满足必然会引起关于将来所获得满足是否可靠的问题;第二,照人类本性来看,现在的满足一般地——虽然不是常常地——比可预见得到的与之相同的将来的满足更可取。现在的满足与人类生活中任何可靠的事情都同样可靠。

一个谨慎的人如果认为在他生活的所有阶段中,都会从相同的财产中获得相同的满足,他也许会力图将其财产在一生中平均分配。如果他认为他的赚钱能力在将来会有下降的危险,他就一定会储蓄一些资产以备将来用。他不仅认为储蓄会在手中增加时这样做,即使认为储蓄会减少时,也会这样做。他会储藏一些水果和鸡蛋在冬天时用,因为到了冬天就会缺少这些东西,尽管并不会因为储存了而变得更好。如果他不知道怎样把收入投入贸易或放款以获得利息或利润,他也会效仿我们有些祖先的做法:他们积累了不多的金币,当他们从忙碌的生活中退下来时,就把这些金币带到乡村去。他们认为,在收入多的时候多用几个金币额外获得的满足,对他们的用处并不像在老年时那些金币能提供给他们的舒适那样大。保管这些金币使他们有很多麻烦。毫无疑问,如果有人能为他们免除这种麻烦,而又不会使他们遇到任何风险,

---

① 见以上第三篇中的第 5 章。

他们就会愿意给他一点酬劳。

所以，我们能想象出这样一种情况：储存的财富几乎不能有很好的用途；许多人要为将来做准备。而要借入财物的人很少能提供可靠的担保，以保证将来仍归还这种货物或等价的货物。在这种情况下，延期或等待享乐与其说是一种获得报酬的行动，不如说是一种受罚的行动。一个人把财产交给别人保管，肯定只会得到这样的可能性：归还的东西是少于而不是多于他所借出的东西，因此利率就会变成负数了①。

这样一种情况是可以设想出来的。但是，也可以设想出另外一种情况，而且那种情况几乎同样可能出现：人们也许非常渴望工作，甚至宁愿受一些惩罚来作为被准许工作的条件。因为，正像延缓消费一部分财产是一个谨慎的人为了自身的缘故而愿意做的事一样，做些工作也是一个健康的人为了自身的缘故而愿意做的。例如，如果政治犯被准许做点工作，他一般会认为这是一种恩惠。照人类本性的实际现状来看，我们有理由说，资本的利息是对等待享受物质资源所包含的牺牲的报酬。因为，如果没有报酬，很少会有人大量进行储蓄，正像我们说工资是劳动的报酬一样。因为如果没有报酬，就很少会有人努力工作。

为了将来而牺牲现在的愉快，对于这种牺牲，经济学家称之为**节欲**。但是，这个术语遭到了误解。这是因为最大的财富积累者都是非常富有的人，其中有些人过着奢侈的生活，当然不会按照这个术语的同义词节俭的含义进行节欲。经济学家的意思是说，当一个人怀着增加其将来资产的目的而节制消费他有能力消费的任何东西时，他对这一特殊消费行为的节制，就增加了财富的积累。既然这个术语容易遭到误解，我们还是不用的好，而把财富积累一般说成为延期享乐或等待享乐的结果②。或者，换句话说，财富的积累取

---

① 关于可以想象利率变为负数的观点，1886年1月福克斯威尔在银行学会上宣读的一篇题为《银行业务的若干社会方面》的论文中曾经提到过。

② 卡尔·马克思及其追随者，在研究由巴伦·罗斯·蔡尔德男爵的节欲所产生的财富积累时，觉得很可笑，他们把这种节欲与一个劳动者的奢侈对比来看，后者以每星期7先令的收入养活七口之家，依靠其全部收入为生，丝毫不实行经济上的节欲。将利息作为报酬，并且把利息看做是生产的一个要素，这不是节欲而是等待的论述。这一论述曾由麦克文在1887年7月的《哈佛经济学杂志》中提到过。

决于人的**先见**，也就是他想象将来的能力。

财富积累的"需求价格"，即环境使人从工作以及对将来的等待中能够得到的未来的愉快各不相同，其价格也不相同。一个农民建造了一所可防风避雨的茅屋，而他的邻居们在建造茅屋时却没有花费像他那样多的劳动。因此，当风雪吹入他们的茅屋时，这个农民从自己的茅屋的优势多获得的愉快，就是他从工作和等待中赚得的价格。如果与因一时冲动而攫取眼前的满足所能获得的愉快相比，这种多得的愉快代表明智地用于预防遥远的祸患或是准备满足将来需求的种种努力就会格外富有成效。这种多得的愉快在一切基本方面都与利息相似。退休医生把资本借给工厂或矿山改良机械，而他从资本中获得利息。因为利息具有明确的数字形式，我们可以认为利息是从财富中获得的其他利益形态的典型代表，它代表这种利益。

不论一个人等待享乐的能力是直接从那几乎是一切享乐的最初源泉——劳动——中获得的，还是他靠交换或继承、进行合法的贸易或毫无顾忌地投机、抢劫或欺诈的方法从别人那里得到的，这与我们眼前的目的没有关系，我们现在只研究这样的问题：财富的增长一般包含一个人在目前有意识地等待有力量（正当或不正当）支配的愉快，并且他愿意这样等待的心理取决于他形象地想象出的将来以及为将来做准备的习惯。

§9. 报酬越多，储蓄率通常就越高。但也有例外 但是，让我们更详细地研究一下以下的说法：正像人类本性构成的那样，由于现在做出一定的牺牲将来就会有更大的愉快，这样，一般就会使人们现在做出更大的牺牲。例如，如果乡村居民必须到森林中取木材建造木屋，那么因为森林越远，他们每天取木造屋的劳动带来的未来舒适的回报就越小，而每天的劳动所积累的财富所产生的未来利益也就越少，由于现在做出了一定的牺牲却获得的这样少的未来愉快的回报，就往往会阻止他们扩大木屋，而总的来说也许会减少他们用于取木材的劳动量。但是，这一法则也不是没有例外的。因为，如果风俗使他们只熟悉一种式样的木屋，那么他们离森林越远，而且从一天劳动的产物中得到的利益越小，他们花在工作上的天数就越多。

同样，如果一个人不希望自己使用自己的财富，而期望放款取息，那么利率越高，他储蓄所获得的回报就越大。如果合理的投资利率是4%，而他放弃现在值100镑的享乐，那么他每年便可得到值4镑的享乐。但是，如果利率是3%，他就只能得到值3镑的享乐。利率的下降一般会降低这一边际：在此边际上，一个人觉得为了通过储蓄一部分财产获得那些将来的愉快而放弃现在的愉快刚好是不值得的。所以，利率的下降一般会使人们稍微增加现在的消费，而为将来的享乐做的准备就比较少。但是，这一法则也不是没有例外。

乔塞亚·蔡尔德爵士在两个多世纪前曾说过，在利率高的国家里，商人"在攒得巨资时就脱离贸易"而放款取息，"由此而得到的利益非常容易、可靠并且巨大。但在利率较低的国家中，他们世世代代继续做商人，自己和国家都变得很富有"。有许多人正当壮年，并且待人接物的知识使他们能比以前更有效地搞经营，但他们却退职不干了。这种情况过去有，现在也同样有。还有，正像萨金特指出的那样，一个人如果决定继续工作和储蓄，直到他准备了一定的收入作为老年或死后家人用为止，利率低时他会觉得有必要比利率高时多储蓄些。例如，假定他希望等到每年有400镑的收入时才能退休，或者每年保400镑的险等到死后给妻儿用；如果现在的利率是5%，他只需储蓄8 000镑，或保8 000镑的人寿险；但是，如果利率是4%，他就必须储蓄1万镑，或保1万镑的人寿险。

因此，利率继续下降很可能会伴随着世界资本每年的增加额继续增大。但是付出一定量的工作以及对将来的等待得到的遥远利益减少了，这大体上也会减少人们为将来所做的准备，或者用比较现代的话来说，利率下降势必将遏制财富的积累，这也同样是千真万确的。因为，虽然人类对天然资源的支配力越来越大，且即使在利率低时人们也许还会继续大量储蓄，但只要人类本性和现在一样，那么利率每有下降就会使更多的人比利率高时少储蓄，而不是多储蓄①。

§10. 续前　　支配财富积累和它与利率的关系的种种原因，与经济学的各个部分都有许多相关之处。因此，对这些原因的研究就不容易完全包括进我们所研究的部分之中。在本篇中，虽然我们研究的主要是供给方面，但在这里似乎有必要稍稍说明一下资本的需求与供给之间的一般关系。我们已经

---

① 再参看第六篇中的第6章，这里有一点要加以注意：资本的增长依靠对"将来货物"的很高的估价，这一点似乎被以前的学者过高估计了，而不是像庞巴维克教授论述的那样过低地估计了。

看到财富的积累受到种种原因的支配：风俗、自制力和设想将来的习惯，尤其是家庭情感的力量。保障是财富积累的一个必要条件，而知识和智力的进步在许多方面促进了财富的积累。

对资本提供的利率，即储蓄的需求价格的上升，势必将增加储蓄额。这是因为，虽然有少数决定为自己或家庭而获得某一固定数额收入的人，在利率高时会比在利率低时少储蓄一点，但利率上升会提高储蓄的**愿望**，几乎是普遍的法则。而且利率的上升往往增大储蓄的**能力**，或者不如说利率上升往往是我们的生产资源的效率有所增加的一种迹象。但是，以往的经济学家认为，以牺牲工资为代价的利息（或利润）的上升会提高储蓄能力，这未免夸大其辞了。他们忘记了从国家的角度来看用于劳动者子弟身上的财富，与用于马匹或机械上的投资同样富有成果。

然而，必须记住：每年的投资不过是已有的资本额的一小部分。所以，即使每年的储蓄率提高很多，人们也不会察觉到资本额在任何一年中的增加。

§11. **有关财富增长统计的注释** 财富增长的统计史非常贫乏，而且遭到误解，部分原因是要衡量适用不同地点和时间的财富数字存在着固有的困难；部分上是由于缺少收集必要的事实的系统性尝试。美国政府的确征求每个人的财产报告，由此得出的结果虽然并不令人满意，但恐怕是我们所有报告中的最好的报告了。

其他各国对财富的估计，几乎完全是以对收入的估计为根据的，而对收入的估计是按照各种收入的年数化为资本进行计算的。这个年数的选择参照：（一）当时通行的一般利率标准。（二）使用任何一种形态的财富所获得的收入达到怎样的程度：（1）由于财富本身那永久产生收入的能力；（2）由于使用财富所花费的劳动或资本本身的消耗。后一个参照标准对于折旧费很大的铁厂特别重要，而对于很快就会开采完的矿山更重要：两者必须只以几年的收入作为资本。另外，土地产生收入的能力会增大，而在这种情况下，从土地上获得的收入，必须以许多年的收入数作为资本〔这些收入在（二）（2）项目下可看做是负数〕。

无论在任何地方任何时间，土地、房屋和牲畜都是头等重要的三种财富形态。但土地不同于其他东西的原因在于土地价值的上升，这是由于土地更稀少了。因此，与其说土地价值上升是衡量满足需求手段增多了的尺度，不如说是衡量需求扩大了的尺度。例如，1880年美国土地的价值算起来大约与联合王国土地的价值相等，而大约是法国土地价值的一半。土地的货币价值在一百年前毫不重要。假如二三百年后美国的人口密度与联合王国大约相同，那么前者的土地价值，将比后者至少大20倍。

在中世纪初，英国土地的全部价值，比冬天饿死在土地上的少数骨瘦如柴的动物的价值还低得多。现在，虽然许多最优良的土地已列入房屋、铁道等项目下；虽然现在牲畜的总重量也许增加了10倍以上，而且质量更好；虽然现在有各种为中世纪所不知道的大量农业资本，但现在农业土地的价值比农业资本大3倍以上。几年拿破仑战争的压力使英国土地的名义价值几乎增长了1倍。自那时以来，改良自由贸易、运输业、开发新的土地以及其他各种原因，使得用于农业的土地的名义价值下降了。这些原因使得以货物计算的一般货币购买力，在英国比在欧洲大陆相对有所提高。在上一世纪初的法国和德国，25个法郎能买到比在英国一镑所能买到的东西——尤其是工人阶级所需要的东西——更多。但现在这种优势却在英国方面，这就使法国和德国近来财富的增长如果与英国相比，似乎更大，而实际上却并非如此。

如果我们考虑这类事实和以下的事实：利率的下降会增加收入的年数，而在这年数中任何收入都必须转化为资本，因而就增大了产生一定收入的财产的价值。由此我们就可以知道，即使对国民财富的估计所根据的收入统计是正确的话，这种估计也很会令人误解。但是，这样的估计并非是完全没有价值的。

吉芬爵士著的《资本的增长》和莫奈先生著的《财富与贫困》两本书包括了对下表中许多可供参考的数字。但是，他们的意见分歧也表明所有这样的估计都并不很确实。莫奈先生恐怕过低估计了土地——即农业土地——以及农业建筑物的价值。吉芬爵士估计公共财产的价值是5亿镑，他省略了国内持有的公债数，理由是在公共财产的项目下记入借方的数额与在私有财产项目下记入贷方的数额相等，把公债数记入账内就会互相抵消。但是，莫奈先生把公路、公园、建筑物、桥梁、阴沟、照明和取水设备、电车等的总价值算为16.5亿镑，从中减去12亿镑公债，那么公共财产的净值是4.5亿镑。这样，他就可以在私有财产的项目下计算国内持有的公债数了。他估计联合王国持有的外国股票证券及其他外国财产的价值是18.21亿镑。对财富作出的这些估计数字主要是根据对收入的估计数字得来的。关于收入的统计数字，我们可以注意鲍利在他写的《1882年以来的国民进步》之中和在1904年9月份《经济杂志》中所进行的有益的分析。

国家及估计者	土地（百万镑）	房屋等（百万镑）	农业资本（百万镑）	其他财富（百万镑）	财富总额（百万镑）	每人的财富（镑）
英格兰						
1679年（佩蒂）	144	30	36	40	250	42
1690年（格雷戈里·金）	180	45	25	70	320	58
1812年（科尔基豪恩）	750	300	143	653	1 846	180
1885年（吉芬）	1 333	1 700	382	3 012	6 427	315
联合王国						
1812年（科尔基豪恩）	1 200	400	228	908	2 736	160
1855年（埃德斯顿）	1 700	550	472	1 048	3 760	130
1865年（吉芬）	1 864	1 031	620	2 598	6 113	200
1875年—	2 007	1 420	668	4 453	8 548	260
1885年—	1 691	1 927	522	5 897	10 037	270
1885年（莫奈）	968	2 827	285	7 326	11 413	265
美国						
1880年（户口调查）	2 040	2 000	480	4 208	8 728	175
1890年—					13 200	208
1900年—					18 860	247
法国						
1892年（福维勒）	3 000	2 000	400	4 000	9 400	247
意大利						
1884年（庞塔勒奥尼）	1 160	360			1 920	65

吉芬爵士估计 1903 年英帝国的财富（见《统计杂志》第 66 期，第 584 页）如下：

联合王国	15 000 百万镑
加拿大	1 350 百万镑
澳大利亚	1 100 百万镑
印度	3 000 百万镑
南非	600 百万镑
帝国的其余部分	1 200 百万镑

为了课税的目的，罗杰斯从各郡的课税额中，已推算出英国各部分的相对财富的尝试性变化史。埃文内尔的名著《1200～1800 年的财产经济史》包括关于法国的丰富资料；而勒瓦瑟尔、博留、内马克和福维勒则对法国与其他国家的财富增长进行了比较研究。

1919 年 3 月，格兰蒙德先生在银行学会的演讲中，估计联合王国的国民财富为 240 亿镑，国民收入为 36 亿镑。照他的计算，联合王国的国外投资的净值已降到 16 亿镑，近来卖出的证券达 16 亿镑；另又借入 14 亿镑。收支对照来看，联合王国似乎是有 24 亿镑的债权。但这个数额的大部分都不能算做是有充分的担保。

第 8 章　工业组织

§1. 组织提高效率的学说过时了，但亚当·斯密赋予了其新的生命。经济学家和生物学家曾经共同研究过生存竞争对于组织的影响；这种竞争的最残酷的特征目前已受到遗传的缓和　自柏拉图时代以来，社会学家都喜欢研究组织提高劳动效率。但是，就像其他情况一样，在这方面亚当·斯密以他解释旧学说所用的透彻的哲学理论，还有他说明此学说时所应用的实际知识，使这一学说有了新的而且更大的意义。他坚持分工的各种利益，并指出这些利益如何会使增加的人口在有限的领土上过上舒适的生活，之后他得出这样的论断：人口对生活资料施加的压力会淘汰那些由于缺乏组织或其他原因而不能尽量利用其所在地的优势的种族。

还没等许多人读到亚当·斯密的著作，生物学家就在理解组织种种差别的实质上有了很大的进展。他们认为这些差别将高级动物与低级动物区别开来。而在四五十年前，马尔萨斯对人类生存竞争史的叙述，促使达尔文着手研究有关动物界和植物界的生存竞争结果，这个研究终于使他发现了生存竞争不断起着淘汰作用的规律。自那时以来，生物学的作用超出了其本职范围；经济学家因在社会组织——特别是工业组织——与高等动物的身体组织之间发现了许多奇妙的相似之处，因而受益匪浅。诚然，在有些情况下，经过比较仔细的研究之后，表面上的相似点就消失了。但是，在初看上去似乎是幻想出来的那些相似点中，有许多逐渐受到其他相似点的补充，而最终足以解释物质世界与精神世界中各种自然法则的作用的基本统一性。这个中心的统一性可由以下一般原理来进行说明：有机体——不论是社会的有机体还是自然的有机体——的发展，一方面使其各部分之间机能的再分部分有所增加，另一方面使各部分之间的关系更密切，这个原理没有很多例外情况①。每部分的自给自足都变得越来越少，而为了自身的福利却越来越多地依赖其他部分。因此，一个高度发达的有机体的任何部分出了毛病，都会影响其他各部分。

这种机能的再分的增加，或称为"微分法"，在工业上表现为分工、专门技能、知识和机械发展等形式。而"微分法"——就是工业有机体各部分之间的关系更密切稳固——表现为商业信用更有保障，海上和陆路、铁道和电报、邮政和印刷机等交通工具更加增多了。

按照我们刚才所说的意思，最高度发达的有机体，就是在生存竞争中最会生存的有机体，关于这一学说还处于发展之中。它与生物学或经济学的关系都还没有完全思考出来。但是，我们可转而考虑下一法则在经济学上的主要意义：生存竞争促使最适合从环境中获利的有机体增多。

这个法则需要仔细解释：因为某物有利于其环境的这一事实本身并不能保证它在物质世界或精神中生存下来。"适者生存"的法则是指那些最适合利用环境达到自己的目的的有机体生存下来的法则。最能利用环境的那些有机体，往往是最有利于周围事物的有机体。不过，有时它们也有害。

相反，生存竞争也许并不能使会成为非常有利的有机体得以生存：在经济界中，对于任何工业设施的需求，并不一定会招来供给，除非不仅仅是对这种设施有欲望或需要，而且还必须是有效需求。就是说，必须对供给者提供充分的报酬或其他某种利益才会有效②。单单是雇工们要参与管理工厂或赚钱的愿望，或者聪明的青年感到需要良好的技术教育，按照我们使用需求这个词的意思——就是说供给自然而又必然地随着需求而来——来说，都不是一种需求。这似乎是个无情的事实。但这个法则最残酷的特征因为下一事实而得到缓和：其成员不强索报酬而互相帮助的那些种族，不但在当时最可能兴旺发达，而且最有可能培养出许多继承他们有益的传统的子孙后代。

---

① 参看赫克尔著的一篇题为《在人类和动物中的分工》的优美论文，以及沙夫尔的《社会本身的结构与生活》。

② 像其他同类所有学说一样，这需要依照以下的事实进行解释：购买者的有效需求取决于他的财产和欲望。在支配世界的企业设施方面，富人的一个小欲望要比穷人的大欲望更有效。

§2. 续前 即使在植物界中，不顾自己种子好坏的植物，不论生长得如何茂盛，都会不久就从地球上灭亡。在动物界中，家庭和种族义务的标准往往很高。即使那些被我们看做是残酷型的凶残地利用环境而不图任何回报的食肉猛兽，作为个体来看，也必然愿意为其子孙的长远利益而努力。从家庭的狭隘的利害到种族的利害，我们看到在像蜜蜂和蚂蚁那样的所谓群居动物中，生存下来的也就是其个体付出最大努力、为集体尽各种义务而不是为自己获得直接利益的种族。

但是，当我们说到具有理性和语言的人类时，民族的责任感对加强民族的影响有各种形式。的确，在人类生活的原始阶段中，个人对别人提供的服务有许多几乎像蜜蜂和蚂蚁那样，完全是出于遗传以及毫无理性的冲动。但是，不久就出现了有意识的因而是有道德的自我牺牲。这种自我牺牲是由有远见的预言家、僧侣和立法者指导培养出来的，并且寓言和传说也谆谆教导这一切。渐渐地，起源于低级动物的无理性的同情心扩大了范围，人们有意识地采取这种精神作为行动基础。热爱部落的出发点并不比一群狼或一群盗匪对集体的感情的出发点更高，对部落的爱心会逐渐发展成为高尚的爱国心，因而宗教的理想也得到了提高和净化。如果其他情况不变，凡是这些特性得到高度发展的民族，在战争以及与饥饿和疾病的斗争中，必然会比其他民族坚强，最终必占优势。因此，生存竞争终于使人类中这样的民族得以生存。个人最愿为了周围人的利益而牺牲自己，因而是最适合于共同利用环境的民族。

然而，不幸的是，一个民族能胜过另一个民族的所有特性，并不都有利于整个人类。好战的习惯曾经常使半原始的民族能够征服在和平美德方面都胜过他们的民族。因此，如果过于看重这个事实，无疑是错误的，因为这种征服已经逐渐增大了人类的体力和创立伟大事业的力量，而最终或许是利大于弊。但是，如果一个民族与另一个民族共同繁荣兴旺，那仅仅因为这个事实就说它不足以对世界有功，这就不必加上上述的附带条件。因为，虽然生物学和社会学都表明，寄生的民族有时也意外地有利于他们所赖以繁荣的那一民族，但在许多情况下，寄生的民族为了自己的目的，而充分利用那个民族的特性，但却不能给以任何好的报答。在东欧和亚洲，犹太人和阿米尼亚人放高利贷的服务，是经济上的需要；而在加利福尼亚州，中国人的劳动也是经济上的需要。但是，这种事实本身并不足以证明，甚至也不能使人充分相信这样的方法会提高整个人类生活的质量。因为，虽然一个完全依靠自己资源的民族，如果不具相当程度的美德，社会就不能兴盛起来，但是，如果没有这些美德，即便不能独立创造伟大事业，它们也会依靠与另一民族的关系而繁荣。不过，总的来说——并且有重大的例外情况——在获得生存以及占有优势的民族中，最优良的品质得到了极其高度的发展。

§3. 古代的社会等级与近代社会的阶层 这种遗传性影响在社会组织中表现得最突出。因为社会组织发展缓慢，而且是许多代人的产物：它必须以大多数不能迅速变化的人的风俗和癖好为根据。在古代，当宗教、礼仪、政治、军事和产业组织都密切相关，而且成为同一种东西的不同方面时，世界所有进步的先驱国家都几乎采取多少有点严格的社会等级制度。这一事实本身就证明：社会阶层的划分非常适合环境的类别，它使采取等级制度的民族或国家强大了。因为既然社会等级的划分是生活的一个支配性因素，如果产生的影响大体上不利，那么采取等级制度的国家一般就不能胜过别的国家了。这些国家的卓越成就并不证明等级制度没有缺点，而是证明它的优越性——与那个进步的特定阶级相比——超过了它的缺点。

另外，我们知道，一种动物或植物具有两种不同的特性而不同于竞争者，一种特性对它非常有利，而另一种则不重要，甚至或许还稍稍有害。虽然有后一种特性的存在，但前一特性仍会使这种动物或植物获得成功。因此，后一特性的存在并不能证明是有利的。同样，生存竞争使人类有许多特性和习惯，这一切本身并没有利，但却与作为人类力量的巨大源泉的其他特性和习惯成为一条多少带点永久性的纽带联结在一起。在主要归功于军事胜利而取得进步的国家中，存在着压制以及蔑视坚忍的勤劳的倾向；还有，在商业国家中，有偏重财富和以财富作为炫耀的倾向。在这两种倾向中都可找到以上这样的例子。但是，最显著的例子还是在于有关组织的问题当中。虽然等级制度有很大的缺点，但其主要缺点还在于其严厉性以及为社会利益——或者不如说是为社会的某些特殊紧急事——而牺牲个人。但是，等级制度与它的特殊功能非常适应，因而使它能够盛行不衰。

如果越过中间阶段而立刻说到西方的近代组织，我们看到近代组织与社会等级制度构成了鲜明的对照，而且具有同样明显的相似之处。一方面，严厉性已为变通性所替代：过去固定不变的工业方法现在正以令人眼花缭乱的速度变化着;阶层的社会关系,以及个人在其阶层内的地位,过去被传统规则明确地规定着,而现在完全可以改变,并且随着一定的情况的变化而改变形式;但在另一方面,在关系到物质财富的生产方面,个人为社会发生紧急事件所做出的牺牲,在某些方面似乎是种隔代遗传的倾向,这似乎又回到古代盛行等级制度统治时的状况了。因为,不同工业等级之间的分工,以及同一等级内个人之间的分工,非常彻底并且不能互相调和,生产者为了提高自己的工作对物质财富总生产的增加量,甚至有时反倒牺牲了自己的真正利益。

§4. 亚当·斯密是谨慎的,但他的许多追随者却夸大了自然组织的经济。才能因使用而得到发展;才能的承袭则靠早年的训练或其他方法 亚当·斯密极力坚持在他那一时代中以空前的速度发展着精细的分工以及精密的工业组织的总体利益,但同时他也仔细说明,这个制度在许多方面是失败的,而且包含着许多附带的害处①。但他的许多追随者哲学见解较差,而且在有些情况下,关于世界的实际知识也较差,他们大胆地辩解说,现有的一切都是对的。例如,他们说如果一个人有经营企业的才能,那么他必然会利用这种才能为人类谋福利;同时,同样在追求其自身的利益时,他会促使别人向他提供他可以利用的最好的资本,而且他自己的利益会促使他安排所雇用的人,让人人都能做力所能及的最高级的工作,而不是其他事情;而且他自己的利益会促使他购买、应用机械以及其他所有能对生产有利的东西。这些东西在他手中作出的贡献,能超过其本身满足世界需求费用的等价物。

这种自然组织学说,几乎比其他任何同样会为那些不进行充分研究就讨论重大社会问题的人无法理解的学说,包含着更多的对人性极为重要的真理,对于认真和深思的人,它非常有魅力。但是,夸大这种学说却极其有害,对于最爱好这个学说的人尤其如此。因为在他们的周围发生的变化中,有利也有害,这个学说会使他们看不见也消除不了其中的害处,也妨碍他们研究这样的问题:即使在现代工业的广泛特点中,有许多也是过渡性的,尽管当时它们产生了良好的效果,但也会像当初等级制度产生的效果一样。不过,也同等级制度一样,它们主要有利于引导人们走向为更幸福的时代并为此做好更好的安排。而且这个学说因为容易引起对其夸大的反应,因而产生了害处。

---

① 参看以上第一篇第 4 章中的第 8 节和以下附录二中的第 3、6 节。

§5. 续前 此外，这个学说没有考虑到器官因为得到使用而强壮的情况。斯宾塞曾经极力主张这样的法则：如果运用身体或精神的方式产生了愉快，并习以为常，那么用于这种运动的身体或精神器官就会迅速发达起来。诚然，在低级动物中，这个法则的作用与"适者生存"的作用密切结合在一起，甚至往往不必着重说明两者的区别了。因为，生存竞争会使低级动物在运用无助于它们的生存的机能上，因而不能获得很大的愉快，这可以用演绎法来推测到这一点，而且似乎观察已证明了这一点。

但是，人类具有坚强的个性，因而有更大的自由。人类喜欢为使用才能而使用才能。有时是高尚地使用才能，不论是纵情发扬伟大的希腊精神，还是受为了重要的目的而作出的审慎而坚定的努力的支配；有时是卑鄙地使用才能，好像是饮酒嗜好的病态发展。工业进步所依赖的宗教、道德、智力和艺术才能，并不完全是为了这些才能可以获得的东西而养成的，而是为了它们本身所带来的愉快和幸福而发展起来的。同样，经济繁荣的一个比较重要的因素——井井有条的国家组织——是无数动机的产物。其中，有许多动机与追求国民财富并没有直接关系①。

父母在一生中形成的身体上的特点，即使遗传给子孙也是很少的一部分，这一点毫无疑问是确确实实的。但是，如果断言身体上和精神上都过着健康生活的那些人的孩子，假如其父母是在不健康的影响下长大的，而这些影响使其父母的精神和身体变得也很衰弱，那么这些孩子生下来时就不会有更结实的体质。这一点似乎并没有确凿的事例。而以下一点是肯定的：健康父母生育的子女比不健康父母生育的子女会有更充足的营养，会受到更好的教育，会养成更健全的本能，并且还会更尊重他人，非常有自尊，这是人类进步的主要推动力②。

---

① 人类有许多动机，这些动机既可有意识地促进一种特性的发展，也可有意识地遏制另一种特性的发展。中世纪中进步缓慢的部分原因是，有意识地厌恶学问。
② 参看数学附录中注11。这种思考不大适用像老鼠那样的动物的发育，也不大不适用豌豆以及其他植物的成长。所以，与上述情况的遗传性有关而确立的——至少是暂时性的——奇妙的算术结论，与社会科学学者研究的遗传性问题没有什么关系。关于这个问题，门德利安派学者提出的一些否定说法似乎缺乏应有的谨慎。关于这些问题的卓越的见解，详见庇古教授编写的《财富与福利》第一篇中的第4章。

因此，需要认真研究一下：改变现在的工业组织，增加低级工业使用潜在的智能的机会，从这种使用中获得愉快，并通过这样使用而加强这些智能，这样做究竟是否有利？因为一定要摒弃以下的论断：如果这种改变有利，那么生存竞争早就会实现这种改变了。由于对未来进行预测以及为下一步做准备，人类的特权扩大了对自然发展的限制，但控制却是有效的。

这样，应用优生学原理，以高级血统而不是以低级血统来优化人种，对男女两性的才能进行适当教育，这一切都会加速社会进步；但不论怎样加速，进步必然是渐进的，而且是相对缓慢的。与人类对技术和自然支配力的提高相比，进步也必然是缓慢的。这种支配力不断地越来越需要勇气和谨慎、智谋和坚定、敏锐的洞察力和长远的目光。而进步必然过于缓慢，还在于不能与在新的基础上迅速出现的、立刻就会改造社会的各种建议齐头并进。事实上，我们对大自然的新的支配力，一方面使我们能制定出甚至比不久前实际能制定出的大得多的工业组织计划，而另一方面，也把更大的责任加在那些提倡社会和工业结构新发展的人的身上。因为，虽然制度可能会迅速发生变化，但是如果要持久的话，制度就必须适合人类。如果制度的变化比人类的变化快得多，制度就不能保持其稳定性。因此，进步本身就使以下警告更加迫切：在经济界，**自然是不能飞跃的**[①]。

进步必然缓慢。但是，即使仅仅从物质角度来看也要记住：如果变化能使人类准备好拥有一种组织并且适合它，此组织在财富生产上比较有效，并且在财富分配上也比较平均，那么尽管这只是增加一点点生产直接效率的变化，也是值得有的。还有，凡是在低级工业中浪费高级才能的制度，都是极其令人怀疑的。

---

① 参照附录一中第16节。

第9章 工业组织（续前） 分工 机械的影响

§1. 熟能生巧 有效率的工业组织的第一个条件，就是应当使每个受雇者都能担任力所能及和资历能使之胜任的工作，并为受雇者备好工作所需的最好的机械和其他工具。暂时我们先不研究那些进行细节生产工作的人与那些做一般管理生产工作并承担风险的人之间的分工问题，而只限于研究不同等级的工人之间的分工问题，特别是研究有关机械的影响。在下一章中，我们将研究分工与决定工业地点之间的相互影响。再下一章中，我们将研究分工的好处是以何种程度依靠大量资本集中于个人或个别企业的手中的。或者按通常所说的，是以何种程度依靠大规模的生产的。最后，我们将研究发达的企业管理工作的专门化。

人人都熟悉这样的事实："熟能生巧"。这使得起初似乎是很难的工作在不久之后做起来就能比较省力，而且比以前做得好多了。在某种程度上，生理学解释了这一事实，因为生理学提供的种种理由使人们相信这种变化是由于带有点"反射"或自动作用的新习惯逐渐发展而引起的，就像在睡眠中进行呼吸这样的绝对反射功能是由局部神经中枢负责行使的，而与那位于大脑中的思维能力的最高机关毫无关系。但是，一切有意识的举动都需要由主要的中央机关加以注意：它接收来自神经中枢或局部机关的信息，而在某些情况下或许还直接接收来自感觉神经的信息，并对局部机关或在某些情况下直接对肌肉神经发回详细复杂指令，以调和它们的行动，以取得所要求的结果①。

---

① 例如，一个人初次学溜冰时，必须全神贯注，保持身体平衡，只能剩下不多的心力去做别的事情。但是，经过多次练习之后，动作变成半自动化了，局部神经几乎担任中

我们还不十分了解纯粹劳动工作的生理学根据。但是，我们确实知道的有关大脑构造发展的那一点点知识，似乎表明任何种类的思考练习，都发展于头脑各部分之间的新的联系。不管怎么说，我们确实知道练习能使一个人迅速解决那在不久以前他即使付出最大的努力也应付得不太好的问题，而且还不用费多大力气。商人、律师、医生和科学家的头脑中，逐渐储有丰富的知识和直觉能力。一个非常有能力的思想家除非接连多年对有点偏的问题不断进行研究，否则他就无法获得这种知识和能力。当然，人的大脑在一天中不能在某一方面过度使用或多达数小时之久。一个勤劳的人有时会在不属于他的业务范围的工作中找到乐趣，但是此工作却足以使终日都必须做的人感到疲劳。

的确，有些社会改良家一直主张：做非常重要的脑力工作的人，也应当适当地做些体力劳动，这样不会减少他们获得知识以及解决难题的能力。但是，经验似乎表明，解除过度疲劳的最好办法是做些一来情绪就开始，而一没情绪就停止的工作，也就是一般被本能地当做"消遣"一类的事情。任何

枢神经的一切调节肌肉的工作，大脑就自由了，而这个人就能不断地自由思考，他甚至能改变方向，以避开途中的障碍，或者在稍有高低不平而使身体失去平衡时，就能恢复这种平衡但又绝不会打断思路。在存在于大脑中的思考力的直接指挥下，神经力量的运用似乎已经逐渐在神经与有关的神经中枢之间，建立了一种几乎包含明显的身体变化的关系，而这种新的关系可以看做是神经力量的一种资本。局部神经中枢也许有点像一种有组织的政治制度：骨髓、脊骨神经和较大的神经球一般具有省级机关的作用，不久之后能够调节区级和乡级机关，而不必麻烦中央政府。它们很可能会发出关于正在发生的一切消息。但如果没有重大事情发生，这些消息就不大受到注意。可是，当必须完成一项新的事业时（例如学倒退溜冰），全部思考力就会立即运用起来，神经与神经中枢的特殊的溜冰组织已在平常溜冰中建立起来了，而借助于这种组织，思考力此时就能做那些如果没有这种帮助就完全不可能做的事。

再举一个比较高级的例子：当一个艺术家画兴正浓时，他的大脑完全用于工作上；他的全部心力完全用于作画上，但因紧张过度而不能维持很久。在几小时的愉快发挥灵感之中，他也许表达出对后世人的性格具有显著影响的思想。但是，他的表达的能力是由于无数时间的辛勤工作而获得的。在这种工作中，他逐渐建立了眼与手之间的密切关系，足以使他即使在专心谈话而几乎不觉手中有笔时，也能对他相当熟悉的东西画出优美的轮廓。

具有经营性质，甚至使人有时必须靠意志力强迫自己继续做的工作，都会消耗他的神经力量，因此就不能完全算做消遣了。所以，从社会角度来看，此工作不经济，除非价值足以补偿他的主要工作给他的极大的损害而且又绰绰有余①。

§2. 在低级工作上，极端专门化能提高效率，而在高级工作上则不尽然　在最高级的工作部门中应当实行什么程度的专门化是个尚未解决的难题。在科学研究中，这似乎是条合理的法则：在青年时代研究的范围应当广泛，而随着年龄增大，就应当逐渐缩小。比如，一个医生总是专门研究某一种疾病；而另一个医师靠着比较广博的经验研究这种疾病与总的健康的关系，因而积累了丰富的专门经验和微妙的本能反应。在这种情况下，前者对自己专门问题的意见，恐怕会不如后者的那样高明。但是，在那些只需要手工技能的职业中，毫无疑问，分工会大大提高效率。

亚当·斯密曾经指出，那一直只制作钉子而不做别的东西的少年，制钉速度能比那只是偶尔制钉的一流铁匠快一倍。任何一个人如果必须天天对形状完全相同的东西做完全相同的动作，都会逐渐学会自如地应用手指，其速度要比每个动作都得等大脑发出特殊指令要快得多。一个人所共知的例子就是纱厂中童工干的绕线活。又如，在制衣厂或制靴厂，一个每日每时都对同样大小的一块皮子或布料用手工或机械做着接缝活的工人，要比一个眼神更快、动作更麻利、具有更高技能并习惯缝制完整的衣服或皮靴的工人，在于这种活时更省力并且更迅速②。

---

① 詹姆士·穆勒甚至认为他在东印度公司的职务，并不妨碍他的哲学研究工作。但是，他的最旺盛的精力如此遭到分散，降低了他的最好的思维质量，而他自己却不知道，这似乎是可能的。虽然这职务不过是稍稍减少了他对他那一代人做出的伟大贡献，但是，恐怕大大影响了他能做的对后代的思维方式有影响的那类工作的力量。达尔文做他那类工作之所以能做得那么多，是因为他尽量少用他的微弱的体力。一个社会改良家如果剥夺了达尔文为社会做有用工作的空闲时间，就是对社会做了一件坏事。

② 最好的和最贵的衣服，是由高度熟练并且工资很高的裁缝做的，他们每人都是先做一件衣服，然后再做另一件衣服；而最便宜的以及最糟糕的衣服，是由无特殊技能的女工为了赚一点不足以糊口的工资而做的。她们把布料带回家去，全部缝纫工作都由她们自己做。但是，中等质量的衣服是在工场或工厂里做的，那里分工的精细程度要看

在木材业和金属业中，如果一个人对同一块材料必须反复地干完全相同的活儿，他就会养成这样的习惯：按需要的方式摆放材料，把工具及其他要用的东西都放在合适的地方以便使用，而尽可能少地浪费时间和他自己身上的力气。他的双手习惯在同一位置工作，并按照同样的次序取用这些东西，因而双手就能互相协调工作，差不多变成自动的了。经过不断练习，他所消耗的神经力量，甚至比所消耗的体力下降的速度更快。

但是，当动作因此成为习惯时，就几乎达到能用机械来代替的阶段。所要克服的主要困难，就是使机械能把材料牢牢地固定在合适的位置上，恰好使机械工具能顺利地对材料进行操作，而又不需要太多的时间去紧紧扶住它。但是，如果在这种机械上花费一些劳动和费用是值得的话，那么这种困难一般都能设法得到解决，然后全部工作往往就能由一个工人来管理了：他坐在机器前，左手从一堆材料中取出一块木材或金属，将它放在机器上凹进的地方，同时用右手拉下开关或以其他方法开动机械工具。最后，左手把恰好按照一定式样切好或凿好、钻好或刨好的材料投放到另一堆材料中去。特别是在这些工业中，我们看到近代工会的报告中有很多这样的抱怨：过去需要训练有素的技师的技能和判断才能做的工作，已经因为机械的改良和再分工的精细程度的不断提高而变成单纯的例行工作了。因此，无特殊技能的劳动者，甚至连他们的妻子和孩子都被找来做这种工作了。

§3. 机械对人类生活的质量所产生的影响部分是好的，而部分是坏的

因此，我们就得出一个一般法则，其作用在一些工业部门比另一些工业部门更显著，但却适用于所有工业部门。此法则就是：任何工业操作如果都能变得千篇一律，必须一再以同样的方法来做完全相同的事，那么这种操作迟早都一定会为机械所替代。不过可能会有些耽搁和困难。但是，如果要由机械

职工人数的多少而定。这个方法在做最好的与最糟的衣服方面，都已迅速推广，胜过了其他方法。兰德戴尔勋爵（见他著的《公共财富的性质及其增加的方法和原因之研究》第282页）引用色诺芬的论断说，当每个人只做一部分工作时，才能做得最好。如果一个人专做男鞋，另一个人专做女鞋，或者一个人只缝鞋子或衣服，另一个人专门剪料，这样则更好。皇帝的厨师之所以比其他任何人的厨师都好得多，就是因为他有一个厨师专门煮肉，另一个厨师专门烤肉；一个厨师专门煮鱼，另一个专门煎鱼；不是一个人做各种面包，而是每种特殊的面包都由专人来做。

做的工作具有足够的规模，那么金钱和发明的能力将会被毫不吝惜地用于这种任务上，直到成功为止①。

这样，机械的改良与日益精细的分工这两个运动是同时并进的，而且在某种程度上有关系。但这种关系并不像一般想象得那样密切。引起进一步再分工的原因是：市场扩大以及对于同类大量物品——在有些情况下是对制造极其精密的东西——的需求有所增加；机械改良的主要结果是使得无论如何都要进一步分工的工作价格更便宜，分工更精密。例如，"波尔顿和瓦特在沙河设立工厂时，觉得分工必须达到最大限度。那时还没有像现在这样在机械构造的精密性方面有几乎毫无问题的滑动车床、刨床或钻孔工具，一切都依靠个别技师眼和手的准确性，而且那时的技师还远远不如现在的技师这样熟练。波尔顿和瓦特设法克服困难的方法，就是限定工人做特殊种类的工作，使他们尽可能成为某种工作的能手。由于不停地在使用同种的工具以及不断地制造同样的东西，因此他们每个人都很熟练"②。这样，机械就不断代替了那种完全手工的技能，并使这种技能变得不必要了。即使到了亚当·斯密时代，分工的主要利益也是获得这种完全手工的技能。但是，机械促使工业规模扩大，并使工业更复杂，因而也增加了各种分工——尤其是企业经营方面的分工——的机会，这种倾向已绰绰有余地抵消了上述影响。

§4. 用机器制造机械开辟了零件配换制度的新时代　高度精密的工作是

---

①　传说某大发明家花了30万镑用在纺织机械的实验上，他的费用据说已经得到丰厚的报酬。在他的发明中，有些只是天才能做得出来的。不论有多大需求，这些发明必然要等到合适的人出现才会成功。他对每一架梳毛机收1000镑作为专利权使用费也并非不合理。有一个活儿很多的毛织品制造商，在距专利权期满只有6个月之前，付出1000镑这种使用费多买一架机器，他认为很值。当然，这种情况必须是：专利机器通常都不很贵。在有些情况下，这些机器在一个地方全部用专门的机器来生产，非常经济，甚至使取得专利权的人觉得，以低于为专利机器代替的次等机器的老价格来出售这些专利机器仍然是有利可图的。这是因为老价格带给他的利润非常高，他甚至还认为值得进一步降低价格，以吸引这种机器为了新的目的在新的市场上进一步使用。几乎在各个行业中，许多事情都还是用手工来做的，虽然大家知道，只要把在那个行业或其他行业中已经使用的机器稍加改装，就能很容易地用机器来做这些事情。而没有这样做的原因，只是因为使用这些机器还不足以抵偿制造它们的麻烦和费用。

②　见斯迈尔斯著的《波尔顿与瓦特》，第170～171页。

不能用手工来做的，而在**零件配换**制度迅速发展的金属业的某些部门中，恐怕机器做这种工作的能力是最清楚不过了。只有经过长期训练并非常细心而且付出很多的劳动，才能凭手工把一片金属做得与另一片金属完全相似或互相适合，但这种精密性毕竟还是不完美的。而且，这正是优良的机器能最容易、最完美地去做的工作。例如，如果必须用手工制作播种机和收割机，那么最初的费用就会很高；当任何部分发生损坏时，只有花很大的费用把机器送回制造厂或请来技术高的技师才能调换修好。但实际上，制造厂备有许多由同一台机器制成的与损坏的部件相同的部件，因而就能配换上去。美国西北部的农民距离一家好机械商店也许有百里之遥，但却能放心使用复杂的机械。这是因为，他们知道通过发电报通知机器上和被损坏了的机器上的任何部件的号码，下一班火车就能带来一件新部件，他们自己就能装上。这种零件配换原理的重要性直到最近才得到了解。可是，有许多迹象表明：这个原理比其他任何原理都更能促进在各个生产部门中使用并推广由机器制造的机器，甚至包括家务劳动和农业劳动在内①。

机械对于近代工业性质产生的影响，从制表业中能得到很好的证明。若干年前，这种经营的主要中心是在瑞士靠近法国的地方，那里的分工达到非常精细的程度，虽然大部分工作是由分散的人口来做的。这个行业大约有五十个不同的部门，每个部门负责工作的一小部分。这些部门几乎都需要高度专门化的手工技能，但却不需要什么判断力；工资一般很低，因为此行成立已久，从事这一行的人没有什么可垄断的地方，而且培养智力平平的儿童从事这个行业也没有困难。但是，这个工业现在正为以机械制表的美国方法所压倒，而美国方法是不需要什么专门的手工技能的。事实上，机械日益自动化，越来越不需要人的手的帮助了。但是，机器的力量越精细，管理机器的人就越需要有更高的判断力，并且要更细心。现在以一种精美的机器为例，它从一端自动吸入钢材，而从另一端送出精美的小螺丝；它代替了许许多多的工人，而这些工人的确已经培养成一种高度而专门的手工技能，但他们却

---

① 这个制度在很大程度上源于惠特沃思爵士制定的标准，但在美国，这种制度实行得最坚决、最彻底。标准化最适合与其他东西合在一起制成复杂的机器、建筑物、桥梁等各种东西。

过着久坐不动的生活，透过显微镜用力地看着，觉得他们的工作除了只是运用手指之外，没有什么发挥才能的机会。但是，这机器复杂又昂贵，管理它的人必须拥有智慧和强烈的责任感，而这种智慧和责任感大大有利于养成良好的性格。虽然拥有智慧和责任感的人比过去更普遍，但仍然还很少，因而能赚很高的工资。毫无疑问，这是一种极端的情况。制表厂中的工作大部分非常简单。但是，其中许多工作却比旧的方法需要更高的才能，而从事这种工作的人挣的工资平均比较高。同时，这种工作已经降低了准确可靠的表的价格，使社会上最贫穷的阶层也可以购买表。它表明，人们不久就能完成更高级的工作①。

那些完成一只表的各部分并把它们装配在一起的工人，必须具有高度的专门技能。但在制表厂中使用的机器，大部分与其他任何轻金属工业使用的机器在性质上并无不同。事实上，其中有许多不过是所有机械行业中常见的车床、凿削机、打洞机、钻孔机、刨床、成型机、旋力精削机及其他一些机器而已。这是以下事实的一个很好的例证：当分工越来越精细时，许多名义不同的各种行业之间的分界线正在缩小，而且不难逾越。在以前，苦于对表的需求不多的制表匠，在碰巧听说制造枪炮业需要增加人手的消息时，也不会感到什么安慰。但是，现在，制表厂中的工人如果转入兵工厂或缝纫机制造厂或纺织机械制造厂工作的话，就会看到许多机器与他们所熟悉的机器非常相像。一个制表厂连同在厂中工作的工人都能改成缝纫机厂，还不会有什么大损失，唯一的条件就是：在新工厂中，对原来做惯某种工作的工人，不应当叫他去做一般需要较高智力的工作。

§5. 以印刷业作为例证　关于机械改良和产量增加而造成的进一步的精细分工的情况，印刷业又是一个例证。人人都熟悉美国新开拓区域的报纸编辑的办报情况。他们边写文章边排活字，靠着一个男童工的帮助，印出报纸并散发给住得很分散的读者。当时，当印刷的秘密尚未公开时，印刷者必须

---

① 可通过以下事实来表明已经达到完美程度的机械：1885年在伦敦举行的发明展览会上，一家美国制表厂的代表，在采用旧式制造法的英国代表面前，把50只表完全拆开，他把表的各种零件分别堆在一起之后，就请英国代表为他从各堆中先后选出一样零件，然后他就把这些零件装配在一个表壳内，并递给他们一只完整的表。

自己做一切事情。此外，还要制造自己的一切工具①。现在，这些工具已由单独的"辅助"行业供给他们了，即使在边陲森林地带的印刷者，也能从这些行业中得到他们所需要用的一切东西。但是，虽然可以从外面得到帮助，一个大印刷厂也必须在自己厂内备有许多不同类型的工人。除了那些组织和监督经营的人、办公和管理货物的人、改正"校样"上可能出现误排的熟练的"校对"、工程师和机械修理工人、铸造铅版和改正及配合铅版的人、管理仓库的人以及帮助他们的男女童工，还有其他一些次要等级的工人等之外，仍然还有排活字的排字工和担任印刷的机器工人与印刷工人两大类。这两大类又各分为许多小类，而在印刷业的大中心尤其如此。例如，在伦敦，如果习惯管理一种机器的工人或习惯一种作业的排字工失业的话，是不会愿意放弃这一专门技能，而去寻找需要另一种技能的工作的②。一个行业中的精细的再分工之间的分界线，极为有力地说明了许多工业专门化种类的现代倾向。在某种程度上这是对的，因为这些分界线虽然有许多都非常细微，甚至一个人如果在一个小部门中失了业，就能转到邻近的小部门中去工作，而不会造成很大的损失。但是，他仍然设法要在他的本行中找工作。如果经过一段时间没有成功，他才会这样做。所以，就每星期的行业中的细小变动而论，这些分界线与较强的分界线同样有效。但是，这种分界线与中世纪的分界线属于完全不同的类型。中世纪的手工业者是以深而广的分界线进行分类的，但

---

① "铸字工人恐怕是最先脱离印刷所的人。然后，印刷者就委托别人制造印刷机。此后，油墨和滚筒也分别单独制造出来，因此就产生了这样一类人：他们虽然属于别的行业，但却使制造印刷工具成为专门的行业，如印刷锻工、印刷细木工、印刷工程师等。"（见《英国百科全书》中索思沃德先生著的《印刷术》一条。）

② 例如，索思沃德先生告诉我们说："一个管理机器的工人也许只懂得书籍印刷机或报纸印刷机；他也许只知道平面印刷机或圆筒印刷机的知识；或者他仅懂得圆筒印刷机的一种。有了完全新式的机器，就有一类新的技术工人。有些人完全能够胜任管理瓦尔特式印刷机，但却不知道怎样使用双色印刷机或精巧的书籍印刷机。在排字部门，分工程度更精细。过去的印刷工人对招贴纸、内封和书籍样样都要排，现在我们则由散工、书籍工人和报纸工人分别去排。'工人'这个词使印刷业具有工厂的性质。散工专排招贴纸；书籍工人包括排标题和作品本文内容。而在后者之中，还分为一个人排字，另一个人整理页数，这个整理页数的就是'整理工'。"

这种分界线却使手工纺织工人在失业后终生受苦①。

在印刷业中就像在制表业中那样,我们看到机械和科学工具获得了没有它们就不可能获得的各种结果;同时,它们不断取代那些一向需要手工技能和熟练而不需要很多判断力的工作。另一方面,它们把的确需要运用判断力的那些工作留给部分人手工去做,而且开创了各种非常需要判断力的新职业。每当印刷者的工具进行改良以及出现工具跌价时,就更要求校对者有判断力、鉴别力和文学知识;并且更需要人知道怎样排成优美的内封面,或怎样在纸上印刷雕刻物,以恰如其分地配合色彩明暗这种技能和审美力;还更需要在木、石或金属上面绘画或雕刻的有天才的以及经过高度训练的美术家;并更要有人知道怎样在10行文字之内,排出10分钟的演说内容和正确报告。这是一种智力技巧,其困难为我们低估了,因为常常就是这样做的。但其实这会增加摄影师、电版工人、铅版工人、印刷机械制造工人以及其他许多人的工作,这些人比过去堆放和取出纸张的工人以及折叠报纸的工人——他们的工作已为机器所替代了——会从工作中得到更好的训练和更多的收入。

§6. 机械减轻了人类体力的紧张程度,因而单调的工作不会引起生活单调 现在我们可以回头去考虑机械减轻人体紧张的程度。在几代人之前,即

---

① 让我们进一步注意一下,机械在某些方面代替手工操作以及在另一些方面为使用机械开辟的新的机会。让我们看一下,一家发行很多份报纸的大报馆,在几小时之内就可以排好并印好的方法。首先,大部分的排字本身往往是由机械操作的。但无论如何,活字最初是排在平面上的,因而就不可能印得很快。所以,下一步就将活字制成纸版,并将纸版卷在一根圆筒上作为模型,铸成一块新的金属版,装到印刷机的圆筒上去。装好之后,这块金属版就向油墨滚筒和纸张轮流地旋转。一大卷的纸张放在印刷机的底层,会自动地展开,首先朝着使纸潮湿的圆筒,然后就朝着印刷圆筒旋转,第一只印刷圆筒印好纸的一面,第二只印好另一面,再转到切纸圆筒,把纸张切成一般大小,最后转到折叠的机器上,将它折好后就可出售了。

最近,铸造活字也采用新的方法了。排字工人在像打字机那样的键盘前操作,把相应的字母的字形排成一行,留出字母之间的衬铅,将熔化的铅浇在各行字形上,一行固体的活字就制成了。进一步改良之后,每个字母分别铸成字形。机器会计算字母所占的地方,在够排成一行时就停止了,并把其余空白的地方平均分为文字之间所需的很小的空间,最后就铸成了一行活字。据说一个排字工人能通过电流同时操作在距离很远的城市中的几架同样的机器。

使在像英国这样的国家里，这种紧张也是一半以上的工人的共同命运。机械力量特别惊人的例子，可见于大钢铁厂，尤其是制造钢板的工厂，那里使用的力量非常大，以致人的体力显得无足轻重。一切动作——不论是横的还是竖的——都必须用水压力或蒸汽力来完成，人只是站在旁边管理机器、清除灰烬或做一些类似的次要工作。

这类机械虽然增强了我们对大自然的支配力，但却没有直接大幅度地改变人类工作的性质。因为如果没有这些机械的话，那么人就不能做什么了。不过，在其他行业中，机械还是减轻了人类的劳动。例如，建造房屋的木匠，制造着与我们祖先所用的同样的东西，但却省力多了。他们现在主要是做工作中最令人愉快和最有趣的那些部分。同时，在每个乡镇，甚至在每个村落，都有为锯、刨和铸造而设的蒸汽厂，这些工厂解除了那种不久以前使他们未老先衰的极度疲劳①。

在刚发明新机械时，通常需要极其爱护和注意。但是，管理这种机器的工人的工作常被划分出来：凡是动作一律而单调的作业，逐渐由机器来接替。因此，机器就变得越来越自动化并可自行操作了。到最后，除了按时加料并取出成品之外，人的手简直无事可做了。但人仍要负责注意机械是否良好，运转是否正常。不过，现在连这种工作也往往因采用自动的装置而减轻了，这种自动装置能使机器一有故障就立即停止运转。

在过去，素色布匹的织工的活儿是最单调的。但现在一个女工就可管理四架或更多的纺织机，一天中每架织机做的工作，都比旧式手织机提高了许多倍。而织工的工作远远不像从前那样单调，但却需要更多的判断力。因此，在所织的每100码布当中，人类所做的完全单调的工作，恐怕不到过去的1/20②。

---

① 刨平地板以及其他用途的大木板所使用的刨子过去常常导致心脏病，使木匠通常到四十岁时就变成老年人了。亚当·斯密告诉我们说："工人如果工资优厚，就很容易劳累过度，而在几年中损害了他们的健康和体质。在伦敦以及其他某些地方的木匠，一般被认为连续保持最大的精力不会超过八年。……差不多各类技术工人，都是因为过度用力做所特有的这类工作而患上某种特殊的疾病。"（见《国民财富的性质和原因的研究》第一篇第7章）。

② 在近70年中，织布的劳动效率提高了12倍，纺纱的效率提高了6倍。在以前的70年间，纺纱改良已经提高了200倍的劳动效率（参看埃利森著《英国的棉布业》第4、5章）。

第9章 工业组织（续前） 分工 机械的影响　223

　　在许多行业最近的历史中都可以找到这种事例：当我们考虑近代工业组织会如何缩小个人的工作范围，因而使工作变得单调时，这种事实非常重要。因为，分工最细的行业，就是肯定会由机器接替主要的紧张体力劳动的行业。因而单调的工作的主要害处就极大地减少了。正如罗雪尔所说的，生活单调比工作单调更可怕，只有在引起生活单调时，工作单调才有最可怕的害处。现在，当一个人的职业需要很大的体力操作时，他在工作后就不能做什么事了。除非在工作中用得着智力，否则他的智力就几乎没有什么发展的机会了。但在工厂的日常工作中，消耗神经力量的工作不很多，至少在不太嘈杂和工作时间不太长的工厂中是这样的。工厂生活的社会环境在工作时间内外都刺激着智力活动，许多职业似乎很单调的工人都具有相当高的智力和智谋[1]。

　　的确，美国农民能干，其子女的地位也迅速提高。但是，部分上是因为土地肥沃，而且农民耕种的土地一般是天然的，就比英国的农民具有更好的社会条件。美国农民必须常常为自己打算，而且早已会使用并修理复杂的机器了。英国的农民要应付很多不利的情况。在不久前，英国的农民没有受过

---

[1] 也许纺织工业对过去用手工做而现在用机械做的工作提供了最好的例子。纺织工业在英国尤其突出，英国的纺织业雇用了将近50万的男工和50万以上的女工，即每10个有独立收入的人当中，有1人以上是纺织工人。即使在对付那些质软的材料上，也可用以下的事实来证明人类肌肉的紧张程度有所减轻：在这100万工人中，每人大约使用1匹马力的蒸汽。就是说，如果他们都是强壮的人，每人用的蒸汽力大约等于他们可用出的力气的10倍之多。这些工业的历史可使我们想起，在从事制造业中比较单调的工作的那些人当中，通常有许多并不是从较高级的工作降低级别去做这些工作的技术工人，而是由无特殊技能的工人升上来做这些工作的。在兰开夏纱厂做工的人，大多数是来自从爱尔兰的极其贫苦的地方，而另一些人则是农民和体质虚弱的人的子孙，这些人是在上一世纪初因为最贫穷的农业区域的非常艰苦的生活条件而被大批地送到那里去的。在这些区域里，劳动者的食物和居住条件几乎比他们的牲畜还要差。如果我们对新英格兰的纱厂工人的文化水平没有像一个世纪之前那样高而表示遗憾的话，那么必须记住，这些工厂的工人子孙已经升到比较高并且比较负责的地位，而且包括许多美国最能干和最富有的市民在内。那些代替他们的人，也正处于提高地位的过程中。他们主要是法国血统的加拿大人和爱尔兰人，虽然他们在新的居住区域或许会染上一些恶习，但总比在旧的家乡的处境好多了，而且大体上会有更多的机会开发他们自己和孩子的更高的才能。

什么教育，而且在很大程度上还处于半封建的统治之下，这种统治虽然不无好处，但却抑制了进取心，甚至在某种程度上抑制了自尊心。现在这些不利因素已经消除了。英国的农民在青年时代就能受到相当良好的教育。他们学习使用各种机械，依靠某个乡绅或者其一些农民的帮助也不像以前那样多了，因为他们的工作比最低级的城市工作更多样化，并更能培养智力，因而他们的地位也就有绝对和相对的提高。

§7. **专门技能与专门机械的比较。外部经济与内部经济** 现在我们要进一步考虑一下在什么条件下最能获得由分工而产生的生产上的经济。显然，专门机械或专门技能的效率如何，只不过是对其进行经济使用的一个条件；而另一个条件就是应有足够的工作使得这种专门机械或专门技能得到充分利用。正如巴比奇指出的那样，在一家大工厂中，"厂主把要做的工作分为不同的工序，每一道工序所需要的技能或力气的程度都不同，这样，他就必须在每一道工序中都体现出一定的技能和不同程度的力气；同时，如果全部工作是由一个工人来做的话，那么这个人必须具有足够的技能才能做这个工作所分成的各种作业中最难的作业，必须具有足够的力气才能做其中最艰苦的作业"。生产上的经济不但需要每个人在狭小的工作范围内不断地操作，而且在需要每人承担不同的工作时，每种工作都应当使他的技能和能力尽量地发挥出来。同样道理，当特别为某种工作而设置一架功率大的车床时，机械上的经济就需要这架车床尽可能长久地用于这种工作；如果要将它用于别种工作，那么那种工作应当是值得使用此车床的工作，而不是用比它小得多的机器也能做得同样好的工作。

所以，在这里以生产上的经济而论，人和机器处于几乎完全相同的地位，但是，机械不过是生产的工具，而人类的福利又是生产的最终目的。我们已经研究过这样的问题：职务的专门化使一切最艰难的工作由少数人来做，这种专门化如果达到极点，是否整个人类都有好处。关于这一问题我们必须特别从企业管理这方面来考虑。以下三章的主要内容，是研究哪些原因会使企业管理的各种方式最适合从环境中得到好处，以及最能胜过其他方式。但同时我们也应当注意：这些方式各自适合环境的程度如何。

在只有很大的工厂才能获得的专门技能与机械的那些经济中，有许多并不取决于个别工厂的大小，而是取决于种类相近的生产的总量；还有些——

尤其是与知识的发展和艺术的进步有关的那些经济——主要是取决于整个文明世界的生产总量。在这里，我们要提到两个术语。

我们可以把因为任何一种货物的生产规模的扩大而产生的经济分为两类：第一是有赖于此工业的总体发展的经济；第二是有赖于从事此工业的个别企业的资源、组织和经营效率的经济。我们可称前者为**外部经济**，后者为**内部经济**。在本章中，我们主要是研究了内部经济，但现在我们要继续研究非常重要的外部经济，这种经济往往能因许多性质相似的小型企业集中在特定的地方——即通常所说的工业地区分布——才能得到。

第10章 工业组织（续前） 将专门工业集中于特定的地方

§1. 地方性工业：它的原始形态 在早期文明阶段中，各地必须依靠本地的资源来生产大部分的笨重货品，除非此地可能有特别方便的水运条件。但是，需求和风俗慢慢地发生着变化，使得生产者容易满足即使与自己没有什么关系的消费者的需求；并使比较穷的人也能购买来自远方的少数的高价物品，因为他们深信这些物品会增加一生中——甚至两三代人中——的节日和假日的愉快。因此，衣服和个人装饰品等比较轻巧而高价的物品，社会各阶层使用的香料，某些种类的金属工具，许多富人专门使用的东西，等等，往往都来自极远的地方。其中有些东西只产于几个地方，甚至只产于一个地方，它们之所以行销于整个欧洲，部分上是由于定期集市①和专门商贩的推广，部分上则依靠生产者本人。这些生产者徒步旅行好几千里出售货物并观光世界，使他们的工作有所变化。这些坚强的旅行家自己承担着小买卖的风险，他们使某些种类的货物能保持正常生产，以满足远方购买者的需要，而且他们在集市中或自己的铺子里，陈列出来自远方的新货物，从而在消费者中开创了新的需求。集中于某些地方的工业通常——虽然也许并不是十分确切——称为地方性工业②。

---

① 例如在对剑桥附近的斯托布里奇集市的记载中，我们看到有无数种类的轻巧而贵重的货品是来自东方和地中海沿岸的古代文化中心的；而有些则是由意大利的船只运来的，有些是由陆路从北海沿岸运来的。

② 在不久以前，到蒂罗尔西部去旅行的人在一个叫作伊姆斯特的村落中，能看到这种奇妙而独特的遗风。村中的人不知怎样学到了饲养金丝雀的特殊方法：年轻人到欧洲遥远的地方去旅行，每个人都在一根竹竿上挂上大约50个小鸟笼挑在肩上，一路走着直到卖完为止。

这种初步的工业地区分布，逐渐为机械技术和企业管理在分工方面的进一步发展打下了基础。即使在现在，我们仍然看得到原始形态的工业集中在中欧的一些偏僻的村落中，并将所生产的简单物品甚至送到现代工业最集中的地方去。在俄国，家族集团扩大成为村落，这往往是地方性工业的原因；在俄国有许许多多的村落都只经营一个生产部门，甚至只经营一个生产部门中的一个部分①。

§2. 地方性工业的起源 导致工业地区性分布的原因很多，但主要原因是自然条件，如气候和土壤的性质，附近有矿山和采石场，或是水陆交通便利。因此，金属工业一般位于矿山附近或者在燃料便宜的地方。英国的炼铁工业最初寻求木炭丰富的区域，以后又迁到煤矿附近②。斯塔福夏郡生产的各种陶器，一切原料都由远地输入。但该地有廉价的煤和制造重型"火泥箱"——即烧制陶器用的箱子——所需要的优良黏土；制草帽用的麦秆的主要产地是贝德福夏郡，该地的麦秆含有比例适中的二氧化矽，韧性好又不脆；白金汉夏郡的毛榉为威科姆制造椅子提供所需的原料；设菲尔德有利器业，主要是因为该地有磨利器的优良砂石可做磨刀石。

另一个主要原因是宫廷的庇护。聚集在宫廷里的那群富人需要质量特别高级的物品。这就吸引了有特殊技能的工人从远道而来，而且培养了当地的工人。当东方的君主迁都的时候——部分上是因为卫生的缘故而不断迁都——旧都往往要依靠源于宫廷的存在而发展起来的专门工业。但是，统治

---

① 例如，有500个以上的村落专做木工活并有各个部门：一个村落只做车轮上的辐，一个村落只做车身，等等；在东方文明史与中世纪欧洲史中，也有与上述相似的情况。例如，我们读到大约在1250年写的一个法律家的手册（见罗杰斯著的《六个世纪的工作和工资》，第4章），它记载着这样一些地方的东西，如林肯的红布；布利的毯子；贝弗利的地榆；科耳切斯特的土布；沙夫茨伯里、刘易斯和艾尔沙姆的细麻布；沃里克和布里德波特的细绳；马斯蒂德的小刀；威尔顿的针；莱斯特的剃刀；考文垂的肥皂；唐卡斯特的马肚带；切斯特和施鲁斯伯里的兽皮和皮货，等等。

　　关于18世纪初英国贸易的地区分布，在迪福著的《英国商业计划》和《英国的商人》两书中都有很好的叙述。

② 以后炼铁工业又从威尔士、斯塔福夏郡和希洛普夏郡迁往苏格兰和英国北部，在贝尔爵士新近呈给工商业萧条委员会的报告中，详细指出了这种迁移。参看该委员会第二篇报告中的第1编第320页。

者常常有意请来远方的技术工人,并让他们住在一起。据说兰开夏人的机械才能归功于诺尔曼铁匠的影响,他们在威廉一世时被卢普斯安顿在沃灵顿。在工业革命时代到来之前,大部分英国制造业是受弗莱明斯人以及其他居住区的技术工人的支配;这些居住区大部分是在普兰特金耐特和都铎王朝诸王的直接指挥下建立的。这些外来移民教我们怎样编织羊毛和绒线物品,虽然在很长一段时间内我们还是把布送到荷兰去上浆染色;他们又教我们怎样腌鱼、怎样制丝、怎样制作花边、玻璃和纸张,还满足我们其他许多方面的需求①。

但是,这些外来的移民又是如何学到技能的呢?他们的祖先无疑受益于地中海沿岸一带和远东古代文明的传统技术。一切重要的知识都有深远的根源,可追溯到遥远的时代。这些根源分布很广,随时可发出生机蓬勃的嫩芽。因此,如果民族的性格和他们的社会与政治制度有利于精美而技术高的工业发展,那么在旧大陆上也许没有一个地方不是在很久之前就有许多繁荣的工业了。这种或那种偶然的事件也许会决定某种工业是否在一个城市繁荣起来,甚至整个国家的工业性质也会极大地受到土壤和矿山的富饶程度以及商业的便利的影响。这样的自然优势本身就会刺激自由工业和企业的发展,不论受什么方法促进的商业便利会成为高尚的生活艺术形态发展的最高条件。在略述自由工业和企业的历史时,我们已经附带研究过世界工业领先地位时而在此国时而在彼国的原因了。我们已经知道自然的性质如何对人的精力产生作用、人如何受到富有生气的气候的刺激以及如何受到其工作开辟的机会的鼓励而去干大胆的冒险事业。但我们也知道,人对这些优势的利用是如何取决于他的生活理想的;我们又知道,世界历史上宗教、政治和经济线索是如何交织在一起而难以区分的。同时,这些线索又以何种方式受到重大的政治事件和个人的坚强性格的影响的。

---

① 据富勒说,弗莱明斯人在诺威奇创办了织布和粗斜纹布工业;在萨德伯里创办了粗呢工业,在科尔切斯特和汤顿创办了哔哔叽工业;在肯特、格洛斯特夏郡、伍斯特威郡、威斯特摩兰、约克郡、汉慈、伯克斯和萨斯克斯等地创办了织布业,在德文郡创办了粗绒布工业并在兰开夏创办了东方棉布工业。参看史马尔斯著的《英国和爱尔兰的新教徒》第 109 页。并参看莱基著的《十八世纪英国史》第 2 章。

决定各国经济进步的原因属于国际贸易的研究范畴，因而不在我们目前的研究范围之内。但我们必须暂时不研究这种工业地区分布的广泛运动，而来研究聚集在一个工业城市或人口稠密的工业区域的狭小范围内有特殊技能的工人们的命运。

§3. **地方性工业的利益；祖传的技能；辅助行业的发展；高度专门化机械的使用；专门技能在本地的市场**　首先，当一种工业已经这样选择了适合自己发展的地区时，就会长久设在那里。因此，从事需要同样技能的行业的人，互相从邻近的地方获益匪浅。行业的秘密不再是秘密，而似乎公开散发在空气中，连孩子们都不知不觉地学到许多。优良的工作得到恰当的赏识，机械上以及制造方法和企业的总体组织上的发明和改良一有成绩，就迅速得到研究。如果一个人有了一种新思想就会为别人所采纳，并与别人的意见结合起来，又成为更新的思想的源泉。要不了多久，辅助性行业就在附近的地方产生了，供给上述工业工具和原料，为它组织运输，而在许多方面又有助于它的原料的经济。

其次，即使在同一种类的生产总量很大的区域里，用于这个行业的个别资本不很大，但有时也能达到很高程度的经济使用价值。因为，辅助工业用生产过程中的一个小的部门为许多邻近的工业进行工作，这些辅助工业就能不断地使用具有高度专门性质的机械，虽然这种机械的原价也许很高，折旧率也许很大，但也能够本。

再次，除了最早的阶段之外，在一切经济发展阶段中，地方性工业因不断为技能提供市场而获利很大。雇主们往往到能找到所需要的优秀的专门的技术工人的地方去；同时，寻找职业的人自然也会到有许多雇主的地方去，因而在那里技能就会有良好的市场。一个工厂的厂主，即使能获得一般劳动的大量供给，也往往会因为缺少某种专门技能的劳动而束手无策；而有特殊技能的工人如果遭到解雇，也不易有别的出路。在这里，社会力量与经济力量共同发生作用。而雇主与雇工之间往往也有较深的友谊，但如果他们之间发生了什么令人不愉快的事，双方又都不愿继续相互打交道，那么，如果他们之间的老关系已经变僵了，他们就很有可能中止这种关系。这些困难对于任何需要专门技能的企业而言，都是一大障碍。不过，这些困难正由于铁道、印刷机和电报而减少。

当然，如果地方性工业只有一种主要工作，例如只有强壮的男子才能做的工作，那么它在作为劳动市场方面就有一些不利之处了。在没有纺织厂或其他可以雇用女工与童工的炼铁业地区里，工资很高，而对于雇主来说劳动成本昂贵，但每个家庭的平均货币收入却很低。不过，这种弊端的补救方法是显而易见的，只要在附近建立起具有补充性质的工业就行了。因此，纺织工业常聚集在矿山和机械工业附近，而在有些情况下，它们是被不知不觉地吸引到那里去的；在另一些地方，则是被有意识地大规模建立起来的，以使原来对不需要女工和童工的地方产生职业多样化。例如，在巴罗就是这样。

在我们的某些工业城市里，职业多样化的优势与地方性工业的优势兼而有之，这是它们不断得到发展的一个主要原因。但是，另一方面，一个大城市的中心地带有着用于贸易目的的价值，这使它能有比用作工厂的厂址价值高得多的地皮租金，即使把上述兼有的两种优势都集中在内也是如此；在商店职工与工厂工人之间，对于住宅位置也有类似的竞争。结果是现在工厂集中在大城市的郊外及某附近的工业区域，而不是集中在大城市中心①。

主要依赖一种工业的区域，如果对这种工业的产品需求有所减少，或者用的原料供应有所减少，那么就容易遭受到极度萧条的影响。有高度发达的几种不同工业的大城市或大工业区在很大程度上就可避免这种弊端。如果其中一种工业一时失败了，其他的工业就能间接地支持它，并使本地的店主能继续帮助该工业区域的工人。

以上我们从生产经济的角度研究了地区分布问题，但是也要考虑顾客的便利问题。顾客为了购买零碎的东西会去最近的商店，但要购买重要的东西，他就会不辞辛苦，到他认为特别适合他想购买的东西的城区的商店去。因此，经销高价和上等物品的商店就会集中在一起，而供应日常家庭必需品的商店则不必如此②。

§4. 交通工具的改良对工业地理分布的影响。以英国近代史作为例证
每当交通工具跌价，每当相距甚远的两地之间的思想自由交流有了新的方便

---

① 这种移动在纺织业中特别明显。曼彻斯特、利兹和里昂仍然是棉织业、毛织业和丝织业的中心，但这些地方所赖以成名的货物，现在有许多并不是当地生产的。另一方面，伦敦和巴黎仍然是世界上两个最大的工业城市，费城位居第三。工业的地区分布，城市及城市生活的发展与机械进步的相互影响，在霍布森著的《资本主义的进化》中有很好的研究。

② 参照霍布森的《资本主义的进化》第 114 页。

条件时，就会使那些决定工业地区化分布的种种因素的作用也随之发生变化。一般来说，我们必然会这样说：货物运费和关税的降低，会使每个地方都从远处购买更多的所需要的东西，因而就会使专门的工业集中在专门的地方。但另一方面，凡是令人们更愿意从一处迁往别处的事情，都会使有特殊技能的技术工人向购买他们的货物的消费者靠近，以竭力发挥他们的技能。从英国人的近代史中可以得到有关这两种相反的倾向的良好例证。

一方面，运费逐步降低，从美国和印度的农业区域开通了到海岸的铁路，再加上英国采取了自由贸易政策，因而使英国极大地增加了农产品的输入；但另一方面，国外旅行日益低廉、迅速而舒适，这诱使英国训练有素的商人和有特殊技能的技术工人到别的国家去创办新的工业区，帮助这些国家制造一向从英国购入的货物，以供这些国家自己使用。英国的机械工人几乎教会了世界各地的人如何使用英国机械，甚至教会他们如何制造类似的机械，英国的矿工在国外开发了矿藏，因而减少了外国对许多英国产品的需求。

根据历史记载，一个国家的工业趋于专门化的最显著的例证之一，就是近代英国的非农业人口的迅速增加。然而，这种变化的正确性质容易遭到误解，这既是因为这种变化的本身，又是因为这种变化对前一章和本章所讨论的一般性原理提供了例证，所以意义非常重大，在这里先对这种变化稍加考虑，也许是有好处的。

首先，实际英国农业人口的减少没有初看起来那么多。的确，在中世纪时，3/4 的人口算作是农民；根据最近人口调查报告，9 个人中只有 1 个人从事农业，而在下一次人口调查报告中，12 个人中从事农业的恐怕不会超过 1 个人了。但是，我们必须记住：中世纪的所谓农业人口并不是专门从事农业的。这些人自己做了现在的酿酒工人与烘面包工人、纺织工人、泥水匠和木匠、男女成衣匠和其他许多行业的工人做的大部分工作。这些自给自足的习惯慢慢地消失了，而其中大多数到 19 世纪初就几乎绝迹了，恐怕那时用于土地上的劳动，在英国全部产业中占的部分，并不比中世纪有多大减少。这是因为，虽然英国停止输出羊毛和小麦，但凭人力从土地中获得的产物增长得非常快，甚至英国农民技术上的迅速改良都几乎不足以遏制报酬递减律的作用。但是，大部分的劳动逐渐从田地转向制造供农业用的高价机械上。这种变化对于那些被算作是农民的人并没有产生很大的影响，只要机械是用马匹来拖动，这些人总会算作是农民。因为，照管马匹和喂料工作算作农业劳动。但在近年中，迅速发展起来的在田地上使用的蒸汽力，与农产品输入的增加同时发生。那些向这些蒸汽机提供燃料的煤矿工人，以及那些制造这些蒸汽机并在田地上操纵它们的机械工人，都不算作是从事农业的人，虽然他们的最终目的是为了促进土地耕作。因此，实际英国农业的减少就没有初看起来那样大，但农业分布确实发生了一些变化。许多曾一度为农业劳动者做的工作，现在是由专门的工人来做了，而这些工人则属于建筑业或筑路业、搬运业等。在部分上是因为这个缘故，使即使从事农业的人数迅速减少，而居住在完全农业区域的人数却并未迅速减少，反而常常有所增加。

我们已经注意到农产品的输入对于改变各种土地的相对价值所产生的影响，其中土地价值下跌最大的是主要依靠种植小麦的土地，以及那种虽然用昂贵的耕作方法也能使之产出比较好的收成但却不是天然肥沃的土地。这种土地所在的很多区域，格外促使大多数农业劳动者迁移到大城市中去。因此，国内工业的地理分布就被进一步改变了。有关新运输工具影响的显著例子，是联合王国的偏僻地带的畜牧区，这些区域用特快火车把乳制品送到伦敦及其他大城市，同时从大西洋甚至太平洋沿岸运回所需要的小麦。

不过，近年中发生的种种变化不会像初看起来可能会给人的那种印象——加大从事工业的英国人的比重。的确，现在英国工业的产量比19世纪中叶增加了许多倍。但是，虽然制造机械和工具的那些工人——这些机械和工具承担着大部分英国农业劳动——使工人的人数有所增加，但从事各种工业的人数在人口中占的百分比，在1851年和在1901年是一样的。

这种结果的主要原因在于近年机械力量发生了惊人的增长。这使我们能够生产出各种工业产品以供自己使用和输出，而不必大量增加管理机器的人数。所以，我们就能把从农业中解放出来的劳动，主要用于满足那些从改良机械中没有得到什么帮助的需求。当然，机械效率并没有使英国地方性工业变得像这些工业在相反的情况下会出现的那种完全机械性。自1851年以来，在英国以牺牲农业为代价而迅速增加的职业当中，除了采矿业、建筑业、贸易和公路铁路运输业之外，突出的还有中央和地方政府的职务；各级教育事业；医疗业务；音乐、戏剧和其他娱乐业。这些职业都没有从新发明中直接得到帮助。在这些职业中，现在人类劳动的效率比一个世纪之前并没提高多少。所以，如果由这些职业所产生的需求的增加是与总的财富的增加成正比的，那么由这些职业吸收的工业人口的比例不断增大，自然是意料之中的事。家庭仆人的人数急剧增长已有若干年了，一向由他们做的工作总量现在比以前增加得更快。但是，这种工作的很大一部分现在往往由机械的帮助和由各种衣服商、旅店老板、糖果商雇用的那些人来做了，甚至由杂货商、鱼商以及其他的商人派出的各种售货员上门接订单，除非他们用电话购物。现在，这些变化已经趋于增进工业的专门化和地方性了。

通过上述例证讲解了近代各种因素对于工业地理分布的作用。现在我们重新来研究：把大量种类相似的小型企业集中在同一地区，能获得何种程度分工的充分的经济；只把国家的大部分企业集中在比较少数的富有而强大的公司手里——即通常所说的大规模生产——能得到何种程度的分工经济。换句话说，就是大规模生产的经济在什么程度内是内部的，而在什么程度外又是**外部的**①。

---

① 在联合王国中，从事纺织业的人口百分比，在 1881 年是 3.13%，到 1901 年降低到 2.43‰；这部分原因是人们做的大部分工作由于使用半自动化机械而变得非常简单，甚至连工业条件比较落后的地区和民族也能做得相当好；部分原因是主要纺织品仍然保持 30 年前——甚至 3000 年前——那样简单的性质。另一方面，钢铁工业（包括造船业在内）的产量和复杂性都大有增进，因此，从事钢铁工业的人口百分比，从 1881 年的 2.39% 上升到 1901 年的 3.01%。虽然钢铁工业用的机械和方法比同一时期的纺织业的进步大多了，但其余工业雇用的人数占的人口百分比，在 1901 年与在 1881 年大约相同。同时，从英国港口开出的英国船只的吨数增加了一半，而码头工人的人数也增加了 1 倍，但海员的人数略为减少。这些事实可通过以下的原因来解释：部分上是因为船只以及一切与船有关的工具建造上的巨大改良，部分上是因为几乎所有与装卸货物有关的工作——其中有些工作甚至在不久前还由船员来做——现在都交给码头工人去做了。另一个显著的变化就是工业中雇用的女工的总数增加了，虽然已婚女工的人数似乎已有所减少，而童工的人数却大大地减少了。

1915 年发表的《1911 年人口调查摘要表》表明，1901 年以来的分类已有很大改变，因此就不能对新近发展的可靠地作一般性的观察。但是，该报告中的表 - 64，与琼斯教授 1914 年 12 月在皇家统计学会上宣读的一篇论文都表明：1901～1911 年的发展与以前的发展的不同之处是细节问题，而不是一般性质。

第11章 工业组织（续前） 大规模生产

§1. 典型的产业是制造业，这也是我们现在的主要目的。原料经济 大规模生产的优势在制造业上表现得最清楚。我们可以把从事原料加工，并将原料加工成各种成品拿到远方市场出售的所有企业包括在制造业这个行业之中。制造业的规模优势的最好例证，是制造业具有自由选择地点的能力。制造业一方面不同于农业及其他在地理分布上由大自然决定的天然产业（如矿业、采石业、渔业等）；另一方面也不同于制造或修理适合个别消费者特殊需求的东西的产业，这种产业不能远离这些消费者，即使能够远离，至少也要不会有很大的损失才行①。

大规模生产的主要优势，是技术经济、机械经济和原料经济。但与其他两项相比，最后一项正在迅速失去其重要性。的确，一个孤立的工人往往丢弃一些零碎的东西，而在工厂里，这些东西则会被人收集起来，并得到很好的利用②。但是，这种浪费在地方性工业中——即使是在小制造商手中——是不会发生的。在现代英国任何工业部门中，除了农业和家庭烹饪之外，这种浪费也是不多见的。毫无疑问，近年的许多最重要的进步都是因为利用废物而得到的，但这主要是由于化学或机械方面的特殊发明。的确这种发明的使用是由精细的再分工促进的，但又并不直接依靠这种分工③。

---

① "制造业"这个名词早已与原来的用法没有关系了，现在此词用来指以机械——而不是以手工——为主的生产部门。罗雪尔曾经打算将它用于家庭工业，以区别于工厂工业，从而使它接近旧的用法，但现在这样做已太迟了。

② 参看巴比奇举的制造号角的例子，另见他著的《工业的经济》，第22章。

③ 这类例子有棉花、羊毛、丝及其他织物原料的废物利用；还有冶金工业、苏打、煤气工业、美国的石油工业以及肉类包装工业对副产品的利用。

当一百套家具或衣服必须按照完全相同的式样来下料时，的确值得花费大量的心思来计划把木板或衣料裁开。但这应当属于技术经济；一种计划如果可以用于许多工作，就能很好而认真地执行，我们就可以转而研究机械经济。

§2. **大工厂的优势表现在专门机械的使用与改良、采购与销售、专门技术和企业经营管理工作的进一步划分上。小制造商在进行监督方面的优势。近代知识的发展在很大程度上有利于小制造商** 在属于同一生产部门的许多小型工业集中的邻近地方，虽然辅助工业给予了帮助①，但由于机械日新月异而且价格昂贵，这些小型工业仍然处于极其不利的地位。这是因为在一家大工厂中，往往有许多为一样小用途而专门制造的高价机器，每种机器都需要在光线充足的位置，因而就使工厂的地租和总的费用增长了很多。即使不算利息和机器维修费，由于机器或许不久就要进行改良的缘故，必须考虑到要有很大的折旧费用②。所以，一个小制造商必然要用手工或不完善的机械来制作许多东西，虽然他知道使用专门机械会将这些东西做得更好而且价格更便宜，因而他能不断地使用上这种机械就好了。

但是，一个小制造商也许不会总是熟悉适合其目的的最精良的机械。的确，如果他从事的那种工业早已实行了大规模生产，只要他有能力购买到市场上最精良的机械，他的机械就可完全达到标准。例如，在农业和棉纺织业中，机械的改良几乎专门由机器制造商来设计。这种经过改良的机械人人都可以买得到，顶多不过是付专利权使用费而已。但是，还处于发展初期的工业，或者是正在迅速改变形态的工业，如化学工业、制表工业及麻织和丝织工业的若干部门，还有为了满足某种新的要求或使用某种新的原料而不断产生的许多新行业，都并非如此。

在上述这些行业中，大部分新机械和新制造方法是制造商为了自己的用

---

① 参看前一章中的第3节。
② 一架机器在报废前所能使用的平均年限，在许多行业中不会超过15年，而在有些行业中，只有10年或更少。如果一架机器每年不能赚进其成本的20%的话，那么使用它往往亏本；如果它做的工作要花费500镑，而这工作对于使用此机器的原料的价值相比而言只增加了1%——这不是极端的情况——那么使用这种机器就要亏本，除非能用它每年至少生产值1万镑的货物。

途而设计出来的。每种新改变都是一种可能失败的新试验；那些取得成功的试验必须负担自己和其他失败的试验的费用。虽然一个小制造商会认为他知道如何进行改良，但他要考虑到尝试性的改良，风险和费用会很大，而且也会妨碍他别的工作。即使他能完成这种改良，也不一定就能尽量加以利用。例如，他也许发明了一种新的特别的东西，如果他能使这种东西受到公众的注意，就会有很大的销路。但要这样做恐怕要花好几千镑。如果是这样的话，他恐怕只能放弃了。因为对他而言，要履行那被罗雪尔称为是近代工业家的特殊任务，几乎是不可能的。他做这件事就是给人们看他们以前从未想到过的东西，从而开创新的需求。不过却对人们提示了一种概念，他们马上就要得到这种东西。例如，在陶器业中，小制造商除了只是尝试一下之外，甚至无力进行新的式样和花样的试验。在对已有很好销路的东西进行改良时，他的机会比较好。但即使如此，他也不能从发明中充分得到好处，除非他得到发明的专利权，或卖出发明的使用权，或借入若干资本来扩大经营，或是改变他的经营性质，并将他的资本应用于他改良的那个东西的特殊制造阶段。但是，这些情况毕竟都是例外的。机械日益多样化并且价格昂贵，这处处都对小制造商都产生了很大的压力。这种情况已将他从某些行业中完全排挤出去，而在另一些行业中，也将很快将他排挤出去[1]。

---

[1] 在许多企业中，只有一小部分的机械、技术改良取得了专利权。这些改良是由许多小的步骤构成的，如果一次取得一个小步骤的专利权是不值得的，或者，这些改良的主要目的在于使人们注意到某件事情应当做了；而取得做这件事情的一种方法的专利权，只是使别人也设法想出做这件事情的其他方法，那么对于其他方法，专利权是不能保护的。如果取得了一项专利权，那么以取得达到同一结果的其他各种方法的专利权来"封锁"前一项专利权，这就是必要的；取得专利权的人并不一定要自己使用这些方法，而只是要防止别人使用它们。这一切包含着烦恼和时间及金钱的损失。因此，大制造商宁愿去改良成果，并获得使用这种改良带来的利益。如果小制造商取得了一项专利权，就会遭受侵犯专利权的麻烦：即使他在设法保卫自己的诉讼中，也许"花了诉讼费"而胜诉，但如果这种诉讼太多，他就一定会因此而倾家荡产。通常为了公众的利益，一项改良应当发表，虽然已同时取得了专利权。但是，假如这项改良在英国取得了专利权，而没有在别的国家取得专利权——往往有这样的情况——那么即使英国的制造商在它取得专利权之前作出改良，也不会使用它，而外国的制造商只要了解了这种改良，就可以随便地使用它。

然而，在某些行业中，当工厂达到中等规模时，大工厂从机械经济中获得的各种利益就几乎消失了。例如，在棉纺织业和花布织造业中，比较小的工厂可以保持自己的地位，并且可以使每种生产程序都不断使用知名品牌机器。因此，一家大工厂不过是一间房屋内几个平行的小厂而已。的确，有些棉纺织业者在扩充工厂时，觉得最好还是增加织造部分。在这种情况下，大企业很少得到或没有得到机械经济。不过，在建筑（特别是烟囱的建筑）、蒸汽力经济以及引擎和机械的管理、修理方面，大工厂一般也有一些节省。大的轻工业工厂自己有木匠和技工部门，因而减少了修理费用，并在设备发生故障时不会耽误修理①。大工厂——其实差不多任何种类的大企业都是这样——几乎总有许多优势以及与上述最后提到的优势相似，而小厂却没有。大企业大量进行采购，因而价格低廉；运费支出低，而在运输上有许多方面也很节省——特别是如果有铁路分线直通厂里；往往大量进行销售，因而免除麻烦；同时还可以有很好的销售价，因为大工厂有很多存货，方便顾客从这些存货中进行选择、配齐各种订货；同时，大企业的声誉使顾客对它有信心。大企业能花巨额费用雇人去各地招徕生意，或用其他方法做广告；大企业的代销店向它提供有关远地贸易和私人情况的可靠消息，而它们自己的货物在相互间也做了宣传。

极有组织地采购和销售所带来的经济，是现在同一工业或行业中许多企业倾向于合并成为一个大的联合体的主要原因之一，也是包括德国卡特尔组织在内的各种同业企业联合的主要原因之一。这种经济还会把经营风险都集中到那些把工作都分给小资本家去做的大资本家身上②。

§3. **续前** 还有，就是关于技术经济。大工厂因为有能力购买专门机械

---

① 每个工人需要的资本在大工厂中一般比小工厂大，这个法则对棉纺织厂和其他纺织工厂来说却是例外，这是一个显著的事实。理由是：在大多数其他的企业中，大工厂有许多要用高价机器来做的工作，而在小工厂中，则用手工来做。因此，工资额与生产量的比例在大工厂中虽比小工厂低，但机械和它在工厂中体现的价值却大多了。不过在纺织业的比较简单的部门中，小厂与大厂具有同样的机械。这是因为小型蒸汽机等设备，在比例上比大型蒸汽机更昂贵，而小厂需要的固定资本，在与生产量的比例上就比大厂大，同时，小厂所需的流动资本在比例上也比较大。

② 参看本篇第12章中的第3节。

而具有各种优势，这些优势同样适用于高度专门化的技术。大工厂能够设法使雇用的每一个人都不断从事他所能胜任的最难的工作，并且缩小他的工作范围，使他由于长久不断地实践而干得熟练出色。不过，关于分工的好处，已经说得很多了。我们可以转而研究制造商因雇用许多人而得到的虽然是间接的但却是重要的利益。

大制造商在得到非常有天才的人担任他们工作中最困难的部分方面——他们的企业的声誉主要是依靠这部分工作——具有比小制造商更多的机会。单是有关需要有很强的审美力和独创力的行业——如房屋装饰业——以及需要做工非常精良的行业——如精细的机械制造业——的手工艺方面，有时就很重要①。但在大多数企业中，这一点的主要重要性，在于使雇主具有以下的便利：选择能干而可靠的人担任工头或各部分头脑，这些人是他所信任的，而他们也信任他。因此，我们就要研究现代工业组织的中心问题，即关于企业经营管理工作的进一步划分的利弊问题。

§4. **续前** 大企业的首脑能保存一切力量去应付企业中最广泛和最基本的问题。诚然他必须考察他的经理、职员和工头是否称职，工作做得好不好；但除此之外，他不必过于操心细节问题。因此，他能保持头脑清新又清楚，以便解决企业中最难以及最重要的问题；以便研究市场的运行和国内外时事以及尚未发生的事情；以便设法改进企业对内和对外的组织关系。

对于大部分这种工作，小雇主即使有能力，也没有时间去做；他对他的行业不能进行广泛的观察，或是看得那样远；他往往不得不满足于步别人后尘的程度上；而且他必须花很多时间去做他应做的工作。这是因为他如果要获得成功的话，就必须拥有较高的素质，而且必须具有很大的创造力和组织力。但是，他仍然必须做许多日常的例行工作。

---

① 例如，波尔顿在1770年雇用七八百名金属技术工人以及玳瑁、宝石、玻璃和珐琅工人的时候，曾经写道："我已经训练了许多，而且正在训练更多的普通乡村少年成为优良的工人。每当我看到他们表现出有技术和能力的时候，我就鼓励他们。我也几乎与欧洲的每个商业城市都建立了通信联系，因此我经常得到一些东西的订单。这样，我才能雇用那么多的工人，使我能充分选择技术工人去做精细的工作。因此，我受到鼓励，就去装备并使用更多的比生产精致东西更要谨慎使用的机械。"（见史马尔斯著的《波尔顿传》第128页。）

当然，小雇主也有自己的优势。他处处都可亲眼看得到工头或工人不会偷懒，也不会出现责任不清的情况，也不会从一个部门到另一个部门传一些含糊不清的话。他省去许多记账工作。在大企业中，麻烦的核对制度是必要的，而他却几乎都可省掉；从这方面获得的利益，在使用贵重金属和其他高价材料的行业中非常重要。

虽然在获得信息和进行试验方面，小制造商必然总是处于极其不利的地位。但在这方面，进步的大趋势对他仍然有利。因为，在有关营业知识的所有事情上，**外部经济**与**内部经济**相比，正不断地变得越来越重要。报纸以及所有种类的行业和专门出版物，不断地为他搜寻消息，并供给他许多所需要的知识——不久以前，任何无力在许多远方雇用高价代理人的人，都得不到这种知识。并且，营业秘密总体上在减少，最重要的方法改良在经过试验阶段之后，很难长久保守秘密，这都对小制造商有利。制造业中只凭实际经验发生的变化少了，而依靠科学的进步增多了；在这些进步当中，有许多是为追求知识而追求知识的学者所取得的进步，并且为了公众的利益，很快就发表出来了，这都对小制造商有利。因此，虽然小制造商在进一步的竞赛中不能领先，但他如果有时间和能力来利用现代各种便利获得知识的话，那么也不一定会很落后。但是，如果他能做到这一点，而又不忽略企业中细小而必要的细节问题，他的确必须得是非常了不起的。

§5. **在对大规模生产提供很大经济的行业中，如果一个企业能容易销售货物，则可迅速发达，但它却往往做不到这一点** 在农业和其他一些行业中，经营者不会因扩大生产规模而得到很大的新经济，因此，一个企业往往许多年——如果不是许多代的话——保持大致相同的规模。但在大企业拥有各种重要的优势——这些优势是小企业所没有的——的行业中，情况就不同了。一个新经营企业的人如果要在这样的行业中谋发展的话，就必须以他的精力和灵活性、勤劳和对细小问题的关心，来对付具有较多的资本、有着专门化程度较高的机械和劳动以及有着较广的营业联系的竞争对手的更广泛的竞争。如果以后他能使他的生产加倍，并能以与旧价格相差不远的价格出售货物的话，那么他所得到的利润会在一倍以上。这将在银行家和其他精明的贷款者眼中提高他的信用，使他能进一步扩大经营，获得更大的经济和更多的利润；这又将使他扩大营业，如此循环不已。起初似乎看不出哪里是他应该停下来的地方。的确,当他的经营在扩大时,如果他的才能就像以前能适应较小的范围一样能适应较大的范围,如果他接连许多年保持创造性、多才多艺和创始力、毅力、机警和好运气,那么他也许会把所在区域内的该行业部门中的全部生产量都集中到手。如果他的货物运输不很困难而销路也不很难的话,他也许可以从这个区域扩充到很远,达到好像是一种有限的垄断的程度。所谓有限的垄断,就是受到以下原因限制的垄断:很高的价格会引起新的竞争者参与竞争。

但是,在远远没有达到这个目的之前,他的进步就会因为他对努力工作的爱好有所衰退——即使不是才能的衰退——而停了下来。如果他能把企业交给几乎与他同样有能力的继承者去经营的话,那么他的企业的兴盛就可经久不衰①。但是,他的企业若要持续快速发展,必须具有两个难得的条件在同一工业内同时存在。在许多行业中,个别生产者能够通过大大提高生产量来获得很大的"内部"经济;而在其他许多行业中,个别生产者能够很容易地销售那种产品;但个别生产者对这两件事都能做得到的却寥寥无几。这不是偶然性的结果,而是必然性的结果。

因为,在大规模生产的经济具有头等重要性的那些行业中,大多数行业的市场销路困难,尽管例外情况是有的,例如,对于单一又一致因而能大量批发的货物,生产者可以有很大的市场。但是,大多数这种货物都是未加工的产品,其余的几乎都是普通而一般的东西,如钢轨或花布之类。正因为这样的东西普通而一般,生产就能变成例行工作。所以,在生产这些东西的工业中,没有企业能保持自己的地位,除非在主要工作上它具有最新式的高价设备;同时,一切附属的作业都能由辅助工业来做。总而言之,在大企业与很大的企业可得到的各种经济之间并没有很大的差别,而大企业排挤小企业的倾向已经走得太远,以致用尽了最初促进这种倾向的各种因素的力量。

但是,报酬递增倾向对之发生强大作用的许多商品,大体上总是特殊的货物。其中,有些东西开创了新的需求,有些东西满足了原来的需求;有些货物是为了适应特殊的嗜好,因而绝不会有很大的销路;有些则具有不易为人觉察的优点,只能慢慢地博得公众的欢心。在所有这样的情况下,各企业的销售——大体上要看情况而定——局限于企业花了很大的费用而逐渐获得

---

① 达到这个目的的各种手段以及这些手段的实际限制,将在下一章的后半部分进行研究。

的特殊市场，虽然生产本身也许会在经济方面增长很快，但销售却不能这样。

使一个新企业能迅速获得新的生产经济的那种工业条件，也就是使那个企业迅速得到更新使用方法的条件。尤其是在大规模生产的强有力的经济与新机械和新方法的使用相结合的情况下，一个企业如果失去了它能发达的非凡的能力，那么不久就会很快衰落，大企业的鼎盛生命极少能长久保持下去。

§6. **大商店与小商店** 大企业胜过小企业的各种优势在制造业中很明显。这是因为正如我们所说过的那样，大企业具有把许多工序都集中在小范围之内的特殊的方便条件。但是，在其他许多行业中，也有大企业排挤小企业的强烈倾向。特别是在零售业中，小店主日见失势。

让我们看一下大的零售商店在与其邻近的较小零售商店的竞争中所具有的优势。首先，显然大店能有更好的购货条件，能使货物运费比较低，并且能提供更多的花色品种，以迎合顾客的嗜好。其次，大店具有很大的技术经济：小店主与小制造商一样，必须花费很多时间去做不需要判断力的例行工作；而大店的主要经营者——在某些情况下甚至他的主要助手——都把全部时间花在了运用他们的判断力上了。直到最近，这些优势才被小店主创造的更好的方便条件胜过：小店主能把货物送到顾客门上；能适应顾客的不同嗜好；对顾客本人非常熟悉，因而能以赊欠的方式放心地把资本借给他们。

但是，近年来发生的许多变化都有利于大商店。赊欠买卖的习惯正在消失；店主与顾客之间的私人关系日渐疏远。前一种变化是大大地前进了一步；而后一种变化在某些方面很可惜。不过，也并不完全如此。部分原因是由于以下的事实：在富裕阶级中真正的自尊心有所加强，他们不再介意过去所需要的那种阿谀奉承；其次，时间日益宝贵，使人们不愿像从前那样花几个小时去买东西。他们现在往往宁愿花几分钟从各种详细的价目表中，列出一张很长的订货单。而由于函购和邮寄包裹以及其他方法日益方便，他们就能很容易地这样做了。当他们的确上街买东西时，往往附近就有电车和本埠火车，他们能方便又便宜地坐车到附近城市的大中心商店去。这一切变化，即使在食品业和其他不必有很多种存货的行业中，也使小店主比过去更难保住自己的地位。

但在许多行业中，商品不断多样化以及时尚的急剧变化所产生的有害影响，现在几乎触及社会上各种阶层的人，这一切都对小商人极为不利。因为他们无法备有足够的各式各样的存货以供顾客选择；如果他们要紧紧地跟上时尚，那么因过时而销不出去的存货所占的比例就会比大商店多。另外，在服装业、家具业和其他行业的某些部门中，机器制造的货物日益低廉，这就促使人们到大商店去购买现成的东西，而不愿到附近的小制造商或小商人那里去定做了。再一个，大店主不满足于招待制造商派来的招徕生意的人，他们自己或者派代理人到国内外最重要的工业区域去旅行，因而就往往不需要与制造商之间的中间人了。有中等资本的成衣匠，给顾客看好几百种最新衣料的样品，或许还用电报定购顾客选定的衣料，并用邮包寄来。而妇女们却往往直接向制造商购买衣料，然后交给没有资本的成衣匠去做。小店主似乎在小型修理行业中还常可保持一些地位；在易坏食品的销售上——尤其是卖给工人阶级的时候——他们保持相当好的营业收入，这在部分上是因为他们能以赊欠的方式销售货物，并能收取小额欠款。然而，在许多行业中，有巨额资本的企业宁愿设立许多小商店，而不愿设立一个大商店。采购——凡是生产上有需求时也是如此——集中于总店的管理之下，额外的需求由总店的存货来供应，因此各分店备有大量货物，却不必花大量费用去存货。分店的经理就可专心招待顾客。如果他是一个有活动能力的人，直接关心分店的成就，那么他就可成为小店主的一个可畏的劲敌；在许多与服装和食品有关的行业中，已经有了这样的情况了。

§7. **运输业。矿山与采石场** 接下来我们可以考虑地理位置是由工作性质来决定的那些行业。

乡村的搬运夫和少数马夫差不多是运输业中仅有的残存的形式。铁路和电车规模不断扩大，经营它们所需要的资本甚至增长得更快。在统一的经营管理下，一个大商船队有许多优势，能迅速而负责地在许多港口装卸货物。而商业的日益复杂化和多样化更使这些优势有所增强。以船只本身而论，时代有利于大船，客运业尤其如此①。因此，运输业的某些部门，除了经营运出

---

① 船只运输能力的大小，是与其体积的立方成正比的。而水的阻力的增大，只比船只体积的平方略快一点。因此，大船需要用的煤，在与它的吨数的比例上，比小船少。大船需要的劳动也比较少，尤其是驾驶船的工作。同时，大船使乘客更安全舒适。同船的人数多，招待比较周到。总而言之，在大船容易驶进的各港口之间，如果客货运力足以使大船能迅速装满的话，那么小船就没有与大船竞争的机会。

垃圾、自来水、煤气等的部门外之外，比其他任何行业都更热烈拥护企业由国家经营的观点①。

大矿山与小矿山、大采石场与小采石场之间的竞争，并没有那样清楚地表现出一种倾向。在国营矿山的历史中，有很多非常黑暗的不幸之事。这是因为，矿业经营过于依赖经营者的正直以及对细节问题和一般问题的判断力，所以政府官员经营不好。由于同一种原因，如果其他情况不变的话，我们很期望小矿山或小采石场在与大矿山或大采石场的竞争中，保持自己的地位。但在某些情况下，深深的井穴及购买机械等其他交通工具的费用太大，许多普通的企业都负担不起。

在农业方面没有较多的分工，也没有大规模的生产。这是因为，所谓的"大农场"雇用的劳动力，还不及集中在一个中等规模工厂里的劳动力的十分之一。这在部分上是由于自然的原因，还有季节的变化以及在一个地方集中大量的劳动力有困难；但在部分上也与各种租地法有关。对于这一切问题，最好等到我们在第六篇中研究与土地有关的需求与供给时，再进行讨论。

---

① 以下的事实足以表明近百年中重大经济变化的特色：最初通过的铁道法案，曾规定准许私人在铁道上行驶他们自己的车辆，正如现在在公路或运河上行驶一样。现在我们实难想象他们怎么能期望这个办法得以实行，但当时他们必然怀有这样的期望。

第 12 章　工业组织（续前）　企业管理

§1. 原始的手工业者与消费者直接交易；现在，需要高深知识的职业也通常是如此　以上我们已经研究了主要与制造业或其他雇用许多体力劳动者的行业有关经营管理的工作。现在我们必须比较仔细地考虑一下商人履行的各种职能，以及这些职能在一个大企业的领导者之间，还有在相关的生产和销售部门中进行协作的各种企业之间如何分配的问题。我们还要附带研究这样的问题：至少在制造业方面，虽然几乎每个企业——只要经营得好——规模越大就会越兴隆。虽然我们因此在表面上可以预料到大企业会把小竞争者从许多工业部门中完全排挤出去，但实际上却不一定这样做。

这里所说的"经营"，是广义的解释说法。凡是满足别人的需求，并期望从受益者那里直接或间接得到报酬的一切愿望及需求都包括在内。因此，这与每个人为了自己而满足自己的欲望极为不同，也与出自友谊和家庭情感的善意的帮助大不相同。

原始的手工业者自己管理全部生意。但是，因为他的顾客除少数外，都是他的近邻，他只需要很少的资本，生产的计划是由风俗为他安排的。除了家属之外，他不必管理劳动者。所以，对这些工作并不要费很大的心思。他不能享受持续发展带来的快乐；战争和饥荒不断地给他和他的邻居造成困难，妨碍他的工作，并使他的邻居们不再需要他的商品。但是，他认为好运和坏运——像晴天和雨天一样——是非他所能控制的。他的十指虽不停地工作，但他的大脑却很少疲劳。

即使在近代英国，我们也不时地看到乡村中的技术工人仍然墨守原始的方法，他们为了自己的缘故而制造东西卖给邻居，自己管理生意并承担一切风险。但是，现在，这种情况已很少了。学术性职业墨守旧式的经营方式提供了最显著的例子。这是因为，一个医生或律师通常自己管理自己的生意，做一切工作。这种方式不无缺点，因为他们没有招徕生意所需要的特殊才能，有些拥有很高本领的自由职业者，他们许多宝贵的活动都浪费掉了，或者收效甚微。如果他们的工作能由某种中间人来安排，他们便会得到更好的报酬，过更幸福的生活，而且对世界也会作出更大的贡献。但大体上，能维持现在这样的情况恐怕就是最好的了。需要最高级和最细致的才能的那些服务，只有在个人具有完全信心的情况下，才能产生其全部价值。在这种服务的供给上，人们的心理是普遍不信任中间人的。而这种普遍的心理也是有正当理由的。

不过，英国的律师如果不充当雇主或企业家，也会担任最高级和最费心力的法律事务顾问。而许多最好的青年教师不是直接向消费者提供他们的服务，而是给大学或学校的管理机构或者接受他们的服务的校长提供服务。在这里，雇主为教师提供出卖其劳动的市场；而对购买者——他自己也许并没有很好的判断力——则作出有关所提供的教学工作质量的某种保证。

另外，一些艺术家不论多么有名气，往往都觉得雇用别人为他应付顾客对他更有利。同时，声誉较低的艺术家，有时则依靠商业资本家为生，这些资本家本身并不是艺术家，但却知道如何最好地出售艺术作品。

§2. 但在大多数经营中，都有企业家这个特殊阶层参与　　但是，在近代世界历史上的大部分生意中，为了能够更好地生产，并最有效地满足人类的需求，不得不将生产与销售分离开来，将销售交由专门的人来经营，即由商人来经营。商人们"冒着"或"担当"生意的风险，将工作所需要的资本和劳动归拢到一起，或"策划"生意上的一般计划，并监督其细小事情。从一种角度来看，我们可将商人看做是一个具有高技能的产业阶层；而从另一种角度来看，则可以把他们看做是介于手工劳动者和消费者之间的中间人。

某些类型的商人担当很大的风险，对于他们所为之经营的商品生产者和消费者，也具有很大的影响。但是，他们在很大程度上并不是直接雇用劳动力的雇主。这些商人的极端典型，就是证券交易所和商品市场中的商人。他们每天买卖的数额很大，但他们既无工厂也无仓库，顶多只有一个写字间和几个职员而已。然而，像这种投机者的活动的结果是好还是坏，是很复杂的。现在我们可以注意那些最注重经营管理而最不注重巧妙的投机方式的企业形态。让我们以更普通的企业形态作为例证,并注意商人担当风险与其余工作之间的关系。

§3. 在建筑业和其他的行业中,经营的主要风险有时与经营管理的细节无关。企业家不是雇主 建筑业非常合乎我们的目的,这在部分上是因为此行业的某些方面仍然墨守原始的经营方式。在中世纪后期,个人不靠建筑师而自己建造房屋,这种事极其普遍。即使现在这种习惯也没有完全消失。自己造房的人必须分别雇用所有的工人,必须注意他们,核对他们的工资;他必须向多个地方买材料,而且他必须租用高价机械,否则只能省去不用。他所付的工资恐怕比现在的工资还高,不过在这里,他有所损失别人则有所得。然而他浪费大量时间同工人讨价还价,用自己不完善的知识来考察和指导人的工作;当然,他在了解所要的各种材料和到哪里去买最合算等问题上也浪费了大量时间。这种浪费可通过以下这种分工得到避免:监督细节工作的任务由职业建筑者来担任,设计的任务由职业建筑师来担任。

当房屋不是由要住进去的人出资建造,而是作为建筑投机事业来建造的时候,分工往往更精细。如果大规模这样做的话,例如,开辟一个新的郊区,可能获利很大,会对强有力的资本家提供了有吸引力的机会,而这些资本家一般都具有很高的经营能力,只是恐怕没有关于建筑业方面的专门知识。他们依靠自己的判断力断定各种房屋将来的供求关系会如何,但对于细节工作,他们则委托别人管理。他们雇用建筑师和测量员,让这些人根据他们的一般指示进行设计,然后与专门的建筑者签订合同,按照设计进行施工。不过他们自己承担主要经营风险,并掌握一般经营方针。

§4. 续前 众所周知,就在大工厂时代开始以前,在羊毛业中盛行这样的责任划分:比较有投机性并且有较大风险的采购和销售由企业家来担当,而这些人本身并不是劳动的雇主;同时,管理上的细节工作和风险较小的诸如像履行合同这样的工作,则由小包工者担当[①]。在纺织业的某些部门中——尤其是在那些对未来非常难以作出预测的部门中——现在仍然广泛采用这个办法。曼彻斯特的批发商人专门研究时尚的变动、原料的销路、贸易和金融市场及政治的总情况,还有其他所有影响季节性货品价格的种种原因,如果

---

① 参照附录一中的第13节。

有必要，他们在雇用有技术的设计师执行自己的计划之后（正像上一种情况中建筑业的投机者雇用的建筑师那样），他们便会决定冒险投资这些货物，于是就便会与世界各地的制造商签订合同。

尤其是在服装业中，我们看到所谓"家庭工业"的复兴，这种工业很久以前盛行于纺织业。这是一种这样的制度，即大企业家把工作分给单独操作的人，或有几个家属帮助的人，或者也许雇用两三个助手的人，然后他们在小房屋以及很小的作坊中去做①。在英国几乎每个郡的偏远乡村中，大企业家的代理人都往来其间，把各种货物——尤其是像衬衫、衣领和手套这些东西——的半成品材料，分发给乡村里的人，并收回制成品。在世界各大首都和其他大城市中，尤其是在古老的城市里，那里有很多体质较差而修养不足的无特殊技能和无组织的劳动者，在那里这种制度却最发达。而在服装业——单在伦敦一个地方这个行业就雇用了 20 万人——和廉价的家具业中，尤其如此。在工厂和家庭工业之间不断有竞争，时而前者得势，时而后者得势。例如，现在越来越多地使用由蒸汽力发动的缝纫机，巩固了制靴业中工厂的地位；同时，工厂和作坊在成衣业中的地位也更为巩固，而制袜业则因近来手织机的改良重新回到了家庭工业的老路上去了。煤气、煤油及电力发动机所引起的动力分配新方法也会对其他许多行业产生同样的影响。

或者还会产生趋于折衷的方法，即类似在设菲尔德的利器业普遍实行的那些办法。例如，许多制造利器的企业把磨利器和其他部分的工作，以计件的价格分给工人去做，这些工人向与他们订立合同的工厂或其他人租用所需要的动力，有时雇别人来帮助做，有时则单独做。

再如，外国商人往往自己没有船只，而专心研究贸易的趋势和自己承担

---

① 德国经济学家称这种制度为"具有工厂性质的"家庭工业，以区别于"国民的"家庭工业，后者是利用其他工作的空时间（特别是农闲的冬季）来做纺织品和其他物品制造的辅助工作（参看舍恩伯格在他编著的《手册》中的《论工业》一文）。后一类的家庭工人在中世纪的整个欧洲都很普遍，但现在除了在山区和东欧外，日渐稀少了。他们选择工作并不总是很专心，他们做的大部分东西，在工厂中却能花少得多的劳动而做得更好，因此就不能便利地在公开市场上出售。但这些东西大部分是为他们自己或邻居用而做的，因而就可节省许多中间人的环节而产生的利润了。参照冈纳在《经济杂志》第 2 期上著的《家庭工业的遗风》一文。

贸易的主要风险；同时，他让别人替他来搞运输工作，虽然那些人要有更好的经营能力，但不必有像他那样预测细微贸易变化的能力。虽然作为船只的购买者，他们的确具有自己的重大而棘手的营业风险。又如，出版书籍的较大风险，是由出版商——也许与作者一起——来承担的；而印刷商则雇人印刷，并供给印刷所需要的高价活字和机械。在金属业、家具和服装等行业的许多部门中，也都采用类似的方法。

这样，承担采购和销售主要风险的人，有许多方法可以避免为他们工作的那些人提供住宿以及监工的麻烦。这些方法都有优点。如果工人具有像设菲尔德工人那样的坚强性格，那么大体上结果不会令人不满意。但不幸的是，到这种行业工作的那些人，往往是工人中最差的，他们的知识水平和自制力都最差。企业家之所以采用这种制度，是因为它具有伸缩性，而这种伸缩性实际上是能使他——如果他愿意这样做的话——对为他工作的人施加一种不合适的压力。

因为一个工厂的成功在很大程度上取决于要有一班坚持工作的工人，但把工作分给工人回到家里做的资本家，在其名单簿上保留许多人的名字还是有利的。他可以对其中每个人偶尔分发点工作，挑动他们互相竞争，这样他便很容易做，因为他们互相并不认识，也不能采取一致的行动。

§5. **理想的工业家所需的才能**　讨论经营利润时，在人们心中，利润总是与劳动力的雇主有关。"雇主"往往被当做是与实际获得营业利润者同义的一个名词。但是，我们刚才说过的那些例子足以说明这样的道理：对劳动力的监督不过是管理工作的一方面，而且往往不是最重要的方面；承担全部经营风险的雇主，其实是为社会履行两种完全不同的职责，而且要有双重的能力。

让我们回到已经说过的那一类原因（见本篇第11章第4、5节），制造商生产货物不是为了应付特殊的订货，而是为了总的市场。首先，以作为商人和生产组织者的作用而论，制造商必须透彻了解自己行业中的**情况**。他必须有能力预测生产和消费的广泛变动，而且要有能力看出哪里有提供一种新商品以满足实际需求的机会，或是哪里有改进旧商品的生产计划的机会。他必须能谨慎地作出判断，大胆地承担风险。当然，他必须了解自己行业中使用的原料和机械。

但是，以作为雇主的作用而论，制造商必须天生就是领导者。他必须有能力选择助手，然后充分信任他们；而且必须有能力使他们关心经营并信任他，发挥他们内在的进取心和创造力；同时，他自己对一切事务都进行总的控制，并保持主要经营计划井井有条和前后一致。

成为一个理想的雇主所需要的能力非常大并且非常多，只有很少的人能在很大程度上兼有这些能力。不过，这些能力的相对重要性随着工业的性质和生产规模的大小而不同。一个雇主在某些方面有优秀的才能，而另一个雇主则在别的方面有优越才能；很少有两个雇主的成功都是由于完全相同的一些才能。有些人的成就全靠他的高尚品格，而有些人生意兴隆，则是由于他们机警并且意志坚强，而除此之外他们并没有什么令人钦佩的才能。

以上所述的是企业经营管理工作的一般性质，接下来我们必须研究各种阶层的人有什么机会来发挥其经营能力，还有他们获得机会之后，又有什么机会来支配发挥经营能力所需要的资本。这样，我们就可稍稍接近本章开头所说的问题，并且可以研究一个企业在接连几代中发展的过程。可以方便地将这一研究与企业经营的各种方式结合起来。以上我们考虑的几乎完全是全部责任和经营都集中于单独一个人手中的那种组织形式。但是，这种形式正被其他各种组织形式所替代，在这些新的形式中，最高的权力分散于几个合伙人手中，或者甚至分散于大多数的股东手中。私人企业与股份公司，合作社和公共企业在企业经营中占的地位正在不断提高，其原因是这些组织形式对具有优秀的经营能力而却没得到任何大的经营机会的那些人，提供了强大的吸引力。

§6. 商人之子一开始就有很多优势，以致人们也许期望商人会形成一个世袭的阶层；没有出现这种结果的理由　　显而易见，已经在生意上颇有成就者的儿子，一开始就有超出别人很多的优势。他从青年时代起就有获得知识和发展才能的特殊方便条件，而他父亲企业的经营管理就需要这种知识和才能。他安心地而且几乎是不知不觉地了解他父亲的行业以及与其有买卖关系的行业中的人物和情况；他渐渐地知道他父亲所思索的各种问题和忧虑的问题的相对重要性和真正的意义；他获得了有关这个行业的制造方法和机械的专门知识①。他所学到的东西有些只适用于他父亲的行业，但大部分对于与此

---

① 我们已经说过，制造商的儿子们如何在工厂中担任几乎所有重要的工作，这足以使他们在以后的年代中了解所有雇工的困难，并对他们的工作作出公正的判断，这几乎是近代唯一完善的学徒制度。

行业稍有联系的行业都有用。同时，由于与任何一个行业掌握方针政策的人接触，从而养成了判断力和智谋、进取心和谨慎、毅力和谦虚等总体上的才能，这些对他非常有用，几乎使他适合经营其他任何一个行业。而且，除非是在天性和教育上似乎不喜欢以及不适合经营企业的人之外，成功的商人之子在一开始就具有比其他任何人都多的物质资本。如果继承父业的话，他们就处于拥有稳固经营关系的有利地位。

所以，初看起来商人似乎会构成一种世袭阶层，把管理上的主要位置分给儿子们去担任，建立世袭的王朝，接连许多代统治某些商业部门。但实际情况却大不相同。因为，当一个人建成了一个大企业时，他的子孙虽拥有很多的优势，却往往不能培养起同样成功地经营这个企业所需要的高级才能和特殊的意志及气质。他自己也许是由性格坚强而真诚的父母抚养长大的，而且受到父母的个人影响，并在幼年时与困难作斗争过程中受到教育。但是，他的儿子们——至少在他富有后生育的儿子们和在后来情况下出生的孙子们——恐怕大多都是由家中仆人照顾的，这些仆人没有像他的父母那样的坚强性格，而他自己却在父母的影响中受到教育。他的最大的志向也许是生意成功，而他的子孙或许会渴望得到社会地位或学术名望①。

诚然，一切事情也许一时都很顺利。他的儿子们有了稳固的商业关系和——甚至更重要的是——许多对经营极其关心并能胜任工作的下属。只要勤勉而谨慎，并利用企业的传统，他们就可长久地维持下去。但是，经过整整一代人之后，旧的传统已不再是可靠的指南，维系老职员关系的纽带也已消失。这时，这个企业的瓦解几乎是不可避免的了，除非有新人在企业中参加合伙，并将企业的经营管理工作交给这些新人来担当。

不过在大多数情况下，他的子孙们是通过一条捷径来取得这种结果的。他们宁愿自己不努力而得到较少的收入，也不愿付出辛苦和操劳得到双倍的

---

① 不久以前，在英国的学术研究和商业之间常存在一种矛盾。现在由于著名的大学越来越多，主要商业中心的大学也在发展，这种矛盾日渐减少。商人的儿子们被送进大学之后，再不像前一代那样，往往学会鄙视父业。诚然，其中有许多人因为想扩大知识面而脱离商业。但是，那些不光是批评性、而且是建设性的高级智力活动的形式，会促进人们欣赏干得好的商业工作的高尚性。

收入；他们把企业卖给私人或股份公司，或者变成企业的隐名合伙人，即分担企业的风险和利润，但不参与企业的经营管理。在这两种情况下，他们的资本的实际支配权实际上是落到新人手中了。

§7. **私人合伙组织** 恢复一个企业力量的最古老并且最简单的办法，就是从最能干的雇员中提拔若干人参加合伙。大工厂或大商店的专制的老板和经理因为年事渐高，觉得必须把责任越来越多地托付给主要的下属。这在部分上是因为要做的工作日益繁重，而在部分上也是因为他自己的精力比以前衰弱。他仍然掌握最高的管理权，但许多事情却不得不依靠下属的精力和正直去完成。因此，如果他的儿子们还未长大，或是出于别的原因还不能为他分担责任，那么他就决定从他的可靠助手中提拔一人参加合伙，这样，他就减轻了自己的责任，同时也可以放心了，他自己一生的事业由那些人——这些人的习惯是他培养成的，他对他们也许具有父亲般的感情——继续下去了①。

不过，现在有——曾经也常有——条件比较相当的私人合伙组织，两个或更多的拥有大约相同的财产和能力的人，把他们的资产合在一起开展难度更大的大事业。在这种情况下，经营管理工作往往有明确的划分。例如，在工业中，一个合伙人有时几乎专门担任采购原料和销售成品的工作，而另一个合伙人则负责工厂的管理；在一个商店中，一个合伙人管理批发部门，而另一个合伙人则管理零售部门。私人合伙组织使用这些和其他一些办法，就能适应许多不同的问题。它们是非常有力并非常有伸缩性的，在过去发挥了很大的作用，现在也富有生命力。

§8. **股份公司。国营企业** 但是，从中世纪末到现在，在几种行业中已出现公开的股份公司来代替私人组织，前者的股票能在公开市场上卖给任何人，而后者的股票如果未得到一切有关人士的许可，它是不能转让的。这种变化的结果是使得许多没有特殊经营知识的人，把他们的资本交给被

---

① 最幸福的生活轶事以及从中世纪到现在的英国社会史中许多最耐人寻味的事，都与这种私人合伙的事有关。歌谣和故事叙述忠实学徒的种种困难和最后胜利，他也许因为与雇主的女儿结婚而最终参加合伙。这些歌谣和故事鼓舞了许多青年去创立伟业。在对于国民性格所产生的种种影响中，这一种影响对形成有志青年志向的影响最大。

雇用来的人去运作。这样，企业管理上各部分工作的新划分就因此而产生了。

股份公司的风险的最终承担者是股东。但是，股东通常并不积极参与策划企业经营及支配企业的总方针，并且完全不参与具体的管理工作。如果企业一旦脱离了创办人的手之后，管理权主要就落入**董事们**的手中。如果是一个很大的公司，董事也许只拥有很少的股份，且他们当中的大部分人都没有关于管理工作的专门知识。通常并不要他们在公司中全天办公，但他们应该以广博的一般性知识和正确的判断力，来解决公司方针上的较大问题。同时，他们要确信公司的"经理们"恪尽职守[①]。经理及其助手们担任大部分经营的工作和全部管理工作，但不需要他们拿出资本；而且应该根据他们的热心和能力将他们从低级升到高级地位。因为在联合王国中，股份公司组织在国内经营的各种企业中占有很大一部分，对于具有经营管理天才却没有继承到任何物质资本或商业关系的人，提供了很大的机会。

§9. 续前　股份公司有很大的伸缩性。如果股份公司从事的业务提供了广大的活动范围，就能无限制地扩张下去，而且几乎在所有方面都占优势。但是由于承担主要风险的股东对于企业缺乏充分了解，股份公司也有很大的缺点。的确，大的私人企业的领导承担生产上的主要风险，把企业的许多具体细节工作都委托别人去做。但是，因为他有权力直接判断下属是否忠实而谨慎地为他的利益服务，所以他的地位很稳固。如果他所委托的为他经营货物、采购和销售的人，从与他们交易的人那里收取佣金，他就能发觉并处罚这种欺诈行为。如果他们徇私并提拔无能的亲友，或者他们本人敷衍了事，甚至没有表现出使他们最初得到提升的那种非凡的能力，他就能发觉错误并加以纠正。

但是，在上述这些事情上，股份公司的大多数股东——除了少数的例外

[①] 贝奇霍特喜欢这样争辩说（例如，见他著的《英国的宪法》第7章），内阁大臣往往因为缺乏有关他那一部的事务的专门知识而获益。因为，关于详细情况，他能从常任秘书和其他下属那里得到报告，对于他们所精通的问题，他不会作出与他们意见相反的判断，而对于公共政策上的重大问题，他那不偏不倚的常识却足可克服官僚习惯。同样，一个公司的利益，有时反而会极大地受益于那些对营业的细节工作最缺乏专门知识的董事。

情况——几乎是无能为力的,虽然少数大股东往往竭力要知道工作的情况,因而就能对企业总的经营管理有效而明智地进行控制。大股份公司的领导人员因受到工作中遇到的很大的引诱而进行欺诈是很少见的,这有力地证明商业事务中诚实和公正的精神在近代有着惊人的发展。如果他们蓄意利用职务上的便利去营私舞弊,就类似于文明阶段早期商业史中的情况,那么他们会大规模地滥用对他们的信任,甚至阻碍这种民主企业的组织形式的发展。我们很有理由相信商业道德的进步将继续下去,将来——也像过去一样——商业秘密的减少和各种事情的不断公开,都有助于这种进步。因此,民主的企业组织形式的优点恐怕就能在以前失败的许多方面稳妥地推广开来,并大大超过它们诞生之初所作出的巨大贡献。

中央和地方的国营企业恐怕也有同样的情况,也可以有远大的前途。但直到现在,承担最终风险的纳税人还未能对国营企业进行有效的控制,还未能得到办事能力像私人企业中那样拥有精力和进取心的人员。

不过,大股份公司和国营企业的管理上存在的问题,都包含许多复杂的争论在内,对此在这里我们还不能进行研究。现实中,这些问题很紧急,因为很大的企业近来在迅速增加,它们,虽然或许并不像人们通常认为的那样迅速。这种变化主要是因为工业和矿业、运输业和银行业的程序与方法的进步导致了没有大资本就不能进行经营,还因为市场的范围和作用与处理大量货物的技术更方便,因而造成了这样的情况。民主的因素在国营企业中起初总是很有生气的,但经验表明,经营技术和企业组织上的创造性和试验,在国营企业中极其罕见,在私人企业中也不很普遍。而私人企业因为年代久了并且规模大了,就会陷入官僚式的方法中去。因此,工业活动范围会促使小企业努力发挥创造性,而这种范围的缩小易于引起新的危害。

最大规模的生产主要出现在美国。在那里,巨大的企业带有垄断色彩,通常被称为"托拉斯"。这些托拉斯当中,有些是从一个企业发展起来的。但是,大多数的托拉斯是由许多独立的企业合并发展起来的。而走向这种合并的第一步,通常是一种颇为松弛的企业联合组织,或用一个德文名词来说就是"卡特尔"。

§10. **合作社。利润分配** 合作制度的目的在于避免上述两种企业管理方法的弊端。在许多人仍然寄予厚望、但实际上很少能实现的理想的合作社形式中，一部分或全体承担营业风险的股东本身也是企业雇用的。凡是被雇用的人，不论是否拿得出企业的物质资本，都可分到利润；并且在制定企业经营方针方面，在任命职员实行这个方针的社员大会中，也享有某些选举权。因此，他们是自己的经理和工头的雇主与主人。他们具有相当好的方法来判断策划经营上的高级工作是否得到忠诚有效的执行，他们最有可能查出管理上具体细节工作中存在的松懈和不称职问题。因此，他们不再需要某些次要的管理工作，而这些工作在其他企业中都是必要的。因为他们是以自己的金钱上的优势营业上的成绩为自豪的，这就使得他们每个人都厌恶自己或同事在工作中的不负责任。

但不幸的是，这种制度本身有很大的弊端。因为，以人类本性的现状而论，被雇用者本身往往并不是他们自己的工头和经理的最好的主人；斥责所引起的妒忌和愤怒，易于产生像复杂大机器轴承中的油与沙子混合的作用。企业管理中最棘手的工作，通常在表面上最看不出其难处来；用双手操作的人，容易低估策划经营工作中所包含的工作强度，而且因为这种工作的报酬与其他地方能得到的差不多一样高，他们也容易产生怨恨。事实上，合作社的经理很少具有机警性、创造性和多才多艺，而在生存竞争摸爬滚打出来的人，在私人自由企业出来的最能干的人，都具有的这一切。部分上是因为这些合作制度很少得以全部实行；而它的部分应用，除了用于工人消费的商品零售方面之外，从未获得显著的成功。但在最近几年中，真诚的生产联合——即"合股经营"——的成功，已经显示出比较有希望的迹象。

诚然，强烈的个性和思想完全集中在自己的事业上的那些工人，获得物质成功的最快捷的途径，恐怕是作为独立的小"企业家"来创办企业，或者在私人企业或股份公司中力求上进。不过，一些工人的性格比较合群，不愿离开老伙伴，而领导者也愿意同他们一道工作。对于这一类工人，合作制度具有特殊的魅力。在某些方面，合作制度的理想也许比实践更高尚，但它在很大程度上却有赖于对高尚道德的追求。真正的合作社员兼有敏锐的经营才能和坚定的信心及精神。有些合作社被思想上和道德上都具有天才的人经营得非常好——这些人对合作社怀有极大的信心，十分公正，尽心尽力地工作。他们的报酬比自己经营或在私人企业中担任经理所能得到的报酬低得多，但他们却一在感到满足。在合作社职员中比在其他职业的职员中更常见到这种类型的工人。虽然即使在合作社职员中，这种人也并不十分常见，但我们却希望能更好地了解并推广真正的合作社，并提高普通教育率，这将会使大多数合作社成员越来越好地解决企业管理中的复杂问题。

现在，许多地方正在尝试办各种合作社。每个合作社中都表现出企业管理的新气象。例如，在利润分配办法下，私人企业保持经营管理自由权，但付给被雇用者的工资全部都按照市场标准，不论是计时工资还是计件工资。此外，企业能得到最低限度的利润。这样，企业从方方面面都得到了较好的回报：摩擦有所减少，被雇者格外愿意多做些对企业非常有利的种种小事情，能吸引能力中等以上并且勤劳的工人到企业来工作[1]。

另外一个合作的办法就是奥尔德姆的某些纺织厂实行的办法。这些工厂实际上是股份公司。而在股东中，有许多是具有这个行业的专门知识的工人，虽然他们往往不愿受雇于自己的股份公司。还有一种合作办法，是消费合作社的本部通过代理者——批发合作社——**创办**生产事业的办法。在苏格兰的批发合作社中，工人们以工人的身份参与工厂的管理和利润的分配，但英格兰的批发合作社却不是这样。

在稍后阶段里，我们将更详细地研究各种不同的合作和半合作的经营形式，并研究在批发和零售、农业、工业、商业等各种经营上它们成功和失败的原因。但是，我们现在不必进一步研究了。上面所说的已足以表明：世界不过刚刚开始准备好合作运动的高级工作，因此我们可以有理由期望，合作运动的许多不同形式在将来将会比在过去获得更大的成功，并会提供极好的机会使工人们在企业管理中锻炼自己，得到别人的信任和信心，而且逐步提高到可发挥他们的经营能力的地位。

§11. **工人地位提高的机会。工人因缺乏资本而受到的妨碍没有初看起来那样大；贷出资本正迅速增加，但日益复杂的经营管理对他不利**　在说到工人升到可充分发挥其经营能力的地位所存在的困难时，主要的着重点通常是放在工人缺乏资本这一方面，但这一点常常并不是主要困难。例如，合作社积累了大量资本，却觉得这些资本难得到高利率；合作社很愿意把这些资本

---

[1] 参照施洛斯著的《工业报酬的方法》和吉尔曼著的《劳动者的盈利》。

借给任何一类能处理棘手经营管理问题的人。如果合作者不但具有高级经营能力和正直感，还在同事中享有很高的声誉，那么他就不会难以筹集到创办大企业所需要的足够的物质资本，真正的困难倒是在于使他周围的许多人相信他具有这些难能可贵的品质。如果一个人力图从普通的来源中得到创办企业所需要的资本贷款，情况也必须与此差不多。

的确，几乎在所有经营当中，顺利创办企业所需要的资本数额都在不断增大。但是，自己不想使用资本的人所拥有的资本数额却增长得更快。这些人急于贷出资本，所以他们愿意接受日渐下降的利率。这种资本的大部分都到了银行家的手中，而银行家又很快把资本借给他们认为经营能力和信用都很可靠的人。在许多经营业中，固然不必说能在必需的原料和商品供给者那里进行赊欠，就是直接借款的机会现在也非常多，因此一个人一旦克服获得善于运用资本的声誉的最初困难，就不会有很大障碍适当增大创办企业所需要的资本额。

但是，对于工人地位提高虽然没有那样明显，但也许有比较重大的障碍，就是企业经营的日益复杂化。企业领导现在必须考虑许多从前他从未考虑过的麻烦事情，而这类困难正是工厂没有作出充分准备去面对的困难。要克服这种困难，必须迅速改良工人教育的方法，不但要改良学校中的教育的方法，而且更重要的是，要用报纸、合作社和工会的工作等其他方法来改良以后生活中的教育方法。

全英国大约四分之三的人口，都是依靠工资为生的工薪阶层。至少当他们丰衣足食，居住条件和所受的教育也良好时，他们就拥有充沛的精力，而这是经营能力的源泉。他们并非特意去做，只是在有意无意地竞争企业领导地位。普通工人如果有能力，一般就可变为工头，由工头就可升为经理，并可与他的雇主合伙经营。或者，积蓄了一点钱之后，他们会开设一家在工人区域内仍能维持的小店。店中的货品主要是靠赊欠购进的，白天让他们的妻子来照管，晚上由他们自己来照管。用这些或其他方法，他就会增加资本，直到能开设一家小作坊或工厂。一旦有了良好的开端之后，就会发现银行渴望向他慷慨贷款。他必须要有时间才能这样做，而且因为要到中年之后他才会创办企业，他必须活得很长久，而且要很强壮才行。如果他有了这些，而又有"耐心、天才和好运气"，那么在他死去之前，一定可以得到很大的资本①。在工厂中用手工操作的人，比在传统社会中被看做是地位较高的会计员和其他许多人，更具有升到领导地位的好机会。但在商业中却不是这样。商业中所做的体力劳动一般没有训练的性质，而事务性工作经验更适合使人去经营商业，而不是经营工业。

因此，大体上有一种自下而上的广泛变动。从工人的地位一跃而成为雇主的人，也许没有以前那样多了。但是，地位提高到足以使其子弟能达到最高地位和获得良好机会的人，却比以前多了。完全的地位提高往往很少在一代人之中完成，而在两代人当中完成的较多。但地位提高运动的整个规模很大，这恐怕是前所未有的。而且对整个社会而言，分在两代人之中完成提高地位也许更好。在上一世纪初，从工人升到雇主地位的人很多，但适合领导地位的人却很少：他们往往很粗暴专横；他们丧失自制力，既不真正高贵，也不真正幸福；他们的子弟往往傲慢自大，挥霍放纵，把他们的财富滥用于低级粗俗的娱乐中，有着从前贵族的最糟糕的缺点，却没有他们的那些美德。工头和监工仍然是既要服从命令又要发号施令，他们的地位正在提高，而且看到子弟会升到更高的地位。在某些方面他们比小雇主更令人羡慕，他们的成功虽没有那么显著，但工作往往比较高级，而且对世界比较重要。同时，他的性格比较温文尔雅，而且像以前一样坚强。他们的子弟们会受到良好的训练；如果他们获得财富，就会相当好地加以利用。

当然，必须承认，在许多工业部门中，巨大的企业——尤其是股份公司——正在迅速扩充，这会使对子女们抱有希望的能干而节俭的工人，为其子女谋求事务性工作。在事务性工作中，他们就有危险失去用手做建设性工

---

① 德国人说，经营的成功需要"金钱、耐心、才能和运气"。工人地位提高的机会，是随着工作性质而不同的。在那些最注重细节工作而最不注重科学和世界投机运动知识的行业中，这种机会最多。因此，例如，"节俭和实际的细节工作知识"，是陶器业中平常工作成功的最重要的因素，因而在这个行业获得成功的人当中，大多数人"都像乔西亚·韦奇伍德一样，是从工人起家的"（见 G·韦奇伍德对技术教育委员会提出的证明）；关于许多设菲尔德的利器业，也可作类似的说明。但是，工人阶级中有些人养成了一种冒险投机的大本领，如果他们具有指导投机成功所必需的种种实际知识，往往就会胜过从比他们高的地位起家的竞争者。在像鱼类、水果等易变坏商品的最有成就的批发商当中，有些人是从市场搬运工起家的。

作所固有的体力和性格力量,而变成中下层阶级中的平庸之辈。但是,如果他们能够保持这种力量不受到损害,他们就会变成世界上的领袖人物。不过,这一般并不是在他们父亲的行业中,因而就不能从传统中获益。

§12. **一个能干的商人迅速增加他所掌握的资本;而对于无能的人,生意越大,通常损失资本就越快。这两种力量会使资本与妥善运用资本所需的才能相适应。在像英国这样的国家中,运用资本的经营才能具有相当明确的供给价格** 当一个很有能力的人不论采取什么办法,一旦居于一个独立企业的领导地位时,如果有相当好的运气,不久就可证明他具有善于运用资本的才能,因此使他能有办法差不多借入他所需要的任何数额的款项。他如果获得厚利,就可增加自己的资本,而自己资本的这个增加部分又是以后借款的物质保证;他自己赚钱的事实,往往会使贷款者不再像从前那样小心坚持贷款的全部担保。当然,运气在经营中很重要。一个很能干的人也许觉得事情的发展对他不利;他亏本的事实会降低他的借款能力。如果他的资本在部分上是靠借入资本来经营的,那么就会使贷款者拒绝继续贷款。这样,如果他只使用自己的资本,那本来一时的不幸就会使他垮掉①。如果要竭力恢复元气,他就会过一种充满忧虑甚至是不幸的盛衰无常的日子。但是,患难中他也能像在成功中那样表现出一定的能力。人类本性是乐观的,人们极愿把资本借给那些曾经度过商业灾难而却并未丧失经营声誉的人,这一点是人所共知的。因此,虽然盛衰无常,但能干的商人一般会觉得他所掌握的资本毕竟与他的才能成正比例增长。

同时,我们已经知道,能力虽弱但却掌握大量资本的人会很快损失资本。他也许是个能很好地经营小企业的人,这企业在他离开时会比他初去时有更雄厚的资本;但是,如果他没有处理重大问题的才能,那么企业越大,他就会越快地搞糟企业。因为,在考虑了平常的风险之后,大企业的交易只剩下很小一部分利润,而大企业通常只有依靠这种交易才能得以维持。从迅速成

---

① 当他正是最需要资本的时候,却不能再继续借款的危险,这使他比只使用自己资本的人相对处于不利地位,这种不利比单纯的借款利息所表明的要大得多。当我们说到分配学说中研究经营收入的那一部分时,我们将会知道因为上述及其他的缘由,利润不仅仅是那应当包括商人的才能所产生的纯经营收入与利息。

交的大营业额中获得微薄利润,这对于能干的商人来说可以产生丰厚的收入。因为,有些经营的性质能使巨大的资本有活动余地,在这些经营中,竞争通常将经营利润率压得很低。一个乡下商人比更能干的竞争者会少赚5%的利润,但他仍能维持下去,不会破产。但是,在获得利润很快大工厂或大商店中,全部的营业利润往往很少,如果一个人每次都比他的竞争者少赚一点,那么在经营中他就会很大的损失。而那些经营有困难但经营方式并不古板的大企业,对于真正有经营才能的人,可提供很大的营业利润。不过,只有普通能力的人要想经营这种企业,是绝对不会获得利润的。

这两种力量——一种是使能干的商人所掌握的资本有所增加的力量,另一种是使能力较差的商人手中的资本有所损失的力量——产生以下的结果:商人们的才能大小与他们所经营的企业大小之间存在着的一致性,这比初看起来所认为的可能要密切得多。我们已经说过一个天生有经营才能的人,在私人企业和股份公司中能够步步高升的许多途径。如果把上述结果与诸多途径加在一起来考虑,我们就可得出如下的结论:在像英国这样的国家里,凡是进行大规模工作的地方,必然很快就会出现所需要的才能和资本。

而且,正像工业技术和能力正越来越取决于判断、敏捷、智谋、细心和毅力等广泛的才能一样——这些才能不是某一行业所专有的,而是对所有行业都多少有用的——经营才能也是如此。事实上,经营才能比低级的工业技术和能力包括更多的非专门化的才能:经营才能的等级越高,应用就越是多种多样。

于是,因为运用资本的经营才能从才能过多的行业向为它提供良好机会的行业横向移动非常容易,而且纵向移动也非常容易,也就是说比较能干的人在他自己的行业中能升到更好的地位,所以,即使在我们研究的这个初期阶段中,也有充分理由相信:在近代英国,资本的经营才能的供给通常能适应对它的需求,因而就有相当明确的供给价格。

最后,我们可以认为这种经营资本的才能的供给价格,是由三个因素构成的:第一是资本的供给价格;第二是经营才能和精力的供给价格;第三是能把适当的经营才能与必需的资本结合在一起的那种组织的供给价格。我们已将这三个因素当中的第一个因素的价格称为利息;将第二个因素之本身的价格称为**纯经营收入**;而将第二和第三个因素合在一起的价格称为**总经营收入**。

第13章 结论 报酬递增倾向与报酬递减倾向的相互关系

§1. 本篇后面几章的摘要 在本篇的开头,我们知道如果其他情况不变,自然界对多使用资本和劳动而多产生的农产物最终会如何趋于递减。在本篇其余各章中,特别是最后四章中,我们研究了问题的另外一面,知道人类的生产工作的能力是如何随着人类所做的工作量而递增。首先,在考虑了支配劳动供给的种种原因之后,我们知道,如果其他情况不变,每当一个民族的身体、精神和道德力量有所增长时,会如何使他们更能把大多数强壮儿童抚养长大。其次,说到财富的增长,我们看到每当财富有所增长时,又是如何在许多方面使财富比以前更容易增长得更多。再次,我们知道,每当财富有所增加以及人口增长和人们的智力有所提高时,又是如何增加了高度发展的工业组织的便利,而工业组织又转过来极大地提高了资本和劳动的共同效率。

在比较仔细地研究了任何一种货物的生产规模扩大所产生的经济之后,我们知道这种经济分为两类——一类是有赖于工业的总体发展的;一类是有赖于从事此工业的个别企业的资源及其经营管理的效率。这就是说,分为**外部经济**与**内部经济**两类。

我们知道,如果以任何个别企业而论,内部经济是怎样容易不断地变动。也许忽然由于好运气的帮助,一个能干的人在他的行业中打下了稳固的基础。他辛勤地工作,而生活则很节俭,那他自己的资本就会很快增大,而这使他能够借入更多资本的信用也提高得更快。

他所招纳的下属都有超出平常人的热诚和能力,而他的营业扩大了,他们的地位也会随着一同提高。他们信任他,他也信任他们。他们每个人都全力从事于特别适合他们的工作,因此,高级的才能就不会浪费于简易的工作,艰难的工作也不会委托给不熟练的人去做了。随着这种技术经济的逐步增长,他的营业额有所增加,也带来了专门的机器和各类设备;每种改良方法得到很快地采用,而且成为进一步改良的基础。成功带来了信用,信用又带来了成功,信用和成功有助于留住老顾客并招徕新顾客。经营规模的扩大使他在采购方面有很大好处,他的货物互相间可以作宣传,因而减少了为货物寻找销路的困难。他的营业规模扩大,这使他超出竞争者的优势也很快有所增大,并且降低了他能出售货物而又不会亏本的价格。只要他的精力和进取心、创造性和组织力保持充分的旺盛状态,只要营业上不可避免的风险不会使他遭受特别的损失,上述情况就会继续下去。如果这种情况能维持一百年的话,那么他和其他一两个像他这样的人就可瓜分他所经营的那个工业部门的全部营业利润了。他们的大规模生产会使他们获得更多的利润,但如果他们竭力互相竞争的话,那么公众就会得到由于规模经济所带来的主要利益,商品的价格就会跌得很低。

但在这里,我们可以从森林中的幼树从老树的浓荫中用力向上挣扎的情况汲取教训。许多幼树中途夭折了,只有少数得以生存;这些少数生存下来的树木一年比一年壮大。每当它们的高度有所增加时,就可多得一些阳光和空气,而最终能耸然高出邻近的树木。似乎它们永远都会这样生长下去,而随着它们这样生长,又似乎会永远壮大下去。但是,却不会永远是这样。一株树比另一株树能维持更长久的活力并且更茂盛。但是,迟早年龄会影响它们。虽然较高的树木比其竞争者能得到更多的阳光和空气,但也会逐渐失去生命力,相继让位于其他实际力量虽然比较小,但却有较强的青春活力的树木。

树木的生长是这样的,大股份公司在近代获得巨大发展之前,企业的发展原理也是这样。大股份公司往往经营不振,但却不会陡然倒闭。现在,这个原理虽不普遍适用了,但在许多工业和商业中仍然有效。大自然以限制私人企业创办者的寿命,甚至更严地限制他生命中最能发挥才能的那段光阴来限制私人企业的发展。因此,不久之后,企业的管理权就落到即使对企业的繁荣同样积极关心但精力和创造天分都较差的那些人手中了。如果这企业变为股份公司,那么就可保持分工以及专门的技术和机械的利益;如果再增加资本的话,甚至可以增大这些利益,并且在有利的条件下,在生产上就可保持永久而突出的地位。但是,此企业恐怕已丧失很大的伸缩性和进步的力量了,以致在与新兴的较小的对手竞争时,不再完全处于有利地位了。

因此，当我们考虑财富和人口的增长对经济产生的广泛影响时，我们的结论并不会极大地受到以下两个事实的影响：第一，这些经济中有许多直接取决于从事生产的个别企业的大小；第二，几乎在每个行业中，大企业都是不断地兴盛和衰落的。任何时候都有企业在兴衰。因为，在繁荣时期，一定程度的衰败必然会为另一程度的发达所抵消。

同时，总的生产规模的扩大，当然会促进那种不直接依赖于个别企业大小的经济。其中最重要的经济是由于相关的工业部门的发展而产生的。这些部门互相帮助，也许集中在同一地方，但无论怎样都是利用轮船、火车、电报、印刷机等现代工具提供交通便利。源于此各种利益是任何生产部门都可获得的，而不仅仅是单个部门。但是，这些利益必然随着单个部门的发达而迅速、稳步地增长；如果单个部门衰败的话，这些利益在某些方面——虽然不是在所有方面——必然会有所减少。

§2. **应当以一个代表性企业来说明生产费用，这个企业能正常获得一定总量的内部经济与外部经济。报酬不变与报酬递增** 当我们研究支配某种商品的供给价格的各种原因时，这些结果会非常重要。我们必须仔细分析与一定总量有关的某种商品的正常生产费用。为了这个目的，我们将要研究在一定总量之下**一个代表性生产者的费用**。一方面，我们不能选择一个新的生产经营者为代表，因为他在许多不利条件下经营，一时不得不满足于很少的利润或没有利润，但他对以下的事实是满意的：他正在建立经营关系，并且刚刚起步，有望成功；另一方面，我们也不能以这样一个企业为代表：由于非常持久的能力和好运气，此企业已经有了很大的经营规模和一些井然有序的大工厂，而这些大工厂使此企业比所有竞争者都更具有优势。但是，我们的代表性企业必须是这样一个企业：已具有相当长的历史和相当程度的成功；是由能力正常的人来经营的；能正常地获得一定总量的外部经济和内部经济；而且也要考虑此企业生产的货物种类、货物销售情况以及总的经济环境。

这样，在某种意义上，一个代表性企业就是个普通的企业。但是，营业中用的"普通的"这个词却有许多不同的解释。而一个**代表性**企业是特殊种类的普通企业，为了要了解大规模生产的内部经济与外部经济在所说的工业与国家中一般已达到怎样的程度，我们需要研究这种普通企业。如果我们随便拿一两个企业来研究的话，就不能了解这一点。但是，经过广泛的调查之

第13章 结论 报酬递增倾向与报酬递减倾向的相互关系

后,选择一个企业来研究,不论它是私人经营的还是股份制的(或者一种以上更好),就我们所能作出的判断而论,它能代表这种特殊的普通企业,我们就能相当清楚地了解这一点。

本篇的一般论断表明以下两点:第一,任何货物总的生产量的增加,一般都会扩大这样一个代表性企业的规模,因而就会增加其所有的内部经济;第二,总生产量的增加常会增加此企业获得的外部经济,因而使之能花费比以前少的劳动和代价来制造货物。

换言之,我们可以概括地说:大自然在生产上所起的作用表现出报酬递减的倾向,而人类所起的作用则表现出报酬递增的倾向。报酬递减律可说明如下:劳动和资本的增加导致了组织的改进,而组织的改进又提高了劳动和资本的使用效率。

所以,在那些从事非农产品生产的产业里,劳动和资本的增加一般使报酬会有超比例的增加;而且这种组织的改进其减少程度甚至超过大自然对农产品产量的提高所产生的任何阻力。如果报酬递增律与报酬递减律的作用互相抵消的话,我们就有**报酬不变律**,劳动与牺牲的增加使产品刚好有同比例的增加。

这是因为报酬递增与报酬递减这两种倾向不断相互制约。例如,以小麦和羊毛的生产而论,在不能自由进口的古老国家里,报酬递减倾向几乎完全占优势。如果把小麦制成面粉,或是把羊毛制成毛毯,那么总生产量的增加就会带来一定程度的新的经济利益的增加,但是不多。因为面粉业和毛毯业的规模已经非常大,结果它们能获得的新的经济利益恐怕只能是新发明的结果,而不会是组织改进的结果。然而,在毛毯业稍有发展的国家里,组织的改进也许很重要,于是,就会发生这样的情况:毛毯总产量的增加减少了生产中的困难,这与增多了的原料的生产困难在比例上恰好相等。在这种情况下,报酬递增律与报酬递减律的作用就会恰好相互抵消;毛毯生产就会符合报酬不变的规律。但是,在大多数原料费用无足轻重的比较精致的工业部门中和在大多数近代运输业中,几乎无法抵抗报酬递增律所起的作用①。

---

① 布洛克教授在 1902 年《经济季刊》上发表的一篇题为《生产力的变化》的论文中,建议以"组织的经济"这个名词来代替报酬递增。他清楚地表明:促成报酬递增的种种力量,与促成报酬递减的种种力量不属于同一类。毫无疑问,对于有些情况,以说明原因而不是说明结果,以组织的经济与大自然对精耕的反应的无弹性来着重说明这种差别会更好。

报酬递增律说明一方面的努力和牺牲量与另一方面的产品数量之间的关系。但这些量不能准确地计算出来。因为生产方法的改变需要机械，并且需要各种新的以及与以前比例不同的有特殊技能和无特殊技能的劳动。但是，大体上看来，我们或许可以含糊地说：工业中一定数量的劳动和资本所获得的生产量，在近二十年中增加了四分之一或三分之一。用货币来衡量费用和产量是一种诱人而危险的方法：因为货币支出与货币收入比较容易变成对资本利润率的估计①。

§3. **人口如果有所增加，共同效率一般就会随之有超比例的提高** 现在我们可暂时总结一下工业扩张与社会福利的关系。伴随着人口的迅速增长，人口拥挤的城市中的人们往往会养成不健康并且消耗人精力的生活习惯。有时，人口增长一开头就很不好，超过了人们的物质资源，使人们用不完善的工具过度向大地索求，因而引起报酬递减律在农产品方面的强烈作用，却没有能力把此规律的结果缩小到最低限度。这样，如果一开头就出现贫困现象，那么人口增长就会继续对人们性格上的弱点产生极为常见的后果，而这种弱点不适宜一个民族发展和工业的完善组织。

上述这些是人口增长的严重危险。但是，一个具有强大力量和精力的民族，其共同效率的增加在比例上可以超过人口的增加，这一点仍是确实的。如果此民族能以便利的条件输入食物及其他农产品，暂时避免报酬递减律的压力；如果此民族的财富没有消耗于重大的战争之中，而财富增长的速度至少与人口的增长相同；如果此民族避免会使其身体衰弱的生活习惯，那么人口每有增加，就会使此民族获得物质产品的力量**暂时**有超比例的增长。因为，人口的增长使他们能获得专门技能和专门机械，也能获得地方性工业大规模生产所带来的许多好处，能增加一切的交通便利。同时，人们相距很近，因而他们之间的各种交易所耗费的时间和努力就减少了，而且使他们有新机会

---

① 关于发生报酬递增的工业同时又表现出利润增加，这一点并没有什么一般法则可言。无疑，一个生机勃勃的企业如果扩大营业规模，并获得所特有的重要的（内部的）经济，就会表现出报酬递增和利润率同时提高。这是因为产量的增加实际上不会影响产品的价格。但是，我们以后将可以知道（见第六篇第 8 章中的第 12 节），在像织素色布这样的工业中，利润会趋于下降，因为这些工业的巨大规模，已使生产和销售组织改进很大，且成为经常性的工作了。

获得各种社会享乐和文化生活方面的舒适品和奢侈品。无疑，也要考虑越来越难获得的幽寂和安静，甚至新鲜空气。但在大多数情况下，有利的一面更大①。

如果考虑到人口密度的增大会带来新的社会享乐这一事实，那么我们对以上叙述的可稍稍加以扩充并这样说：人口增长和与此相适应的物质享乐产品对生产的促进作用，就会使由享乐所产生的总收入有超比例的增加。但是，这要有两个前提条件：第一，获得农产品的充分供给不会有很大困难；第二，人口过多不会使身体和道德力量因为缺乏新鲜空气和阳光，还有缺乏青年人所需要的健康和快乐而受到损害。

现在文明国家积累的财富比人口增长得更快。如果人口增长不那么快的话，那么每个人所拥有的财富就会增长得快一点，这也许是对的。但实际上，如果人口有所增长，随之就会出现对生产的巨大的促进作用：**现在**在英国，因为容易从外国得到大量原料供应，因而随着人口增长而出现的，除了对阳光、新鲜空气等的需要外，就是满足人类需求的手段有超比例的增加。然而，这种增加的大部分不归功于工业效率的提高，而是归功于伴随着人口增长而带来的财富的增加。所以，人口增长就不一定有利于那些在财富增加中没有份的人。而且，英国从外国获得的农产品的供给，随时可能因为外国贸易条例的变更而受到阻碍，也可因为发生大战而濒于断绝。同时，为了保障国家安全所产生的海陆军费用，显然也会减少英国从报酬递增律的作用中所获得的利益。

---

① 英国人穆勒在说到（见他著的《政治经济学》第四篇第6章中的第2节）他独自欣赏美丽风景所产生的愉快时不禁热情奔放；而许多美国作家则热烈描写人类生活的日益富裕，因为起先森林中的居民看到的只是在周围定居的邻居，而森林地带发展成为乡村，乡村发展成为城市，城市又发展成为大都市（例如，参看凯雷的《社会科学原理》和亨利·乔治的《进步与贫困》两书）。

第五篇

需求、供给与价值的一般关系

第 1 章　绪论　论市场

　　§1. 生物学和机械学关于相反力量均衡的概念。本篇的范围　一个企业成长、壮大，以后也许会停滞、衰落。在其转折点存在着生命力与衰退力之间的平衡或者均衡。第四篇的后几章主要讨论使人口增减或工商业兴衰的那类力量的均衡。随着我们研究工作的逐渐深入，我们越来越有必要认为经济力量类似于这样一些力量：这些力量使青年人成长到壮年，之后便逐渐僵硬、不爱活动，直到最后倒下，让位于其他生机勃勃的人。但是为了给这种高深的研究做好准备，我们首先就需要观察一下比较简单的力量均衡，这种均衡是和用一条有弹力的线绳系一块石子或在一只盆中彼此相依的许多小球所保持的机械均衡的道理大体一致。

　　现在我们必须研究需求和供给的一般关系，特别是和保持供求"均衡"的那种价格调节有关的那些关系。均衡这个词是一个通用的名词，而且现在使用可以不加特殊解释。但这个名词涉及许多难题，而这些难题只能逐步解决。事实上，本篇中很大的篇幅就用在讨论这些难题上了。

　　有时会从某类经济问题中取证，而有时又会从另一类经济问题中取证，但是主要的推理过程与任何特定种类所特有的那些假设无关。

　　这样，本篇既不是叙事，也是不积极地解决实际问题，而是揭示了我们所掌握的有关支配价值因素的知识的主要理论根据，从而为在下一篇建立的结构做好准备。本篇的目的与其说是为了获得知识，不如说是为了有能力获得和整理那两组相反力量的知识，这两组相反的力量是迫使人类进行经济劳作和牺牲以及阻止人类做出这一切的力量。

　　首先我们必须简略叙述一下市场——为了使本篇和下一篇中的概念更精确，有必要这样做。但是不论在原因还是在结果上，市场组织都与货币、信用以及对外贸易密切相关。因此，只好留待下一卷再对市场进行充分研究。在那里，将把市场同工商业的变动相结合，同生产者和商人的联盟与雇主和雇工的联盟相结合进行研究。

§2. **市场的定义** 当谈到供求的相互关系时，这时的市场当然必须是同一个市场。如考恩诺特所说的："经济学家所说的**市场**，并不是指任何一个特定的货物交易场所，而是指任何地区的全部。在这些地区中，买主与卖主彼此之间往来自由，相同商品的价格有迅速变得相等的趋势。"① 又如杰文斯说的："起初，市场是城中出售粮食和其他物品的一个公共场所。但是这个词的意义得到扩展，从而指任何一群有密切商业关系并进行大量商品交易的人。一个大城市有多少个重要行业，就可能有多少个市场，而这些市场可能有也可能没有固定场所。市场的中心是交易所、集市或拍卖所，商人们都相约在那里见面和交易。伦敦的股票市场、小麦市场、煤炭市场、糖市场和其他许多市场都各有各的固定场所；曼彻斯特的棉布市场、废棉市场和其他市场也是如此。但这样区分场所是不必要的，虽然交易者散布于全城或郊区，但如果商人们借助于集市、集会、已公布的价单、邮政或者彼此保持密切联系的话，他们仍能形成一个市场②。

因此，一个市场越是完全，那么市场各个部分在同一时间内对同一种商品支付相同价格的趋势也就越大。当然，如果市场很大，就必须考虑把货物运给不同买主的费用；每个买主除了支付相当于市场价格的费用外，还一定得支付一宗特别的运费③。

§3. **市场在空间上的局限性。影响某物市场大小的一般条件；分等分级和选样的适合性；易于运输** 把经济学的推理运用于实践时，往往很难确定某地供求变动受到他地供求变动的影响有多大。很显然，电报、印刷机和蒸汽运输的总趋势会扩大这些影响的作用范围，并使这些影响力更大。但是从

---

① 见雷克切斯·苏尔·莱斯《财富理论中数学原理的研究》，第4章。又见第三篇第4章中的第7节。
② 《政治经济学理论》的第4章。
③ 例如，规定常见的体积大的货物都在某港的某船上交货而不交纳运费的价格，各买主必须自己负担运回货物的费用。

某种意义上来说，可以把整个西方世界都看成是各种股票证券和贵重金属的市场，而且在较小的程度上，也可以把它看成是羊毛、棉布甚至小麦的市场。当然要酌情考虑运费，其中包括货物通过海关时交纳的关税。因为在所有这些情况中，包括关税在内的运费都不足以阻止西方各地的买主彼此竞购相同的供应品。

有许多特殊原因可以扩大或缩小某种特定商品市场，但是，几乎所有拥有广大市场的商品都具有普遍的需求，并且容易为人识别。例如，棉布、小麦和铁都能满足迫切的、几乎是普遍的需求。这些东西易于识别，所以能够由那些彼此相隔很远以及距离商品也很远的人们来买卖。如果有必要，可以从这些商品中选取真正有代表性的样品，而样品甚至可以由一个专家来"分级"，就像美国对谷物分等级的做法一样。因此，买主可以确保他所买的商品会达到一定标准，虽然他从未见过要买的商品的样品。而且如果他见过样品，可能也做不出判断①。

拥有广大市场的那些商品，也必须是经得起长途运输的商品，必须有相当的耐久性，同时价值要比体积大得多。体积大的商品在离产地很远的地方销售时，价格势必要提高，因此，一般这样的商品只有很小的市场。例如，普通砖的市场实际上只限于砖窑附近地区，几乎无法通过陆路运输到那些没有自己砖窑的地区。但某些特种砖，则在英国大部分地区都拥有自己的市场。

§4. **组织完善的市场** 让我们进一步考察一些东西的市场，这些东西是以特殊的方式来满足普遍的需求的，具有易于识别和便于携带等特点。正如我们曾经提到过的，这些东西就是有价证券和贵重金属。

某公司的任何一张股票或债券，某政府的任何一张公债券，同任何其他一张收益相同的股票或债券都完全具有相同的价值。买主究竟购买哪一种，对他来说并没有区别。有些证券——主要是那些规模较小的矿业公司、船运公司和其他公司的证券——需要了解当地的情况。所以除了在附近城镇的交

---

① 例如，某公仓或私仓的经理收到农户的粮食，就将它分成不同的等级，再按他交的粮食的数量和等级发给他凭据，然后便把他的粮食和其他农户的粮食混在一起；在到达真正要验收粮食的那个买主手中以前，他的凭据多半要转几次手，而该买主所收到的粮食很少是或者已完全不是凭据原主人农场上生产的粮食了。

易所之外是很难交易的。但是整个英国就是一个大铁路公司的股票和债券的市场。平时一个经纪人即使没有米德兰铁路的股票也会出售这种股票，因为他知道这种股票总会流入市场，并且确信能买到它们。

但最有力的事例是那些叫做"国际证券"的证券，因为世界各地都需要它们。这些证券是一些主要国家政府的债券和像苏伊士运河公司以及纽约中央铁路公司那样的大公司的债券。对于这类债券来说，电报使全世界交易所中的价格都保持在几乎完全相同的水平上。如果其中一种债券的价格在纽约、巴黎、伦敦或柏林有所上涨，那么仅仅这涨价的消息就会使其他市场的价格有上涨的趋势；如果由于某种原因使价格上涨受到阻碍，那么别的市场多半会立即将该种类债券用电报预售的办法在价格高的市场上抛售，而头一个市场的经纪人将在别的市场上进行电报预购。一方面卖，另一方面买，这就加强了价格在各地都趋于一致的倾向。除非有些市场处于非常状态，不然这种倾向就立刻会成为不可抗拒。

在交易所中，商人们一般也能确保按照同买价几乎相等的价格出售证券。商人们往往情愿以低于他们在同一刹那间所能卖的价格的 0.5% 或 0.25% 或 0.125% 有时甚至 0.0625% 的价格购买头等股票。如果有两种同样保险的证券，其中一种是发行额大的债券，而另一种是同一个政府发行的小额债券，因而，头一种债券会不断流入市场，而后一种债券却很罕见，那么，仅仅因为这个缘故，商人们所收取的卖价和买价之间的差额在后一种情况就要比前一种情况大些①。这正说明了这条伟大的法则：一般来说，某种商品的市场越大，价格变动就越小，而商人们在经营此商品中所获取的资本的周转利率也就越低。

可见，证券交易所曾经是而且现在仍然是借以形成各种易于识别、便于携带并满足普通需求的产品市场的范例。但最具有这些性质的物质商品是黄金与白银。正是由于这种原因，它们曾被选来用作货币，来代表其他东西的

---

① 在无名小公司的股票交易中，某经纪人所愿出的买价和售价的差额可以达到售价的 5% 或 5% 以上。如果他买了这种股票，在出售给另一个人以前也许要存一段很长的时间，而在此期间，该股票也许会跌价；如果他预售他自己证券，而又不是每天在市场上都出现的那种证券，那么要履行合同就不能不证券付出很大的辛苦与费用。

价值。世界金银市场组织得十分完美,可以提供许多奇妙的例证来说明我们所讨论的这些法则的种种作用。

§5. 即使一个小市场也往往受到远处市场的间接影响　与国际证券和贵重金属市场极端相反的一个市场,首先是按某些个人需求定做的东西,如合身的衣服;其次是那些容易腐烂以及体积很大的东西,如新鲜蔬菜之类。这些东西不便于长途运输。前者很难说会有一个批发市场,决定它们价格的那些条件是零买和零卖的条件,对这些条件的研究可暂时不论①。

第二类商品的确拥有批发市场,但只局限于很小的范围。我们可以在乡镇出售的比较普通的蔬菜中找到典型例证。附近的菜商也许在买卖双方几乎都无外部干扰的条件下准备把菜卖给城镇居民。卖方与可向别处购买的买方对过高的价格都可以起到遏制作用,但通常这种遏制不起作用。在这种情况下,可能会出现菜商们联合起来,从而造成人为规定一种垄断价格的情形。这就是说,这种价格与生产成本几乎毫无直接关系,而主要是出于对市场负担能力的考虑而决定的。

另一方面,很可能有些菜商与第二个乡镇的距离几乎与第一个同样远近,有时他们把菜送到这个镇,有时又送到那个镇;而有时在头一个镇买菜的人也同样可以到第二个镇去买。极小的价格差异会使他们愿意到较好的市场去。因而,这两个镇中的交易在某种程度上相互依赖。也很可能是第二个镇和伦敦或其他中心市场有密切联系,因此,其价格取决于中心市场的价格。在这种情况下,第一个镇的价格也必然有很大的变动,以便和它们一致。随着消息的一传十,十传百,直到消息远传各处,因此,即使偏僻的市场也常常受到并未觉察到的那些变动的影响,而这些变动来自远方,并逐渐波及各个市场。

可见,在一个极端是世界市场,其中直接来自世界各地的竞争在起着作

---

① 一个人进行小额零买时也许不会过分计较,也许会用 2.5 先令在一个铺子里买一包在另一个铺子里用 2 个先令就可以买到的纸,但批发价格则不然。邻厂 1 令纸只卖 5 先令的某厂商就不能以 6 先令的价格来出售他的纸,因为纸商们几乎完全知道可以买到那种最低价格的纸,而不愿支付超过这种行市价格的价格。该厂商非按同市价相近的价格,也就是说,非按同其他厂商在同一时间内相近的销售价格来出售他的纸。

用；而在另一个极端是那些偏僻的市场，其中没有任何来自远方的直接竞争，虽然在这些市场上甚至也可以感受到间接传来的竞争。而绝大多数的市场却处于这两个极端中间，经济学家和企业家必须研究这些位于中间的市场。

§6. **市场在时间上的局限性** 此外，市场不但因地区而异，而且也因为使供求力量彼此达到均衡所需要的时间长短不同而有所不同。现在更需要充分注意这种时间因素，而不是空间因素。因为均衡本身和决定均衡的那些因素的性质都取决于市场所占用的时间的长短，我们将知道，如果时间很短，那么供给就局限于现有的存货；如果时期较长，那么供给将或多或少地受该商品生产成本的影响；而如果时间很长，那么这种成本将又或多或少地受生产该商品所需要的劳动和物质资料的生产成本的影响。这三类因素当然交织在一起。我们首先讨论第一类，并在下一章中考察那些供给和需求的暂时均衡，其中供给实际上只指市场上可供出售的存货，因此不会直接受生产成本的影响。

第2章 需求和供给的暂时均衡

§1. 欲望和劳作之间的均衡。在偶然的物物交换中一般不存在真正的均衡 可以在一个人以自己的劳动来满足自己的一种需要当中找到欲望和劳作之间的均衡的简单例证。当一个小孩采黑莓自己吃时，也许会暂时觉得采黑莓本身就很有趣。在比较长的一段时间内，吃的乐趣大大地补偿了采摘黑莓的辛苦。但是当他大吃了一顿之后，就不愿多吃了。他开始对采摘工作产生厌倦，那也许是种单调的而不是疲劳的感觉。最后当他的玩兴和对采摘黑莓的厌恶与吃的欲望相抵时，就达到了均衡。而他从采摘黑莓中能得到的满足达到了**最高限度**。因为直到那时，每个采摘动作都使他得到的满足多，而失去的满足少。自那时以后，任何一个采摘动作都会使他得到的满足少，而失去的满足多①。

例如，居住在边远地区的两个居民之间用枪交换独木舟时，那种一个人与另一个人随意进行的交换很难有真正的供求均衡。这是因为双方也许都有不够满足的情况。第一个人如果不能用别的方法得到船时，也许愿意用别的什么东西而不是枪来交换小船；而第二个人在必要的时候也许会用其他东西而不是独木舟来交换枪。

在易货交换制度下的确可能出现真正的均衡，虽然易货交换在历史上比买和卖早些，但在某些方面更复杂；而在较高文明阶段的市场上，可以看到真正的均衡价值最简单的事例。

我们可以撇开不谈那类曾经引起许多讨论的交易，因为它们实际上并不重要，和名画、古钱与无法"分等级"的其他东西有关。其中各种东西的售

---

① 参阅第四篇第1章中的第2节与数学附录中注12。

价将取决于对其欣赏的富人是否在场。如不在场，这种东西也许会被那些指望靠它牟利的商人买去。同一张画在接连几次出售时，价格差异虽然很大，但如果没有职业买主的稳定影响，也许还要大得多。

§2. **在当地的谷物市场上，一般可以建立真正的（虽然是暂时的）均衡** 那么，让我们来讨论现代生活中的日常交易，并以某镇的谷物市场为例。为简单起见，让我们假定市场上所有的谷物质量都相同，每个农户或别的卖主以任何价格出售的量，都受到他手头需要的现款以及他对与自己有关的市场的目前情况和未来情况的估计影响。有些价格没有一个卖主会接受，而还有一些价格没有一个卖主会拒绝。此外，还有一些介于两者之间的价格，许多卖主或所有的卖主都愿按这些价格出售较多或较少的量。人人都力图摸透市场情况，并以此来支配自己的行动。让我们假定实际上谷物所有者愿以 35 先令的低价出售的谷物只有 600 夸脱。但是 36 先令会使谷物所有者多卖 100 夸脱，37 先令会使他们再多卖 300 夸脱。我们再假定，37 先令这一价格会诱惑买主只买 600 夸脱，而按 36 先令就可以多买 100 夸脱，按 35 先令还可以多买 200 夸脱。这些事实可用表说明如下：

价　格	卖主愿意卖的量	买主愿意买的量
36 先令	1 000 夸脱	600 夸脱
36 先令	700 夸脱	700 夸脱
35 先令	600 夸脱	900 夸脱

当然，在那些实际上情愿接受 36 先令而不愿一点没卖就离开市场的人中，有些人并不会立即表示乐于接受那个价格。同样，买主们也会含糊其辞，假装不十分热衷的样子。因此，随着一方或另一方在"讨价还价"中占优势，价格就像一个毽子一样过来过去。但是除非他们力量悬殊，例如，除非一方对对方的力量估计不足或不幸而没估计中，那么价格多半与 36 先令相去不远。几乎可以肯定收市时价格大致接近 36 先令，因为如果某卖主认为买主们实际上会以 36 先令买到他们按该价格所愿买的全部谷物，他便将不愿放过高出该价格很高的任何机会。

在买主方面也将做同样的估计。不论什么时候，如果价格大大超过 36 先令，他们都会认为在该价格上供给将比需求大得多。因此，甚至那些宁愿支付该价格而不愿空手回家的买主也会等待；而由于等待，他们便促进了价格下降。另一方面，如果价格远在36先令之下，那么甚至那些宁愿接受该价格而不愿什么都不卖就离开市场的卖主，也会认为在该价格上需求会超过供给。所以，他们将等待，而由于等待他们促进了价格的上涨。

可见，36先令这一价格堪称为真正的均衡价格。因为如果开始时就选定这个价格，并且始终保持不变，那么它恰好使供求相等（也就是说买主们以该价所愿意买的量恰好等于卖主们以该价所愿卖的量）；因为各个掌握市场情况的交易者也希望有那样的价格。如果他们见到价格与36先令相差很远，那么他们预测不久将有所变动。由于这种预测，他们会促进该价格迅速实现。

的确，对于我们的论证来说，买主与卖主都没有必要完全掌握市场情况。许多买主也许过低地估计了卖主的出售意向，从而暂时价格保持在可以找到买主的最高水平上。因此，在价格没有降到37先令以下，就可以出售500夸脱。但后来价格势必会下降，结果很可能会再出售200夸脱，并以36先令左右的价格收市。因为在出售700夸脱之后，除了按高于36先令的价格，没有一个卖主急于想多卖一些；而除了按低于36先令的价格，也没有一个买主急于想多买一些。同样，如果卖方过低地估计买主出高价的意向，他们中间的有些卖主也许按他们愿索取的最低价格开始出售，而不愿使谷物留在自己手中。在这种情况下，按35先令的价格就会销售出很多的谷物，但市场也许将以36先令的价格和700夸脱的销售总额收市①。

§3. 在谷物市场交易过程中，需要货币的强度通常没有显著的变化，但在劳动市场上确实有这种变化。参阅附录六　　上面的例证暗含着一个符合大多数市场实际情况的假设，但是应当明辨这个假设，使它不致落入那些不应有的场合。我们曾暗中假定买主们购买第700夸脱谷物所愿付的货币额和卖主们出售第700夸脱谷物所愿收取的货币额，它是不受以前按较高或较低的价格成交这一问题的影响的。我们考虑到买主对谷物的需求（谷物的边际效用）是随着购买量的增加而减少的，但我们未曾考虑在他们不愿出手货币（货币的边际效用）方面有任何显著的变化；我们曾假定不论以前支付的款额

---

① 这个例证表明对交易者行动的看法，还有对市场价格产生影响的简单形式的看法，至于它的更复杂的发展，我们以后还要详细讨论。

是多还是少，货币的边际效用实际上是不变的。

就我们实际涉及的大多数市场交易来说，这个假设站得住脚。当一个人为了自己消费而购买某种东西时，他用在那种东西上的钱只占他总资金的一个很小的部分；而当他为了经商而购买东西时，他指望再卖掉它，因此，他实际的资金总额并没有减少。

无论是哪种情况，他出手货币的意向都没有显著的变化，这对有些人来说也许并不适用，但肯定有一些拥有大量货币的人在场，他们的影响对市场起着至关重要的作用①。

在商品市场上，这些例外很少，也不重要；但在劳动市场上，例外情况屡见不鲜，而且也很重要。如果一个工人害怕会挨饿，那么他对货币的需求（货币对他的边际效用）就很大；如果开始时他处于讨价还价的劣势，并以低工资受雇于人，那么他对货币的需求仍然很大，他也许会继续按低工资出卖劳动。之所以有这种可能性，是由于在劳动市场上讨价还价方面的优势往往在买方一面，而不在于卖方一面；但在商品市场上，买方和卖方多半都均分这种优势。劳动市场和商品市场的另一个区别在于各劳动卖方只有一个单位劳动可出售的这一事实。这是许多事实中的两件，我们在讨论过程中用它们

---

① 例如，某买主有时因缺乏现金，不得不放弃那些毫不亚于他曾乐于接受的别的物品。他自己的钱已经用完，除了会耗掉从交易中获得的全部利益外，他也借不到任何钱。但是如果交易真正有利可图，那么其他不缺现金的买主也几乎肯定会做这笔交易。

此外，那些被认为准备按 36 先令的价格出售的卖主中间可能有几个卖主会情愿出售，这唯一的原因是由于他们急于需要一定数量的现金。如果他们能以高价销售一部分谷物，那么现金对他们的边际效用也许会显著下降。因此，他们也许会拒绝按 36 先令 1 夸脱的价格出售过去完全愿意按 36 先令出售的谷物。在这种情况下，卖主们由于在市场开始时的交易中占了优势，也许会把高于真正均衡价格的那种价格坚持到底。收市时的价格是一种均衡价格，虽然并不是真正的均衡价格，但和真正的均衡价格却相差无几。

相反，如果市场开始时对卖主极为不利，并且他们以很低廉的价格出售了一部分谷物，但他们仍然急需现金，那么货币对他们的最后效用也许始终都非常大，因此他们会继续按远远低于 36 先令的价格出售谷物，直到买主们买到他们愿买的量为止。该市场在还没有达到真正的均衡价格时也许就会收市，但和那种均衡价格也许相去不远。

将会大体说明工人阶级对经济学家特别是对雇主阶级把劳动看做是商品，而把劳动市场看做是一般商品市场的那种做法的本能反抗。其实劳动市场和商品市场的区别，虽然从理论观点来看并不是根本的，但却十分显著，而在实践中往往也很重要。

因此，当我们既凭商品量又凭货币量来计算边际效用时，交易理论就变得更加复杂了。这种考虑实际并不很重要，但在附录六中，我们曾把易货交易和在每次交换中一方总以一般购买力形式出现的交易进行对比。在易货交易中，某人所交换的商品量必须密切适应他个人的需要。如果他的存量太多，也许就没有适当的用途；如果他的存量太少，也许就很难找到会满足其需求又会需要他的某种多余物的一个人。但不论是什么人，只要他拥有一般购买力，那么一旦遇到有多余东西的人，就能获得他所需要的那种东西：他无须找到一个"集两种巧合于一身"的人，他可以供其所需，而取其所余。因此，每个人——特别是经商的人——都能存得起大量的货币，从而能大量购买，而不会用尽其存款，或使货币的边际价值有很大的变动。

第3章 正常需求和正常供给的均衡

§1. 几乎所有不易毁坏的商品的交易都受到对未来估计的影响 现在我们必须研究是什么原因决定供给价格,即卖主对各种不同量所愿接受的那些价格。在上一章中我们只观察了一日的交易情况,并假定已经有了待售的谷物量。当然,这些量取决于头一年所播种的谷物量,而这多半又取决于农户对他们在本年内所能得到的谷物价格所进行的推测。这就是我们在本章中要讨论的重点。

甚至在集市的一天,一个小镇的谷物交易所中的均衡价格也受着那些对生产和消费的未来关系所做出的估计的影响。在欧美的主要谷物市场上,期货买卖已占优势,并且迅速地把全世界谷物贸易的主要路线都紧密联系在一起。"期货"买卖中有些纯属投机,但大体上是由一方面对世界消费量的估计和另一方面对现有的谷物量与南北半球未来收获量的估计决定的。商人们考虑的是各种谷物的播种面积、作物的早熟及收成、充作谷物代用品的那些东西的供给,还有谷物可以作为其代用品的那些东西的供给。例如,在买卖大麦时,他们要考虑像糖一类东西的供给,因为在酿造业中,这些东西可以充作大麦代用品;同时,也要考虑各种饲料的供给,因为缺乏饲料会提高用在农场里的大麦的价值。如果世界某地某种谷物的种植者被认为一直在亏本,并且该谷物的未来播种面积势必会减少,那么人们可以推断出一旦该谷物到了收获季节,价格便势必会上涨,因为该谷物的缺乏是有目共睹的。预测价格上涨会影响期货预售,而这反过来又影响现金价格。因此这些价格间接受着对未来供应品生产费用的估计的影响。

但在本章以及以下几章中,我们要特别讨论在那一段时期内的价格变动,而这些时期比最有远见的期货商人一般能预料到的时期还要长些。我们必须考虑使自己和市场状况相适应的生产量，还有决定正常需求与正常供给的稳定均衡位置的正常价格。

§2. 生产的实际成本与货币成本。生产费用。生产要素　在这一节中，我们将不得不经常使用**生产成本**和**生产费用**这两个名词。我们必须对两个名词进行简略叙述，然后才能进一步展开讨论。

我们可以重申某种商品的供给价格和需求价格的相似点。暂时假定生产效率完全取决于工人的劳作，我们曾看到那"引起生产任何一定数量的某种商品而有必要付出的某种劳动的所需要的价格，它可以被称作是那一数量（当然指的是一定单位时间内的数量）的供给价格"①。但是我们现在必须考虑这样一个事实：生产一种商品一般都需要许多不同种类的劳动，并以各种形式使用资本。直接或间接用于生产商品的各种不同的努力，还有节制使用或储蓄商品中所用资本而需要的等待，所有这些努力和牺牲加在一起，就叫做商品**生产的实际成本**，对这些努力和牺牲必须付出的货币额叫做商品**生产的货币成本**，或者简单起见，叫做商品的**生产费用**。生产费用就是为了引出生产商品所需要的各种努力和牺牲的适当供给而必须付出的价格；换言之，生产费用就是商品的供给价格②。

对商品生产费用的分析可以追溯得很远，但这种做法并不值得。例如，我们只要把用于任何生产中的各种不同原料的供给价格当做最终事实就够了，而无须把这些供给价格分解成构成它们的成分，否则我们的分析也许永无止

---

① 参阅第四篇中的第 1~2 节。
② 穆勒和其他经济学家按照在日常生活中对生产成本一词用法的两种意义，有时指生产一种东西的困难，有时又指为引诱人们克服这种困难并生产这种东西所必须支付的货币，但是他们从一种用法转向另一种用法而不向读者交代清楚，就会引起许多误解和无谓的争论。凯恩斯的《基本原理》一书中对穆勒关于生产成本和价值的关系的学说的攻击，是在穆勒死后不久发表的，遗憾的是他对穆勒文句的解释一般被认为是权威的解释，因为他被认为是穆勒的追随者，但在我写的《穆勒的价值理论》一文（《双周评论》1876 年 4 月）中曾指出，凯恩斯误解了穆勒，实际上他比穆勒所知道的真理不是更多，而是更少。

最好根据不付租金的"生产边际"来计算任何数量的某种原料商品的生产费用，但这种说法对那些遵守报酬递增规律的商品来说会有许多困难。顺便提到这点就够了，以后特别是在第 12 章中还要对此进行充分的讨论。

境。我们可以把生产某商品所需要的东西划分成某些种类，怎样方便就怎样划分，并把它们叫做商品的**生产要素**。这样，当生产任何数量的某种商品时，生产费用就是其生产要素相应量的供给价格，而这些供给价格的总和就是该商品那一数量的供给价格。

§3. **代用原则** 典型的现代市场往往被看成是这样一种市场：在这种市场上，厂商把货物按照其中几乎没有商业费用的价格卖给批发商。但从较广的角度来看，我们认为一种商品的供给价格是将要卖给我们所考察的需要该商品的那群人的价格。换言之，也就是我们所考察的市场上的价格。至于供给价格中有多少是商业费用，这要看那个市场的性质①。例如，加拿大林区附近的木材供给价格往往几乎完全是由伐木工人的劳动价格构成的；但伦敦批发市场上同一种木材的供给价格中有很大一部分是运费，而这种木材对英国一个镇上的零星买主的供给价格，有一半以上是铁路运费以及把此买主所需要的东西送上门所产生的费用，木材批发商所收取的费用。此外，某种劳力的供给价格由于某种原因可以分成培养费、普通教育费和专门教育费。这种可能的结合是无数的。虽然各种结合都可以有自己的附带条件，但在彻底解决与之有关的任何问题时都需要分别对待这些附带条件，不过就本篇的一般推理而言，可以忽略这些附带条件。

在计算某商品的生产费用时，我们必须考虑这样一个事实：甚至在没有新发明时，产量的变动可能会引起商品的几种生产要素的相对数量发生变动。例如，当生产规模扩大时，就可能要用马力或蒸汽机来代替手工劳动；可能会从较远的地区大量运来原料，从而增加了生产费用，这些费用相当于搬运工人的工资和各种中间人与商人所收取的费用。

就生产者的知识和经营能力所及，他们在每一种情况下都会选择那些最适合其目的的生产要素，所使用的生产要素的供给价格的总和，一般都小于可以用来代替它们的任何其他一组生产要素的供给价格的总和。每当生产者发觉情况并非如此时，他们一般总会设法用那种费用比较低的方法来代替。

---

① 我们已经知道（第 2 章），"生产"一词在经济学上的使用包括因把一种东西从需要量较少的地方运往需要量较多的地方，或因有助于消费者满足自己的需要而生产的新的效用。

以后我们将会看到，社会如何采取大同小异的方法，用一个企业主来代替另一个企业主，因为就后者向社会索取的代价而言，其效率是比较低的。为了便于引证，我们可以把这叫做**代用原则**。

这个原理几乎可以运用于经济研究的各个领域之中①。

§4. 一个代表性企业的生产成本　我们的出发点是考察正常需求和正常供给均衡的最一般的形态；我们撇开经济科学中特殊部门所特有的那些特点，而把注意力集中在全部经济科学所共有的一般关系之中。因此我们假定：需求和供给自由地发挥作用；买方或卖方都没有密切的结合，每一方都单独行动，存在很大程度的自由竞争。这就是说，一般买方同买方自由竞争，卖方同卖方自由竞争。虽然人人都单独行动，但我们假定每个人对于别人在做些什么，一般都有足够的认识，使他们不致比别人要较低的价格或出较高的价格。暂时假定这些条件适用于各种成品及其生产成本，适用于劳动的雇用和资本的借贷。这些假设和现实生活究竟有何种程度的吻合，我们已经进行了某种程度的研究，并将进一步进行研究。但在目前我们是从这一假设出发的；我们假定在同一时间内市场上只有一个价格；这里还有一点是不言而喻的，那就是在必要时，我们还要考虑到货物在被运到市场各处的交易人手里时，运费方面存在的种种差别；而如果是个零售市场的话，我们还须考虑到零售业务的那些特殊费用。

在这样的市场上，商品的各种数量都有一个需求价格，也就是说有这样一个价格：按照这个价格，该商品的每一特定数量在一日、一周或一年内都能找到买主。而支配该商品任何数量的价格的那些情况，在性质上因问题的不同而有所不同；但在各种不同的情况下，一种东西在一个市场上供出售的越多，那会找到买主的价格也就越低；换句话说，每蒲式耳谷物或每码布的需求价格是随着供出售数量的每一点增加而递减的。

可根据各个具体问题的情况来选择时间单位：这也许是一日、一月、一年甚至一代。但不论在哪种情况下，相对于所论述的市场的期间来说，时间必然是短促的。我们将假定在此期间市场的总体情况始终不变。例如，没有式样或趣味方面的变动；没有影响需求的新的代用品；没有扰乱供给的新的发明。

---

① 参阅第三篇第 5 章与第四篇第 7 章中的第 8 节。

正常的供给情况比较不确定，只好留待以后各章再进行充分研究。正常供给情况因所述时期的长短不同而在细节上也有所不同，主要原因是机器与厂房的物质资本和经营技能与组织的非物质资本都在慢慢地成长并慢慢地衰亡。

让我们回想一下那个"代表性企业"，它在生产上的内部经济和外部经济都取决于它所生产的商品的生产总量①。暂时推迟一切有关这种依存性的进一步研究，让我们假定可将该商品的任何数量的正常供给价格都可看做是该厂对它的正常生产费（包括经营方面的毛利）②。这就是说，我们假定是一种预计将恰好足以维持现有的生产总量的价格；与此同时，有些企业正在兴起，产量不断增加；而有些企业则正在没落，不断减少产量，但生产总量却依旧不变。比它高的价格会促进正在兴盛企业的发展，缓和（但是不会挽回）正在衰落企业的瓦解，其净结果是生产总量的增加。反之，比它低的价格会加速正在衰落企业的瓦解，削弱正在兴盛企业的发展，总的来说是减少生产。价格的上涨或下降对那些往往停滞不前而又很少垮掉的大股份公司也有相同的但却是程度不等的影响。

§5. 供给表 为了明确概念，让我们以毛织业为例。我们假定一个熟习毛织业的人想要查清年产数百万码的某种布的正常供给价格是多少。他必须要计算（1）织造这种布所用的羊毛、煤炭和其他原料的价格；（2）厂房、机器和其他固定资本的磨损和折旧；（3）全部资本的利息和保险费；（4）工厂员工的工资；（5）承担风险、规划并监督业务的人获得的经营毛利（其中包括损失保险费）。当然，他会根据所用的各种生产要素的量来计算出它们的供给价格，并假定供给情况正常。他把这些供给价格加在一起，就求出布的供给价格。

我们假定供给价格表（或供给表）是用和我们的需求价格表相同的方法来制定的③。对一年或任何其他单位时间内的商品的各种数量的供给，当我们从资本家雇主的角度来考察成本时，当然要用货币来进行衡量。因为资本家

---

① 参阅第四篇第 13 章中的第 2 节。
② 参阅第四篇第 12 章的最后一段。
③ 参阅第三篇第 3 章中的第 4 节。

对工人为完成工作而必须付出的劳动,直接关心的是他所必须付出的货币报酬;而资本家对工人的劳动以及这种劳动所必须具有的价格,都要和该数量并列起来①。随着商品年产量的增加,供给价格可以上升,也可以下降,甚至交替升降②。因为如果大自然对人向它索取更多原料的努力进行顽强的抵抗的话,同时那个时期工业中又没有采用新的重要经济方法的余地,那么供给价格将上升;但是如果生产量较大,大量采用机器代替手工劳动也许有利可图,那么生产量的增加势必降低我们这个代表性企业的生产费用。但是供给价格随产量的增加而下降的情况,又必然给它们自己造成特殊困难。这些困难将推迟到本篇的第12章中进行讨论。

---

① 与在需求曲线上的情况相同(如图-18),以 Ox 测量商品的数量,以 Oy 测量价格,在 Ox 的任一点 M 做一垂线 MP,测量数量 OM 的供给价格,它的极点 P 可以作供给点;价格 MP 是由数量 OM 的各种生产要素的供给价格构成的;P 的轨迹可以叫做供给曲线。

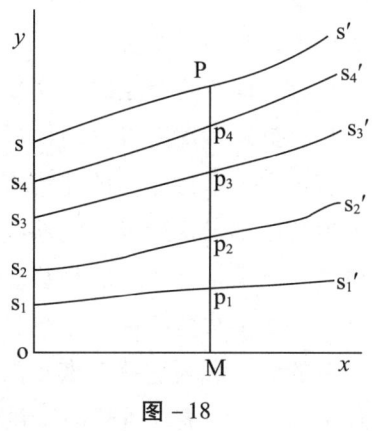

图-18

例如,这家代表性企业生产 OM 数量的布时,我们可以把它的生产费用分成:(1) MP_1,即生产它所使用的羊毛和其他流动资本的供给价格;(2) p_1p_2,即厂房、机器和其他固定资本的相应的耗损和折旧;(3) p_2p_3,全部资本的利息和保险费;(4) p_3p_4,即工厂员工的工资;(5) p_4P,即承担风险和监督经营者的总报酬等之类。从而,随着 M 从 O 向右方移动,p_1、p_2、p_3、p_4 都各成为一条曲线,由 p 标出的最后供给曲线也可以用把布的各生产要素的供给曲线向上加而成。绝不能忘记,这些供给价格并不是几种生产要素的单位价格,而是生产一码布所需要的那些要素的数量价格。例如,p_3p_4,并不是任何一定量劳动的价格,而是生产总产量 OM 码中的一码布所用的劳动量的价格(参阅上面第3节)。在这里我们无须考虑工厂地租是否必须另列一类,这是属于以后要讨论的一组问题。我们没有注意各种税,而这些当然必须计算在内。

② 这就是说,沿着供给曲线向右移动的一点可以上升或下降,甚至还可以交替升降;换言之,供给曲线可以是上升的,也可以是下降的,或者某些部分是上升的,而另一些部分则是下降的(参阅本书第三篇第3章中的第5节脚注)。

§ 6. 均衡产量与均衡价格。某商品的供给价格和实际生产成本之间关系松散。正常均衡情况的真正意义。"长时期"一词的意思　因此，如果产量（在一个单位时间内）使需求价格高于供给价格，那么卖主获得的不仅足以使他们认为值得把这样一种数量的货物运往市场去卖，而且还会多拿出一些。这时一种倾向于增加出售量的积极力量就起着作用。反之，如果产量是使需求价格小于供给价格的产量，那么卖方所获得的就不足以使他们认为值得把这样一种数量的货物运往市场。因此，那些处在怀疑的边际、正在犹豫是否应当继续生产的人，就会决定停止生产，从而一种倾向于减少出售数量的积极力量就起着作用。当需求价格等于供给价格时，产量就没有增加或减少的趋势；产量处于均衡状态之中。

当供求均衡时，可以将一个单位时间内生产的商品量叫做**均衡产量**，其售价可以叫做**均衡价格**。

这种均衡是**稳定的**，这就是说，如果价格与它稍有偏离，就会有恢复的趋势，就像钟摆沿着它的最低点来回摆动一样。我们将会看到所有稳定均衡都有这样一个特点，即在均衡状态中，需求价格高于供给价格的那些数，恰恰也就是小于均衡数量的那些数量，反之亦然。因为当需求价格高于供给价格时，产量就有增加的趋势。因此，如果需求价格高于供给价格的那些数量恰恰是小于均衡产量的那些数量，这时如果生产规模暂时减至稍稍低于均衡产量的话，那么它就有恢复的趋势；可见，就朝那个方向移动而论，均衡是稳定的。如果需求价格高于供给价格的那些数量恰恰也就是小于均衡数量的那些数量，那么，大于均衡数量的那些数量的需求价格必然低于供给价格。因此，如果生产量扩大到均衡数量以上，那么就将有恢复的趋势；而就朝那个方向发生的变动而论，这种均衡也将是稳定的。

当供求处于稳定均衡时，如果有任何意外事故使生产规模离开均衡位置，则将有某些力量会立即发生作用，并有使生产规模恢复均衡位置的趋势。这正如一条线上悬着的一块石子一样，如果离开了它的均衡位置，地心引力将立即有使它恢复均衡位置的趋势。生产量围绕着均衡位置发生的种种动荡具有相同的性质①。

但在现实生活中，这种摆动很少会像一条线上任意悬着石子摆动那样有

---

① 与第四篇第1章中的第1节比较。为了用图形表示供求均衡，我们可以一道做出供给曲线和需求曲线（如图-19）。如果 OR 代表实际进行生产的比率，而且如果需求价格

节奏。假如这条线是挂在磨坊引水槽的混水中,水槽中的水有时可能畅通无阻,而有时却部分受阻,那么这种比较也许更确切。这种错综复杂性也不足以说明那些使经济学家和商人烦恼不已的种种干扰。如果持线人用部分有节奏而部分是任意性的动作摆动着手,这个例证也不会克服一些真正实际价值问题上的困难。因为实际上需求表和供给表并不是长期不变的,而是不断在变动着。而每种变动都使均衡产量与均衡价格有所变动,从而给产量和价格借以摆动的一个新中心。

上述考虑表明时间因素对于供求极其重要,这是我们现在就要研究的。我们将逐渐发现下述原理的许多不同的限制:生产一种东西可以使生产价格代表它的实际生产成本,也就是说,代表那直接和间接用在生产方面的种种努力和牺牲。因为在我们这样一个变化很快的时代里,正常需求和正常供给的均衡与从某商品消费中获得的满足总量,还有生产此商品所付出的劳动和牺牲的总量不一致。即使正常收入和利息——付给这种努力和牺牲的货币报酬——是劳动和牺牲的精确尺度,上面这两种东西也不会完全一致。亚当·斯密和其他经济学家经常被援引并经常遭到歪曲的那个原理的真正含义是:商品的正常价值或"自然"价值是种种经济力量"**在长时期内**"倾向于产生的价值。如果一般生活状况保持静态的时间很长,并足以使这些经济力量充分发挥作用的话①,那么这些经济力量将会产生平均价值。

Rd 高于供给价格 Rs,那么生产就十分有利可图,并将有所增加,而我们所说的产量指标 R 也将向右移动。反之,如果 Rd 小于 Rs,那么 R 将向左移动。如果 Rd 等于 Rs,也就是税,如果 R 正位于供求曲线的交点之下,则供求均衡。

可以将这个图解看成是遵守报酬递减规律的商品的典型图解。如果我们把 SS′ 画成一条平行的直线,就可以表示"报酬不变"的情况,其中供给价格对该商品的各种数量来说都是相同的。如果我们把 SS′ 画成向下倾斜的,但斜度小于 DD′(这个条件的必要性以后会充分表现出来),那么我们就求得遵守报酬递增规律的商品的稳定均衡情况。不论在哪种情况下,上述推理都一字不变;但在报酬递增规律的情况下,会出现一些困难,这些困难将留待以后讨论。

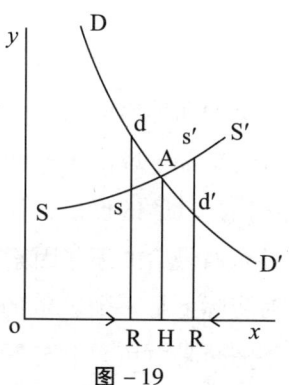

图-19

① 参阅以下第五篇第 5 章中的第 2 节与附录八的第 1 节。

但是我们不能充分预测出将来，料想不到的事总会发生；在现有的各种趋势发挥出现在看来似乎是它们的全部作用之前，也可以发生变化。一般生活状况不是静态的这一事实，是把经济学原理运用到实际问题时遇到的许多困难的根源。

当然，**正常**并不意味着**竞争**。市场价格和正常价格同样是由许多影响造成的，其中有些是建立在道德基础上的，有些则是建立在物质基础上的；有些是竞争的，而有些却不是竞争的。当我们区别**市场**价格和**正常**价格时，区别正常价格一词的广义和狭义的用法时，要注意的正是所考虑的那些影响的持久性及其发生作用所必需的时间①。

§7. **在短时期内，效用对价值起着主要的影响作用；而在长时期内，生产成本对价值起着主要的影响作用** 本书其余各章的主要内容将解释商品的价值在长时期内趋于等同商品的生产成本的这一原理，并对这个原理加以限制。特别是本章初步讨论的均衡概念在本篇的第5章和第12章中将进行更仔细的研究。关于"生产成本"或"效用"决定价值的争论将在附录一中进行讨论。不过，关于最后这个问题在这里略述一二也许不无坏处。

我们论价值是由效用决定的还是由生产成本决定的，就如同讨论是用剪刀的上片还是下片裁一张纸一样合理。的确，当剪刀的一边拿着不动时，纸的剪裁是通过另一边的移动来进行的，我们大致可以说，纸是由剪刀的第二边剪裁的。但是这种说法并不十分准确，当仅仅把它当做是一种对现象的通俗解释，而不是当做一种精确的科学解释时，才可以这样说。

同样，必须销售一种成品时，人们愿意支付的价格将由他们想要得到此商品的那种愿望以及他们能花费的货币量来决定。他们想要得到此商品的那种愿望部分取决于这样一个机会，即如果他们不买这个东西，那么他们将能按同样低廉的价格买到另外一种相似的东西。这种机会取决于支配着后面这种东西供给的那些因素，而它的供给又取决于生产成本。但是待售的数量有时实际上是一个固定的数量。例如，鱼市就如此。在鱼市上，当天的鱼价几乎完全是由鱼案上与需求有关的鱼的存量来决定的。如果某人想当然地认为鱼的储量就那么多，说价格受到需求的支配，那么，只要他并不自称这种说

---

① 参阅本书第一篇第3章中的第4节。

法具有严格的准确性的话,这种简单说法也许可以得到原谅。同样,如果认为克里斯蒂拍卖行前后出售珍本书时的价格的不同完全是由需求决定的,这也是可以原谅的,但这种说法是极不准确的。

举一个极端相反的例证。我们看到有些商品遵循收益不变规律,这就是说不论商品的产量是大还是小,平均成本都大致相等。在这种情况下,市场价格波动所依据的正常水平将是这样明确而固定的(以货币表现的)生产成本。如果偶尔需求很大,那么市场价格暂时将超过正常水平,但结果生产将有所增加,而市场价格将下降;如果需求在某一段时间内降至正常水平以下,情况就会与此相反。

在这种情况下,如果某人情愿忽略市场的种种波动,姑且认为无论如何对某商品都会有足够的需求,可以保证该商品中的一些量或多或少地都会在价格等于这种生产成本的情况下找到买主。那么,虽然他忽略需求的影响而把(正常)价格说成是由生产成本决定的,也是可以得到原谅的——只要他不声称他的这一说法的措辞有着科学性和精确性并在适当的场合会对需求产生影响。

因此,我们可以得出结论:**就一般的规则而论**,我们考虑的时期越短,就越需要注意需求对价值的影响;时期越长,生产成本对价值的影响将越大。因为与需求变动的影响相比,生产成本的变动对于价值的影响一般需要更长的时间才能表现出来。任何时候的实际价值,即一般所谓的市场价值,受一些事件和一些间歇性、短期性的因素的影响,往往都比受那些持久性的因素的影响要大些,但在长时期内,这些无常的间歇性的和不规则的因素所产生的影响,在很大程度上可以相互抵消。因此,在长时期内,持久性因素完全支配着价值。但是,即使持久性最强的那些因素,也易于发生变动。因为整个生产结构是变动的,而从这一代到另一代的各种东西的相对生产成本都会不断发生变化。

资本家对实际成本只是间接关心着。虽然对某些问题来说,资本家用货币来衡量自己的劳动也是必要的。这一点我们以后将要看到。不过,当我们从社会观点考察成本,并研究获得一定结果的成本随着经济条件的变化而增加或减少时,我们所关心的则是各种不同性质的劳动的实际成本和期待的实际成本。如果用劳动来计算的货币购买力大致不变,如果期待的报酬率也大致不变,那么用货币衡量的成本和实际成本就取得了一致,但我们永远都不应当轻易假定二者是相等的。这些考虑已经足够阐述下文中成本一词了,虽然在上下文句子里并未清楚地指明。

第4章 资金的投放与分配

§1. 在某人自己生产产品供自己使用情况下决定投资的诸动机。未来满足与现在满足的均衡 在我们研究正常价值时,第一个必须阐明的难题是关于支配那些为了未来的收益而投资的动机的性质。我们先不妨来观察一下这样一个人的行为:此人既不买需要的东西,也不卖生产的东西,而只是自己为自己生产东西。因此,他权衡的一方面是他的劳动和牺牲;另一方面是他从这些劳动和牺牲中能预期获得的满足,这其中根本不参与任何货币报酬的分配。

那么,让我们就举这样一个事例:有一个人为自己建造房屋,他所用的土地和建筑材料都是大自然恩赐的;动工时他自己制造工具,而制造工具的劳动算作是建造房屋的劳动的一部分。他势必要计算按照某既定方案进行建筑所需要的劳动量,并几乎本能地考虑到房屋落成时各种劳动按几何比例(一种复利)所增加的量。房屋落成以后,房屋对他的效用不但会补偿他所耗费的各种劳动量,而且也将补偿他的等待①。

---

① 因为他可以把这些劳动或与其相等的劳动用来提供当前的满足;而如果他宁愿要延期的满足,那是因为他甚至在考虑了等待的不利之后,仍把这些满足看做是超过它们所能代替的那些先前的满足。因此,使他不倾向于建筑房屋的动力是他对这些劳动量的估计,其中每种劳动的不利或负效用都是依照相应的等待时间按几何比例(一种复利)增加的。另一方面,迫使他建筑房屋的动力是他预计将从房屋落成后获得的那种满足;而这又可以归结为他从房屋的使用中预期获得的多少有点遥远的且还多少是一定的许多满足的总和。如果他认为房屋给他提供的这种未来满足的折现值总和,除了补偿他所用的各种劳动和等待之外,还绰绰有余,那么他就会决定建筑房屋(见第三篇中第6章的第3节;第四篇中第7章的第8节与数学附录中注13)。

如果两种动机——一个使人犹豫不决，另一个使人迫不及待——似乎势均力敌，那么他就会处于踌躇不决之中。就房屋的某些部分来说，他所得的利益也许比他所用的"实际"成本大得多。但当他越来越转向更庞大的计划时，他最后就会发现任何扩大所带来的利益都会为他所耗费的劳动与牺牲抵消掉了；而那种扩建就处于他投资的外限，或投资的有利边际。

建造房屋的各个部分也许有几种方法。例如，有些部分既可以使用木料，又可以使用石块，而质量几乎相同。按照各种设计对房屋的各个部分进行投资要与从中获得的利益进行比较，并把各种投资一直推到外限或有利的边际为止。从而，也许会有很多有利的边际。其中，每个边际都是和提供各种房屋的各种设计一致的。

§2. 过去收支的积累与未来收支的折扣。区分经常支出与资本支出的困难 上述例证可以使我们懂得，作为某种东西的实际生产成本的劳动和牺牲是成为其货币成本的那些费用的基础。但是如上文所述，现代企业家不论是对工资还是对原料一般都是用货币来支付的，从不过问作为劳动和牺牲的尺度的货币报酬究竟精确到什么程度。他的经费一般都是一点一点支出的。对任何支出的收益期待的时间越长，收益就越多，以便对他有所补偿。而预期的收益未必是十拿九稳的。在这种情况下，他还须将损失的风险考虑在内。有了这种考虑之后，此项支出的收益预计必将超过支出本身，所超部分不以他自己的报酬为转移，而是按与他等待的时间成比例的复利来增加的①。这里还须加上各个企业为建立商业往来关系而必须支出的直接或间接的巨额费用。

为简便起见，我们可以把加上复利的任何支出（包括企业家自己的报酬在内）的要素叫做**累积**要素，如同我们用**贴现**一词来表示未来满足的现值一样。因而各种支出要素从得到使用到获得收益这段时期里势必是累积起来的。而这些累积要素的总额就是企业的总支出。各种劳动和所产生的满足可以结

---

① 如果我们愿意的话，可以把企业家的劳动价格看作是原始支出的一部分，并与其支出一起计算复利息；或者我们可以用"复利润"来代替复利息。这两种方法并不完全相同，以后我们就会知道在某些情况下第一种方法较好，而在另一些情况下第二种方法更适用。

算到我们认为方便的任何一天。但不论选择的是哪一天，都必须遵守一个简单的准则：那天以前开始的每一要素——不论是劳动，还是满足——都必须加上到那一天这段时间的复利。而从那天以后开始的每一要素都必须具有这段时间从该要素折成的复利。如果那天是企业开张以前的一天，那么各种要素都必须折成现值。但是如果那天——像这些情况是常见的——是劳动结束和房屋落成的一天，那么劳动必须有直到那一天的复利，而满足也必须都折成那一天的现值。

等待是成本的一种要素，如同劳动是成本的要素一样真实。当累积起来以后，等待就被列入成本。因此，等待当然不是分别进行计算的。同样，与之相反的是，不论任何时期的货币或对满足的支配的收益都是该时段收入的一个组成部分。如果那个时段是在结账日以前，那么必须把收益累积到那一日；如果是在结账日以后，那么必须折成那日的现值。如果收入不是直接用于享受，而是存起来以便取得未来的收入，那么这种收入绝不能当做投资的**追加报酬**①。

比如说如果这个企业承揽开掘船坞的工程，一旦竣工即要付款；如果假定用于此项工程的厂房设备在施工过程中用得破烂不堪，从而工程完毕时变得一文不值，那么，如果直到付款时日所积累的支出总额恰恰等于此项款项，则该企业恰好够本。

但通常销售所得是逐渐积累起来的；我们必须制作一个瞻前顾后的资产负债表。向后看，我们应当把各种纯支出加起来，并把各支出要素的累计复利加进去。向前看，我们应当把各种纯收入加起来，并从各个值中减去延期的复利。这样折算的纯收入总额势必就会与累计支出的总额相等。如果二者恰好相等，那么企业就恰恰够本。在计算支出时，企业负责人必须把自己的

---

① 总的来说，来自储蓄的收入在数量上一般会比储蓄要大些，大出的这部分等于利息（即对储蓄的报酬）。但是因为这种收入在用于满足上所需要的时间比原有的储蓄要长些，所以，它的贴现时间将较长；如果它代替原有的储蓄而被列入投资借赁对照表中，那么它所代表的恰是原有的储蓄（对被储蓄的原始收入和它以后所赚取的收入都要征收所得税；所根据的理由与对勤劳的人应征较多的所得税，而对懒惰的人应征较少的所得税的那些理由相似）。本节的主要论点将在附录十三中从数学方面进行阐述。

劳动价值计算进去①。

§3. 代用原则对其发生作用的有利边际，并非是任何路线上的一点，而是与所有路线相切的一线　在创业初期以及在以后的各个阶段里，机警的企业家力图修改计划，以便用一定的支出获得更大的成果，或用较少的支出获得相等的成果。换句话说，为了增加其利润，他不断地运用着代用原则。而在这样做的时候，他总会提高全部工作效率，增强人类用组织和知识控制自然界的能力。

各个地方都有自己的特点，而这些特点以不同的方式影响着在该地从事各类商业活动的组织的方法，甚至在同一个地方和同一种职业中，追求同样目的的两个人所采取的方法也将并不完全相同。差异的趋势是进步的一个主要原因。任何行业中的企业家越能干，这种趋势就越强。在某些行业，例如棉纺业中，这样的差异可能只限于很狭窄的范围内。一个人如果在各部分工作中不使用机器，而且不使用几乎是最新式的机器，他就无法立足。但在其他行业，例如，在木材业和五金业的某些部门以及农业与零售业中，就会有很大的差异；在从事同一行业的两个厂商中，一个厂商也许将支付较多的工资总额，而另一个厂商却支付较大的机器费用；在两个零售商中，一个零售商积压在存货上的资本较大，而另一个零售商却在广告和建立有利的商业往

---

① 几乎各个行业在估计投资的价值和资本由于磨损、时间因素、新的发明及贸易方向的改变而产生的折旧和贬值方面都有自己的习惯和困难。新的发明和贸易方向的改变可以暂时提高某些固定资本的价值，同时也可以降低其他固定资本的价值。而性情不同或在这个问题上兴趣各异的那些人，对下述问题的看法往往有很大的差异：在使厂房设备适应商业情况的变动所需要的支出中，有哪些部分可以被看做是新的投资，而有哪些部分应当看做是折旧；在决定企业获得的纯利润或实际收入以前，从当时收入中作为支出加以扣除。就用于建立企业往来关系的投资而言，这些困难和由此而产生的意见分歧是极其严重的，而适当估计一个企业的商业信誉或它"作为一个好的工厂"的价值的方法也如此。关于这个问题的全部情况，请参阅马西森著的《工厂的折旧及其估价》一书。

其他一些困难来自货币购买力的变动。如果货币的购买力有所下降，或换言之，如果一般物价有所上涨，那么一个工厂的价值表面上似乎是上涨了，而其实仍旧不变。由此而产生的混乱在计算各种企业的实际盈利程度方面所引起的错误比最初看起来要大些，但是在我们没有讨论货币理论之前，只好把所有类似的问题撇开不谈。

来关系的非物质资本上花费较多,至于细节上的差异是数不胜数的。

个人的行动既受其特殊机会和资本的影响,也受其个性和联想的影响。但是个人考虑着自己的资本,将把资本投向其企业中的各个方面,直到他认为似乎达到了外限或有利边际为止。也就是说,直到在他看来没有充分理由认为在该方面进一步投资所带来的利益会补偿他的支出为止。甚至就同一工业部门或分部来说,也不能把有利边际看做是任何可能投资的固定线上仅有的一点,而是看做和各种可能投资线相切的一条形状不规则的界线。

§4. 家庭经济与企业经济中资源分配的对照 这个替代原理和那种根据一般经验在某方面过多地运用资源或精力所引起的报酬递减率的趋势有着密切的联系,而且在部分上也确实以此为基础,从而和古典经济学中起着重要作用的报酬递减律这一普遍趋势连接起来。在早开发的国家的土地上不断增加投资就会出现这一趋势。替代原理和因增加支出所引起的边际效用递减原理非常相似,这两个原理的某些运用甚至都几乎相同。前面已经讲过,新的生产方法创造出新的商品,或降低旧的商品的价格,以便使为数更多的消费者有能力消费;而消费方法和消费量的变动,使生产有了新的发展,又使生产资金有了新的分配。虽然最有助于人类高尚生活的某些消费方法对物质财富的生产的促进微乎其微,但是生产和消费毕竟是密切相关的[①]。不过我们现在要详细考虑的是,生产资本在各不同工业部门之间的分配如何反映消费者在各不同种类商品之间的购买额的分配[②]。

让我们再来看一看那个原始的家庭主妇吧。她"用本年剪下的羊毛制成的毛线为数有限,她考虑家庭衣着方面的各种需求,并力求把毛线在这些需求上分配得尽可能有助于家庭幸福。如果分配以后,她有理由惋惜没能用较多的毛线织短袜和较少的毛线织背心,那么,她就会认为自己失败了。但相反,如果她用得恰到好处,恰恰织了这样多的短袜和背心,结果从织短袜用的和从织背心用的最后一束毛线中获得了相等的利益"[③]。如果她会两种织背

[①] 见本书第三篇的第 1~3 章;第二篇第 3 章中的 1~3 节。

[②] 本节的部分内容在以前各版中曾列入第六篇中第 1 章的第 7 节。但是为了给第五篇的一些基本章节做准备,似乎有必要把这些内容放在这里。

[③] 见第三篇第 5 章中的第 1 节。

心的方法，而就其结果来说，这两种方法同样令人满意，但是其中的一种方法比另一种方法用的毛线稍多，而所引起的麻烦却稍少，那么，她的问题就会成为较大企业界的典型问题。这些问题包括三种决定：第一，关于不同目的的相对重要性的决定；第二，关于达到各个目的的不同手段的相对优势的决定；第三，以这两组决定为基础，就像那位家庭主妇能最便利地把各种手段用于各种目的的那种边际的决定。

企业家必须在较大的规模上做出这三类决定，而在作出每一个决定之前，都要反复权衡并多方调整①。试以建筑业为例，让我们看一看从正当意义上理解的"投机建筑商"的工作吧：这是一个预料到会有普遍需求而真正从事建造房屋的人，他若判断有误，将自食其果；如果判断正确，就会和社会一同获利。假定他还考虑了究竟是建住宅还是建货栈、工厂或商店。他对最适宜每类建筑的工作方法都能同时提出很好的意见，并能大致估计出其成本。他估计适合每类建筑的各种不同地基的成本，并把对任何地基所必须支付的价格算做是资本支出的一部分，正如他把奠基等费用列入这些支出一样。他把这种成本和该建筑物及其地基所需的成本进行估计和比较。如果他发现没有一种情况能使需求价格超过他的支出，并足以给他提供合理的利润和提供风险补偿，那么他也许不会动工；或者为了留住他那些最可靠的工人，使他的厂房设备和助手有工可做，他也许可能冒着某些风险动工。不过这一点待以后详细讨论。

假定他现在断定在他所能买的一块地基上建筑某种式样的别墅可以给他提供适当的利润，这样，主要追求的目的既已决定，那么他就会开始细心研究达到这种目的的手段。与此同时，还要考虑他在设计细节等方面可能进行的各种修改。

既然已经确定了要建的房屋的式样，那么他将必须考虑按照什么比例使用各种不同的建筑材料——砖、石头、钢、水泥、灰泥和木料等——才能收到与其成本相比最能增进房屋在满足买主的艺术趣味及舒适方面的效益。他

---

① 本节其余内容和数学附录中注14的前半部分十分相似，读者可以参考数学附录来读它。这是一个微积分用语（并不是它的推理），它特别有助于表达思想明确的问题。但是用日常用语也可以把它的主要内容表达出来。

这样决定把资金最妥善地分配在各种不同的材料之间时，处理的问题和那个原始的家庭主妇要处理的问题本质相同。这个主妇必须考虑把她的毛线最经济地分配在全家各种不同的需求方面。

和她一样，他不得不想到任何特定用途所产生的利益直到某一点都相对增大而后逐渐减少为止；和她一样，他必须把资金分配得在各种用途上都有着相同的边际效用，他必须把这里削减一点经费而受的损失和那里增加一点经费而得到的利益进行比较。实际上，他们遵循的方针和指导农场主的那些方针相同，这些方针使农场主在把资本和劳动投于土地上时，既不会使土地在能提供丰富报酬的那种额外耕作上受到限制，也不会因投资过多而有危险使报酬递减趋势在农业中发生强烈的作用①。

因此，如前文提到过的，正是那机警的企业家，"把资本投向企业中的各个方面，直到他认为似乎达到了外限或有利的边际为止。也就是说，直到在他看来没有充分理由认为在该方面进一步投资所带来的利益会补偿他的支出为止"。他从不认为迂回的方法终归会有利，但是他总在寻找一些迂回的方法，这些方法比直接的方法能产生更好（相对于其成本而言）的效果。如果他力所能及的话，会采用其中最好的方法。

§5. **直接成本与补充成本的区分，因所述经营的时间长短的不同而不同，而这种差异是我们之所以很难研究边际成本与价值的关系的主要原因**　这里可以讨论有关成本的几个术语。当企业家投资经营某种企业时，他期待会从该企业的各种产品的价格中得到补偿；他期望在正常情况下对其中每一种产品都能索取一个充分的价格。也就是说，这种价格将不仅补偿**特殊**成本、**直接**成本或**主要**成本，而且也将分担应该分担的一部分企业的一般费用。我们把这些费用叫做**一般**成本或**补充**成本，主要成本和补充成本合起来就成为产品的**总成本**。

在经营中，主要成本一词的用法极不相同，但这里指的是狭义的用法。补充成本包括曾将大量企业资本投入到那些机器厂房上的维修费用和高级职员的薪水。因为企业的这种薪水支出一般不能迅速适应他们工作量的变动。此外只剩下生产商品时用的原料的（货币）成本因劳动所产生的计时工资和

---

① 见第三篇第 3 章的第 1 节与本书第四篇第 3 章的第 2 节的脚注。

计件工资以及机器设备的额外耗损等所产生的（货币）成本。这是厂商在其工厂开工和生意清淡时，计算最低价格时所要考虑的特殊成本。这种最低价格使他觉得值得接受某种订货，而不顾他的行为对损害未来订货可能会发生的任何影响。但实际上，他通常一定得考虑这种影响：因为即使在生意清淡时，使他觉得值得生产的那种价格实际上一般都比这种主要成本高得多，这一点我们以后将会看到①。

§6. 续前　　通常在短时期内，补充成本在很大程度上都必须由售出价格加以补偿；而在长时期内，就必须加以全部补偿。因为如果不这样，生产就会减少。有许多不同种类的补充成本，其中有些和主要成本只是在程度上有区别而已。例如，假如某机械厂正在犹豫是否以相当低的价格来承制一辆机车，那么，绝对的主要成本包括原料的价值和制造机车的技工和工人的工资。但关于领薪水的职员却没有明确的准则。因为如果工作不忙，他们也许会有一些空余时间，因此他们的薪水一般都被列入一般成本或补充成本中。但是这种界线往往模糊不清。例如，工头和可靠的技工仅仅因为暂时工作不多而被解雇的事情实不多见。因此，即使偶然订货的价格补偿不了他们的工资，但为了使他们有事可做也会接受这种订货。这就是说，在这种情况下，就不能把这种薪水看成是主要成本。但办公室的事务性人员在某种程度上当然可以和该厂的工作变动相调节，办法是在生产任务不忙时不增加人手，甚至精减一些不称职的人员；而在生产任务繁忙的时候，临时添人或把一部分工作委托给他厂。

如果我们从这些工作转向较大而且需要较长时间的工作任务，那么，必须将与订货有关的大部分行政工作看做是特有的工作。例如，履行几年以内必须逐渐交出的许多机车的合同就是这种情况。因为如果不接受这种订货，而又没有别的订货来替代，那么行政人员薪水项下的这笔费用就会相应地减少。

如果我们考虑的是任何一种主要工业品在长时期内的比较稳定的市场，

---

① 特别是在第五篇的第9章中，"有许多主要成本制度在流行着……我们所谓的主要成本正如实际上这个词所指出的那样，只是指原始生产成本或直接生产成本；而在某些行业中，生产成本包括一部分间接费用和厂房设备的折旧费，这也许是为方便起见，但是绝不应该包括资本的利息或利润"（见加奇克、费尔斯合著的《工厂会计》，第1章）。

上述例证就显得格外突出。因为在那种情况下，配备专门技能和设置长期的行政人员与车间耐久装备所需要的支出，都可以看成是生产过程中所必要的成本。那种支出将一直被增加到某种边际为止。在此边际上，该工业部门相对其市场来说，似乎有发展过快的危险。

下一章将继续讨论第3章和本章的论点。将更详细地指出对供给，从而对价格最有影响的那些成本在承制一部机车的情况下，如何局限于狭窄而武断的范围之内；但在不断供应一个相当稳定的普通市场的情况下，它们的范围却要大得多，而且也更加与工业经济的一般特点相一致。除了在比较长的时期内，生产成本对于价值的影响是不能明显地表现出来的。这种成本是就整个生产过程，而不是就某特定机车或某特定一组货物的成本。至于那些由生产工具的投资利息（或利润）构成的主要成本与补充成本的性质，因所述市场期间长短不同而有所不同，将在第 8~10 章中进行类似的研究。

同时不妨指出，主要成本和补充成本的区别存在于各个文明阶段，虽然除了在资本主义阶段，这种区别多半不会引起广泛的注意。和鲁滨逊·克鲁索有关的只是实际成本和实际满足，几乎不买不卖的旧式农家，在把现在的"劳动和等待"用于未来的收益时，也采取差不多相同的方式。但是，如果他们都在怀疑外出采摘野果是否值得使用一架梯子时，那么，所要比较的就只是主要成本和所期待的利益了。除非梯子在许多细小工作的总量中预期提供的服务足以补偿其生产成本，不然是不会得到制造的。在长时期内，梯子必须补偿总成本，即主要成本和补充成本。

即使现代的雇主也必须首先把他本人的劳动看成是实际成本，尽管他认为某种事业多半可以提供一种货币收入超过货币支出的剩余（适当考虑风险与对未来意外的折现之后），但是又认为这种剩余的数量将小于他在此项事业上所付出的辛苦的报酬，而在这种情况下他将回避干这种事业①。

---

① 工厂厂主预期有可能加在产品主要成本上的那些补充成本，是将给他提供准租金的一种来源。如果补充成本达到了他的预期数目，那么他的企业就会提供适当的利润；如果远在预期数目之下，那么他的企业就会有江河日下的趋势。但是他的论断只和长期价值问题有关，而就这方面来说，主要成本和补充成本的区别并没有什么特殊的意义，它们之间区别的重要性只限于短期价值问题。

第 5 章　正常需求和供给的均衡（续）关于长期与短期

§1. 正常一词作为日常用语和作为学术用语的差别　第 3 章中曾指出，正常一词的范围因所述时期的长短不同而有所不同。现在我们要更仔细地研究一下。

像在其他情况下一样，在这种情况下，经济学家只揭示那些日常交谈中所潜伏的困难，以便通过正视这些困难来彻底克服它们。因为在日常生活中，人们惯于因时期不同而对正常一词的用法也有所不同，且它是通过上下文来说明从一个时期到另一个时期的过渡的。经济学家遵循着日常生活中的这种做法，但在煞费苦心地指出这种过渡的同时，他有时似乎造成了他实际上所揭示的那种复杂性。

例如，人们说虽然全年平均价格低得不正常，但某日的羊毛价格却高得不正常；1872 年矿工的工资高得不正常，而 1879 年却低得不正常；14 世纪末工人的（实际）工资高得不正常，而 16 世纪中叶却低得不正常。在这里，人人都懂得在这些不同的场合，正常一词的含义是不同的。

最能说明这一点的是那些机器设备寿命很长、产品寿命很短的加工工业。当某种新的纺织品刚刚流行，而且适合生产它的机器设备很少时，它的正常价格在几个月内也许是那些在生产上有同样困难，但却有着大量适用的机器设备和技术的其他纺织品的价格的两倍。考察长时期时，我们可以说这种纺织品的正常价格和其他纺织品的正常价格相同。但是，如果破产者大量抛售这种纺织品，在头几个月即使售价为其他纺织品的一半，我们也会说它的价格低得不正常。每个人都认为在各种场合中上下文表明了正常一词的特殊用法，因此正式的注释是不必要的，因为在日常谈话中能够通过问答来立即消除误解。但是让我们更慎重地考察这个问题吧。

我们已经知道①，布匹生产者必须根据生产布所需要的各种不同要素的数量来计算这些要素的生产费用，并首先假定供给情况是正常的。但我们还必须考虑这样一个事实：他应当根据他所预料的时间的远近而给予正常一词以较广或较窄的范围。

例如，在计算那引出使用某类织机的适当劳动供给所需要的工资时，他也许采用附近地区同样工作的现时工资；或者他也许认为，附近地区很缺少该种类的劳动供给，现时工资比英国其他地方高些。因此他展望未来几年情况并考虑到劳动者会流入时，他也许采用一种比当时当地现行工资略低的正常工资率；或者他也许认为，由于五十年以前人们对于布匹的前途过分乐观，全国织工的工资比同级劳动的其他工人低得不正常；他也许认为，这个行业的人过多，父母们已开始替他们的子女选择那些纯利益较大而又不很难的职业。因此，几年以后织工的劳动供给将有所减少。所以，在展望未来一个很长的时期时，他势必会采用一种比现行平均工资略高的正常工资率②。

此外，在计算羊毛的正常价格时，他也许会采用过去几年的平均价格。他会估计到可能会影响最近几年的羊毛供给的任何变动；他要考虑像澳大利亚和其他地方不时发生的干旱现象的后果，因为干旱是常见的现象，不能看成是不正常的。但是他在这里并不考虑我们会卷入一场大战，可能会使澳大利亚羊毛的供应出现中断的情况。他会认为任何这种筹划都应当列入非常的企业风险一项下，而在计算羊毛的正常供给价格时则无须算上这一点。

他也许会同样对待那种风险：由于国内发生暴动或者劳动力市场上出现任何性质非常激烈而长期的骚乱所引起的风险。但是当他计算在正常情况下从机器等中所获得的工作量时，很可能会考虑到因劳资纠纷而引起的那些小小的工作中断，而这些纠纷经常出现，从而应当看成是事物的常态，也就是说不把它们看做是不正常的。

---

① 见第五篇第 3 章中的第 5 节。
② 企业家为实际目的而需要预料得这样远，并使正常一词的范围包括一整代的时间的确并不多见。但在经济科学的广泛运用中，有时为进一步扩大范围并考虑那些在数世纪内会影响各行各业劳动供给价格的缓慢变动，有时也是必要的。

在进行所有这些计算时,他却没有特别追究人类受自私或自尊心的动机的驱动所产生的影响有多大。他也许知道,愤怒与虚荣心、嫉妒与自尊心的伤害,就像追逐金钱利益一样,几乎成为罢工和怠工的常见原因,但那并不在他的计算范围之内。有关这一切他所要知道的,就是它们发生作用是否足够频繁,可以使他能够充分考虑它们打断工作和提高产品正常供给价格所产生的影响①。

§2. 必须剖析正常价值这一复杂问题。第一步是静态的虚构;而对此的修正能使我们通过辅助性的静态假设来处理价值问题 在经济研究中遇到那些困难的一个主要原因就是时间因素,而这些困难使能力有限的人有必要循序渐进——把一个复杂的问题分成几部分,一次研究一部分,最后把各部分解决方法综合成为一个解决难题的完整的解决方案。在把问题分成几部分时,他把那些会造成不方便的干扰性因素暂时搁置在所谓**其他条件不变**的这一范围内。某些趋势的研究是在**其他条件不变**这一假设的基础上进行的,这并不是否认其他趋势的存在,而是暂时忽略它们的干扰作用。这样,越是缩小问题范围,就越能处理得精确,不过也就越不符合现实生活。但是,每次精确而稳妥地处理一个小问题,都有助于处理那些包含这些小问题的大问题,而这种处理大问题的方法要比别的方法都精确得多,渐渐地会使更多的东西摆脱其他条件不变这一范围的限制。精确的讨论虽不像前一阶段那样抽象,但现实的讨论却能更精确②。

研究时间因素对生产成本和价值之间的关系的影响,首先要考虑很少会感受到上述影响的那个有名的"静态"假定,并把其中发现的结果同现代世界中的结果进行比较。

静态这一名称的由来是这样的:在静态中,生产和消费以及分配和交换的一般条件是静止的,但却充满着运动,因为它是一种生活方式。人口的平

---

① 比较第一篇第 2 章中的第 7 节。
② 如序言所述,本书主要讨论的是正常状态;这些状态有时被称做静态。但是按照我的看法,正常价值问题属于经济动力学。这在部分上是由于静力学实际上只是动力学的一个分支,而在部分上也是由于有关经济静止(静态是其中主要的假设)的一切说法都只是暂时的,只是用来说明论证中的特定阶段,一待完毕,当即抛弃。

均年龄可以不变，但是每个人都从青年成长到壮年，然后又到老年。同一阶层的许多代人，用同样的方法生产出来按平均人口是等量的产品，因此，生产工具的供给得有充分的时间才能适应稳定的需求。

当然，我们可以假定在我们的静态假设当中，每个企业都始终具有相同的规模和相同的商业往来关系。但是我们无须走得那么远；我们认为作这样的假设就够了：有的企业在上升，有的企业在衰退，但是，就像处女林中的典型树一样，"代表性企业"总是具有几乎相同的规模。因此，该企业资源产生的经济不变，因而生产总额不变，附近辅助工业引起的经济也就不变，等等（这就是说，"代表性企业"的内部经济和外部经济不变）。那预计恰能引人加入该行业的价格，在长时期内必须足以补偿建立商业往来关系的费用；其中一定的比例部分必须列入总生产成本）。

在静态下，那个显而易见的规律是：生产成本决定价值。各种结果都会主要归于一个原因，因果之间不存在许多复杂的作用和反作用；各种成本要素是由"自然"规律决定的，受固定习惯的某种控制，不存在需求的反作用；在经济原因的直接结果和后来结果之间没有根本的区别。总之，如果我们假定在那个单调的世界中收获是一致的，就没有长期正常价值和短期正常价值的区别了。这是因为代表性企业的规模总相同，并且总是按同样的方法在相同的程度上做着同类交易，既没有旺季，也没有淡季。决定正常供给价格的正常费用总是相同的。需求价格表总是一成不变，供给表也不变，从而正常价格永远都不变。

但在我们生活的世界里，这一切都是不真实的。在现实世界中，每种经济力量都在围绕着它起作用的其他经济力量的影响下，并不断地改变着自己的作用。在这里，生产量、生产方法和生产成本的变动始终相互制约着，它们总是影响着需求的性质和程度，并且也为后者所影响。此外，所有这些影响都需要时间来表现，而一般来说，没有两种影响是齐头并进的。因此，在现实世界里，任何一种关于生产成本、需求和价值之间关系的简易学说都必然是错误的。越巧妙阐述越会使它显得易懂，而害处也就越大。一个人如果相信自己的常识和实际直觉，就比那自以为研究了价值理论并断定它很容易的人，更有可能成为一个好的经济学家。

§3. 续前 上述静态是假定人口不变的静态，但是，几乎所有的那些显著特征都可以在这样一个地方表现出来：那里人口和财富都在增长着，并假定这一切的增长率大致相等；同时土地也并不缺乏；再假定生产方法和商业状况很少发生改变；尤其是那里人的性格是个不变的量。因为在这样的状态下，生产和消费以及交换和分配的最重要条件仍具有相同的性质，它们彼此之间的一般关系也相同，虽然在量的方面都在增长着①。

这样放宽纯静态的严格限制，就使我们向现实生活接近了一步。放宽得越多，我们也就越接近实际生活。这样，我们就逐步解决了那无数经济原因相互作用的困难问题。在静态下，生产和消费的一切条件都被化为静止状态，但我们可以用所谓的**静态**方法（这种说法虽不十分确切）作一些不同程度的假设。用那种方法我们把注意力集中在某中心点上：我们暂时假定把它纳入静态之中，进而研究相关的影响周围事物的那些力量，以及使这些力量趋于均衡的任何趋势。进行许多这样的局部研究，就可以解决那些非常难而不能一举解决的问题②。

§4. 对正常需求和正常供给的均衡的研究，可以分为关于长期均衡和短期均衡的研究 我们可以把和渔业相关的问题大致分成几类：一类是因非常迅速的变化——像天气的变化无常——而引起的问题；另一类是受经历很长时间的变动的影响——例如牛瘟之后一两年内因肉类缺乏而造成的对鱼的需求的增加——而引起的问题；或者最后，我们可以设想由于需用脑力的技术人口的迅速增长，可能会造成在整个一代人里对于鱼的需求有极大的增长。

在现代英国，因天气的变化无常和其他类似的原因而引起鱼价天天发生变动，就像在我们所假定的静态中一样，实际上是受相同的原因支配的。我们周围一般经济条件变化迅速，但是却还不足以显著影响价格天天涨落所围绕的短期正常水平。在研究这种价格涨落时，可以忽略这些变化（置于**其他条件不变**的范围内）。

让我们继续往下研究，并假定鱼的需求有很大的增长。比方说，由于发生家畜传染病从而使肉类在长达几年里都是昂贵而危险的食物，结果引起对鱼的一般需求急剧增长。我们现在把那些天气造成的变动置于**其他条件不变**

---

① 参阅第五篇第 11 章中的第 6 节及凯恩斯的《政治经济学的范围与方法》第 6 章中的第 2 节。

② 比较序言与附录八的第 4 节。

的范围之内，暂时略而不论。因为这些变动非常迅速，很快就会彼此抵消，所以，就这类问题而言，它们并不重要。由于相反的原因，我们也不管那些被培养成渔民的人数的变化，因为这些变动太慢，在肉类缺乏的一两年内不能产生很大的影响。暂时不管这两类变化，我们只集中注意这样一些影响：如果给船员适当的工资，使他们在一两年内仍留在家里从事渔业，而不致到大船上另谋出路。我们认为有些旧渔船，甚至那些不是特制的渔船也能够进行整修并用来捕一两年的鱼。我们所需求的任何一天的鱼的供给的正常价格是这样的：**能迅速把劳动和资本吸引到渔业中，足以使日常捕鱼量达到那种供给量**。鱼价对渔业中可用资本和劳动的影响是由像这样的细小的原因决定的。在需求特大的这几年里，价格围绕着波动的那个新水平显然比以前要高。这里我们看到一个几乎普通的规律例证。这个规律是：在**正常**一词是指短时期的条件下，**需求量的增加会提高正常的供给价格**。甚至对于那些长期遵守报酬递增规律的工业来说，这个规律也几乎普遍有效①。

但是，如果我们转而考察长期的正常供给价格，就会发觉这种价格是由不同的原因支配的，并且有着不同的结果。因为假定不食肉使人们变得永远都讨厌肉类，并假定对鱼的需求已增长并持续很长时间，足以使支配鱼的供给的力量得以充分发挥作用（当然，逐日及逐年的波动会继续着，但我们可以把它们放在一边）。海洋中的鱼源也许有枯竭的迹象，而渔户可能不得不到更远更深的海洋中去捕鱼，因为大自然对增加一定效率的劳动和资本给予递减的报酬。在另一方面，那些认为人对鱼的不断减少只负很少的责任的人也许是对的。在渔业总规模扩大后的那种情况下，一条装备有同样好的工具以及同样有效率的船员的船去捕鱼，可以得到几乎和以前同样好的收获。不管怎么说，渔业在已确定现在所增大的规模之后，一条好船装备上有能力的船员，其所用的正常成本肯定不会比以前高，或许还会低些。因为既然渔民所需要的只是经过训练的技能，而不需要任何特别的天赋，那么他们的人数在不到一代人的时间里就可以增加到任何适应需求的程度；而与造船、织网等相关的工业，现在的规模都比较大，可以比较彻底而经济地组织起来。因此，如果海里的鱼源没有枯竭的迹象，那么经过足以使经济正常的原因发挥作用

---

① 参阅第五篇第 11 章中的第 1 节。

后，便能够以比较低的价格生产出更多的供给。而且，如果正常这个词是指长期而言，那么鱼的正常供给价格也会随着需求的增加而减少①。

这样，我们可以强调那曾指出的平均价格和正常价格之间的区别。平均价格可以取自一日、一周、一年或任何其他时间内的任何一组销售额的价格。它可以是任何时候许多市场上的销售额的平均数，或者可以是许多平均价格的平均数，但是对任何一类销售而言是正常的条件，似乎未必对其他类销售也是正常的条件。所以，只在偶然情况下平均价格才是正常价格，这是某一组条件所促成的价格。如上文所述，只有在静态下，正常一词的意义才始终一致。在这种状态中，也只有在这种状态中，"平均价格"和"正常价格"才是同义词②。

§5. 续前 现在从别的方面来考察这个问题。市场价值是由需求和市场上现有商品的关系决定的，同时多少与"未来"的供给有关系，同行业协议也不无某种影响。

但是，一部分现时的供给本身就是由于生产者过去的活动而产生的，而生产者是把他们的商品可望得到的价格同他们为生产这些商品所花费的费用作了比较之后才决定进行这种生产活动的。他们考虑的费用范围，取决于他们是仅仅考虑用现有设备进行某种额外生产所产生的额外费用，还是仅仅考虑为此目的而增添的新设备。例如，在我们刚讨论过的那个定做一台机车的例子中③，几乎不会产生调整设备以适应需求的问题。主要问题是，是否可以通过现有的设备做更多的工作的问题。但是为了一份订制许多机车并在几年

---

① 图克（《物价史》，第1卷中的第104页）告诉我们说："一些用于海军和军事目的的特种商品占总供给的比例非常大，结果个人消费的减少是赶不上政府需求的即时增加的。因此，战争爆发有使这类物品的价格提高到相当高的趋势。但是，即使这类物品的消费按累进比例的增加不是那么迅速，那么相对于高价刺激下的供给无法实现和需求并进，也会使产量有所增加，从而使价格有复归原位的趋势（假定在生产或进口方面没有自然或人为的障碍）。因此，从价格表上可以看出，硝、麻、铁等物品的价格在因军用而使需求极大增加的影响下暴涨之后，只要需求不是节节上升，就又会下降。"可见，需求的节节上升可使某种物品的供给价格甚至上涨几年，虽然该物品需求的不断增加（不是按供给赶不上的那种速度）会降低价格。

② 第五篇第3章中的第6节。此区别将在第五篇的第12章和附录八中进一步加以讨论。并参阅凯恩斯的《政治经济学的范围与方法》第7章。

③ 本篇第4章中的第5节到第5章中的第3节。

中陆续交货的订单，几乎肯定要仔细地考虑"特别"扩充一些设备问题，并因此确实要把这种扩充看做是主要的边际生产成本。

一般的规律是，不论看起来是否有市场前景的新生产是大还是小，除非预期价格非常低，不然只用很少的直接生产成本便能很容易地生产出一部分供给来。而这部分供给大概不是在生产边际上。当预期价格上升时，增加的那一部分供给将会得到盈余，大大超过其直接成本，而生产边际将向外延伸。原则上预期价格每有增加，都会诱使那些在其他条件下不生产任何东西的人也来生产一点儿；并且使那些在价格较低时生产一些东西的人，在价格较高时多生产一点儿。那些正处在这种怀疑边际，不知按照这种价格是否值得生产的人，其供给应当与那些怀疑究竟是不是去生产的人的那部分供给包括在一起。两者合起来便构成在那种价格上的边际生产。那些怀疑是否要生产一点儿的人，可以说是完全处在生产边际上（如果他们是农业经营者的话，就处在耕作边际上）的。但是通常他们人数不多，他们的行为没有那些在任何情况下总要生产一些东西的人的行为那样重要。

不论所指的是短期还是长期，正常供给价格一词的一般含义总是不变，但细节上却有很大的差别。在每一种情况下，都指一定的总生产率，也就是指每天或每年的一定生产总量；在每一种情况下，价格都是预期足以并且恰好是足以使那些竭力想去生产那个总量的人们得到补偿的那个价格；在每一种情况下，生产成本都是边际成本，也就是说处于全然不生产的边际，如果预期从它们中所得到的价格再低，便不会产生那些商品的生产成本。但是，决定这个边际的原因是随着所讨论的时间的长短而不同的。就短期来说，人们把现有的生产设备数量看做实际上几乎是固定的，他们受到对需求的预测的支配来考虑运用这些设备的活动程度；就长期来说，人们竭力要调节这些设备的数量，使之适应所促进生产的货物的预期需求。让我们仔细地考察一下这种区别吧。

§6. **就短期而论，现有生产设备的数量实际上是固定的，但利用率却随着需求而变化**　预料到会涨价的直接结果是使人们积极运用他们全部的生产设备，充分运用生产设备甚至会超过其使用极限。那时的供给价格就是那部分产品的货币生产成本，这部分产品的生产迫使雇主用很高的工资雇用效率低的工人（也许由于加班加点而疲惫不堪），并使他自己和别人非常紧张和不方便，结果这使他开始怀疑生产那部分产品是否值得。预料到会跌价的直接结果是使许多生产设备闲置起来，同时也使其他生产设备的运转停下来。如果生产者不怕破坏市场，那么即使暂时以仅仅足够抵补直接生产成本和足够回报他们劳动的任何一种价格来进行生产，也是值得的。

但事实上他们一般都期待较高的价格。人人都怕破坏他以后从自己的顾客那里获得更好的价格的机会。或者，如果他是为一个大而公开的市场进行生产的话，他便多少有点害怕如果不必要地按照一种损害大的共同市场的价格来销售，就会引起其他生产者的怨恨。在这种情况下，每当价格有点下跌，无论是出于考虑他们自身的利益，还是出于与其他生产者所订的正式或非正式的协议，有些人总会暂时停止生产，以免进一步损害市场，这时这些人的生产便是在这种情况下的边际生产。由于这些原因，那刚好使生产者拒绝生产的价格点，便是真正的短期边际供给价格。这种价格几乎总是高于（而且一般会大大高于）原料、劳动和设备的磨损——稍微增加使用那些没有得到充分利用的设备，便立刻直接引起的磨损——所产生的专用成本，或者说是直接成本。这一点需要进一步加以研究。

在一个使用非常昂贵的生产设备的行业里，商品的直接成本只不过是其总成本的一小部分。一宗远远低于正常价格的订货还可以超过其直接成本，多出大量的盈余。但是如果生产者由于急于想避免设备闲置而接受这种订货，那么，便会使存货充斥市场，并且会妨碍价格的恢复。不过事实上他们很少经常性和无节制地采取这种政策。如果他们这样做，就会使该行业中的许多人破产，也许连他们自己也会被牵连在内。在这种情况下，需求的恢复很少会在供给上有所反应，并会急剧提高该行业产品的价格。这种极端剧烈的变动终究既不利于生产者，也不利于消费者。社会舆论并不完全反对这种商业道德惯例：谴责任何人由于轻易接受一种仅能抵偿其货物直接成本，并远远不足以抵补其一般费用的价格而"破坏市场"的那种行为[1]。

---

[1] 在有强大企业同盟（明的或暗的）的地方，生产者有时可以在很长时期内规定价格，而很少考虑生产成本。如果同盟领导者是那些拥有优等生产条件的人，那么可以断言（表面上和李嘉图的学说相对立，但实际上不然），价格是由最容易生产的那部分供给来决定的。但事实上，财力最弱、为了免于破产而不得不继续生产的那些生产者，往往把他们的政策强加于其盟员。因此，在美国和英国有这样一句谚语：最弱的盟员经常是同盟的统治者。

例如，如果一捆布在某个时候的直接成本（就其最狭义而言）为一百镑；如果该布应承担的企业一般费用（包括企业主的正常利润）还需要一百镑，那么，在一般情况下，即使就短时期来说，实际上有效的供给价格或许也不见得会降至一百五十镑以下。当然，在对一般市场没有多大影响的情况下，按较低的价格做几笔特别的生意还是可以的。

这样看来，虽然除了直接成本以外，再没有必然而又直接地构成短期供给价格的因素，但是补充成本确实也间接地产生一些影响。一个生产者往往并不把他生产的各个小部分产量的成本分离开来，他往往把大部分产量，甚至在某些情况下多多少少是把全部产量都当做一个单位来对待。他研究是否值得在他现有的业务方面增加某种新的业务，是否值得采用新机器，等等。他预先多多少少把这种变动提供的额外产量当做为一个单位；后来他又多多少少参照被当做一个单位的额外产量的全部成本，开出他乐于接受的那种最低价格。

换句话说，在他的大多数交易中，他是把生产过程中的增加部分，而不是把他产品的个别部分当做一个单位。如果分析经济学家要联系实际问题，也一定得按照这种方法仿效。这样考虑虽然会使价值理论的轮廓变得模糊，但并不影响其本质①。

就短期而言，可总结如下：特殊的技能和才干、合适的机器与其他物质资本的供给和工业组织产品的供给，都无法充分地适应需求，但是生产者必须利用其现有的生产设备尽量来使供给适应需求。一方面，如果生产设备供给不足，时间太短就无法增加供给；另一方面，即使供给有余，也会有一些生产设备未得到充分利用，从而大量减少供给。这些设备引起的收入的种种变化，在**短时间**内对供给的影响还不显著，对它们所生产的那些商品的价格也没有直接的影响，这种收入是总收入超过直接成本的那部分剩余（这就是说，它具有像第 8 章中详述的租金的某种性质）。但是，除非这种收入在长时期内足以补偿企业一般成本的一部分，不然生产就会逐渐减少下去。这样，

---

① 这种一般叙述对大多数目的也许都够用，但在第 11 章中，将更周密地研究代表性企业生产过程的边际增加额这一极其复杂的概念；同时，特别是当我们考虑那些出现报酬递增趋势的工业时，有必要更详细地解释我们的推理对代表性企业的那些条件。

那些隐藏在长期中的因素就会对短期价格的相对迅速变动产生一种控制性的影响，而且害怕"破坏市场"的心理往往也会使这些因素比在其他条件下更快地发生作用。

§7. **但在长期中，生产所需要的设备的数量是根据对这些设备的需求量进行调整的；生产是一个过程，而不是一组商品**　另一方面，在长时期内，为了提供生产设备和建立商业组织，为了获得职业知识与专门技能而投入的全部资本和努力，都有足够的时间来根据人们可望挣到的收入进行调整。因此，对那些收入的估计就直接决定着供给，并形成了那些被生产出来的商品的真正的长期供给价格。

投入某企业的资本一般有一大部分是用于建立企业的内部组织和外部的商业联系上的。如果这个企业一蹶不振，即使从其生产设备的出售中可以收回相当一部分的原有成本，而花在组织和联系上的那部分资本也仍会全部化为乌有。不论谁打算在任何一个行业中创办新企业，都必须估计到这种损失的可能性。如果一个人对于此类工作具有正常的才干，他也许希望不久后他的企业会成为一个有相当程度的大规模生产经济的代表性企业（就我们所用该词的意义而言）。如果在他看来，这样一个代表性企业的净收益比他在其他行业投入同样资本所能获得的净收益要大一些的话，那么，他就会选择这个行业。由此可见，长期左右某个行业生产的商品价格的投资，一方面是由对创办和经营一个代表性企业所需要的支出的估计来决定的，另一方面是由这一价格在一个长时期里所能获得的种种收入的估计来决定的。

在任何一个时候都是某些企业在兴盛，而某些企业却在衰退。但是当我们广泛考察决定正常供给价格的因素时，无须理会巨大浪潮表面的这些漩涡。任何生产的增加都可能是由于有个新的制造商在与困难搏斗，以不足的资本含辛茹苦地建立起一个兴旺的企业。也可能是由于有个富裕的工厂，扩大其不动产而获得了种种新的大规模生产经济，从而在相对低廉的成本上增加了产量。同时，由于与这个行业的生产总量比较起来，这部分新增加的产量比较小，不会使价格跌落多少，所以，这个企业由于成功地适应了其环境而获得了很大的收益。但是，当某些企业的命运发生变化时，生产总量增加的直接后果是长期的正常价格可能会有逐步降低的趋势。

§8. **价值问题的简单分类**　当然，在"长期"和"短期"之间并没有明确的分界线，而且大自然在现实经济生活中也并没有划出这种分界线，并且在处理实际问题时也不需要它们。这正如我们把开化的种族和未开化的种族进行比较一样，虽然并不能严格地区分二者，但可以确立有关各自的许多一般性命题。所以我们将长期和短期进行比较，并不是企图在二者之间划出一条严格的界线。如果为了阐明一种特殊论点而必须把某事物截然分开的话，那么，我们可以通过一个特别的解释语句来达到这一目的，但是必须这样做的时候既不常见，也不重要。

我们可以将它们分为四类。在每一类中，价格都是由供给和需求的关系支配的。就**市场**价格而言，供给是指手里现有的，或无论如何也是指"就要有的"某商品的数量；就**正常**价格而言，如果我们把"正常的"这个词当做关系到几个月或一年这样的**短期**来看，那么，供给是指在所说的这种价格情况下，以现有的、包括人员在内的配备在指定的时间内可以生产出来的那个商品数量；就另一种**正常**价格而言，如果正常一词是指几年这样的**长期**的话，供给是指在这一时期里，工厂便利地生产出来并又投入生产的那些新的和旧的生产设备所能生产的那个商品数量；最后一种是处于逐渐性的或**长久性的**运行当中的正常价格，这种运行是由于从一代到另一代知识、人口和资本的逐渐增长以及需求和供给的变化而产生的①。

---

① 与本章中的第 1 节比较。当然，几种生产要素适应需求所需要的时期也许极为不同。例如，熟练排字工的人数不能增加到几乎同嵌字和印刷机的供给人数一样快。只是由于这个原因就很难严格区分长期与短期。但事实上，理论上完全的长期必须是这样的时间：不仅足以可能使商品的生产要素和需求相适应，而且也使那些生产过程中的生产要素和需求相适应等等；而这点如果照逻辑推理下去，将引出工业静态的假设，其中包括对未来一代的需求进行无限期的事先预料。这种假设即使在李嘉图自己的叙述中也没有，但也的确无意地暗含在对李嘉图价值理论的许多通俗解释当中。我们认为正是由于这种原因才使其轮廓简单分明，而又因为这点，本世纪上半叶流行的经济学说获得了魅力并具有大多数可导致错误的实际结论的趋势。

相对的短期和长期问题一般遵循着相同的方式。在具体研究某组关系时，二者都使用部分或全部隔离的那种卓越的方法；二者都有机会分析和比较类似事件，并使其相互辉映以及排列整顿那些具有同一性和在同一性中显出差别性的材料。但二者之间存在着明显的区别。在相对的短期问题上，把那些不特别考虑的力量暂时看做是不起作用的这种假设并无多大妨碍。但是，比如说，在一整代人内由于那些广泛的力量对

第5章　正常需求和供给的均衡（续）　关于长期与短期　311

本书其余部分将主要讨论上述的第三类问题，即讨论在相当长的时期内，工资、利润和价格等的正常关系但偶尔也会涉及那些持续多年的变动。有一章，即第六篇中的第12章将探讨"进步对于价值的影响"，也就是研究价值的**长期**变动。

于所讨论的问题只具有间接的关系而把它们置于其他条件不变的范围内，就会有很大的妨碍。因为如果间接的影响恰巧是积累性的，那么，在一代人的过程中也会产生巨大的后果，在即使实际问题上暂时忽略它们而不加以具体的研究，也是不安全的。因此，在关于很长时期的问题上使用静态方法是危险的，步步都需要谨慎、明辨与节制。这种工作的困难与危险，在关于遵守报酬递增规律的那些工业中达到了顶点，而正是在这些工业中这个方法才得到很好的应用。这些问题我们必须留在本篇第12章和附录八中加以讨论。

但这里必须回答这样一个反对意见：因为"经济世界处于不断变化之中，而且变得越来越复杂……时间越长，就越没有纠正的希望"。因此，谈论价值在长时期内趋于达到的那种位置，就等于把"变数当做常数"（德瓦斯的《政治经济学》，第四篇中的第5章）。我们暂时把变数当做常数，这是事实。但这是科学在处理物质世界或精神世界中的复杂而多变的材料方面曾经取得巨大进步所凭借的唯一方法，这也是事实。

第6章　连带需求与复合需求　连带供给与复合供给

§1. 间接的派生需求：连带需求。取自建筑业中劳资纠纷的例解。派生需求律　面包直接满足人的需求。对面包的需求叫做直接需求。但是借以制作面包的面粉机和烤炉只是间接地满足人的需求，对这些东西的需求叫做间接需求。一般来说：

对原料和其他生产资料的需求是**间接的**，是从借助它们而生产出来的那些可以直接使用的产品的需求中**派生出来的**。

面粉机和烤炉的服务共同连接在最终成品——面包中，因此，对它们的需求叫做连带需求。再如，蛇麻草和麦芽具有互补性，一起用来制造啤酒……因此，在几种互补性的物品中，对其中每一种物品的需求都来自它们共同生产某种成品（如一块面包或一桶啤酒）时所共同提供的那些服务。换句话说，生产某种直接满足需求从而有直接需求的产品时，对其中任何一种互补性物品所提供的服务都有一种**连带需求**。对成品的直接需求实际上可分成许多对生产它们所用的那些东西的派生需求①。

另举一例来说明。对房屋的直接需求引起对各种不同的建筑劳动、砖、石料和木材等的连带需求，这些都是各种建筑工作的——或者为简单起见叫做新房屋的——生产要素。对其中任何一种要素，例如像泥瓦匠的需求，都

---

① 与第三篇第3章中的第6节比较。要记住：具有现成使用形式的东西曾被叫做**一级财物**或消费财物；用来生产其他财物的生产要素曾被叫做**生产财物**或**二级财物**或**中间财物**。很难说财物何时才算真正完整地形成。在真正用于消费之前，许多东西一般都当做已制成的消费财物，例如面粉。见第二篇第3章中的第1节。**工具财物**（被视作从其产品中获得的那些财物的价值）这一概念的模糊性见第二篇第4章中的第13节。

只是一种间接或派生的需求。

让我们把劳动力市场上经常发生的那类事件同上面的例子联系起来加以考察。劳资纠纷延续的时期是短期的，而我们必须考虑的作为调节供求的那些因素只是在短期内起作用的因素。

这个事例具有重大的实际意义，因此需要我们特别加以注意。但我们应该看到，既然指的是短期，那么对于本章和以下几章里的某些情况中的选例准则来说，就是例外情况，因为在那些情况中有足够的时间使供给力量充分发挥长期的作用。

让我们假定房屋的供求处于均衡状态，一群工人（比方说，泥瓦匠）举行罢工，或有其他某种干扰泥瓦匠劳动的供给。为了把对该要素的需求抽出来进行单独研究，我们首先假定对新房屋的需求的一般条件不变（这就是说，新房屋的需求表仍然适用），其次假定其他要素的供给的一般条件不变，其中有两种要素当然是建筑商的经营能力和企业组织（即我们假定它们的供给价格表也有效）。那么，泥瓦匠劳动供给的暂时减少将使建筑量有相应的减少：已减少的房数的需求价格将比以前高些，而其他生产要素的供给价格将不变①。从而，那时新房屋所能出售的价格，除了超过建造房屋所需要的其他要素的购买价总额之外，还有相当一部分剩余。假设泥瓦匠的劳动是不可缺少的，那么此剩余就是泥瓦匠劳动价格可能增加的界限。这种与泥瓦匠劳动供给的不同程度的减少相适应的不同数量的剩余，是由这样一条准则决定的：就某商品的各种不同数量来说，对用于生产该商品的任何要素所提供的价格是以那个价格的超额量为限的，此超额量是该数量的商品能找到的买主的价格减去生产它所用的其他相应要素的供给价格总和。

用专门术语来说，某商品的任何生产要素的需求表都可以从该商品的需求表中求出来，方法是从该商品的各种不同数量的需求价格中减去其他相应要素一定量的供给价格总额②。

---

① 这一点在一般情况下无论如何是真的：加班加点的额外费用会比较少；木匠、砖匠和其他工人的劳动价格可能会下降，而不是上升。砖和其他建筑材料也是这样。

② 正文中的一般叙述对于大多数场合也许就够用了，一般读者可能应该略去本章其余脚注。

　　必须记住，这种派生表除了在下述假设条件之外是不能成立的。这些假设是：我们抽出这一要素以便单独研究；其供给条件受到干扰；而其他任何要素没有受到干扰，

§2. 供给的减少可以大大提高一个生产要素的价格的一些条件 但是，

其售价总是与供给价格相等。

为了简短起见，用图说明时不妨把某商品的生产费用分成构成它的那两种东西的供给价格，如让我们把一把刀的供给价格看做是刀身和刀柄的供给价格总和，并把将刀柄镶在刀身上的费用撇开不谈。设 ss′ 为刀柄的供给曲线，SS′ 为刀的供给曲线；因为 M 为 Ox 上任意一点，垂线 MqQ 交 ss′ 于 q 点，交 SS′ 于 Q 点。所以，Mq 为刀柄 OM 的供给价格，qQ 为刀身 OM 的供给价格，MQ 为刀 OM 的供给价格，设 DD′ 为刀的需求曲线，与 ss′ 交于 A 点，如图 – 20 所示，AaB 是一垂线。那么，在均衡状态时，OB 数量的刀按价格 BA 出售，其中 Ba 归于刀柄，aA 归于刀身。

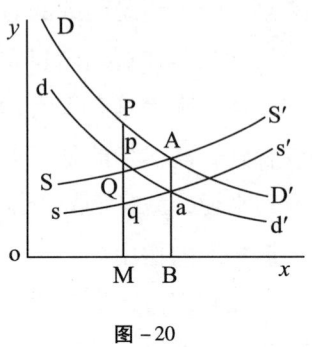

图 – 20

〔在这个例解中，我们可以假定有充分的时间使支配供给价格的那个图 – 20 有可能充分发挥作用。因此我们就可以使供给曲线向下倾斜。这种变动并不影响我们的论证，但是一般来说，在我们的典型例证中，最好是使用向上倾斜的供给曲线。〕

现在假定我们要单独研究对刀柄的需求，因此假定对刀的需求和刀柄的供给遵守着各自的曲线并分别代表着各自的那些规律；并假定刀柄的供给曲线仍然有效，并代表刀柄正常供给的种种情况，虽然刀柄的供给暂时受到干扰。设 MQ 与 DD′ 交于 P 点，那么 MP 为 OM 刀的需求价格，Qq 为 OM 刀柄的供给价格。在 MP 上取一点 P，使 Pp 等于 Qq，因此 Mp = MP – Qq；那么 Mp 为 OM 刀柄的需求价格。设 dd′ 为 p 的轨迹，那么 dd′ 为刀柄的派生需求曲线，当然通过 a 点。现在我们可以撇开图中其余曲线不管，而只注意 dd′、ss′，并在其他情况不变的条件下，也就是说，在没有影响刀柄供给规律和刀的需求规律的那些干扰因素的条件下，把这两条曲线看做是代表刀柄需求和供给关系的曲线。那么，Ba 为刀柄的均衡价格，市场价格在供求（供给曲线由 ss′ 代表，需求曲线由 dd′ 代表）的影响下按着上一章中所考察的那种方式围绕着它摆动。一般供求曲线除了在均衡点附近之外，并不具有实际价值，这一点已经指出过。这甚至更适用于派生需求的方程式。

（因为 Mp – Mq = MP – MQ，所以，A 是稳定均衡点，a 点的均衡也是稳定均衡。但是如果供给曲线是向下倾斜的，那么这种说法需略加修正，见附录八。）

在上例中，不论商品的产量如何，生产要素中各要素的单位都不变，因为每把刀总是需要一个刀身和一个刀柄；但是当商品产量的变动引起生产单位商品所需要的各要素数量发生变动时，那么用上述方法做出的要素需求曲线和供给曲线就不能用该要素的固定单位来表示了。而在使它们适合一般使用之前，必须把它们还原成固定的单位〔见数学附录中注 14（乙）〕。

当我们把这个理论应用到现实生活中时，重要的是要记住这一事实：如果一种生产要素的供给受到干扰，那么其他生产要素的供给也可能会受到干扰。特别是当供给受到干扰的那种要素是同一种劳动（像泥瓦匠的劳动）时，那么雇主的报酬一般会起着缓冲作用。这就是说，损失首先落在他们身上。但是通过解雇一部分工人以及降低其他工人的工资，最终会把大部分损失转嫁给其他生产要素。实现这一点的细节过程是不同的，既取决于商业同盟的行动，也取决于市场上的议价和其他原因。而这些原因我们此刻不进行讨论。

让我们研究一下这样一些条件是什么。在这些条件下，对一种东西的需要并不是为了直接使用，而是将其当做某商品的一种生产要素。这种东西的供给减少可以使其价格急剧上升。第一个条件是，这种要素是生产该商品所必要的，或者说几乎是必要的，因为按合适的价格买不到合适的代用品。

第二个条件是，该商品（该要素是生产它所必需的一种要素）是需求弹性很小的商品，因此，其供给的减少会使消费者宁愿出更高的价格也不愿没有它。当然，这又包括这样一个条件：如果以比该商品的均衡价格略高的价格买不到合适的代用品，那么减少房屋建筑会大大提高房价，而急于要获取额外利润的建筑商就会彼此抬高价格以竞购市场上现有的泥瓦匠的劳动①。

第三个条件是，这种要素的价格只占该商品生产费用很小的一部分。既然泥瓦匠的工资只占一幢房屋的建筑费用总额的一小部分，那么即使工资增加百分之五十，该房的造价也只能增加一个很小比例，而对需求的节制也极小②。

第四个条件是，即使需求量略有减少，也会使其他生产要素的供给价格大大下降。原因是，这样会增加给该要素支付高价的差额③。例如，如果砖匠

---

① 我们必须研究在什么条件下 pM 与 aB 的比率会最大，其中 pM 为所述生产要素从供给由 OB 减至 OM（即减少 BM 数量）后的需求价格。第二个条件是 PM 应该很大，因为需求弹性为 $\dfrac{BM}{PM - AB}$，所以 PM 越大，在其他条件不变情况下，需求弹性就越小。

② 第三个条件是，如果 PM 按一定比率超过 AB，那么 pM 也得按较大的比率超过 Ba。在其他条件不变的情况下，就需要使 Ba 仅成为 BA 的一小部分。

③ 这就是说，如果过去 Qq 比现在要小些，那么在过去 Pp 就会小些，而 Mp 会大些。见数学附录中注 15。

和其他工种的工人找不到别的工作，而又赋闲不起，那么，他们也许会情愿为比以前低得多的报酬而工作，这就会增加给泥瓦匠支付更高工资的差额。上述四个条件是独立的，而后三个条件的结果是累积性的。

如果不用灰泥，或者可能以低廉价格雇用泥瓦匠这一行以外的人来做这种工作，那么，泥瓦匠工资的上涨就会受到限制。在有些情况下，由于替代原理，某商品的一种生产要素通过派生需求的作用对其他要素的制约可以得到缓和①。

此外，在获得成品生产要素中的某要素方面遇到的严重困难，往往可以通过改变成品的性质得到克服。有些泥瓦匠的劳动也许是不可缺少的，但是对房子究竟要使用多少泥瓦匠的活儿，人们却往往犹豫不决。如果泥瓦匠活儿的价格上涨的话，那么他们就会少使用一些。因为少一点儿泥瓦匠活儿而失去的那种满足的强度就是其边际效用；为了使用这种活儿而恰好愿意支付的价格，就是使用一定量的泥瓦匠活儿的真正需求价格。

在啤酒方面，麦芽和蛇麻草的连带需求也是这样，但比例是可以改变的。只因含有较多的蛇麻草而与其他啤酒有区别的那种啤酒，能够得到更高的价格。这一差价代表蛇麻草的需求②。

泥瓦匠和砖匠等人之间的关系，在相近行业的职工会的联合与斗争史上，充分表现出那种既有教育意义又富有浪漫情调色彩的现象。但是连带需求中，绝大多数的事例是对某原料和加工工人的需求的事例，例如，棉、麻、铜或铁和加工这几种原料的工人的事例就是如此。此外，各种不同食品的相对价格因为厨师的技术劳动供给的不同而有很大的区别。例如，在美国，许多种肉和蔬菜就几乎都没有价值，因为那里很缺少有技术的厨师，而且他们工资也很高。但在法国这些东西却很有价值，因为那里的烹调技术十分普及。

§3. 复合需求 我们已经讨论过③，任何商品的总需求是如何由需要它

---

① 庞巴维克在名著的《经济财物的价值论纲要》（《经济学与统计学年鉴》，第13卷）中指出，如果除了某商品的一种生产要素之外，所有的要素都可有无限的替代品，因此它们的价格固定不变，那么其余要素的派生需求价格将等于成品的需求价格减去其余诸要素由此而规定的供给价格的总和，这是上述规律的一个有趣的特殊现象。

② 见数学附录中注16。

③ 见以上第三篇第4章中的第2、4节。

的那些不同的人的需求组成的。现在我们可以把复合需求这一概念推广到几组生产者所需要的生产必需品上去。

几乎各种原料和各种劳动都应用到许多不同的工业部门中,从而生产出各式各样的商品。其中每种商品都有其直接需求。从这种需求中可以求出生产这种商品所使用的任何一种生产要素以及这种生产要素所派生的需求,而这种生产要素按照我们曾叙述的方式①"分配在它的各种不同用途上",这些不同的用途彼此竞争着;相应的派生需求是彼此**竞争的需求**,但是在此产品供给的关系上,它们是相互合作的,"合成"包含一定总需求的供给量:这就有如几个社会阶层对成品的局部需求加在一起便合成对此成品的总需求一样②。

§4. **连带供给。派生供给价格** 现在我们可以考虑连带产品的情况。这就是说,连带产品不易分别出来,都存于同一源中。因此,可以说连带产品具有一个**连带供给**,像牛肉与牛皮或小麦与麦草③。这种情况和那些有连带需求的东西的情况是一致的,除了用"供给"代替"需求",几乎可以用相同的词语来进行讨论,反之亦然。正如那些共同使用于同一目的的东西有连带

---

① 见以上第三篇中的第5章。
② 如图-21所示,假设一个生产要素有三种用途。设 d_1d_1' 为其第一种用途的需求曲线。自 Oy 上任意一点 N 画 Np_1 平行于 Ox 并交 d_1d_1' 于 p_1。那么 Np_1 为第一种用途在价格 ON 下的需求量。延长 Np_1 至 p_2,继而延长至 P,并使 p_1p_2 与 p_2P 的长度分别代表第二种用途和第三种用途在价格 ON 下对该要素的需求量,随着 N 沿着 Oy 移动,设 p_2 所画出的曲线为 d_2d_2',设 P 所画出的曲线为 DD'。这样,如果 d_2d_2' 只有第一种和第二种用途的话,就成为该生产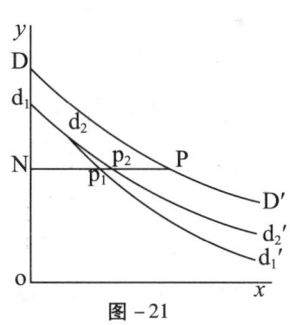

图-21

要素的需求曲线,而 DD' 是它用于三种用途时的需求曲线。按着什么次序排列这几种用途是无关紧要的。在所阐述的情况下,第二种用途的需求价格开始时比第一种用途的要低些,而第三种用途的需求价格开始时却比第一种用途的高些(见数学附录中注17)。
③ 迪尤斯纳普教授(《美国经济评论》附刊,1914年,第89页)认为,"凡是产品由一个工厂生产的总成本小于由几个工厂生产的总成本时,都可以叫做连带产品"。这个定义不如我们在本节末所论述的那个定义普遍,但就某些特殊情况而言,这个定义用起来还比较方便。

需求一样，具有同一来源的那些东西也有一个共同的连带供给。可以将有着同一来源的单一供给分成许多派生供给，这是来自单一供给的那些东西所产生的派生供给①。

例如，自从谷物条例废除以来，英国消费的大部分小麦是从国外进口的，当然不带任何麦草。这就导致麦草缺乏，从而引起麦草的价格上涨。种植小麦的农户指望从麦草上得到这种作物的大部分价值。可见，在小麦输入国里，麦草的价值较高，而小麦输出国里则较低。同样，在澳大利亚的产毛区，羊肉的价格有时很低。羊毛出口，而羊肉只得留在本国消费，因为羊肉的需求不大，所以羊毛的价格不得不抵偿几乎全部肉与毛的共同生产费用。后来，低廉的肉价刺激了肉类加工出口工业的发展，现在澳大利亚的肉价比以前有所提高。

---

① 如果想把连带产品的供求关系分开，那么，派生供给价格的求法正如同在类似需求情况下某生产要素的派生需求价格的求法一样，但必须假定其他条件不变（这就是说，必须假定整个生产过程的供给曲线仍旧有效，除分出去的以外，连带产品中的每个产品需求曲线也必须有效）。派生供给价格的求法是：它必然等于整个生产过程的供给价格减去所有其他连带产品的需求价格总和，其中各种价格完全是对各种相应数量而言的。

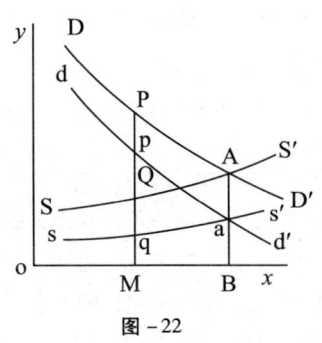

图-22

如图-22，我们可以再举一个简单的例子来说明，其中假定两个连带产品的相对数量不变。设 SS′ 为提供固定数量的肉和皮的牛的供给曲线，dd′ 为牛肉的需求曲线。于 Ox 上任意一点 M，作垂线与 Mp 交于 p，并延长至 P，使 pP 代表 OM 皮的需求价格，则 MP 为 OM 牛的需求价格，而 P 的轨迹 DD′ 为牛的需求曲线，它也可以叫做总需求曲线。设 DD′ 交 SS′ 于 A 点，作 AaB。那么，在均衡时，按价格 BA 所生产和销售的牛为 OB，在价格 BA 中 Ba 归于牛肉，而 aA 归于牛皮。

设 MP 交 sS′ 于 Q。自 QM 取截线 Qq 等于 Pp；则 q 为牛肉的派生供给曲线上的一点。因为如果我们假定 OM 牛皮的售价总是等于相应的需求价格 Pp，那么由此可以得知，既然生产 OM 头牛中每头牛所需的费用为 QM，则所余价格 QM − Pp，即 qM 将为 OM 牛肉中每头牛的肉所负担。而 q 的两条轨迹 ss′ 与 dd′ 为牛肉的供求曲线（见数学附录中注 18）。

很难见到同时生产连带产品中的二者所用的成本和单独生产其中一种所用的成本完全相等的情况。如果某企业的任何产品具有市场价值，那么几乎可以肯定在这种产品上曾花费过特殊的劳动和费用；如果该产品的需求急剧下降，那么就会减少或省掉这种劳动和费用。例如，如果麦草不值钱，那么农户就会更努力使麦穗尽可能长得很大，以和麦秆相称。又如，进口外国羊毛曾使英国羊经过杂交和选种的方法得到改良，可以早早增加体重，甚至不惜以降低毛的质量为代价。只有当同一生产过程所生产的两种东西中的一种不值钱和卖不掉，而不要它又无须任何费用时，才不会诱使人改变其数量。也只有在这些例外的情况下，我们才无法确定连带产品中每一种产品的各自的供给价格。因为如果有可能改变这些产品的比例的话，那么，通过改变这些比例，使其中一种产品的数量略有减少而又不致影响其他产品的数量，我们就能确定生产过程的全部费用中有哪些部分被节省下来。这部分费用就是该产品边际因素的生产费用，这正是我们所求的供给价格①。

但这些都是例外情况。一个企业甚至一种工业往往认为尽量利用相同的设备和技术来制造几类不同的产品是有利的。在这些情况中，用于几种用途的任何一种生产要素的成本，都必须由它在这些用途中所产生的收益来抵偿；但是很少有任何自然规律来决定这些生产要素的用途的相对重要性或总成本分配的比例，它们在大多数情况下都取决于市场变化的特点②。

§5. **复合供给** 现在我们可以讨论合成需求的**复合供给**。根据替代原理，一种需求往往可以通过几种途径中的任何一种得到满足。这些不同的途径彼此竞争，从而相应的商品供给也是**彼此竞争的供给**，但它们在与需求的关系上却彼此合作，"复合"成满足需求的总供给③。

如果支配它们生产的原因大致相同，那么在许多情况下它们都可以被看成是同类商品④。例如，在许多情况下都可以把牛肉和羊肉当做某种商品的变

---

① 见数学附录中注 19。
② 这个问题在下一章中将略加讨论，而将来在《工业与商业》中再进行充分的讨论。
③ "竞争品"一词是费希尔教授用的，见他著的《价值与价格理论中的数学研究》。此书对本章讨论的问题有很大的发挥。
④ 与杰文斯的《政治经济学理论》比较，第 145~146 页，并参阅本书第三篇第 3 章中的第 5 节和第 6 节的注解，还有第 4 章中第 3 节的注解。

种；但是在其他情况下，例如在讨论毛的供给问题时，就一定得分别对待牛羊肉。不过，竞争品往往不是制成品，而是生产要素。例如，用于制造普通印刷纸的纤维就有许多种。我们刚刚看到，当需求由可以替代它的那种竞争品的竞争供给得到满足时，对几种互补性物品供给中的一种（像对泥瓦匠劳动供给）的派生需求的强烈作用，是如何受到削弱的[①]。

---

① 所有竞争品趋于满足的那种需要是由复合供给来满足的，在任何价格上的总供给都是按该价格的部分供给的总和。

如图-23，于 Oy 上任意一点 N 作 Nq_1q_2Q 平行于 Ox，使 Nq_1、q_1q_2 和 q_2Q 分别代表按价格 ON 所能供给的第一、第二和第三种竞争品。那么 NQ 为该价格上的总复合供给，而 Q 的轨迹为满足所需要的手段的供给曲线。当然各竞争品的单位

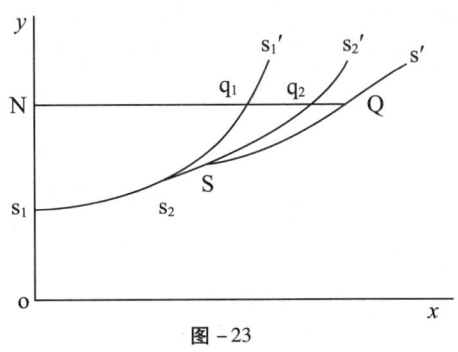

图-23

必须选择得都能满足等量的需要。在图-23 所代表的情况中，按那种价格所能供应市场的第一种竞争品的数量很少，这种价格太低，不能引出其他两种竞争品的供给，按低得不能引出第三种竞争品供给的那种价格去供应市场的第二种竞争品的数量也很少（见数学附录中注 20）。

只有当各竞争品的供给没有一种是受报酬递增规律的支配时，照例才有可能有持续的竞争。只有当其中没有一种能够驱逐其他竞争品时，均衡才是稳定的。如果所有竞争品都遵循着报酬递减规律，那么情况便是如此。因为如果有一种竞争品暂时取得优势，而对其使用有所增加，那么这种竞争品的供给价格势必会上升，而其他竞争品开始以低于它的价格出售。但是如果其中的一种竞争品遵循的是报酬递增规律，那么竞争便会立即停止。因为这种竞争品一旦暂时取得优势，增加了其使用量就会降低供给价格，从而增加销售量，而供给价格继续下降，以此类推。这样，这种竞争品相对于其他竞争品的优势继续增加，直至把它们逐出这一领域。的确，这个准则有时有明显的例外情况：遵守报酬递增规律的那些商品有时在这一领域当做竞争品的时间似乎确实很长，例如各种不同的缝纫机和电灯泡。但在这些情况下，那些东西实际上并不满足相同的需要，而只是多少适应不同的需要或趣味。关于它们各自的优点仍有不同的看法，或其中有些东西也许取得专利权，或通过另外的途径为特定工厂所垄断。在这种情况下，习惯和广告的作用可以使许多竞争品长期留在这一领域里。那些生产按生产费用来说实际上是质量为最佳产品的生产者，如果不能有效地登广告和雇用旅行推销员及其他代理人来推销自己的商品，那么他们的情况就更是如此。

§6. **诸商品之间的错综复杂关系** 本章论述的这四个主要问题和几乎决定每种商品的价值的那些因素都有某种关系。在各种商品价值之间非常重要的错综复杂的关系中,许多关系都不是一望而知的。

例如,一般使用木炭炼铁时,皮革的价格在某种程度上取决于铁的价格。英国制革者曾要求不用外国铁,为的是让英国炼铁者对橡树木炭的需求可以使英国橡树生产继续得以维持下去,从而使橡树皮的价格不致变贵①。这个事例能使我们认识到这样的情况:对某种东西的过度需求能使它们的供给来源受到破坏,从而使它可能有的那些连带产品出现缺乏。这是因为英国炼铁者对木炭的需求导致英国许多森林受到严重破坏。此外,对羊羔肉的过度需求被认为是几年前普遍缺少羊的一个原因,但有些人却持相反的意见。他们认为,卖给富人的春羔价格越高,养羊就越有利,从而供应给大众食用的羊肉也就越便宜。但事实上却是需求的增加可以产生相反的结果,当然这要看其所产生的作用是否快到了阻止生产者使其生产与需求相适应的地步。

又如,对某行业(如美国某些地区的小麦种植业和其他地区银矿业)有利的铁路及其他交通工具的发展,几乎大大降低了那些地区其他各种产品的主要生产费用。此外,苏打、漂白材料和以食盐为主要原料的其他工业品的价格,几乎因为那些工业中所使用的生产方法的每一次改进而相应产生变动;而那些价格的每一次变动又影响许多其他商品的价格,因为食盐工业的各种不同产品在许多加工工业部门中,都多少算做是比较重要的生产要素。

再如,棉花和棉籽油是连带产品,最近棉价下降主要是由于棉籽油加工技术的改进和棉籽油的广泛使用。此外,如棉荒史表明的那样,棉花价格大多影响毛、麻、布和其他同类商品的价格;而棉籽油也越来越遭遇同类商品中新的替代品竞争。还有,麦草在加工工业中已经找到许多新的用途,而这些新用途的发现使美国西部以往通常被焚毁的麦草获得了价值,并呈现出阻止小麦边际生产成本上升的趋势②。

---

① 汤因比:《工业革命》,第 80 页。
② 此外,因羊与牛竞用土地,所以皮革和棉布在间接需求方面竞用一种生产要素。但它们在家具商店中也作为原料竞相满足同一需要。因此,家具商和鞋匠对皮革有复合需求,如果鞋的鞋面部分是由棉布制成的,则对棉布也有复合需求;鞋提供了对棉布和

皮革的连带需求，而棉布和皮革成为相互补充的供应品，诸如此类，错综复杂。见数学附录注21，奥地利学派的"分成价值"理论和本章论述的派生价值理论具有共同点。不论使用哪个名词，重要的是我们应当认识新旧价值理论之间的连续性；我们应当把分成价值或派生价值仅仅当做是这样一些因素：它们和许多其他因素一道，在分配和交换的一般问题上占据应有的位置。新的术语只是提供了把某些数学上特有的那种精确表达应用到日常生活中去并作为一种手段。生产者总是考虑对他们感兴趣的那种原料的需求是怎样取决于用它生产的那些商品的需求，而影响它们的各种变动又是如何来影响它的，这实际上是确定造成共同结果的那些力量中的任何一种力量所产生的效率问题的一个特例。用数学术语来说，这种共同结果可以叫做各种力量的一个**函数**：其中任何一种力量对这种结果的（边际）贡献，都是由该力量的（微小）变化所引起的。也就是说，那种力量的结果要用微分系数来表示的。换句话说，一种生产要素的分成价值或派生价值（如果该要素只用于一种产品）就是包含该要素的那种产品的微分系数，等等。如数学附录中注14~21中所示（埃奇沃斯教授竭力反对维塞尔的分成价值理论中的某些部分，见《经济学杂志》，第5期，第279~285页）。

第7章 直接成本和总成本同连带产品的关系 销售成本 风险保险 再生产成本

§1. **使混合企业的各个部门适当分担生产费用，特别是销售费用** 现在我们再来考虑直接成本和补充成本，特别着眼于把补充成本恰当地分配于企业的连带产品上。

某个企业的一个部门生产的一种产品在另一个部门往往被当做原料使用，从而两个部门的相对盈利只有依靠精密的复式簿记制度才能得以确定。但实际上更普遍的是通过主观猜测作出概算。农业是说明这种困难的最好例证①。特别是当同一个农场把永久牧场和长期轮种的耕地结合在一起时，更能说明这种困难。

另一个说明这种困难的事例是，船主必须把船的费用分配给很重的货物和体积大但却不很重的货物上的事例。船主尽量设法载运这两种混合货物。在竞争港口的斗争中，一个很重要的因素是，那些劣势港口只能提供体积大的货物或很重的货物；而一个优良港口，却能把低廉的出口运输业吸引到自己的周围。例如，斯塔福德郡各陶器厂成功的部分原因，是由于按低廉运费把货物通过由默尔西河来的载有铁和其他重货的船装运出去的缘故。

不过船运业中却存在着自由竞争，关于船的大小和形状以及航线和一般的经营方法，它都有很大的抉择权。因此，在许多方面可以应用下述一般原理：某企业的连带产品的相对比例，必须调节得使各产品的边际生产费用等于此产品的边际需求价格②。换句话说，每种货物的载运量有不断趋于均衡的

---

① 可以应用上一章论述的数学或半数学分析来解决各行业中复式簿记的某些实际困难。

② 与本篇第6章中的第4节比较。

倾向，在均衡点上，该数量的需求价格在正常市场运行状态下恰够补偿其运费，这种运费的计算不仅要包括其直接成本（货币），而且要包括企业在长期内因运输而直接或间接引起的全部补充成本①。

在加工工业的某些部门中，任何一类产品的总成本的初步计算，通常假定这些产品负担的企业补充成本的份额与产品的直接成本或生产该产品所用的特别工资额是成比例的，然后再进行计算，并考虑那些比平均额需要更多或更少的场所、照明或使用贵重机器的产品，等等。

§2. **续前** 需要特别注意企业总费用中的两个因素在不同部门之间的分配，它们是推销成本和风险保险费。

有些产品易于推销，如拥有稳定的需求，因此生产出一些作为储备往往是安全的。但正是由于这种原因，竞争使这些产品的价格"锐减"，除了生产它们的直接成本之外，并没有太多剩余。有时生产和销售这些产品的工作几乎可以成为自动的，这样就不致产生太多管理和推销费用。但实际上往往使这些产品确实产生很少一部分费用，它们成为了建立和保持商业往来的一种手段，而这种往来会方便推销其他类产品。当然，就这些产品而论，是没有非常剧烈的竞争的。厂商经常会利用他们产品中的某一种当做宣传其他产品的手段，并使第一类产品所产生的补充成本比它们的比例份额少一些，而使第二类产品所产生的费用却比它们的比例份额多一些。特别是从事家具业和服装业的厂商以及所有行业中的零售商，更是这样做，他们把那些性质非常一致、消费极其普遍、几乎所有买主都熟知其价值的产品列入第一类；列入第二类的产品是这样的：买主考虑更多的是这种产品能投其所好，而不是按尽可能低的价格来购买此物。

供给价格的不稳定更加剧了这种性质的困难。只要报酬递增的趋势强烈发生作用就会出现这种不稳定的情况。我们已经知道，在这些情况下寻找正

---

① 当然，这对铁路运价不适用。因为铁路公司在经营方法上伸缩性极小，并且从外面来的竞争也往往不多，所以力求使铁路公司对各种运输收的运费和这些运输成本相适应的诱因是不存在的。事实上，虽然铁路公司可以很容易地确定各种情况下的直接成本，但却不能精确地确定快运输与慢运输、长途运输与短途运输、轻运输与重运输的相对总成本，也不能精确地确定运输繁忙与运输清淡时的额外运输的相对总成本。

常供给价格时，必须选择一个代表性企业，此企业按正常能力经营，从而获得工业组织所产生的平均内外经济。虽然随着特定企业的成败而浮动，但是当生产总量增加时，这些经济一般也能有所增加。很显然，如果一个厂商生产一种产品，而这种产品增产又会使他得到更多的内部经济，那么，为了在一个新市场上努力销售这种产品，即使有很大的牺牲也是值得的。如果他拥有雄厚的资本，而商品又有大量的需求，那么这种推销费用也许会很大，甚至超过产品的直接生产费用。事实上他很可能这样做：如果他同时推销几种其他产品，那么只能大致估计出在这种费用的分配当中，有多少是本年度的产品销售所产生的，有多少是努力为它们建立未来商业往来关系所产生的。

实际上，如果某种商品的生产遵守着报酬递增规律，从而使大生产者有很大的优势，那么，这种生产很容易为少数几家大厂操纵。这样不能用上述方法求出正常边际供给价格，因为那个方法是假定有许多具有各种规模的企业的竞争者，其中有些企业是新的，有些是旧的；有些处于上升阶段，有些处于下降阶段。而少数几家大工厂的这种商品生产其实在很大程度上具有垄断的性质，而此商品的价格大多取决于那些争取扩大势力范围的竞争对手之间的斗争，很难有一种真正的正常水平。

经济进步为在远处推销商品不断提供着新的便利条件：不仅降低了运费，而且往往更重要的是能使远处的生产者和消费者彼此挂上钩。不过尽管如此，当地的生产者在许多行业中还是具有很大的优势。这些优势使他们能够同生产方法比较经济的远方竞争者相抗衡。他们在附近地区能够卖得和远方的竞争者一样便宜，因为他们的生产费用虽然高于远方的竞争者，但却省下了大量的推销成本。不过，时间是站在生产方法更加经济的生产者一边的，如果他们或某些新厂商不采用先进的生产方法，他们远方的竞争者将逐渐插足于该地。

企业风险保险费和该企业生产的任何特定商品的供给价格之间的关系尚待仔细研究。

§3. **风险保险** 厂商和商人通常都保火险和海上损失险，他们付的保险费属于总花销里的一部分。其中一部分必须加在直接成本上，以便确定其货物的总成本。但是没有一种保险能够防止大多数企业的风险。

即使就火灾损失和海上损失而言，保险公司也必须估计到可能出现的不慎和欺骗。因此，除计算其费用和正常利润以外，还必须收取一笔高额保险费，这笔保险费比那些管理妥善的建筑物或经营有方的船只所冒风险的实际价值要大得多。但火灾或海上事故造成的损失（如果发生了）多半都非常严重，即使支付这笔额外费用通常也是值得的。这部分原因是由于特殊的企业理由，而主要原因还是由于增加着的财富的总效用不能和它的数量成比例地增加。但是大部分企业风险和该企业的一般管理都有着不可分割的联系，结果承担企业风险的旧的保险公司实际上是为该企业负责。因此，就这些风险而论，每个厂都必须有自己的保险事务所。在这个项目下支出的费用是补充成本，其中一部分必须加在各种产品的直接成本上。

但是这里有两种困难：在某些情况下，风险保险费容易受忽略；而在另外一些情况下，又容易被计算两次。例如，一个大船主有时不愿向海上保险者保船险，并至少把他保险时要缴的一部分保险费放在一边，以便建立自己的保险基金。但是当计算经营一条船的总成本时，仍需把保险费加在船的直接成本上。关于那些他无法按合理价格买到保险单来保的风险（即使他想买的话），此船主必须以这种或那种形式同样进行处理。例如，有时他的某些船只会在港中闲置下来，或只会赚取名义上的运费，而为了使他的企业在长期内有利可图，他必须以这种或那种形式对那些顺利的航船收取一笔保险费，以补偿那些不顺利的航船航行所带来的损失。

但是这样做时，此船主用的方法一般不是在账上正式记下一笔保险费，而是使用一种简单的方法：求出顺利航行和不顺利航行的平均数；一旦求出平均数之后，这些风险的保险费就不能当做单独项目而列入生产成本，否则就会重复计算保险费了。在决定自冒风险之后，他用于预防风险的费用比他的竞争者所用的平均费用可能稍多一些；而这种额外费用按照普通的方法被列入资产负债表。实际上这是另一种形式的保险费。因此，他绝不应该单独计算这部分保险费，因为那样他就会计算两次了①。

---

① 此外，美国有些保险公司按比一般低得多的保价为工厂保火险，条件是要履行规定的预防措施，如装置自动灭火机，使墙与地板坚固。这些措施用的费用实际上是一种保险费，要小心，不要计算两次。自己预防火险的工厂加在其产品中的保险费，势必要比工厂在一般建筑条件下少些。

第 7 章 直接成本和总成本同连带产品的关系 销售成本 风险保险 再生产成本

当某厂商算出他在长期内所卖衣料的平均销售额，并以过去的经验作为未来行动的借鉴时，他就已经计算了那些因新发明而使机器接近因陈旧而产生的机器跌价的风险，还有因式样改变而使其商品贬值的风险。如果他再单独计算这些风险的保险费，就会重复计算了①。

§4. 续前 由此可见，当我们计算一个风险性企业的平均收入时，虽然要将不稳定带来的费用计算进去，但是我们绝不能再单独计算风险保险费。的确，一种冒险职业（如金矿业）对于某些人具有特殊的吸引力，其中损失风险的阻力小于致富机会的吸引力，即使按保险公司估计的原则计算，后者的价值也远远不及前者的价值。正如亚当·斯密指出的那样，具有一种传奇因素的风险性行业往往出现人满为患，其平均报酬比无险可冒时还要低些②。但在大多数情况下，风险的影响是向着相反的方向的。肯定会付四厘利的一张铁路股票，售价比同样可能支付一分、七厘或任何中间额的利息的股票的价格要高一些。

各行各业都有自己的特点，在绝大多数情况下，不稳定造成的祸害虽然算不了什么，但总会有些关系。在某些情况下，引诱一定支出所需要的平均价格（如果是有很大差异和不稳定结果的平均数），要略高于那种冒险者自信会获得的和该平均数相差极小的收益。因此，我们一定要把不稳定（如果它是非常大的）的报酬加在平均价格上，即使我们加上风险保险费，也应该将较大的部分计算两次③。

§5. 再生产成本。可暂时略过本篇的某些章节 关于企业风险的讨论再一次向我们表明这样一个事实：一种东西的价值虽然有和生产成本（货币）相等的趋势，但是除了偶然情况外，并不是在任何特定时间都与其一致。凯雷看到这点时，曾建议我们用价值和再生产成本（货币）的关系，而不应该

---

① 此外，当农户计算平均年收成中种植某特定作物的费用时，绝不应该再另算一笔预防季节气候不宜和歉收的保险费，因为在计算平均年收成时，他已经把非常恶劣和非常适宜的季节的机遇算进去了。当计算船夫的年平均所得时，已经算进去他有时不得不空船的那种风险。
② 《国民财富的性质和原因的研究》，第一篇的第 10 章。
③ 图能对大企业风险中不稳定带来的祸害论述得很好（《孤立国》第 2 章中的第 1 节，第 82 页）。

用价值和生产成本的关系。

但是就正常价值而论,这种建议并没有意义,因为正常生产成本和正常再生产成本是可以互换的词语;一种东西的价值有时等于正常再生产成本(货币)的趋势,而不是正常生产成本的趋势,这种说法并没有实质性的改变。再生产成本一词不如生产成本一词简单,但指的却是一回事。

即使根据那个易于被接受的事实,要求改变这种论点也是站不住脚的。即在某些少数情况下,一种东西的市场价值与其再生产成本的差价很小,而与生产那个特定东西实际用的成本的差价很大。例如,近来在炼铁业有很大的改进,以前造的一条船的现时价格和它的再生产成本(即用现代方法生产另一条同样的船的成本)的差价,也许比它和过去生产那条船所用成本的差价小些。但是旧船的价格也许小于船的再生产成本,因为船的设计技术取得了像炼铁方法那样快的进步;此外,钢已经作为造船材料代替了铁。仍然可以断言的是,船的价格等于一条按现代设计和用现代方法生产的同样的船的成本。但是那和说船的价值等于它的再生产成本并不是一回事。其实,经常发生的是,当出人意料地发生船只因缺乏而使运费急剧上涨时,那些急于想在生意中获厚利的人,对一条可以航行的船行将支付的价格大大超过造船厂承担制造另一条同样的船的价格。除非买主能很方便地等待新供应品的生产,不然再生产成本对价值的直接影响便是微不足道的。

此外,在下述情况中再生产成本和价格是没有联系的:被围困的城市中的粮食;在疟疾流行的岛上缺乏奎宁供应;拉斐尔的画;无人喜爱的书籍;过时的装甲船;市场供应过剩的鱼;市场上几乎没有的鱼、哑钟;过时的衣料;废矿区中的房屋,等等。

* * * *

建议在经济分析上还没有经验的读者最好略过以下七章,直接读第 15 章,因为其中含有本篇的一个简短的结论。的确,讨论边际成本和价值的关系的那四章,特别是第 8 章和第 9 章都和"劳动纯产品"一词所包含的某些困难有关;而这个名词是在第六篇中使用的。但是那里所作的一般解释暂时足以满足大多数情况的需要,而与之相关的一些复杂情况留待经济研究的高级阶段再加以讨论。

第8章　边际成本和价值的关系　一般原理

§1. **本章和以下三章特别就时间因素的影响进一步研究直接成本和补充成本同产品价值的关系，还有诸产品的派生需求对其生产中所使用的要素的价值的影响**　本章和以下三章一方面是研究产品的边际成本及其价值的关系；另一方面是研究边际成本和生产它们时使用的土地、机器与其他生产工具的价值的关系。这种研究同**正常条件**和**长期结果**有关。必须时刻牢记这个事实：任何东西的市场价值可以大大高于或低于其正常生产成本——某特定生产者的边际成本在任何时候都可能和正常条件下的边际成本毫不相干①。

在本篇第6章末曾经指出，问题的任何一部分都不能和其他部分分开。相对来说，没有一件东西的需求不受使之有用的其他东西的需求的巨大影响。我们甚至可以说，对大多数商品的需求都不是直接的，而是从这些商品（作为原料或工具）促成生产的那些商品的需求中派生出来的。由于是这样派生出来的，这种需求又多半取决于和这些商品共同生产的那些商品之外的其他商品的供给。此外，可以用来制造任何商品的任何东西的供给，往往受着对那种商品的需求的巨大影响，而这种需求又是从生产其他商品的用途中分离出来的，等等。在有关世界商业的讨论中，可以而且必须忽略这些相互关系。但是任何称得起是彻底的研究，都不能避而不谈对这些关系的周密考察。这就要求我们同时记住许多事情，而正因为如此，经济学永远不会成为一门简

---

① 边际成本在现代分析中占据的重要地位曾引起许多异议。但其中大多数异议依据的论点，是把指正常条件和正常价值的论断改成指非正常条件或特殊条件的论断而进行非难。

单的科学①。

这几章要作出的贡献涉及的范围很小，但却是个很难界定的范围。我们需要谨慎从事，并且不能只从一个方面来看问题，因为其中满是陷阱和绊脚石。这个范围主要讨论的是土地、机器和其他物质生产的工具的报酬，基本论点对人的报酬也适用。但这些报酬受不影响物质生产的工具的报酬的影响，即使撇开因枝节问题而使其错综复杂，我们所讨论的东西也已经够难了。

§2. 替代原则的又一例解　让我们首先回忆一下替代原理的作用。在现代世界中，几乎所有的生产资料都经过那些专门从事组织人口生产的雇主和其他企业家之手。他们每个人都随时选择那些似乎最适合他们用的生产要素。他们对他们用的那些生产要素支付的价格总额，照例要小于对那些可用作替代品的其他要素的价格总额。因为无论什么时候如果事情并非如此，他就会着手用比较廉价的措施或生产过程来替代②。

上述论点和日常生活中的一些俗语相吻合，例如，"凡事都有找到自己归宿的趋势"，"大多数人之所得，几乎等于他们之所值"；又如，"假使某人比另一个人多挣一倍，这说明他的工作也多一倍"；再如，"只要能提供廉价的劳务，机器就会代替手工劳动"。这个原理起作用时确实不是没有受到阻碍的，如它或许受到习惯或法律的限制；或许受到职业制度或工会章程的限制；也或许因缺乏力量而使创业精神减弱；还或许因不忍散伙而得到缓和。但这个原理总是起着作用，并贯穿在现代世界的全部经济措施当中。

例如，有几种田间作业用马力显然要比用汽力更合适，或用汽力显然要比用马力更合适。如果我们现在可以假定最近马拉农具或动力机器都没有新的重大改善，而且因此假定过去的经验曾使农场主逐渐学会运用替代规律。那么，根据这个假定，蒸汽力的应用势必会得到广泛应用，再多使用任何一点蒸汽力来代替马力也不会带来纯利益。不过，会留有这样一个边际：在此可以**无差异地**使用这些力量（如杰文斯也许会说的那样）；在那个边际上，蒸

---

① 请读者参阅第五篇第 6 章中的第 5 节脚注，特别要参考开始于数学附录中注 14 并在注 21 完成的关于价值中心理论的简要数学论述。

② 参考第五篇第 3 章中的第 3 节；第五篇第 4 章中的第 3、4 节；数学附录中注 16。

汽力或马力对总产值的纯增益将与使用它的成本成比例①。

同样，如果有两种方法可以取得同样结果，一种是用有特殊技能的劳动，而另一种是用无特殊技能的劳动，那么如果采用效率比成本高的那种方法，这就会有一个使用每种方法都无差异的边际②：在那条边际线上，每种方法的效率和对它支付的价格都成比例，不过当然要考虑到不同地区和同一地区内的各种不同工厂的特殊情况。换句话说，有特殊技能的劳动和无特殊技能的劳动的工资比例等于使用它们无差异的边际效率比例。

此外，手工劳动和机器劳动之间的竞争类似于不同种类的手工劳动或不同种类的机器劳动之间的竞争。手工劳动对于某些操作（例如，对于锄去长得不规则的那些贵重作物地的杂草）具有明显优势；而马力对于锄去一块普通萝卜地的杂草也具有明显优势，这二者在各自倾域中的应用将被扩大到一种再用就不会带来纯利益的程度为止。在手工劳动和马力之间的无差异的边际上，价格必须和效率成比例。可见，替代原理的影响在劳动工资和对马力所必须支付的价格之间显示出一种直接关系的趋势。

§3. 纯产品的定义 各种不同的劳动、原料、机器和其他设备以及内部和外部企业组织，照例都是用来生产商品的。经济自由的优越性在这方面表现得尤为突出：一个有天赋的企业家自冒风险进行试验，以便观察某种新方法与各种旧方法相比是否比旧方法的效率更高。的确，每个企业家都根据自己的精力和才能，不断想了解他所使用的每种生产要素的相对效率，还有可能用来代替其中某些要素的其他要素的相对效率。他尽量估计额外使用任何一种要素会带来多少**纯产品**（即他的总产值的纯增益）；所谓纯是指减去由于这种变动而可能间接引起的任何额外费用、再加上随之而来的任何节约。他力图把各种要素使用到这样一个边际——在此边际上的纯产品不再超过他必

---

① 此边际将因当地条件及农场主个人的习惯、喜好与资源而异。在小块田地与崎岖不平的田地上使用机器有困难，而在缺乏劳力的地区比在劳力多的地区易于克服这种困难。如果出现的情况实际上是前一个地区比后一个地区的煤炭价格，而马料却贵，情况便很可能更是这样。

② 确特殊技能的手工劳动一般用于特殊订货以及其中许多都需要不同规格的产品；而辅以专门机器的无特殊技能的劳动却用于其他产品。在各大工厂的相同工种中，这两种方法并存，但二者之间的分界点在各工厂间又略有不同。

须支付的价格。他一般靠训练有素的本能，而不是靠计算来作估计，但是他的方法和我们在研究派生需求时所指出的方法大致相同。从另一个角度来看，可以将这一切描述为用一种复杂而精密的复式簿记制度所产生的方法①。

我们曾经作过一些这类简单的估计。例如，我们曾看到啤酒中的蛇麻草和麦芽的比例是怎样可以改变的——由于增加蛇麻的分量而啤酒能得到的额外价格就成为决定蛇麻草需求价格的一种典型因素。假定增加使用蛇麻草并不会引起任何额外的劳动量的增加或任何费用；并假定使用这个额外的量所产生的利害得失值得考虑，这样啤酒具有的额外价值就是我们所求的蛇麻草的边际纯产品价值。在这种情况下，像在大多数其他情况下一样，纯产品价值是产品质量的提高，或产品价值的一般增益，而不是可以和其余产品分开的一个部分，但在例外情况下却是可以分开的②。

§4. **过分使用任何要素都会引起报酬递减，这一事实和下述事实类似：投于土地的资本和各种劳动的相应增加会引起报酬递减，但这两种事实又不尽相同** 任何生产要素的边际使用这一概念，都意味着由于更多地使用此生产要素而有报酬递减的可能趋势。

在企业的各个部门中，甚至可以说在一切日常生活事务中，为达到任何目的而过度使用任何手段都势必会引起报酬递减。我们可以再举一些例子来说明那个曾被论证过的原理③。在制造缝纫机方面，有些部件用铸铁就可以做得很好，其他部件用普通钢就可以了；还有的部件需要特别昂贵的合金钢，

---

① 他所希望的改变也许只能是大规模的改变，例如某工厂中以机器代替手工劳动的改变。在这种情况下，改变会带来某种不稳定和风险。如果我们观察每个人的行为，那么，不论在生产还是消费方面，都不可避免出现中断现象。就好比在一个大市场上对帽子、手表和结婚蛋糕的需求是连续不断的，虽然没有哪个人会一下子买很多。同样，在一些行业中，总有一些不用机器的小企业和一些使用机器的大企业都能获得最大的经济；而中型企业则处于边际。此外，即使在已经使用机器的大工厂中，总是有些人在使用手工劳动，而在有些地方却在使用机器等等。

② 参阅本书第五篇第6章中的第3节的脚注与数学附录中的注16，并参阅第五篇第6、第7两章中的其他例证。工资与边际牧羊人之间的关系及其劳动纯产品的进一步论证，详见第六篇第1章中的第7节。

③ 参阅第五篇第4章中的第4节，还有本书第六篇第1章中的第9节末关于图能的注解。

而且所有的部件都应该做得比较平滑，这样机器就会运转灵活。如果有人操作不当，花不合适的费用选择原料以满足次要的用途，那么，确实可以断言此项支出产生了急剧的报酬递减；如果把其中一部分费用花在使机器运转灵活上，或者制造出更多的机器上，那么他也许会更受益。如果他仅仅将过多支出用在涂漆上光上，并使用低级金属来代替必要的高级金属，那么情况甚至会更糟一些。

乍看上去，这种考虑似乎使经济问题有所简化。但恰恰相反，这却是困难和混乱的一个主要根源。因为所有这些不同的报酬递减趋势虽然都有些类似之处，但毕竟是不同的。例如，由于在特定工作上应用的各种生产要素的比例不当而产生的报酬递减，与因人口增长而施加在生活资料上的压力这一明显趋势毫无共同之处。古典学派那个伟大的报酬递减规律，并不主要应用在任何一种特定的农作物上，而是在所有的主要粮食作物上。此规律认为农场主通常一定种植最适宜土地和资源的那些作物，同时考虑到这些作物的相对需求。此外，此规律认为农场主必然会把资源适当地分配在各种不同的用途上。此规律并没有认为他们具有无限的聪明智慧，但是却假定在分配这些资源方面显示出相当的慎重和明智。此规律指的是这样的国家：全部土地都操纵在活跃的企业家手中，只要他们证明贷款的用途正当，他们就可以从银行中贷出款来补充自己的资本。此规律断言该国农业总投资的增加会引起一般农产品的报酬递减。这个论点和下述论点相似，但又截然不同：如果任何农场主把自己的资源不适当地分配在各种不同的耕作计划上，那么，他从那些用得过多的支出部分中将得到显著的报酬递减。

例如，在某个既定情况下，在耕地、耙地或施肥上的支出额之间存在着一定的比例。关于这个问题也许有某些意见分歧，但是分歧不大。如果一个没有经验的人把一块已经用机械处理得相当好的土地耕过许多遍，而对土地急需的肥料却施得很少，甚至没有施肥，那么他一定会受到指责，因为他耕的次数过多，以致引起急剧的报酬递减现象。但这种误用资源的结果与一个开发早的国家里的农业报酬递减趋势毫不相干，那是由于在耕作中运用适当的那些资源的一般性增加而引起的。的确可以找到十分类似的情况：甚至如果加以适当的分配，在那些增加资本和劳动就会产生报酬递增的工业中，按不适当的比例运用特定的资源也会产生报酬的递减的现象①。

§5. 各种边际用途只表明价值，但并不决定价值。边际用途和价值都是由供求的一般关系来决定的　生产边际的纯产品在现代分配理论中所起的作用往往引起误解。特别是许多有资格的学者曾认为它代表一种决定全部价值的东西的边际使用。但事实并非如此。这个理论是说，我们必须**到边际中去研究决定全部价值的那些力量及所起的作用**。而这完全是另一回事。当然，撤销（比方说）铁的任何必要的使用和撤销它的边际使用对它的价值的影响完全相同，就好比一个高压状态下锅炉中的压力从别处跑气和从任何一个安全气门中跑气所受到的影响完全相同一样。但事实上除了通过安全气门之外，

---

① 参阅第四篇第3章中的第3节；卡弗的《财富的分配》第2章；本书第四篇第3章中的第8节。J. A. 霍布森在现实社会经济进步方面是一位积极而有见地的经济学家。但是作为一个李嘉图理论的批判者，他往往低估了他所讨论的那些问题的困难。他断言如果任何生产要素的边际使用遭到限制，就会扰乱生产，结果使其他各要素的生产效率会比以前有所下降，因此引起的总损失将不仅包括该要素的真正边际产品在内，而且也包括其他要素的一部分产品在内。但他似乎忽略了下述各点：（1）有一些经常起作用的力量显示出在调节资源各种不同用途的分配上，因而任何分配的不当不久就会得到纠正。而所述论点并不要求使用分配过分不当的例外情况。（2）当分配得十分恰当时，要素使用比例方面稍有改变，就会减少该分配的效率；所减少的量和那种变动比较起来是很小的（用术语来说，它属于"二极小数"），因此，相对于那种变动它是可以不计的（用纯数学术语来说，可以视效率为要素比例的一个函数，如果效率达到最大限度，那么这些比例中的任何一个的微分系数都等于零）。因此，如果不计霍布森先生忽略的那些因素，就会犯严重的错误。（3）经济学如同物理学一样，变动一般是连续不断的。急剧的变动的确可以发生，但是必须分别处理它们。取自急剧变动的例证不能真正说明正常稳定的进化过程。在我们面前的那个具体问题上，保持这种警惕性极其重要。因为任何一种生产要素供给的急剧减少，都可以很容易地使所有其他要素实际上处于无用之地。因此引起的损失可以和这样的损失完全不相称：一直都用在下述边际上的该要素的供给稍有减少就会引起损失。这个边际是人们尚且不能肯定因稍多使用该要素而带来的额外纯产品。对于复杂数量关系方面变动的研究，往往因忽略这种考虑而受到损害，而这点似乎经常受到霍布森先生的忽视，如他在《工业制度》（第110页）中对"边际牧羊人"作出的评论即为一例。参阅埃奇沃斯在《经济学季刊》（1904年，第167页）与《科学》（1910年，第95～100页）对本注解中提到的两个事例所作的精辟分析。

气是不会跑出来的。同样,铁或任何生产要素(在一般情况下)除了在使用不能提供明显的剩余的利润之外,是不会弃而不用的。这就是说,铁是从边际使用中被排除出去的。

又如,从**表明**的意义上来说,一个自动磅秤的指针决定所称物品的重量。同样,从那由代表每平方英寸一百磅压力的弹簧控制的一个安全气门中跑出的气,决定了锅炉中的压力。也就是说,这表明它已经达到了每平方英寸一百磅的压力。压力是由热产生的;当气压在现有热度下大大超过弹簧的阻力时,气门中的弹簧就通过放气来调节压力。

同样,关于机器和其他人造生产工具也有一种边际,通过这种边际,追加的供给是在克服了所谓"生产成本"这一弹簧的阻力之后增加进来的。因为如果那些工具的供给和需求比较起来非常少,如果从新的供给所预期得到的报酬除了对它们的生产成本(除计算折旧费等外)提供正常的利息(或利润,如果经营上的报酬也计算在内的话)之外还绰绰有余的话,那么,气门敞开,新的供给就会增加。如果报酬低于此数,气门就闭而不动。总之,因为现有的供给由于使用和时间的渐逝总是在逐渐减少,所以当气门关闭时,供给总是在减少着。气门是供给和需求的关系借以决定的那一部分。但是边际使用并不决定价值,因为边际使用和价值是由供求的一般关系决定的。

§6. 利息和利润直接运用于流动资本,而根据特定假设,它们只能间接运用于生产资本。这几章的中心论题　　可见,只要生产者个人的资源采取一般购买力的形式,他便会把每种投资都推向这样一个边际:他从此边际上所期待的纯报酬不再高于从某种别的材料、机器、广告或增雇某些劳动力的投资中所能取得的纯报酬。每种投资都仿佛会被推到一个气门上,该气门给予它的阻力等于它的扩张力。如果他投资于材料或劳动力,而这些又很快地体现在某种可出售的产品上,那么,产品的销售就会补充着他的流动资本,而这种资本又被投资到这样一个边际上:在此边际上,任何追加投资所带来的报酬都小得无利可图。

但是如果他投资于土地或耐久的建筑物或机器上,那么,他从投资上得到的回报可能和预期的相差悬殊,这是由他的产品的市场来决定的。在机器使用期限里,市场的性质可能会由于新的发明或时尚的改变而发生变化,更不用说那永存的土地了。这样,从他个人的角度来看,他从土地和机器的投资中得到的收入是有差别的。这种差别主要在于土地具有较长的寿命。但是从一般生产来看，这两种收入的主要差别在于这一事实：土地的供给是固定不变的（虽然在新开发的国家里，用来养活人类的那种土地的供给可以得到增加）；而机器的供给却可以得到无限增加。这种差别对于生产者个人是起作用的。因为如果没有巨大的新发明使他的机器得以更替，那么那些旧机器所生产的东西就有一种稳定的需求，而这些旧机器生产出的产品将不断地按其生产成本的价格出售，这样，他的旧机器一般也会给他提供正常的利润（减去机器的折旧费）。

利息率是一种比率，即两种不同东西的货币额的比率。只要资本是"自由"资本，而该货币额或它所支配的一般购买力又为人所知，那么它的预期纯货币收入就可以立即用同一订货币额的比率（四厘、五厘或一分）表示出来。但是当自由资本已经投在某特定的东西上时，除非将提供的纯资本收入还原，否则此物的货币价值照例无法确定。其实在这里，支配它的原因与支配地租的原因有不同程度的相似。

我们已经面临着这部分经济学的中心论题了："凡是被正确地看成是'自由'资本或'流动'资本或新投资的利息的东西，被当做旧投资的一种租（即准租）时更合适。不过，在流动资本和在某特殊生产部门中'沉淀的'资本之间及新旧投资之间，不存在严格的界限。每组投资都可以逐渐变成另一组投资。即使地租也不是当做一种独立的东西，而是当做一大类中的一个主要种类来看待的，虽然地租的确有自己的特点，而且这些特点不论从实际还是从理论的角度来看都极其重要。"①

---

① 此段引自本书初版序言。

第9章 边际成本和价值的关系一般原理（续）

§1. 借租税转嫁来说明地租问题的种种理由 地租现象非常复杂，而有许多相关的实际问题曾引起价值问题中的一些枝节问题的争论，因此有必要来补充我们以前用土地所作的例证。我们可以想象出一种商品来进行讨论，所选的这种商品要在问题的各个阶段都具有自己的显著特点，因而不至于引起在地主和佃户的现实关系中不存在这些特点的问题。

但在讨论这一点之前，我们可以从征税范围中取证来说明价值问题。因为大部分经济科学的确研究那些在全社会内普及的经济变动，这些经济变动主要影响某特定生产或消费部门；几乎所有经济原理都不能通过讨论某种征税转嫁的影响而得到恰当说明。"向前"是离开原料和生产工具的生产者，税进而向最终消费者转嫁；按相反方向就是"向后"转嫁。这对现在讨论的那类问题特别适用①。

有这样一个普遍原理：如果将一种税加在任何一种东西上——某些人生产出来并又销售给他人的商品或服务，那么，这种税会使生产呈现出缩减的趋势。这将使大部分税务负担向前转嫁给消费者，小部分向后转嫁给供应这些生产者生产必需品的那些人身上。同样，任何一种东西的消费税都在大小不等的程度上向后转嫁给生产者。

例如，对印刷业课的那种出人意料的重税，会使从事该业的人受到严重的打击，因为如果他们力图大大提高价格，需求势必会急剧下降。但从事该

---

① 本节内容摘自皇家委员会关于对地方税所提问题的答复。参阅《会议报告第9528号》，1899年，第112~126页。

业的各阶层遭受的打击是不同的。这是因为印刷机和排字工人在印刷行业之外不容易得到雇用。所以，印刷机的价格和排字工人的工资一时降得很低。相反，厂房和动力设备，还有勤杂人员、工程师与雇员是不会通过生产过程的减缓来等待产品数量与已减少的需求相适应的状况的，其中有些人会很快在其他行业中找到出路，这样，很大一部分税势必会由辅助性工业（如造纸业和铸币行业）来负担，因为这些行业的产品销路有所减少；作者和出版商也会受到一些损失，因为他们不是被迫提高书价从而使销量减少，就是让成本耗尽了大部分的总收入；书商的总销数也会减少，从而使他们也会受到一些损失。

上面假定税分布范围很广，并涉及所述印刷业易于迁入的各个地区。但是如果这只是一种地方税，那么排字工人势必会迁出税务所所管辖的范围。同时，印刷厂主负担的税额也许多于（而不是少于）那些有更多专用和资金更易调动的厂主。如果这种地方税不能因为人口转移的趋势得到补偿，那么，它们将落到当地的面包商和杂货商等人身上，这样，他们的销售量也会有所减少。

假定所征的税是印刷机税，而不是印刷品税。在这种情况下，如果印刷者不情愿毁坏或不用半旧的机器，那么，这种税就不会影响边际产量，不会影响到印刷量，从而也不会影响到其价格，而只会从中途分得印刷机所有者行将获得的一部分报酬，并降低印刷机的准租金，不过不会影响过去诱使人们把流动资本投向印刷机上的必要纯利润率。因此，当印刷机用坏之后，这种税会增加边际生产费用，即会增加因生产者犹豫不决而产生的费用，从而使印刷机的供给减少，价格上涨。而新印刷机的应用只会到达这样一个边际：在此边际上，根据一般印刷者的判断，它们除了能付税外，还能提供正常利润。当达到这个边际以后，印刷机税的负担部分和印刷税大致相同。不过，这样，从每台印刷机攫取巨大工作量的诱惑力更大了。例如，可以用较多的印刷机实行双班制，尽管夜班会引起特殊的费用。

现在我们就把税转嫁的这些原理运用到我们的主要例证中去。

§2. 上一节中讨论的地租和准租与价值的关系的例解 现在，让我们首先假定有几千块比钻石还硬的大陨石落在一个地方，立刻有一些人发现并把它们拣走了，而后来发现的人再怎么努力也拣不到了。这些陨石能被切削成

第9章　边际成本和价值的关系　一般原理（续）　339

各种形状，势必会给许多加工部门带来巨大利益；而陨石的所有者也会得到巨大的生产者剩余。这种剩余一方面完全取决于对加工陨石的需求的迫切性的大小；另一方面取决于陨石的数量。这种剩余不会受获得更多陨石供给所需的成本的影响，因为按任何价格都不能再多生产出一块来了。生产成本确实可以间接地影响陨石的价值，但那是用硬钢和其他材料制成的工具的成本，而这些工具的供给能随着需求的增长而增长。只要聪明的生产者惯于用任何一块陨石来完成用这种工具同样可以完成的工作，那么那块陨石的价值不会大大超过在这些次要用途上的同样有效率的那些工具的生产成本（减去折旧）。

因为陨石非常坚硬，不会受到摩擦的影响，所以也许在全部工作日内都得到使用。如果陨石确实很有用，那么，为了使陨石能发挥出最大的作用，加班加点，甚至实行二班或三班制也是值得的。但是使用陨石越多，对陨石每次多发挥的作用所提供的纯报酬也就越少，从而就说明这一规律：不仅土地，而且其他各种生产工具也一样，如果过多地使用了，势必会产生报酬递减现象。

陨石的总供给是固定不变的。当然，现在我们假定任何特定厂商要买多少就可以买到多少。在长时期内，他预期用在陨石上的支出所产生的利益回报（或利润，如果他自己工作的报酬也包括在内），有如他购买的是一架机器，其供给是可以无限增加的，因此，其价格同生产成本几乎一致。

但是一旦有人购买陨石之后，各生产过程生产出来的东西或借助于陨石所生产的那些东西的需求的变动，也许使陨石提供的收入成为此厂商的预期收入的两倍，或只是二分之一。后一种情况类似于从这样一台机器得到的收入：此机器没有最新的改良，只能赚取一台成本相等的新机器所能赚取的二分之一。陨石和机器的价值同样都是它们所能赚取的资本收入的还原，而这种收入又是由它们发挥作用所产生的纯价值决定的。收入获得的能力并不取决于其生产成本，而取决于产品的供求关系，且各自的价值也是如此。但是在机器发挥作用的那种情况下，其供给会为和它效率相同的新机器的供给成本所制约；而在陨石发挥作用的情况下，只要现有的陨石是用来做任何其他工具所不能做的工作，就不会有这种制约。

试用另一种方法来证明上面的论点。因为不论谁购买陨石，都是从其他生产者那里买的，他的购买实质上并不影响陨石的一般供求关系。因此，这种购买不影响陨石的价格，而这种价格仍然是陨石在那些需要最不迫切的用途上发挥的作用所产生的资本价值来还原的。若断言买主从代表陨石发挥作用所产生的资本价值还原的价格上预测正常利息，就等于断言陨石发挥作用所产生的价值是由陨石本身发挥作用的价值来决定的，这是一种循环论①。

其次，再让我们假定这些陨石并不是一下子全被发现的，而是散落在公共土地的地面上。只要大力搜寻，还可以在这里或那里找到一块。那么，人们搜寻陨石只会到达这样一点（或边际）：在该点上寻找陨石可能会获得的利益，在长时期内恰好足够补偿所用的劳动和资本的支出；在长时期内，陨石的正常价值就是使供求保持均衡的那个价值，而每年找到的陨石数量，在长时期内恰好是正常需求价格等于正常供给价格的那一数量。

最后，让我们把陨石发挥作用的情况和通常用在加工工业中的轻型机器或其他设备发挥作用的情况加以同等对待，办法是假定陨石是易碎的，而且很快就会磨坏；并假定有一种取之不尽的源泉，从中可以按几乎不变的成本迅速而有把握地得到追加的供应。在这种情况下，陨石的价值总是和该成本大致相等；需求的变动对价格的影响极小，因为价格稍有变动，就会很快使市场上的陨石存量发生巨大的变动。在这种情况下，从一块陨石中得到的收入（减去折旧）总是十分接近生产成本所产生的利息。

§3. 续前　上面的一系列假设不断从一个极端向另一个极端延伸。在一

---

① 这种循环推理有时几乎毫无妨碍，但往往有掩盖本质的倾向。有时公司创办人和那些力求影响立法、使之对自己有利的特殊利益的维护者非法使用它们。例如，半垄断企业组织或托拉斯往往"抬高资本价值"，为此把时间选择在与其有关的生产部门极其发达的时候，而此时某些殷实的工厂也许会获得50%的纯利润率，这样便弥补了过去与未来不景气的年月中所失去的几乎等于主要成本的缺额。创办人有时甚至商定即将卖给公众的企业要有许多价格非常有利的订货，而损失由他们和他们所控制的其他公司负担。因为强调半垄断销售，就可能会获更多的利，从而托拉斯的股票会为公众抢购一空。如果最后有人反对托拉斯的这种行为，特别是反对由于高关税或任何其他特权，那么得到的答复是：股东们收取的红利很少。这类事例在美国屡见不鲜。在英国，有时会稍稍提高某些铁路股票的价值，将此间接地用做防止降低运费从而给股东造成损失的手段，因为降低运费会使虚拟资本的红利出现减至实际资本的合理收益下。

个极端上，从陨石中获取的收入是严格意义上的地租，而在另一个极端上，还是将此收入同自由资本或流动资本的利息列入一类更好。在第一种极端情况中，陨石既用不坏也毁灭不了，并且再也找不到更多的陨石，当然陨石有被分配于各种不同用途的趋势，而在这些用途上，陨石是被这样应用的：如果要为适应某种用途的需要而增加陨石的供给，就得将陨石从提供至少具有同样价值的纯作用上撤走。可见，几种用途的应用边际是由陨石的固定数量和在不同用途方面对陨石的需求总量的关系来决定的。一旦决定了这些边际，对使用陨石所要支付的价格就是由在其中任何一个边际上陨石所发挥的作用的价值来表示的。

对陨石使用者征收的统一税，会减少陨石在各种用途上所发挥的作用，所减之数等于税额。这种税不会影响陨石作用在几种用途上的分配；也许在由于重新调整的摩擦阻力而引起稍微延缓之后，这种税会全部落在陨石所有者的身上。

在我们假设链条的另一个极端上，陨石会很快就毁坏，按几乎不变的成本可以快速得到再生产，因此陨石能承担的各种用途的迫切性和数量的变动，会迅速引起可用陨石数量的变动，从而那些作用的发挥永远都不能提供一种大大高于或低于取得追加陨石所用的货币成本的正常**利息**。在这种情况中，当一个企业家计算将使用陨石的任何订货的成本时，他在将使用（和耗损）陨石的时期里可以把**利息**（或利润，如果把他自己的工作也计算在内）列入为该订货的一部分主要成本或直接成本。在这种情况下，对陨石课的税会全部落在接受了用陨石生产了一批订货的那个人身上，甚至在实行这种税不久之后也这样。

假定陨石的寿命和新陨石的供应速度处于中间阶段，我们发觉借用陨石者必须支付的费用和陨石所有者在任何时候从陨石上所能获得的收入也许与其成本利息（或利润）暂时有差异。因为陨石能承担的各种用途的迫切性和数量的变动，会使陨石在边际使用上发挥的作用的价值有很大的提高或下降，即使在获得陨石的难度方面没有很大的变化也是一样。如果是由于需求的变动，而并非是由于陨石成本的变动引起的，那么在讨论任何特定企业或任何特定价值问题期间，这种上升或下降都可能是很大的。那么，对那种讨论来说，陨石提供的收入与其说近似于陨石生产成本的利息，不如说近似于地租。在这种情况中，对陨石课的税有减少用户租金，从而有减少取得追加供应的投资诱惑力的倾向。因此，会减少供给，并会使那些需要用陨石的人把租金逐渐增加到这样一个点上：在此点上，租金和陨石的生产成本完全相抵消。但是这种调节所需要的时间也许很长。在此期间，大部分税会落在陨石的所有者身上。

如果陨石的寿命与我们所论述的使用陨石的那种生产过程相比之下算是长的，那么，陨石的存量也许会超过特别适合发挥其作用所需要的陨石数量。其中有些几乎闲置不用，而这些陨石的所有者在计算他恰好愿意生产的那种边际价格时，并不计陨石价值的利息。这就是说，就持续长时期的合同或某个特定的生产过程来说，有些成本被划入直接成本；可就短时期的某特定生产过程来说，却被划入补充成本，而这种成本在生意清淡时是必须要加以考虑的。

当然，在长时期内，产品的价格应当抵偿补充成本，这和应当抵偿直接成本同样重要。一种行业由于甚至不能对投于发动机的资本提供低廉的利息，甚至也不能补偿逐日消耗的煤和原料的货币价格，那么此行业终究会破产，正如同一个人得不到食物或带上镣铐就势必会停止工作一样。但是人不吃饭还能继续工作一日，而如果他带上镣铐，就立即不能工作了。同样，一种行业在整个一年甚至一年以上的期间里也许往往会持续运行，虽然在那段期间里除主要成本之外所赚无几，而固定设备也不得不"白白地使用"。但是如果价格跌得非常厉害，以致不能支付当年用现金购买的原料、工资、煤和照明等费用，那么生产势必会立刻停顿下来。

这是生产要素提供的被视作是地租或准租的那些收入和被视作是当前投资的利息（或利润）的那些收入（减去折旧和维修费用）之间的根本差别。虽说这种差别是根本差别，但也只是程度上的差别而已。生物学有趋势证明动物界和植物界具有共同的来源。可是，哺乳动物和树木之间仍存在着根本差别；而从狭义上来说，橡树和苹果树之间的差别是根本差别；同样，从更进一步的狭义上来说，苹果树和蔷薇之间的差别也是根本差别，虽然它们都属于蔷薇科。这样，我们的中心论点是，自由资本的利息和旧投资的准租逐渐融合在一起，即使地租本身不是什么物品，而是一大类中的一个主要的种类①。

---

① 参阅本书第五篇第 8 章中的第 6 节。

§4. 续前　此外，不论是在精神世界还是在物质世界中，大自然从来都没有把纯粹因素和其他因素分割开来。从严格意义上说的纯粹地租极其罕见。几乎所有的土地收入都多少含有某些重要成分，而这些成分是从投在建筑房屋、棚舍和排水等方面的劳动上产生的。但是经济学家学会了识别日常所说的租金、利润和工资等名词所指的那些混合物的各种性质。他们知道日常叫做工资的这一混合物中含有真正租金的成分；日常所谓的租金中含有真正的劳动报酬等等。总之，他们懂得把化学家作为自己的榜样，探求各种元素的本性，并借此处理商业中的普通氧与苏打，虽然普通氧还含有其他元素的杂质①。

　　他们知道几乎所有实际使用的土地都含有资本的要素，需要分别论证人为了生产而投于土地的劳动所产生的那部分价值和不是由于这种原因所产生的价值；在讨论普通意义上的"地租"（其实是从狭义上来说的）并非全都是地租那种收入的特定情况中，必须综合这些论证的结果。论证综合的方式取决于问题的性质，有时只用机械的"力的合成"就够了；更多的是必须考虑到各种力量之间类似化学的交互作用；而在几乎所有那些范围很广而又极其重要的问题上，都势必要注意生物学中的增长概念。

　　§5. 稀有租金和级差租金　最后，简单谈一下"稀有租金"和"级差租

---

① 费特教授在《经济学季刊》（1901年5月，第419页）上发表的"地租概念的过时"一文中似乎忽略了这点。在该文中，他断言："如果只是那些不是由劳动而产生的东西算作土地，如果证明在已开发国家中没有经过劳动的物质东西是不存在的，那么，由此可以得出结论：所有的东西都必须算作资本。"此外，当他反驳（同上书，第423～429页）"广袤性作为土地的基本属性和地租的基础"时，他们似乎不懂得他所攻击的那种理论的真正含义。事实上，土地的广袤性（或"空间关系"的总体）是土地的主要属性，虽然不是土地的唯一属性。这种属性使得得自土地的收入（在早开发国家）含有大量真正地租的因素，而土地收入中含的这种真正地租因素，或日常所谓的地租，实际上比任何其他因素都更重要，以至于赋予了地租理论的历史发展以特殊的性质（本书第四篇中第2章的第3节）。在世界经济史中，如果需求很大而又无法增加的无比坚硬的陨石的作用比土地更大，那么，引起学者主要注意的那些真正地租因素势必和硬度这一属性有关；而这势必会赋予地租理论的发展以特殊的本质。但是广袤性或硬度都不是所有提供真正地租的那些东西的一种基本属性。费特教授似乎也不理解上面所说的关于地租、准租和利息的中心理论的要点。

金"的区别。从某种意义上说，所有的租金都是稀有租金；所有的租金也都是级差租金。但在某些情况下，有必要把同样使用恰当工具进行生产的某特定生产要素和劣等要素（也许是边际要素）所提供的收益进行比较来计算该特定要素的地租。而在有些情况下，最好直接考察需求或用该要素进行生产的那些商品所需要的资料的稀缺性或丰裕程度的基本关系。

例如，假定现有的陨石都同样坚硬、同样不易损坏；假定这些陨石都为某个人所控制；再假定此人决定不利用垄断权力来限制生产和人为地提高陨石使用的价格，而是充分地使每一块陨石达到充分发挥其作用的程度（这就是说，刚好达到最大的边际，结果产品只能以这样一种价格出售：此价格刚好够它的费用和利润，而对陨石的使用提供不了任何剩余）。这样，陨石发挥作用的价格势必由其这种特定用途和作用的稀缺性和对这种作用的需求来决定的；而剩余总额或租金最容易被看成是这种稀有价格和陨石使用费总额之间的差额。因此，一般被视做稀有租金。但是相反，也可以将此租金看做是陨石发挥作用的总价值超过另一种总价值的级差差额，即假如陨石的一切用途像其边际用途那样无利可图时所达到的总价值。如果陨石为不同的生产者所有，而他们又由于互相竞争而不得不把每块陨石使用到不会再产生什么收益的边际，那么，上述论点也完全适用。

之所以这样选择上一个例证是为了阐明这样的事实：用"级差"和"稀有"的方法来计算地租是不以劣等生产要素的存在为转移的。这是因为按优等陨石的边际使用和按在完全不值得使用的边际上的那些劣等陨石的使用，都同样可以清楚地作出有利于陨石在各种更有利的用途方面的级差比较。

由此可见，劣等土地或其他生产要素的存在有提高优等要素租金的趋势这一观点不仅是错误的，而且还违背真理。因为如果劣等土地被淹，并且完全不能生产任何东西，那么，势必要加强对其他土地的耕作。所以，与该地提供的较少的产量时相比，产品的价格会更高，而地租一般也会有所提高①。

---

① 比较卡塞尔的《全部劳动产品权》第81页。

甚至在许多很有资格的经济学家的著作中出现的关于准租性质的许多误解，都似乎是由于对价值与成本的长期和短期的差别注意不够。因此有所谓的准租是一种"不必要的利润"，而且是"非成本部分"的说法。就短时期而言，把准租描述为不必要的利润是正确的,因为生产那根据假设已经制成并等待使用的机器是无须"特别"成本或"直接"成本的;但是就那些其他(补充)成本而论,准租是一种必要的利润。除了直接成本之外,这些成本在长时期内都必须支付。而这些成本在某些工业(例如海底电讯业)中比主要成本重要得多。不论在哪一种情况下,准租都不是成本部分,但是对未来准租的预计是机器投资和一般补充成本支出的一个必要条件。

此外,准租曾被描述为租金"机遇"利润,并且几乎以同样的说法被认为完全不是利润或利息,而只是一种租金。在短期内,准租金是种机遇所得,而在长时期内,预计准租应该是(而且一般也确实是)提供生产准租所投下的一定数量的货币所代表的自由资本的正常利息率(或利润率,如经营上的报酬计算在内)。根据定义,利息率是一种百分率,即两个数之间的关系(见本书第五篇第8章中的第6节)。机器不是一个数,其价值可以等于若干镑或元,但是除非它是一台新机器,不然它的价值是按其所得或准租(折现)的总额计算的。如果机器是新的,机器制造商认为这总额对于可能的买主来说,将表现为行将报偿制造商的那种价格的等价。因此,在这种情况中,此价值通常既是成本价格,又是代表未来所得(折现)总额的一种价格。但是如果机器是旧的,并且式样部分上有些陈旧,那么机器的价值与其生产成本并没有密切的关系,只是应该得到的未来准租的折现值的总额。

第 10 章　边际成本和农产品价值的关系

§1. 从一般农产品和新开发国家出现的地租中，可以很清楚地看出时间因素在这个问题上的作用　现在我们就从泛泛的讨论转向土地，并且首先讨论一个古老国家的农业土地。

假定一场预计不会持续很久的战争使英国的部分粮食中断供应，英国人一定会使用收效很快的额外的资本和劳动来增加农业生产。他们也许会考虑施用人工肥料、碎土机，等等，这些结果好，则来年农产品价格上涨就越少，而他们认为这种价格是使他们值得在这方面追加投资所必要的。但是，战争对于他们在战时收不到成效的改良的决策影响极小。从而，在任何有关决定短期谷物价格的那些原因的研究中，都必须将土地从逐渐改良中得到的肥力当做是当时的既定事实，仿佛和大自然提供的肥力一样。这样，得自这些永久性改良的收入，提供了一种超过增产所需要的**主要成本**（或特殊成本）的剩余。但这种剩余不是和地租本身等同的真正剩余。这就是说，不是超过产品**总**成本的剩余，而是需要用来补偿企业的一般成本。

更确切地说，如果将土地所有者个人对土地做出改良以后所产生的额外收入，不计入这样的收益中——由社会的总体进步赐予的土地，并不取决于他的劳动和牺牲——那么，全部额外收入通常是用来补偿他的那些劳动和牺牲的。他对这些额外收入的估计可能偏低，但同样也可能偏高。如果他估计得正确，那么一旦投资出现了有利可图的迹象，利益就会迫使他进行这种投资。如果没有相反的任何特殊原因，我们就可以假定他是这样做的。在长期内，投于土地的资本的纯收益按好坏收益平均计算，一般不超过这种投资所要求的合适的水平。如果预期收益低于人们实际计算出来的收益，则改良就会少些。

这就是说，对于和进行任何改良并使之充分发挥作用所需要的时间比较起来算是长的时期来说，得自改良的纯收入只是用来支付改良者的劳动和牺牲所需要的费用，从而进行改良的费用直接列入边际生产费用，并直接参与长期供给价格的决定，但在短时期内，也就是说，在相对于进行所论述的那类改良并使之充分产生效果而需要的时间来说算是短的时期内，这些改良在长期内产生的纯收入足以提供改良的正常利润，且并不直接影响供给价格。因此，如果我们讨论的是短时期，则可以将这些收入看成是取决于产品价格的准租金①。

于是，我们可以得出以下结论：（1）农业产量——从而和耕作边际的位置（即在优等和劣等土地上资本和劳动都得到有利运用的边际）——都是由供求的一般情况决定的。一方面是由需求，也就是说，由消费农产品的人口数目、人们的需求强度和支付能力来决定的；而另一方面是由供给，也就是说，由可用土地的面积和肥力以及准备耕种的人数和他们的资金来决定的。从而生产成本、需求强度、生产边际和农产品的价格都相互制约着，而其中任何一种部分受到别种因素的决定，且不会导致循环论。（2）作为地租的那部分产品当然也在市场上出售，而且对价格起到的作用和产品的任何其他部分都完全一样。但是供求的一般情况，或者它们相互之间的关系，都不会受到将产品分割成地租以及使农户的支出有利可图的需要的影响。地租数量不是一个起决定作用的因素；地租本身是由土地的肥力、农产品的价格和耕作边际决定的。地租是投于土地的资本和劳动所得的总收益超过在耕作边际一样不利的条件下所得的总收益的差价。（3）如果计算不属于边际的那部分产

---

① 当然改良的性质和程度部分取决于租佃条件，还有在该时该地地主与佃户所具有的创业精神、能力和所支配的资本。关于这一点，在研究租佃关系时我们将会知道，要适当考虑不同地区的特殊情况。

但不妨指出，地租本身是基于土壤的原始性质不变的这一假设计算出来的。如果将改良提供的收入视作准租金，则会认为这些改良保持着充分的效率，如果它们正遭到破坏，那么在我们求出作为准租金的纯收入之前，必须要从它们提供的收入中减去因破坏而造成的损失的价值。

用来补偿损耗的那部分收入与矿山使用费有某些类似之处，这种费用并不在于因采掘而对矿山造成的损失。

品的生产成本,当然也必须计算地租费;而如果这种计算是用来说明决定农产品价格的原因的,那么,推理就成为循环了。因为完全是一种结果的东西又被算作是造成这种结果的那些东西的部分原因了。(4) 可以确定边际产品的生产成本,是不致引起循环推理的,但产品其余部分的生产成本则不然。在一般供求情况的支配下,有利运用资本和劳动的边际上的生产成本,是全部农产品的价格呈现出与之一致趋势的那种成本,它并不决定价格,但却集中了决定价格的那些原因。

§2. **续前** 曾经有一种观点认为,如果所有的土地都具有相同的方便条件,并且都已被占用,那么,土地提供的收入就具有垄断地租的性质。不过这好像是种错误。当然,不论土地是否具有相同的肥力,土地所有者都会尽可能联合起来限制生产,通过这种办法而得到提高的农产品价格是垄断价格,土地所有者的收入是垄断收入,而不是地租。但在自由市场的条件下,得自土地的收入是地租。不论是在土地质量完全相同的国家,还是在优等土地与劣等土地混杂在一起的国家,此地租都是由相同的原因和相同的方式来决定的①。

的确,如果除了足以使人人都能拥有他准备进行充分投资而需要的肥力大致相同的土地之外,这种土地还绰绰有余,那么土地就不会提供地租。但这只说明一个存在已久的矛盾的说法:水如果取之不尽,用之不竭,便没有市场价值。虽然水的某些成分有维持生命的功能,但是人人都可以毫不费力地达到满足的边际,在该边际上任何更多的供应对他都毫无用处。如果每个村民都有一眼井,他要用多少水就可以从自己井中抽多少水,而他为此付出的劳动并不多于他从邻家井中抽水所付出的劳动,那么,井中的水就没有市场价值。但是假如发生干旱,浅井水竭,甚至深井也有缺水的危险,那些井中有水的人就能向任何一个用水户收费。人口越密,收费的机会就越多(在假定没有开掘新井的条件下),最后,每个井中有水的人都可能会认为井是一个永久的收入源泉。

同样,在一个新开发的国家里,渐渐会出现土地缺货价值。早先到的移民并没行使专有权,他做的只是任何其他人都同样可以做的事。他经历了许多艰难困苦,即使冒的不是生命危险,也冒了某些风险,结果证明土地不佳,

---

① 比较第五篇第 9 章中的第 5 节。

他也许不得不放弃改良。相反,他的冒险也可能会成功,成群结队的人接踵而来,而他的土地的价值很快就会提供大量的剩余,远远超过他花在土地上的费用的正常报酬,这正像一个只撒一网就满载而归的渔民一样。但其中除了他的冒险所需要的报酬之外是没有剩余的。他从事的是一种有风险的事业,人人都有机会从事这种事业。他的精力和运气曾给他带来格外高的报酬,而任何别的人也可能会像他一样进行冒险。这样,他预计土地将来会提供的收入,就列入他的计算之中,并且当他对事业究竟会进行到什么程度还犹豫不决时,这种期盼就促成了决定其行为的动机。正如他的改良是用自己的双手进行的一样,他把那种收入的折现值①看成是其资本的利润和自己劳动的报酬。

一个外来移民在占有土地时往往会料到在占有土地期间,土地提供的产品可能会不足以作为他的艰苦、劳动和支出的适当报酬。他将部分报酬寄托在土地本身的价值上,也许不久就会把土地卖给那没有机会过垦荒生活的后来者。有时甚至像英国农场主遭受到损失之后才能明白那样,这个新农户几乎把生产的小麦看成是一种副产品;他努力争取得到的主要是一个农场,是由他对土地进行改良而行将得到的农场所有权。他认为土地的价值会不断上涨,这种上涨与其说是由于他自己的劳作,倒不如说是由于那日益繁荣的**社会**带来了更舒适的生活、更丰富的资源以及更发达的市场。

用另一种方式来说,人们一般不愿经历垦荒者的艰苦和孤独,除非有把握能得到一种比他们在故乡能得到的更多的报酬(用生活必需品来衡量)。除非用一种高工资,否则便不能吸引矿工到一个交通条件较差和其他社会活动都与社会隔绝开来的富矿来工作,而在这些矿上监督他们自己投资的那些人也期待着高额利润。出于同样的理由,垦荒者需要通过出售农产品而获得高额总收益,并且取得有价值的产权作为他们的劳动和艰苦的报酬。当可以免费使用土地时,拓荒者在这块土地上达到的边际恰恰能使土地提供一种收益,却留不下支付地租的任何剩余;在使用土地而必须得付费时,外来移民只进行到这样的边际:收益除了为垦荒者付出的艰苦提供报酬之外,还会留有一种地租性质的剩余以补偿其费用。

§3. 对于生产者个人来说,土地只不过是资本的一种形式 尽管如此,

---

① 与第三篇第5章中的第3节及第五篇第4章中的第2节相比较。

还应该记住：从生产者个人的角度来看，土地只是资本的一种特殊形式。一个农民对其耕作的某块特定的土地是否达到所能达到的那种有利程度，是否应该尽量利用这块土地，还是是否耕种另外一块土地，这就和他是否应该购买一把新犁，还是设法使现有的各把犁多做一些农活（有时在土壤处于不太有利的条件下也使用它们），或是给他的马多喂些草料等问题，具有相同的性质。他把以下两种情况加以比较：一种是多用一些从土地上得到的纯产品；一种是把这笔资本用在其他方面（这笔资本是为了取得这种纯产品而必须花费的）。同样，他把在不利条件下使用自己的犁所得到的纯产品，同增加其犁的数量，从而在更有利的条件下使用犁而获得的纯产品加以比较。他不知道是用额外使用现有的各把犁，还是用使用一把新犁所生产的那部分产品来说明犁的边际使用。其实，这种使用对犁提供的纯收入毫无增益（也就是说，除了实际的耗损费，一无所剩）。

又如，一个拥有土地和建筑物的厂商或商人把所拥有的二者看做与上述具有类似的关系。最初土地和建筑物都会给他提供充分的帮助与便利，后来随着他力图从中取得越来越多的帮助和便利而出现了报酬递减现象，直到最后他犹豫不决，不知道他的车间或库房是否达到极为拥挤的现象，以至于只有通过增加空间才能达到他的目的。而当他决定通过增加一块土地或是多盖一层工厂以扩大空间时，他要把增加一块土地或多建一层楼的投资所得进行比较。他刚好从现有设备中挤出的那部分生产能力（他不知道增加那些设备是否比提高现有设备的利用率更值得），对那些设备提供的纯收入并无增益。这个论点没有提到设备究竟是人造的，还是大自然赐予的。此论点同样适用于地租和准租。

但是从社会的角度来看却有这样的区别：如果一个人占有一个农场，那么供别人使用的土地就有所减少。他使用农场不是增加了别人对农场的使用，而是取代了这种使用。而如果他投资改良土地，或建筑房屋，便不会显著减少别人进行同样投资的机会。可见，在土地和人造设备之间有相同的一面，也有不同的一面。之所以不同，是因为在一个早开发的国家里，土地总额大约是（在某种意义上说，绝对是）**永久而固定不变的**；而人造设备——不论是土地的改良、建筑物，还是机器等——都能按照借助它们进行生产的产品的有效需求的变动而不断增加或减少，这就是不同的方面。而相反，其相同，是因为其中有些设备不能迅速生产出来。就**短期**来说，它们实际上是一个**固定不变的数量**。就短期而论，得自这些设备的收入和借助它们进行生产的产品的价值的关系，如同真正的地租和这些价值的关系一样①。

§4. **对所有农产品和对单一农作物征收特别税的说明。准租和单一农作物的关系** 让我们把这些思考应用在对"谷物"（从古典经济学家为简单起见用它来代表一切农产品的意义上说）征收一种永久性租税的假设上。很显然，农户会尽力让消费者至少负担一部分租税。但是向消费者索取的价格出现任何上涨趋势都会减少需求，从而对农户又起着反作用。为了断定究竟会有多少税转嫁给消费者，我们就必须研究有利支出的边际，不论这种支出是运用于劣等土地或远离有利市场的土地的少量支出边际上，还是运用于优等土地或靠近人口稠密的工业区的土地的大量支出边际上。

如果靠近边际生产量的只是少量的谷物，那么，农户所得纯价格的适当下降并不会使谷物的供给锐减。因此，消费者所付的谷物价格不会急剧上升；而消费者负担的租税实属有限。但是谷物的价值超过生产费用的剩余势必会有很大的下降。如果农户耕种的土地是自己的土地，就会负担较大一部分租税；而如果是租来的土地，他就可以要求大大减少地租。

相反，如果靠近耕作边际生产量的是大量的谷物，则租税会出现使生产

---

① 地租和利润的关系曾引起上一世纪经济学家的注意，其中特别应该提到的也许是西尼尔、穆勒、赫尔曼和曼戈尔特。西尼尔似乎明白困难的关键在于时间因素。但在这里就像在别处一样，他只满足于自己的建议，而并没有把建议系统化。他说（《政治经济学》，第 129 页）："就一切有用场合而言，一旦提供收入的资本——不论是通过馈赠还是继承的——变成某人的不是通过自己节约和劳动而得来的财产，利润和地租的区别就立刻消失。"此外，穆勒说（《政治经济学》，第三篇第 5 章中的第 4 节）："任何有利于某些生产者或有利于在某些条件下生产的那种差别，就是某种利益的源泉，这种利益虽然不能叫做地租（除非由某人定期付给另一个人），但却受与其完全相同的那些规律的支配。"

不用错误情报或其他方法来操纵价格的投机家，如果能准确地预料出未来，并且在股票交易所或粮食市场上通过巧买巧卖而获利，是因为他促进所需要的生产并压缩所不需要的生产，并且一般来说对社会有利。这一点前边已经指出。但在早开发国家中的土地投机者却不能这样，因为土地的数量是固定不变的。充其量他只能使一块很有希望的地基不致因为所有者的仓促、无知或无能而用于次要方面。

大大缩减的趋势,由此而引起的价格上涨会阻止这种缩减,从而农户几乎会与从前一样精耕细作,而地主在地租方面受到的损失会很小①。

可见,在一方面,如果一种税使土地的耕作或农场的建立受到限制,这种税就有转嫁于农产品消费者的趋势;而在另一方面,对来自土地的位置、广袤性、阳光、热量、雨和空气的那部分(年)价值所课的税,只能由地主负担。当然,租地人在短时期内就是地主。土地的这种(年)价值一般叫做土地的"原始价值"或"内在价值"。但是其中大多是人为的结果,虽然不是它的使用者造成的。例如,灌木林地由于附近工业人口的增长而可能立刻就具有很高的价值,虽然此地的所有者一直把它原封未动地搁在一边。因此,更正确的说法也许是把土地的这部分年价值叫做"公有价值",而把由土地使用者的劳动和支出所创造的那部分价值叫做"私有价值"。但是仍然可以保留"原始价值"和"内在价值"这些旧用语,以供一般使用,不过一定要指出它们的部分不确切性。以前使用过一个比它好的词语,即土地的年公有价值叫做"真正地租"。

对土地公有价值课的税,不会大大减少精耕土地的诱惑力,也不会减少建筑农场用地的诱惑力。因此,这种税不会大大减少商品粮的供给,也不会提高农产品的价格,所以不能从土地所有者那里转嫁出去。

这里假定对真正地租课的税是按照土地的一般功能,而不是按照土地所有者对土地的特殊使用来规定税额的。现在假定土地的纯产品为一个具有正常能力和创业精神且善于使用土地的佃户所得。如果有一种先进的耕作方法发掘了土壤的潜力,并使收益得到增加,除报酬支出和正常利润之外,还有很大的剩余,那么,纯收益和正常利润的这个差额应属于真正地租。但是如果人们预料到会对该差额所生的真正地租课以很重的特别税,那么就会使土地所有者因畏惧重税而放弃对土地的改良②。

§5. 续前 我们曾经顺便提到过不同工业部门之间对相同的原料或生产工具的竞争,但现在我们必须考察不同农业部门对同一块土地的竞争。这种

---

① 当然,使地租和土地的真正剩余相适应,实际上是缓慢而无常的。这些问题将在第六篇的第9、第10两章中进行讨论。某些相当武断的假设条件下的粮食税的归宿问题将在附录十一中进行研究。

② 对未利用的建筑用地豁免全部价值税会妨碍建筑。见附录七。

情况比城市土地的那种情况简单,因为就主要作物而论,农业是单一的经营,虽然对栽培果树(包括葡萄在内)、花草和蔬菜之类提供了发挥各种专业经营的机会,但大体上还是单一经营。因此古典经济学家姑且假定可以将各种农产品看成是等同于一定量的谷物,并假定除了占全部土地有限而固定的部分建筑地基之外,所有的土地都将被用于农业。这样假定是有理由的。但是当我们把注意力集中在任何一种农产品(例如蛇麻)上时,似乎是提出了一个新的原理,但其实不然。下面让我们来考察一下吧。

蛇麻是和其他作物轮种的。往往使农户举棋不定的是,究竟用自己的某块土地来种蛇麻,还是来种另一种作物。于是各种作物都彼此争用这块土地。如果任何一种作物比其他作物有提供更大利益的迹象,那么,农户将把自己更多的土地和资金用于这种作物上。这种变动也许是由于习惯、缺乏信心、固执或农户的知识有限而受到阻碍,但这一点大体上仍然是真的。各农户(再一次重复起支配作用的代用原则)在估计自己的资金时,将把资本投在他的各方面经营上,直到他认为似乎达到有利的边际为止。也就是说,直到在他看来似乎没有充分理由认为在某特定方面任何进一步投资的收益会补偿他的支出为止。

可见,在均衡时,燕麦和蛇麻或另一种作物恰好使农户运用将提供相等的纯收益的那种资本和劳动来估算,否则他就是做出了错误的估算,从而不能得到支出所提供的**最大限度**的报酬。不过,他仍然可以通过重新分配作物耕种面积来增加收入①。

---

① 只要农户是为供应市场而生产原料甚至粮食,那么他的资源在不同用途方面的分配就是一个商业经济问题;只要他的生产是为了自己的家庭消费,那么至少在部分上是家庭经济问题。比较第五篇第4章中的第4节。此外,可以指出数学附录十四强调这样的事实:提供最大总报酬的那种支出在不同工作方面的分配,是由对解决家庭经济中的同一问题所需的那些方程组合来决定的。

穆勒(《原理》,第三篇第16章中的第2节)在讨论"连带产品"时指出,和作物争用特定土地有关的一切问题由于作物的轮种和类似原因而更加复杂化;对轮种的各种不同作物需要有一种繁杂的复式簿记。实践和妙算可能会使农户大致做到这一点。整个问题可以用简单的数学公式来表示,但这些公式冗长,也许徒劳无益。因此,只要这些农户始终是抽象的,就不会有多大用处,不过却对高级农艺学有点用,只要这种科学进步得足以适应现实细节的需要。

这就使我们要考虑与各种不同作物对同一块土地的竞争的那种相关的税了。让我们假定不论在什么地方种植蛇麻都要纳税，而那并不只是一种地方税。农户可以通过降低集中经营蛇麻的程度来逃避一部分税，而用他曾计划种植蛇麻的土地种植另一种作物来逃避另一部分税。假如他认为种植无税的另一种作物比种植有税的蛇麻收入要多，那么他将采取第二种计划。在这种情况中，当他决定限制集中蛇麻生产的程度时，他考虑的是从种植（比方说）燕麦的那块土地所能得到的剩余。但是即使在这种情况中，在种植燕麦的土地提供的剩余或地租和蛇麻价格必须补偿的边际成本之间也不存在简单的数量关系。某农户的土地过去生产优质蛇麻，并且当时恰好适合种植蛇麻，他会毫不犹豫地认为最好是用此地来种植蛇麻，虽然由于租税的原因，他也许会决定稍微控制在这方面的支出①。

---

① 例如，如果他认为尽管得交税，但种蛇麻使他除了费用（地租除外）之外，还能得到三十镑剩余，而种任何其他作物除了需要同样费用外，却只能使他获得二十镑的剩余，那么，实际上并不能说该地种其他作物提供的地租就能"列入"燕麦的边际价格之中。但是从其不正确的意义上解释"地租不列入生产成本"的古典理论容易，而从其原来正确的意义上解释则比较难，因此，最好避而不用此术语。

一般人都想不通地租不列入燕麦价格之中的这种旧的说法，因为他看到其他用途对土地需求的增加使附近所有土地的租金都会上涨，使种植燕麦的无租地减少。因此，值得从剩下的燕麦地攫取较多的产量，从而使燕麦的边际生产费用及其价格上升。地租的上涨确实是一个机会，而通过这个机会，可用于蛇麻和其他农作物的土地的日益稀缺不能不引起他的注意，不值得力求使他深入这些条件改变的现象中去探求真正起作用的原因。因此，认为地租不列入它们的价格是不合适的。但是比这更糟的是认为地租列入它们的价格，这种看法是错误的。

杰文斯问道（《政治理济学理论》序言，第54页）："如果将作为牧场时每亩一直提供2镑地租的土地改作麦田，难道不应该把这2镑（每亩）加在小麦的生产费用中吗？"答案是否定的。因为这2镑和只能补偿其应该负担的小麦生产费用无关。应当说的是，"如能用来生产某商品的土地却用来生产另一种商品，那么第一种商品的价格同其生产范围的相应压缩而增长。第二种商品的价格将等于只能补偿其应该负担的那部分小麦（即在有利支出边际生产的小麦）的生产费用（利润和工资）。如果为了任何特定的论证而将该地的全部生产费用加在一起，并让全部产品分担这种费用，那么我们应计入的地租并不是该地用于生产第一种商品时所付的地租，而是用于生产第二种商品时所付的地租"。

同时，总的限制蛇麻供给的倾向会使其价格呈现出上涨的趋势。如果蛇麻的需求没有弹性，而又不易从没有这种特别税的地区输入质量相同的蛇麻，那么，价格的上涨几乎等于全部税额。在这种情况下，总的限制蛇麻供给的倾向就会受到抑制，而所种植的蛇麻几乎和没有课税以前一样多。在这里像在以前所论述的印刷品税的情况一样，地方税的结果和一般税截然相反。因为除非这种地方税普及到全国可以种植优质蛇麻的绝大部分地区，不然其结果势必会把蛇麻驱逐到无税的地区，税收会减少，当地农户受到的损失会很大，而老百姓购买蛇麻付的价格也会稍高一些。

§6. 续前 就短期而论，上一节的论点对农场建筑物的获利效能和其他准租都适用。当可以用来生产某种商品或其他设备，并由于另一种商品的需求能使它们在生产上取得更高收入而转用于这种商品的生产时，在短时间内第一种商品的供给会减少，而价格比这些设备不能用于另一种用途取得更高收入时要高些。例如，如果生产设备可用于一个以上的农业部门，那么各部门的边际成本所受的影响，取决于这些设备转用于其他部门的程度。尽管报酬递减，其他生产要素在第一个部门中的利用强度将更加提高，而产品的价值将上升，因为只有价值较高时价格才会处于均衡状态。由于外部需求而增加了的设备的获利能力，似乎成为这种价值增长的原因，因为这会使那个部门的生产设备相对缺乏，从而提高它们的边际成本。从这种论断的表面似乎可以简单地过渡到另一种论断，即增加了的设备的获利能力列入了决定价值的那些成本之中。但是这种过渡是不合理的。因为在第一种商品的价格的上涨和设备转用于第二个产业部门所能得到的收入之间并没有直接的数量关系。

同样，如果对某工业中的工厂课税，那么其中有些工厂将转向其他工业，因此那些工业的边际成本会下降，从而它们的产品的价值也会下降，同时各工厂的纯租价也会暂时下降。但是这些下降的量会有所不同，因此，在产品价格下降和地租（或更确切些说，准租）的下降之间并没有数量关系。

不论从短期还是长期来说，这些原理都不适用于矿山。矿山使用费虽然往往被叫做地租，但却不是一种地租。因为除非矿山或石场等实际上是取之不尽、用之不竭的，不然就必须至少将它们的收入超过直接支出的差额的一部分看做是出售储藏品（的确为大自然所储藏，但现在被当做是私有财产）所获得的价格。因此矿产品的边际供给价格除了包括开矿的边际支出费用之外，还包括矿山使用费。当然矿主希望按时取得矿山使用费，而且在部分上也是出于这个原因，矿主与承租人订的合同往往阐明既要支付使用费，也要支付地租。但是如果进行正确的解释，对一吨煤收的矿山使用费本身，就说明了那被视做未来财富源泉的矿山的价值已有所减少，而这种减少是从自然储藏量中取出的那吨煤造成的①。

---

① 参阅第四篇第 3 章中的第 8 节。亚当·斯密因同等对待租金与工资和利润，并将其看做是部分（货币）生产成本而受到李嘉图的攻击。毫无疑问，亚当·斯密有时就是这样做的，不过他在别处还说："必须注意租金是以一种不同的方式构成商品价格。这与工资和利润有所不同。工资和利润的高低是价格高低的原因，而租金的高低却是其结果。这是因为要使某种价格或高或低的商品上市，就必须支付或高或低的工资和利润，但正是因为此商品价格比足以支付那些工资和利润所需要的数额或高或低得多、略多或不多少，它才能提供高额或低额租金或完全不提供租金。"（《国民财富的性质和原因的研究》第一篇中的第 11 章）这种情况正如其他许多情况一样，他将在自己著作的某部分中预见的真理，又似乎在其他部分中加以否定。

　　亚当·斯密在论述"煤炭在任何一段相当长的时间内可以出售的价格"时，认为"是最富的矿决定附近所有矿的煤价"。他的意思含混不清，但他好像并不是指任何暂时性的廉价出售，而是指煤矿一年的租金。李嘉图显然遵循着相同的方式，却得出相反的结论"是最贫的矿决定着价格"。这个结论显然比亚当·斯密的理论更接近真理，但事实上当一个矿的费用主要采取矿山使用费的形式时，这两种说法似乎都不合适。李嘉图在说租金并不列入矿产品的边际生产成本时，从术语方面来讲是对的（无论如何不一定算错）。但他还应该补充这样一句：如果一个矿实际上并非永不枯竭，那么从中获得的收入部分是租金，部分是使用费；而且最低的使用费的确列入产品的各部分费用中，虽然租金并不直接列入其中（不论是边际费用还是非边际费用）。

　　当然，使用费是按矿中的煤层来计算的，这些煤层既不十分富饶而易于开采，又不十分贫瘠而难于开采。有些煤层仅仅抵偿其经营费用；而有些煤层因缺煤或有严重缺点，甚至不能支付其劳动工资。不过，全部论证都暗中假设是早开发国家的情况。当陶西格教授在指一个新开发的国家（《原理》第 2 章的第 96 页）"怀疑最贫矿的所有者是否能取得任何报酬，并假定其根本没有开发它"时，他也许是对的。

第 11 章　边际成本和城市土地价值的关系

§1. 位置对城乡土地价值的影响。地基价值　前三章考察了生产成本和因占有土地"原始力"与其他自然恩赐品而获得的收入的关系,也考察了生产成本和直接来自私人投资的收入的关系。介于二者之间有一个第三类收入,其中包括社会总进步的间接结果,而不是私人为获利而投入资本和劳动所产生直接结果的那些收入,或者不如说是收入的那些部分。现在我们应该研究这一类收入,特别是关于城市地基的价值。

我们已经注意到,如果用农产品的量来计算,几乎总是不能与投入农业中的资本和劳动的增加成比例地增加;但在另一方面,如果高度集约经营是附近地区非农业人口增加的结果,那么,人口的密集很可能有提高农产品价值的趋势。我们已经看到当农产品按生产者的价值而不是按数量来计算时,这种影响是如何同报酬递减规律的作用相对立且如何超过后者的作用的;农户既可以得到销售农产品的好市场,又可以得到供给他必需品的好市场,他贱买贵卖,越来越能得到社会生活中的种种便利和享受①。

此外,我们也已经看到高度工业组织产生的经济②是如何只在很小的程度上取决于各个工厂的资源。和工业环境的普遍进步所产生的那些外部经济相比,各产业必须为自身安排的那些内部经济往往是微不足道的;一个企业的位置在决定企业利用外部经济的程度上,几乎经常起着重大的作用;由于附近勤劳富裕的居民增多或者铁路和通向现有市场的其他交通工具的便利而产生某地基的位置价值,是工业环境的变动对生产成本起到的最显著的影响。

---

① 见第四篇第 3 章中的第 6 节。
② 见第四篇的第 10、11、12、13 章。

假设任何一行业（不论是否农业）中的两个生产企业在各方面都具有相同的便利条件，但第一个企业比第二个企业占的位置更方便，因此在相同市场上做买卖需要的运费较少，那么，第一个企业家的位置给予他的差别利益就等于对方多出的运费总额。而且我们可以假定，位置上的其他便利条件，例如靠近特别适合他的行业的劳动市场同样可以变成货币价值。如果把这换算成货币价值并加在一起，就得出第一个企业比第二个企业因位置便利而具有的货币价值；而如果第二个企业没有位置价值，地基只是按农业土地的价值来计算，那么，这种价值就成为**特殊位置价值**。从更有利的地基上获取的额外收入提供的是一种所谓特殊位置的地租；任何一块建筑土地的总**地基价值**都是拆除建筑物后在自由市场上出售时的价值。"年地基价值"——用一种方便的虽然不十分确切的说法——就是那种价格按当前利息率提供的收入。这显然超过特殊位置价值，而超过之数仅等于农业土地的价值，相比之下，往往是一个几乎可以不计的数①。

§2. 通过个人或集体的有意行动所创造的位置价值的一些例外情况　很显然，大部分位置价值是"公有价值"（见以上第五篇第 10 章中的第 4 节），但是也有一些需要注意的例外情况。有时全城乃至一个地区的住宅都是按商业原则设计的，而且是单独由一个人或一个公司承担风险投资完成的。后者的行动部分上也许是出于慈善或宗教的动机，但不论是何种情况，财政基础都会见于以下这一事实：居民人口稠密本身就是提高经济效率的一个原因。

---

① 如果我们假定在同一个市场上销售产品的两个农场对等量投资的资本都提供报酬，第一个农场比第二个农场多得的报酬等于把产品运输到市场上的额外费用，那么，这两个农场的地租就会相等（这里假定投于该二农场的劳动与资本都化成同一的货币尺度，或假定它们和市场的距离一样远近也行）。此外，如果我们假定有甲乙二矿泉井提供的水完全相同，各泉按不变的货币生产本来都可以得到无限开发；而且不论产量如何，这种成本在甲泉（比方说）是每瓶二便士，在乙泉是二便士半，那么从乙泉每瓶运费比从甲泉少半便士的那些地方会成为"它们竞争的中立地带（如果运费与距离成比例，那么该中立地带是甲与乙进行竞争的焦点地带）"。在甲方各地，甲泉可以比乙泉卖得便宜，反之，乙泉可以比甲泉卖得便宜。各泉在自己地区内出售自己的产品都能获得垄断地租。这是那许许多多容易让人产生想象而又不无教益的问题之一，可与图能在他著的《孤立国》中进行的卓越研究相比较。

在通常情况下，这种效率产生的主要利益都归于那些已经占有该地的人。但那些从事开拓一个新地区或建设一座新城市的人，往往把自己的主要希望都寄托在获得商业成功的基础之上。

例如，当萨尔特和蒲尔曼决定把工厂移到乡下并建立萨尔特和蒲尔曼城时，他们都预料到按农业用地的价值能购买到的土地，会取得因城市人口稠密而产生的特殊位置的价值。同样的动机也曾支配了那样一些人：他们选定一块本来就适合成为避暑胜地的地基，然后购买这块土地，并且用大批经费来开发其资源。他们情愿长期等待自己投资价值的回报，就像期待他们的土地最终会因周围人烟稠密而变得很高的位置价值①。

在所有这些情况中，得自土地的年收入（无论如何都是超过农业地租的那部分收入）对许多情况来说都应被看成是利润，而不应被看成是地租。不论是建筑萨尔特城或是蒲尔曼城工厂所用的土地，还是充作某店铺或商店的地基（位置会使它有可能和工厂工人做好买卖），它们都是提供"高额地租"的土地，对上述论点都同样适用。因为在这些情况中，势必要冒很大的风险；而在有巨大损失风险的各项事业中，也必然有获重利的希望。一种商品的正常生产费用必须包括生产此商品所需要的风险的报酬，且这种报酬要足以使那些对进行冒险还在犹豫不决的人，认为他们可能得到的利益净额（也就是说，除去他们可能受到的损失额后）是对他们的辛勤和支出的报酬。这种冒险提供的利益除了足以供这种目的使用之外，并没有多大剩余。这可以由它们仍然不是很有利的这一事实来说明。但在势力很大的公司操纵的那些工业里，可能比较常见这些利益。例如，某大铁路公司可以建立一个克鲁或一个新斯温顿，以不冒任何巨大的风险去制造铁路设备②。

---

① 当然，这类事例在新开发国家中最常见，但在早开发的国家中也许并不十分罕见。萨尔特就是一个明显的例子，而莱奇沃思花园城也是新近颇有意思的一例。
② 政府在实行这种计划时，特别在选择供驻军用的城市、兵工厂和制造军用品的场所方面具有很大的便利条件。在比较国营和私人工厂的生产费用时，国营工厂的占地面积往往只按农业土地计算。单单用这种方法计算是错误的。假如私人工厂为自己建立一个城市，必须每年支付很大一笔占地费用或冒很大的风险。因此为了证明国营工厂对公众福利和私营工厂同样经济有效，在国营工厂的资产负债表中应列入其占用地段的城市价值和全部费用。在那些特殊的生产部门中，国家可以为它们建立工业城而不冒那些私家工厂所冒的风险。这大致可以将这种利益看做是国家经营那些特殊事业的一项依据。

类似的例子还有：一群土地所有者联合起来建筑一条铁路，并不指望铁路运输的纯收入能支付任何投在建筑铁路上的资本的巨额利息；但是这种纯收入会大大提高他们土地的价值。在这种情况下，应当将一部分土地所有者的收入增加看成是改良他们土地所投下的资本的利润，虽然这种资本曾用于铁路建设，而不是直接用于他们自己的土地。

具有相同性质的其他事例还有：排水工程或改善农业或城市土地总体状况的其他计划，只要这些计划是由土地所有者自己的费用来实现的，就具有这种性质。不论这些费用是通过他们私订协议，还是向自己征收特捐得来的。此外，一个国家在建立自己的社会政治组织、普及国民教育和开发自然资源方面的投资，也属于这类事例。

因此，那些增加土地和其他自然恩赐品的价值的环境改善，在许多情况下都是由于土地所有者为提高土地价值而故意投资的。因此，如果我们考察长时期的话，可以将由此而增加的一部分收入看成是利润，不过在很多情况下却不然。自然恩赐品提供的纯收入的任何增加都并非是由于土地所有者的特殊支出，而且也并不提供使用这种支出的直接动机，这种增加对各种情况来说都应当看做是地租。

当一个在某新兴城市的郊区拥有数十英亩土地的人为了建筑而"开发"这些土地时，就出现类似上面所说的那些情况。此人也许设计了马路，决定哪里房屋应当相连，哪里应当分开；并拟定了总的建筑式样，也许还规定了每种房屋用的最低建筑费，因为每种房屋的美观性都增加了所有房屋的总价值。他这样创造的总体价值具有公有价值的性质；此价值主要取决于潜在的公有价值，而这种价值又是整个地基由于附近繁荣城市的兴起而得到的。但是应当将他的预见、组织能力和支出产生的那部分价值看成是企业的报酬，而不应当看成是私人对公有价值的占用。

必须考虑这些例外情况。但一般准则是，在每块土地上建筑房屋的数量和性质主要（在当地建筑法的许可下）是能预期得到的结果最有利的那种数量和性质，很少或根本不考虑对周围地区位置价值的作用。换句话说，那块地的地基价值是由这样一些因素决定的：这些因素多半不受决定建筑什么样房屋的那个人的左右，而是他根据对地基上面各种房屋提供的收入的估计来调节建筑经费。

§3. 决定永租地租的一些原因 土地的所有者有时用自己的土地建筑房屋，有时索性把土地卖出去。最常见的是，他按固定的地租出租自己的土地，租期为九十九年，期满之后，土地与其建筑物（根据契约，建筑物必须妥为修缮）归其遗产继承人所有。让我们考察一下决定他出售土地所得地价和他出租土地所取地租的那些原因。

任何一块土地的资本还原价值都是这块地可能提供的所有纯收入的簿记折现值，所谓纯，一方面是指减去包括收租费在内的各种意外费用，另一方面加上它的矿藏、发展各种企业的能力以及用于住宅时所具有的那些物质的、社会的和美观的有利条件。土地所有权提供的那种社会地位和其他令个人满足的货币价值并不表现为土地的货币收益，但却列入它的资本货币价值①。

接下来让我们考察一下是什么决定土地所有者出租土地（比如说租期为九十九年）所能得到的"地租"。将全部固定租金折成现值有等同于土地当前资本价值的趋势，但是必须扣除两项：一项是当租期终结时把土地和土地上面的建筑物一齐交还本主遗产继承人的义务；另一项是租约对土地使用的任何限制可能引起的不便条件。由于扣除这两项，如果该地基价值被认为是始终保持不变的，那么地租就略小于该地的"年地基价值"。但事实上，由于人口的增长以及其他原因，地基价值看涨。因此，在租期开始时，地租一般都略高于年地基价值，而在租期终结时，则远远低于年地基

---

① 农业土地的价值一般表现为当前货币地租的若干倍，或等于若干年地租的总收入。在其他情况不变的条件下，这些直接的满足越多以及土地提供的这些满足和货币收入越多，那么土地的价值也就越大。这种收入等于若干年的总地租，会由于预计未来正常利息率或货币购买力的下降而有所增加。

地租未来上涨的折现值比一般想象得要小得多。例如，假设息率为五厘（中世纪时流行的利息率更高），按复利投资 1 镑，200 年后约为 1.7 万镑，500 年后约为 400 亿镑。因此，国家在首次实行地价上涨后归公方面的投资方面，其所做的 1 镑的投资实属不利的投资。除非地价上涨值现在超过 1.7 万镑（如果是在 200 年前进行的投资），或 400 亿镑（如果在 500 年前进行的投资）。这是假定可能按 5 厘进行的投资，而实际上这当然是不可能的。

价值①。

§4. 报酬递减和建筑用地的关系 让我们重申这样的事实：报酬递减律适用于各行各业为生活和工作而对土地使用的各种情况②。当然，在建筑业中也像在农业中一样，资本运用得过少是可能的。正如某宅地所有者认为的一样，只需耕种分给他的一百六十英亩土地的一半，他就能生产出比耕种全部土地时还多的农产品，即使当土地几乎毫无任何价值时，一幢很差的住宅也可能贵得和它提供的收入不相称。在农业中，对一英亩土地收入一定的资本和劳动就可以提供最高的报酬，而超过此点追加资本，劳动报酬就会减少，建筑业也是如此。在农业中，提供最大报酬的每英亩的资本量是随着作物的性质、生产技术形态和供应的市场的性质而变化的。同样，在建筑业中，如果地基没有稀有价值，可能提供最大报酬的每平方英尺的房产资本也是随着建筑物要求的用途而变化的。但是如果该地基具有稀有价值，那么值得超过这个最大报酬点继续使用资本，而不需要支付扩大地基所需土地的额外成本。在土地价值高的地方，使每平方英尺土地提供两倍的收益所用的成本，多于在土地价值低的地方在同样情况下所用成本的两倍。

我们可以把**建筑边际**这一词语应用到这样一种收益上：这是一种刚好值得从某地基上取得收益，如果土地的稀有性减小，就不会取得的好的收益。为使概念明确，我们可以假定这种收益是由建筑物的顶层提供的③。

---

① 在不繁华或商业稀少的地区，少数地块价值有所下降。但在另一方面，在过去没有特殊位置价值而后来变成时尚或商业中心的地块，其位置价值要比地租上涨许多倍。如果是在黄金稀缺而各阶层人士的货币收入十分微少的18世纪前半叶出租，情况更是如此。100年后1000镑的地产对地主提供的收益折现值，也许比一般想象得要少些，虽然误差没有在前一注解中所说的预期千百年的情况那样大。如果利息率为3厘，那么此值约为50镑；如果像三四百年前那样利息率一般为5厘，那么只有8镑。

　　在估算在任何一块土地上行使建筑权的价值之前，都必须从建筑物的估计毛收益中减去预计的建筑费用，在这些费用中还有租税（中央税或地方税），而这些税也许是向地产征收并由地产所有者交纳的。但这就引起了一些困难和枝节问题，只好留在附录七中加以讨论。

② 参阅第四篇第3章中的第7节。

③ 公寓楼房往往装有电梯，这种电梯的使用费由房主承担。在这种情况下，尤其是在美国，楼房顶层的租金有时要比其他楼层高些。如果地价贵，而法律又不为邻楼的利益

但在英国,法律禁止私人把楼盖得非常高,以防使邻楼得不到新鲜空气和阳光。随着时间的推移,盖高楼的那些人会被迫在他们建筑物的周围留出大量的空地,而这就使建筑很高的楼无利可图了。

土地成本的节省是通过建筑高楼顶层,而不是通过更多地扩大地面建筑面积来实现的,这种节省正好能补偿该计划用的额外费用和不便。如果考虑到顶层楼偶尔出现的不便,那么顶层楼提供的收益刚够值它的成本,而不会留有任何用作地租的剩余。在顶层楼上(如果是工厂的一部分)制造的那些东西的生产费用,仅仅与其价格相抵,并没有支付地租的剩余。因此,可以将工业产品的生产费用看成是在建筑边际上制造的商品的生产费用,从而不支付地租。这就是说,地租不列入边际上的那组生产费用。在该边际上,可以再清楚不过地看到供求力量是如何在决定价值方面起作用的。

例如,假定某人在计划修建一个旅馆或工厂,并为此考虑要用多少土地。如果土地便宜,他便会使用大量土地;如果土地很贵,他就会用较少的土地,而把房屋建筑得高些。假定他计算建造一百一十英尺长前廊的两个铺面所需要的费用,与使它们在各方面带给他和顾主与雇员的利益都相等;还假设他,如果把未来的支出进行资本还原之后,能得到五百镑的收益。如果可按每英尺不到五十镑的价格获得前廊,他就会情愿用大面积的土地,而不用小面积的土地,那么五十镑就等于土地对他的边际价值。计算在其他方面的劳动时,花同样的费用在较大地基上会比在较小地基上获得的增加的价值要更多或用较便宜的土地而不用位置较差的土地来建房,他也许会得到同样的结果。但是无论他采用哪种计算方法,此方法的性质和他决定是否购买任何其他企业设备的性质相同。他把从每种投资中能预期得到的纯收入(减去折旧)看做是和他的企业所能得到的一样;如果位置的优势使得处于该位置的全部可用土地都能得到各种不同的使用,那么以前每英尺五十镑的资本价值表示的是

而限制房主的楼房高度,那么,他也许会把楼盖得很高。但最后他会达到建筑边际,最终发现用于奠基、建筑厚墙和安装电梯的额外费用以及由此而来的低层的贬值,使他因多建一层楼而得不偿失。可以将恰好值得他提供的那种额外收益(即房屋)看做是处于建筑边际的收益,即使高层的租金比低层多一些。参看本书第四篇第3章中的第7节的注解。

其边际使用等于该土地的当前价值。

§5. 各种建筑物对同一块土地的竞争 这里假定各种不同用途争用土地会把各处的建筑和各种用房一直扩大到这样一个边际：对同一地基运用任何更多的资本都不再有利可图。随着一个地区对住宅和商业用房的需求的增加，为了避免在同一块地上因增加建房而引起更多的费用和不便，以更高的价格购买土地也是值得的。

例如，比方说里兹的地价因店铺、仓库和铁厂等争用土地而上涨，那么，当某毛纺织商发觉生产费用有所增加时，也许便会迁到另一个城市或乡下去，从而把他过去使用的土地留下，以便建店铺和仓库。城市的位置对于建这些建筑物作其他用途要比对建工厂更有利，因为他也许会认为，迁到乡下节省的土地成本和迁移带来的其他利益，除了抵消其不利之外，尚且绰绰有余。在讨论这样做是否值得时，此毛纺织商会把他的工厂地基的租金算作是毛纺织品的生产费用，而且也应当这样算。

但是我们必须探求事实的真相。供求的总关系把生产推到这样一个边际：生产费用（不列入任何地租）非常高，结果人们情愿支付高价以增加土地，以避免在狭小空间内因工作拥挤而造成不便和产生更多的费用。这些原因决定着地基价值，因此，不应将地基价值看成是决定边际成本的价值。

由此可见，工业和农业对土地的需求在各方面都如出一辙。燕麦生产费用的增加是由于这个事实：可以获得燕麦好收成的土地为能提供地租更高的其他作物所急需；同样，在伦敦可以看到印刷机在离地面六十英尺高的楼层上工作，如果其他用途对土地的需求没有把建筑边际推到这样的高度，那么印刷机提供的工作就会便宜一点。又如某蛇麻种植者也许会认为，由于支付很高的地租，他的蛇麻价格将不能抵偿那里的生产费用，因此他也许不在那块地上种蛇麻，在另块地上种，而他留下的这块土地也许租给一个菜商。不久，附近的土地需求又有增加，以致这菜商所得的菜价总额将不能抵偿菜的生产费用（包括地租在内），因而他又将土地出租给（比方说）建筑公司。

在每种情况中，日益增加的土地需求改变着集约使用土地的有利边际。该边际上的成本表明决定土地价值的那些基本因素的作用。同时这些成本又是供求的一般条件迫使价值与之一致的成本。因此，直接研究这些成本对于我们的目的来说是正确的，虽然这种研究和私人资产负债表的目的毫不相干。

§6. 企业家的租金和他们索取的价格的关系　对特别有价值的城市土地,各种批发商和零售商比厂商更有需求。在这里值得谈谈他们所特有的那种需求的有趣特点。

如果同一行业部门中的两个工厂的产量相等,那么它们一定拥有几乎相等的车间面积。但是商店建筑的大小与其周边却没有密切的关系。大量的空间对商店来说是件好事,同时也是额外利润的一个源泉。但这实际上并不是必不可缺的。不过商店的空间越大,存的现货就越多,从而用以陈列样品的空间也就越大。在受趣味和时尚变动左右的那些商业里,尤其如此。这些部门的商人在较短的时间内大力收集各种时髦商品,尤其是那些眼看就要流行起来的商品;他们的地租越高,也就必须越快地出售那些稍微过时和可有可无的商品,甚至亏本也在所不惜。如果商店的位置是这样的:顾客受精选货物的诱惑大,而受廉价货物的诱惑小,那么商人将索取周转次数较少而利润率却很高的货币价格。但位置如果不是这样,他们将索取低廉的价格,并力图多做生意,以便与他们的资本和营业场所的规模相称。这正如同在某些附近地区,菜商认为当豌豆角很香嫩的时候摘下来最合适,而在另一些地区菜商却要等豌豆角长得十分饱满很压秤的时候再摘。不论商人采取哪种计划,都会有些好处,而他们怀疑这些好处是否值得提供给大众,因为他们预料到由于这些好处而增销的商品只能偿其所负,并不能对地租提供任何剩余。他们因这些好处而出售的商品,是地租不列入其推销费用的那些商品,这就如同地租不列入菜商认为刚好值得生产的那些豌豆的生产费用中一样。

有些租金很高的商店要价低廉,因为在这些商店门前过往的许多过客付不起高价来满足自己的喜好。店主知道一定得贱卖,否则根本就卖不出货物。他不得不满足于资本每次周转带来的低利润率。但是,因为他的顾客的需要很简单,他就无须积存大量商品;他的资本一年可以周转许多次,因此,他每年的纯利润量是很大的,他情愿为可以获得这种利润的位置而付出很高的租金。反之,在伦敦上流社会的某些寂静的街道上以及在许多乡村里,商品价格都是很高的。因为在前一种情况中,必须要用高级商品吸引顾客,而这种商品却卖得很慢;在后一种情况中,总周转的确很慢。在这两种地方,商人赚取的利润都不会使他有可能支付像伦敦东部某些价廉但顾客盈门的商店店主所支付的那样高的租金。

但是，如果不增辟任何交通渠道广招顾客，位置便会变得更适合其他用途，而不适合开设店铺；只有那些有办法招引大批顾客（和他们索要的价格与经营的商业种类相比较）的店主，才会偿其所负。因此，在对各行店主的需求不变时，店主的人数将会减少；剩下的店主不用对顾客提供更多的好处和诱惑，就能获得一种比以前高的价格。可见，这个地区土地价值的上涨将表明位置的稀有，而在其他条件不变的情况下，这种稀有会提高零售商品的价格。这正如同任何地区农业地租的上涨表明土地的稀有程度和这种稀有程度将会提高边际生产费用从而会提高任何作物的价格一样。

§7. 城市地产的混合租金。参阅附录七 房（或其他建筑物）租是一种混合租金，其中有一部分属于地基，而另一部分则属于建筑物本身，二者的关系相当复杂，可留待本书附录七中加以讨论。但是关于混合租金的一般性质不妨在这里说上几句。乍一看上去，一物同时产生二租的这一命题似乎有些矛盾。这是因为此物的租金从某种意义上说是扣除经营费用之后的一种剩余，而就同一经营过程和由此而获得的同一收入而言，是不能有两种剩余的。但是如果那种东西是一种混合品，那么可以将各部分都经营的一种超过经营费用的剩余收入，即相应的租金，在理论上区分开来，有时在商业上也是可以区分开来的①。

例如，水力发动的面粉厂的租金是由两部分组成的：一部分是它的建筑用地的租金；另一部分是它使用水力的租金。假定要想在一个地方建立面粉厂，而那里许多地块的旁边可利用的水力是有限的。那么，水力和所选地段的租金就是这两种租金的和，它们各自都是级差地租，其中一种极差地租是占用该地块从事任何生产提供的；另一种是水力的占有对在其中任何地块上经营面粉厂而产生的。这两种租金，不论是否恰好为同一个人所有，都可以清楚地分开，并且在理论上和实践上都可以分别计算。

但是如果没有可以建立面粉厂的其他地块，就另当别论了。在那种情况下，如果水力和地块归不同的人所有，那么，它们的价值超过该地块用于其他场合时所具有的价值差额中，有多少归地主所有，只能用"协议"的办法

---

① 必须记住，如果房屋与其占地面积不吻合，总租金减去地块租金后并不等于该房在相宜地块上所得的全部房租。类似的限制适用大多数混合租。

加以解决。

假如有可以利用水力的其他地块,但是效率不同,这就仍然无法决定地块和水力所有者如何分割生产者剩余差额,这种差额是上述两种共同提供的生产者剩余,超过该地块用于其他场合和水力用于别处所提供的总的剩余的差额。除非就水力供给的一定年限达成协议,不然也许就不会建立起该面粉厂。不过当租期结束时,关于分割水力和面粉厂占用的地块所提供的总剩余,又会引起同样的困难。

像铁路、煤气、自来水和电力公司这样的局部垄断者,还有那些为使企业设备适于发挥其服务性能以及也许为此目的而自己出资装备了费用庞大的设备的消费者企图加价时,就经常产生类似的困难。例如,当匹兹堡的厂商刚刚建立起一些用天然煤气而不是用煤的高炉时,煤气的价格就立即增长了一倍。矿业史也提供了类似困难的许多事例,如工厂和附近地主关于路权等方面的争执以及与附近村舍、铁路、码头所有者的纠纷,等等①。

---

① 同行业中各不同阶层工人之间的利害关系和混合租金这一问题类似,见第六篇第 8 章中的第 9 和第 10 节。

第 12 章　从报酬递增规律来看正常需求和正常供给的均衡

§1. **报酬递增规律发生作用的一些方式。使用供给弹性一词的危险。整个工业和单一工厂的种种经济差异。参阅附录八**　现在我们可以继续第 3 章和第 5 章的研究，并考察与在生产上有报酬递增趋势的商品的供求关系以及由此产生的某些困难。

我们曾注意到报酬递增趋势很少紧跟着需求的增加而出现。例如，表型气压计突然流行起来所产生的最初影响是其价格暂时出现上涨，尽管这种气压计除了一个小柄之外并不含有任何材料。因为得付高工资从其他行业中吸引并没有通过特殊训练的工人，这样大量劳动会遭到浪费，在短时间内实际生产成本和货币生产成本都会有所增加。

但是如果这种情况持续时间很久，那么，即使没有任何新的发明，气压计的生产费用也会逐渐下降。因为会培养大量的专业技术人才来分担各种不同的工作，又由于部件交易法诞生的应用，专门化机器做的工作比现在手工做的要更好、更便宜。从而，表型气压计年产量会持续增长，并且价格会大大降低。

这里要注意的是需求和供给的重要区别。一种商品售价的下降对需求总是朝着同一个方向起作用的。商品需求量增加多少要看需求有无弹性。价格下降也许要经过或长或短的时间才有可能使商品获得新的或广大的用途①；但是（除了不计因价格下跌而使该商品被逐出该领域的那些例外情况之外）价格对需求的影响对一切商品来说都有着相似的性质。此外，在长时期内表现出弹性很

---

① 参阅第三篇第 4 章中的第 5 节。

高的那些需求,几乎当时就显出很高的弹性。因此,除了少数例外情况,我们无须表明所指时间的长短就可以说某商品的需求弹性是高的还是低的。

但是供给就没有这样简单的规则可循。买方出价的上升的确总会增加供给。如果我们考虑的只是短期,特别是一个市场的交易情况,那么的确存在着和需求弹性相符合的"供给弹性"。这就是说,价格的某种上涨使卖方愿意增加销售量的大小程度,取决于他们背后储备的多少以及他们对另一个市场价格水平估计的高低。这个准则几乎同样适用于长期内有报酬递减趋势的那些产品和有报酬递增趋势的那些产品。事实上,如果一个工业部门需要的大型设备得到充分利用而又无法迅速扩大,那么,其产品价格的增长在相当长的时间内也许都不会显著影响产量的增加;而对手工制品需求的类似增长,也许会迅速引起供给的巨大增长,虽然在长期内它的供给遵循着报酬不变乃至报酬递减的规律。

在同长期有关的那些比较根本的问题上,情况甚至更加复杂。因为甚至与当前价格的那种无条件需求相对应的最终产量,在理论上都可能是无限大的。因此,遵循报酬递增乃至报酬不变规律的那种商品的供给弹性,对长期来说在理论上也是无限大的①。

§2. 续前 接下来应当考虑的是某工业因生产某商品而逐渐发展,并使商品价格下降的这一趋势与个别工厂因扩大生意而迅速引用新的大规模经济的趋势截然不同。

我们已经看到,在一个能干而又有进取心的厂商的发展过程中,每走一步是如何使得下一步的发展更容易而又更迅速的。因此,倘若他运气颇佳,并保持充沛的精力,而且不辞劳苦,他的发展便很可能会继续下去。但这些是不能永久持续下去的:一旦这一切有所衰退,他的企业也就很可能会因为那些曾使它发达起来因素的作用而遭到毁灭,除非他把企业交给另一个像他

---

① 严格说来,在考虑一定设备的发展和一定组织的大规模生产所用的时间时,产量与其出售价格是互为函数的。但在现实生活中,单位生产成本是从预期产量中求出的,而不是相反。经济学家一般都用这种方法,他们在关于需求的排序方面也采用这种方法。这就是说,他们更多考虑的是减价引起的销售额的增加,而不太考虑增加销售额所引起的减价。

过去那样有能力的人。可见，个别工厂的兴衰可能是经常性的，而一个巨大的工业却长期经历着波动，乃至不断向前发展着。这就如同树叶子（重述以前的例证）进行着大量的新陈代谢，而树干本身却年复一年不断地成长一样①。

这样看来，决定个别工厂的生产要素，和决定某个工业的全部生产要素，遵循着截然不同的规律。如果我们考虑到销售上的困难，这种区别也许就更明显了。例如，迎合特殊趣味的某些工业，很可能会小规模生产。它们一般都具有这样的特点：会很容易地使用其他行业中已经采用的机器和组织方式。因此，这些工业生产规模的扩大肯定会同时引出许多大规模的生产。但也正是在这样一些工业中，各个工厂很可能会或多或少地固守着自己的特定市场；如果这样限定了市场范围，那么生产上的任何急剧增长都可能会使该市场的需求价格下降，而且下降得和工厂行将获得的新的大规模生产经济不相称，即使工厂的生产相对于那个广大市场（从比较广的意义上说是工厂为之生产的市场）来说也只占有极小的一部分。

实际上，当生意清淡时，生产者往往会力图在自己的特定市场之外以稍高于商品主要成本的价格出售剩余产品，而在他的市场上仍然力求按几乎抵偿补充成本的价格出售产品。其中大部分是对投在建立他的企业的外部组织上的资本的预期报酬②。

此外，相对于遵守报酬递增规律的那些商品的直接成本来说，补充成本照例要比其他商品大一些③。因为那些商品的生产需要在物质设备和建立商业

---

① 见第四篇的第 9、10、11、12、13 章；特别是第 11 章中的第 5 节。
② 这一点可以这样表示：当我们考虑个别生产者的时候，必须以他的供给曲线和他自己的特定市场的特殊需求曲线来相配，而不是和在广大市场上他的商品的一般需求曲线来相配。这条特殊需求曲线的斜度一般很大，也许和他自己的供给曲线的斜度相同，即和产量增加会使他获得大量内部经济的曲线一样。
③ 当然这不是一个普遍准则。例如，可以指出因途中缺少乘客而损失四便士票价的一辆公共汽的纯损失接近四便士，而不是接近三便士，虽然公共汽车业也许遵循的是报酬不变规律。又如，假如不是害怕破坏自己的市场的话，那些手工制鞋者和鞋匠，为了避免失去一宗特殊订货而情愿降低其正常价格，所降之数也许会比那些使用大量贵重机器并规模很大的厂家还要多些。还有和连带产品的补充成本相关的其他困难，比如为了做广告而按近主要成本的价格出售某些商品的做法（见上第五篇第 7 章中的第 2 节）。但在这里无须特别讨论这些。

往来方面投下大量资本,这就使生产者格外害怕破坏自己的特定市场,或害怕因破坏共同市场而引起其他生产者的不满。而这些是在生产设备尚未得到充分利用时当做决定商品短期供给价格的因素的,这我们已经知道了。

因此,我们不能把个别生产者的供给条件当做决定一个市场的总的供给条件的典型。我们必须考虑到这一事实:在商业进展方面具有持续生命力的工厂寥寥无几。同时也必须考虑到这一事实:个别生产者和他特定市场的关系在许多重要方面都不同于全体生产者和共同市场的关系①。

§3. 续前 就如同个人的历史不能算做人类的历史一样,个别工厂的历史不能算做一个工业的历史。但人类的历史是个人历史的结果,而为一个共同市场提供的生产总量,却是诱使各个生产者扩大或缩小其生产规模的动机的结果。正是在这里,那个代表性工厂的方法对我们提供了帮助。我们假设该厂不论是在何时都享有所属工业生产总规模所具有的那些内部经济和外部经济的平均份额。我们认识到:这样一个工厂的规模虽然部分上取决于技术和运输成本的变动,但在其他情况不变的条件下,是由工业的总体扩展情况来决定的。我们认为此厂的经理考虑的是,是否应该增加某项新业务或引用某种新机器等等。我们认为他或多或少地把这种变动带来的产量当做一个单

---

① 关于个别工厂因产量增加而获得大规模生产经济效益的抽象推理,不仅在细节上,而且甚至在一般结果上都容易发生错误。这几乎是等于说,在这种情况下,应全面表述决定供给的那些条件,因为它们往往受到那些不易觉察的困难的阻碍,而在试图用数学公式表示某行业的均衡条件时尤其感到棘手。有些学者(包括库尔诺在内)得到的实际上是个别工厂的供给表,此表表明该厂的产量增加使它获得了大量内部经济,从而大大降低了生产费用。他们坚信他们的数学,但是显然没有察觉到他们的前提会不可避免地导致这样的结论:不论是哪个工厂,如果最初经营有方,将会垄断该地区内的全部生意。而回避这种困难的其他学者认为,对那些遵循报酬递增规律的产品来说,是不存在均衡的;又有些人怀疑表示价格随着产量的增加而下降的那些供给表是否站得住脚。参阅数学附录中注14,其中涉及这种讨论。

针对上述困难而想出的那个补救方法,是在一般重要推理的指导下,把每个重要的具体情况当做独立的问题来研究的。扩大一般命题的直接应用范围以便使它们有可能对所有困难都提出恰当的解决问题的方案,会使一般命题因过于繁杂而失去应有的作用。经济学"原理"的目的只能是对现实生活中的问题的研究提供指导,而并不是试图代替独立的思考和研究。

位，并权衡其利害得失①。

　　这就是我们注意的那种边际成本。我们并不期待它因需求的突然增加而立即下降，相反，我们期待短期供给价格随着产量的增加而上升。但我们也料到需求的逐渐增加使典型工厂的规模渐渐扩大并提高其效率，增加此厂拥有的那些内部和外部经济。

　　这就是说，在制作这些工业的长期供给价格表时，我们要写出已减少的供给价格和与其相对应增加的商品数量。这是表明那种已增加的数量会按较低的价格及时得到供应，以满足那相当稳定的相应需求。我们不计那些新的重大发明可以产生的任何经济，但是我们却要包括那些运用现有观念可能获得的经济；我们期待着那种兴衰力量之间的均衡，而如果假定所述条件在长期内一致产生作用，是会达到这种均衡的。但是必须广泛理解这些概念，因为设法使这些概念更精确是我们力所不能及的。如果我们在讨论中几乎包括全部现实生活条件，那么问题就会难的解绝不了了；如果我们只选择几个条件，那么相关的那些繁琐而微妙的推理，就会变成科学游戏，而不是指导实际工作的工具。

　　正常供求的稳定均衡理论的确有助于使我们的概念具体化。此理论在初级阶段与现实生活相去不远，从而不能非常逼真地描述那些最强大且经常出现的经济力量的方法。但是如果追求此理论那长远而复杂的逻辑结果，就与现实生活隔绝开来了。事实上我们在这里接近了经济发展的主题。因此，在这里特别需要记住的是，在把经济问题当做静态均衡而不是当做有机发展的问题时，就表述得不完全了。因为虽然只有静态讨论能使我们有明确的思想，从而比较达观地将社会看做是一个有机体的必由之路，但那仅仅是一个开始而已。

　　静态均衡理论只是经济研究的入门；甚至对于那些有报酬递增趋势的工业的进步和发展的研究来说，也是一种开始。此理论的局限性经常受到那些特别是从抽象观点来进行研究的人的忽略，结果就使这种理论出现了完全定型的危险。但是有了这种警觉性，就不妨冒险尝试一番。这个问题将在附录八中略加讨论。

---

① 见第五篇第5章中的第6节。

第13章 正常需求和正常供给变动的理论与最大限度满足的原理的关系

§1. 绪论 在本篇前几章中,特别是在第12章中,我们研究了供求适应中的渐变。但是如果出现下列任何一种变动——重大而持久的变化;任何重大的新发明;因战争或瘟疫而发生的任何人口减少;所述商品,或者其中使用的某种原料,或者充作它的竞争品和可替代的另一种商品的货源的增加或减少——都可能会使该商品年(或日)生产和消费量的价格不再等于该商品生产和消费量的正常需求价格与正常供给价格。换句话说,上述变动会使制作新的需求表或新的供给表或新的需求和供给表成为必要。我们现在就开始来研究这些问题。

一种商品正常需求的增加是指该商品的各种数量都能找到买主的那种价格的上升,或以任何价格都能找到买主的那种商品数量的增加,二者指的是一回事。造成这种需求增加的原因很多,有的也许是由于该商品日益时兴起来;有的也许是由于此商品有了新的用途或为它开辟了新的市场;有的也许是由于可以充作此商品的替代品的那种商品的供给长期减少;或者社会财富和一般购买力的长期增长,等等。相反的变动会使需求减少,从而使需求价格下降。同样,正常供给的增加是指按各种价格都可以供给的那些数量的增加,或者各种不同的数量赖以供给的价格的下降①。造成这种变动的原因也许

---

① 需求价格或供给价格的上升或下降,当然意味着需求曲线或供给曲线的上升或下降。如果变动是逐渐性的,则供给曲线将相继平行变动,其中每个变动的位置都略低于前一位置。这样,我们就可以表示出因生产规模的扩大而对社会工业组织的影响,而这在以前我们曾用它来表示对长期曲线的供给价格所产生的影响。在坎宁安爵士私人印

是由于因改善交通或用其他方式的开辟而增加了新的供给来源，也许是由于生产技术的进步，比如发明新的制造方法或新机器。此外，也许是由于获得了生产补贴。相反，正常供给的减少（或供给表的上升）也许是由于新的供给来源的阻塞或纳税。

§2. 正常需求增加的结果 我们必须从三种观点，即从所述商品遵循报酬不变规律或报酬递减规律或报酬递增规律来研究正常需求增加的结果。这就是说，该商品不论产量是多少，供给价格实际上都不变，或者随着产量的增加而上升，或者随着产量的增加而下降。

在第一种情况中，需求的增加只会增加产量，而不会改变价格。这是因为遵循报酬不变规律的商品的正常价格完全是由生产费用决定的。当需求超出下述这种情况时在这方面就不起作用了，即除非按固定价格对该商品有某种需求，否则该商品根本就得不到生产。

如果这种商品遵循报酬递减规律，那么，该商品需求的增加会使其价格有所上升，还会使产量得到增加，但不会增加到像在报酬不变规律下那样多。

相反，如果商品遵循报酬递增规律，那么，需求的增加会使产量有所增加（比在报酬不变规律下增加得多些）并同时降低商品的价格。例如，如果每周生产1 000件某类产品，并按10先令的价格卖掉，而每周生产2 000件产品的供给价格也许只是9先令，那么，很小的正常需求增长率可以逐渐使这个价格变成正常价格，这是因为我们考察的时间长得足以使决定供给的那些因素充分发挥正常作用。不论是哪种情况，如果正常需求减少，而不是增加，价格就会上升[1]。

发的一篇优秀论文中曾提出过一个建议，这个建议实际上是说：应当将长期供给曲线看做是用某种方式来表示许多短期供给曲线的。其中各条曲线都始终假定着这样一种工业组织的发展：这种发展由那条曲线和长期供给曲线的交点与 Oy 之间的距离来代表其生产规模（与附录八中的第3节作比较）；需求曲线也是这样。

[1] 图解特别有助于我们充分理解本章提出的问题。

图-24、图-25与图-26分别代表报酬不变、报酬递减与报酬递增三种情况。最后一种情况下的报酬在生产增加的初期是递减的，但是在达到原know均衡位置后（即对大于OH的各种产品产量来说）却转而成为递增的。在各种情况中，SS′都为供给曲线，DD′为原需求曲线的位置，dd′为正常需求增加后的位置。在各种情况中，A与a

某些经济学家曾用本节论证来维护这样的主张：对进口工业品征收保护税就能扩大那些工业品的国内市场，并且借助于报酬递增规律的作用，**最终**会降低将这些商品卖给本国消费者的价格。的确，在一个新兴国家里，如果"保护幼稚工业"制度选择得恰当，最终是可以获得这种结果的。在这样的国家里，工业像儿童一样能够迅速成长。但即使在那里，如果是为了特定利益阶层的发财致富而选择这样的制度，这种制度是会遭到误用的。因为占绝对优势的工业是这样一些工业：它们的规模已经非常大，进一步扩大只会带来少量的新经济。当然像在英国这样早已采用机器的国家里，工业一般都超过借保护获得巨大利益的阶段；而对任何一种工业的保护都几乎总是有缩小其他工业的市场特别是国外市场的趋势。这几点意见只表明这个问题是复杂的，除此之外别无他意。

§3. **正常供给增加的结果** 我们已经看到，在各种情况下正常需求的增加都会导致产量的增加，同时，在某些情况下还会使价格上涨，而在另一些情况下会使价格下降。但我们现在就要知道，供给的各种便利条件的增加（使供给表下降），在导致产量增加的同时，总会降低正常价格。因为只要正

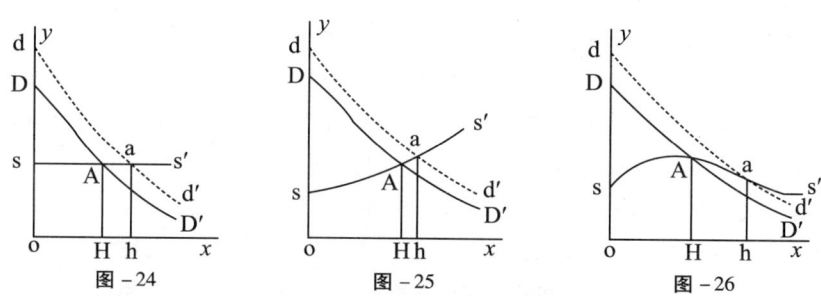

图-24　　　　图-25　　　　图-26

都各自为原有的均衡位置与新的均衡位置，AH 与 ah 为原来的正常或均衡价格与新的正常或均衡价格，OH 与 Oh 为旧均衡产量与新均衡产量。在各种情况中，Oh 都大于 OH，但在图-25 图中，Oh 略大于 OH，而在图-26 中，Oh 比 OH 要大得多（可以用在以后讨论的一个相同而更重要的问题——正常供给条件变动而产生的影响——中采用的方法作进一步的分析）。在图-24 中，ah 等于 AH，在图-25 中，ah 大于 AH，在图-26 中，ah 小于 AH。

可以用同样的图解求得正常需求减少的结果，将 dd′ 当做原需求曲线的位置，DD′ 当做新需求曲线的位置；ah 为旧均衡价格，AH 为新均衡而价格。

常需求保持不变,增加了的供给就只能减价出售。但是在某些情况下,由于供给的某种增加而引起的跌价,会比在另一些情况下大得多。如果商品遵循的是报酬递减规律,则价格会下跌很少。因为那时伴随着生产增加的种种困难将会有抵消供给的新增加的便利趋势。反之,如果商品遵循的是报酬递增规律,那么生产增加将会带来更多的便利,而这些便利将与那些因供给的一般条件的变动而产生的新的便利共同发生作用。二者一道能使生产有很大的增加从而使价格有所下降(在需求价格下跌赶上供给价格下跌之前)。如果需求恰巧很有弹性,那么应正常供给的种种便利就会略有增加(如某种新的发明、机器的应用、新的廉价货源的开辟、租税的撤销或补贴的获得)都可以使生产大量增加而价格下降①。

---

① 所有这些都可以通过图解一目了然。的确,如果不借助于图解,问题中的某些部分是无法得到令人满意的论述的。图-27、图-28 与图-29 分别代表报酬不变、报酬递减与报酬递增三种情况。在各图中,DD′为需求曲线,SS′与 ss′为旧供给曲线与新供给曲线。A 为旧稳定均衡位置,a 为新稳定均衡位置。在各个情况下,Oh 大于 OH,ah 小于 AH。但在图-28 中,变动不大,而在图-29 中,变动却很大。当然,需求曲线必须位于旧供给曲钱 A 点右下方,否则 A 就不是稳定均衡点,而是不稳定均衡点了。但是根据这个条件,需求的弹性越大,也就是说,在 A 点的需求曲线越是接近水平线,那么 a 与 A 的距离就越大,从而生产的增加与价格的下降也就越多。全部结果是相当复杂的,但是可以说明如下:第一,设 A 点的需求弹性为已知,从生产中使用的追加资本与劳动所得的报酬越多,则生产的增加与价格下降就越大。这就是说,图-28 中,A 点的供给曲线越近于水平线,图-29 的斜度就越大(根据上述条件,即它不位于需求曲线 A 点的右下方,从而使 A 成为不稳定均衡点),生产的增加与价格的下降就会越大。第二,设 A 点的供给曲线位置为已知,如果需求的弹性越大,每种情况下的生产增加就会越多;但在图-28 中价格的下降会越小,而在图-29 中价格的下降会越大。图-27 可以被看做是图-28 或图-29 的一个极限情况。

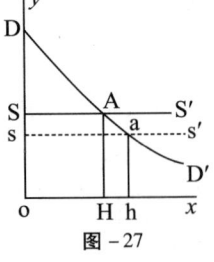
图-27

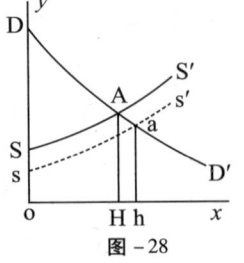
图-28

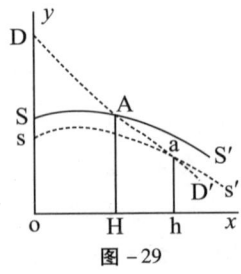
图-29

§4. 报酬不变、报酬递减和报酬递增的事例

如果我们考虑到第 6 章中所述的复合供求与连带供求的种种情况，就会给自己提出各种各样的不同问题，而这些问题可以用这两章中使用的方法得到解决。

§4. 报酬不变、报酬递减和报酬递增的事例　现在我们可以考虑供给条件的变动对于消费者的剩余或租金的影响。为简便起见，我们可以用一种税来代表使商品各种不同数量的正常供给价格普遍上升的那些变动，用补贴代表使这些不同数量的正常供给价格普遍下降的那些变动。

首先，如果商品是在生产中遵循报酬不变规律的一种商品，如果此商品的各种不同数量的供给价格都相同，那么，生产者剩余的减少会多于对生产者报酬的增加。因此，在征收某种税的特殊情况下，会超过国家的总收入。因为就商品消费继续保存的那部分来说，消费者损失的量等于国家获得的量，但就因价格上涨而被抵消掉的那个消费部分来说，消费者的剩余会受到损失。当然，生产者或国家都没有因此而得到补偿①。反之，由对遵循报酬不变规律

所有这些推理都是假定商品始终遵循着报酬递减规律或报酬递增规律。如果商品开始时遵循报酬递减规律，继而又遵循报酬递增规律，从而供给曲线的一部分向上倾斜，而另一部分又向下倾斜，那么，就无法得出有关供给便利的增加对价格的影响的一般原则，虽然在各种情况下都必然会导致产量的增加。使供给曲线具有不同的形状，特别是像和需求曲线相交一次以上的供给曲线，可以得出许多不同的结果。如果小麦是供那些把大部分收入都用来买面包的工人阶级消费的，那么这种研究方法就不适用于小麦税，也不适用于对一切商品所征的一般税。因为这些情况都无法假订货币对个人的边际价值在征税以后仍然和以前大致相同。

① 这从图解就可以一目了然。旧报酬不变的供给曲线 SS′ 与需求曲线 DD′图交于 A，DSA 为消费者剩余。后来因征税 Ss，则新的均衡点为 a，消费者剩余为 Dsa。总税额仅等于矩形 sSKa，即按 Ss 的比率对商品产量 sa 征的税。而它比消费者剩余的损失少一块面积 aKA。在其他情况不变条件下，纯损失 aKA 的小或大，取决于 aA 斜度的大或小。例如，对那些最没有需求弹性的商品（如必需品）来说，aKA 是最小的。因此，如果必须要向任何阶层征收一定的总税额，那么，对必需品征税比对奢侈品征税会使消费者剩余的损失有所减少，尽管奢侈品和在较小程度上的安逸品的消费有负担租税的能力。

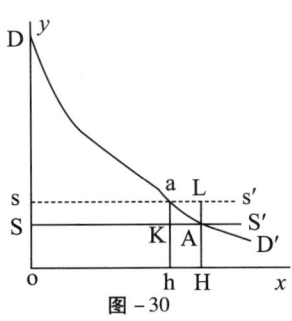

图-30

的商品的补贴所引起的消费者剩余的增加小于补贴。因为在补贴以前存在的那部分消费，消费者剩余的增加恰好等于补贴量，而在补贴引起的新的消费方面，消费者剩余的增加小于补贴①。

但是如果商品遵循的是报酬递减规律，某商品通过提高商品的价格并减少其消费，将降低此商品的生产费用（除税外），结果将是供给价格上升，所增之数小于全部税额。在这种情况下，税的总收入也许大于由此而来的消费者剩余的损失。如果报酬递减规律的作用非常大，以致消费稍有减少就会使生产费用（除税外）大大减少，那么，税的总收入将大于消费者剩余的损失②。

在另一方面，对遵循报酬递减规律的商品的补贴，会导致生产增加，并会使耕作边际扩大到生产费用（不包括补贴）边际。因此，降低对消费者的价格，并增加消费者的剩余，那么所增之数就会比商品在遵守报酬不变规律的条件下要少些。在那种情况下，消费者剩余的增加会小于补贴对国家的直接成本，并小得多③。

---

① 接上图，如果现在我们把 ss′ 当做旧供给曲线，而这一曲线因补贴而下降至 SS′ 位置，那么，我们看到消费者剩余的增益等于 sSAa。但是所付补贴为 Ss 与产量 SA 的积，等于矩形 sSAa，比消费者剩余的增益多一块面积 aLA。

② 设旧供给曲线为 SS′（见图-31），设征税使之提高到 ss′；设 A 与 a 为旧均衡位置与新均衡位置，并通过 A 与 a 作一条直线平行于 Ox 与 Oy。因对每单位征收 aE 的税，在新均衡位置下生产 Oh 单位，即 OK 单位，则总税收将为 cFEA，而消费者剩余的损失将为 cCAa。这就是说，总税收将大于或小于消费剩余的损失，取决于 CFEK 大于或小于 aKA；而如图所示，CFEK 却比 aKA 大得多。如果把 SS′ 画得表明报酬递减规律只是起着微弱的作用，也就是说，如果 SS′ 在 A 的附近几乎成为一条平行线，则 EK 势必会很小；而 CFEK 也势必会小于 aKA。

③ 为了说明这一事例，我们可以把图-31 中的 ss′ 当做补贴以前的供给曲线位置，SS′ 当做补贴以后的供给曲线位置，从而 a 为旧均衡点，而 A 为取得补贴后的新均衡点。消费者剩余的增加只等于 cCAa。而如图所示，国家对该商品的每个单位的补贴是按 AT 比率支付的，这是因为在新均衡位置生产了 OH，即 CA 单位，所以补贴总额等于 RCAT，包括并且必然大于消费者剩余的增加。

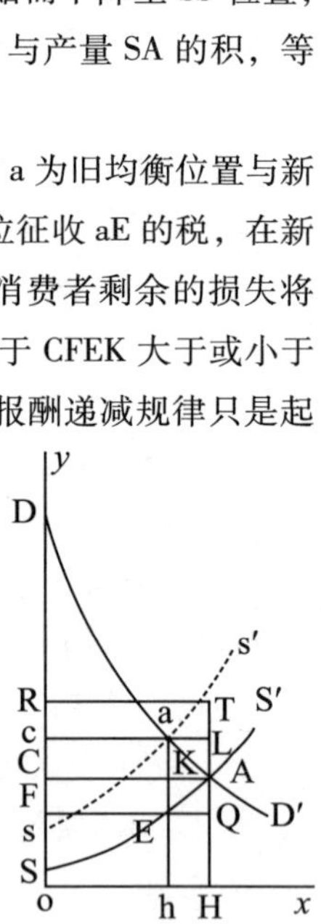

图-31

根据同样的推理可以证明，对遵循报酬递增规律的商品课税比对遵循报酬不变规律的商品课税对消费者更有害。因为此税会减少需求，从而降低产量，这样，这种税也许能使生产费用略有增加和使价格提高得超过税额，但最后会减少消费者剩余，会使所减之数大大超过该税给国库带来的总收入①。反之，对这种商品的补贴会使它的消费价格暴跌，而由此而来的消费者剩余的增加也许会超过国家对生产者的补贴总额。如果报酬递增规律的作用十分强烈，那么消费者剩余的增加一定会超过国家对生产者的补贴总额②。

如果有必要考虑租税征收费和补贴管理费以及租税和补贴可能产生的许多间接的经济和道德结果，那么在研究财政政策当中，当特别需要注意某些租税原理时，上述结果是有参考价值的。这些结果还可以使我们进一步阐明下述一般性理论：供求的（稳定）均衡位置也是**最大满足**的位置，特别是自从巴师夏**经济调和论**出台以来，有一种抽象而尖锐的理论曾风靡一时，而此理论正是我们在这里要讨论的。

§5. 最大限度满足的抽象原理的说明及其局限性 这种理论的确有一种解释，而根据这种解释，可以大致将供求的每个均衡位置看做是最大满足的位

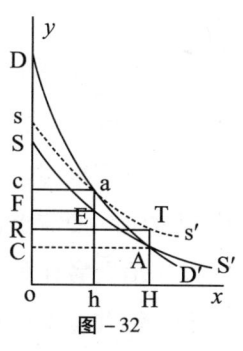

图-32

---

① 例如，设图-32中的的SS′为旧供给曲线位置，ss′为征税后图的供给曲线位置，A与a为旧均衡点与新均衡点，如在图-31中的那种情况一样，那么总税额为CFEA，消费者剩余的损失为cCAa；前者总是小于后者。文中所述只是一个简单的概括，如果把它运用于实际，还须考虑到那些曾被忽略了的种种因素。提供报酬递增的工业几乎总在发展着，因此，总是在获得大规模的生产经济。如果租税很少，那就只能使这种发展受到阻碍，而不能使之收缩。即使租税很重，工业收缩，如在附录八中解释的，则许多大规模生产的经济将至少有一部分会得到保留。因此，ss′不应有和SS′一样的形状，距离aE应小于AT。

② 为了说明这一事例，我们可以把图-32中的ss′当做补贴以前的供给曲线位置，SS′当做补贴以后的供给曲线位置。那么，如果像在图-31中的那种情况，消费者剩余的增加为cCAa，而国家直接支付的补贴为RCAT。如图所示，cCAa比RCAT大得多。但是的确，如果我们把ss′画得表示报酬递增规律起着微弱的作用，这就是说，如果它在a的附近几乎是一条水平线，那么，补贴的增加比消费者剩余的增加要多些；而这种情况和图-30所代表的那个对遵循报酬不变规律的商品实行补贴的情况几乎毫无区别。

置①。因为只要需求价格超过供给价格，的确便可以按那些价格进行交易，而这些交易对买方或卖方或买卖双方都提供了剩余满足。至少对双方中的某一方来说，接受物品的边际效用大于出让的物品的边际效用；而对另一方来说，即使不因交易获利，也不会因交易而有所损失。这样每进行一次交易，就会使双方的总满足有所增加。但是达到均衡时，需求价格就等于供给价格，而此时就没有取得任何这种剩余的机会了。双方一方中接受物品的边际效用不再超过在交易中出让物品的边际效用。而当生产增加超过均衡产量、需求价格低于供给价格时，是无法达成使买方可以接受而又不使卖方招致损失的那种交易条件的。

的确，供求的均衡位置在下述这种有限的意义上说是最大满足的位置：有关双方的总满足一直增加到该位置得到确立为止；而如果买主与卖主都根据自己的利益各行其是，就无法长期维持超过均衡产量的任何生产。

但是有时存在着且往往也暗含着这样一种论断：供求的均衡位置是此词充分意义上所指的最大总满足的位置。这就是说，生产增加到超过均衡水平时，就会直接（即不以增产的困难和可能引起的任何间接的危害为转移）减少买卖双方的总满足。如果作出这样的解释，这个理论就不是普遍真实的了。

首先，此理论假定可以忽略买卖双方在财富方面的所有差别，可以将其中任何一方用一先令来衡量的满足看成是等于任何另一方用一先令来衡量的满足。事实很明显，如果生产者作为一个阶层比消费者要穷得多，那么通过限制供给，使需求价格急剧上升（即当需求没有弹性时），就会增加总满足；而如果消费者作为一个阶层比生产者要穷得多，那么通过扩大生产使之超过均衡产量并亏本出售商品，就会增加总满足②。

这一点可留待以后讨论，这实际上只是一个一般性命题中的特殊事例。此命题是：自愿或被迫把富人的某些财产分配给穷人。这一命题在表面上似乎可以使总满足有所增加。不过在研究现存经济条件的初级阶段，我们不去

---

① 比较第五篇第 1 章中的第 1 节。暂时不论不稳定均衡。
② 在此例中，被交换的两种东西当中的一种是一般购买力。但是如果以采珍珠为生的贫苦居民从那些来交换珍珠的富有居民的手中取得食物，这个论点是站得住脚的。

探究这个命题的含义是否合理。我们只要稍微留意一下是可以作出这样的假设的。

其次,最大满足理论是假定商品价格的每次下降都使生产者遭受到相应的损失,而这不适用于工业组织上的改善所带来的价格下降。如果商品遵循报酬递增规律,那么商品生产的增加超过均衡点时就可能使供给价格暴跌;虽然增加的数量的需求价格甚至跌得更多,从而那种生产会对生产者造成某些损失,但是这种损失比由消费者剩余的增加所代表的消费者获得的货币价值的增加要小得多。

有些商品的报酬递增规律作用十分强烈,或者随着产量的增加这些商品的正常供给价格就锐减,因此在这种情况中,那足以引出按低得多的价格大大增加了的供给的补贴费用,要比消费者剩余的增加少得多。如果消费者之间能够达成一致协议,就会实现这样一些条件:既大大有利于生产者,同时又给消费者留有巨大的利益空间①。

§6. 续前 一个简单的方法是,社会对收入或对遵循报酬递减规律的商品生产课税,并将此税用以补贴报酬递增规律起强烈作用的那些商品的生产。但是在采取这个政策之前,政策决策者得做出种种考虑,这些考虑虽不属于我们现在讨论的一般理论范围,但却仍然具有重大的实践意义。政策决策者势必要考虑到征收租税和实行补贴的直接与间接的费用;公平分配租税负担和补贴利益的困难;营私舞弊的现象,在过去获得补贴的行业和希望获得补贴的其他行业中,会出现人们把经营自己企业的精力转向到拉拢补贴管理者的危险境地。

除了这些半伦理性质的问题之外,还会出现有严格经济意义的其他问题,而这些问题是和任何特定租税或补贴对城乡地主的利益有影响的问题有关的,他们有着生产商品的土地。这是一些不容忽视的问题,但细节极为不同,不

---

① 多重(稳定)均衡位置的事例虽然实际上并不太重要,但对最大满足理论被表述为普遍真理时所引起的错误,却提供了一个强有力的例证。因为产量很少但售价却很高的那种均衡位置将会成为第一个出现的位置,而且根据那个理论,此位置一旦出现,就会被看做是提供唯一最大总满足的位置。但是相应于产量更多而价格较低的另一个均衡位置同样令生产者满意,而且令消费者更满意。第一种情况的消费者剩余超过第二种情况的差额刚好等于总满足的增加。

便于在这里讨论①。

§7. 续前 关于必须加在下述理论中的第二大局限性的特点，说得已经够多了。这个理论是鼓励每一个人都按照最适合自己的方式来使用自己的资金，这样一般就会获得最大的满足。很显然，如果某个人花费自己的收入增加了对穷人服务的需求，从而使穷人的收入有所增加，那么，这就使穷人比富人在增加等量收入时更能满足自己的总需求，因为一个先令给穷人带来的满足要比给富人带来的满足大得多。同样明显的是，某人购买那些在生产中能提高生产者品位的东西会比那些在生产中降低生产者品位的东西对社会更有

---

① 以后将借助于类似那些用来表示土地肥力的图解（见第四篇的第3章）来讨论农产品税的征税范围。地主的地租几乎占了所有商品总售价的一部分，但在遵循报酬递减规律的那些商品中才最显著；一般的假设能使图-33（即图-31图的复制图）大致表示出这个问题的主要特点。

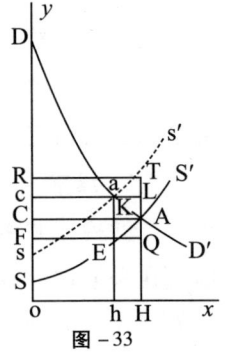

图-33

附录八中的一个论点认为我们不能轻易作出这样的假定：在肥沃良田上和有利环境下种植作物的生产费用与生产进行的程度无关。这是因为生产的增加多半会导致组织的改善——如果不是农业本身的组织，也会是那些附属于农业特别是运输业的组织得到极大的改善。但是我们可以暂时作出这样的假设，以便对问题的大体轮廓有个清晰的认识，尽管我们绝不应该忘记，在根据这个假设作的一般推理时，必须考虑到我们在这里忽略的那些事实。根据这个假设，SS′为征税前的供给曲线，地主的地租为CSA。征税以后，供给曲线上升到ss′，而地主的地租等于cOha（按价格ha出售农产品量Oh所得的总价格）减去总税额cFEA和不包括地租在内的农产品量Oh的总生产费用OhES。这就是说，地租等于FSE（图中曲线ss′和曲线SS′有相同的形状，借此表示税是计量税。这就是说，不论商品的价值如何，对每单位商品征的税都是一致的。上述论点并不取决于这个假设，但是如果这样，那么，我们可以用简便的方法在csa求出地主的新地租，那时它等于FSE）。这样，地主的地租损失为CFEA，而将这加到消费者剩余的损失cCAa中，就构成了cFEAa，它比总税额多aAE。

另外，直接支出的补贴超过消费者剩余的增加，也超过根据上述假设计算出的地主剩余的增加。因为设ss′为供给曲线的原来位置，SS′为补贴以后的供给曲线位置，则根据这些假设计算的新的地主的剩余为CSA，即RsT；而这又比原来地主的地租csa多Rcarr；消费者剩余的增加等于cCAa。因此，补贴总额RCAT比消费者剩余和地主地租的增加多TaA。

益①。此外，即使我们假定值一先令的满足不论对谁都同样重要，核定每先令的消费者剩余不论是来自何种商品都同样重要，我们都不得不承认一个人使用自己收入的方式会对社会有直接的经济利害关系。因为只要他把收入用于遵循报酬递减规律的那些商品上，他就会使那些商品更不容易为邻居所得到，从而降低了他的邻居们的实际购买力；而如果他把收入用在遵循报酬递增规律的那些商品上，他就会使别人更容易获得这些商品，从而会提高别人的实际购买力。

另外，人们一般认为对各种商品（有形的和无形的）征收相等的税或征收支出税是最好的，因为这种税不会使个人的支出脱离常规。而现在我们已经知道，这种论点是站不住脚的。但是即使暂时忽略这样的事实，一种税收或补贴的直接经济效果也并不能构成实行这种税收以前必须权衡和要考虑的全部内容，而且往往甚至也不是主要要考虑的部分内容。我们已经知道：第一，支出税对消费者剩余的剥夺通常要比对那些极少有大规模生产可能并遵守报酬递减规律的商品课的税要大些；第二，政府对那些遵循报酬递减规律的商品征税，并把部分所得用来补贴那些遵循报酬递增规律的商品，这会对社会更有利。

要注意，这些结论本身并不能成为政府进行干预的合适理由，但却表明我们还有许多工作要做。我们要通过慎重收集供求资料科学地解释结果，以便找出能为社会做些什么，这样才能把个人的经济行为引向最能增加总满足的那些工作的轨道上来②。

---

① 比较第三篇中的第 6 章。
② 值得注意的是，马尔萨斯在他著的《政治经济学原理》第 3 章的第 9 节中认为，虽然大战期间输入外国粮食方面的种种困难使资本从比较有利的工业投资转向比较不利的农业投资，但是如果我们考虑到农业地租的相应增加，那么，就可以得出这样的结论：这种新的途径也许是"对国家比较有利"的途径，"虽然对个人不太有利"的途径，在这一点上他无疑是对的。但是他忽略了因粮食价格的相继上涨而对公众造成的极大损失和对消费者剩余的完全剥夺。西尼尔在研究农产品和工业品一方面是需求增加而另一方面是租税的各种不同影响时，考虑了消费者的利益（《政治经济学》，第 118 ~ 123 页）。在输出农产品的那些国家里，保护主义者曾利用的论点和本章提供的论点如出一辙；同样的论点现在被用来维护国家积极干预那些遵循报酬递增规律的工业，特别是在美国（如 H. C. 亚当斯先生）。这个图解方法曾被杜普特在 1844 年以类似本章的方式使用过，而在 1871 年，詹金独自使用了这个方法（《爱丁堡哲学通报》）。

第 14 章 垄断理论

§1. 我们现在将比较垄断者从高价格上得到的收益和低价格对公众的利益 人们从不认为垄断者在追逐自身利益时，会自然而然地走上对整个社会的福利最有利的途径，因为我们并不把他们看得比社会任何其他成员都更重要。**最大满足**理论从来都没有被应用于垄断产品的供给与需求上。但是，通过研究垄断者与其余社会成员的利害关系，通过研究垄断者只考虑自己利益时会对整个社会产生更有利的那些条件，便可了解许多东西。为了这个目的，现在我们要寻求一种方法来比较垄断者在采取不同政策时，给公众和垄断者本人带来的相对利益的大小。

在下一篇中我们将研究现代企业同盟和垄断组织的各种不同形式，其中一些像"托拉斯"这样的最重要的垄断组织，只是新近的产物。现在我们只考虑决定垄断价值的那些一般因素，而这些因素在一个人或一个集团有权规定所销商品的数量或销售价格的各种情况下，都可以或多或少地得到明确的规定。

§2. 显然垄断者关注的是获得最大限度的纯收入 垄断者的利益显然不在于调节供给和需求，使垄断者出售商品能取得的销售价恰好够补偿此商品的生产费用，而是在于将供给和需求调节得能够给他提供最大可能的纯收入总额。

但在这里我们遇到了关于**纯收入**一词用法的困难。因为在自由竞争下生产的商品的供给价格包括正常利润、全部正常利润或者无论如何是在扣除所用资本的利息和损失保险费后的余额，这些往往都被不加区别地算做纯收入。当某个人经营的是自己的企业时，往往并不把实际属于他自己的管理报酬的那部分利润同一种额外利益区别开来，而这种额外利益其实得自企业具有某种程度的垄断性质这一事实。

然而，如果是一个公共公司的话，就可以在很大程度上避免这种困难。

在这里，全部或者几乎全部管理费用都作为确定的数额列入账中，并且在宣布公司的纯收入之前，要从公司的总收入中加以扣除。

分给股东的纯收入包括所投资本的利息和风险损失保险费，很少包括或者不包括管理费用。因此，红利超过所谓利息与保险费的那个差额部分，就是我们所求的**垄断收入**。

由于在国营公司比在私人工厂实行垄断时更易于准确说明这种纯收入，因此我们就以对某城市煤气供应进行垄断的某煤气公司为例。为简单起见，就假定该公司已把自己的全部资本都投于固定设备上，并且按固定利息率通过发行债券获得扩大企业所需要的更多的资本。

§3. 垄断收入表 煤气的需求表与在非垄断条件下的需求表相同，载明每千尺（立方尺，下同）的价格，城市消费者将据此使用若干尺煤气。但供给表必须表明各种不同供给量的正常生产费用。而这些费用包括全部资本（不论是属于股东的资本，还是按固定利息率发行债券借来的资本）的利息，也包括公司董事和长期职员的工薪，而这些工薪是以对其工作需要为准的（几乎是准确的）。因此，会随着煤气产量的增加而增加。因此可以这样制作垄断收入表：针对商品的各种不同数量列出商品的需求价格与按上述方式计算出供给价格，再从相应的需求价格中减去各种供给价格，并针对该商品的相应数量把此差额列入垄断收入栏中。

例如，如果每年按每千尺 3 先令的价格可以出售 10 亿尺煤气，而这个数量的供给价格为每千尺 2.9 先令，那么，在垄断收入表中的这个数量后面为 3 先令，表明出售这个数量以后就有 300 万便士或 1.25 万镑的纯收入总额。公司只注意自己当前的红利，因此公司的目的在于将煤气价格定在赚取最大可能纯收入总额的水平上[①]。

---

① 如图-34，DD' 为需求曲线，SS' 为相应于文中所说的供应表的曲线，设 MP_2P_1 为通过 Ox 上的任意一点 M 作的垂线，与 SS' 交于 P_2，与 DD' 交于 P_1；并取一截线 $MP_3 = P_2P_1$，那么 P_3 的轨迹将作为我们的第三条曲线 QQ'，我们可以把这条曲线叫做垄断收入曲线。少量煤气的供给价格当然会很高；而在 Oy 附近供给曲线会位于需求曲线之上，因此，纯收入曲线会位于 Ox 之下，与 Ox 交于 K，又与 Ox 交于 H，K 与 H 是供求曲线的交点。B 与 A 的垂线上的两点。在 QQ' 上求出一点 q_3，并使 Lq_3 垂直于 Ox，

§4. 对垄断征收总额不变的税不会使产量减少，征收与垄断纯收入成比例的税也不会使产量减少；但是如果根据产量来征税，便会使产量有所减少

假定供给条件发生了变化；得支出新的费用或节省一些旧的费用；或许该交纳新税或该得到补贴。

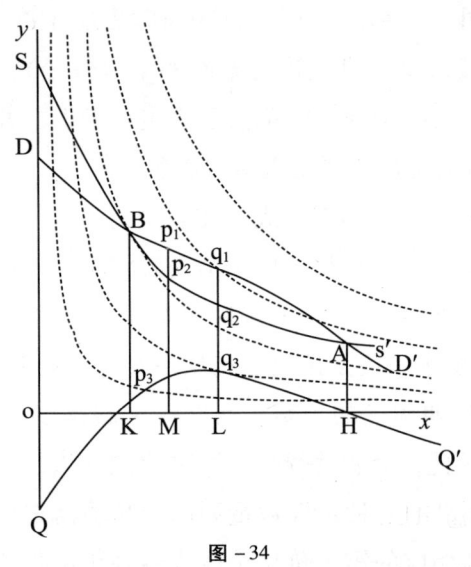

图-34

$OL \times Lq_3$ 为最大数，则求得最大垄断收入。延长 Lq_3 与 SS' 交于 q_2，与 DD' 交于 q_1，如果该公司希望获得当前的最大垄断收入，它将规定每千尺煤气的价格为 Lq_1，从而会销售 OL 千尺；每千尺的生产费用将为 Lq_2，纯收入总额将等于 $OL \times q_2 q_1$，即等于 $OL \times Lq_3$。

图中虚线就是数学家所谓的直角双曲线，但我们可以把它们叫做收入不变曲线，因为它们是这样一些曲线：如果从其中任何一条曲线上的一点作垂线，分别与 Ox 和 Oy 垂直（一垂线表示每千尺的收入，而另一垂线表示所销售的千尺数），那么它们的积对于同一曲线上的各点来说都会是一个不变量。当然，靠近 Ox 与 Oy 的内曲线比外曲线的这个积要小一些。因此，因 P_3 比 q_3 位于较小的收入不变曲线上，则 $OM \times MP_3$ 小于 $OL \times Lq_3$。要注意的是，q_3 是 QQ' 与收入不变曲线中的一条曲线相切的切点。这就是说，q_3 比 QQ' 上任何别的点都位于更大的收入不变曲线上。因此，$OL \times Lq_3$ 不仅于 M 在图中所示的位置上大于 $OM \times MP_3$，而且在 M 沿 Ox 所取的任何位置上都大于 $OM \times MP_3$。这就是说，q_3 是在 QQ' 上曾得到正确选定的代表最大垄断收入的那一点。这样我们推出下面的准则：如果通过 QQ' 与许多收入不变曲线中的一条相切的切点作垂线与需求曲线相交，那么该交点与 Ox 的距离将为出售商品以提供最大垄断收入的那一价格。见数学附录中注 22。

首先假定这种费用的增加或减少是一个固定的数额，并作为一个不可分割的整体由该企业负担，而且不因商品产量的变动而变动，那么，不论索要的价格和销售的商品数量如何，垄断收入都会有所增加或减少，而增加或减少的数就等于这个数额。因此，变动以前提供最大垄断收入的那种销售价格在变动以后也会提供这种收入。所以，这种变动不会诱使垄断者改变生产方针。例如，假定每年按每千尺30便士的价格出售12亿立方尺的煤气会获得最大垄断收入，假定这个数量的生产费用等于每千尺26便士，留下4便士作为每千尺的垄断收入，即垄断收入总额为2万镑。最大值为：如果公司的定价比较高，比如说每千尺为31便士，并且只能出售11亿立方尺的煤气，那么他们也许每千尺获得4.2便士的垄断收入，即总数为1.925万镑。然而为了销售13亿立方尺的煤气，他们也许不得不降低价格，比如说降到28便士，并且也许每千尺获得3.6便士的垄断收入，即总数为1.95万镑。可见，他们定价30便士比定价31便士能多得750镑，比定价28便士能多得500镑。现在假定不论销售量如何，每年都向煤气公司征收1万镑的固定税额。那么，他们的垄断收入在定价30便士时，将为1万镑，在定价31便士时，将为9 250镑；在定价28便士时，将为9 500镑。因此，他们会继续定价30便士。

这对那种不与该行业的总收入成比例，却与它的垄断收入成比例的税或补贴来说，同样适用。因为假定所征的税不是一个固定的数额，而是占垄断收入的一定百分比，比如说占50%，那么如果定价为30便士，公司的垄断收入将为1万镑；如果定价为31便士，将为9 625镑，如果定价为28便士，将为9 750镑。因此，他们将仍然继续定价为30便士①。

---

① 如果垄断经营费用中加上一个独立于产量的总额（税或其他），结果会使垄断收入曲线上的各点都下降至这样一点：此点位于一条收入不变曲线上，而此曲线比原来位于该曲线上的那点小一个固定数。因此，新垄断收入曲线上的最大收入点垂直位于旧垄断收入曲线之下。这就是说，销售价格和产量照旧不变，如果有固定的补贴或者经营费用总额中其他定额减少，情况则相反。关于与垄断收入成正比例的税的影响，请参阅数学附录中注23。

但应当注意的是，如果一种税或其他新的额外费用超过了最大垄断收入，就会使垄断完全停止，会把过去提供最大垄断收入的价格变成使继续实行垄断所引起的损失减至最低程度的价格。

相反，与产量成比例的税会诱使垄断者减少产量并提高价格，因为他这样做就可以减少费用。因此，总收入超过总支出的差额会因产量减少而增加，虽然在征税之前也许会有所下降。此外，如果征税前的纯收入只是略大于由小得多的销售额提供的纯收入，那么，垄断者会因大大缩减生产规模而获利。因此，在这种情况下，这种变动很可能会使生产量锐减、价格暴涨。从进行垄断的费用中减少一个与垄断产量成正比例的数额，这种变动会造成相反的结果。

例如，在上一个例子中，如果公司定价为每千尺 31 便士，从而销售 11 亿立方尺煤气，每售 1 千尺纳税 2 便士就会使垄断收入降至 1.083 万镑；如果定价为 30 便士，从而销售 12 亿立方尺煤气，就会使垄断收入降至 1 万镑；如果定价为 28 便士，从而销售 13 亿立方尺煤气，就会使垄断收入降至 8 666 镑。因此，这种税就会诱使煤气公司把价格提高到 30 便士以上。他们也许提高到 31 便士，也许提得比 31 便士还要高些。因为摆在我们面前的数字不能精确地表明究竟提高到什么程度才符合他们的利益。

而相反，如果每售 1 千尺煤气有 2 便士的补贴，而煤气公司的定价为 31 便士时，那么垄断收入会上升到 2.8416 万镑；定价为 30 便士时，会上升到 3 万镑；定价为 28 便士时，会上升到 3.333 镑。因此，补贴会使他们减价。当然，因煤气生产方法的改进而使垄断公司的生产成本每千尺降低 2 便士，也会产生同样的结果①。

---

① 文中假设税或补贴直接与销售量成比例。但是仔细考察之后，这个论点涉及的假设只不过是这样的假设：即每当数量有所增加时，税或补贴总额就会增加。这个论点实际上并不要求这种增加必须与该数量完全成比例。

通过画图来代表需求和（垄断）供给的各种不同条件，还有垄断收入曲线的相应形状，都可以得到许多教益。仔细研究这样得来的那些形状对我们的帮助很大，它大于努力体现有关垄断的各种经济力量作用的繁琐推理过程。在其中一个图上，用薄纸描绘收入不变曲线；而当置于垄断收入曲线上时，会立即表明最大收入的一点或几点。因为我们会发现不仅当供求曲线相交一次以上，而且不是这样相交一次以上时（如图-35 所示），在垄断收入曲线上也往往有几点，在这几点上它与收入不变曲线相切。其中各点都表明一种真正的最大垄断收入。但是其中有一点比其他任何点都会格外显得位于较大的收入不变曲线上，因此，表明比它们具有更大的垄断收入。

§5. **垄断者往往能够在经营中保持节约** 如果垄断者生产的销售量非常大,以致供给价格(如上面所说的)等于需求价格,那么就会失掉他所有的垄断收入。提供最大垄断收入的产量总是大大小于这一数量。因此从表面上看来,仿佛垄断产量总是小于竞争产量,而对于消费者来说,垄断价格总是大于竞争价格。但事实却并非如此。

因为如果生产操纵于一个人或一个公司的手中,那么它的总费用一般都会比将同样的生产总量分配给许多较小的生产对手要小些。他们势必会彼此竞争,吸引顾客,从而用于各种广告的费用总额必然要比一个工厂大得多;他

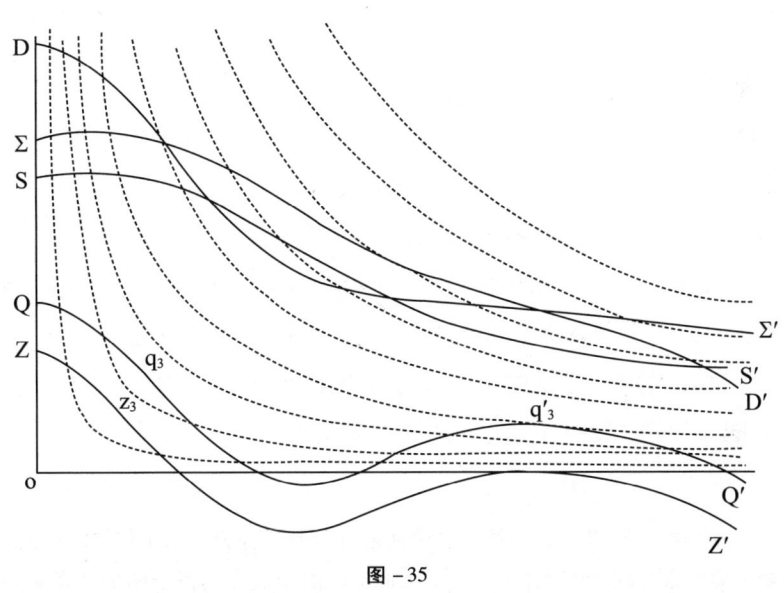

图-35

如图-35所示,如果这个主要的最大点 q_3' 远远位于较小的最大点 q_3 的右方,那么对商品征税或提高整个商品供给曲线的任何其他变动都会使垄断收入曲线下降,而下降的程度等于此数。设供给曲线从 SS' 上升至 $\Sigma\Sigma'$,从而设垄断收入曲线从原位置 QQ' 下降至 ZZ'。那么最大收入的主要点将从 q_3 移至 z_3,表示生产锐减、价格暴涨以及对消费者的巨大损害。反之,任何变动,比如像降低全部供给价格并提高垄断收入曲线的位置,都可以从把 ZZ' 当做该曲线的原位置而把 QQ' 当做新位置中看出来。略加考虑,就会很明显地(但这个事实用恰当的图解加以说明也许更方便)看出,垄断收入曲线越接近于收入不变曲线,商品生产费用的某种变动所引起的最大收入点位置的变动就越大。图-35 中的这种变动很大,并不是由于 DD' 与 SS' 相交一次以上,而是由于 QQ' 的两部分位于同一收入不变曲线的附近,其中一部分远在另一部分的右方。

们不善于利用大规模生产带来的各种经济效果,尤其是拿不出像单独一个大工厂那样多的钱来改进生产方法和购置生产中的机器。当然,他们之所以这样做,也是因为他们知道会获得由改进所带来的全部收益的。

这个论点假定该厂经营有方,并且拥有无限的资本支配权。这是一个不能轻易作出的假设。但是如果可以作出这样的假设,我们一般就可以得出结论:非垄断产品的供给表表示的供给价格比我们的垄断供给表所表示的价格要高些。因此,在自由竞争下生产的商品的均衡产量小于需求价格等于垄断供给价格的那一产量①。

垄断理论的一个最有趣而且极其困难的应用问题是:为了排除竞争,把不同的地区划归各大铁路是否能最好地促进公众的利益?这种建议主张:一条铁路运载 200 万旅客或 200 万吨货物就比运载 100 万便宜。把公众需求分配给两条铁路不会使它们各自提供廉价的服务。必须承认的是:在其他情况不变的条件下,一条铁路规定的"垄断收入价格"会因其服务需求的每一次增加而下降;反之亦然。但是如人性所趋,种种事实证明:开辟竞争空间对垄断的破坏是加速了,而不是阻碍了,即它能够按较低的运价进行运输。此外,还有一种建议,即不久两条铁路行将合并,并让公众承担用于双重服务的那些费用。但这又只能引起新的争论。垄断理论提出了而不是解决了这些实际问题,对于这些问题我们只好暂时不进行研究②。

---

① 换言之,根据图-34 所示,虽然 L 必然远远位于 H 的左方,但是如果没有垄断,商品的供给曲线可能位于 SS′位置之上,以致同 DD′的交点远远位于图中 A 的左方,也许还可能位于 L 的左方。我们已讨论过(第四篇中的第 11、12 章与第五篇的第 11 章),在报酬递增规律起强烈作用的那些工业中,一个大工厂比几个小工厂更具有优势,而且该工厂也许有机会获得本生产部门的实际垄断,如果它历来都是由那些和创办人同样精明强干的人经营的话。

② 需要运用数学理论全面探讨需求增加时对垄断价格的有关影响,读者最好参阅埃奇沃斯教授在《经济学家杂志》(1897 年 10 月)上发表的关于垄断的一篇论文。但是图-34 也表明 DD′的一致上升会使 L 大大移向右方;而 q_1 的位置也许会比以前有所降低。不过,如果有一个新的居民阶层来到本区,而他们是非常富有的,出门旅行很少受到票价的影响,那么 DD′的形状就会有所改变:左端会提得比右端高些;而 q_1 的新位置也许要比原位置高些。

§6. 垄断者为了企业未来的发展，或者出于对消费者福利的直接关心，可能会降低价格 上面我们假定垄断者规定商品价格时只着眼于他从垄断中能获得的当前纯收入。但事实上，即使他不考虑消费者的利益，也很可能会想到一种东西的需求在很大程度上取决于人们对它的习惯；如果他用略低于给他提供最大纯收入的那种价格就可以增加销量的话，那么商品就会畅销，不久就能补偿他现在的损失。煤气价格越低，人们装置煤气的倾向就越大；一旦装置之后，即使有电或石油与之暗中竞争，人们也很可能会继续使用一些煤气。更明显的事例是，当一个铁路公司实际上拥有运输旅客和货物到某港口或建筑物稀少的郊区的垄断时，这个铁路公司从商业观点来看也许认为值得收取一种远远低于提供最大纯收入的运费，以便使商人们习惯使用这个港口，并且鼓励当地的居民来建立船坞和货栈；或者帮助郊区的建筑投机商建造便宜的住宅，迅速接纳房客，从而给郊区带来一种初步繁荣的气氛。这一切对保证此公司的长期垄断成功是极为有利的。垄断者为了发展未来生意而牺牲部分当前利益，这与一个新工厂为了建立商业往来而作出的牺牲只有程度上的区别，而没有性质上的差异。

在像上面所说的情况下，一个铁路公司虽然不敢说有任何利他动机，但却发觉自身的利益和顾客的利益休戚相关，因此暂时牺牲一些纯收入以增加消费者的剩余是有利的。生产者和消费者的利益在下述情况下就更密切了：某地区的一些土地所有者共同建筑一条通过该地区的铁路分线，却并不过分指望这条铁路会对他们的投资提供当前的利息率（这就是说，并不太指望像我们所说的那种铁路垄断收入纯粹不是一个负数），而是希望这条铁路能使他们的地产价值增加，以使他们的全部冒险投资成为有利的冒险投资。当某个都市供应煤气、自来水或者通过修路、建桥、设立电车来提供运输便利时，就往往出现这样的问题：收费标准是应该高些，以便提供适当的纯收入，减轻市政税的负担，还是应该低些，以增加消费者的剩余。

§7. 总利益，调和利益 很显然，需要研究一个垄断者在考虑支配自己行动时所做的假设，即他认为消费者剩余的增加同样合乎他的需要，即使他的垄断收入没有同比例的增加，而只是增加了（比如说）二分之一或四分之一。

如果把按任何价格出售该商品所产生的消费者剩余加到由此而来的垄断

收入上,则二者之和就等于因出售该商品而为生产者和消费者共同带来的纯货币收入,或者像我们所说的那种销售的**总收入**。如果垄断者把消费者的收入看做和自己的收入都同样重要,那么便会力求使这种总收入成为那一商品产量的最大①。

---

① 在图 – 36 中,DD'、SS' 与 QQ' 代表的需求曲线、供给曲线与垄断收入曲线是按照图 – 34 中用的方法作出的。从 P_1 作 P_1F 与 Oy 垂直,那么 DFP_1 是按价格 MP_1 出售 OM 千尺煤气所得的消费者剩余。在 MP_1 上取一点 P_4,使 $OM \times MP_4 =$ 面积 DFP_1,那么,随着 M 从 O 沿着 Ox 移动,P_4 会给我们作出第四条曲线:OR。我们可以将这条曲线叫做消费者剩余曲线(当然它通过 O,因为如果商品的销售数额缩减为零,则消费者的剩余也消失了)。

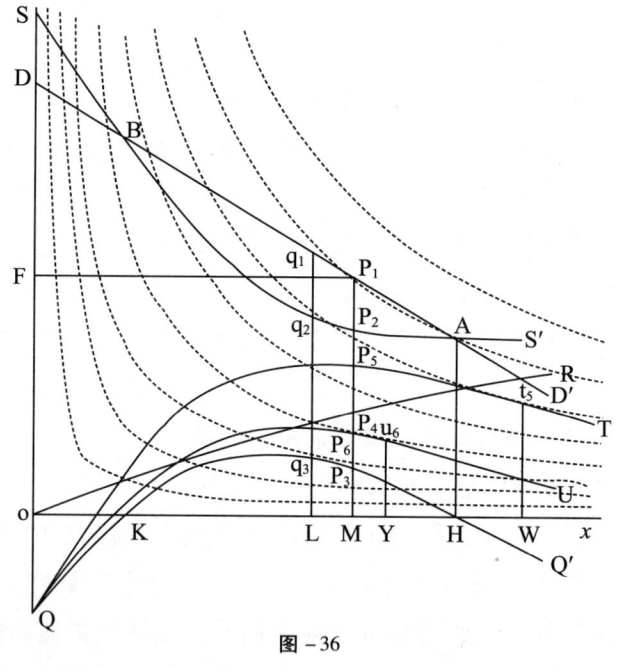

图 – 36

再从 P_3P_1 取截线 $P_3P_5 = MP_4$,从而 $MP_5 = MP_3 + MP_4$,则 $OM \times MP_5 = OM \times MP_3 + OM \times MP_4$。但 $OM \times MP_3$ 等于产量 OM 按价格 MP_1 出售时的垄断收入总额,而 $OM \times MP_4$ 等于相应的消费者剩余。所以,$OM \times M_5$ 等于垄断收入与消费者剩余之和,即是从商品的产量 OM 获得的(用货币衡量的)总利益。P_5 的轨迹是我们的第五条曲线,即 QT。我们可以将这条曲线叫做总利益曲线,与收入不变曲线当中的一条相切于 t_5。这表明:如果销售量为 OW,或销售价格定于对 OW 的需求价格上,则(用货币衡量的)总利益是最大的。

但是垄断者往往很少把一镑的消费者剩余看得和一镑的垄断收入同样合乎需要。即使是把自己的利益看做是与人民的利益一致的政府也不得不考虑这样的事实：如果放弃了一种收入来源，就必须依靠本身具有不利因素的另一些来源。因为它们势必会引起征收上的摩擦和另外费用的产生，还有对公众利益的某种损害。这一切从来都不能调节得十分公平，当考虑到社会不同阶层会因建议政府放弃其某些收入而获得利益份额不等的收入时，更是如此。

假定垄断者折衷一下，比如把一镑的消费者剩余算做等于十先令的垄断收入；假定他计算按任何既定价格出售商品所得到的垄断收入；并且假定他把相应的消费者剩余的二分之一加到这种收入中，则可以将二者之和叫做**折衷利益**；他会力求规定一种使这种利益尽可能高的价格①。

下面的一般结果可以得到精确的证明；但是略加思考，就可以看到这些结果的真实性表现得很明显，几乎无须加以证明。首先，当垄断者多少有意增进消费者的利益时，会比当他怀着攫取最大垄断收入这个唯一目的时，可能会出售更多的商品量（而出售该数量的价格要低些）；其次，垄断者增进消费者利益的愿望越是强烈，即他计算消费者的剩余和他自己的收入所依据的实际价值的百分比越大，那么产量也就越大（销售价格就越低）②。

§8. 需求规律和消费者剩余规律的统计研究对社会的重要性 若干年前，人们常说："一个把自己看做是庶民代理者的英国国王应该留意的是，不要把人民的精力消耗在不值得投入的那种劳动上，或者用老百姓的话来说，他不要从事那种收入不足以支付其成本利息的工作上。"③ 这些话有时也许只不过

---

① 如果他折衷的根据是 1 镑的消费者剩余与 n 镑的垄断收入同样重要，其中 n 为正分数，试在 P_3P_5 上取一点 P_6，使 $P_3P_6 = nP_3P_5$，即等于 nMP_4，则 $OM \times MP_6 = OM \times MP_3 + nOM \times MP_4$，也即等于按价格 MP_1 出售商品量 OM 所获得的垄断收入，加上从该销量中所获得的消费者剩余的 n 倍。因此，它等于该销量所提供的折衷利益。P_6 的轨迹是我们的第六条曲线，可以将这条曲线叫做折中利益曲线，它与收入不变曲线当中的一条相切于 u_6。这表明：如果销量为 OY 或销售价格定于对 OY 量的需求价格上，那么折衷利益是最大的。

② 这就是说，首先，图-36 中的 OY 总是大于 OL；其次，n 越大，OY 也就越大［参阅数学附录中注 23（乙）］。

③ 引自 1874 年 7 月 30 日《泰晤士报》的一篇社论。这些话颇能代表大部分公众的意见。

是说消费者不愿以高价大批购买的某种东西，很可能在很大程度上只存在于那些有很大私人利益的人的巧辩当中；但是这些话也许更经常表明的是一种低估消费者在低价格下所拥有的利益（即我们所谓的消费者剩余）的倾向①。

---

① 可用图–37来代表政府在印度要举办的事业。供给曲线完全位于需求曲线之上，表明所述企业在下述意义上是无利的。不论生产者定价如何，他们都会亏本；他们的垄断收入将为负数。但是总利益曲线 QT 升至 Ox 以上，并与收入不变曲线相切于 t_5。如果他们销售 OW 产量（即把价格定于对 OW 的需求价格上），那么由此而来的消费者剩余如果按其实值计算，将超过经营上的损失，所超过之数等于 $OW \times Wt_5$ 所表示的数量。但是假定政府为了弥补亏损而必须征税，并且假定在考虑到一切间接费用和其他不利因素时，这些税使人民的负担比政府的收入多1倍，那么就有必要把2卢比的消费者剩余作为补偿政府1卢比的支出。为了表示根据这个假设所举办的事业的纯利益，我们就必须作出折衷利益曲线 QU（如图–36 所示），但使 n = 1/2。因此，$MP_6 = MP_3 + 1/2 MP_4$〔换言之，QU 是在垄断收入（负）曲线 QQ′ 与总利益曲线 QT 的中间作出的〕。在图–37 中这样作出的 QU 与收入不变曲线相切于 u_6，这表明如果销售量是 OY，即如果价格定于对 OY 的需求价格上，则对印度的纯利益将为 $OY \times Yu_6$。

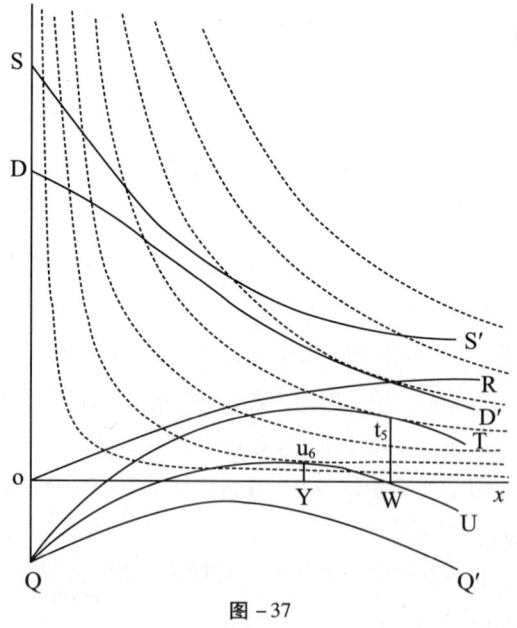

图–37

私人企业成功的主要因素之一,是权衡任何方针的得失以及鉴别它们真正相对重要性的那种能力。由于实践和天才而学会使各种因素各得其所的人,已经获得了致富之路;我们生产效率的提高,在很大程度上是由于许多能干的人孜孜不倦地致力于获得这种经营才能。但遗憾的是,这种利害得失的权衡几乎都是从一个观点,即从生产者的观点出发的;而权衡消费者和生产者在各种不同行为中所拥有的相对利益的人却不多。因为的确只有很少数的人才能凭直接经验取得这种必要的材料,甚至在这些少数人中,所获得的材料也是有限而又不完全的。此外,像能干的商人获得经营的才能一样,当一个大行政官对公众的利益有所认识时,却很可能不能自由地实行自己的计划。无论如何,在一个民主国家里,是很难保证一个宏伟的计划按一致的方针进行的,除非把此计划的利益不仅向那些少数具有公共事业直接经验的人讲清楚,而且也向那些多数没有这种经验只凭别人提供的材料加以判断的人讲清楚。

这种判断总不及那些能干的商人从自己长期经营的经验中获得的直接作判断,但是如果能够根据各种不同的公共行为对社会各阶层可能引起的相对利害的统计作出判断,那么这种判断要比现在可靠得多。政府经济政策的失败和不公平在许多情况下都是由于缺乏统计而造成的。坚持一方面利益的少数人不断地大声疾呼;而坚持相反方面利益的大多数群众却默不作声。因为即使这件事情曾多少引起了他们的注意,也没有多少人愿为那对自身无足轻重的事业而努力。因此,少数人便获得了胜利。即使可用的利益统计表明这少数人的总利益只占许多沉默者的总利益的十分之一或百分之一,情况也是一样。

毫无疑问,统计数字很容易遭到曲解,而且最初用于新问题时也往往会引起错误。但是误用统计数字的许多弊端是显而易见的,除非有人甚至对一般听众演说时也不厌其烦地重复这些数字。总的来说,可以归纳成统计形式(虽然仍处于落后状态)的论证,就比任何其他形式都能更迅速得到那些曾研究它们的人的一致承认。集体利益的急剧增长和集体行动在经济事务中越来越成为一种倾向,就使得下列事实越来越重要:我们应该知道最需要的公共利益的数量尺度是什么;所需要的统计数字是什么。而且我们应该着手获得这些统计数字。

随着时间的推移，消费统计数字将使需求表有充分的可靠性，并在一目了然的图解中表明各种不同的公私行为所产生的消费者剩余，这种希望也许不无理由。通过研究这些图解，人们对社会在各种不同的公私企业计划中获得的相对利益数量，也许能逐渐获得正确的理解，还可能会有更健全的理论来代替以往那些传统的理论。那些传统理论虽然在当时也许起过进步的作用，但是由于怀疑那些不会直接表现出货币利益平衡的各种公共事业计划而使社会的热忱有所冷却。

不到本书结尾时，我们以上进行的许多抽象推理的实际意义是不会充分表现出来的。但是提前介绍它们，似乎有着种种方便。这部分原因是由于它们与供求均衡的主要理论有密切的关系，部分原因是由于它们从侧面说明了我们对即将研究的决定分配的种种因素的探讨的性质与目的。

§9. 相互补充的两种垄断问题一般得不到解决 上面一直都假定垄断者可以自由买卖，但实际上一个工业部门的垄断同盟可以促进与该行业有业务往来的那些部门的垄断同盟的发展。而垄断组织之间的冲突和联合在现代经济学中起着越来越重要的作用。关于这个问题一般性的抽象推理是没有什么可说的了。如果两种绝对的垄断相辅相成，其中一种垄断不借助于另一种垄断就不能善于利用其产品，那么，就无法决定产品的价格。例如，如果我们仿效库尔诺，假定铜与锌除非混合制成铜器，否则一无用处；如果我们假定某甲拥有铜的一切供给来源，而某乙拥有锌的一切供给来源，那么就无法事先决定究竟该生产多少铜器，从而也就无法决定铜器的销售价格。每个人都力求在交易中占对方的便宜，虽然斗争的结果对买主们也许会有很大的影响，但是买主们将不能左右这种结果①。

在上述假定的条件下，如果锌价不是通过策略地讨价还价定下来的，而是由自然原因决定的，那么甲就不能指望从这个市场上降低铜价而增加销量并

---

① 例如，就分割生产者剩余的不确定性而言，这种情况和水力与可以利用水力的唯一地段的混合租相似，但在种情况下，无法知道什么是生产者的剩余。库尔诺的基本方程式似乎是建立在不一致的假设的基础之上的，见《财富理论中数学原理的研究》，第9章的第113页。在这里也像在别处一样，他开辟了新的领域，但却忽略了某些最明显的特点。H. L. 穆尔教授（《经济学季刊》，1906年2月）根据伯特兰德和埃奇沃思教授的著作，清楚地作出了一些适应于垄断问题的假设。

获得全部利益，甚至完全得不到任何利益。因为如果他降低价格，乙就会认为这种行为是生意不景气的表现，便会提高锌的价格，从而使甲在价格和销量上都有所损失。因此每个人都会尽力恫吓对方，消费者也许会发觉上市的铜器较少，定价比由单独一个垄断者拥有铜和锌的全部供给时要高些，因为此垄断者也许会认为在长期内以低价刺激消费可以获利。但是甲和乙都无法预计自己行动的后果，除非二者在一起商定出一个共同的政策。这就是说，除非他们把垄断部分地也许暂时地进行合并。由于这一点以及由于几种垄断可能会扰乱有关的行业，就有理由主张一般需要相互辅助的公共利益垄断部门应操纵于单独一个人的手中。

但在另一方面，有些其他考虑也许更重要。因为在现实生活中像上面说的那种永久的绝对垄断几乎不存在。相反，在现代世界中，新事物和新方法不断地取代那些不为消费者利益着想的旧事物和旧方法；直接和间接的竞争很可能会使相互辅助的两种垄断中的一种在地位上比另一种更加容易受到削弱。例如，如果在一个闭塞的小乡村中只有一个纺纱厂和一个织布厂，那么为了公众的利益，这两个工厂在短时期内也许应该由同一个人操纵。但是动摇这样建立起来的垄断要比动摇它们各自分立的垄断会难得多。因为一个新的冒险者也许会插足于纺纱业，并与旧纱厂争夺旧布厂的顾客。

此外，再看一看两个大工业中心之间的铁路和水路路程。如果永远不可能出现铁路或水路方面的竞争，那么为了公众的利益，铁路线和航线也许应该由同一个人操纵。但实际上不可能作出这种泛泛的判断。在某些条件下，铁路和水路由一个人操纵更符合公众的利益；而在另一些也许经常出现的条件下，这两条运输路线由不同的人操纵在长期内是符合公众的利益的。

同样，赞成把有相互作用的工业部门中的卡特尔或其他垄断组织合并的那些论点，虽然从表面上看往往振振有词，甚至具有说服力，但仔细考察之后，就有点靠不住了。它们的目的在于消除社会工业中显著的不协调，但那也许是以未来更大并且更持久的不协调为代价的①。

---

① 《工业与贸易》第三篇研究的问题与本章研究的那些问题相似。

第 15 章 供求均衡一般理论的总结

§1. 第五篇要点。参阅附录九 本章并不包含新内容，只是总结第五篇讨论的结果。对于那些略过第五篇后几章的读者，本章的后半部分也许很有帮助，因为在这里可能指出了那几章的大意，虽然并未作出任何解释。

在第五篇中，我们研究了供求最一般的关系的理论，尽可能不考虑那些具体运用这种理论的特殊情况，并且将这个一般理论同几种生产要素（劳动、资本、土地）的具体特点的关系留到第六篇进行研究。

此问题的困难主要随场所范围和所述市场持续时间的不同而变化，而时间的影响比空间的影响更重要。

甚至在一个持续时间很短的市场上（例如，在一个乡村谷物交易的集市上），"讨价还价"也很可能是围绕着某个均衡点摆动着的，而这个均衡点多多少少可以被叫做均衡价格。但是交易者在定出一种价格或拒绝另一种价格时，几乎并不考虑生产成本。他们一方面主要是看现有的需求，另一方面是看商品的现有存量。的确，他们会注意一些在最近的将来就能露出苗头的生产变动，但是如果是易腐坏的商品，他们是不会想得很远的。例如，生产成本对于市场上一日当中的交易并没有显著的影响。

在供给从各个方面都能完全与需求相适应的这样一种绝对静态当中，正常生产费用、边际费用和平均费用（租金也计算在内）对于长期和短期都是同一种东西。但实际上，职业经济学家和商人在把正常一词应用于决定价值的那些原因时，对这个词的使用他们的语言往往表现出很大的伸缩性。我们需要研究的是一条相当明确的分界线。

这条分界线的一侧是长时期，在此期间内各种经济力量有时间充分发挥其正常作用。因此，在这个期间内，暂时缺少熟练劳动或任何其他生产要素都可以得到补救；并且在这个期间内，因生产规模的扩大而正常进行的那些经济（所谓正常，即不借助于任何重大的新发明）有时间发展起来。用正常能力经营，并且正常拥有大规模内部与外部生产经济的一个代表性工厂的费用，可以当做计算正常生产费用的标准。当考察的时期长得足以使投资能建成新企业并卓有成效时，则边际供给价格就是预计在长时期内恰好足以诱使资本家把物质资本即工人将其人身资本投于该产业的一种价格。

分界线的另一侧是这样的时期：此时期长得足以使生产者能够针对需求的变动来调节生产，只要这种调节是利用现有的专门技巧、专门资本和工业组织来调节的。但是此时期又长得不足以使他们在这些生产要素的供给方面进行任何重大的变动。就这种时期来说，都必须在很大程度上将物质生产工具的数量和人的劳动量看成是现成的；而边际供给增加额是由生产者对用现有的生产设备进行生产的量的估计来决定的。如果生意很好，生产者会尽一切所能加班加点；但如果生意清淡，则各个生产者都会打定主意，使新接受的订货接近直接成本。这里没有确定的规律，起作用的主要力量是对破坏市场的恐惧，而这又以不同的方式和不同的程度对不同的个人和不同的工业集团起着作用。因为不论是雇主还是雇员之间的各种公开结社和各种非正式的"习惯上"的协议，都在于使每个人都不会以目前个人利益而损失该行业更远更大的利益，从而破坏共同市场。

§2. **续前** 我们还讨论了那些为满足连带需求而必须结合在一起的东西的供求关系，其中最重要的例子是必须在某个行业中共同发生作用的专门的物质资本与个人专门技术。因为从消费者这方面来说，并不是这二者当中的任何一种都有直接的需求，而只是对它们共同制成的产品有直接需求，对这二者各自的需求属于派生需求。在其他情况不变的条件下，这种需求随着共同产品需求的每一次增加以及连带生产要素的供给价格的每一次降低而增加。同样，有连带供给关系的商品（如煤气与焦炭，牛肉与牛皮）各自只能有一种派生供给价格，而这种价格一方面是由整个生产过程的费用决定的；另一方面是由对其余共同产品的需求来决定的。

因某物有几种不同的用途而引起的对它的复合需求和出于几个生产来源的某物的复合供给，并不会产生很大的困难。因为为不同目的而需要的几种数量，或来自不同来源的供给的几种数量都可以采用第三篇中的使用方法加在一起,从而来合成富人、中产阶级和穷人对同一种商品的需求。

此外,我们还研究了企业补充成本——特别是与建立商业往来、推销和保险有关的那些成本——在其各种不同产品之间的分配。

§3. 续前　在研究那些与时间因素有关的正常供求均衡的主要困难时,我们比较充分地探讨了某种生产工具的价值与所制产品价值的关系。

当不同的生产者生产某物有不同的优势时,此物的价格必须足以补偿那些没有特殊额外优势的生产者的生产费用,否则他们就会停止生产或缩减生产规模;而这相对于需求而言,供给量稀缺会使价格上涨。当市场处于均衡状态,而该物正在按足以支付这些生产费用的价格出售时,对那些拥有任何额外特殊优势的人来说,除了费用之外还留有剩余,如果这些特殊优势是因为对大自然恩赐品的占有,那么这种剩余就叫做生产者剩余或生产者租金。总之无论如何都会有剩余。如果大自然恩赐品的拥有者把它租给其他人,那么其他人就会因为使用它而能获得相当于这种生产者剩余的货币收入。

产品的价格等于在边际上(即在不提供租金的条件下)生产的那部分产品的生产成本。不用循环推理就能计算出这部分产品的成本,而其他部分的成本却不然。

如果过去用来种植蛇麻的土地现在用做菜地却能提供更高的地租,那么无疑种植蛇麻的土地面积会有所减少;而这会提高蛇麻的边际生产成本,因此也提高了蛇麻的价格。土地对某种产品将要提供的地租要求我们注意这样的事实:对用于该产品的土地的需求增加其他产品供给的困难,虽然这并不直接列入那些生产费用之中。同样的论点适用于城市土地的地基价值和建筑物成本之间的关系。

这样,当我们泛泛考察正常坐标时,当我们研究那些决定"长期"正常价值的原因时,当我们探讨经济原因的"最终"结果时,则得自这些形式的资本的收入列入必须用来补偿所述商品的生产费用的报酬之中;而对于那种收入的可能数量的估计直接支配着生产者的行动,这些人对究竟是否应该增加生产资料还在犹豫不决之中。但在另一方面,当我们考虑决定短期正常价格的原因时(所谓短期是相对于大量增加那些生产工具所需要的时间而言),则生产工具对价值的影响主要是间接的,多多少少近似于大自然恩赐品起到的作用。我们考察的时期越短,那些工具的生产过程就越慢,提供的收入的变动在抑制或增加所制商品的供给上，从而在提高或降低产品的供给价格上，起的作用也就越小。

§4. 续前 这就使我们不得不考虑那些和遵循报酬递增规律的某种商品的边际生产费用相关的技术性困难。这些困难起源于一种诱惑，即认为供给价格取决于产量，而不取决于每个企业在扩大内部组织尤其是扩大外部组织方面所必须花费的时间。因此，这些困难在价值理论的数学和准数学的讨论中是最突出的。因为当把供给价格和产量的变动看做是完全相互依存而不涉及逐渐的增长时，则似乎有理由认为每个个别生产者的边际供给价格等于因生产其最后一单位的产品而增加的生产费用；在许多情况下这种边际价格很可能会因他的产量的增加而减少，并比需求价格在共同市场上因同样的原因而减少的要多一些。

因此，静态均衡理论并不完全适用于那些遵循报酬递增规律的商品。但是应该看到，在许多工业中，每个生产者都有一个特殊市场，在这个市场上，他为人们所熟悉，同时他又不能迅速扩大这个市场。因此，虽然从技术上来讲，他迅速增加产量也许是可能的，但是他会冒这样的风险：要么急剧降低自己市场上的需求价格，要么被迫按比较不利的价格在别处出售剩余产品。虽然在有些工业中各个生产者都有机会出入整个大市场，可是在这些工业中，如果现有设备已得到充分利用，则因增加产量而获得的内部经济就会微乎其微。当然，在这些论断当中，也有一些并不全都适用于所有的工业，它们处于过渡阶段。必须承认，正常供求的静态均衡理论运用在这些工业上是勉强的和无益的。但这些情况并不多见，而就大多数制造业而言，供给价格和产量的关系对于长期和短期却显示出根本不同的性质。

对于短期来说，使企业的内部和外部组织与产量的迅速变动相适应是非常困难的，一般必须认为供给价格是随着产量的增减而升降。

但在长期内，大规模的内部和外部的生产经济有时间发展起来。边际供给价格不是任何特定产品组的生产费用，而是整个生产和销售过程中的边际增加额的全部费用（包括保险费用和管理总报酬在内）。

§5. 续前 对于税的影响——这被视作供求一般条件变动方面的一个特殊情况——的研究表明：如果适当考虑消费者的利益，那么所谓"最大满足"的一般理论的论据是抽象的，而不像以往经济学家假设的那样显而易见。这个理论会使每个追求各自当前利益的人都会把资本与劳动投入到与消费者把支出都投入到那些最有助于收入的共同途径上。在我们研究的现阶段，因为局限于最一般性的分析，我们不去讨论这一重要问题：在像当前的条件下，在能力与弹性方面，在意志的果断与创造性方面，集体行动究竟比个人行动差多少。因此，由于实际缺乏效率而造成的浪费未必多于将任何措施涉及的各种利益都算在内所引起的节约上。但是即使不去考虑财富分配不均而引起的那些弊端，也似乎有理由相信与最大限度相去很远的总满足，可以通过促进那些报酬递增规律起特殊作用的商品的生产和消费来得到大幅度的增加。

这个论点是通过对垄断理论的研究而得到证实的。垄断者当前关注的是调节其商品的产销费而获得最大纯收入，而他所采取的方针却不可能是提供最大总满足的方针。个人利益与集体利益的矛盾对于那些遵循报酬递减规律的商品来说，似乎比对于那些遵循报酬递增规律的商品更不重要。但在后一种情况当中，似乎有充分的理由相信政府干预往往对社会有直接或间接的利益，因为大量增产使消费者的剩余增加得多，而使产品的总生产费用增加得少。供求关系（尤其是用图解形式表示时）的更确切的概念，会帮助我们理解统计数字以及将其应用于计算各种相互冲突的公私经济利益之中的情况。

李嘉图关于生产成本和价值的关系的理论在经济学史上占有着重要的地位，因此对这一理论的实际性质有任何误解都必然是十分有害的。所以有这样一种广泛的信念，即当代经济学家改造这种理论是有必要的。在附录九中指出了能接受这种意见的理由，同时也指出了主张下述相反意见的理由，即认为李嘉图留下的这个理论的基础仍然是原封未动的，尽管加于其上的很多，建立于其上的也很多，但取自于其中的却极少。这里有一种论点认为，他知道需求在决定价值方面起着重要的作用，但是他把需求的作用看得比生产成本更明显，因此，他就在给朋友和自己用的笔记中把它略去了，因为他从来不打算写一本正式的论著。这种论点也认为，他把生产成本看做是取决于生产中耗费的劳动量和质量（而不是像马克思所说的那样仅仅取决于生产中耗费的劳动量），再加上辅助劳动所需要的蓄积资本量和这种辅助所用的时间。

第六篇

国民收入的分配

第 1 章　分配概论

§1. 全篇要旨　本篇的宗旨在于表明这样一个事实：即培养自由人参加工作不能运用适用于机器、牛马和奴隶那样的原则。如果同样的原则也适用的话，那么价值的分配和交换就几乎毫无区别。这是因为每一种生产要素获得的报酬都足以抵偿其生产费用、耗损等等。总之，除了意料之外的失败，一般可以使需求和供给相适应。但事实上，随着人类控制大自然能力的增强，除了生活必需品之外，常常可以提供日益增大的剩余，而这种剩余并不能为人口的无限增长所用尽。因此，存在着这样的问题：什么是决定把这种剩余在人民当中进行分配的一般原则？习惯上的必需品在生活的安逸程度上起着什么作用？消费和生活方式一般对效率起着什么作用？各种需要和活动（即生活程度）、代用原则的多方面作用以及各阶层的体力劳动和脑力劳动在生存竞争中起什么作用？资本给予资本所有者的权力又起着什么作用？与那些工作着并且立刻就消费自己的劳动果实的人相比，在总的资本中，有哪些部分是用于支付等待工作（包括各种冒险投资在内）报酬的人们？本篇对于这些以及某些相同的问题将进行回答。

在初步考察分配时，我们将首先观察一世纪前英国和法国学者是如何认为价值几乎完全是由生产成本决定的，而需求只居于从属地位；其次，我们将说明这种研究结果在静态社会中是如何接近现实的，并为使这种结果同现实生活和工作条件相一致又需要作哪些修正。第 1 章的其余部分主要讨论的是劳动需求。

在第 2 章中，我们将首先考察现代条件下的劳动供给，并进而泛泛地考察一下确定工人、资本家和地主分配国民收入的大体界线及原因。在这种走马观花的考察中，将略过许多细节，其中有些细节是本篇其余章节要补足的，但其他细节只得留待续篇中再进行补充说明。

§2. **重农学派根据法国当时的特殊情况假定工资的最低可能水平。还有这种最低可能水平适用的资本利息。这些严格的假定的一部分后来为亚当·斯密和马尔萨斯所扬弃** 作为亚当·斯密前辈的法国经济学家曾极为简单地论述了决定国民收入分配的原因，而这种论述是以法国18世纪后半期的特殊环境为基础的。当时向法国农民征收的各种苛捐杂税只以他们的支付能力为限，对饥饿者免征甚少。为简单起见，法国经济学家（当时称为重农学派）假定有一种自然人口规律。根据这个规律，劳动工资保持在饥饿线上①。他们并没有假定这适用于全体劳动人口，这是很少有的例外情况。他们认为自己的假设所包含的一般见解是真实的。这种说法多少像叙述地球的形状一样，虽然地球上有少数山脉凸出，但凸出于地表面的程度不大，所以并不妨碍我们说地球是椭圆形的。

此外，他们知道在以前的五个世纪中，欧洲的利率由于"节约反倒奢侈"这一事实而有所下降。但资本的敏感性和逃避税吏压迫的敏捷性使他们深有感触。因此，他们断言下面的假设并不过分：如果资本的利润比以前减少了，资本就会很快被消费掉或流入他国。从而又为简单起见，他们假定有某种类似自然工资率的自然利润率或必要利润率的存在。如果当前利润率超过这种必要利润率，则资本便会增长得很快，直到迫使利润率降低到自然利润率或必要利润率水平为止；如果当前利润率降低到必要利润率以下，资本就会缩减得很快，而又会使利润率上升。因此，重农学派认为工资和利润是由自然规律决定的，而各种东西的自然价值纯粹是由付给生产者报酬用的工资和利润的总额来决定的②。

---

① 例如，杜阁在这一点上也许可以算做是重农主义者，他说（《关于财富的形成和分配的考察》，第6节）："在各种职业中，工人的工资必然会而且事实上也的确是以生活必要资料为限……他所赚的收入只不过供其维持生活而已。"但是休谟指出，这种论断导致了这样的结论，即对工资征税必然会使工资上涨，从而与租税重的地方工资往往很低、租税轻的地方工资往往很高这一事实不相容。杜阁（1967年3月）曾做了答复，大意是他的规则不是被假定为在短时期内充分发生作用，而只是在长时期内才有这种作用的。参阅萨伊著的《杜阁》，英文版的第53页。

② 根据这些前提，重农主义者从逻辑上得出这个结论，即国家用于支付租税的唯一纯产

亚当·斯密作出的结论比重农学派更充实，虽然还有待于李嘉图阐明清楚用于生产上的劳动和资本必须在耕作边际上加以估量，这样才能避免地租因素。但亚当·斯密也知道，在英国，劳动和资本不像在法国那样处在饥饿的边际。英国大部分劳动阶层的工资除了足以维持生存所必要的之外，还绰绰有余。英国的资本有着极其稳定而有利的运作市场，不致消灭或流入他国。因此当他慎重措辞时，使用"自然工资率"和"自然利润率"这些名词就不像重农学派说的那样狭隘死板。在解释二者是由经常变化着的需求和供给情况决定时，他大大地前进了一步，甚至认为优厚的劳动报酬"能促进老百姓的勤劳"；"丰富的生活资料能增强工人的体质和改善工人的状况，也许在愉快而富裕中，那种安度晚年的美好希望还会鼓舞着工人拼命工作。从而，我们总会发觉工人在工资高的地方比在工资低的地方更积极、更勤劳和更敏捷。例如，英格兰和苏格兰相比，城市近郊和穷乡僻壤相比，情况就是这样"①。可是他有时沿用旧的说法，致使粗心的读者以为他相信劳动工资的平均水平是由仅能维持生存所必要的资料这一铁律来决定的。

马尔萨斯对英国从13世纪到18世纪的工资演变进行了卓越的调查，他也曾经指出工资的平均水平是如何逐代变动的，有时降低到每日半配克谷物左右；有时又上升到一配克半；而在15世纪，甚至上升到两配克左右。虽然他说"下等生活方式可能是贫困的结果，也可能是贫困的原因"，但是他把这种结果几乎完全归咎于由此而引起的人数的增加；他未曾料到我们时代的经济学家强调的是：生活习惯对于效率，从而对于劳动者多得报酬的能力所发生的影响②。

品就是地租。如果向资本或劳动课税，这些税就会使地租缩减，直到纯价格提高到自然水平为止。他们认为，地主阶级势必会支出一种超过这个纯价格的总价格，所超过之数等于租税加上各种征收费用，再加上税吏对工业的自由发展造成的一切障碍的价格。因此，如果地主阶级作为唯一真正剩余的所有者直接交纳国王所需要的各种赋税，特别是如果国王容许"放任主义"，即容许每个人各行其是，并在自己喜欢的市场上出售商品和劳动，那么他们在长期内所受的损失要少些。

① 参见《国民财富的性质和原因的研究》，第一篇的第8章。
② 《政治经济学》，第4章中的第2节。15世纪中实际工资上涨的程度是值得怀疑的。只是在最后两个世纪英格兰普通工人的实际工资才超过了2配克。

李嘉图的用语甚至远远不如亚当·斯密和马尔萨斯那样严谨。的确，他曾清楚地说过："不能将用食物和必需品来衡量的劳动自然价格理解成绝对固定和一成不变的；……劳动的自然价格主要取决于人民的风俗习惯。"①

但是，一旦说过之后，他却不屑于经常重复，他的绝大部分读者都忘掉他是这样说的了。在他的论证中，他经常采取同杜阁和重农学派相似的说法②，似乎工资一旦超过了仅能维持生存所必要的资料的范围，人口就有急剧增长的趋势，而这种趋势通过"自然规律"固定在仅能维持生存所必要的资料的水平上。尤其在德国，这个规律曾叫做李嘉图的"铁律"或"铜律"——许多德国社会主义者相信这个规律，甚至在西欧各国现在也起着作用，并且还相信只要"资本主义"或"个人主义"的生产方式存在着，就将继续发生作用。他们竟然断言李嘉图是他们队伍中的权威③。

但事实上，李嘉图不仅知道工资的必要限界或自然限界是不能由铁律来规定的，而且也知道这是由各个地方和各个时期的当地生活条件和习惯来决定的——而且，他对较高"生活程度"的重要性非常敏感，并号召主张人道主义的朋友们尽力促成各劳动阶层下定决心，使工资不致降低到接近仅仅能维持生存所必要的资料的水平上④。

许多学者坚信他相信"铁律"，这只能由下述事实来解释：他喜欢"设想有力的例证"，在暗示一次以后，不再进行重复的习惯，并且为简单起见，还

---

① 参阅《原理》第 5 章。
② 比较第四篇第 3 章中的第 8 节。
③ 有些不是社会主义者的德国经济学家不相信有这样的法则，但是他们认为李嘉图及其门徒的学说与这个法则有关系；而另一些经济学家（如罗雪尔，《德国国民经济学史》，第 1022 页）却反对李嘉图的曲解。
④ 不妨引用他的一段话："人道主义的朋友们不禁希望各国劳动阶级贪图安逸和享受，并且通过各种法律手段来鼓励他们努力获得这些东西。除此之外别无上策能防止人口过剩。在劳动阶级的需要极少且满足于最低廉食物的那些国家里，世态沧桑，人民历尽苦难。他们无处栖身，身份卑贱，无法苟安。一旦主要生活资料有所不足，他们可以利用的替代品就会极少，而伴随而来的是饥饿和灾难。"（《原理》，第 5 章）值得注意的是，麦卡洛克因曾采用李嘉图那些极端的教条并死板地加以运用而受到指责（不是完全不公正的），可是在他《工资论》的第 4 章中仍然使用"低工资与使劳动者习惯最廉价食物的弊害和高工资的利益"这样的标题。

删去那些使他的研究结果应用于现实生活所需要的条件和限制①。

穆勒虽然致力于强调经济学当中的人的因素，但在工资理论方面，却没有比前辈作出更大的贡献。他追随马尔萨斯，专门从历史方面立论，认为如果工资下降能使劳动阶层的安逸水准下降，那么"他们遭受的损害将是永久性的，恶化的生活条件将成为一种新的最低水准，像以前较高的最低水准一样，将长久持续下去"②。

高工资不仅能提高领工资者的效率，而且还能提高他们子孙的效率。不过对这种影响的认真研究还止于上一世纪。在这方面，应当首推霍克和美国的其他经济学家。运用比较方法来研究欧美各国的工业问题，不断使人们越来越注意这一事实：报酬优厚的劳动一般是有效率的劳动，但不是昂贵的劳动。这种事实虽然比我们知道的任何事实都对人类的未来充满更大的希望，但是却给分配理论带来了极其复杂的影响。

现在看来，分配问题比以前经济学家想象的要难得多，任何自以为能用很简单的解决办法都不可能是真的。从前的许多研究都曾给分配问题带来了简单的答案，但这些答案实际上是对那些想象出的问题所给的答案，这些问题可能产生于生活条件十分简单的其他世界里，但绝不是我们这个世界里。不过在回答这些问题方面所做的工作并不是徒劳无益的。因为最好能将一个最困难的问题分成几部分加以解决。这些简单问题中的每一个问题都包含着

---

① 将在附录九中讨论李嘉图的这种习惯（见第五篇第 14 章中的第 5 节）。英国古典经济学家往往认为最低工资取决于谷物的价格。但是"谷物"一词被他们用来当做一般农产品的简称，如配第认为（《赋税府》，第 14 章），所谓"谷物生产，是假定它包括一切生活必需品，就如我们在对主的祈祷中假定面包一词所包含的意思那样"。当然，李嘉图对工人阶级的前途所持的态度比我们现在要悲观些。甚至农业劳动者现在也可以过一种丰衣足食的生活，而在李嘉图时代，即使技工也需要用全部工资来购买家庭用的全部食物。阿什利爵士认为李嘉图的观点比我们现在的要狭隘些。他富有启发性地描述了前一注解中那段引文的历史，并且指出甚至拉萨尔也不认为他的规则是神圣不可侵犯的。见附录九的第 2 节。
② 第二篇第 11 章中的第 2 节。他责备李嘉图在显然忽略了前一注解中所引的那几段（除了一段）后，假定安逸水准是不变的。但他很清楚李嘉图的"最低工资率"取决于现有的安逸水准，而与仅供维持生存的必需品无关。

我们必须解决的那个大的问题的一部分。让我们借助于这条经验,并在本章以后各节中循序渐进地研究,以便了解那些决定现实生活中的资本和劳动的需求的一般原因①。

§3. 从一个不存在着劳资关系问题的静态社会来逐步说明需求对分配的影响　让我们首先研究在一个想象的世界里需求对劳动报酬产生的影响。在这个世界里,人人都拥有辅助他劳动的资本,因此在这里并不存在劳资关系问题。这就是说,让我们首先假定每个人只使用少量的资本,而每个人用的资本都归他个人所有,大自然恩赐品俯拾皆是,人们可以自由使用,不用付分文报酬。其次,再让我们假定每个人不仅有相同的能力,并且有相同的工作意愿,并且事实上也的确同样卖力地劳动着。再次,让我们假定所有的劳动都是简单劳动,或者说是不用经过专门训练的劳动。这指的是如果两个人相互调换工作,则对工作的质量和数量都不会发生任何影响。最后,让我们假定每个人生产的东西都是准备出售的,无须中间人过手,他直接把东西售予最终消费者。因此,各种东西的需求都是直接需求。

在这种情况中,价值问题十分简单。各种东西都与生产它们所消耗的劳动按比例进行交换。如果任何一种东西的供给不足,售价就可能暂时高于正常价格,可以与在生产上花费劳动较多的东西相交换。但是如果是这样的话,此物的价格会降低到正常水平。这可能会有一些暂时性的干扰,但一般来说,任何人的报酬都将等于他人的报酬。换言之,在所生产的产品和服务的纯总额中,各人所得的份额都相等,而我们可以将产品和服务的纯总额叫做国民收入,这构成劳动需求②。

如果现在有一种新发明使某行业中的工作效率提高了一倍,而某人无须增加工具每年就能使某种东西增产一倍,那么,这些东西的交换价值将是以往交换价值的一半;对每个人的劳动的有效需求也将略有增加;而每个人从公共收入源泉中汲取的部分也会比以前略有增加。如果他愿意的话,便可以对这种特殊的东西多取一倍,其他原有的东西仍旧不变,或者也可以使取得的各种东西都比以前略多。如果许多行业中的生产效率都提高了,那么公共

---

① 比较第五篇第 5 章,尤其是第 2、3 节。
② 见第本篇第 2 章第 10 节。

收入源泉或国民收入都将大增，而那些生产商品的行业会构成对其他行业的商品的较大需求，并提高每个人的收入和购买力。

§4. 续前　倘若其他条件不变，这就是说，倘若工人的工作能力和勤劳程度相同，各行各业都同样为人所好并且其技术同样容易学会，如果我们假定各行业都需要某种特殊的技能，而上述论点也不致有很大的变动，那么，各行各业中的正常收入率仍然相同。因为如果某行业一日劳动制造出的产品比其他行业更多，而且这种不平等现象又有持续下去的倾向，人们便会让子女优先从事这种有利的行业。的确可能存在某些小的不规则现象，但从一行业转向另一行业势必要花费时间；的确也可能存在某些行业一时所得的份额多于他们在工作中所得的正常份额。但尽管有这些干扰，各种东西的当前价值还是会围绕着正常价值波动的，像在以前的情况一样。正常价值在这种情况下，纯粹是由生产那种东西所消耗的劳动量来决定的。这是因为各种劳动的正常价值仍会相等；社会生产力由于分工而势必会提高；一般国民收入或公共收入源泉也将增多。不算一时的干扰，各人所得的份额都相同，各人用自己的劳动收入所能够购买的那些东西，比自己为自己生产更有利。

像在上述其他阶段一样，这个命题在这个阶段仍然正确，即各种东西的价值和消耗在其上面的劳动量一致；每个人的收入都纯粹是由大自然的恩赐和生产技术的进步决定的。

§5. 续前　让我们仍旧略过培养工作者所用的大量支出对他们的效率的影响，把这部分留在下一章与分配的供给方面的其他问题一起来讨论。而我们要观察的是人口数量的变动对大自然提供的收益的影响。让我们假定人口增长率不变，或者无论如何都不受工资率的影响，可能会受习惯、伦理观念和卫生知识的变动的影响；同时我们仍然假定一切劳动都是同等级的劳动；分配给各家的国民收入除一时略有不均外也都相等。在这种情况下，生产技术的发达，交通的进步，各种新的发现，战胜大自然的各种新成就，将使各家支配的享乐品和奢侈品得到同等的增加。

但是这种情况和前一种情况不同。因为在这种情况中，人口的增长如果持续得很久，最后必然会快于生产技术的改进，而使报酬递减规律在农业中显示出自己的作用。这就是说，从事农业的人将获得较少的小麦和其他农产品来作为他们的劳动和资本的报酬。在农业中，从而在其他各行业中，一小时的劳动代表的小麦数量将比以前有所减少。因为所有的劳动都假定属于相同的等级。所以，各行业的收入通常都相等。

此外，我们必须注意土地的剩余或租值有上升的趋势。因为任何一种产品的价值都必须等于劳动价值。而根据我们的假设，这种劳动不论是在优等土地上，还是在劣等土地上，始终都是在仅仅有利的边际条件下辅助生产此产品所需要的等量资本。在耕作边际上生产一夸脱小麦等所用的劳动和资本比以前有所增加。因此，大自然对在有利条件下使用劳动所支付的报酬（如小麦等）相对于该劳动和资本来说，会比以前有更高的价值。换言之，小麦提供的价值除了超过生产小麦所用的劳动和资本的价值之外，还有较大的剩余。

§6. 续前 现在让我们撇开这样的假设：在全社会中，劳动所具有的流动性可以保证等量努力能获得等量报酬。为了更接近现实生活，我们假定劳动在工业中不只是有级，而且还有几级；再假定父母往往培养子女在本级别中就业，他们在本级别中可以自由选择，但不能离开本级别；最后假定各级人数的增长不受经济原因的支配。如前所述，这可以是固定不变的，也可以是受习惯和伦理等方面因素的影响的。在这种情况下，国民收入总额是由大自然给予处在现有生产技术状态下人的劳动报酬的丰厚程度来决定的，但分配给各级的国民收入会有所不同，是由人民本身的需求来决定的。某行业中的人越是能满足在国民收入中占有很大份额的那些人的广泛而迫切的需求，得到的份额也就越多。

例如，假定艺术家单独构成一个阶层，或组成一个行业，再假定他们的人数不变或者至少不受与收入无关的因素的影响，那么，他们的收入将取决于喜欢从艺术家那里得到满足的那些阶层人士的资金和热衷程度。

§7. 以一个具有正常效率的工人来说明特定劳动的纯产品，假定对此工人的雇用并不会增加间接成本，而他的工作量恰恰也只达到雇主不能从中获得纯收益的那一边际 现在我们可以离开那个人人都拥有资本的想象世界，而回到我们这个劳资关系在分配问题上起着巨大作用的现实世界当中。但让我们仍然把注意力集中在按每一种要素的量和它所提供的服务以及把国民收益分配在各种不同的生产要素上。至于每种要素的报酬对该要素的供给起到的反作用，则留待下一章中进行讨论。

我们已经知道机敏的企业家是如何不断寻求最有利的运用自己的资金的

机会，并力图把各种生产要素都使用到这样一边际或限界上：在该边际上，他如果把一小部分开支转用到其他要素上会很有利。而就其影响所及，此企业家是代用原则起作用的媒介，通过他对这一原则的使用，使各要素的运用得到这样的安排：在此要素的边际运用上，因为此要素的使用而使其成本与增加的纯产品成比例。我们必须把这个普遍原则运用到对劳动的雇用上①。

　　谨慎的企业家心中经常盘算着这样的问题：他是否有恰当的人数来完成他的工作。在某些情况下，他的设备就给他解决了这样的问题。一个机车上必须有一个，而且只能有一个司机。但是几列快车却只有一个车务管理员；在运输繁忙的时候，机车会迟到几分钟，但这些时间是可以通过设第二个车务管理员而得到节省的。因此，一个机敏的经理总在考虑借助于重要列车上的第二个车务管理员以给旅客节省时间以避免麻烦这一纯产品，并考虑这种纯产品是否会与成本相称。这个问题和多增加一次列车是否能补偿在设备和劳动方面多支出一些费用这一问题，其性质相同，但形式却比较简单。

　　此外，人们有时听说某农户因缺乏劳动力而使土地荒芜。也许他有足够的马匹和农具，但是"如果他多雇一个人，就会收回资金，并且还绰绰有余"。这就是说，新雇用的这个人提供的纯产品除了补偿他的工资之外，还有剩余。让我们假定某农户存在着究竟雇用多少放牧员这样一个问题。为简单起见，我们可以假定增加一个人在设备或资本方面不会产生任何额外的支出，并且假定此人在各方面都会给该农户提供很好的服务，而又无须增加管理上的费用（就该词的广义而言，甚至包括风险保险费等）。最后，农户认为此人除了同样防止羊的死伤外，每年还可增加二十只羊。也就是说，他认为增雇的这个人提供的纯产品是二十只羊。如果可以用少于二十只羊的价格的等价雇到这个人，他就一定会雇他；但是如果只能用差不多相等的价格才可以雇到，那么该农户就会犹豫不决；而这个人可以叫做**边际**放牧员，因为他是边际上雇用的。

　　最好始终都假定此人具有正常的效率；即使他有特殊的效率，倘若他的

---

① 见第五篇的第1~4章。不久我们一定要讨论人的劳动在哪些方面不同于使用一所房子或一架机器。但是目前我们可以不考虑这种区别，而只就其主要方面来观察问题。不过即使如此，也会遇到某些技术上的困难，而根据第五篇第7章末尾的建议略去该篇最后几章的那些读者，如果不满意此处的泛泛讨论，最好重读第五篇的第8、9两章。

纯产品等于工资,那么他也只会是一个边际放牧员。该农户也计算过,一个有正常效率的放牧员只能增产十六只羊,从而愿意以多于普通工资四分之一的价格雇用他;但假定此放牧员有这样的特殊效率极其不方便,他应当有代表性,即有着正常的效率①。

---

① 参阅第六篇第8章中的第8、9两节关于劳动标准化的论述。

下表是一个数学例解。第(2)栏代表第(1)栏由8、9、10、11和12个牧工各自经营时每年可以销售的和连带剪毛的羊数(在澳大利亚,那里地广人稀,羊的价值较小,除在剪毛时,每2000只羊往往用不到10个人;斯派塞爵士引自阿什利著的《英国自治领地》,第61页)。我们假定牧羊人数从8人增加到12人,并且不增加经营牧场的总费用;并假定这给牧主在某些方面节省的操劳等于在其他方面增加的操劳,从而得失相偿,无须进行计算。因此,第(3)栏中列的因每增加一个人而得到的产品等于第(2)栏中的相应数字减去同一栏中的前一数字之差。第(2)栏中的羊数除以第1栏中的人数即求出第(4)栏。第(5)栏表示按每人20只羊计算的牧羊人的劳动成本。第(6)栏表示可用于一般费用(包括牧主的利润和地租在内)的剩余。

(1) 牧工人数	(2) 羊数	(3) 边际产品	(4) 每人平均产品	(5) 工资总额	(6) (2)与(5)之差
8	580	—	$72\frac{1}{2}$	160	420
9	615	35	$68\frac{1}{3}$	180	435
10	640	25	64	200	440
11	660	20	60	220	440
12	676	16	$56\frac{1}{3}$	240	436

从上而下,第(3)栏中的数字不断下降;但第六栏中的数字最初有所增加,继而不变,后则减少。这就表明雇用10个或11个牧工对牧主同样有利,但雇用8个、9个或12个牧工所得的利益却较少。如果劳动市场与羊市场是可以用20只羊的代价雇用一个人一年这种情况,则第11个人(假定具有正常的效率)就是边际牧工。如果这两种市场使雇用一个人的工资等于25只羊,则第(6)栏中的数字分别就成为380、390、390、385与376。因此,该牧主也许会少雇一个牧工,少出售一些羊;而在大批牧主中间,这样做的人势必居多数。

就类似情况(见第五篇第8章中的第4、5两节)的讨论最后曾指出:牧主对牧工恰好值得支付的价格仅仅是衡量决定牧工工资的许多原因的结果,如同安全阀门的气流量可以测定决定锅炉内压力的许多原因的结果一样。由此从理论上必须推出这一事实,即牧主通过在市场上多出售20只羊会降低一般羊的价格,因此在其他羊的买卖上如果此牧羊人有代表性，其雇主就有代表性，那么，二十只羊就代表一个牧工的纯产品，从而代表他获得收入的能力。但是如果雇主不善于经营，例如，如果他听任牧工不给羊充足的饲料，那么，该牧羊人只能增产十六只羊，而不是二十只羊。只有牧工及其雇佣条件都处于正常状态时，纯产品才有代表正常工资的趋势。

这个放牧员的劳动增加的产品，受到该农户雇的放牧员人数的极大影响；而雇用的人数又取决于需求和供给的总体情况，尤其是取决于当代放牧员队伍可以得到补充的人数；还取决于羊肉羊毛的需求和牧场的面积以及所有其他农场的放牧员的效率等等。而边际产量又深受土地的其他用途的影响：可供养羊的土地会因造林、种植燕麦和养鹿等需要的土地而减少①。

这是从简单的养羊业中选的一个例证。但在其他各行各业中，虽然问题的形式可能有所不同，但本质却相同。除了脚注中指出的那些对我们主要目的无关紧要的条件之外，各类劳动者的工资倾向于等于该类边际劳动者的追加劳动所提供的纯产品。②

将有所损失。这种修正在特殊场合也许颇为重要，但是在目前的一般讨论中，这是小得（数学上的二级无穷小量）可以不计的（见第五篇第8章中的第4节注解）。

　　当然，这个特殊情况中的牧工的纯产品在决定牧工工资方面所起的作用并不比那些如额外开支（如用于土地、建筑物、工具和管理人员等的开支）就不能便利地雇到牧工的边际人数所带来的纯产品的作用要大些。

　　上表中的第（4）栏与第（3）栏一样，是从第（1）、第（2）两栏推出的。但是这个表表明：当牧工可以按等于第（3）栏中羊数价值的工资得到雇用时，牧主可雇若干牧工，因此这触及工资问题的中心；而第（4）栏和这个问题却没有直接关系。所以，当 J. A. 霍布森在评论他制作的一个同样的表（其中的数学和他批评的那些假设毫不相干）时说："换言之，所谓最后生产力或边际生产力只不过是平均生产力而已……关于边际生产力存在的全部概念……完全是荒谬的。"（《工业体系》，第110页）他似乎是错了。

① 比较第五篇第10章的第5节。
② 当说明一个人的劳动的纯产品这种方法不便运用于那些必须将大量的资本和劳动都投到逐渐建立的商业往来关系上的工业中，而且如果这些工业遵循的是报酬递增规律时，这种方法就更不适用了。这与第五篇第12章和附录八中讨论的困难是同样的，参阅第四篇的第12章；第五篇第7章中的第1、2两节及第11章。也许还可以从纯抽象的观点来考虑某个大企业增雇一个人对它的总体经济的影响，但它小得可以不计（参阅第五篇第8章中的第4节的注解）。

这个原理有时被当做工资理论提出来。但任何这类主张都站不住脚。一个工人的报酬有等于他的劳动纯产品的趋势这一原理就其本身来讲，是没有实际意义的。因为要计算纯产品，所以除了他的工资之外，我们还必须假定他制造的那种商品的全部生产费用。

不承认这个原理是一种工资理论是对的，但不承认这个原理阐明了决定工资的诸多原因中的一个原因就不对了。

§8. 对一般资本的需求 为了特殊目的，在以下几章里我们将要用别的例证来说明上一节中用体力劳动说明的那个原则。特别要指出的是，当发现多用些监督员和多雇一个普通工人能同样增加某企业的有效产量时，就该测定某部分企业管理工作的价值；此外，有时可以用在某些情况下不会引起任何额外开支而又能给工厂增加的产量来计算一架机器的所得。

当我们从某台特定机器的工作量来概括出有一定总价值的机器的工作量时，就可以假定如果某工厂可以增用价值一百镑的机器，而不增加其他开支，那么该厂每年纯产量的价值（除去该机器本身的耗损之外）可增加四镑。如果投资者先把资本投向利益大的地方，并且在经过此程序达到均衡之后，投资者还觉得值得而且仅仅是值得使用该机器，那么由此事实我们就可以推断出年利息为四厘。但是这种例证也只能指出一部分决定价值的原因而已。如果把这类例证当做利息论或当做工资论，则必犯循环推理的毛病。

不过不妨进一步说明其余方面的资本需求的性质，并考察资本的总需求是如何由许多不同用途的资本需求构成的。

为论证起见，让我们以某特定行业（如制帽业）为例，并研究决定该行业吸收的资本量的那些原因是什么。假定毫无风险的证券利率为年息四厘，并假定制帽业吸收资本一百万镑。这就表示制帽业可以善用这一百万镑的资本，宁可为它付年息四厘，也不愿放弃此资本而不用①。

有些东西是制帽业所必需的：此行业不仅必须要有食物、衣服和住宅，而

---

① 商人借款时支付的利息率一般高于四厘（年利息率）。但是正如我们将在第6章中所看到的那样，除了实际纯利息之外，还包括其他成分。在资本最近因战争而遭到巨大破坏以前，说三厘似乎比较合理，但在战争结束后的几年内，甚至说四厘也可能靠不住了。

且也必须要有流动资本（如原料）和固定资本（如工具以及不多的机器）。虽然竞争使运用这宗必要的资本所获得的利润不能超过普通的企业利润，但是如果制帽业不能以较低的利率得到资本，就会甘愿为此付息五分，也不愿承受缺少此项资本而引起的损失。假设年息为二分，也许制帽业就不能不用一些其他机器；年息为一分时，所用的机器增多；年息为六厘时，更多；五厘时，最多；最后，因为年息为四厘，所以用的机器就特多。当制帽业拥有这个数量的机器时，则机器的边际效用——仅仅值得使用的那个机器的效用——就是四厘。

利率上涨会使制帽业减少机器使用量。因为凡是年剩余不超过本身价值百分之四的机器制帽业都会避免使用；而利率下降会使制帽业需要更多的资本，就连年剩余略少于本身价值百分之四的机器也得到使用。此外，利率越低，则用于制帽工厂和工人宿舍的建筑也就会越坚固越美观；同时利率下降会导致制帽业使用更多的资本，这表现在原料和零售商手中的成品大量积存上①。

即使在同一行业中，使用资本的方法也会迥然不同。各企业主按照自己的资金情况将在企业的各个方面进行投资，直到他认为似乎达到有利的边际为止。而正如我们说过的那样，有利的边际是相继切割各种可能投资的一条界线。一旦利率下降，而且按该利率又可以借得额外资本，则此界线就向外作不规则伸张。因此，对借贷资本的需求是各行各业中所有企业主对资本的需求总量，并且所遵循的规律和商品销售遵循的规律相同。就如同在任何既定价格下一定量的商品总能找到买主一样，如果价格上涨，则能够销售的商品数量就会减少。而资本的使用也是如此。

生产上的各种贷款是这样，而专事消费不事生产的人和抵押未来资源以取得现时经费的政府的借贷也是这样。的确，他们的行为往往很少受到严格的计划的约束，并且他们往往决定所要借贷的数额，但却很少考虑到将来所必须付出的代价。他们甚至对这类贷款利率都会起到明显的影响。

§9. 简短的摘要 试就上述一切做出一个全面的（即便是困难的）总结：各生产要素（如土地、机器、有特殊技能的劳动和无特殊技能的劳动，等等）在生产中往往得到最有利可图的运用。如果雇主和其他企业家认为略多使用任何一种要素就能获得更好的结果，那么他们就将使用这种要素；他

---

① 比较第五篇第4章及附录九的第3节，那里有关于杰文斯利息理论的论述。

们还估算在这方面或那方面因稍微增加开支而得到的纯产值（即总产量的货币价值扣除附带费用后的纯增益）；如果把少量开支从一方面移用到其他方面就有利可图，那么他们就会移用这种开支①。

这样看来，各生产要素的使用是由需求和供给的总体情况决定的。这就是说，一方面是由该要素在各种使用中的迫切性与使用者拥有的资金决定的，而另一方面是由该要素的现有存量决定的。根据代用原则，由于从该要素服务价值较小的使用方面不断移向服务价值较大的使用方面，因而该要素在各种使用当中的价值是均等的。

如果非特殊技能的劳动或任何一种要素使用少了，那么原因不外乎是在某一点上，即人们对于是否值得使用该要素还犹豫不决，或者最后认为不值得。这就是我们所说的一定要注意各种要素的边际使用及其边际效率。我们之所以这样所做，只是因为任何转移只能发生于边际，只能通过转移已经变化了的供求关系才能显现出来。

如果我们忽略各级劳动之间的差别，并将所有的劳动都看成是相同的劳动，或者至少看成是都用有标准效率的某种劳动来表示的劳动，那么我们就可以求出直接运用劳动和直接运用资本之间的无差别边际。用图能的话来说就是："资本的效率必然是其报酬的尺度，因为如果资本的劳动比人的劳动更便宜，则企业主势必会解雇一部分工人；如果资本比人工贵，他就会增雇工人。"②

---

① 这与第五篇的第 4、8 两章所述的内容相近。
② 《孤立国》，第二篇第 1 章中的第 123 页。他因此认为（同书，第 124 页）"利息率是资本的效率和人类劳动的效率的关系的表达"。最后，他用一些类似于一个世纪以后杰文斯为此目的而独立研究时使用的话说，"最后运用的少量资本的效用规定利息率的高低"（第 162 页）。图能概括地阐明了生产部门因继续追加资本而产生的报酬递减的这一规律。他关于这个问题的见解即使在现在也令人颇感有趣，虽然并没有指出如何调和这两种事实：某行业所用资本的增加可以使产量的增加超过资本的增加；资本不断流入某行业最后势必会降低其利润率。他对于这些问题和其他重大经济原理的讨论虽然在许多方面是原始的，但所采取的立场却不同于他关于决定资本积累的因素和关于工资与资本的关系的那些空想的立场。他从其中得出一个奇怪的结论，即自然工资率等于劳动者的生活必需品与其劳动辅以资本时所应得的那份产品的几何平均数。所谓自然率，他指的是能够保持的最高度；按照图能的意见，如果劳动者的工资一时高于此点，则资本的供给会减少，而此劳动者最终得不偿失。

但总的来说，在任何一个行业中竞争使用资本与竞争使用机器都有着性质区别。后者会使某种劳动完全失业，而前者一般却不能代替劳动，因为它必然会增加就业人数。而事实上以资本代替劳动只不过是以含有大量等待的劳动代替含有少量等待的其他形式的劳动而已①。

§10. **国民收入或国民收益的再定义**　当我们说到国民收益或可分配的全国纯收入（如分为土地、劳动和资本这样的份额）时，必须明确包括了哪些，而又排除了哪些。不论是从广义上还是从狭义上来使用这些术语，都对我们的论证无关紧要。但重要的是我们贯穿在这任何一个论证中的用法都必须始终一致；而且凡是包括在土地、劳动和资本的需求及供给的某一方面中的东西，也必须包括在另一方面之中。

当一国的劳动和资本作用于自然资源时，每年就生产出一定的纯商品总量。其中有的是物质的，有的是非物质的，也包括各种服务在内。而"纯"这个限定词是指补偿原料和半制成品的消耗以及机器设备在生产中的耗损和折旧。我们必须从总产品中减去所有这些消耗，才能求得真正收入或纯收入。国外投资提供的纯收入也必须包括在内（见第二篇第4章的第6节）。这就是一国的真正的年纯收入或国民收益。当然，我们可以按一年或按某一个时期来计算这种收益。**国民收入和国民收益**这两个术语是可以互用的。只是当我们把国民收入看做是可供分配的各种享受的新来源的总和时，国民收益一词才更有意义。但在这里最好沿用惯例，凡是通常不算做个人收入的那一部分，也不能算做国民收入或收益的一部分。因此，除了提到与此相反的情况之外，某人自己为自己的服务和给家人及朋友提供的无偿服务，还有从个人财产和公共财产（如免税）中获得的利益，都不能算做是国民收益的一部分，而必须分别进行计算。

一部分产品不仅用于补偿已消耗掉的物资和用坏的机器，而且还用于增加原料和机器等的存量。这部分国民收入或收益并不直接进入个人消费领域，但从这个术语通常用的广义上来说，的确进入了消费领域。例如，当印刷机制造商把印刷机卖给印刷厂时，情况就是如此。因此，从广义上来说，的确一切生产都是为了消费；国民收益、纯产品总量和消费总量都可以是互用的

---

① 图能很了解这点，同书第127页，再参阅第六篇第2章中的第9、10两节。

术语。在普通的工业状态下,生产和消费是相伴的,除非相应的生产为消费创造了条件,不然就没有所谓的消费了。一切生产都伴随着所要满足的消费。的确,在某些特定生产部门中可能有产销脱节现象,如因商业信用崩溃了可能会使绝大多数仓库一时存货充斥,无法出售。但这些都是例外情况,不在我们目前的考察范围之内(参阅以下第 8 章第 10 节;附录七的第 3 节)。

第2章 分配概论（续）

§1. 影响生产要素供给的诸原因和影响需求的诸原因对分配有着同等的影响 正如前一章开始时所指出的那样，现在我们要研究报酬对各种生产要素的供给所起的反作用来补充需求对分配的影响的研究。在初步考察生产成本和效用（或有利条件）对各种劳动、资本家和地主对国民收益分配方面所起的作用时，我们必须把二者结合起来加以讨论。

李嘉图和追随他的那些能干的企业家都认为需求的作用不言而喻，无须解释。他们既没有强调它，也没有充分详细地研究它。这种忽视曾引起很大的混乱，并蒙蔽了事实的真相。在这种反应中，有一种偏见认为，各生产要素的报酬源于它们所参与制造的那种产品的价值，而且主要是由该价值决定的；生产要素报酬的决定和地租的决定所根据的原理一样。甚至有人认为，可以从地租规律的推广应用中建立一种完整的分配理论，但似乎又难以达到。李嘉图及其追随者似乎具有正确的直觉看法，但他们对供给力量的研究更迫切而且更困难。

当我们研究决定一种生产要素（不论是任何一种劳动或物质资本）的（边际）效率是什么时，我们发觉该问题的及时解决需要知道该要素的现有供给量；因为如果供给增加了，就将被用在需求较小、效率较低的使用方面。而问题的最终解决也需要知道决定那种供给的原因。各种东西——不论是某特定种类的劳动、资本还是其他别的东西——其名义价值就如同拱门的拱心石一样，是靠两边相反的压力来维持自己的均衡的：一方面是需求的压力；而另一方面是供给的压力。

不论是一种生产要素，还是用于当前消费的商品，各种东西的生产都势必会扩展到供给与需求均衡的界线或边际。商品的数量及价格、生产该商品用的各生产要素及其价格——所有这些因素都相互制约着,如果某种外因使其中某个因素发生了变动,则干扰的结果就会涉及其余的因素。

同样,当碗中装有几个球时,它们相互制约着位置;又如天花板的不同点上有强度和长度都不同的弹力线(都是拉长的)悬着一个重物,各条线和重物的均衡位置都彼此制约着,如果有一条线缩短,则原来各条线所处的位置势必会变动,而其余各条线的长度和张力也必然会变动。

§2. **对第四篇中影响各种不同形式的劳动和资本的原因的要点说明** 我们已经知道,不论什么时候任何生产要素的有效供给都首先取决于其现有存量,其次再取决于把这种要素运用到生产上的全部意向。而这种意向并非纯粹取决于预期会得到的眼前报酬。不过有一种低极限,在某些情况下叫做直接成本。在此极限之下,生产势必会停止。例如,某厂商会断然拒绝开动自己的机器生产那种不能补偿生产上额外开支和机器实际耗损的订货。关于工人体力的消耗和工作当中的疲劳,还有其他不便之处也有类似情况。虽然目前我们讨论的是正常条件下的成本和报酬,而不是工人做某个特定工作时个人的直接消耗,但是为了避免误解起见,不妨在这里就这个问题作一简短的说明。

如前文所述①,当某人兴致勃勃地做自己愿意做的工作时,实际上那工作对他毫无消耗。因为正如某些社会主义者极其夸大的那样,除非发生某事完全剥夺了他们的工作,不然很少会有人知道自己是如何喜爱适度的工作的。但不论正确与否,大多数人都相信在谋生时做的大部分工作对他们毫无乐趣可言,相反,却对他们有所消耗;收工时他们会很高兴。他们也许忘了最初那几个工作小时对他们的消耗并不像最后一小时那样多,而且很可能会认为九小时工作的消耗是最后一小时的九倍;他们很少想到通过用足以补偿最后而且是最艰苦的一小时的工资率来支付每一小时的工作,这样他们就可获得生产者剩余或租金②。

---

① 见第二篇第3章中的第2节;第四篇第1章中的第2节;第四篇第9章中的第1节。
② 近来关于八小时工作日的讨论往往很少涉及劳动的疲乏,因为的确有许多工作所含的体力或脑力非常少,以致所谓用力也只能算做解闷,而不能算做疲劳。一个值班的人理应随叫随到,但他也许一天还做不上一小时的实际工作。可是他反对长时间值班,因为那种时间使他生活单调,失去家庭快乐和社会娱乐的机会,也许还失去愉快的晚餐和休息。

第 2 章　分配概论（续）

　　一个人工作或者值班时间越长，就越想休息，除非他因工作而麻木了。同时每增加一小时的工作使他的工资有所增加，并使他更接近于满足他的最迫切需要的那个阶段；工资越高，这个阶段到来得就越快。不过，随着工资的增长，究竟会出现新的需求以及为他人和自己提供晚年享受品的新欲望呢，还是会很快就满足于只能从工作中得到的那些生活享受呢，或是企求更多的休息和更多令人愉快的活动呢，这只是个人的兴趣问题，并没有普遍的规律可循。但经验似乎证明各个种族不同的人（特别是热带地区的居民）越是愚昧无知，工作的时间也就越短；而且如果工资率的提高使他们可以用比以前少的工作就得到习惯上的生活享受，那么他们工作时就会越不卖力气。而对于眼界开阔、性格坚强的人来说，工资率越高，他们工作就越卖力气，坚持的时间也就越长，除非他们宁愿把活动转向更高尚的目的，而不是为了物质利益而工作。这一点将在后面作进一步讨论。此刻我们可以断言：一般来说，报酬增加使有效率的工作的供给立刻得到增加。此项规则的上述例外情况为

　　如果一个人想什么时候停工就可以停工，那么当继续工作而获得的利不再大于弊时，他就会停工。如果他必须和别人一道工作，那么，他的工作日的长度往往是规定了的；而在某些行业中他一年的工作日数实际上是固定的。但是严格规定他的工作量的那些行业几乎绝无仅有。如果他不愿按当地通行的最低标准工作，一般就会在标准较低的其他地方找到工作。而各地的标准是由当地工业人口对工作的各种不同强度的利与弊的权衡建立起来的。因此，如果一个人的自我抉择在决定他一年做的工作量方面不起什么作用，那么就和下述情况同样例外：一个人因为没有其他房子可住而必须住一所大小完全不合他意的房子。按每小时十便士的相等工资率，一个人也许宁愿一天工作八小时，而不愿工作九小时，但是他不得不工作九小时，否则就得不到工作，那么他由于工作第九小时就的确会受到损失。不过这种情况极其罕见。如果遇到这种情况，就必须以天为单位。而成本的一般规律是不受这一事实干扰的，就如一般效用规律不受以一次音乐会或一杯茶为单位的这样的事实所干扰一样。一个人也许宁愿出五先令的票价听一场音乐会，而不愿出十先令的票价听一场音乐会，或宁愿出二便士买半杯茶，而不愿出四便士买一杯茶，那么他也许会因后半场音乐会或后半杯茶而遭受损失。因此，庞巴维克提出的这个观点（"价值的最终标准"，第 4 节，发表于《经济学杂志》，第 2 期）是没有合适的依据的，即价值一般必须由需求来决定，而并不直接涉及成本，因为劳动的有效供给是一个固定不变的量。因为即使严格规定了一年的工作时数（实际上却不然），而工作强度也仍然是有伸缩性的。

数不多,但并非没有意义①。

§3. 续前 然而,当我们从工资的提高对个人的工作的即时影响的研究转向这在一两代人之后的最终影响时,这种结果也并非不是肯定的。的确,虽然生活境遇的暂时改善会给许多青年人带来成家立业的机会,然而持续性的繁荣似乎同样可能提高或降低生育率。事实上,工资的增长势必会降低死亡率,除非父母忽视子女的保育。当我们观察高工资对下一代人的体力和智力的影响时,这个论据就更有力了。

假如某种消费有所减少,人们就不能有效地完成工作。那么从这个意义上来说,这种消费对各个在不同岗位的人们都是绝对必要的。的确,成年人也许会牺牲子女而只顾自己,但那会使效率的降低推到后一代人身上。其次,还有在风俗习惯上非常必要的习惯上的必需品,人们一般都宁肯牺牲大部分所谓的绝对必需品,也不愿放弃其中重要的必需品而不用。再次,还有日常嗜好品,有些人(虽然不是所有的人)甚至在极其困难的情况下也不愿放弃这些东西。这些习惯上的必需品和日常嗜好品当中,有很多都是物质与精神进步的体现,范围随着时代和地域的不同而不同。这些东西数量越多,作为生产要素之一的人就越是不经济。但如果进行适当的选择,这些东西就会在最大程度上达到一切生产的目的,因为它们提高了人类生活的情调。

对效率绝对是必要的那种消费如果有任何增加都不是得不偿失的,并且这种消费从国民收益中抽取的就等于对国民收益增加的。但增加不为效率所必需的那种消费只能通过人们加强对大自然的控制而加以解决。这种消费的增加可以通过以下途径得到实现:知识和生产技术的进步;组织的改善和原

---

① 参阅第12章。荒年、通货膨胀和信用的波动在各个不同时期曾迫使某些工人、男工、女工和童工过度劳动。工资不断减少而劳动强度日益增大的情况,虽然现在并不多见,但在过去却屡见不鲜。这些情况可以和一个处于逆境的工厂为了取得所支出的某些报酬而按略高于足以补偿其直接成本或特殊(直接)成本的价格接受订货的那种努力相比。而相反,差不多各个时代(也许我们时代比大多数其他时代要少些)都有一些故事,即人们在突然的繁荣中都满足于用少量劳动换取较高的工资,从而也就会有促成那种繁荣的消失。但是这些问题必须留待商业周期的研究之后再加以讨论。在平时,是由手艺人、自由职业者或企业家作为个人或商业团体的成员来决定什么是他行将接受的最低价格。

料来源的日益丰富和扩大；资本的增加以及达到任何既定目的的物质资料的增加。

可见，劳动供给是如何紧密适应劳动需求这个问题，在很大程度上都可以归结为这样的问题：在一般人的现时消费中，有多少是用来维持青年和老年人的生活及效率的必需品（从严格意义来说）；有多少是这样的习惯上的必需品——在理论上可以免除，但实际上很多人宁愿要它也不愿要某些真正用来维持效率的必需品；虽然作为目的本身来看，有些必需品当然极其重要，但作为生产手段来看，又有些是多余的。

正如我们在前一章开始时指出的那样，早期的英国和法国经济学家几乎把劳动阶层的全部消费都列入第一类。他们之所以这样做，部分上是为了简单，部分上是由于当时英国劳动阶层贫困，而法国劳动阶层则更贫困。他们曾断定劳动供给会适应其有效需求的变动，就和机器的供给适应其有效需求的变动一样。不过前者适应有效需求的速度远远不如后者那样快。就现时比较不发达的国家的问题而言，我们必须做出的回答和英法经济学家的答案并没有多大出入。因为世界上大多数国家的劳动阶层能够消费的奢侈品极少，甚至连习惯上的必需品也不多。他们报酬的增加会引起人数的大量增加，从而使他们的报酬又迅速降低到仅仅能维持生活所需要的费用的原有水平上。在世界上大多数的地方，工资都几乎是按照所谓的铁律或铜律来规定的，这个规律把工资固定在培育和维持一个效率很差的劳动阶层的费用上。

关于现代西欧各国答案却迥然不同。之所以不同，是由于近来在知识和自由、体力和财富以及海外的食物和原料基地等方面都有了很大的进步。但的确，甚至在今天的英国，大部分主要消费仍用来维持生活和体力。其用法也许不太经济，但也没有任何大的浪费。无疑，某些恣意放纵绝对有害，但相对于其他的恣意放纵行为来说是在减少，主要的例外也许要算赌博。其中大部分开支作为提高效率的手段都并不十分经济，但却有助于形成灵活而又充分的上进习惯，并给生活带来多样化，缺了它，人们就会显得闷闷不乐，停滞不前。耕耘虽多，但收获却少。大家都承认，甚至在西欧各国工资最高的地方，那里的有特殊技能的劳动一般也都是最便宜的劳动。的确，日本的工业发展有一种倾向表明，可以弃而不用某些很贵的习惯上的必需品，而又不致相应地降低效率。虽然这种经验可能会对将来产生深远的影响，但同过去和现在的关系不大。的的确确,就人们的现在和过去的情况而言,在西欧各国,有效率的劳动所得的报酬并非大大超过用来补偿培养和训练有效率的工人并保持和充分运用他们的精力所需要的最低费用①。

于是,我们可以得出的结论是:工资的增长几乎总能促进下一代的体育、智育甚至德育的发展,除非是在不健康的条件下赚得的工资。在其他条件不变的情况下,劳动报酬的增加会提高劳动的增长率。换言之,劳动的需求价格上升会使劳动的供给增加。如果知识、社会风尚和家庭习惯不变,则可以说全体劳力(而不是全体人数)和某特定行业中的人数与劳力有一个供给价格,即有一定需求的价格水平使二者不增不减。便如价格较高,则二者增加;而价格较低,则二者就减少。

可见,需求和供给对工资产生同样的影响是不容有偏重的,就如同剪刀的两片、拱门的双柱一样。工资既有等于劳动纯产品的趋势,使劳动边际生产力决定劳动的需求价格;另一方面,工资又有同培养、训练和保持有效率的劳动的精力所用的成本存有密切关系(虽然是间接而复杂的)的趋势。这个问题中的各种因素都相互决定(即制约)着,它们偶尔使供给价格和需求价格相等:工资既不是由需求价格又不是由供给价格决定的,而是由支配供给和需求的一系列的原因决定的②。

关于"一般工资率"或"一般劳动工资"这些常用词语,需要略加解释。在广泛考察分配,特别是在我们考察劳动和资本的一般关系时,使用这

---

① 机车上有些黄铜活儿或铜活儿,大部分是装饰用品,即使弃而不用也无损于机器引擎的效率。其数量实际上因选择各铁路车型的人员的趣味而异。但是习惯也许恰巧需要这种支出;而习惯是不容分辨的,铁路公司也不敢有所违抗。在这种情况下,当讨论该习惯流行的时期时,我们应该等同对待装饰活的成本和活塞的成本,把它们都包括在生产一定量机车马力的成本之中。有许多的实际问题,特别是和不很长的时期有关的那些问题,几乎可以将其中的习惯必需品和实际必需品放在相同的地位。

② 重复本段之所以似乎有必要,是因为各类批评家对本篇主要论点有误解,其中甚至包括敏锐的庞巴克教授。因为在他的《价值的最后标准》一书中(特别要参阅第5节),他似乎认为工资既等于劳动纯产品,又等于劳动的培养训练及维持其效率的成本(或简称劳动的生产成本,虽然欠妥当)这一信念势必引起自相矛盾。而相反,卡弗教授在《经济学季刊》(1894年7月)上发表的一篇优秀论文中,曾阐明了各种主要经济力量的相互作用;请参阅他著的《财富的分配》,第4章。

些名词很方便。不过实际上，在现代文明中并无所谓的一般工资率这个概念。在数以百计的工人群体中，各有各的工资问题，各有各的特殊原因（自然的和人为的）支配着供给价格并限制着其群体的人数；各有各的需求价格，这是由其他生产要素对工人这一群体的服务的需要决定的。

§4. **报酬增加对个人勤奋的影响无常，正常工资与人口增长和体制增强之间的适应的一般比较规则。储蓄所产生的利益对资本及其他财富积累的一般影响**　"一般利率"一词也有类似的困难。但在这里主要的困难源于这样的事实：在某些特定生意（如建工厂和造船）上已投下的资本的收入本来是一种准租，而且只有在所投资本的价值不变这一假设的基础上才可以说是利息。此外，撇开这种困难不谈①，"一般利率"一词从严格意义上来说，只能适用于新的自由资本投资的预期纯收入。在这里我们可以略述一下关于资本增长的最初研究的结果。

我们已经知道②，决定财富积累的因素很多，如习俗、自律和防患未然，而最重要的是家庭情感的动力。安全保险是财富积累的一个必要条件，知识的进步和文化的发展在许多方面也使之有所增长。但是，虽然除了利率外一般储蓄还受许多原因的支配，但许多人的储蓄还是很少受利率的影响。有些人决定给自己或家庭获得一宗固定收入时，利率高就少储蓄，而利率低就多储蓄。可是，权衡各方面的情况之后，我们坚信，利率（或储蓄的需要价格）上涨有使储蓄量增加的趋势。

既然利息是任何市场上使用资本的代价，那么利息常常趋向于一个均衡点，使得该市场在该利率下对资本的需求总量恰好等于在该利率下即将来到的资本的总供给量。如果我们讨论的市场是一个小市场（例如一个城市或进步国家中的一种工业），那么当该市场对资本的需求增加时，就可以从邻区或其他行业抽调资本来增加资本的供给，从而迅速满足这种需求。但是如果我们把全世界或一个大国当做一个资本市场来考虑，就不能认为资本的供给总量会因利率的改变而迅速大量地增加，因为资本的一般来源是劳动和等待的结果。利率提高固然可以引诱人做额外劳动和额外等待，但在短时期内，这

---

① 参阅第六篇第 6 章中的第 6 节。

② 参阅第四篇第 7 章中的第 10 节的提要。

种额外劳动和额外等待与现有资本中的劳动和等待相比是不会很多的。所以在短时期内，当对资本的需求大量增加时，为了满足这种需求的增加，供给的增加要比利率上涨大得多。因为利率上涨会使一部分资本从其边际效率最低的使用中逐渐退出。提高利率只能慢慢地、逐渐地增加资本的总供给量。

§5. 就需求对分配的影响以及个人把资源用于生产的方面来说，可以将土地看成是一种特殊形式的资本，但与供给对分配的正常影响相比，土地却与资本有所不同，而这是我们在本章中要讨论的 不能将土地与人本身和人制造出来的生产要素以及人对土地进行的改良等同对待①。因为所有其他生产要素的供给都按不同方式并在不同程度上与对它们服务的需求相适应，而土地却没有这种适应。所以，任何劳动阶层的报酬剧增都会使该阶层的人数有所增加，或效率同人数两者一起增加；该阶层有效率的劳动的供给增加了，往往会削减对社会提供服务的价值。如果人数增加了，那么每个人的报酬率就会下降，直到保持原有的水平。但如果是他们的效率增加了，那么即使每个人的报酬也许比以前增加了，但所增加的报酬却是对国民收益的增加，而对其他生产要素并无损害。这个论点适用于资本，但不适用于土地。所以，虽然土地的价值和其他生产要素的价值有相似之处，但却是受上一章末所讨论的那些影响因素的支配，而不受这里所讨论的这些影响因素的支配。

的确，从单个的厂商或农场主的观点来看，土地只是一种特定形式的资本，也受前一章中所讨论的需求规律和代用原则的支配。这是因为，现有的土地就像现有的资本或某种劳动一样，也有从一种使用转向另一种使用的趋势，直至进一步转移到无利可图为止。因此，就前一章中讨论的问题而言，一个工厂、货栈和一把犁（除去耗损等）的收入与土地的收入的决定方式是相同的。不论在哪种情况下，收入都有等于该要素边际纯产品价值的趋势。在短时间内，该收入是由该要素的总供给量和其他要素对它的服务的需求量来决定的。

这只是问题的一个方面，另一个方面的问题是，土地（指古老国家中的土地）并不受本章中所论述的那些反作用的影响。如报酬率增加对其他生产要素的供给的影响以及它们对国民收益贡献的影响，进而对其他生产要素的

---

① 本节的论证是广泛的。关于专门而比较完全的讨论，请读者参阅第五篇的第 10 章。

服务需求所产生的实际成本的影响。一个工厂多建一层楼,或者一个农场多用一把犁,该楼或该犁事实上都不是取自其他的工厂或农场的。国家给自己的企业增加一层楼或一把犁,就如同个人给自己的企业增加这些东西一样。因此,用来分配的国民收益会比以前有所增加。在长时期内,最终厂商或农场主的报酬照例不是由牺牲其他生产者的利益而得到增加的;与此相反,不论什么时候的土地(指古老国家中的土地)存量都是一种固定的存量。当一个厂商或农场主决定给自己的生意增加少量土地时,实际上就等于他决定从别人的生意中取走这块土地。他给自己的生意增加了土地,但是国家并没有增加土地,这种变化本身并不能增加国民收益。

§6. **本阶段论点总结**　总结一下我们这一阶段讨论的问题:全部纯产品总量是所有这些商品的需求价格,从而是生产这些商品所用的生产要素的需求价格的真正来源。换言之,国民收益是一个国家内所有生产要素的纯产品总量,同时又是支付这些要素价格的唯一源泉:它分为劳动工资、资本利息和土地在生产上具有级差优势的生产者剩余或地租。工资、利息和地租或生产者的剩余构成了全部国民收益,在其他条件不变的情况下,国民收益越大,它们各自贡献的份额也就越大。

一般来说,劳动、资本和土地对国民收益的分配是和人们对它们所提供的各种服务的需求成正比例的。但这种需求不是总需求,而是边际需求。所谓边际需求是在这样一点上的需求:在该点上,不论人们略多购买某种要素的服务(或服务成果),还是用他们的额外资金购买某种要素的服务(或服务成果),这对他们都毫无区别。如果其他条件不变,该要素获得的份额越大,增加得就越快,除非它们完全不能增加。但是,每增加一次就会使对它们的需求的迫切性有所减少,因此,会减少其边际需求量,并降低它们的销售价格。这就是说,任何要素的比例份额或报酬率的增加都会使某些力量发生作用,其结果就是减少该要素的份额,却增加其他要素在国民收益中所占的比例。这种反作用也许是缓慢的,但是,如果生产技术和总的社会经济情况不发生剧烈的变动,那么各要素的供给会受到它的生产成本的严格控制;其中,要考虑习惯上的必需品,而且随着日益丰富的国民收入给一个又一个阶级提供了日益增加的剩余(超过维持效率所必要的剩余),这种必需品也不断增多。

§7. 不同工种的工人的工资和效率之间的相互关系 在研究一个行业中效率的提高和报酬的增加对其他行业的影响时，我们可以从这样一个普遍事实出发：如果其他条件不变，任何生产要素的供给越多，该要素所开辟的使用途径就越广，而该要素在种种用途（在这些用途上，它是在即将证明无利可图的边际上得到利用的）上的需求价格也就越低；在竞争能使该生产要素得自各种使用上的价格都相等的情况下，该价格就会是该要素在各种用途上的价格。该要素的增加造成的额外生产增加了国民收益，其他生产要素也从中获利，但该要素本身却不得不承受较低的报酬率。

例如，假设其他条件不变，而且资本增加得很快，利率就必然会下降。假设其他条件不变，而且从事某特定工作的人数增加，那么工资就必然下降。这两种情况当中的每一种都会使生产增加和国民收益增加；在每一种情况中，某生产要素的损失都必然成为其他生产要素（未必是一切生产要素）的收益。例如，开发一个蕴藏丰富的石矿，矿工人数增加或效率提高，都势必会改善各阶级的住宅状况，都势必会增加对砖匠和木匠劳动的需求，从而提高了他们的工资。但是作为建筑材料制造者的瓦工却必受其害，虽然从消费方面来看，他们也得到了利益，但这种利益终究补偿不了他们的损失。这一要素的供给增加，对许多其他要素的需求都略有增加，对有些别的要素的需求则大量增加，而对某些要素的需求却有所减少。

我们知道任何工人（例如皮鞋厂的工人）的工资都有等于他的劳动纯产品的趋势；但工资并不是由该纯产品决定的。因为纯产品就如同各种边际使用上的其他情况一样，和价值一起都是由需求和供给的一般关系决定的①。但是当（1）投于制鞋工业的资本和劳动总量已达到这样一点：在此点上，虽然增加劳动和资本可以增加产量，但仅仅只是有利而已；（2）把资金在生产设备、劳动和其他生产要素之间作了适当的分配；（3）我们所讨论的这个工厂业务正常，经营管理能力正常，但该厂的情况是不知道是否值得按正常工资增雇一个具有正常能力和干劲的工人。当上述种种情况确定之后，我们大致可以断言：损失该工人的劳动势必会减少该厂的纯产品，而这种纯产品的价值与该工人的工资大约相等；反过来说，此工人的工资大约等于该纯产品

---

① 参阅第五篇第 8 章中的第 5 节、第六篇第 1 章中的第 7 节。

（当然不能机械地将一个人的纯产品和其余工人的纯产品分开）①。

皮鞋厂中各类工人的工作难易程度有所不同，但我们可以忽略各类工人在职业上的区别，而假定他们都属于同一级（这一假定大大简化了论证的措辞，而不致影响其总的性质）。

在现代工业生产急剧变化的情况下，一种工业或其他工业有时容易出现劳力供给过多或供给不足的情况；而由于种种限制性的因素及其影响，这种不可避免的失调现象会变本加厉。但是，劳动的流动性足以使这一点成为事实：即在一个西方国家中，各个不同部门中的同级工人的工资有相等的趋势。因此，下述说法并非言过其实：一般来说，和能力正常的皮鞋工人处于同级的各个工人都能用自己的工资买一双鞋（除去原料成本后），因为他们赚取该工资所用的时间和皮鞋工人给工厂的纯产品增加同样一双鞋所用的时间大致相等。更普遍地说，就是每个工人用百日劳动的工资一般都能买到和他同级的其他工人百日劳动的纯产品，只要不超过该数量，他可以任意进行选择。

如果别的等级的工人的正常工资比他的工资高一半，那么皮鞋工人必须用三日的工资才能买到别的等级工人两日劳动的纯产品，依此类推。

可见，如果其他条件不变，在任何一个行业（他自己的也包括在内）当中，劳动纯效率的增加都会按同样的比例提高皮鞋工人用来购买该行业产品的那部分工资的实际价值；假如其他条件不变，皮鞋工人的实际工资的平均水平就直接取决于那些生产他们花工资买其产品的行业（他自己的行业也包括在内）的平均效率的变化，并且与之成正比例；反之，在某工业中，如果工人放弃可增加效率百分之十的技术革新，那么便会使皮鞋工人用于购买该行业产品的那部分工资损失百分之十。但是，如果其他工人的产品和他的产品处于竞争状态，而这部分工人的效率又有所提高，那么该效率的提高至少会使他暂时遭受损失。如果他不消费该产品，则蒙受的损失会更大。

此外，如果各级劳动阶层的相对地位发生变化，皮鞋工人的地位相对于

---

① 参阅第六篇第 1 章的第 6 节。如官对方生产普查所示，一个工厂的纯产品现在一般都被视为工厂加在其原料上的工作，因此，纯产品的价值等于产品的总价值减去它消耗的原料的价值之差。

其他级别的劳动力来说有所提高，那么他会因此而得利。医务人员（他有时需要医生看病）的增加对他会有利；如果厂商、商业经理和其他企业家的人数大量增加，而所增加的人数又来自其他级别，那么对皮鞋工人会更有利。因为与手工劳动的报酬相比，管理上的报酬会有所下降，而各种手工劳动的纯产品势必会增加。因此，如果其他条件不变，皮鞋工人用代表他们的纯产品的那些工资购买的各种商品就会更多。

§8. **我们始终假定特定工种的工人和特定行业的雇主在所述时间和地点上并不具有多于他们事实上所特有的那种竞争能力。知识和竞争的自由** 替代方法的趋势我们已讨论过，这种方法仍是一种竞争形式。不妨再强调一下，我们并不假定存在着完全竞争；完全竞争要求完全掌握市场情况。当我们考察隆巴德街的股票交易所或商品交易所的营业情况时，假定经纪人完全掌握市场情况，且与现实生活相去甚远；但是，当我们考察工业上任何低级劳动力的供给的决定因素时，这种假定就完全站不住脚了。因为如果某人有足够的才能掌握劳动力市场的全部情况，就不会长期留在低层次劳动阶层中了。从前的经济学家因为和现实商业生活保持密切的关系，一定非常懂得这个道理；但是，一则由于简单扼要，二则由于"自由竞争"一词当时十分流行，三则由于他们没有充分归类和限制自己的理论，所以他们似乎往往暗示自己的确假定了完全竞争。

因此，要特别强调的是，我们并不假定任何工业集团的成员天生就有才能和远见，或者除了该集团的成员和各个消息灵通的人士所具有的那种正常动机外，还受其他动机的支配。当然要考虑到时间和地点的总体条件，尽管有许多任性和冲动的行为，尽管卑贱和高尚的动机交织在一起，但经常的趋势是，每个人为他和自己的子女选择的职业在他看来都是大体上最有利的，而且又是他的资金和能力所能及的那些职业①。

§9. **论一般劳动和一般资本之间的关系。资本辅助劳动。资本与劳动的竞争。需要慎重解释这种说法** 最后要讨论的一部分问题是关于一般资本和一般工资的关系。很显然，虽然为将一般资本和劳动运用于某些特定行业而

---

① 将在以下各章中讨论商品情况中的供求调节情况，还有劳动情况中的供求调节的差别。

经常进行着竞争，可是因为资本本身是劳动和等待的体现，所以，这种竞争实质上是几种辅以大量等待的劳动，和其他几种辅以少量等待的劳动之间的竞争。例如，当人们说"资本主义机器曾代替了很多制鞋工人"的时候，意思就是说从前用手做鞋的人很多，借助于少量的等待而做锥子和其他简单工具的人很少；而现在虽然从事制鞋的人比以前减少了，但他们借助于工程师制造的机器和借助于大量的等待，却能比以前生产更多的鞋子。所以，在一般资本和一般劳动之间存在着真正的、有效的竞争，但这种竞争的涉及面并不广，与工人从廉价取得资本的协助中、从提高他们所需要的那些产品的生产方法的效率上得到的利益相比，是无足轻重的①。

一般说来，更大的储蓄倾向会不断扩大等待的服务，并使这种服务不至于按像以前一样高的利率才能得到。这就是说，除非有一种发明为迂回生产方法开辟了新的有利途径，不然利率就会不断下降。但资本的这种增长会增加国民收益，开辟新的有利的场所以供劳动力在其他方面得到雇用。因此，除了补偿等待的服务对劳动的服务的部分替代外，还绰绰有余②。

由资本的增长和发明的增加而引起的国民收益的增长，必然会影响各类商品供给量。例如，使制鞋者用自己的报酬能买到更多的食物、衣服；使自来水、灯光和暖气，还有旅游产品等供应增多并有所改善。不过应该承认这一点：少数改良至少最初只会影响富人消费的那些商品；没有任何相应的国民收益直接归于劳动阶层；在短时间内他们不能获得任何利益以补偿特定行业中有些人可能受到的损失。不过这些情况十分罕见，而且一般规模都很小。即使他们总是经常获得某种间接的补偿，但因为专门用于富人奢侈品的种种改良会迅速推广到其他阶层，因此这又不是一种必然的后果。实际上，奢侈品便宜一般来说都会以不同的方式增加富人对手工产品和个人服务的嗜好，并使他们用来满足这些嗜好的资金也得到增加。这是一般资本和一般工资的关系的另一个方面。

---

① 我们现在暂时不谈从狭义上讲的竞相雇用劳动与资本家及其副经理和工头。第 7、8 两章的大部分将进行这个重要而困难的问题的研究。
② 此处资本是指广义的资本，不限于产业资本。这一点不太重要，列入附录十的第 4 节中。

§10. **工资取决于资本垫支这种说法的正确程度的限定。参阅附录十、十一** 不言而喻,任何特定的劳动阶层每年领取的国民收益的份额,都相当于当年的产品价值构成。因为当年的许多成品和半成品都仍然留在产业资本家和雇主的手中,并被用来扩大再生产;而他们直接或间接地把前几年的产品交给各劳动阶层作为他们的报酬。

劳动和资本的一般交易是这样的:工人取得用于直接消费的商品的支配权,而把雇主的物品朝着用于直接消费的阶段推进一步来作为交换。不过虽然大多数雇主是这样的,但完成生产过程的那些工人却并非如此。例如,装置表的工人给雇主提供的用于直接消费的商品,比他作为工资而取得的要多得多。又如,我们把一年的几季(播种和收割时间都算在内)综合起来看,就知道全体工人给雇主提供的成品,多于当做他们的工资所得的成品;我们有理由认为劳动工资取决于资本对劳动的预支。因为(除了机器、工厂、轮船和铁路之处)借给工人的住宅,甚至各阶层生产他们消费的那些商品所用的原料都表明:即使工人在领工资以前已经给资本家工作了一个月,资本家预支给工人的工资也要比工人预支给资本家的劳动或劳动产品多得多。

由此可见,在已经阐明的分配理论中,没有什么东西使一般资本和一般劳动的关系同任何其他两种生产要素的关系有着很大的差别。关于劳动和资本关系的现代学说是以前学说的发展的结果,不同的只是在于现代学说比穆勒在《政治经济学》第四篇第3章中讲的理论更精确、更完整和更一致。穆勒在这一章中,把有关该问题的所有各种因素都聚集在了一起。

综合以上所述,可以进一步得出结论:一般资本和一般劳动在创造国民收益时相互协作,并且按照各自的(边际)效率从国民收益中提取报酬。它们极其密切地相互依存,没有劳动的资本是僵死的资本;如果不借助于劳动者自己或别人的资本,劳动者势必就无法生存。哪里的劳动者奋发向上,哪里的资本报酬就高,资本增长得也快。由于资本和知识的缘故,西方国家的普通工人在许多方面都比以前的王公贵族吃得好、穿得好,甚至住得也好。资本和劳动的协作就如同纺工业和织工业的协调一样重要。虽然纺工业稍稍居先,但却不能使之与众不同。一方的发展是同他方的发展分不开的。不过一方用牺牲他方的办法可以暂时(如果不是永久的)获得较大的国民收益份额。

在现代世界中，私人雇主和股份公司的高级职员本身拥有很少的资本，但他们却是巨大工业机轮的轴心，资本家和工人的利益全都集中在他们身上，并且由他们来分布；他们把全部利益都牢牢地掌握在一起。所以，在讨论就业和工资的变动时（留待本书续篇讨论），他们将占有首要的地位；在讨论劳动、资本和土地各自特有的代替作用中的次要特征时，他们占据的地位虽然不是首要的，但却是很显著的。不过这都是以下八章所要讨论的内容。

在附录十中将略述"工资基金"学说。那里将为我们下面的观点提供理由：工资基金学说过分强调劳动的需求，而忽略了劳动供给的决定因素；此学说提出资本存量和工资总量的相互关系，来代替借助于资本的劳动产品的总量和工资总量的真正关系。但那里也将指出持有下面这一见解的理由：如果古典经济学家（也许他们的追随者未必都如此）进行反复思考，就一定会删除工资基金学说中令人误会的部分，从而尽量使它和现代学说相一致。附录十一将研究各种生产者和消费者的剩余；提出的问题只有抽象的趣味，而没有多大的实际价值。

如上文所述，各种生产要素的效率（总效率和边际效率），它们对纯产品总量或国民收益的直接或间接的增益以及它们各自所得的国民收益份额，是由许多关系非常复杂的因素连在一起的，不可能用一句话就能解释清楚。但借助于数学上严密而简练的词语，即可窥其全貌。当然其中的质的差别是无法说明的，除非尽量把它解释成量的差别[1]。

---

[1] 这种考察集中在数学附录的注 14 到注 21。而注解 21 易于理解，它表明了问题的复杂性。其余大多数的注解是注解 14 的细节的进一步发展，其中部分内容在第五篇第 4 章中已译成英语。

第3章 劳动工资

§1. 第3章至第10章的范围　当我们在上一篇讨论需求和供给的一般均衡理论，以及在本篇前两章中讨论分配和交换的中心问题时，都尽量不考虑生产要素的特殊性质及其枝节问题。我们并没有详细研究这一点：有关生产工具的价值和借助生产工具所制造的产品的价值二者的关系的一般理论，在多大程度上适用于雇主、工人或自由职业阶层凭着先天能力或后天知识和技巧而获得的那些收入。为了避免和利润分析有关的各种困难，我们并不去注意市场上有关利润一词的许多不同的用法，甚至也不注意利息这个更基础的名词。而且没有考虑各种租佃对土地需求的方式的影响。所有这些不足之处都将在以下各章论劳动、资本与经营能力和土地的供求时进行详细的分析和补充。

本章要讨论的是关于工资计算的方法问题，主要属于算术或簿记的范围，但是许多错误的产生都是由于计算时粗心大意造成的。

§2. 竞争有使相同职业中的周工资不等的趋势，但有使周工资与工人效率成比例的趋势。计时工资。计件工资。效率工资。计时工资没有相等的趋势，而效率工资则有这种趋势　当我们观察物质商品的供求作用时，经常碰到这样一个困难：在同一个市场上以同样名称出售的两种东西实际上质量不同，对各个买主的价值也不同；或者是如果质量确实相同，那么即使在竞争极其激烈的情况下，也因销售条件不同，而可以按名义上不同的价格出售。例如，交付当中的开销或风险有时由卖主承担，而有时却由买主承担。但这种困难在劳动的这种情况下，要比在物质商品的情况下大得多。付给劳动的真正价格往往相差悬殊，而这种悬殊差别是不易从名义上支付的价格得到说明的。

"效率"一词的解释存在着一个最基本的困难。如果说在长期内不同部门中大约有相等效率的人获得的工资也大约相等（或"纯利益"大约相等，第二篇第 4 章的第 2 节），那么就必须从广义上来解释"效率"一词。此词指的一定是一般的工业效率（如第四篇第 5 章中的第 1 节）。但是，如果是指同一部门中每个人从生产中获得报酬能力的差别，那么就必须按该部门所需要的那些特殊效率因素来估计效率。

人们常说竞争倾向于使同一行业中或者困难相同的各个行业中的人的工资相等，但这种说法需要谨慎地解释。因为竞争使效率不同的两个人在一定时间（如一日或一年）内所得的工资不是趋于相等，而是趋于不相等。同样，在平均效率不等的两个地区，竞争使平均周工资不是趋于相等，而是趋于不相等。如果英国北部各劳动阶层的平均体力和精力都高于南部，那么就可以断言："竞争使各事物趋向自己的水平"越彻底，北部的工资就越是肯定会高于南部①。

克利夫·莱斯里和某些经济学家曾天真地强调工资的地区差异足以证明劳动阶层中的流动性很小，并且他们的就业竞争无效。但他们援引的大部分材料只是与日工资或周工资有关，只是一部分材料，而若把遗漏的另一部分材料补上，那么全部材料一般都支持相反的结论。因为我们发现周工资的地区差异和效率的地区差异大体上一致。因此，材料（只要是与该问题有关）就往往证明竞争是有效的。不过我们很快就会知道充分解释这些材料是一个极其困难而艰巨的任务。

一个人在一定时间（如一日、一周或一年）内所得的工资叫做**计时收入**或**计时工资**。因此，我们可以说克利夫·莱斯里举的计时工资的例子足以证明了，而不是削弱了这样的假设：竞争使附近有相等困难的各行各业中的工资和工人的效率相适应。

但是，"工人的效率"一词意义含混，有待于彻底澄清。按所完成的某种工作的数量和质量支付的工资叫做**计件工资**，如果两个人用同样适用的工具并且在相同的条件下工作，而且如果他们所得的计件工资都按每种工作的同

---

① 大约五十年前，英国北部和南部的农场主相互交流经验，最后一致认为把萝卜装上车是测量体力的最好尺度。经过仔细比较，发现工资和两个地区的工人平均一天装载的重量成比例。南部的工资和效率的标准与北部相比，也许现在比那时更一致。但是北部的标准工资一般要比南部高些。许多到北部谋求较高工资的人发现他们不能胜任那里的工作，便又返回原地。

一单价来计算,那么他们的工资和效率就成比例。但是,如果工具优劣不等,那么统一的计件工资率会带来与工人的效率不成比例的后果。例如,假设有两个纱厂,一个用旧式机器,而另一个用新式机器,它们采用的计件工资的单价相同,虽然表面上相等,其实却不相等。竞争越是有效,经济自由和创业精神的发展越完美,那么使用旧式机器的纱厂比其他纱厂的单价就肯定会越高。

为了正确理解经济自由和创业精神有使附近地区困难相同的各行各业中的工资相等的趋势这一论断,我们需要使用一个新名词,即**效率工资**,或从广义上说,**效率报酬**。这就是说,这不像计时工资那样按获得工资所消耗的时间来计量,也不像计件工资那样按产品的数量来计量,而是按工人的**效率**和能力的运用来计量的。

所以,经济自由和创业精神(即一般指的竞争)使各个人的工资找到自己水平的趋势,就是使同一地区的效率工资相等的趋势。如果劳动的流动性越大、劳动的专业化越不精密、父母为子女谋求最有利的职业的心越迫切,同时,适应经济条件变化的能力越快,以及这些条件的变化越慢、越不剧烈,那么这种趋势就会越大。

不过对这种趋势的论述仍须稍加修正。因为迄今为止,我们假设的是假如做某件工作所付的工资总额不变,那么雇用少数人或多数人来做那件工作对雇主来说就毫无区别了。相对于社会来说工人也是最廉价的,除非他们因工作劳累过度而未老先衰。因为他们和那些比较慢的同伴工人使用的固定资本量一样,既然他们完成的工作比较多,那么每部分工作承担的固定资本费用也就比较少。在这两种情况下,直接成本虽然相等,但效率较高、取得计时工资较多的工人做工作的总成本,却低于那些效率较低、取得计时工资率(按同一工资率付酬)较少的工人所做的①。

上述论点对野外作业无关紧要,因为空地很多,而且很少使用贵重机器。

---

① 这个论点在可以使用双班制的企业的情况下加以修正。对两班各支付八小时工作日的工资像他现在对一班支付十小时工作日的工资那样,对一个雇主来说往往是值得的。但事实并非如此。按一定的工资率取酬并在一周内赚得最多的工人对雇主来说是最廉价的,因为虽然每个工人在前一种情况下比在后一种情况下生产得少一些,但每架机器却生产得多一些。关于这一点,我们以后再讨论。

除了监督工作之外，雇主把做某件工作用的工资总额一百镑不论是分给二十个有效率的工人，还是分给三十个效率差的工人，对他来说都毫无差别。但是如果使用贵重的机器，而该机器又必须与工人的数目保持一定的比例，那么雇主往往会发觉如果能以五十镑工资用二十个人完成从前以四十镑工资用三十个人所完成的工作，那么商品总成本就会有所减少。在这方面，美国在世界上居于领先地位。那里有句俗语说："谁力求支付最高的工资，谁就是最好的企业家。"

可见，经过修正的规律是这样的：一般来说，经济自由和创业精神有使同一地区的效率工资相等的趋势。在使用大量昂贵的固定资本的地区，如果效率提高较快的工人的计时工资，其提高程度高于效率的比例，那么对雇主势必会有利。当然，这种趋势很容易受特殊的习惯和制度的反对，在有些情况下也受职工工会的反对①。

§3. **实际工资与名义工资。必须对货币购买力（特别就该级劳工的消费而言）进行估量；也必须考虑职业费用和附带的便利与不便利**　关于按工付酬所要说的就这些了，接下来我们必须仔细讨论这样的问题：在计算某行业的实际工资时，一方面除了货币收入之外，还必须考虑到许多其他情况；另一方面，除了因工作繁重而引起的直接不便外，还必须考虑到许多附带的不便。

正如亚当·斯密所说的："工人的**实际工资**是指为工人提供的生活必需品和安逸品的数量，**名义工资**则是指货币数量……工人的富贫、报酬的厚薄不与劳动的名义价格成比例，而是与劳动的实际价格成比例。"② 但"为工人提供的"

---

① 李嘉图并没有忽视作为工资付给工人的商品量的差异和工人对其雇主的有利程度的差异。他知道雇主实际关心的并不是他付给工人的工资数量，而是工资与其劳动产品的价值的比例。他认为工资率是由这个比例测定的，并认为工资随着这个比例的上升而上升，随着它的下降而下降。遗憾的是他并没有为此引用新的术语；因为他对日常术语的借用很少为别人所理解，而甚至在某些情况下也为他自己所遗忘（比较西尼尔著的《政治经济学》，第142~148页）。他主要考察的是那些一方面因生产技术的进步，而另一方面是由于报酬递减规律（当人口的增加需要从有限的土地上攫取更多的产量时引起的）的作用而产生的那些变动。如果他充分注意因劳动者工作境遇的改善而直接引起的劳动生产力的提高，那么，经济科学的地位和国家的实际福利也许会比现在有更大的提高。实际上他的工资论似乎不如马尔萨斯著的《政治经济学》中的工资论。

② 《国民财富的性质和原因的研究》，第一篇第5章。

这几个字不应当理解为只适用于雇主或劳动产品直接提供的生活必需品和安逸品。因为附带在职业上的、无须他特别开销的那些利益也必须考虑在内。

在确定某地或某时的一个行业的实际工资时，首先要考虑货币（名义工资的表现形式）购买力的变动。在讨论一般货币理论之前，不能透彻分析这一点。不过，我们可以顺便指出即使我们有全部物价史上十分精确的统计数字，这种估量也不仅仅是算术上的计算。因为如果我们比较较远的地区或较长的时期，就会发觉人们具有不同的需要和满足这些需要的不同手段。甚至当我们把注意力集中在同一时间和同一地点上时，也会发觉不同的阶层使用收入的方式也不同。例如，天鹅绒、歌剧和科学书籍的价格对低级工人来说无关紧要。但是面包和皮鞋价格的降低使他们受到的影响要比高级工人受到的影响大得多。必须记住这种差别，一般来说是可以对这些差别作出大致的估量的①。

§4. 续前 我们已经知道某人的总收入减去生产费用就是他的实际收入总额。但总收入却包括许多不是货币报酬的东西，从而有受到忽略的危险②。

首先，就费用而言，我们并没有考虑在学习某行业时花费的普通教育费和专门教育费。我们也没考虑某人在工作中消耗的健康和体力，最好用别的方法把这些计算进去。但我们必须扣除一切职业上的费用，不论是自由职业者还是手艺人需要花的费用。例如，在律师的总收入中，我们必须扣除事务所的租金和职员的工薪；在木匠的总收入中，必须扣除置办工具的费用；在计算某地区石匠的报酬时，我们必须按当地习惯如工具和炸药的费用是由石匠自己负担的，还是由雇主负担的。这是一些比较简单的事例。但在医生需要用的房租、车马费和社交费中，比较难于决定的是，到底有多大一部分应该看做是职业上的费用③。

---

① 《济贫法委员会关于农业中雇用童工和女工的报告》（1843 年，第 297 页）有关于诺森博兰年工资（其中有少量货币）的一些有趣的材料。这里有一例：10 蒲式耳小麦，30 蒲式耳燕麦，10 蒲式耳黑麦，10 蒲式耳豌豆；1 头乳牛一年的饲料；800 立方码的马铃薯；园舍；煤棚；3 镑 10 先令现金；2 蒲式耳大麦代替母鸡。
② 见第二篇第 4 章的第 7 节。
③ 这类问题与第二篇中讨论收入和资本的定义时所引起的那些问题相似：在那里曾将不采取货币形式的所得的因素考虑在内。甚至自由职业者和领工资的阶层中的许多人的所得，在很大程度上也取决于他们所掌握的某些物质资本。

§5. **工资部分上酬以实物。实物工资制**　此外，当仆役或店员必须自费购置很贵的服装，而如果随他们的便，他们也许不会买时，由于这种强制性，他们工资的价值对他们来说就有所降低了。当主人供给仆役高价制服、住房和伙食时，这些东西对于仆役的价值，一般小于主人所花的费用。因此，某些统计学家把主人供给家仆的一切东西所花费的价值，都加到家仆的货币工资上来计算他的实际工资，这是一种错误的做法。

相反，当某个农场主给雇工运煤而不收取费用时（当然他选择马匹闲着的时候），那么，这些雇工实际收入的增加远远超过该农场主的费用。上述论点也同样适用于各种奖赏和津贴。例如，雇主赠给工人一批商品，而这批商品虽说对工人有用，但由于推销费用过高而对雇主几乎毫无价值；又如雇主允许工人按批发价购买在他们帮助下生产的商品以供自己使用。但是当这种许可变成义务时，各种严重弊端就接踵而来。从前的农场主往往强迫雇工按好谷物的批发价格购买他的坏谷物，这就等于他实际上支付的工资低于名义上支付的工资。在一个古老国家的任何一个行业中实行这种所谓的**实物工资制**时，一般说来，我们大体上可以断言实际工资率低于名义工资率①。

§6. **成功的不定性与就业的无常性**　其次我们必须考虑成败不定与就业

---

① 力求健全发展的那些雇主们一般都很忙，除非有特殊的理由，否则是不愿经营这种店铺的。因此，在早开发国家中采用实物工资制的那些人之所以这样做，往往是由于想用隐藏的手段收回他们名义上支付的一部分工资。他们迫使那些在家做工的人按高昂的租金来租用机器和工具；他们迫使全体工人来购买那些分量不足、价格很高的假货；而在某些情况下，甚至迫使他们把自己的大部分工资都用于那些极易赚取最高利润率的商品，特别是酒类。例如，莱基先生记载了这样一个有趣的事例：雇主们经不起将打折戏票以全价强行卖给工人的那种诱惑（《十八世纪史》，第6章，第158页）。但是，如果这种店铺不是由雇主开的，而是由工头或他的伙伴开的，并且如果虽不明说却实际示意：不在他的店铺里大量买货的那些人是很难得到他的信任的，那么危害就更大了。因为凡是对工人有害的，多多少少也有损于雇主，而一个不义的工头却很少因为始终顾及他自己的最终利益而放松对工人的勒索。

总的说来，这种弊害现在比较少见了。必须记住：在一个新兴的国家里，大企业往往在边远地区发展起来，那里甚至连普通的零售商店或店铺都没有；那么，雇主似乎有必要供给工人各种必需品，办法是以食品、衣着等形式来支付他们的部分工资，或为他们开设店铺。

无常对某行业实际报酬率的影响。

显然开始时我们应当从该行业成功者和失败者的报酬中取一平均数作为该行业的报酬，但要注意求得真正的平均数。如果成功者每年的平均报酬为两千镑，失败者每年的平均报酬为四百镑，而且如果二者人数相等，那么他们的平均数就是每年一千二百镑。可是如果失败者为成功者人数的十倍（也许像律师所处的情况一样），那么真正的平均数为五百五十镑。此外，许多彻底失败的人也许早已离开该行业，从而没有被计算在内。

此外，虽然通过求得这种平均数，我们不必再单独酌减风险保险费，但是仍须考虑到成败不定的害处。因为有许多性情稳定、头脑清醒的人喜欢正视现实，甘愿从事某种每年提供一定的收入（例如四百镑）的职业，而不愿从事另一种有时似乎能提供六百镑，有时却只能提供二百镑的职业。因此，成败不定不能引起巨大的野心和宏伟的志愿，特别受其吸引的人确实是少数。对许多选择终身职业的人来说，成败不定起着阻挠的作用。一般说来，平常一定能成功的事比不一定能成功的事会吸引更多的人，虽然后者也有相等的较保险的计算上的价值。

反之，假设某行业可得少数极高的奖品，那么它的吸引力就远远超过该奖品的总价值。其中原因有二：第一个是富于冒险性的青年受巨大成功希望的吸引远远超过受失败的风险的吸引；第二个是某职业的社会地位大多取决于该行业能获得的最高荣誉和最高地位，而较少取决于从事该行业者的一般运气。政治上曾有一句格言：政府应在各政务部门设有少数优等奖项。在封建贵族国家里，高级官吏的薪俸很高，而低级官吏的薪俸多在市场水平以下，而他们之所以安于低薪，是由于最终有提升到肥缺职位的希望和这些国家在社会上对公务人员的重视。这种行政制度对于某些权贵有利。民主国家不采纳这种办法的部分理由也在此。但民主国家往往趋向于走另一极端：对低级公务人员的服务支付的报酬高于市场报酬率，而对高级公务人员的服务支付的报酬却低于市场报酬率。不过，这种办法不论在其他方面的优点如何，都的的确确是一种很浪费的办法。

另外来讨论一下就业无常对工资的影响。很显然，在那些工作不好找的职业部门中，工资与所完成的工作相比势必要高：医生和擦皮鞋工人在工作时所得的报酬，必须能够维持他们没工作时的费用。假设职业上的其他利益相等和工作上的难度相等，那么泥瓦匠在工作时获得的工资多于木匠，而木匠又多于铁路人员。因为铁路上的工作几乎全年不断，而木匠和泥瓦匠往往因为商业不振而有赋闲的危险，泥瓦匠又会因雨雪而中断工作。估量这种工作中断的普通方法是：总计长时期的报酬，然后取其平均数即可。但这种方法也不能完全令人满意，除非我们假定某人在失业时获得的休息和安逸对他没有直接或间接的补益①。

在有些情况下，完全可以做出这样的假定。因为等待工作往往使人焦躁不安，以致产生的紧张状态也许超过工作本身②。但这并不是经常现象。在正常生产过程中产生的工作中断，而闲时没有后顾之忧，是调剂和蓄积力量以供未来使用的机会。例如，著名律师一年中有几个月是十分紧张的，而紧张本身是件坏事。但是当我们考虑到这一点之后，那么他在司法停审期间得不到收入对他就没有多大损失了③。

§7. 补充所得。家庭所得　我们还必须考虑到某人的环境对于补充他的报酬的机会，即除主要职业的报酬外，从其他工作中获得的报酬。同时这种环境对于他的家庭成员提供的工作机会也必须考虑进去。

许多经济学家甚至主张把一个家庭的报酬作为他们建议的报酬单位。在这方面，关于农业和旧式家庭手工业有许多可说的。在农业和旧式家庭手工业中，全家人都一道工作，不过应酌减主妇疏忽家务所造成的损失。不过在现代英国，这种手工业是罕见的。家长的职业除了能使子女学习该行业外，对家庭其他成员很少起到直接的影响。当然，如果此家长的工作地点固定，那么家人就便于参加该行业，但就业量是受附近资源的限制的。

§8. 某行业的吸引力并不仅仅取决于其货币收入，而且还取决于其纯利益。个人和国民性格的影响；最低阶层工人的特殊情况　由此可见，一个行

---

① 就计件工而言，这种考虑是特别重要的；在某些情况下，由于加工材料供给的不足或由于可以避免或不可避免的其他停工而使工资率大大下降。

② 就业无常之害在福克斯威尔教授于 1886 年关于这一问题的演讲中做了有说服力的论述。

③ 较高级的工人假期一般都有工资；而较低级的工人假期一般都没有工资。这种区别的原因是很明显的，因此这自然会引起劳工委员会在调查中所发现的那种不满情绪。参阅《报告》中的乙组 24 第 431~436 页。

业的吸引力除了一方面工作上的困难和紧张，另一方面工作中的货币报酬之外，还取决于许多其他原因。当某行业的报酬被看做对劳动供给起作用，或者说是劳动的供给价格时，我们总是这样理解的，即报酬一词只当做劳动"纯利益"的代用语①。我们必须估计到这样的事实，比如某行业比其他行业更清洁卫生，工作场所更有益于人的健康或者更令人愉快，或者社会地位较高。大家都知道亚当·斯密说过，许多人厌恶屠宰工作，在某种程度上屠户也一样，这就使屠宰业的报酬超过困难相等的其他职业。

当然，对特殊利益的估计总是起着作用。例如，有些人非常喜欢乡村小宅，他们宁愿在乡村靠低工资为生，也不愿在城市赚取高得多的工资；而另外一些人却毫不介意住宅，倘若他们能得到自认为是生活奢侈品的话，即使生活不够安逸，他们也不会在乎。例如，某个家庭曾于1884年对皇家工人阶级住宅状况调查委员会说，他们的总收入为每星期七镑，不过他们情愿住一间房，以便把钱节省出来用在旅行和各种娱乐上。

诸如此类的个人特性使我们不能预料到每个人的行为。但是，如果各种利益和不利都能按货币价值（即对参加该行业或使他们的子女将来从事该行业的那些人的货币价值）的平均数计算，就可以大致估计出我们讨论的该行业在**某时某地**的劳动供给趋于增加或减少的那些力量的相对强度。把根据某时某地的情况做出的这种估计硬套用在他时他地的情况上，就势必会产生严重的错误，这是无须经常指出的。

因此，考察我们时代民族性情差别的影响是很有趣的。例如，在美国，瑞典人和挪威人在西北部从事农业；爱尔兰人如果来到美国，就在原东部各州选择农场；德国人大多从事家具业和酿酒业；意大利人搞铁路建筑；南斯拉夫人从事肉类包装和部分煤矿业；爱尔兰和法籍加拿大人经营美国某些纺织业；伦敦的犹太人偏好服装业和零售商业。所有这些在部分上是由于民族嗜好不同，部分上是由于民族的不同，从而对各行业的额外利益和不利的估计也不同。

最后，如果工作是低级工人能做的工作，那么不合意的工作对提高工资似乎没有多大影响。因为科学进步使许多人除了做最低级的工作之外，不适

---

① 见第二篇第4章中的第2节。

合任何其他工作。他们都在争抢所能胜任的那些为数不多的工作，而在急需用钱时，他们想的只是能赚到的工资，而无暇注意工作上的各种不快。的确，由于他们所处境遇的影响，使得他们中间很多人认为一个行业的污秽龌龊是无关紧要的。

因此，就产生了一种奇怪的结果，即某行业的污秽龌龊是该行业中工资低的原因。因为雇主认为如果用上等的有特殊技能的工人和优良工具来完成他的工作，那么该工作的污秽龌龊势必会使工资增加很多。所以，他往往沿用旧法，即雇用普通的无特殊技能的工人，因为他们对任何雇主的价格都不在乎，从而能用低工资（计时工资）雇到。可见，如何使这种工人减少，从而提高工资是社会最迫切需要解决的一个问题。

第4章 劳动工资（续）

§1. 劳动需求和供给中的许多特点的重要性，都大多取决于其积累性后果，因而和习惯势力相仿 在前一章中讨论了与确定的价格和劳动的名义价格相反的实际价格的困难有关的劳动供求作用。但是，在这种作用中，还有待于研究性质更加重要的某些特点。因为这些特点不仅影响供求力量发生作用的形式，而且影响其本质，并在某种程度上限制和阻挠供求力量自由发生作用。我们将知道许多特点的影响是不能用其最初的和最明显的效果来衡量的；在长期内，积累性的效果与那些形似显著但却是非积累性的效果相比，一般要重要得多。

因此，这个问题同探索习惯的经济影响问题有许多共同之处。因为我们已经知道，而且以后会更明白这样一点：习惯的直接效果其实并不重要，比如使一种东西的售价比在其他情况下的售价有时略高，有时略低。因为价格的这种偏离一般说来没有持续和扩大的趋势；相反，如果偏离变得很大，往往就会使各种抵消因素发生作用。有时这些因素完全压倒习惯，但更常见的是通过逐渐地、不知不觉地改变商品性质的办法来避免习惯的影响。因此，买主照原名按原价买的实际上是一种新东西。这些直接效果很明显，但却不是积累性的。相反，习惯在阻碍生产方法和生产者个性自由发展方面的间接效果虽不明显，但一般却是积累性的，从而对世界史有深远的关键性影响。如果习惯使一代人的进步受到抑制，那么第二代人的出发点必然要比不受节制时低；而第二代人本身的任何停滞都源自于前一代人的停滞之上，代复一代，如此代代相传[①]。

[①] 不过应该知道，习惯的某些有益影响是积累性的。因为在"习惯"这一广泛的词语中包括的许多不同的东西里，有高度伦理原则、礼教和不计小利原则的具体形式；而这些对民族性格起到的许多良好影响是积累性的。比较第一篇第 2 章中的第 1、第 2 节。

需求和供给对工资的作用也是如此。不论什么时候，如果供求作用对任何个人或阶层的压力很大，那么，这种祸害的直接结果便显而易见，但所产生的困苦却是多种多样的：有些困苦和造成困苦的祸害同时消失，这些困苦与间接引起工人性格的软弱或阻止工人性格变强硬的那些困苦相比，一般不重要。因为后者造成进一步的软弱和困苦，而这反过来又造成更大的软弱和困苦，如此继续下去，不断加剧；反之，工资高、性格强硬会使力量更强、工资更高，而这又导致更大的力量和更高的工资，如此继续下去，不断增强。

§2. **第一个特点：工人出卖的是劳动，但工人本身并没有价格。因此，对工人的投资局限于他父母的资产、见识和无私。出身的重要性。道德力量的影响** 我们必须注意的第一个特点是：作为生产要素的人和机器及其他物质生产资料的买卖有所不同。工人出卖的只是他的劳动，但他本身仍归自己所有。负担培养和教育费的那些人从工人后来的服务所支付的价格中取得的回报实在是微乎其微①。

不论现代经营方法有何种缺点，但至少还有一个优点，即负担物质品生产费用的人，总可以得到对它们支付的价格。建筑工厂、蒸汽机、住宅或者蓄奴的人，只要有这些东西时，总能得到它们所提供的一切纯服务的利益。如果出售这些东西，他就会取得一种等于对它们未来服务做出的估计的纯价值，因此，他增加开销，直到他认为没有适当的理由设想任何追加投资带来的利益会对他有所补偿。他必须谨慎而勇敢地行事，以免在同那些采取更果断、更有远见的决策的人的竞争中遭到失败，从而最后从主宰世界贸易的行列中被淘汰出去。竞争的作用使适者生存，最终趋向于使工厂和蒸汽机的建设落在这样一些人手中：他们善于使各项开支对作为生产要素的价值的增益大于其成本。但在英国工人的教养和早期训练方面的资本投资却受到种种限制。比如，在社会各阶层中，父母的资产、预见能力和牺牲自己以成全子女的意向。

就上层社会而言，这种祸害的确无关紧要。因为在上层社会中，大多数

---

① 这与奴隶劳动不经济这一众所周知的事实一致，正如亚当·斯密在很久以前所说的那样："用于恢复奴隶体力和精力的基金（如果我可以这样说）一般是由怠慢的主人或粗心的监工来管理的，而用于恢复自由人体力和精力的基金却是由自由人自己极其节约地管理着的。"

人都能清楚地为将来作打算,并"以低利率加以折算"。他们尽量设法为自己的子女选择最好的终身职业和该行业所需要的头等训练。他们愿意而且也能够在这方面支出巨大的费用,尤其是自由职业阶层,一般都愿意为其子女储蓄一部分资本,同时更注意把这宗资本投在他们身上的机会。一旦高级职业中有一个新的机会,而这又需要专门的教育,那么为了争抢这个职位,将来的报酬也不必高出现在的用费很多。

但在下层社会中,这种祸害却危害很大。因为父母的境遇不佳、所受的教育有限以及为将来作打算的能力很差,使得下层社会的人不能像以同样的自由和勇气运用资本来改良一个管理得法的工厂中的机器一样,把资本投在教育和培养子女上。很多工人阶级的子女都衣不蔽体,食不果腹。他们的住宅条件既不能促进身体健康,也不利于促进道德健全。虽然现代英国的教育并不算很差,但他们所受的教育却很少。他们没有机会广见世面和领会高级经营工作、科学和艺术的真谛。他们早期干的是艰苦而费力的活儿,而且大多数人都终生从事这种劳动。他们至少是带着那些未得到发展的才能进入坟墓的。而如果这些才能得到了充分发展,那么对国家物质财富(且不说更高的目的)的增加,就等于补偿发展这些才能所需费用的许多倍。

但是,此刻我们必须特别强调的一点是,这种祸害是积累性的。一代人的孩子吃得越差,他们到了成年时赚的工资就越少,而适当满足其子女的物质需要的能力也就越小,如此延续下去,一代不如一代。此外,他们的能力发展得越不充分,就越不重视发展子女的才能,因此,他们这样做的动力也就越小。反之,如果有某种变化给予一代工人以优厚的报酬和发展才能的机会,那么这将增进这些工人能够给予自己子女的那些物质和道德的利益。而在增长他们自己的见识、智慧和远见的同时,这种变化在某种程度上也将使他们更愿意牺牲自己的快乐以谋求子女的幸福。现在甚至在那些最贫困的阶层中,就他们的知识和资力所及,也有很大的这样一种愿望。

§3. **续前** 出身于上层社会的人比出身于下层社会的人占的优势,主要在于父母给了他们更好的指导和立业机会。而这种立业机会的重要性,从比较手艺人和无特殊技能的工人的子女的境遇中看得再清楚不过了。无特殊技能工人的子女容易进入技术行业的并不多。在大多数情况下,都是子承父业。在旧式家庭手工业时期,子承父业几乎是个普遍规律。甚至在现代条件下,父亲也常常使孩子进入自己的职业中。雇主和监工一般偏爱那些亲信的孩子，而不是那些必须负责照顾的孩子。甚至在许多行业中，一个孩子在参加工作后，除非是跟着父亲或父亲的朋友工作，得到他们任劳任怨的指导，学做一种需要细心辅导但却有教育价值的工作，不然似乎就不可能进步得快、站得住脚。

　　手艺人的子女还有其他方面的有利条件。他住的房子一般都比较好，而且比较清洁。和普通工人相比，他居住环境也比较高雅。他的父母可能受过较好的教育，对他们的子女有较强的责任心。最后一点但却并非是最不重要的一点是，他的母亲可能会把大部分时间都用在家务上。

　　如果我们把文明世界中的一个国家与另一个国家相比较，或者把英国的一部分与另一部分相比较，或将英国的一个行业与另一个行业相比较，就会发现这样一个问题：工人阶级的堕落大体上是和妇女做的粗笨工作的量成比例的。一切资本中最有价值的部分莫过于投在人身上的资本，而这种资本当中最宝贵的一部分是来自母亲的照顾和影响——只要她保持着和蔼和仁慈的天性，而且这种天性并没有因为受到非女性的工作的折磨而僵化。

　　这就使我们注意到上述原理的另一个方面，即在估计有效率的工人的生产成本时，我们必须以家庭为单位。总之，我们不能把有效率的人的生产成本当做一个孤立的问题来看，必须将它看成是有效率的人和那些妇女的生产成本这一较大问题的一部分，这些妇女善于使自己的家庭生活过得愉快，善于把子女培养成身心健全、诚恳纯洁而且文雅勇敢的人①。

---

① 威廉·配第对"人的价值"的论述极其精辟，培育一个成年男子的费用和维持一个家庭的费用的关系，在下述著作中得到完全科学的论证：坎蒂恩的《概论》第一篇第11章和亚当·斯密的《国民财富的性质和原因的研究》，第一篇第8章；在近代有安格尔博士（见其卓越的论文《劳动的价格》）和法尔博士等。对一个将早期培育费用在别国，而且在移入国其生产可能大于消费的移民对国家财富的增加，曾有过很多种推算。这些推算根据许多方法，但大多是概略的计算，有些显然有原则上的缺点，不过其中大多数都认定一个移民的平均价值约等于二百镑。如果我们暂时不算性别，就似乎可以根据第五篇第4章中的第2节所论述的原则来计算移民的价值。这就是说，我们可以把移民提供的未来服务的可能价值加以"折现"，把各种折现值加起来，再从其中减去他消费的所有财富和他人直接服务的"折现"值之和。而值得注意的是，在

§4. **续前** 随着青年长大成人，他的父母和教师的影响逐渐减少；从此以后直到他死为止，他的性格主要是受他的工作性质和同事、游伴与同代人的影响而形成的。

关于成年人的技术训练和旧时学徒制的衰落及其代替的困难，我们曾说了许多。这里我们又遇到这样一个困难，即不论是谁用自己的资本提高工人的本领，这种本领最终都会成为工人自己的财产，因此，对于帮助工人的那些人来说，美德就是他们的主要报酬。

的确，报酬优厚的劳动对那些旨在领先并企图用最先进的生产方式生产优质产品的雇主来说，实际上是廉价的劳动。他们之所以给予工人高工资并对工人细心训练，一则由于这样做对他们有利，二则由于使这些人适合领导生产技术的那种性格也会使他们对为其工作的人的福利产生莫大的兴趣。虽然这类雇主越来越多，但相对来说他们毕竟是少数。即使投资给他们的利益与改善机器的利益相同，他们在工人身上投入的训练资本往往也达不到应该投入的那么多。而且一想到与那种在佃权朝夕不保，并且在改良的报酬毫无保证的条件下就投下自己的资本，以提高地主土地的价值的农场主处于相同

按其可能值计算生产和消费的各种因素的价值时，我们曾附带算进他早年夭折、疾病以及一生成败的机遇。或者我们可以根据此移民的祖国为他用掉的货币生产成本来计算他的价值；这种成本可以用同样的方法求出来，即把他过去消费的各种因素的"积累值"加起来，再从其中减去他过去生产的各种因素的"积累值"之和。

以上未曾考虑过性别。但是很显然，上述方法有把男移民的价值估计过高、女移民的价值估计过低之弊，除非我们考虑作为母亲、妻子和姐妹的妇女们所提供的服务，并把这些服务记入男移民的借方，同时又记入女移民的贷方（见数学附录中注24）。

许多学者至少是暗中假定一个普通人的纯生产品和他一生中的消费品是相等的，或换句话说，许多学者认为普通人对自己一生居留的那个国家的物质福利既无增加，又无减少。根据这个假设，计算他的价值的上述两种方法是可以互用的；当然计算时我们要采用后一种简易方法。例如，我们可以推断在占人口 2/5 的劳动阶级中使一个普通儿童长大成人所用的总费用为 100 镑；对其次的 1/5 的人口来说，此数增至 175 镑；对再其次的 1/5 的人口来说，增至 300 镑；对再再其次的 1/10 的人口来说，增至 500 镑；对所余 1/10 的人口来说，增至 1 200 镑，或平均为 300 镑。当然人口中有些是十分年幼的，而用于他们的费用极少；另一些人眼看就要寿终正寝。因此，根据这些假设，一个人的平均价值也许等于 200 镑。

的状况时,他们就会放弃投资的打算。

此外,在付给工人高工资和关心工人的福利与文化方面,这个慷慨的雇主提供的各种利益也不会在他那一代消失。因为工人的子女分享这些利益,长大以后,身体和性格必然会因此而更加健壮和坚强。此雇主支付的劳动价格势必会成为增加下一代高级工业能力供给的生产费;不过这些能力将成为他人的财产,他们有权利按最高的价格出售。雇主甚至子女都不能指望从那件曾做的好事中获得大量物质报酬。

§5. **第二个特点。工人和他的工作是分不开的** 在劳动特有的需求和供给作用的那些特点中,我们必须研究的第二个特点是,一个人在出卖自己的服务时,必须亲自到服务场所去。对于售砖的人来说,不论要卖的砖是用来建造宫殿,还是修砌阴沟,与他都毫不相干;但对于那要完成有一定困难的工作的出卖劳动的人来说,工作场所是否有益于人的健康、是否令人愉快,以及其同事是否合他的意,跟他都有很大的关系。在英国某些地区残存的长工制中,劳动者打听新雇主的脾气,就像打听他有多少工资那样谨慎。

劳动的这个特点在许多个别情况中极其重要,但产生的影响往往不如上述特点的影响那样广泛而深刻。一种职业的条件越不令人满意,自然就越需要更高的工资吸引人从事该职业。但这些条件是否有持久而广泛的害处,要看是否会损害人的健康和体力,或者是否会削弱人的性格特征。当它们不属于这一类时,只是其本身存在着弊端,除此以外,一般不会引起其他祸害,这些条件很少有积累性。

既然一个人不亲自到劳动市场就不能出卖自己的劳动,由此可知,劳动的流动性和劳动者的流动性是可以互用的词语。不愿离家、不愿放弃老友(也许包括不愿放弃心爱的小宅院和祖坟在内),往往会阻止一个劳动者到新地方去寻求更高的工资。如果家庭成员各有各的职业,而迁移对一个人有利,却对他人不利,那么劳动者和他的劳动的不可分离性就大大阻碍了劳动的供给随着对劳动的需求而转移。不过这一点以后还要讨论。

§6. **第三个特点与第四个特点。劳动力具有可毁坏性,劳动力的卖主在议价中往往处于不利地位** 此外,劳动往往是在特别不利的条件下出卖的,这些不利源于一系列相互联系密切的事实。劳动力具有损耗性;出卖劳动力的人一般都很穷,手头没有积存;劳动者离开劳动市场就无法保存劳动。

损耗性是各种劳动都共有的属性。工人在失业时所损失的时间是无法挽回的,虽然在有些情况下他的精力可借休息而得到恢复①。不过应当记住,很多物质生产要素的能力也具有同样的损耗性,因为停工时无法赚到的大部分收入就完全损失掉了。如果工厂或轮船闲置不用,就的确可以避免某些损耗,但在这上面的节省与厂主牺牲的收入相比,往往是微不足道的。因为预付资本的利息和资本由于新发明的贬值或过时而引起的损失都不能得到补偿。

此外,许多可出售的商品也具有损耗性。在1889年伦敦码头工人的大罢工中,那里很多船上的水果、肉类等都腐烂掉了,对罢工工人起了极其有利的影响。

缺乏储备金以及缺乏支撑长期不出卖劳动力的力量,几乎是各种体力劳动者共有的特点,那些无特殊技能的劳动者更是如此。这一则是因为他们的工资很难使他们有积存的余地,二则是因为他们中间有些人停工时,能代替他们的人很多。而且当我们讨论职工工会时,立刻就会知道无特殊技能的劳动者要比有特殊技能的劳动者更难把自己组成强大而持久的工会,从而在与雇主议价时无法处于平等地位。一定要记住,雇一千个工人的雇主本身就等于劳动市场上由一千个买主构成的绝对坚强的结合体。

不过,以上论述的并不适用于一切劳动。家仆虽然手中没有很多积存,也很少有任何正式工会组织,但在行动上有时却比主人更一致。伦敦上流社会家仆的实际工资总额,与需要相等能力和熟练程度的其他职业相比要高得多。可是相反,那些无特殊技能的家仆受雇于不很富裕的主人时,往往不能为自己争得像样的条件,他们工作很苦,而得到的工资却很低。

现在看看工业上的最高级别的劳动,我们发觉,高级别劳动者在与购买其劳动的买主议价时,一般都占优势。自由职业阶层中的很多人都比绝大多数顾客更富有、积蓄更多、知识更广,并且在出售服务的条件方面采取的协作能力也更强。

如果要进一步证明出卖劳动的人在议价方面一般处于不利的地位,是取决于他的境遇和本领,而不是取决于他必须出卖的特殊商品是劳动的这一事实,那么最能证明这一点的是将名律师、名医生、名歌手或名马术师与那些

---

① 见第四篇的第3章。

比较穷的独立商品生产者的情况作一比较。例如，在偏僻地区搜集贝壳并准备在大的中心市场上出售的人，资金储备不多，见识也不广，并且对国内其他地区生产者的情况了解得也有限；而收买贝壳的那些人却是批发商组成的一个严密的小团体，他们有广博的知识和较多的资金储备，因此，贝壳的卖主在议价方面处于不利的地位。出售手织花边的妇女儿童以及出卖家具给经理商的伦敦东端的小老板也大都如此。

的确，作为底层的体力劳动者在议价方面处于不利的地位。凡有这种不利的地方，影响也极易流传于后世。因为即使雇主之间存在着竞争，但也不至于把劳动的价格抬得远远低于劳动对他们的实际价值。这就是说，不至于抬得远远低于那种令他们宁肯支付而不愿弃而不用的最高价格。但是，凡是降低工资的事情，也会使劳动者的劳动效率趋于降低，从而使雇主宁肯支付而不愿放弃劳动者不用的价格也趋于降低。所以，劳动者在议价方面的不利有两种积累性的效果：降低他的工资，而我们知道工资的降低又会降低他的工作效率，从而降低他劳动的正常价值。此外，也会降低他作为一个议价者的效率，因此，使他以低于劳动的正常价值的价格出卖劳动的机会也有所增加①。

---

① 关于这一节说的问题，请比较第五篇第2章中的第3节与附录六关于物物交换的讨论。布伦塔诺教授是提醒注意本章所讨论的几个要点为第一位，并参阅豪威尔的《资本和劳动的冲突》。

第5章 劳动工资（续）

§1. 劳动的第五个特点在于提供专业能力所需要的训练时间很长 我们应当讨论的劳动供求作用的另一个特点和上述特点密切相关。这个特点在于培养和训练有工作能力的劳动力所需要的时间很长，这种训练产生的报酬也很慢。

这种对将来的贴现，是有意识地使训练费用很高的劳动供给与对劳动的需求相适应，这可以从父母为自己的子女选择职业和力求栽培他们取得比自己有更高的地位上清楚地看出来。

关于这一点，亚当·斯密曾说过："如果购置一架贵重机器，那么该机器在用坏之前完成的优异工作必须足以收回对它投下的资本，同时至少还要提供普通的利润。得用很多劳动和时间来学习一种需要特别技能的职业的人，可以同那种贵重机器相提并论。他将做的工作必须足以超过一般工人的普通工资，除了收回全部教育费之外，同时至少要有相等价值的资本的普通利润，而且必须在相当的时间内实现这一切，原因是人的寿命是不定的，就像机器的寿命是一定的一样。"

但是，这种说法只能当做对一般趋势的概括。因为父母培养和教育子女的动机有别于诱使资本家购置一台新机器的动机。此外，一般来说，人比机器需要更长的时间才能取得赚钱的能力。因此，决定报酬的种种情况比较难以预料，供给和需求的适应也比较缓慢而且有缺点。虽然工厂、房屋、矿井和铁道路堤的寿命比建造者要长得多，但这毕竟是一般准则的例外情况。

§2. 父母为子女选择职业时必须展望整个一代人之后的前景；预见未来的困难 从父母为子女选择职业到子女充分获得该业的报酬，其间至少需要一代人的时间。而且在这个过程中，该行业的性质很可能会发生根本变化，其中有些变化也许早有预兆，但是另外一些变化即使是最机敏的熟悉该行业情况的人也无法预见得到。

几乎在英国各地，工人阶级都经常为自己和子女留意有利的就业机会。他们向居住在其他地区的亲戚朋友打听各种情况，比如关于各行业的工资以及附带的利弊。但是，很难确定他们给自己子女选择的那些职业的原因以及未来的命运。而且这样深思熟虑、多方探究的人也为数不多。大多数人都不加思索地断定各行业当时的情况来说明其未来；而且认为就这种习惯的影响所及，不论在哪一代的行业中的劳动供给都趋于依照前一代的报酬，而不依照当代报酬。

此外，当有的父母看到一个行业的工资比同一级别的其他行业高了数年时，就断定工资以后也要继续涨下去。但是，从前工资上涨往往是由于暂时的原因，而且即使以前没有大量劳动流入该行业，那么工资上涨之后接着就会下降，而不会进一步上涨。如果有大量的劳动流入该行业，结果是劳动供给过多，那么工资在很多年内都会低于正常水平。

我们还必须记住这样一个事实：虽然有些行业除了从事该行业的人的子女之外，别人不容易接近，但大多数行业都是由同级别的其他行业的工人的子女补充的。因此，当我们认为劳动的供给取决于负担教育和训练费用的那些人的资金时，我们总是以整个级别而不是以一个行业为单位。如果劳动的供给受用来支付劳动的生产成本的基金的限制，那么不论在哪一级中劳动的供给都是由前一代（而不是本代）该级别劳动的工资决定的。

不过，不应当忘记社会上各级劳动者的生殖率是由许多原因造成的，其中对将来的谨慎打算只居次要地位；还有，甚至在一个像现代英国那样不重视传统的国家里，习惯和舆论也产生着很大的影响，而这种习惯和舆论形成于过去几代的经验。

§3. **由于对一般能力的需求有所增长，成年劳工的流动越来越重要** 但是，我们不应当忽略那些使劳动的供给随着对劳动的需求而转移的因素，比如成年人从一个行业转向另一个行业，从一个级别移到别的级别，从一个地方搬到另一个地方。虽然特别的机遇的确有时可以使低级劳动的潜在能力得到迅速而有效的发挥，但从一个级别移到另一个级别很少是大规模进行的。例如，某新疆域的开辟或美洲战争事件会从低级工人中间提升许多也能担负困难和责任的人，不过这种事情毕竟罕见。

但成年人的转业和迁移在有些情况下频繁而迅速，以致大大缩短了劳动的供给随着对劳动的需求而转移的时间。与某工业部门专门需要的熟练程度和技术知识相比，从一个行业转向于别的行业的工作能力一年比一年更重要。因此，随着经济进步而来的，一方面是工业方法的千变万化，从而预测下一代对任何一种劳动的需求更难了；另一方面是纠正供求调节中的错误的力量也在日益增加①。

§4. 重申长期正常价值和短期正常价值的区别。有别于补偿任何特定工作所需要的特殊技能所引起的疲劳的报酬的变动 现在我们转向这一原理，即得自生产某商品的工具的收入，在长期内对该工具的供给和价格起着决定性的作用，从而对该商品的供给和价格也起着决定性的作用。但在短期内，没有时间使这种作用得到充分发挥。我们要问的是，如果不把这个原理应用于只是达到生产目的的手段，而且又是资本家的私有财产的物质生产要素上，而是把它应用于既是生产目的，又是生产的手段，而且同时又自己归自己所有的人类本身，那么该原理应当做哪些修正呢？

首先我们应当注意的是，因为劳动力的增殖较慢，而消耗也较慢，所以我们必须从严格意义上来理解"长期"一词。如果我们讨论的是劳动的正常需求和供给关系，而不是普通商品的正常需求和供给关系，那么"长期"一词一般含有更长的时间。这里存在着许多问题，其中时间长得足以使普通商品的供给与需求相适应，甚至与生产这些商品所需要的物质工具的供给和对这些商品的需求相适应；时间长得足以使我们有理由把该时期普通商品的平均价格看做是"正常"价格，看做和这些商品的正常生产费（就其广义而言）相等；但是此时期长得不足以使劳动的供给适应对劳动的需求。因此，该时期的平均劳动报酬根本不是劳动者的正常报酬。宁可将这种报酬的决定归于两方面原因：一方面是劳动的供给量；另一方面是对劳动的需求。这一点需要进一步加以讨论。

§5. 续前 商品价格的市场波动是由需求同市场上或易于运进市场的商

---

① 关于这个问题，请比较第四篇第6章的中的第8节；查尔斯·布思的《伦敦的生活与劳动》；H. 史密斯的《现代劳动流动性的变动》。

品供给量的暂时关系决定的。当市场价格高于正常水平时,能趁此高价期及时供应市场新商品的人,就能得到额外高的报酬;如果他们是自食其力的小手工业者,那么这种价格上涨全部都会成为他们报酬的增加部分。

不过,在现代工业世界中,承担生产上的风险和享受价格上涨之利以及价格下降之害的人首先是产业资本家。在生产商品时花费的直接开销,即商品的直接(货币)成本以上的纯收入,暂时是以各种形式投到他们企业上的资本(他们的才智和能力也包括在内)所得的报酬。但是,当生意景气时,雇主们便彼此展开竞争,人人都想扩大生意,力求获得尽可能多的高额利润,于是竞争的压力使雇主们同意付给劳动者较高的工资,以便获得他们的服务;即使雇主们的行动一致,一时拒绝作任何让步,他们的雇工的联合也会迫使他们涨工资,否则市场繁荣所提供的利益行将消失。结果通常都是不久之后这种利益的很大一部分都归劳动者所得;只要繁荣继续存在,他们的工资就总会保持在正常水平之上。

例如,在1873年,当通货膨胀达到最高峰时,矿工的工资很高,这种高工资是由当时对矿工劳动的需求和现有矿工熟练劳动量(转入矿业的不熟练劳动可以算做具有相同效率的一定数量的熟练劳动)决定的。如果当时不可能输入这种不熟练劳动,则矿工的工资只受到两方面原因的限制:一方面是煤的需求弹性;另一方面是矿工子孙逐渐达到工作年龄。事实上,从别的行业吸收的人大多都不愿放弃本行,因为如果留在本行业,他们也许可以得到很高的工资。当时煤炭和炼铁业的繁荣只是信用膨胀浪潮的最高峰。这些新矿工对地下工作很不习惯,工作上的不适对他们的身体也造成很大损害。同时因缺乏技术知识,工作上的危险有所增加,又因技术不精也浪费了他们很多的精力。因此,他们的竞争并不能缩小对矿工熟练程度的特别报酬的增加幅度。

当信用膨胀的浪潮急转直下时,那些最不适合采煤的新矿工都纷纷离开矿区;即使当时留下的矿工也因为人多活少而工资下降。工资的这种下降一直达到这样的限界:能使那些最不适合采煤的人可以在别的行业中获得更高的工资。这种限界非常低,因为在1873年达到最高点的信用膨胀的浪潮,曾摧残了许多殷实的企业,损害了繁荣的真正基础,几乎使各行各业都几乎处于不健康的萧条状态中。

§6. 续前 我们已经指出,得自正在消耗的改良品的收益只有一部分能算做纯收入。这是因为在计算任何纯收入之前,都必须从这些收益中扣除等于改良品价值的消耗额。同样,要算出机器的纯收入,就必须扣除机器的使用成本和损耗。既然矿工和机器一样易于损耗,那么在计算矿工的熟练劳动的特别报酬时,也必须从他的工资中扣除这种损耗①。

但在矿工这种情况中,还有另外一种困难。因为机器的所有者一旦扣除机器的使用成本(包括损耗在内)之后,并不因为机器开工的时间很长而遭受损失,而熟练劳动者则不同,他确实因工作时间很长而有所损失,比如缺乏休息和没有行动自由等。假设矿工第一周只工作四日就挣一镑工资,而第二周工作六日挣一镑十先令工资,那么在这多赚的十先令中只有一部分可当做他的熟练程度的报酬,因为其余部分必须当做他所增加的疲劳和损耗的报酬②。

综上所述,可以得出结论:各种东西的市场价格,即短期价格,主要是由对这种东西的需求和它的现有存量的关系来决定的;而任何生产要素(不论是人的要素还是物质要素)的需求都是从借这种生产要素生产的那些商品的需求中"派生"出来的。在这相对短的时期内,工资的变动常随产品出售价格而变动,而不是在产品出售价格没有变动以前先行变动。

但是由于一切生产要素(人的要素和物质要素)得到的收入和所有生产要素将来似乎能得到的那些收入,不断对这样一部分人发生影响,而这部分人的行动足以决定那些要素的未来供给,于是有一种不断趋于正常均衡位置的趋势。在正常均衡位置上,各要素的供给和对它的服务的需求保持着这样一种关系,以致给予要素供给者的报酬足以补偿其劳作和牺牲。如果一个国家的经济条件长期保持不变,那么这种趋势本身一定会使需求与供给相适应,从而机器和人一般都能获得与培养和训练劳动的费用大致相等的数额,生活必需品和习惯上的必需品也同时计算在内。但是,即便经济条件本身不变,习惯上的必需品也会由于非经济原因的影响而改变。这种改变会影响劳动的

---

① 有理由把这种特殊报酬当做准租。参阅第六篇第 5 章中的第 7 节;第 8 章中的第 8 节。
② 比较第六篇第 2 章中的第 2 节。如果他们拥有任何大量的生产工具,那么他们就是那一范围内的资本家且他们的部分收入就是这种资本的准租。

供给，从而减少国民收益，并使国民收益的分配有所变动。实际上一个国家的经济条件在不断地变动着，因此，劳动的正常需求和供给的调节点也是不断地移动着。

§7. **稀有天赋才能的报酬提供一种超过培训费用的剩余，这种剩余在某些方面和地租相似** 现在我们要讨论的问题是，由特殊天赋而来的额外收入应归于哪一类。因为这种收入不是为了提高生产效率，而是把人的劳力投在生产要素上的结果，所以，乍一看上去有充分的理由把这种收入看做是生产者的剩余，而这种剩余是由于拥有大自然赐予的生产上的优势而来的。只要我们分析的是个人收入的组成部分，那么这种比喻就有用，也站得住脚。下列种种问题令人颇感兴趣：成功者的收入有多少是因为机会和时运？有多少是由于较好的立业机会？有多少是特殊训练上所投资本的利润？有多少是特别艰苦的工作的报酬？剩下多少是因拥有特殊天赋而得到的生产者剩余或租金？

不过，如果我们讨论的是某个行业的全体成员，又不扣除失败者的低额报酬，那么就不能任意把成功者的特别高的报酬当做租金。因为在其他条件不变的情况下，任何一个行业的劳动供给，都是由该行业有希望获得的报酬来决定的。对参加该行业的人的未来是无法预见的。有的人开始时看不出来有什么发展，结果却证明有巨大的潜在能力，也许凭运气而大发横财；而有的人开始时显得很有前途，但结果却一事无成。因此，应将成功和失败的机遇结合起来看，就如同渔夫捕鱼有得有失，农民的收成有丰有欠一样。当一个青年自己选择职业或父母给他选择职业时，势必会考虑成功者的巨额报酬。因此，该报酬是在长期内对寻找职业的劳动与能力的供给所支付的一部分价格，因而也列入该行业真正的劳动正常供给价格或"长期"的劳动正常供给价格。

不过，应当承认的是，如果某阶层的人生来就有只适合某特定职业而不适合其他职业的特殊天赋，而且他们无论如何都要从事那种职业，那么，当我们讨论一般人的成功和失败的机遇时，他们获得的报酬不能算做额外的报酬。不过实际情况并不是这样。因为一个人在任何职业上的成功都主要取决于他的才能的发挥和兴趣的提高，而这些在他选定职业之前是无法预见的。至少这种预见和拓荒者对供他选择的各块土地的位置优势和未来的土地肥力程度所做出的预见一样靠不住①。由于这种原因，因此，与其说得自特殊天赋的额外收入接近古老国家中的地租，不如说接近拓荒者侥幸选中优等土地而得到的生产者的剩余。不过，土地和人在许多方面是不同的。这种比喻如果用得不当，就很容易误导人。所以，在把生产者的剩余一词用于特殊能力的报酬上时，需要特别谨慎。

最后值得注意的是，上篇第8章至第11章中关于在几个生产部门中可以使用的工具的特别报酬（不论是具有租金还是准租的性质）的论点，也适用于天赋和技巧的报酬。如果能把生产某商品的机器或土地用来生产别的商品，那么第一种商品的供给价格就会上涨，虽然上涨的程度不取决于那些工具在第二种商品使用中所提供的收入。同样，如果能将用来生产某商品的技术或天赋用在生产别的商品上，前者的供给价格会因为它的来源减少而上涨。

---

① 比较第五篇第10章中的第2节。

第6章 资本的利息

§1. 近来利息理论在许多细节上都有所改进，但却没有任何重大变动。中世纪对利息的误解，罗德伯图斯和马克思的错误分析　不论是在劳动还是在资本的情况中，都不能从供求关系本身来进行研究。因为决定分配和交换中心问题的一切因素都相互制约着。本篇前两章，特别是直接讨论资本的部分，可作为本章和以下两章的导论。但在进行详细分析之前，可以略述一下资本和利息的现代研究同前人研究的关系。

经济科学极其有利于我们了解资本在现代工业体系中的作用，但却并没有惊人的发现。那些干练的商人早已在行动中借鉴了经济学家现在所知道的各种重要原理，虽然他们并不能明白确切地叙述这些重要原理。

众所周知，若不能从中获利，人们必然不愿付出任何代价来使用资本。其实从资本的使用中获得的利益是各式各样的：有的人借钱是为应付真正的或预测到的急需，并为了现时利益而牺牲将来，因而付给他人报酬，使他们为了有利于将来而牺牲现时利益；有的人借钱是为购置机器及其他"中间"品，并用这些东西生产出可按有利价格出售的商品；有的人借钱是为获得旅馆、剧院及其他服务性生意，这些生意是管理者获取利润的源泉；还有的人借钱购买或建造住宅供自己居住，而在其他条件不变的情况下，用在建造房屋上的资金就如同用在机器和船等上的资金一样，是随着国家资金的增加和利率的相应下降而增加的。对坚固的石料房屋有需求，而对木料房屋（短时间内可提供相等的便利）没有需求，标志着国家的财富日益增加，可按较低的利率使用资本；这种需求对资本市场和利率的影响如同新工厂或铁路的需求对其影响一样。

谁都知道人们一般是不会白借钱给人的。因为人们的资本或其等价物即使对他们自己没有适当的用途，也总能找到其他的人。这些人使用资本是有利可图的，从而愿意付出代价以取得资本，他们期待着最有利的市场①。

众所周知，甚至在盎格鲁·撒克逊民族和其他性格坚强而富有修养的民族中，愿意将大部分收入储蓄起来的人也为数极少；近来发明的增多和对新地区的开发，都为资本的使用开拓了广阔的道路。因此，大家一般都了解财富的积累量和供给量远远赶不上资本的需求量的原因。而且权衡之下，资本的使用是生财之源，因此，借出资本时，可以取得报酬。大家都知道，财富积累之所以受到限制，利率之所以迟迟不降，是由于绝大多数的人都喜欢得到现在的满足，而不喜欢延期的满足。换而言之，是由于他们不愿意"等待"。的确，经济分析在这方面的首要任务并不在于强调这种人所共知的真理，而在于指出这种一般偏好的例外情况究竟比初看上去多多少②。

这些真理人所共知，是资本与利息理论的基础。但在日常生活中，真理往往以不完整的形式出现。特定关系往往昭然若揭，但彼此确定的各种原因的相互关系却很难窥其全貌。因此，从资本方面来说，经济学的主要任务就在于阐明在生产、财富积累和收入分配中起作用的各种力量的秩序和它们的相互关系。因此，从资本和其他生产要素来看，它们中间存在着彼此相互制约的现象。

另外，经济学应当分析支配人们选择现在满足或延期满足后产生的那些影响，其中包括作为他们的报酬的安逸和各种活动形式的机会。不过，这种光荣任务属于心理学范畴，经济学必须借用心理学上的理论，结合别的材料以解决自己的特殊问题③。

因此，这种分析工作十分繁重，本章和以下两章将进行这种分析：在达

---

① 第二篇第4章中指出，由于使用资本的预见性和人们的目光短浅而使资本的供给受到阻碍。资本的需求却源于其生产性（从此词最广泛的意义上说的）。

② 参阅第三篇第5章中的第3节和第4节，还有第四篇第7章中的第8节。注意下述事实能很好地纠正这种错误：把我们世界的现状稍加改变，我们就进入另一个世界，在这个世界中，人们都急于为将来做打算，并准备后事，而且适合任何形式的财富的有利用途的新机会又非常少，结果人们为了安全保管财富而愿意支付的财富数量会超过他人愿意借的数量。因此，在这个世界中，甚至那些看到使用资本有利可图的人也能取得一种保管资本的报酬，不过利息一直是负数。

③ 比较第三篇的第5章与第4篇的第7章。

到所希望的目的方面，借助于积累的财富而得到利益，特别是当那种财富采取产业形式的时候。因为这些利益或利润包括许多因素，其中有的属于使用资本的利息（就其广义而言），而有的属于纯利息或所谓的真正利息；还有的属于管理能力和企业的报酬，其中包括对风险的报酬；此外，还有的与其说属于任何一个要素，不如说属于各要素的结合。

在过去三个世纪中，资本的科学理论在这三方面有着不断成长和发展的悠久历史。就我们今天所知道的资本理论中，亚当·斯密几乎对其中各个主要方面都似乎看得不很清楚，而李嘉图却观察得十分透彻。虽然经济学家喜欢强调的方面不同，有的强调这方面，而有的强调那方面，但似乎没有正当理由使人相信自从亚当·斯密以来，有哪个经济学家曾经完全忽视了任何一方面。特别肯定的是，凡是商人熟习的东西，也未尝不为李嘉图这个务实的财务天才所忽视。不过理论一直在进步着，几乎每个人都改进了某个理论方面，并使这一理论有了比较完整而清楚的轮廓，或者有助于解释此理论的各部分之间的复杂关系。其中大思想家发现的各点在以前也不是一无所知的，但是，新的东西总是在不地增加着①。

---

① 庞巴维克教授似乎过低估计了他的前辈在关于资本与利息的著作中提出的精辟见解。他认为纯属片断的理论实际上都是一些精通商业实践的人士说的。这些人士一半出于特殊的目的，一半因为缺乏系统性阐述，而过分强调问题的某些方面，结果使其他方面不引人注意。也许贯穿在他自己的资本理论中的那种矛盾就是这种过分强调和不愿承认问题的各个不同方面是相互制约的这一事实的结果。我们曾提醒注意这一事实，即虽然他在他的资本定义中不包括房屋、旅店以及严格说来不是中间品的任何东西，但是对那些不是中间品的东西的需求和对他所说的资本的需求一样，都直接作用于利息率。与用这种方式使用资本一词有关而他又特别强调的一种理论是："需要时间的生产方法有更大的生产力"（《资本实证论》第五篇第4章中的第261页）；或者，"迂回过程的每一次延长都伴随着技术效果的进一步增长"（同书第二篇第2章中的第84页）。而有许多的过程既需要很长的时间，又是迂回的过程，但却没有生产性，因此不为人使用。但事实上，他似乎因果倒置。正确的理论似乎是由于使用资本而必须支付利息和收取利息。因此，那些大量封存资本需要很长时间的迂回方法，除非比其他方法更富有生产性，否则会被弃而不用。许多迂回方法在不同程度上是生产的这一事实是影响利息率的原因之一；而利息率和迂回方法的使用程度是分配和交换的中心问题的两个彼此制约的因素。见附录九的第3节。

§2. 续前 但是，如果我们回顾一下古代史与中世纪历史，肯定会发现资本对生产提供的服务和作为此服务的报酬的利息的性质是没有明确概念的。因为以往的历史对我们时代的问题有间接的影响，所以，在这里必须叙述一下。

在古代社会中，在创业中使用新资本的机会很少，而且一般有财产而自己又不直接使用这种财产的人，如果有殷实的担保，那么不取分文利息而借给别人对他也不会有多大牺牲。借款的人一般都贫苦而又无依靠，他们急需用钱，但议价能力又很低；放款的人一般不是用余款救济有急用的邻居的人，就是高利贷者。穷人每逢需要用钱时，就向高利贷者登门告贷；而高利贷者往往残酷地行使自己的权力，使穷人陷入罗网。穷人遭受莫大的痛苦也难以摆脱掉此债务。有时也许他本人或子女竟沦为奴隶。不仅是没有文化的人，而且就连古代的圣贤、中世纪教会的神父和当代英国的官吏也常说："放款者在别人的不幸中赚钱；从别人的痛苦中牟利却打着怜悯的招牌。这实则为受压迫者设下了陷阱。"① 在这样一种社会中值得讨论的问题是：鼓励人们打借条借钱，到时连本带利一起还，这是否符合大众的利益？综合起来看，这种借据是否一般来说不会减少人的总体幸福，而能促进人们更幸福？

但遗憾的是，有人曾试图从哲学上区分贷款利息和物质财富的租金，以便解决这一重大而棘手的实际问题。亚里士多德曾说过，货币没有生产性，放款取息就等于不自然地使用货币。而追随他的那些经院学派的学者也振振有词地说：出借房屋或马的人可以收费，因为他牺牲了对该物的享用，而该物又能直接带来利益。但他们认为贷出货币收息却不能与此相提并论，并且还说对货币收息是错误的，因为这是对服务的一种收费，而这种服务却没有花费放款人的任何东西②。

---

① 引自克来索斯顿的《第五训诫》，参阅第一篇第2章中的第8节。比较阿什利的《经济史》的第六篇的第6章和边沁的《论高利贷》。在犹太人除外的许多情况中，或许在所有的情况中，对高利贷的愤慨之情都起源于部落关系；如克利夫·莱斯里（《论文集》，第2版第244页）说的：那是"由史前时期传下来的，那时各个部落的成员仍将彼此看做有亲缘关系；那时财产至少实际上是共有的，有多余东西的人都不能拒绝和同部落的穷人来分享自己的多余财富"。
② 他们对租物和借物也作了区别，前者是指必须归还本物，而后者则是指必须归还其等价物。从分析角度来看，这种区别虽然有趣，但却很少有实际价值。

如果放款确实没花费放款人什么东西，如果他本人不使用该款，如果他很富有而借款人又很穷，那么无疑可以认为他应当无偿借钱给人。但根据同样的理由，他也应当把自己不住的房屋或不用的马无偿借给贫穷的邻居使用。因此，此派学者真正所指的实际上给人造成了一种极其有害的错觉（且不说借者和贷者的特殊境遇），即出借货币（即对一般商品的支配权）和出借某特定商品一样，对贷方没造成牺牲，而对借方却有利。他们隐瞒了这样一个事实：借方可用所借的款购买一匹壮马（比方说），他可以使用这匹马的服务，而到期还款时，他可以按原价把马卖出。贷方却牺牲了这样的权利，而借方却获得了它。因此，借款给人买马和直接借马给人实际上并没有区别①。

§3. 续前　历史本身在部分上重演过去。在现代西方世界，有一种新改良冲动从另一种关于利息性质的错误分析中汲取了力量，并进一步助长了它的错误。随着文明的进步，向需要者的放款不断减少，而且在全部放款中居次要地位；而供给企业生产使用的资本借贷却日益增长。结果，虽然借款人现在不被看做是受压迫的对象，但弊端却是所有生产者不论运用的是借贷资本还是自己的资本，都把他们使用的资本的利息算做生产费用的一部分，而这种生产费用在长期内必须由他们商品的价格来补偿，以作为继续经营的条件。由于这一点以及由于现代工业体系提供了通过投机的节节胜利而收敛巨大财富的机会，所以，有人曾经认为现代利息的支付压迫工人，虽然这种压迫不是直接的，而是间接的。支付利息剥夺了工人阶层相当一部分来自知识增进的利益，因此得出一个实际结论：为了公共福利和正义，除了供自己使用之外，不许私人占有任何形式的生产资料或公用品。

这个实际结论得到了我们将注意的那些论点的支持，但此刻我们只讨论威廉·汤姆逊、罗德伯图斯和马克思等人在捍卫这个结论时用的学说。他们认为劳动一直都能创造出一种"剩余"②，即除了工资和用于辅助劳动的资本

---

① 阿奇迪肯副主教曾精彩地描述了中世纪教会用来为禁止放款取利辩护的那些巧妙手法。在大多数情况下，这种禁止对政治团体都有很大的危害。这些手法与法官用来逐渐摆脱法律条文的那些法律上的虚构说法相似，而这些条文的原意似乎有害。在这两种情况下，实际的弊端得到了避免，但却助长了思路不清和不真诚的习惯。

② 这是马克思的说法，罗德伯图斯称之为"余额"（plus）。

损耗以外的剩余，而工人遭受的压迫在于他人剥削使用这种剩余。但是，全部剩余是劳动产品的这种假设已经假定了他们最后要证明的东西，可是他们却没有证明；同时这个假设也是错误的。说纺纱厂中的纱除去机器的损耗就是工人的劳动产品并不对；纱是工人的劳动与雇主和手下经理的劳动以及所使用的资本的产品，而资本本身又来自劳动和等待。因此，纱是各种劳动和等待的产品。如果我们只把纱看做劳动的产品，而不看做劳动和等待的产品，那么无情的逻辑无疑会迫使我们承认利息（即等待的报酬）没有理由存在，因为结论已经含在前提里面。罗德伯图斯和马克思勇于承认他们的前提来自李嘉图，但是这种前提实际上违背了李嘉图价值理论的精髓，就如同违背常识一样①。

换言之，假如真的是满足的延期在延期者方面**一般**引起牺牲，就如同额外的劳作在劳动者方面引起了牺牲一样；假如真的是这种延期使人有可能利用最初成本很大的生产方法，但正如通过增加劳动一样，通过这种生产方法确实能使总的快乐有所增加，那么，如果说一种东西的价值纯粹由消耗在上面的劳动来决定，这就不对了。确立这一前提的种种尝试都势必要不明确地假设资本所提供的服务是一种"免费"品，无须作出牺牲就可以得到提供，因此不需要利息作为诱使资本存在的报酬。这就是上述前提需要证明的那个结论。罗德伯图斯和马克思对苦难者的深切同情永远都会博得我们的敬意，但他们认为的他们实际倡议的那些科学根据的东西，其实只不过是一系列的循环论点而已，大意是说利息在经济上没有存在的理由。殊不知这个结论早已暗含在他们的前提之中，虽然在马克思这方面，此结论是披着黑格尔神秘词语的外衣的，就像他在《资本论》第一卷的序言中告诉我们的那样，他是在"卖弄"这些词语。

§4. 借款人支付的总利息既包括纯利息又包括风险（实际的与个人的）保险费和管理报酬，因此不像纯利息那样有相等的趋势 现在我们就进行分析。当我们说利息只是资本的报酬，或者只是等待的报酬时，所指的利息就是纯息；而一般指的利息一词，除了纯息之外，还包括其他因素，这种利息叫做毛息。

---

① 参阅附录九的第 2 节。

商业上的抵押和信用组织越是处于低级萌芽阶段，那么这些追加因素就越显得重要。例如在中世纪时，当一个王侯决定囤积商品以为将来获得更多的收入时，便可能会借1 000两白银，并且答应年终时偿还1 500两。但他是否会履行诺言却又没有确切的担保；而放款人也许宁愿要那种担保，在年终时收取1 300两，而不愿要那种空洞的诺言。在这种情况下，放款的名义利率为50%，而实际利率却为30%。

扣除风险保险费的必要性是非常明显的，往往不为人所忽略。但比较不明显的是，各种放款对放款人都总会有些麻烦；同时从放款的性质来看，如果冒的风险很大，而要尽量减少这种风险，就往往需要付出很多的辛苦。因此，借款人看做是利息的很大一部分，从放款人的角度来看，只不过是管理一种麻烦事情的报酬而已。

目前英国的纯息为每年略低于三厘。因为投资于一等有价证券给投资者带来的稳定收入既没有麻烦，也没有其他开销，故能超过三厘。当我们看见那些能干的商人用完全可靠的抵押物品按四厘借款时，便可以认为四厘为毛息，其中有略少于三厘的纯息，而放款人的管理报酬则略多于一厘①。

此外，典当行业几乎不冒什么风险。但当铺主放款的利率一般为年息二分五厘，或二分五厘以上时，其中很大一部分是管理这种棘手生意的报酬。或者举一个极端的例子来说，伦敦、巴黎有些人（说不定别处也有）专靠贷款给小菜贩为生。他们每天早上放款以供购买水果之类的人使用，到晚上货物售完后，再按一分利率收回借款。这种生意的风险很小，而赔钱的机会也不多②。以日息一分的利率借出一法寻（英国一钱币名，现已不用，值四分

---

① 放款者有时热衷于长期贷款而不是短期贷款，而有时却不然。长期贷款省去经常更新的麻烦，但是却使放款者长期丧失了对货币的使用权，从而限制了他的自由。一等证券兼有长期贷款与短期贷款之利。原因是这些证券的持有者要存多久就可以存多久，并且随时都可以把证券变成货币；不过在出现信用危机而其他人都需要现金的时候，他就不得不亏本出售。如果这些证券总能出售而且不亏本，还不用支付经纪人的佣金，那么这些证券提供的收入要比活期放款多一些，而这种收入总小于任何定期（短期或长期）放款的利息。

② 此外，杰索普的（《乐园》，第214页告诉我们说，"在牛市附近有许许多多的小货主，他们专门放款给投机者"，在特殊情况下，按24小时内毛利1分，放款额竟达200镑。

之一便士。——译者注），年终即可得十亿镑。但是，专靠贷款给小菜贩是不能变成巨富的；因为没有人能够按照这种方式借出大量的款项。对这种放款的所谓利息，其实差不多完全是某种工作的报酬，而极少有资本家乐于从事这种工作。

§5. 续前 如果某企业使用的资本大多是借贷资本，便往往会出现额外风险，对这种风险有必要进行比较认真的分析。假设有甲乙二人都经营相同的企业，甲方使用的资本是自己的资本，而乙方使用的资本主要是借贷资本。

有一类风险是二者共有的。这类风险可以叫做他们所从事的某种特定行业的**行业风险**。行业风险产生的原因很多，其中有原材料和成品市场的变动、式样的突然改变、新的发明、附近强大的新竞争对手的出现，等等。此外，还有另一类风险，负担这类风险费的人不是别人，而是借用资本的人。我们可以把这类风险叫做**个人风险**，因为借给他人资本做生意的那个人，必然要收取很高的利息以防意外。这种意外可能会源于借款人品德上的缺点或能力较差①。

借款人可能并不像他所表现出来的那样有能力，也不像使用自己资本的人那样能正视失败，在投机事业稍有不利时就立即停止。相反，如果他的人品不好，就可能对自己的损失感觉不太敏锐。因为如果他立即停止投资，势必会丧失一切；如果他继续进行投资，则任何额外损失都将落在债权人身上，而任何利益都将属于自己。许多债权人就因为债务人这种半欺骗的拖拉行为而蒙受损失；也有少数人是由于债务人蓄意欺骗而蒙受损失的。例如，债务人可以使用各种狡猾手段隐瞒实际上属于债权人的那些产业，而等到宣告破产以后，便可以另创新业，并逐渐动用曾隐藏起来的资金，而又不至于引起太大的嫌疑。

这样，借款人因使用资本而付出的价格在他眼中是利息，而在放款人眼中却是利润，因为这往往包括一笔很大的风险保险费，还有管理这笔资金的管理报酬。管理资金在于尽量减少风险，而这本身是一件十分麻烦的事。这类风险和管理工作的性质若有改变，自然会引起所谓毛息（因使用货币而付的利息）的相应改变。所以，竞争的趋势并不是使毛息趋于相等，相反，放

---

① 见本篇第 8 章的第 2 节。

款人和借款人对借贷情况摸得越透,那么有的人就比别人越有可能按较低利率获得贷款。

资本通过组织得十分完善的货币市场,从过剩的地方流向不足的地方,或者从正在收缩的某个行业部门流向正在扩大的另一个部门。有关这种市场我们只好放在后一个阶段来研究。现在我们甘心默认的是,在同一个西方国家,对两种投资所贷资本的纯利率如稍有不同,就会引起资本的流动。也许会通过间接的渠道,从一种投资流向另一种投资。

的确,如果两种投资的规模都很小,而充分了解这种投资的人也不多,那么,资本的流动也许就会很慢。例如,某人也许用很少的抵押付息五厘,而另一个人以同样的抵押却只付息四厘。但是,在大宗借贷中,纯利率(就与其他利润因素分开的利息而言)在整个英国都大致相同。此外,因交通发达,特别是因为各国大资本家拥有大量有价证券,西方各国平均纯利率的差异在迅速减少,而提供相同收入的有价证券在全世界同一天内的售价实际上也相同。

当我们讨论货币市场时,必须研究为什么有些时候可用资本的供给量大大超过另一些时候。为什么有时银行家和别的信用机构满足于极低的利率,只要证券没有风险,并且需要用款时就可以随时收回自己的放款。在这种情况下,他们情愿进行短期贷款,收取不很高的利率,即使借款人的证券不是头等证券。因为如果他们发觉借款人有缺点,就可以不继续出借,那么损失的风险便大大减少。因为根据无风险的证券而进行的短期贷款只收取一种名义价格,所以,他们从借款人那里所得的利息几乎全部是风险保险费和手续费。但从另一方面来看,这种贷款实际上对借款人并不十分合算,会使借款人陷入重重风险之中,为了避免这种风险,借款人往往情愿付出高得多的利率。因为如果发生一种不幸事件使他信用扫地,或者如果货币市场的混乱使可贷资本暂时短缺,那么他立刻就会陷入窘境。因此,按名义上很低的利率放款,即便是短期款,实际上也不能成为上述总规则的例外。

§6. **将利息率一词运用于旧的投资时必须慎重** 来自生产总源的资金投资有两个流向:其中较少的一股是加在旧的资本存量上的新投资;而较大的一股只是用来补偿已消耗的资本的投资,不管这是由于即时性消费(如食物、燃料等),还是由于损耗(如铁路的铁轨),或是由于时间因素(如茅草屋顶和商品样本的陈旧），或是由于上述各种因素的结合。甚至在像资本通常采取耐久形式的英国那样一个国家里，第二股的年流量大概也不会少于资本总量的四分之一。因此，非常有理由假设，一般资本的所有者大体上能使资本的形式和当时的正常条件相适应，以便从这种或那种投资中获得同等的纯收入。

只有在上述假设的基础上，我们才有权说一般资本是在对一切资本形式都是在纯息预期相等的条件下积累起来的。我们不能不反复强调"利率"一词用在旧有资本投资上时，意义非常受限制。例如，我们也许可以说投于本国各行业的资本大约为七十亿镑，年纯利三厘。不过这种说法虽然方便，而且在许多情况下也可行，但却并不正确。我们应当说，如果在各行业中新投资本所得的纯利率大约为年利三厘，那么各行业旧有投资的年收入，若乘以三十三倍（即用三厘利率），并将收入还原为资本，那么便约等于七十亿英镑。因为资本一经投于改良土地、建造房屋、铁路和机器上，价值便是预期的未来纯收入（或准租）折成现值之和；如果该资本在未来产生收入的能力下降，价值便相应下降。可以从较少收入中减去折旧，再进行资本还原，这样便可求得其新价值。

§7. 货币购买力的变动和利息率的变动的关系 除了对相反情况进行特别说明之外，本书始终假定一切价值都是用购买力不变的货币来计算的，就如同天文学家曾告诉我们的那样，决定一天的开始或结束并不以实际太阳为标准，而是以假设的**中位太阳**为标准。这种中位太阳在宇宙中始终如一地运行着。此外，货币购买力的改变对贷款条件的影响在短期借贷市场上十分突出，该市场和其他市场在许多细节上有所不同。而对于这些影响在此刻不能进行充分讨论。但从抽象理论的观点来看，无论如何在这里都应当顺便提及这些影响。因为借款人愿意支付的利率可以衡量他使用资本所预期得到的收益，而这只能依据借款和还款时货币购买力不变这一假设。

例如，假设某人借款 100 镑，并按合同规定在年终时偿还 105 镑。其间如果货币购买力提高 10%（或物价降低 10%），那么他就必须比年初多出售 1/10 的商品，否则便不能收回他应还的 105 镑。这就是说，假定他经营的商品和一般商品比较起来没发生价值上的变化，那么他必须出售 115.1 镑的商品来偿还 100 镑的本金和利息。所以，除非他手中的商品价格增加了 15.5%，否则他就处于不利地位。为使用货币，他名义上付息 5 厘，而实际上却付了

10.5厘。

相反，如果当年物价上涨使货币购买力降低10%，那么他可以用年初购买来90镑的商品按100镑出售。因此，他名义上付息5厘，而实际上却因借款而获得了5.5%的收入①。

当我们讨论决定商业活动的繁荣和萧条交替出现的原因时，就知道这些原因与货币购买力的改变所引起的实际利率的改变密切相关。因为当物价趋于上涨时，人们便争借货币抢购物资，从而推波助澜，使物价扶摇直上；企业既然已经扩展，经营管理便不免会出现漏洞；运用借贷资本的人偿还的实际价值小于所借的价值，因此会牺牲社会的利益而中饱私囊。以后当信用动摇而物价开始下跌时，人人都想脱手商品，保存价值日益增加的货币，这便使物价跌得更快，而物价的进一步下跌就更会使信用收缩。因此，在长期内，物价的下跌是以前物价下跌的结果。

我们将知道，物价的变动只是在很小的程度上取决于贵金属供给量的变动。即使用金银复本位而不用金本位，物价的变动也不会大幅度减少。但是，物价变动引起的祸害很大，因此为减少某些祸害而付出很大的代价也是值得的。不过，这种祸害未必是货币购买力的缓慢变动所固有的，因为货币购买力是随着人对大自然的控制的改变而改变的。同时在这种改变中，有得也有失。第一次世界大战之前的五十年中，生产技术的改良和丰富的原料产地的扩大，使人类的劳动效率在获取自己所需要的许多东西方面增长了一倍。如果用商品量计算的金镑的购买力不变，而不是像往常一样随着人对自然的控制的增进而改变，那么对那些货币工资主要是由习俗来决定的工人（虽然现在人数日渐减少）是有害的。但这一点要在别处进行充分讨论。

---

① 比较费希尔的《涨价与利息》（1896年）与《利息率》（1907年），特别是第5章、第14章及有关附录。

第 7 章　资本与经营能力的利润

§1. 企业家之间的生存竞争。首创者的劳务　在第四篇的最后几章里，我们曾研究了企业管理的各种形式及所需要的能力，并且看到我们可以将使用资本的经营能力的供给看成是由三种因素构成的：一是资本的供给；二是使用资本的经营能力的供给；三是把前两个因素有效地结合起来进行生产组合的供给。在上一章中我们讨论的主要是利息，即对第一个因素的报酬；在本章的前几节中，我们将讨论第二个和第三个因素的报酬，即所谓的管理上的总报酬；然后我们将讨论管理上的总报酬和第二个因素本身报酬的报酬，我们曾将后者叫做纯经营收入①。我们必须比较仔细地研究企业主和经理对社会提供的服务的性质，还有他们工作付出的报酬。我们将发现决定这些报酬的因素并不像通常设想的那样单一，反而却与决定其他报酬的因素相似。

不过，在开始时我们必须加以区别。我们应当记起这一事实②，即生存斗争往往使最适合在自己环境中发展的组织方法流行起来。但所谓最适合环境的方法，并不一定是对环境最有益的方法，除非这些组织方法所获得的报酬恰好和它们直接或间接贡献的利益相适应，而事实上并非如此。因为从总的原则来看，替代原则（它只不过是适者生存这一规律的特殊而有限的应用）趋于使某种工业组织方法代替另一种方法，假如前一种方法能以较低的价格提供直接的即期服务的话。一般说来，两者之一即将提供的间接的最终服务与直接服务相比无足轻重。许多只要有良好的开端就可能在长期内对社会作出贡献的企业，会由于上述原因而衰败、倒闭。有些合作社形式的企业尤其如此。

---

① 见本书第四篇第 12 章中第 12 节的后一段。
② 见本书第四篇第 8 章。

关于这一点，我们可以把雇主等企业家分成两类：一类引进先进的企业方法；另一类则墨守成规。后一类对社会主要提供直接的服务一般都会获得充分报酬，但前一类的情况却不然。

例如，因为最近采用了一种比较经济的方法，有些炼铁部门能减少整个冶炼过程中的加热次数；不过，这种新发明的方法既不能获得专利，也不能保守住秘密。假设某厂商有 5 万镑资本，通常每年获纯利 4 000 镑，其中 1 500 镑是他管理工作的报酬，其余 2 500 镑是其他两个利润因素的报酬。我们假定他做的工作和邻居相同，而且他的能力虽强，但也并没超出那些胜任这种特别难的工作的人的平均能力。即我们假定这 1 500 镑是对他一年工作的正常报酬。但是，随着时间的推移，他想出一种新的方法，比通常用的方法减少一遍加热次数，因此，支出没增加，却反而提高了年产量，即每年能多得 2 000 镑的净款。假如他的商品仍能按原价出售，那么对他的管理工作的报酬便超过平均报酬，一年为 2 000 镑。他从对社会提供服务中得到了充分报酬。不过他的邻居必将采用这种新的方法，在短时间内获得的利润也许会超过平均利润。但是，竞争会使供给增加，从而使他们商品的价格下降，直至利润回到原有水平附近为止。因为哥伦布倒立鸡蛋的秘诀一旦家喻户晓，就无人会因倒立鸡蛋而获得额外高的工资。

许多企业家的发明在长期内对世界几乎有着无法估计的价值，可是他们本人从自己的发明中得到的报酬，甚至比弥尔顿从《失乐园》或米勒从《天使》中得到的报酬还要少。但许多人却由于运气好，并不是由于在完成极重要的社会福利事业中显示出特殊才能，从而聚敛了大批财富。有些企业家很可能死时虽是百万富翁，但生时取得的报酬却与其发明的新方法给予社会的利益不相称。我们将发现，虽然各企业家的报酬趋于和他对社会提供的**直接**服务成比例，但这本身绝不能证明现存的社会工业组织是尽善尽美和难能可贵的。而且不应当忘记，我们目前的研究范围只限于探讨在**现存社会制度下**，那些决定企业管理报酬的原因的作用。

以下我们将要研究普通工人、监工和各级雇主对社会提供的服务的报酬的调整。这样我们会发现代替原则到处都在发生作用。

§2. **首先通过监工的劳务与普通工人的劳务，其次通过企业经理的劳务与监工的劳务，最后通过大企业经理与小企业经理的劳务的对比，来说明代**

替原则对管理报酬的影响 我们已经注意到一个小业主做的大部分工作,在大企业中是由领工资的各部门主管、经理、监工等人进行的。这一线索对我们目前的研究有很大的帮助。最简单的事例就是普通监工的工资这一事例,我们就从这里开始研究。

例如,假设某铁路承包商或船厂经理发现,如果一个监工的工资为一个工人的两倍,那么每二十个工人就设一个监工最合适。这就是说,如果他有五百个工人和二十四个监工,并且希望用同样的开支完成稍多一点的工作,那么他宁愿增加一个监工,也不愿增加两个普通工人。而如果他有四百九十个工人和二十五个监工,他就会认为更好的办法是多增加两个工人。如果他能用工人工资的一倍半雇到监工,那么他也许会给每十五个工人配备一个监工。但事实上,所雇监工的人数是由一比二十的比例决定的,而他们的需求价格为工人工资的两倍①。

在有些例外的情况下,监工是通过迫使工人额外多做工作来赚得自己的工资的。但是我们现在假定监工是用正当的方式,并且是通过对工作细节上的妥当安排来完成他所负担的任务的,因此,很少有做错和需要返工的现象:在移动重物需要帮助时,每个人都会立即得到帮助;所有机器和工具都放得井井有条,随时可以使用,没有人会因用错工具等而浪费自己的时间和精力。我们可以将担任此项工作的监工的工资看做是大部分管理上的报酬的范例。通过个别雇主的作用,社会对监工的服务提出了有效需求,直达到这样一个边际:采用增加别的行业工人的方法比采用增加监工的办法更能提高工业的总效率。因为这些增加的监工的工资使生产费用增加,所增加的数额等于增雇监工的工资。

如上所述,这里只将雇主看做是中间人,竞争的作用通过雇主能使生产要素配置得以最小的货币成本得到最大的直接服务(用其货币尺度计算)。不过,我们现在应当讨论的是如何通过各个雇主间彼此竞争的直接行为而使他们本身的工作得到安排和配置,虽然采取的方式比较偶然。

§3. 续前 我们还应当考察监工和经理的工作不断与企业主的工作进行衡量的方式。观察一个小企业逐渐扩充的过程会十分有趣。例如,一个木匠逐步增加自己的工具,后来租了个小作坊为私人做些零活。他做的工作必须征得这

---

① 这个论点可以与第四篇第 1 章的第 7 节中的论点相比较。

些人的同意，他还与那些人共同承担管理工作和各种小风险。因为这样给那些个人带来许多麻烦，所以他们就不愿对这个木匠承担的管理工作付很高的报酬①。

因此，这个木匠的第二步是承揽各种小修理活儿。现在他已经成为一个小承包商了，如果他的生意扩大了，他便会逐渐脱离体力劳动，而且在某种程度上甚至不再监督工作上的细节了。他从前做的工作都由雇工替他来做，因此，他在计算自己的利润之前，必须从收入中减去雇工的工资。除非他证明自己的经营能力达到同行的平均水平，不然也许就会很快丧失自己赚来的小宗资本，并且经过短期的挣扎之后，又回到他起家时的那种卑微的生活。如果他的能力恰好达到平均水平，那么再加上有点走运，他就会保持自己的地位，而且说不定还要好些。他的收入超出开销的差额，就将代表他那一级的管理工作的正常报酬。

如果他的能力高于同级人的正常能力，那么他就能用一定的开销（用于工资及其他方面）取得他的大多数竞争对手用较大的开销所能取得的成果。他势必会用自己特殊的组织能力来代替他们的一部分开支。他的管理报酬将包括节省下的那部分开支的价值。从而，他将增加自己的资本，提高信用，并且可以按较低的利率获得大量贷款。他将拥有更广泛的商业关系，获得更多的有关原料和操作过程的知识，并有机会进行大胆而明智的冒险事业。直到最后，甚至在停止体力劳动之后，他还把占用他全部时间的各种琐事几乎全都分派给别人②。

---

① 比较第六篇第 12 章中的第 3 节。
② 拥有大量工人的雇主必须按照现代军队指挥官所遵循的方法来节约精力。因为正如威尔金森所说（《军队的智囊》，第 42~46 页）的那样："组织意味着每个人都职责明确，完全懂得应该做什么，他的权力和责任相互依存……（在德国军队中）每个连级以上的指挥官只处理所属本部的事务，除非遇到直接负责的军官不称职，否则绝不干预各排的内务……军团司令必须应付的只是少数部下……他视察并检验所属各部队的状况，但是……尽量不让琐事缠身。他能冷静地作出判断。"贝奇特曾以独特的方式说（《伦巴街》，第 8 章），如果一个大企业的首脑"忙得不可开交，那就是事情不妙的迹象"；并且他拿原始雇主和进行决斗的赫克托或阿基利斯相比，拿典型的现代雇主和"远处收听无线电的人相比，这个人就像阅览公文的莫尔克伯爵一样，知道该杀的被杀掉了，而且他取得了胜利"（《论资本的转移》）。

§4. **续前** 我们既然考察了监工和普通工人的报酬,又考察了雇主和监工的报酬,现在就可以来考察小企业和大企业的雇主的报酬了。

自从我们说的那个木匠变成相当于大的承包商之后,他的事务就非常繁忙,要占用几十个料理自己生意细节的雇主的时间和精力。在大企业和企业的整个斗争过程中,我们看到代替原则时时都在发生作用。大雇主用自己的一小部分工作与经理和监工的大部分工作来代替小雇主的全部工作。例如,当投标建造房屋时,拥有大量资本的建筑商即使来自远方,也往往认为值得承包。而当地建筑商因就近有作坊和可信赖的工人而得到很大的节约。但大建筑商也有种种利益,比如可以以比较便宜的价格大批地采购建筑材料;使用机器(特别是锯木机)使成本降低;也许能以较低的利率借到自己所需要的款项。这两组利益往往大致相等。所以,投标的胜负取决于二者的相对效率,即小建筑商那全力以赴的效率和忙碌但却能干的大建筑商本身提供的一小部分监督工作的效率(虽然他有当地经理和总部职员的帮助)①。

§5. **使用大量借贷资本的企业家** 上面讨论的是一个人的管理工作的总报酬。首先,他用自己的资本经营企业,从而本身可以获得直接和间接成本的等价物。所谓间接成本是指使用借贷资本时引起的成本。有些资本所有者不愿自己使用资本,而转借给企业资本不足的人使用。

其次,我们要讨论的是那些主要使用自己资本的企业家和主要使用借贷资本的企业家在某些行业中进行的生存斗争。在某种程度上,个人风险,即放款人要求担保的风险是随企业的性质和借款人的境遇不同而不同的。在有些情况下,个人风险很大。例如,当某人从事一种新的电业方面的生意时,并没有以往的经验可借鉴。因此,放款人对于借款人的进展情况很难作出独立的判断。在所有这些情况中,运用借贷资本的人都处于极其不利的地位,而利率主要是由自有资本者之间的竞争来决定的。也许恰巧并没有很多的人从事这种行业。在这种情况下,竞争也许并不激烈,利率却可能很高,即利润大大超过资本的纯息和与经营难度(虽然这种难度可能在一般程度以上)成比例的管理工作的报酬。

此外,在那些发展很慢,除非长期付出努力,不然就收不到成效的行业

---

① 比较第四篇第11章中的第4节。

中，只拥有少量自己资本的新人处于不利的地位。

但在那些凭勇敢而不知疲倦的进取心便可以迅速收到成效的工业中，特别是在以较低的成本对昂贵商品进行再生产，并在短时间内便可获厚利的部门中，新人则如鱼得水。正是由于他当机立断，巧于策划，也许还多少由于他天生不安分，使他在竞争过程中捷足先登。

甚至在极其不利的条件下，他也往往固守着自己的阵地，因为自由和地位的尊严对他很有吸引力。例如，承受很重的抵押重负才得到一小块土地的小农户，或者以极低的价格转包承包者的订货的"小老板"，往往要比普通工人工作辛苦，而所得的纯收入却较少。自有资本较少而经营大企业的厂商不辞劳苦、不怕操劳，因为他明白总得要靠工作谋生，他不愿舍弃本行而为别人工作。因此，他发奋工作以赚取收入，不过这种收入和富有的竞争对手比较起来算不了什么。因为富有的竞争对手可以停业，专靠自己的资本利息来享受安逸的生活，所以，他也许怀疑继续忍受商业生涯中更多的折磨究竟是否值得。

在1873年达到顶点的物价膨胀使一般借款人大发横财，特别是企业家。而蒙受损失的却是其他社会阶层。因此，新兴资本家觉得创办企业很容易，而在商业上已有成就或继承了前辈成就的人，觉得退出商界也很方便。所以，贝奇特在写到当时情况时辩解说，新兴资本家力量的增长使英国商业越来越趋于民主。不过他也承认"社会上的变异倾向就如同在动物界一样，是社会进化的原理"。他遗憾地指出，商业贵族的势力本可以使国家获得很大的收益；但近几年来，已出现一种相反的现象。原因有二：一是由于社会原因；二是由于物价继续下跌的影响。企业家之子比前一代人更以父业为荣，因为他们觉得越来越难凭以往从生意中获得的收入来满足日益奢侈的生活需要了。

§6. **股份公司** 在某些方面，以股份公司为例，能最好地就雇员的服务及其报酬和企业家管理工作的报酬进行比较。因为在股份公司中，大部分管理工作是由董事、经理和其他附属职员分担的，其中大多数人自己没有资本，或者即使有也数量有限。因为他们的报酬几乎是纯粹的劳动报酬，所以在长期内是由支配普通职业中难度和不合意程度相等的劳动的报酬的一般原因来决定的。

如前文所述①，股份公司常为内部摩擦和利害冲突所困扰。如股东与债权人、普通股东与优先股东以及股东与董事之间的利害冲突，此外还受各种审核和反审核制度的限制。在股份公司中不常见到私人企业所具有的创造性、主动性、目标一致以及行动迅捷等。不过，这些不利在某些行业中一般不太重要。许多加工工业和投机商业公司都认为对外公开非常不利，而对一般银行业、保险业和类似企业却有着积极的利益。在这些企业和运输业（如铁路、电车、运河）与公用事业（煤气、自来水和电力）中，使用资本的无限权力几乎赋予了它们绝对的统治力量。

如果股份公司营业正常，不直接或间接地进行股票投机，或者对竞争对手进行消灭或兼并，那么一般都能着眼于未来，采取的政策也有远见（有时或许有点拖拉）。股份企业大多不愿为暂时的利益而牺牲自己的名誉，也不愿给雇员极低的待遇，以免影响到它们的服务。

§7. 现代企业经营方法有使管理报酬和所从事的业务的困难相适应的一般趋势　在许多现代企业方法中，各种方法都既有有利的一面，也有不利的一面。而且每种方法都得到全方位的运用，而且能运用到利弊恰好相当的一点上。换言之，在某种特定场合，各种不同企业组织方法的有利的边际不是某一线上的一点，而是使各种可能的企业组织彼此衔接的一条不规则的界线。一方面是由于这些现代方法的差异很大；另一方面是由于其中许多方法能给有经营能力却无资本的人一种发展的机会。所以，有可能使管理工作的报酬与取得这种报酬的服务取得一致。而在原始制度下，这种一致性却并不多见，因为除了拥有资本的人之外，几乎没有人把资本投入到生产中。当时那些拥有资本和机会来经营某个行业或者提供大众急需的服务的人，即使具有该工作所需要的才能，也是偶然的。但是，商品正常生产费用的那一部分，即通常所谓的利润，在各方面都受替代原则的支配。因此，在长期内不能与所需求资本的供给价格、经营该行业所需要的能力和精力的供给价格、使经营能力和所需资本相结合的组织的正常供给价格等相差太大。

经营能力的供给大而且有弹性，因为这种供给的来源较广。每个人都要料理自己的生活事务，如果他生来就喜欢企业管理，便可以从中获得管理经

---

① 见第四篇第12章的第9、第10节。

验。因此，需要最迫切而报酬又优厚的经营能力很少取决于"天赋"，却大多取决于获得此项能力所用的劳动与费用。此外，经营能力极不具有专门化，因为在大多数行业中，专门知识和熟练程度与普通的判断力、果断、机智、谨慎与坚定相比，都日益居于次要地位①。

的确，在那些店主就几乎等于工头的小企业中，专门技术是很重要的。诚然，"各行业都有自己的传统，而这种传统却未记载下来，可能也无法记载，只能一点一滴地学习。而且最好的办法是在幼年时期，当思想还未定型时就学习。但是，在现代商业中各行业都为附属的以及类似的行业所环绕着，这使人对其现状有所熟悉和有所了解"。②

此外，现代企业家特有的那种一般才能，随着企业规模的扩大而越来越重要。而且正是这种才能使他成为人们的领导，使他能有的放矢地解决必须解决的问题，能几乎凭直觉明察事物的相对比例，能拟定英明而富有远见的政策，并且冷静而坚决地实行此政策③。

应当承认，经营能力的供给和需求的适应，多少受到一种困难的阻碍，这种困难在于精确计算出某行业对该能力所付的价格是多少。砖匠或泥匠的工资比较容易计算，先取各种不同效率的人的工资平均数，然后再减去因就业无常而蒙受的损失即可。但是除非详细计算某人的实际企业利润，并减去他的资本利息，不然就无法求出某人管理工作的总报酬。而他自己却往往并

---

① 第四篇第12章中的第12节。当生产形式不再是少而简时，"一个人不再因为是资本家而成为雇主。人们运用资本是因为具有有利雇用劳动的条件。资本与劳动依靠这些工业巨子来寻求发挥其各自职能的机会"（沃尔克的《工资问题》，第14章）。
② 贝奇特的《假定》，第75页。
③ 贝奇特（同上书，第94~95）说，现代大商业有"各种商业都共同遵守的一些总的原则，如果一个人懂得这些原则并具有适当的智慧，就会足以胜任经营一种以上的商业。但这种共同因素的出现在商业中就如同在政治中一样，是一种量的表现，而原始商业都是小商业。在古代部落中，只不过是有一些专人而已，如织布工、泥瓦匠和武器制造者。各行业除了对从事本行业的人之外，都力求保密，而且大多是秘密。各行业所需要的知识只为少数人所有，而且不外传，除了这种垄断的而且往往是祖传的技艺外，就再也没有什么可利用的了；当时并没有'一般的'商业知识。一般的赚钱之道只是近代的事，而这在古代差不多都是个别人的、特殊人的行为"。

不知道业务的真相，甚至他的同行对此也无法摸透。即使在现在的小乡村里，如果说人人都知邻家事也不可能。正如克利夫·莱斯利所说："乡村的酒吧老板、小旅店主或小店主如果营业稍有起色，就不愿把自己的利润告诉邻居，以免引起竞争；而营业不佳时，也绝不愿暴露实情，免得惊动债权人。"①

尽管难以借鉴商人的个人经验，但整个行业的情况却不能永远完全保密，也绝不能长期保密。虽然一个人不能仅凭浪头冲击海岸五六次就断定是潮涨还是潮落。但是，如果稍有耐性，问题便可迎刃而解。企业家们一致认为，一个行业的平均利率绝不能有很大涨落，除非在不久以前的变动引起了普遍注意。虽然有时企业家比有特殊技能的工人还更难判断出改变所从事的行业是否可以改善他的处境，但是他却有机会发现别的行业的现状及其未来。如果他希望改变自己的行业，那么与有特殊技能的工人相比，他一般更容易办得到。

总的来说，我们可以作出结论：工作上所需要的那种稀有的天赋才能和耗费精力大的特殊训练，对管理工作的正常报酬的影响与对有特殊技能的工人的正常工资的影响是一样的。不论是哪一种情况，所得收入的增加都能使某些力量发生作用，而这些力量使能获得该收入的人的供给趋于增加；不论是哪种情况，收入增加使供给增加的程度都取决于供给来源的社会经济条件。虽然一个能干的企业家如果在开始时拥有大量资本和良好的商业往来关系，就比同样能干但却没有这些有利条件的人似乎可能获得多的管理报酬。但是，有些自由职业者能力相当，但获得的报酬却不相等（虽然差得很小），这原因就在于他们开始时拥有的社会优势不等。甚至连工人的工资也以在生活中的起点和父母能给予他的教育费而定②。

---

① 《双周评论》，1879年6月，并收入其《论文集》中。
② 见第六篇第4章中的第3节。关于承担企业主要责任者的一般职能，参阅布伦塔诺的《企业家》，1907年版。

第8章 资本与经营能力的利润(续)

§1. **我们还必须研究利润率是否有相等的一般趋势。在大企业中,有些管理报酬划作薪金;而在小企业中,经理的劳动工资大多划作利润。因此,小企业的利润表面上看起来比实际利润要多一些** 在过去的五十年以前,决定管理工作的报酬的原因从未得到仔细研究。以前的经济学家在这方面的贡献不大,因为他们没有恰当地区分开构成利润的诸多因素,而只是简单探求决定平均利率的一般规律。但就其性质来说,这一规律是不能存在的。

在分析决定利润的那些因素时,从某种意义上说我们遇到的头一个困难是字面上的困难。这源于以下事实:小企业主做的大部分工作,在大企业中由经理和监工分担,而在计算利润之前,必须从该企业的收入中减去他们的工资;但小企业主的全部劳动报酬则算成他自己的利润。这种困难早已有所察觉。亚当·斯密曾指出:"在一个大市镇上,如果某药店老板一年出售的全部药材,需用成本也许不超过30镑或40镑。但是他可以得到300镑或400镑的收入,或得1000%的利润,但这往往是由于他把自己的合理工资加在药价上的结果。其中较大一部分表面上看来是利润,其实是隐藏在利润外衣下的工资。在小商港,一个小杂货商以100镑的资本能挣40%或50%的利润,而在同一个地方的大批发商以1万镑的资本却很少能挣8%或10%的利润。"①

---

① 《国民财富的性质和原因的研究》,第一篇的第10章。西尼尔(《政治经济学大纲》,第203页)估计一宗10万镑资本的正常利润率不到10%;1万镑或2万镑资本约为15%;5 000镑或6 000镑资本为20%,"资本越少,而利润率便越大得多"。并比较本篇前一章中的第4节。值得注意的是,当本身没有资本的某私厂的经理与出资方合伙,并分取利润却不挣工资时,此公司的名义利润率就有所提高。

因此，分清两种利润率是很重要的：一种利润率是企业投资的年利润率；而另一种利润率是资本每次周转（即每次销售总额等于资本）所得的利润率，或叫做周转利润率。眼下我们研究的是年利润率。

如果把利润一词的范围在小企业中缩小，或者在大企业中扩大，这样，此词在这两种情况中都包括同类服务的报酬，那么小企业和大企业的正常年利润率的大部分名义上的不等就会消失。的确，在有些行业中虽然用普通方法来计算时，拥有大资本的企业的利润率好像低于拥有小资本的企业，但如果用正确的方法来计算，其利润率却趋于高出拥有小资本的企业。因为在同一行业中相互竞争的两个企业之间，大企业往往能以较低廉的价格购买原材料，并能利用许多大规模生产经济的好处如分工和机器的专门化，等等。而这一切都是小企业力所不及的。但是小企业占据的唯一重要优势就是比较容易接近顾客，便于迎合顾客的需要。而在后一种优势不占重要地位的那些行业中，特别是在加工工业中，大厂比小厂能取得更好的售价，从而开支较少，而收入却较多。因此，在这两种情况下，如果利润都指的是含有相同因素的利润，那么大企业的利润率必然会高于小企业。

但是，正是在这些企业中经常出现这种情况：大厂挤垮小厂之后，或者互相合并，为自己获得有限垄断的利益，或者彼此之间展开激烈竞争，从而使利润率降得很低。纺织业、金属业和运输业的许多部门没有大量资本就无法创办；而开始时规模不大的企业困难重重，努力挣扎，以期在短时间内能够获得运用大宗资本的机会。而大宗资本将提供的管理报酬虽相对资本而言比较低，但总额却很高。

有些行业需要极高的能力，但在此行业中，管理一个大型企业和中型企业几乎同样容易。例如在轧钢厂中，细节工作不能定为常规的几乎没有。100万镑的投资轻易就可由一个能干的人管理好。对某些炼铁部门来说，20%的利润率是并不算很高的平均利润率，因为在工作细节上需要不断进行考虑和策划。厂主一年可得15万镑作为管理报酬。近来钢铁业各部门中大厂相继合并的事实更可以说明这种情况。它们的利润多随商业情况而变动，虽然总额很大，但平均率却很低。

有些行业很少需要极高的能力，如果拥有大宗资本和适当往来关系的公厂或私厂，是由勤俭而富有常识和相当具有创业精神的人来管理的，就足以抵制新来者。在这些行业中，利润率几乎都很低。而殷实的公司或私厂并不缺乏这样的人，因为私厂随时都可以接收最能干的雇员入伙。

总的来说，我们可以得出结论：第一，大企业的利润率比初看起来要高些，因为在将小企业的利润率和大企业的进行比较以前，企业通常算做利润的那一部分应当列入另一项；第二，即使经过这种修正以后，用通常方法计算的利润率一般也随着企业规模的扩大而下降。

§2. 在流动资本比固定资本相对多的部门中，所用资本的正常年利润率要高一些。大规模生产的经济一旦普及于整个工业，就不会提高该工业部门中的利润率 如果管理工作的繁重程度与资本不相称，当然管理上的正常报酬也高得和资本不相称，那么资本的年利润率也会很高。而管理工作之所以繁重，是由于组织制定新方法时费了很大的心力，或者由于引起很多的烦恼和风险，而这二者往往相伴而行。各行的确有自己的特点，而有关这方面的一切规律很容易有重大的例外情况；但是在其他条件不变的情况下，下述一般命题是站得住脚的，并可以解释各行正常利润率的许多不相等的现象。

首先，某企业所需要的管理工作的量大多取决于流动资本量，而很少取决于固定资本量。因此，有些行业的利润率偏低，因为拥有过多的固定资本设备。而固定资本设备一经投下，就不需要操太多心或者去注意它了。正如我们看到的那样，股份公司多经营这样一些行业：铁路公司和自来水公司，尤其是拥有运河、船坞和桥梁的公司，股份公司的董事和高级职员的工资总额在所投资本中占据的比例很小。

其次，假设企业的固定资本的比例不变，一般说来，管理工作越繁重，利润率就越高。而与原材料的成本和商品的价值相比较而言，工资总额也就更重要。

在经营昂贵原料的行业中，成功多取决于运气和买卖上的能力。如果要正确地、恰如其分地解释影响价格的种种因素，就需要有清醒的头脑，从而可以获得高额报酬。在有些行业中，考虑到这一点是非常重要的，以致使某些美国学者把利润纯粹看做是风险的报酬，并且看做是毛利减去利息和管理报酬的余额。但是总的来说，这样使用这个术语似乎不合适，因为这样就出现了把管理工作和日常监督混为一谈的趋势。的确，在其他条件不变的情况下，从事有风险性的企业的人除非预期得到的利益大于其他行业，并且可能获得的利益超过可能损失（按合理的计算）的利益，不然是不会经营这种企业的。如果这种风险没有绝对的害处，人们就不会愿意向保险公司缴纳保险费，因为他们知道所付的保险费除了实际险值和巨大的广告开支和经营费用之外，还能提供作为净利的剩余。如果没有保险，如果防止风险的种种实际困难可以得到克服，那么在长期内他们必须要得到相当于保险费的补偿。但是，还有许多的人运用自己的智慧和创业精神就能胜任并处理麻烦业务，但在巨大风险面前却裹足不前，因为他们自己的资本不足以承担沉重的损失。因此，有风险性的行业多由不怕冒险的人经营，也许由少数实力雄厚的资本家经营。他们擅长经营该行业，并彼此约定不让市场受到压力，以便获得很高的平均利润率①。

在有些行业中，投机因素不很重要，因此，管理工作主要是监督。管理报酬以企业中完成的工作量为准；而工资总额可作为该报酬的一种极其粗略但却方便的尺度。在关于各行利润相等的一般趋势所能作出的所有概括中，也许最不精确的就是如果运用的资本相等，利润每年便有等于总资本百分之几和工资总额百分之几的趋势②。

再次，在分析流动资本的周转并且比较原料的成本和工资总额时，我们发现在表厂中前者比后者要小得多。那里原料体积很小，并且存放在用砖、石和瓦建成的普通厂房中。但在大多数工业中，原料的成本比工资总额要大得多。将所有工业平均起来看，原料的成本为工资总额的三倍半，而在原料加工的那些工业中，原料的成本一般为工资总额的二十五倍。

如果在计算企业的产量之前减去所消耗的原料、煤等的价值，那么上述不均现象大多就不存在了。一个谨慎的统计学家通常采用这种方法来计算一

---

① 关于作为成本要素的风险，参看第五篇第 7 章中的第 4 节。对于各种不同风险对各种不同性格的人，从而对风险性职业中的工资和利润的吸引力与排斥力进行仔细分析和归纳的研究，也许有好处。而这可从亚当·斯密关于这个问题的论述开始。

② 甚至大约估计出投在各种不同企业中的各种资本量也有很大的困难。但是主要借助于那些在这个问题上显然不精确的美国统计局的有价值的统计材料，我们才可以断定，在那些机器设备十分昂贵、原料加工过程很长的工业中（如表厂和纺厂），年产量小于资本；但在原料贵重而生产过程短促的企业中（如鞋厂），还有在那些只需略加改变原料形式的工业中（如制糖业和屠宰业），年产量比资本多 4 倍以上。

个国家的工业产量，以免把（比方说）纱和布计算两次；同样的理由使我们在一个国家的农产量中避免计算牛和饲料作物。但这种方法不十分令人满意。因为从逻辑上说，人们应该减去织布厂购买的织布机，像减去那里的纱一样。此外，如果工厂本身被算做建筑业的产品，它的价值就该从织布业的产值（在一定年限内）中减去。关于农场建筑物也是如此。农业用马和在某些情况下的商业用马都无须进行计算。不过，如果我们对其不精确性有充分的认识，这种只减原料的方法是有用的。

特别精明强干的厂商会比其竞争对手使用的方法和机器都要好。他也会比较妥善地安排企业的产销，并使二者保持正常的关系。用这种方法，他将扩大自己的企业，因而从分工和设备专门化中获得较多的利益①。这样，他将得到的是报酬递增和利润递增。因为如果他只是许多生产者中的一个，那么他所增加的产量实质上不至于使他的商品价格下降，而大规模生产的经济利益几乎全部都归他所有。如果他恰好拥有该行业的部分垄断，那就将调节他所增加的产量，使他的垄断利润可以得到增加②。

但是，如果这种改良不局限于一两个生产者，如果改良的产生是由于需求以及与之相适应的产量的总的增加；或者由于全行业都可得到机器和方法的进步；或者由于辅助工业的发展和"外部"经济的普及，那么产品的价格会接近于只能为该类工业提供正常利润率的一点。在此过程中，该行业往往倾向于转为新的一类，其正常利润低于原来所属的那一类。这是因为此行业比以前更为一致、更为单调、所费的心力也更少，也可以说因为它更适合于共同管理。可见，某行业的产品**数量**与劳动和资本的**数量**相比时，比例增加势必会引起利润率下降。从某种观点来看，可以把这看成是用**价值**计算的报酬递减③。

§3. 各行各业均有其习惯性的或公平的周转利润率 以上是对年利润的阐述，现在我们要研究决定周转利润的原因。很显然，年正常利润率的变动幅度很小，而周转利润在一个行业却比在别的行业相差很大，因为这取决于

---

① 见本书第四篇第 11 章中的第 2~4 节。
② 见本书第五篇第 14 章中的第 5 节。
③ 比较本书第四篇第 13 章中的第 2、第 3 节。

周转上所需要的时间长度和工作数量。例如，在单项交易中，买卖大量产品的批发商能使其资本周转得很快，虽然他们的平均周转利润少于1%，但却可以赚很多的钱；尤其是在大宗股票交易中，周转利润只有1%的几分之几。但是造船商在将船售出以前的很长一段时间内，势必把劳动和原材料投于船本身，并得准备出一个停泊船的地方。他还必须留心与此相关的各种细节问题，必须在直接或间接的开支上附加很高的利润率，以补偿他的劳动和所投下的资本①。

此外，在纺织业中，有的厂买进原料出产成品；而有的厂则专门从事纺织或上光。很显然，第一类中一个工厂的周转利润率必须等于其余三类中各个工厂的利润率之和②。再以零售商为例，他经销的那些商品的周转利润率往往只有5%或10%，这些商品为一般人所需要，又不会受时尚变化的影响，因此，销售额很大，必要的存货很少。投于其中的资本可以周转得很快，既无风险，也无须操劳。但是，有几种零售商的周转利润率几乎高达100%，因为他们经销的是装饰品和化妆品，只能销售得很慢，同时还必须备有各种各样的存货，而且在陈列时还需要很大的地方。如果时尚有所改变，就只能亏本出售了。即使这种高利润率也往往不及鱼、水果、花草和蔬菜方面的利润率③。

§4. 续前 因此，我们看到周转利润率没有倾向于相等的总趋势，但在

---

① 但他无须对在造船初期所投下的那部分资本收取很高的年利润率，因为那部分资本一旦被投下之后，就无须再费力操心，而他只按很高的复利率计算他的"积累"支出也就够了；但在这种情况下，他必须把自己劳动的价值算做他早期的一部分支出。相反，如果有一种行业对所投下的全部资本都需要不断地、几乎是一样地操劳，那么，在该行业中以加用复利润率（即像复利率一样，利润率按几何级数增加）的办法求出早期投资的"积累"值，便是合理的。虽然这在理论上有着不十分正确的地方，但为简便起见，实际上也往往得到采用。

② 严格说来，它会稍大于这三者之和，因为包括较长时期的复利息。

③ 工人阶级住宅区内的鱼商和菜商特别热衷于利润率很高的小生意，因为每个人的购买量都非常小，所以顾客宁愿在就近的一个高价铺子中购买，也不愿到较远的一个低价的铺子中去。因此，零售商虽然以不到半便士的东西却索价一便士，但他也许不会过上一种十分优越的生活。不过如果是渔夫或农夫出售同样的东西，也许只要四分之一便士，甚至不到四分之一便士。而运输费用和保险费的直接损失说明不了这种差别。因此，一般人认为这些行业中的中间人通过联合可以获得利润额外高的特殊便利，这种看法似乎是有理由的。

各行业及各行业的各个部门中,可以有一种被认为是"公平"的、正常的、相当确定的利润率,而且事实上的确也有这样的利润率。当然,这些利润率往往因为做生意方式的改变而改变,而做生意方式的改变一般源于这样一些人:他们希望做较少的生意,虽然周转利润率一般较低,但资本的利润率却较高。不过,如果没有这种巨大的变动,那么按照该行业的传统,对特种工作收取一定的周转利润率就会给该行业的同行提供重大的实际服务。这种传统多凭经验而来,足以证明如果所收的是那种利润率,那么在特定情况下所用的成本(直接成本与补充成本)将得到补偿;另外,该行业会提供正常的年利润率。如果他们索要的价格给予的利润率远远低于该周转利润率,便很难有所发展;如果他们索要的价格过高,那么就有失去顾客的危险,因为别人可以比他们卖得便宜。如果事先没有议定价格,这就是一个诚实的人希望从订货中收取的"公平"的周转利润率。假如买主和卖主发生争执,法庭允许的也是这种利润率①。

§5. 利润是正常供给价格的构成因素。但是已投资本(以物质形式获取的技能上)的收入是由对商品的需求决定的　在以上研究中,我们的着眼点

---

① 在这种情况下,专家的证明在许多方面对经济学家都很有教益,特别是由于多少有意识地认识到产生商业习惯的那些原因,还有借助于它们得以维持这种习惯而使用有关这种习惯的中世纪时的术语。如果某一类职业的"习惯"周转利润率比另一类职业的高,那么最后的原因差不多总是前者需要(或不久以前需要)资本投资的时间较长;或使用的贵重设备较多(特别是像那些易于急剧贬值或不能经常使用的设备。因此,必须靠较少量的工作来维持自己);或需要的劳动较难而且容易惹人生厌;或要求业主付出更多的注意力;或者具有某种必须加以保险的特殊风险因素。而专家们对阐明那些暗藏于他们心灵深处的使这种习惯存在的理由的怠慢,就有理由使人相信,如果我们能使中世纪商人再生并反问他们,那么会发现利润率适应特定情况的需要远远比历史学家所说的要有意思得多。许多历史学家有时并没有说明他们指的习惯利润率是一定的周转利润率,还是在长期内将提供一定的资本年利润率的那种周转的利润率。当然中世纪企业方法大同小异,会使资本的年利润率相当一致,而不致造成周转利润率像现代企业中那样大的差异。但是仍然很明显。如果一种利润率将近一致,那么另一种利润率就不一致;许多关于中世纪经济史的著作的价值,就是由于没有明确地认识到这两种利润率的区别,还有与之极为相关的习惯所必须依靠的最终认可之间的差异,而多少受到了损害。

主要是经济力量的最终的或长期的或者说真正正常的结果；我们曾讨论过运用资本的经营能力在长期内有使自己适应需求的趋势；我们已经看到，这种经营能力不断寻求各种企业以及经营各种企业的各种方法。而在该企业中，那些为满足他们自己的需要而能付合适价格的人极其重视这种经营能力能提供的服务，以致该服务在长期内将获得很高的报酬。这种动力就是企业家的竞争。每个人都想方设法预测可能发生的事件，作出恰如其分的估计，并预计企业收入除去所需开支之外的剩余。他的全部预期收益都列入使他从事该行业的利润之中；在他未曾投资以前，在制造工具以供未来生产以及建立企业往来的"无形"资本方面所投的全部资本和精力，都势必会表明投资是有利可图的。他从这些投资中预期获得的全部利润都列入他在长期内对于冒险所期待得到的报酬。如果他是一个具有正常能力（所谓正常是对该种工作而言）的人，并且犹豫不决，不知道是否值得冒险，那么便可以将这些报酬看成是真正代表上述服务的正常生产费（边际）。因此，全部正常利润都列入真正或长期的供给价格之中。

诱使某人及其父亲把资本和劳动用在培养他成为一个工匠、自由职业者或企业家的那些动机，就与把资本和劳动投在建立物质生产设备及企业组织上的动机相同。不论在哪种情况中，投资（如果人的行为受自觉的动机的支配）都将达到这样一点：在该点上，追加投资不再有利可图；或者效用与"负效用"相等。因此，作为对所有这种投资的预期报酬的价格，就构成这种投资所提供的服务的正常生产费用的一部分。

不过，要使得所有这些原因都充分发挥作用，就必须要有很长的一段时间，从而可以将例外的成功和例外的失败相抵。一方面是这样一些人：他们的成功大多由于他们具有非凡的能力和罕见的运气，而这些都表现在他们投机事业的特别机遇或者供企业总体发展的有利机会上；另一方面是那样一些人：他们在精神上或道德上都不能善用训练和立业的良机，对自己的职业没有特殊的兴趣，再加上投机中的种种不幸，或者他们的企业由于竞争对手的侵犯而受到排挤，或由于需求浪潮退入他方而遭到搁浅。

虽然在有关正常报酬和正常价值的讨论中，可以忽略这些干扰因素，但在讨论特定时间特定个人所得的收入时，这些因素却具有头等的、起支配作用的影响。由于这些干扰因素对利润和管理上的报酬的影响方式远远不同于对普通报酬的影响,所以,当我们讨论暂时变动和个别机遇时,要分别对待利润和普通报酬,这乃是科学上的一种必然性。除非讨论货币、信用和对外贸易理论,否则便不能妥善解决有关市场波动的种种问题。但是,即使在现阶段,我们也可以注意到所讲述的干扰因素对利润和普通报酬的影响的下列区别。

§6. 就价格的变动、不同个人的不同情况,还有全部收入中应归于劳动报酬和天赋才能的报酬的比例,来比较利润和其他报酬 首先,企业家的利润受他的资本(包括企业组织)、他的劳动和雇工的劳动产品的价格变动的影响。因此,企业家的利润的变动一般在他们的工资变动之前,而且变动幅度较大。这是因为,如果其他条件不变,企业家的产品能出售的价格稍稍上涨,就很可能使他的利润增加许多倍,或者使他扭亏为盈。价格上涨会使企业家急于获得所能获得的高价的利益,会使他担心雇工辞职或拒绝工作,因此便甘愿增加工资,因而使工资趋于上涨。但是,经验表明(不管工资是否按产品售价来计算),工资的上涨很少与价格的上涨成比例。因此,工资的上涨几乎不能和利润的增长成比例。

这一事实的另一个方面是,当生意极坏时,雇工充其量一无所得,无法维持自己及家人的生活;但雇主(尤其是使用很多借贷资本的雇主)的开支势必会超出他的收入;在这种情况下,甚至他管理上的总报酬也成为负数,即他在亏本。在生意极其萧条的时候,许多或绝大多数的企业家都是如此,而那些比别人的运气差、能力也差,而且不太适合所干的那一行的企业家更是如此。

§7. 续前 其次,企业上成功的人数在全体中只占很小的百分比;在他们的手中积聚了别人的财富,而且比自己的财富多几倍。这所谓的别人就是这样一些人:他们或者自己有储蓄,或者继承了他人的储蓄,而在企业失败时连同自己的努力成果全部损失殆尽。因此,要知道一行业的平均利润,我们绝不能以成功者的人数除以他们所获利润的总额,甚至也不能以成功者和失败者的人数除以该利润总额。而是首先从成功者的利润总额中减去失败后也许早已转行的那些人的损失总额,再用成功者和失败者的总人数除去所余差额,即求得该行业的平均利润。管理上的总报酬,即利润超过利息的差额,平均起来计算很可能还不及一般人对成功者的企业利润所作出的估计的二分之一。而就某些有风险的企业来说，还不及十分之一。不过，正如我们很快就会看到的那样，认为企业风险大体上有减无增是有理由的①。

§8. 续前 再次，我们所要讨论的一个区别是利润变动和普通报酬的变动的区别。我们已经看到，在把自由资本和劳动投于培养工匠或自由职业者所需要的技能之前，将从中得到的预期收入具有利润的性质，不过所需要的利润率往往很高。其中理由有二：投资者本身并不能获得大部分投资报酬。他们往往生活拮据，除非勤俭持家，不然就不能为了未来得到报酬而这样投资。我们也看到，工匠或自由职业者一旦获得工作上所需要的技能之后，其中的一部分报酬其实就是所投资本与劳动的未来准租，而这种资本和劳动使他适合所担任的工作，得到立业和发挥自己才能的机会。收入中只有其余部分是劳作的真正报酬，但这部分一般占全部收入的很大份额。这就是区别之所在。因为对企业家的利润作同样的分析时，比例大小却有所不同，其中较大的部分是准租。

---

① 一个世纪前，许多英国人带着大量财富从印度归来。当时一般人认为那里的平均利润率很高。但是正如 W. 亨特尔指出的（《孟加拉乡纪要》第 6 章），失败是屡见不鲜的，"只有那些侥幸发财的人才回来散布这种奇谈"。正是这个时期，英国有这样一句俗语，即富人和他的车夫的家庭在三代人之内也许会几次互换位置。的确，这一半是由于当时的年轻继承人极其奢侈，另一半是由于很难觅得妥当投资。英国富有阶级地位的巩固，多半由于教育的普及和厉行节约以及投资方法的改进，而这种方法使年轻继承人有可能从他的财富中不断获得可靠的收入，虽然他们并没有继承到借以赚取这种财富的那种经营才能。但是，甚至现在在英国的某些地区，大多数工业家都曾是工人或工人的儿子。在美国，虽然挥霍浪费也许并不像英国那样普遍，但是人事沧桑和经营跟不上时代的困难，曾产生了这样一句俗语，即一个家庭三代内都是"布衣相传"。威尔斯说（《当代经济变动》，第 351 资），"在有判断力的人中间，很久以来就有一种基本一致的看法，即在为自己做生意的所有的人当中，没有成功的占 99%。" J. H. 沃尔克（《经济学季刊》，第 2 卷的第 448 页）就 1840 年至 1880 年间，马萨诸塞州乌斯特的主要工业的工业家的出身和生平作了详细的统计，其中十分之九以上的人都是从雇工起家的；在 1888 年拥有任何财产或留有任何遗产的还不到 1840 年、1850 年和 1860 年那些工业家的儿子的 10%。至于法国，博流曾说（《财富的分配》，第 11 章），在每一百家新企业中，几乎有二十家会立即消失，五十或六十家维持现状，不兴也不败，只有十家或十五家才是成功的。

第 8 章 资本与经营能力的利润（续）

大规模企业的经营者得自所投物质资本和非物质资本的收入非常多，而且利害得失又极其变动不定，结果他往往很少想到他在这方面的劳动。如果企业盈利，他就把企业带来的利益几乎看成是纯收益。他对企业局部开工和全面开工所付出的操劳几乎没有两样。因此，一般说来，他很少想到从这些收益中减去自己的额外劳动。他对自己的额外劳作所得的任何报酬的看法，与工匠对加班加点所得的额外报酬的看法不同。一般人，甚至有些经济学家都没完全意识到决定正常利润和正常工资的原因方面有着根本上的一致性。而以上事实正是造成这种认识不够的主要原因，并为这种认识状态提供了合理的解释。

与上述区别密切相关的是另一个区别。如果工匠或自由职业者具有特殊的天赋，而这种天赋即非人力所为，又非牺牲眼下以成全将来的结果，那么这种能使他获得剩余收入，即超过那些在个人教育和立业机会上投下相同资本和劳动的普通人，从相同劳作中所能预期得到的收入的剩余具有地租的性质。

但是，再回到前一章最后一节提到的那一点，在企业家阶层中，具有特殊天赋的人常占多数。因为除了出身于该阶层的那些有能力的人之外，还有出身于较低职业阶层的很多有天赋的人。因此，用在教育上的资本的利润，是自由职业者阶层收入中的一种特别重要的因素，而稀有天赋的租金，可以看做是企业家收入中的一种特别重要的因素，只要我们把企业家当做个人来看待（如我们所知，就正常价值来说，宁可把天赋的报酬视作准租，也不视作租金本身）。

不过，这一规律是有例外的。一个平凡的企业家曾继承了有利的企业，并且仅仅有足够的能力经营，他每年可获得千百万的收入，其中所含稀有天赋的租金极少。相反，特别有成就的律师、作家、画家、歌手和马术师的收入当中的大部分，都可列为稀有天赋的租金。至少如果我们把他们当做个人来看，并且不考虑他们各自职业中的正常劳动供给取决于他们对那些有志青年所展示的辉煌前景。

特定企业的收入往往深受其工业环境和机会变动的影响。但是，由各种工人的技术所得的特殊收入也受同样的影响。例如，澳洲和美洲富饶铜矿的发现，使克尔尼矿工的技术产生收入的能力降低（就在家的矿工而言）：新地区富矿的每一次发现都能提高已迁往该地区的那些矿工的技术产生收入的能力。此外，观看戏剧的嗜好的增长，在提高演员的正常报酬并使演技的供给有所增加的同时，也提高了已从事此行业的人的演技产生收入的能力。从个人的观点来看，其中大部分收入都是得自稀有天赋的生产者的剩余①。

§9. **在同一行业，特别是同一企业中，各种不同类别的工人的利害关系** 我们再讨论一下同行业中各不同层次工业阶级之间的相互利害关系。

这种利害一致的关系是下述一般性事实的特例，这一事实是：不论任何商品对其几种生产要素都有着连带需求，我们可以援引第五篇第 6 章中举出的关于这个一般事实的例证。在那里我们知道，如果泥瓦匠的劳动供给发生变动，势必会影响到建筑业其他各部门的利益，而对一般人的影响更大。事实上，从事建造房屋、织布或生产其他东西的各个不同阶层的特定资本和专门技能所得的收入，主要取决于该行业总体上的繁荣。只要事实如此，那么在短期内可将该收入看做是全行业混合收入或共同收入中的一部分。当收入总额因效率的提高或任何外部原因而有所增加时，各阶层所得的收入部分就趋于增加；但是，当收入总额不变时，任何一个阶层的收入增加都必然是由于其他阶层的收入有所减少。这适用于从事某行业的全体成员，从特殊意义来说，也适用于在同一个企业中共同工作了许多年的那些人。

---

① 已故沃克将军对解释一方面决定工资与另一方面决定管理报酬的那些原因作出了很大的贡献。但他认为（《政治经济学》，第 311 节），利润并不是工业品价格的一个组成部分；他没有把那种理论局限于短时期，而我们知道对短时期来说，不论各种技能是非凡的还是普通的；也不论它是雇主的，还是工人的，都可以把得自各种技能的收入视作准租。他的确是在假借的意义上使用"利润"一词的；因为他把利息完全与利润分开以后假定，"无利润雇主"赚取的数额"大体上或在长期内等于他受雇于人时所能预期得到的工资数额"（《启蒙》，1889 年，第 190 节）。这就是说，"无利润雇主"除了资本利息之外，还得到正常的纯管理报酬（不论他的才能是大还是小）。这样，沃克指的利润比英国一般指的利润少五分之四（至于这种比例，美国也许比英国偏低，而欧洲大陆也许比英国偏高）。因此，这种理论似乎只意味着雇主凭特殊才能或运气而获得的那部分收入不列入价格。但是各种职业（不论是否为雇主的职业）的成败得失在决定谋求该业的人数和他们工作的积极性方面起着作用，因此，列入正常供给价格，沃克似乎把他的论点主要建立在他曾过分强调的这一重要事实的基础上：在长期内获利最多的那些最能干的雇主，照例都是对工人支付最高工资、对消费者售价最低的那些人。但是同样真实而且甚至更重要的一个事实是，赚取最高工资的那些工人照例都是这样一些人：他们最善于使用雇主的设备和原料（见第六篇第 3 章中的第 2 节），从而使雇主有可能获取高额利润并对消费者索取低廉的价格。

§10. 续前　从企业家本身的观点来看，成功企业的报酬是各种报酬的总额。第一是他的能力的报酬；第二是他的生产设备及其他物质资本的报酬；第三是他的商业信誉或企业组织和商业往来方面的报酬。实际上，这种报酬多于这几项报酬的总和；因为该企业家的效率在部分上就取决于他所从事的特定的行业；如果他以合理价格卖掉企业并转行，那么他的收入也许会有很大的减少。对他来说，商业往来关系的全部价值就是**机遇价值**最显著的一个例子。这种价值虽然可以是由于运气所致，但主要是能力和劳动的结果。其中可转移的部分，并且可以由私人或大联合企业购买的部分，要算做他们的成本，从某种意义上说，这是一种**机遇成本**。

但是，雇主的观点并不能包括企业的全部收益，因为有另一部分收益和雇工有关。的确，在某些情况下为了某些目的，几乎企业的全部收入都是准租，即在短时间内由企业商品市场状况所决定的收入和制造该商品所需要的各种东西的成本与从事该业者的费用无关。换言之，这是一种**混合准租**①，可通过讨价还价、习惯和公平观念分配给该行业中的每个人。而这种结果是由一定的原因造成的，类似于文明初期分配得自土地的生产者剩余的那些原因，当时生产者的剩余几乎常常置于进行培植业务的公司手中，而不归于个人。例如，一企业中的主管职员熟悉人员和情况，而在某些情况下，他便可以利用这种长处以高价受雇于竞争厂；但在另一些情况下，他所掌握的一切除了对他所在的那个企业之外，并没有什么价值。因而，他一旦离去，该企业所蒙受的损失也许就会高过他的工薪数倍，而他在别处能得的工薪或许还不及这一半②。

值得重视的是，这种雇工的地位和其他雇工的地位不同。其他雇工对大

---

① 比较第五篇第10章中的第8节。
② 当一个工厂具有自己的特长时，甚至在普通工人中也有许多人会因离去而损失很大一部分工资，同时使该厂受到严重的损害。主要的职员可以被接收入伙；全体雇工可以得到部分红利。但是不论这一点实行与否，他们的报酬与其说是由竞争和代用原则的直接作用决定的，不如说是由他们和雇主之间的契约（其条件在理论上是武断的）决定的，而实际上将由这样的愿望来决定，即"力求公道"。也就是说，力求达成协议的报酬代表职工各具有的能力、勤劳和特殊训练的正常报酬，同时当工厂处于顺境时便增加一些报酬，而当工厂处于逆境时便减去一些报酬。

行业中任何企业所提供的服务都几乎有着相等的价值。其中就如我们已经指出的那样，每人每周的收入当中，一部分是对该周内他工作的疲劳的报酬，另一部分是他的专长和特别能力的准租。假定竞争完全有效，那么这种准租的就是由他当前的雇主或任何其他雇主，按照该周内他们商品的市场状况来决定对他的服务付出的价格。对一定种类的一定工作必须支付的价格，既然是这样由总的行业状况来决定的，所以，就将这类价格列入直接开支，而且必须从该行业的总报酬中减去这种开支，这样才能计算出该特定工厂当时的准租。但是，该准租的或涨或落都与雇工无关。不过，事实上竞争并非这样完全有效。即使市场上对用相同机器的相同工作付出相同的价格，当地工厂的繁荣也有增加每个雇工收入的机会，同时当生意清淡时，就有继续就业的机会；当生意兴隆时，就可获得所垂涎的超额工作时间。

因此，几乎各个企业和雇工之间都存在着事实上的某种休戚相关的关系。即使没有契约的规定，企业中同事之间的利害一致关系也会出于真诚的情谊而得到真心而慷慨的承认，这也许是一种最高形式的利害一致关系，但是这种情况并不多见。通常使雇主和雇工的关系在经济上和道德上都有所增进的方法就是分红制；当把它看做是趋于更高而且更难的真正合作制水平的第一步时，情形更是如此。

如果某行业中的雇主团结一致，而雇工也团结一致，那么就难以确定工资问题的解决方法。只有通过协议来决定短时间内雇主和雇工在该行业纯收入中所应分的数额。除了正在淘汰的工业以外，降低工资绝不能永远符合雇主的利益，因为这会迫使许多熟练工人流入其他劳动市场，甚至从事无所谓什么技术上的特殊报酬的其他工业。因此，在平均年限内，工资必须高得足以吸引青年人从事该行业。这就规定了工资的下限，而工资的上限是由与资本和经营能力的供给相符合的必要性来决定的。但是，在该限界上究竟应当采取哪一点只能由讨价还价来决定。不过，这种讨价还价可能会出于伦理方面的考虑而得到缓和。如果商业中有适当的调解机构，就更会出现这种情况。

这个问题在实践中甚至更复杂。因为各类雇工多半有自己的工会，而且各行其是；雇主只起缓冲作用。一组雇工罢工、要求增加工资，实际上会耗尽别组雇工的工资，消耗之数几乎等于雇主的利润。

商人与厂主以及雇主与雇工当中的各种工联和商业同盟的原因和结果，

在这里不便加以研究。它们表现出各种生动的事实和奇异的变化，足以引起世人的注意，并且似乎表明社会的变革即将来临。它们的重要性诚然很大，与日俱增，但是，其中未免有过分夸大的情形。因为其中大部分只不过是进步大潮中泛起的一点涟漪而已。虽然它们现在比以前规模更大、来势更猛，但现在和以前一样，运动的主流取决于正常分配和交换的趋势这一强大的暗流。这些趋势是"看不见的"，但却能驾驭那些"看得见的"进程。因为即使在调解与仲裁方面，主要的困难在于发现什么是正常水平，使仲裁当局的决定不至于与之相距太远，以免破坏自己的威信。

第 9 章 地租

§1. 地租是一大类中的一种。此刻我们假定土地由所有者来耕种。重申以前的讨论 在第五篇中已经指出：地租不是独特的事实，只是各类经济现象中主要的一类；地租理论不是孤立的经济理论，只不过是对一般供求理论作出特定推论的一种主要应用而已；地租分为若干级，从为人所占有的自然恩赐品的真正地租起，到土地的永久性改良而得到的收入，再到农场、工厂建筑物、蒸汽机和比较不耐久的物品所提供的收入为止。在本章和下一章里，我们专门研究土地的纯收入。这种研究分为两部分：一部分是关于土地纯收入或生产者剩余的总额；另一部分是关于该收入分配给那些与土地有利害关系的人的方式。不论土地占有形式如何，第一种收入总是一般收入，而我们的讨论也将从这种收入开始，并假定**由土地所有者自己来耕种土地**。

我们不应当忘记，土地"固有的"收入是热量、阳光、空气和雨，这一切都不受人力多大影响；至于位置上的优势有许多也非人所能驾驭，而只有少数才是土地所有者个人将资本与劳力投于土地上的直接结果。这些就是土地的主要属性，其供给不以人的努力为转移，从而并不因人的努力的报酬得到增加而增加；对此课的税完全由土地所有者来负担①。

另一方面，土壤肥沃程度主要依据的那些化学性质和物理性质可以由人力来增进，而在极端的情况下，可以由人力完全改变。但在短时间内，对土地改良（虽然可以普遍推广，但改良是慢慢进行而又慢慢耗竭的）的收入所课的税，不会影响改良的供给，因此也不会影响改良带来的农产品的供给，从而此税主要是由土地所有者负担。在短时间内，也可以将租地人看成是所

---

① 但关于位置租金准则的例外情况，比较第五篇第 11 章中的第 2 节。

有者。不过在长期内，税会减少改良的供给和提高农产品的正常供给价格，因而由消费者来负担。

§2. 续前 现在让我们重新看看第四篇中对于农业上报酬递减趋势的研究。仍假定土地所有者自己耕种土地，因此，我们的推理可以是一般推理，并不受土地占有的特殊形式的影响。

我们曾看到在对资本和劳动的连续投资中，虽然最初几次投资的报酬可以得到增加，但当土地耕作得很完善时，投资的报酬便开始减少。耕种者继续追加资本与劳动，直到这样一点为止：在该点上，报酬仅够偿付他的开支以及补偿他自己的劳作。不论投于优等土地还是劣等土地，那都会是耕种边际上的一次投资；需要有和该投资的报酬相等的一个数量，并且足以补偿以前的每一次投资，而总产量超过这个数量的余额，就是生产者剩余。

土地所有者是尽量向远看，但却很少有可能看得很远。在任何既定的时间内，他都把得自永久性改良土地的肥沃性视为理所当然，而得自永久改良的收入（或准租）以及由于土地原始性质产生的收入便是他的生产者剩余或地租。此后，只有新投资的收入才表现为所得和利润；他进行新投资一直到有利的边际为止；他的生产者剩余或地租，是改良土地的总收入超过回报他每年所投资本与劳动所需要的数额的余额。

这种剩余首先取决于土地的肥沃性，其次取决于土地所有者必须买进和卖出的那些东西的相对价值。我们已经看到土地的肥沃程度或肥沃性是得不到绝对的计量的，因为这是随着所种作物的性质和耕作的方法与强度的变化而改变的；即使两块土地都由同一个人用相等的资本和劳动来耕种，而且能收获等量的大麦，也未必能收获等量的小麦。如果采用原始耕作方法能收获等量的小麦，而一旦进行集约经营或使用现代方法后，收获数量就很可能不相等。此外，农场所需要的东西的价格及产品能出售的价格，都取决于工业环境，而工业环境的改变不断地改变着各种作物的相对价值，从而改变着位置不同的土地的相对价值。

最后，我们假定耕种者具有正常的能力，这是相对于他所担任的工作和他所处的时间与地方的情况来说的。如果耕种者的能力低于正常能力，实际总产品便会少于土地的正常总产量，土地向他提供的部分将少于真正的生产者剩余。反之，如果他的能力高于正常能力，那么除了从土地上获得生产者剩余之外，耕种者还获得稀有能力所产生的生产者剩余。

§3. **农产品实际价值的提高一般会提高剩余产品的价值，而使产品的实际价值提高得更多。农产品的劳动价值和一般购买力的区别**　我们曾相当仔细地研究过农产品价值的上涨使各种土地（特别是报酬递减趋势作用较弱的那些土地）的生产者剩余（用产品来计算）得到增加的情况①。我们也看到一般来说和优等土地比较而言，农产品价值的上涨更能提高劣等土地的价值。换言之，如果有人预计到农产品价值会上涨，那么他按当前的价格，把一定的货币额投于劣等土地上所能预期得到的未来收入，将大于优等土地②。

另外，生产者剩余的实际价值，即用一般购买力来计算的价值将相对于产品价值，与用相同方法来计算的产品价值按同一比例增加。这就是说，产品价值的增长使生产者剩余的价值也随之增长。

产品的"实际价值"一词含意模糊。从历史上来看，往往指的是对于消费者的实际价值。这种用法颇为危险，因为在有些情况下，从生产者的角度来考虑实际价值是比较合适的。但注意到这一点时，我们可以用"劳动价值"一词来表示该产品将购买的某种劳动的数量；而"实际价值"则指的是一定数量的产品将购买的生活必需品、安逸品和奢侈品的数量。农产品劳动价值的增长，可能意味着人口对生活资料的压力日益增大，而这种原因造成的生产者剩余（来自土地）的增加，是伴随着人民生活条件的恶化，同时也是衡量其恶化程度的标准。不过另一方面，如果农产品实际价值的增加，是由于农业以外的生产技术的进步，那么伴随而来的就可能是工资购买力的提高。

§4. **改良对地租的影响**　在上述所有论述当中，有一点很清楚，即得自土地的生产者剩余并不像重农学派和亚当·斯密（以修正的形式）认为的那

---

① 见第四篇第3章的第3节。例如，我们知道，如果农产品的价值从 OH′ 上涨至 OH（图-12、图-13、图-14），从而在涨价前使一宗资本和劳动的投资有利所需要的产量为 OH，而在涨价后只需要产量 OH′，那么，在第12图代表的报酬递减规律发生强烈作用的那类土地的情况下，生产者的剩余会略有增加；在第二类土地（图-13）的情况下，会增加得更多，而在第三类土地（图-14）的情况下，则增加得最多。

② 同上，第4节。比较报酬递减规律起同样作用的两块土地（图-16、图-17），但其中第一块富饶而第二块贫瘠时，我们发现因农产品价格从 OH′ 上涨至 OH 而使第二块土地的生产者剩余从 AHC 至 AH′C′ 的增长比例要大得多。

样，能证明大自然的恩赐有多巨大，反而却证明大自然的恩赐是很有限的。但是，绝不应当忘记地理位置优越程度的不相等和绝对生产力不相等是一样的，是造成生产者剩余不相等的重要原因①。

这个真理及其主要结果当中，有许多现在看起来都非常明显，而最初都是由李嘉图阐明的。他乐于论证的是，如果大自然的恩赐品呈无限供给的形式俯拾皆是，那么占有这些恩赐品并不会产生剩余；尤其是如果土地的肥沃程度相等、位置相等，而且又取之不尽、用之不竭，那么土地就绝不会提供剩余。他进一步阐明了自己的观点，表明同样适用于一切土地的耕作技术的改良（即等于土地的自然肥沃度的普遍提高），几乎肯定会减少谷物剩余总量，势必会减少供给一定人口农产品的土地的真正剩余总量。他也指出，如果改良影响的主要是那些原来就是最富饶的土地，那么也可以增加剩余总量；但是，如果改良影响的主要是比较贫瘠的一类土地，那么剩余总量必然会因此而锐减。

有一种观点和上述命题一致，这种观点认为：英国土地耕作技术的改良会提高土地所提供的剩余总量，因为这种改良会增加农产品，却不至于使农产品的价格有实质性的下降，除非向英国输出农产品的那些国家也跟着采用相同的改良方法，或采取有同样效果的措施来改善这些国家的交通运输。正如李嘉图所说的，如果供应同一市场的所有土地都得到同样的改良，"那么这

---

① 英国很小而且人口又很稠密，因此甚至需要很快推销出去的牛奶和蔬菜，还有体积很大的草料也能按不很高的费用运销于全国；而不论农户在英国的哪个地区都能从主要农产品、粮食和牲畜上取得几乎相同的纯价格。由于这种原因，英国经济学家曾把肥力算做决定农业土地价值的首要原因，而把位置作为次要因素。因此，他们往往把土地提供的生产者剩余或价值看做是产量超过等量资本和劳动（运用的熟练程度相等）在非常贫瘠，以至于处在边际耕作的土地上的产量的差额；而且他们不屑于明白地指出这两块土地必须相邻，或必须考虑推销费用的差别。但是新开发国家的经济学家自然不会有这种说法，那里最富饶的土地因为不靠近市场也许还没得到开垦。对他们来说，在决定土地价值方面，位置似乎至少是与肥力同样重要。在他们看来，处于边际耕作上的土地是距离市场很远的土地，特别是和那些通向有利市场的铁路相距很远的土地。他们把生产者的剩余看做是位置适当的土地的产品价值超过等量劳动和资本（以及同等的熟练程度）在位置最差的土地上所获得的产品的价值的差额。如果有必要，当然要考虑肥力的差别。从这种意义上来说，不能再把美国看成是个新开发的国家了，因为全部优等土地都被占用了，而且几乎都有便宜的铁路与有利的市场相通。

种改良会极大地刺激人口，同时使我们有可能用较少的劳动来耕种比较贫瘠的土地，最后，对地主阶级有莫大的好处"。①

　　从土地的价值中区别出哪一部分价值产生于人的劳动，而哪一部分是由于大自然的原始恩赐所致，这是很有趣的。土地的一部分价值来自国家为一般目的，而不是专为农业修的公路和所作出的其他改良。根据这一点，李斯特、凯雷、巴斯夏以及其他学者都认为：把原始土地改造成现在的土地而花费的开销，超出土地现在的全部价值。因此，他们断言土地的全部价值都来自人的劳动。他们援引的事实值得讨论，但实际上，这些事实和他们的结论毫不相干。他们要论证的是土地的当前价值不应当超过那种真正适合算做农业上的开销，而这种开销是把原始土地改造成像现在这样富饶而适于耕种的土地所需要的。许多适用于农业方法的变化早已陈旧，不堪使用；其中有许多变化不仅不能增加土地的价值，反而使土地的价值减少。此外，在这方面的费用必须是纯费用，即加上逐年开支的利息再减去历年得自改良的额外产量的总价值。在人口比较稠密的地区，土地的价值一般比这种费用大得多，而且往往大出许多倍。

　　§5. **关于地租的主要理论几乎适用于所有的租佃制度。但在现代英国的租佃制中，地主的份额和农民的份额之间的明显界线对经济科学也极为重要。参阅附录十二**　本章的论述涉及的是生产者剩余，因此适用于任何土地私有制形式下的各种土地租佃制。如果土地所有者自己耕种土地，这种剩余就归他所有；如果他自己不耕种土地，则归他以及被视为合伙经营农业的佃户所有。因此，不论习俗、法律或契约规定他们各自分担多少耕作费用，分享多少耕作果实，本章所论述的都适用，而且其中大部分都不取决于已经达到的经济发展阶段。即使产品不出售或出售得很少，所征的税都以实物形式来交纳，它也站得住脚②。

---

① 见《原理》第3章注。
② 配第关于地租规律的著名论述（《赋税论》，第4章中的第13节），在措词上适用于各种土地使用形式和各个文明阶段："假定有一个人能用自己的双手在一块面积有限的土地上种植谷物，凡是掘地、耕地、耘草、收割、运禾回家、打禾、簸谷等工作都由他自己承担。而他的收获除了维持自己的生活之外，还有余下的种子足够来年播种用。我的意思是说，这个人在收获中除去来年播种的种子、自身直接消费的以及用于交换衣服和其他物质必需品之外，剩余的一部分谷物便是那块土地在那一年内的自然的或真正的地租；而这种谷物在七年内——或正确地说，在一定的周期内，在此周期内丰收和歉收平均计算——的平均量，便是那块土地的普通的谷物地租。"

现在英国有些地区在土地的交易中，以自由竞争与创业精神为重，而认为习惯与情感都无足轻重。在这样的地方，大家一致公认那些改良的进行与损坏都很缓慢，都由地主提供并且在一定程度上还由他们来维持。因此，在正常收获和正常价格情况下，当年该地能提供的全部生产者剩余，除去农民资本的正常利润之外，都归地主所有。因此，农民如果遇到丰收年就会获利，如果遇到歉收年就得自负损失。在进行这种计算时，已经暗暗假定该农民具有正常能力和创业精神来经营该类租地。因此，如果他的能力高于正常能力，他便自己获利，而如果他的能力有所不及，便自负损失，也许最后只好离开农场。换言之，在不算长的时期内，地主得自土地的那部分收入是由农产品的市场来决定的，与耕种方面所需要的各种要素的成本关系不大，因此，这部分收入具有地租的性质。而即使从短时期来看，佃农得到的那部分收入也可以被认为是利润，直接列入农产品的正常价格，因为除非该农产品可以提供那种利润，否则便不会得到生产。

因此，英国租佃制的特点发展得越完善，地主和佃户在所得上的界线便越能真正符合经济理论上所划分的深刻而意义重大的界线①。与所有事实相比，这个事实可能是本世纪初期英国经济理论占上风的主要原因，并且有助于英国经济学家成为遥遥领先的先锋。甚至在我们这个世纪中，当其他国家像英国一样大力发展经济学研究时，几乎所有那些新的建设性意见，都只不过是英国早期著作中所暗指的其他概念的进一步发展而已。

这个事实本身看上去很偶然，但或许并非如此。因为这条特定的分界线比任何其他界线引起的摩擦都要少，在审核上花费的时间和精力也较少。这种所谓英国制度是否可以持久值得怀疑。它有很大的缺点，在未来的文明阶段也许不能被当做是最好的制度。但是，当我们把这种制度和别的制度相比较时，就知道它曾给予英国莫大的利益，使英国成为世界自由企业发展中的旗手，因此，英国很早就被迫采取各种变革，使人民获得自由、勇气、伸缩性和力量。

---

① 用术语来说，这便是准租与利润之间的区别，前者不直接列入中等长度时期内产品的正常供给价格，而后者则列入其中。

第 10 章 土地租佃

§1. 早期租佃形式一般建立在合伙的基础上，合伙的条件是由习惯决定的，而不是由契约决定的；所谓地主，一般是隐名合伙人　在古代，甚至在我们这一时代的某些落后国家里，一切产权都取决于公约，而不取决于明文法律。如果可以用确定的名称以及现代商业用语来表示这种公约，大概意思如下：土地的所有权并不归于个人，而是归合伙企业，其中一个或一群合伙人是隐名合伙人，而另一个或另一群合伙人（也许是一个家庭）是经营合伙人①。

隐名合伙人有时是国君，有时是享有为国君征收田税的权力的个人。但随着时间的推移，此人不知不觉地成了拥有一些几乎确定的、绝对权力的地主。如果按通常情况，他仍有向国君进贡的义务，那么合伙就包括三个合伙人，其中两个合伙人是隐名合伙人②。

---

① 隐名合伙人可能是一个乡社。但是最近的一些研究，特别是西博姆先生的研究曾使人有理由相信乡社往往不是"自由的"、最后的土地所有者。关于乡社在英国历史上所起的作用的争论摘要，读者最好参阅阿什利著的《经济史》第 1 章。土地所有权分割的原始形式如何阻碍进步这一点，曾在第一篇第 2 章中的第 2 节中说明过。

② 该合伙企业可以因这样一个中间人的加入而得到进一步扩大：他向许多耕作者收款，并在扣除一定的份额之后，将余额交给企业的最高领导。他不是一般英国人所指的中间人。这就是说，他不是在一定期间内收完账后却往往要遭到解雇的一个承包人，他是企业的一员，对土地拥有的权利和主要合伙人同样需要，尽管也许居于次要地位。甚至还有比这更复杂的情况，在实际耕作者和直接从国家领到土地的人中间可以有许多的中间持有者；而实际耕作者就其利益而言，也有很大的不同。有的人有权坐收固定的地租（完全不能增加），有的人有权坐收只是在某些规定条件下才可以增加的地租，而有的人年年都是佃农。

隐名合伙人,或隐名合伙人之一,一般叫做业主、土地持有人、地主,甚至土地所有者。但这是一种不正确的说法。因为如果他受到法律或与法律具有同样强度的习俗的约束,就不能用任意增加耕种者缴纳的报酬或者其他手段来使其丧失土地。在这种情况下,土地所有权并不只归他一个人,而是归整个合伙企业;他只不过是企业中的一个隐名的合伙人而已。而经营合伙人缴纳的报酬根本不是地租,而是由合伙企业的组织条例规定他缴纳的固定数额或总收益的一部分。如果规定这种报酬的法律或习惯一成不变,那么地租理论就很少有直接应用的余地。

§2. **但正如英国近代史所证明的,习惯比表面上表现出来的显得更富有伸缩性。把李嘉图的分析运用于现代英国土地问题和早期租佃制度时,必须谨慎从事。其中合伙条件模棱两可,具有伸缩性,并且在许多方面可以被不知不觉地加以修改** 但事实上,习俗规定的各种赋税往往都有不十分明确的性质;而留传下来的记载也大多含混不清,不很精确,或者充其量是用一种不很科学的词句进行叙述的[①]。

甚至在现代英国,我们也可以在地主和佃户订的契约上察觉到这种模棱两可的影响,因为这种契约往往借助于习俗来解释,而为了适应历代的不同需要,这种习惯一直处于变化之中。我们改变自己的习俗要比我们的前辈快多了,而且对于这种改变比较自觉,并且比较愿意把习俗用法律固定下来,以使之一致[②]。

现在,虽然立法极详,而且订的契约也十分认真,但地主在维持和扩大农场建筑物及其他改良上所投资本的数量仍有很大的伸缩性。就如同在他和

[①] 梅特兰教授在政治经济学辞典中关于国家档案的一个条目中说:"除非对这些档案反复研究,不然我们将永远都不会知道中世纪佃农的佃权是如何朝不保夕的。"

[②] 例如,1848年众议院溥西委员报告说:"在英国各郡和各区长期以来就有使外出佃户从事各种农活的不同惯例……当地的这些惯例都载入租约,……除非租约或明或暗地否定这项要求。在英国的某些地区,曾出现了一种现代惯例,即有权使外出佃户支付一定的费用……而不是完成上述各种农活……这种惯例似乎是从需要大量资本支出且是改进了的农业制度发展而来的……这些(新的)惯例逐渐得到某些地区的公认,直至在那里最后被认为是全国的习惯。"其中许多惯例现在已由法律来实行。参阅以下第10节。

佃户之间发生的直接货币关系一样，在这方面地主显得慷慨大方；而对本章的一般论证特别重要的是，地主和佃户分担的农场经营费用的调整，如同货币地租的变动一样，往往可以使佃户缴纳的真正纯地租也发生变动。例如，有些团体和许多大地主往往让佃户年年照旧经营，从未企图使货币地租随着土地的真正承租价值的改变而改变。有许多并不是租借的农场的地租，在1874年农产品价格膨胀到极点以及其后的衰退期间，名义上仍保持不变。但在早期，农场主知道地租很低，不便迫使地主出资修建排水道或新的农场建筑物，或者进行修理，而在计划和其他方面，不得不对地主有所迁就。而现在有了固定佃户的地主为了留住佃户，即使契约上没有规定的许多事情，他也愿意做。因此，货币地租没变，而实际地租却改变了。

这一事实是下述一般命题的重要例证：经济学上的地租理论，即有时叫做李嘉图理论，如果不在形式和内容上进行许多修正和限制，就不适用于英国的土地租佃制；而进一步扩大这些修正和限制，便会使之适用于中世纪和东方各国任何私有制下的一切租佃制，其中区别只是程度上的区别而已。

§3. **续前** 但是，这种程度上的区别很大。其中部分原因是在原始时代和落后国家里，习惯势力很大，往往无可争辩；还有一部分原因是在没有科学的历史条件下，寿命短暂的人无法确定习俗是否在悄悄地改变着，就像朝生暮死的小虫无法察觉到它所栖息的草木在生长一样。但主要的原因是合伙的条件定得不确切，往往难以用做衡量标准。

因为合伙企业中地位高的合伙人（或简称地主）所得的份额，一般包括征收某种劳役、税赋、过路税和礼品的权力（不论有没有分享一定部分产品的权力）；而在这几项下他得到的数量，此时与彼时不同；此地与彼地不同；并且此地主与彼地主也有异。如果农户完成各种负担之后，除了维持自己和家属所必要的生活资料以及习俗上规定的安逸品和奢侈品之外尚有剩余，那么地主势必会利用他的权势来增加这种或那种形式的负担。如果主要的负担是缴纳一定数量的农产品，那么他就会增加其数量。但是，因为不借助于暴力，这事就不可能办成，因此他宁愿增加各种小税赋的种类和数量，或者坚持土地必须集约经营，而且大部分田地必须种植花费很多劳动的因而具有极高价值的作物。这样，变化就在进行着，像钟表的时针一样，总的来说很稳当，很平静，几乎是不知不觉的，但在长时期内这种演变却是十分彻底的①。

即使就这些负担来说，习俗给予佃户的保护也并非不重要。因为佃户总是十分清楚什么时候应该满足什么需要。他周围的一切道德观念不论是高尚的，还是卑贱的，都反对地主突然大量增加那些一般被认为是惯常的负担、费用、税和罚款，因此，习俗磨钝了变化的锋芒。

但是，的确这些不确定的可变因素一般只占全部地租中的一小部分；而在那些不十分罕见的情况中，货币地租在很长的时期内固定不变，佃户曾占有土地的一部分剩余利润。其原因是：一方面是由于土地纯价值上涨时地主对他很宽容；另一方面也是由于习俗和舆论力量的支持。某种程度上，这种力量和在窗架下端支撑住雨点的那种力量相似：窗户剧烈振动之前，雨点平平稳稳，然而一旦发生振动，雨点便同时下落。同样，长期以来地主被法律所赋予的权力隐而不显，但在巨大的经济变革时期，有时却突然发生作用②。

---

① 例如，一定天数的劳动的价值部分取决于劳动者被召到地主草地而离开自己草地时的那种敏捷性，还有他的劳动强度。他自己的权利（像砍柴权或掘炭权）都是有伸缩性的；而他的地主的那些权利也是如此，这些权利使他必须允许地主成群的鸽子肆无忌惮地吞食自己的庄稼，必须用地主的磨坊磨谷，通过地主的桥和利用他的市场时必须交过路钱和市场税。另外，向佃户征收的罚款或礼物，或印度的一种国家土地税（"阿布瓦布"），不仅是在数量上，而且在征收的场合上，也都多少具有伸缩性。在蒙古人统治下，大佃户除了缴纳名义上规定的产品份额外，还往往必须缴纳许多这样的赋税。他们在加重这些赋税的负担并加上自己的赋税以后，又将转嫁于小佃户。英国政府未曾征收过这些赋税，虽然做过多次努力，但是并没有能够使小佃户免于其害。例如，W. W. 亨特爵士在奥里萨的某些地区发现佃户除了缴纳传统地租外，还必须缴纳三十三种不同的苛捐杂税。当他们的一个儿子不论什么时候结婚时，他们要纳税；在请假去修河堤、种甘蔗以及参加宗教节日时，他们也都要纳税（《奥里萨》，第1章，第55～59页）。

② 在当今的印度，我们看到各种不同的租佃形式有时是以同一种名义，有时是以不同的名义并存着的。在有些地方，小佃户和大佃户向政府缴纳一定的税款后，就共同享有土地所有权，那里小佃户不仅没有遭到驱逐的危险，而且也不会因为害怕受到迫害而被迫交给大佃户多出习惯严格规定的生产者剩余的份额。在这种情况下，他所缴纳的只不过是把按合伙时口头约定的属于另一个合伙人的那份收入交给他而已，这一点前边已经指出过，那绝不是地租。不过，这种租佃形式只存在于孟加拉一带的地方，那里人口最近没有很大的变动；那里警察机警而正直，足以防止大佃户压迫小佃户。

§4. 分成制和小土地所有制的利弊 就英国与印度来说，佃户使用土地所付的价格应以货币来计算，或以实物来计算的这个问题很有趣。但现在我们可以置之不论，而讨论"英国的"租制和美国所谓的"分成制"与欧洲所

在印度的大多数地方，耕作者直接向政府租地，租佃条件可以随时修改。租佃依照实现的原则（特别是在正在开垦的西北部和东北部）是，根据当地的一般标准扣除耕作者的生活必需品与少量奢侈品之后，使耕作者每年缴纳的数量和土地可能剩余的产品相适应（假定他耕作时用的精力和技术是当地正常的精力和技术）。因此，像在当地人与人之间那样，这种费用具有经济租的性质。但是因为在肥力不同的两个地区，其中甲地是由身强力壮的人来耕种的，乙地是由体质较弱的人来耕种的，而收取的费用会不相等，所以调节方法像在各个不同的地区一样，是租税的调节方法，而不是地租的调节方法。因为租税是按实际赚的纯收入来分担的，而地租却按具有正常能力的人的所得来分担的：一个成功的商人比占据同样便利的铺面和支付同样租金的邻居的实际收入多十倍，他纳的税也会多十倍。

印度的全部历史很少记载有像英国乡村自从战争、饥饿和瘟疫不再侵袭我们以来所具有的那种安定。似乎总是在产生大规模的骚动，部分原因是由于饥馑频繁（如印度统计地图所示，本世纪未曾受过一次严重饥馑袭击的地区是很少的）；部分原因是由于征服者相继加在这一有耐心的民族上的那种毁灭性的战争；还有的原因是由于最富饶的土地迅速变成茂密的丛林。曾供养绝大多数居民的土地一旦人烟绝迹，就很快变成野兽、毒蛇的出没之处和疟疾的渊源。而这一切使得那些逃难者不能重返家园，并且往往使他们在定居以前到处流浪。当土地上的人口离散以后，管辖该地者（不论是政府，还是私人）总是以极其有利的条件从别处吸引来种地的人；招引佃户的这种竞争极大地影响了周围一带种地者和大佃户的关系。因此，除了不断发生着的那些习俗上的租佃关系的变动以外（虽然这些变动在任何时候都是不可捉摸的），几乎各个地方都在许多时期内，甚至连从前的习惯也被打破了，相继而来的是激烈的竞争。战争、饥馑和瘟疫这些扰乱因素在中世纪的英国屡见不鲜，但是成灾较小。此外，在印度，几乎各种变动行进的速度都比一代人在英国寒冷气候下的平均寿命要长一些。因此，和平与繁荣能使印度居民较快摆脱灾难；各代人保留的古老传统在较短的时期内又重新抬头，因此，后来新形成的习惯往往被认为是有古代根据的。变化不被认作为变化就能够进行得更快。

现代分析可以适用于当代印度和其他东方国家的土地租佃关系，我们可以反复分析有关的证据，以便阐明关于中世纪土地租佃关系的那些残缺不全的记载，这些租佃关系的确是可以分析的，但是不能加以对证。当然，把现代的方法运用于原始状态是很危险的。这些方法正确运用难，而遭到误用却很容易。但是完全不能加以利用的这种论断似乎是建立在与本章和其他现代专著毫无共同之处的那种分析的目的、方法和结果的概念之上。参阅《经济学杂志》1892年9月中的《一个答复》。

谓的"分益农制"①之间的根本区别。

在欧洲大部分拉丁民族国家里，土地被分成好多块租田，佃户用自己和家人的劳动来耕种佃地，有时（虽然很少）也雇用少数雇工协助耕种。而地主则供给房屋、耕牛，有时甚至供给农具。在美国，各种租佃制都很少见，但这仅有的出租地中有三分之二是小块佃地，租给白人中的较贫困阶层或解放了的黑奴。根据这种制度，劳动和资本共分产品②。

这种制度使本身没有资本的人能使用资本，而且使用资本的代价比在任何其他条件下都要低些，同时比他当雇工有更多的自由和更大的责任心。因此，这种制度具有合作制、分红制和计件工资制这三种现代制度的许多优点③。但是，分益农虽比雇工有更多的自由，然而与英国农民相比，自由反倒少了。他的地主或地主的代理人在监督他的工作上必须消耗很多的时间和精力。因此，他必须收取一笔很大的费用，这种费用虽然用别的名称，其实是管理上的报酬。因为当佃户必须把他每次投于土地的资本和劳动的收益的半数交给地主时，如果投资的总收益少于作为他的报酬的数目的两倍，便对他不利，他就绝不会进行这种投资。如果任他自由耕种，那么他集约经营的程度远比英国制度下的低。他投的资本和劳动以能给他两倍多的报酬为限，因

---

① 分成制一词原来只适用于地主对半分成的那些情况，但是通常被用于各种分成的情况，不论地主的分成有多少。分成制必须与垫资制区别开，在垫资制下，地主至少供给一部分资本，而佃户自理农场、自负盈亏，每年给地主的土地和资本缴纳固定的报酬。中世纪时这种制度在英国十分流行，而分成制似乎也并非不为人所采用（见罗杰斯的《六百年来的劳动与工资》第10章）。

② 在1880年，美国74%的农场由其主人耕种，18%或其余的2/3以上的农场出租分成，只有8%的农场是按英国制度出租的。不由主人耕种的大部分农场是在南部各州。在某些情况下，地主——当地叫做农场主——不仅供给骡马，而且也供给饲料；在那种情况下，佃户（在法国不把他叫做分益农，而是叫做主雇工）几乎处于雇佣劳动者的地位，以其收获的一部分作为报酬；如渔业中的雇佣工人的工资只是一部分捕获的鱼的价值一样。佃户所得份额不等，有的是1/3，有的是4/5。在前一种情况下，土地肥沃，作物所需劳动极少；而在后一种情况下，需要大量劳动，同时地主又供给少量资本。从研究分成契约所依据的许多不同的租佃制中，可以获得很大的教益。

③ 出版商和作者之间的"红利对分"制关系，在许多方面类似于分成制中的地主和分益农的关系。

此，他的地主在该报酬中得到的份额，比在报酬固定制下要少一些①。

欧洲许多国家都采用这种制度。在这种制度下，佃户实际上拥有固定的佃权。因而只有通过经常性的干预，地主才能使佃户在他的农场上保持一定的劳动量，并制止佃户用耕牛从事田间以外的劳动，因为这种劳动报酬归佃户所有，地主无权过问。

但是，即使在那些变化最少的地区，习俗规定地主提供的农具数量和质量也总在无形中改变着，以适应变化着的供求关系。如果佃户没有固定的佃权，地主便可以任意安排佃户提供的劳动和资本的量，还有他本身提供的资本量，以适应各种特殊情况的需要②。

很显然，如果佃地面积很小，佃户很穷，而且地主对许多琐事也不厌其

---

① 这可以从第四篇第3章中使用的图解中清楚地看出来。在 OD 与 AC 的二分之一（或三分之一，或三分之二）处作一佃户份额曲线；此曲线以下的面积代表佃户所得的份额，曲线以上的面积代表地主的份额；OH 和以前一样，是使佃户有利投下一宗资本所需要的报酬；如果顺其自然，他就不会把耕作面积扩大到佃户份额曲线与 OH 的交点以外。因此，地主在较少量的耕作经营报酬中所得的份额比在英国制度下要少些。这种图解可以用来说明李嘉图对决定土地的生产者剩余的原因进行的分析，也适用于英国以外的租佃制的方式。稍稍变化一下，这些图解就能适用波斯的习俗，那里土地本身的价值很小；"收获分成五份，其分配如下：土地、灌溉用水等；种子、劳力、牛，各得一份。地主一般占有两份，因此，便获得五分之二的收获"。

② 在美国和法国的许多地区已经实行了这一点。有良好判断力的人认为这种办法可以大大推广，并将不久前被看做垂死的分成制注入了生机。如果实行得彻底，便会使耕作程度对地主提供的收入，等同于该地主在英国制下用同样的肥力和位置，并配备等量资本的土地，而且在租用农场者具有正常经营能力的那些地方所能达到的耕作程度和获得的收入。

关于法国分成制的弹性，请参阅希格斯和兰贝林在《经济学杂志》（1894年3月）上发表的论文和博留的《财富的分配》第4章。

正如在前一注解中一样，假设 OD 线上截取 OK 线段代表地主提供的流动资本，那么，如果地主按照自己的利益自由控制着 OK 数量，并能与佃户定下他所用的劳动量，用几何就可以证明，他将进行调节，使佃户进行的集约经营程度恰如在英国制下那样；而他的份额将和在英国制下一样。如果他不能改变 OK 数量，但仍能控制佃户的劳动量，那么产品曲线将具有一定的形状，精耕细作程度将比英国制下大一些，但是地主的份额将有所减少。这种矛盾的结果在科学上很有趣，但在实际当中却不重要。

烦的话，分益农制便有许多优势。但是，这种制度并不适合那些大面积佃地，因为这种大面积佃地足以使有才能而且负责任的佃户发挥创业精神。这通常和小土地所有制有联系，对此我们将在下一节中进行讨论。

§5. **续前** 小土地所有者的地位非常具有吸引力。他可以为所欲为，不受地主的干扰，也不怕自己勤劳的果实被他人夺去。土地所有权给予他自尊心和坚定的性格，并使他勤俭持家。他几乎从不闲着，而且很少把自己的工作仅仅看做是苦役。一切都是为了他心爱的土地。

亚瑟·扬格说过："财产的魔力能变沙为金。"在许多具有非凡能力的小土地所有者的情况下，这无疑是真的。但是，如果这些人不把自己的视野局限在成为小土地所有者的狭窄范围内，也许会有同样或更大的成就，因为这件事的确还有另外一面；人们常说，"土地是劳动者最好的储蓄银行"。有时土地处于第二位，而居于首要地位的是土地所有者和子女的能力。小土地所有者对自己的土地非常专心，以致往往不管他事。他们中间甚至许多最富的人也精打细算、省吃俭用。他们常常炫耀自己房屋和家具的排场，但为了节约，他们却居住在厨房中。实际上他们的食宿条件远远不如英国农民中比较富裕的阶层。他们中间最穷的人工作时间很长，付出很大辛苦，但完成的工作却不多，因为他们吃得比英国最穷的工人还要差一些。他们不知道财富只是谋求真正幸福的手段，他们为了手段却牺牲了目的①。

绝不应该忘记英国劳动者代表了英国制度的失败，而不是成功。他们是这样一些人的后代：这些人几代以来都没能利用上曾使那些精明强干而且富有冒险精神的邻居在国内飞黄腾达，并且更重要的是在国外获得大量土地的机会。英国民族成为新世界的主人有很多原因，其中最重要的原因是进取心。这种进取心曾使一个富得足以成为小土地所有者的人，一般都不满足于农民单调的生活和微薄的收入。而助长这种进取心的原因很多，其中最重要的莫过于不受某种诱惑之害。这种诱惑就是等待小笔遗产，还有为了财产结婚而不是通过自由恋爱结婚。在小土地所有制占优势的地方，这种诱惑往往使那

---

① "小土地所有者"一词是个很含混的名词，包括许多通过幸运的婚姻而把几代辛勤劳动的果实和长期储蓄都操在自己手中的人；普法战争后，法国有些小土地所有者能够自由向政府贷款，但一般农民的储蓄却为数有限；十有八九的土地因缺乏资本而荒芜，他也许有少量的货币或投资，但没有适当的理由使人相信他有大量的货币或投资。

里的青年能力发展受到了限制。

部分原因是由于缺乏这种诱惑,所以美国"农民"虽然是劳动者阶层,用自己的双手耕种自己的土地,但和"小土地所有者"却有所不同。他们在发展本身和自己子女的能力上用的收入很多,而且极其明智。而这种能力就构成他们资本的主要部分,因为他们的土地只具有很小的价值。他们的头脑往往很敏锐,虽然他们中间很多人都缺乏农业技术知识,但他们的敏锐和多项技能使他们能够善于解决面临的问题,几乎万无一失。

一般来说,问题在于农业上获得的产量与所消耗的劳动相比占的比例大,虽然与他们拥有的大量土地相比占的比例小。不过,在美国的某些地区,土地正开始获得稀有价值,而靠近有利市场的地方集约经营化也逐渐变得有利可图,耕作和租佃方法正在按照英国方式改变着。近年来出现了美国人把西部农场交给欧籍新移民经营的趋势,就像他们把东部的农场以及很久以前把纺织工业交给他们一样。

§6. 英国制度有可能使地主提供那部分他运用自如并对之负责的资本。英国制度给予各种选择以很大的自由,虽然比在其他工业部门中的自由要少一些 让我们再来讨论一下英国的租佃制。这种制度在许多方面都有缺点,而且也很苛刻。但对进取心和精力却有所刺激、有所节约。借助于英国地理上的有利条件和不受破坏性战争的影响,这种进取心和精力使英国在加工工业、殖民事业和农业(虽然程度上较差)方面成为世界第一。英国在农业上从许多国家学到一些经验,特别是从荷兰。但总的来说她教给人的比向人学的要多得多。现在,除荷兰外,世界上没有一个国家的肥沃土地的亩产量能与英国相比。相对于所消耗的劳动来说,欧洲也没有一个国家能获得这样高的报酬①。

这种制度的主要优点是能使地主可以对那部分(而且只对那部分)财产

---

① 虽然有些可疑,但英国优等土地的单位面积产量的确甚至比荷兰似乎还要高些。荷兰的工业进取心比任何其他国家对英国的启发都大,而这种进取心通过那些密集的城市而传播于全国。一般认为荷兰的人口同英国一样稠密,可是仍有余力输出大量的农产品,这种想法是错误的。因为比利时输入大部分粮食;甚至荷兰输入的粮食也和输出的一样多,虽然它的非农业人口很少。在法国,农作物(甚至马铃薯)平均只有英国本土的一半;法国就其面积而言,牛羊的数量也只有一半。相反,法国的小农户在家禽、园艺和适应其温和气候的其他轻工业部门方面却占有优势。

负责：这部分财产的管理既不用自己操很多心，也不会给佃户带来许多麻烦；对其投资虽然需要进取心和判断力，但却无须经常监督细节工作。这部分财产就是土地、建筑物和永久的改良设备，而在英国，这些东西平均等于农户必须自备的资本的五倍。他愿意把这样大的资本充作自己事业中的股份，得到的纯地租很少达到资本利率三厘。没有任何其他一种生意能使人以低利率借到所需要的资本，或不论按任何利率都能借到如此多的资本。的确，分益农借的资本甚至比这还多，但是付的利率也要高得多①。

英国制度的第二个优点部分上来自第一个优点，这是给予地主极大的自由来选择有能力而且富有责任心的佃户。与土地所有权不同的土地经营而言，英国对出身的重视远远不及欧洲其他国家。但我们已经知道，即使在现代英国，在获得各种企业中的主要职位和参加自由职业，甚至工艺行业中，出身也十分重要，而且在英国农业中则有过之而无不及。因为地主的长处和短处结合起来使他们不能按严格的商业原则来选择佃户，而他们也并不经常更换佃户②。

§7. 续前　有机会把农业技术推进一步的人很多。因为农业各部门总体特点上的区别远逊于工业。如果有一种新的方法，就应该为各部门迅速采用，得到普遍传播。但实际情况是正相反，农业进步比较缓慢。因为大多数有进取心的农民都流入城市，而留在农村的人却过着多少有点封闭的生活。由于自然淘汰和教育的关系，他们的心眼往往不如城里人灵活，大多不愿提倡或者采用新的方法。此外，虽然厂商在采用同行业行之有效的方法时几乎万无一失，但农户却不然。因为各个农场都各有各的特点，因此，盲目采用周围行之有效的方法，势必会导致失败。而这种失败促使别人更加相信墨守成规乃为上策。

另外，农业上的各种细节繁多，使农业会计难以达到精确。其中有许多连带产品和许多副产品，还有各种作物和饲养方法之间的借方和贷方之间的关系很复杂而且变动不居，因此，一个普通的农户即便对会计有所喜好，但

---

① 就长时期来说，可以将地主看成是企业中的积极的主要合伙人，而就短时期而言，地主却处于隐名合伙人的地位。关于地主的进取心所起的作用，请参阅阿盖耳大公著的《看不见的社会基础》，特别是第374页。

② 仍有很大分歧（1907年）的意见是地主的习惯和现行的租佃制结合起来，在什么程度上阻止了新的小土地所有制的形成；给一个聪明的劳动者提供的独立创业的机会，就像技工在五金或其他商品部门中创立零售商店和修理行业一样容易。

除非靠猜测，不然也很难确定什么价格才值得他来增加一定的额外产量。他可以相当精确地知道直接成本，但他却很少知道真正总成本，这就增加了及时吸取经验教训，从而借助它来取得进步的困难①。

再一点，农业和工业在竞争方式上也有区别。如果某厂商能力差，别人便可以取而代之。但是，如果地主不能按最好的方法来发展自己的土地的资源，那么他人除非引起报酬递减趋势的作用，否则是不能弥补这种不足的。因此，地主因缺乏智慧和进取心而使（边际）供给价格较高②。但工农业在这方面的区别的确只是程度上的区别而已，因为任何工业部门的发展都由于从事该行业的各大工厂因缺乏能力和进取心而受到阻碍。农业上的主要改良是由地主进行的。他们本身就是城里人，或与城里人至少有很密切的联系，此外，农业的辅助行业的厂商也曾进行了这种改良③。

§8. **大土地占有制和小土地占有制。合作** 虽然大自然提供的报酬随着一定效率的劳动量的增加而增加，但所增加的报酬却不能同劳动量的增加成比例；然而只就人而论，在工业和农业中一般都适用报酬递增规律（即总效率的增加超过工人人数增加的比例）④。不过，这两种情况下的大规模生产的经济却截然不同。

---

① 在小土地所有者方面这种困难甚至更严重。因为资本主义农场主无论如何都是用货币来计算主要成本的。但是凭自己双手耕种的农户却往往尽量把劳动投于他的土地上，而不仔细计算其货币价值与其产品的关系。

虽然小土地所有者和其他小业主的相同之处在于他们都愿意比用较少的报酬雇用的工人更努力工作，但是他们的不同之处在于他们往往不雇用额外的劳动，即使这样做使他们有利可图。如果他们和家人不足以照料自己的土地，那么土地一般便得不到正常的耕耘；如果照料有余，那么土地往往超过有利耕作的界限。有一个普通的准则是：那些把自己主要工作之外的业余时间用于搞其他产业的人，往往把从这种工业中的所得（虽然很少）看做是一种额外收入。甚至有时达不到那些依靠该行业推持生活的人的最低工资标准时，他们也情愿工作。当副业是用不完备的工具耕种一小块土地（部分原因是为了消遣）时，这一点尤其适用。

② 见第六篇第2章中的第5节及该处参考资料。

③ 在普罗瑟罗的《英国的农业》第6章中，提供了一些长期抗拒这种改变的事例，并继续指出，英国必须最迟在1634年通过一项"反对用一行列的人耕地"的法案。

④ 见第四篇第3章的第5节和第6节。

首先，农业必须占用广阔的地面。可以将原料运给厂商用，而农民却必须自己寻找工作不可。其次，农民必须按季节劳动，很难在一年四季专门从事一种工作。因此，即使在英国制度下的农业，也不能朝着工业生产方法的方向迅速前进。

但是，种种巨大的力量使农业出现朝着那个方向发展的趋势。发明方面的进步不断增加着用途很广而且价值昂贵的机器的数量。所谓昂贵，是因为小农只能在很短的时间内使用其中大部分机器。他可以租用某些机器，但是许多机器只有在他和他邻居的合作下才能使用。而天气的无常还往往使他在实践中不能顺利地实现这种计划①。

再次，为了适应时代变迁的需要，农场主必须摆脱他和父亲的经验所产生的结果。他必须领悟农业科学和实践的发展，并且足以用来改良他的农场。如果要把这一切做得合适，就必须训练有素并且多才多艺。有这种才能的农场主会腾出时间来决定几百亩甚至几千亩土地的总的管理方针；而专管细节的工作与他不相称。他应该担任的工作和大厂商担任的工作同样有难度。大厂商不会把精力消耗在琐碎的监督工作上，而且这种监督工作他很容易就可以让雇员来做。除非在能做这种高级工作的农场主雇的许多工作队中，各队都由监工负责，不然从事不值得他做的那种工作势必会浪费他的精力。但是，能发挥这种才能的农场不多，因此，使真正有能力的人从事农业经营的诱惑力并不大。国家最有才能的人一般都回避农业，而从事工商业。在工商业中，具有头等能力的人有机会只做高级工作而不做其他工作，而且高级工作做得很多，从而获得管理上的高额报酬②。

---

① 在英国，畜力与蒸汽力或手工劳动相比，比在其他国家要贵些。英国在农业机器改良方面领先。畜力便宜一般对中型农场（与很小的农场相比）有影响；但是蒸汽力和汽油动力等便宜，除了使农业机器可以随时得到廉价租用之外，对很大的农场也有影响。
② 经营大规模农场的试验很难，而且很费钱，因为那需要农场用房和特别适合这种目的的交通工具，也许还要克服许多并不完全是不健康的习俗和情绪方面的阻力，风险也很大。因为在这种情况下，那些开拓者往往失败，虽然他们走的路一旦走通之后，也许会证明是一条捷径。

如果由一些私人或股份公司，或者由合作社试办少数所谓的"工厂农庄"的话，我们关于许多争论点的知识便会大大增加，并且可以作为未来的借鉴。根据这种计划，会有一个中心建筑群（或一个以上），从这个建筑群有公路或轻便电车轨道通往如果假定像现代的方式那样，农场主不常和雇工共同工作，也不以亲赴现场的方式来鼓励他们，那么为了生产上的节约，似乎最好的办法是农场应当在现有租佃条件允许的范围内尽量扩大，以便有机会使用极其专门化的机器和施展农场主的才能。但是，如果农场像通常那样不很大，农场主的能力和才智并不高于工业中的优秀的工头，那么为了别人以及最终为了自己的利益，也许最好是沿用旧方法，农场主和雇工一道工作。他的妻子可能也参加村里村外的某些习俗一般要求她做的轻便工作。这些工作需要谨慎和判断力，同教育与文化也并非不相容。同这一切结合起来，不仅不能降低，反而还会提高她的生活趣味和社会地位。有理由认为物竞天择原理的严酷作用现在正淘汰着这样一些农场主：他们既无做艰难的脑力工作的才能，又不愿从事体力劳动。他们的地位正在由那些天赋能力高出一般人的人取而代之。这些人因得力于现代教育而逐渐脱离工人队伍，对处理一个典型农场的日常工作颇为胜任，而且给农场赋予新的活力，因为他们和雇工一道工作，而不只是盼咐他们去工作。极大的农场既然已不见了，那么英国农业最近的将来似乎在于按照上述原则经营小农场了。小佃地具有很大的优势，那里的作物必须加以小心保护，而机器则无能为力。但是，现代科学方法的应用使专门技术带来的经济日益重要，这一点可见于那种雇用几个工资优厚的助手，以培植珍贵花草和果类的苗圃。

§9. 续前 我们还要再讨论的是地主怎样为自己的利益规划佃地的规模以适应人们的实际需要。按其亩数来说，小佃地比大佃地往往在房屋、道路和围墙方面需要较大的费用，给地主带来的操劳和附带的管理费用也较多。拥有一些优等土地的大农场主能善于利用劣等土地，而小佃地除非土质优良，不然一般就无法获得丰收①。因此，小佃地每亩的租金（毛租）总是比大农场高些。但是，可以断言：特别是当土地上住宅密集时，除非地主见到小佃

---

① 这个名词因当地情况和个人需要的不同而有不同的解释。在靠近城市或工业区的永久牧场上，小佃地的利益也许最大，损失最小。对小块耕地来说，土壤不应该是松散的。而应该是坚固的，土质越肥沃越好，而这在佃地小得只能多用铁锹的情况下尤其如此。在土地丘陵起伏地区的小农，也往往能支付自己的地租，而且毫不费力气，因为在那里他由于不用机器而遭受的损失极小。

地的地租在对他们的开支提供高额利润之外，还能给予他们巨额保险基金，以防佃地重新合并，不然他们绝不愿负担再分农场的费用。国内许多地方小佃地（特别是只有几亩地的）的租金极高。有时地主的成见和优越感使他断然拒绝把土地卖给或租给那些在社会政治或宗教问题上与他持有不同见解的人。似乎可以肯定这种弊端往往只发生在少数地区，而且在日益减少，但确实会引起很大的注意。因为在各个地区，公众既需要大佃地也需要小佃地用做大小园地，并且一般都需要小佃地，可以由有其他职业的人来兼营①。

另外，虽然小土地所有制作为一种制度不适合英国的经济条件、土壤、气候和英国人的性情，但英国仍有少数小土地所有者在这种情况下生活得很幸福。还有少数其他的人如果在需要时就能获得所需要的东西，他们便会购买小块土地，甘愿以务农为生。他们的性格是只要不服侍他人，就甘愿勤劳而节俭地生活。他们喜欢安静，而不喜欢激动；他们无限热爱着土地。这些人应该有适当的机会，用自己的储蓄购置小块土地，在这些土地上，他们可以用自己的双手来种植合适的作物。而且至少应当减少目前因转让小块土地而征收的那些苛刻的法定手续费。

合作制在农业中似乎很有发展前途，并且把大生产的经济和小生产的快乐与社会利益结合起来。这需要的是彼此信任，坦诚相见。而遗憾的是，最勇敢有为而且最受人信赖的乡民都先后移入城中，并且留下的农人都疑心很重。但是，丹麦、意大利、德国以及爱尔兰曾领导了大有前途的合作化运动。比如在乳制品的经销、黄油和奶酪的制造，还有农民必需品的采购和农产品

---

① 它们增加了在户外用双手劳动的人数；它们给予农业劳动者进取的台阶，使他不至于为了寻求发挥自己抱负的机会而被迫离开农业，从而制止了最勇敢能干的农村青年不断流向城市的这种大灾难；它们打破了单调的生活，把人们从室内生活解放出来，提供了使个人生活丰富多彩的机会；它们是低级趣味的挡箭牌，往往能使在其他情况下四分五裂的家庭有了凝聚力；在顺利的情况下，它们大大改善了工人的物质生活状况，并且减少他们因不断中断日常工作而产生的损失和焦虑。

《小佃地调查委员会上的作证》（1906年，第3278号）极其详尽地讨论了小佃户所有制的利弊，而多数意见显然反对这种所有制。在1904年，英国的统计材料是：1～5英亩的有11.1万户；5～10英亩的有23.2万户；50～300英亩的有15万户；300英亩以上的有1.8万户。同上书，附录二。

的销售方面都组织了合作社。英国正在仿效它们，不过运动只局限于狭窄的范围，几乎没有涉及田间劳动本身。

就如合作制可以兼容一切租佃制的优点一样，爱尔兰的佃农制却往往包括了所有的缺点。但是，其中的弊害及造成这些弊害的原因几乎已经绝迹，而问题的经济因素此刻正为政治因素所遮蔽。因此，我们不得不略过不谈①。

§10. **决定正常价格和正常收成的困难。佃户进行改良和获得改良果实的自由** 英国租佃制度在爱尔兰的失败曾显示了其中固有的那些困难，而这些困难在英国之所以得到隐蔽，是由于这种制度同人们的创业习惯和性格相符合；其中最主要的困难来源于这一事实：这种制度在本质上是竞争的制度，甚至英国的农业条件都使自由竞争充分发挥作用有了极大的阻力。首先，在确定竞争作用必须根据的事实方面，存在着特殊的困难。如上文所述，农业会计很难做到精确。此外，还必须补充一点：农民对于使他值得负担的那种地租的计算，往往因难以确定正常收成和正常物价水平而受到阻碍。因为丰收年和歉收年交替而来，所以提供一个可靠的平均数必定需要许多年②。而在这些年当中，工业环境势必会发生很大的变动；当地的需求和使他能在遥远市场上销售自己产品的方便条件，还有使远地竞争者能到他所在的当地市场出售产品的方便条件，也许都会有所变动。

地主在决定收多少地租方面也遇到这种困难，而且还遇到另外一些因国内各地农场主的能力标准不同而产生的困难。农场的生产者剩余或英国的地租，是该农场的产品提供的收益超过包括农场主正常利润在内的耕作费用的

---

① 在19世纪上半期，英国立法者曾力图把英国租佃制强加于印度和爱尔兰，对这种错误的指责大部分都是李嘉图的地租理论不应当承担的。理论本身只讨论那些决定土地在任何时候所提供的生产者剩余的数量的原因，而在为英国本土的英国人写的著作中，把生产者的剩余当做地主的份额并没有很大害处。那是法律上的错误，而不是经济学上的错误，这种错误使我们的立法者给孟加拉的收税人和爱尔兰的地主提供了取得种植公司全部财产的种种便利。在爱尔兰的情况中，这样的公司包括地主和佃户；而在孟加拉的情况中，包括政府和各级佃户。因为在大多数情况下，收税人并不是公司的一个真正成员，而只不过是个差役而已。不过爱尔兰政府和印度政府现在都有了比较明智而公正的认识。

② 比较图克和纽马克的《物价史》第6卷，附录三。

差额。其中假定农场主的能力和进取心就该地该类农场来说是正常的。所论述的困难在于决定是从广义上的还是从狭义上来解释该地二字。

很显然,如果农场主的能力在其本地区的标准能力之下;如果他的唯一的长处就在于会杀价;如果他的总产品很少,而纯产品甚至在比例上更少,那么,在这种情况下,如果地主把农场交给一个更有能力的佃户,此人能支付较高的工资、获得的纯产品也多得多,并能支付较多的地租,那么这个地主的行动便代表了大家的利益。反之,如果当地的正常能力和进取心的标准不高,地主便会尽量设法从达到该标准的佃户那里攫取大于他所能交付的地租,这从伦理角度来看显然不对,在长期内同地主的利益也不相容。即使地主从能力标准较高的地区引进佃户便可获得那种地租,这事也欠妥当①。

与上述问题密切相关的另一个问题是,佃户应有自担风险发掘土地的自然潜力的自由,条件是如果成功了,便可获得大于正常经营的利润。就各种小土地改良来说,长期租约在很大程度上克服了这种困难,这在苏格兰就很适用;但是,长期租约也有缺点。正如人们常说的,"英国佃户即使没有租权时,也总像有租权似的";"即便在完全英国式的租佃制中,也有一些分益农制的痕迹"。当收成和市场对农民有利时,他便会付全部地租,并避免向地主提出也许会使地主思考是否该提高地租的要求。当年成极其不利时,地主一方面是由于同情,另一方面也为了生意而暂时减免地租,并承担修理费用,而这种费用通常是由农民负担的。可见,在地主和佃户之间,虽然名义地租不变,但其实有许多的互相迁就的现象②。

习俗常常使英国佃户对自己获得改良的补偿有了部分保证。立法方面最近与习俗并驾齐驱,甚至超过习俗。实际上现在的佃户在由于他作出了合理

---

① 这种困难实际上是通过妥协来解决的,而这种妥协是经验认为可行,并且合乎"正常"一词的科学解释。如果当地佃户显示了非凡的能力,那么地主便被认为是贪得无厌的。他以引进新佃户作为威胁,力图索取一种高于当地正常农民所能支付的地租。相反,一旦农场脱租后,如果地主接纳的新佃户给当地树立了良好的榜样,并且和地主大致均分他的能力和技术(虽然严格说来不算特殊,但仍高于当地标准)所带来的额外纯剩余,那么他的行动就会被认为是合理的。比较本章第3节末段脚注中指出的印度移民局就质量相同的土地由强壮种族和体弱种族耕种时所采取的措施。

② 参照尼科尔森的《佃户的利益,而非地主的损失》,第10章。

改良而增产时,并不受到增加地租的威胁。当他离开时,还可以对改良设施未耗尽的那部分价值要求赔偿,数额由公断人决定①。

在1900年的法案下,仲裁人给新进的佃户指定的赔偿,在扣除代表"土地潜力"所产生的那部分价值后,大体上等于改良的价值。但是这种扣除被1906年的法案勾销了。地主的利益被认为有了充分的保证,原因是此法案有这样的规定:在可以引起潜力的那些情况下,需要地主的同意;同时也因为给予地主在其他方面进行冒险的机会。

§11. 关于建筑物、空地和其他方面的公私利害的冲突 最后,还必须说一说城中空地对私人利益和公共利益影响的问题。威克菲尔德和其他美国经济学家曾教导我们说:人烟稀少的新地区常因新到的人的来临而致富。而相反的事实是:人口稠密的地区会因每增建一所房屋或多盖一层楼而导致贫穷。缺乏新鲜空气和阳光、缺乏各种年龄的人和儿童游戏所需要的室外休息处,耗尽那些不断流入大城市的最优秀的英国人的精力。从经营角度来看,我们允许在空地上任意建筑便犯了严重的错误。因为就为了一点物质财富,我们耗费了作为一切财富的生产要素的人的精力;我们牺牲了只是通过物质财富这种手段来达到的那些目的②。

---

① 1883年的农业土地法案施行了普西委员会赞扬的,但却并不提倡的那些习俗。许多改良一半归地主,另一半归佃户。地主供给原料,而佃户供给劳动。在其他情况下,最理想的是地主应该成为改良的真正担当者负担全部费用,自冒风险,并实现全部利益。1900年的法案承认了这一点,部分上为了实行简便,还规定只有在取得地主的同意下进行的改良,才可以要求赔偿。如果要进行排灌工程,佃户必须把自己的意图通知地主,以便让他有机会承担风险,并获得部分收益。关于施肥和某些维修工程等,佃户有权自行处理,无须同地主商量,不过他只好冒着这样的风险:仲裁人将不认为他有权对自己的开支要求赔偿。

② 这个问题将在附录七中进一步讨论。

第 11 章 分配总论

§1. 前八章摘要，其中寻求一条连续线，这条连续线在第五篇第 14 章中，并在决定各种不同生产要素和生产工具（物质的和人的）的正常价值的原因上达到统一　现在可以总结一下前十章的论点，这远远不能完全解决摆在我们面前的问题。因为其中涉及对外贸易、信用与就业的变动及其多种多样的集体作用和共同行动的影响。但是，以上所论述的一切确实触及支配分配和交换的那些最根本的且经常存在着的因素的广泛作用。在第五篇末尾的结论中，我们曾发现了一条连续不断的线，使供求均衡的一般理论连续适用于各个不同时期：从生产成本对价值没有直接影响的短时期，到各种生产工具的供给可以和它们的间接需求（即从对它们所生产的商品的直接需求中派生出的需求）相适应的长时期。在本篇中，我们曾涉及另一条连续不断的线。它横交于连接各个不同时期的那条线，把各种不同的生产工具（物质的和人的）都连接起来，并且使它们在根本上统一起来，虽然它们在外表上有重要差别。

首先，工资及其他劳动报酬和资本的利息有许多共同点。这是因为决定物质资本和人力资本的供给价格的因素具有一致性。使人投资于儿子的教育上的动机，与使他为儿子积累物质资本的动机相同。从父亲工作并等待，以便留给儿子一个极富有的工业企业或商业企业，向一个人工作并等待，以便维持儿子的生活，使他逐步受到完整的医学教育，并最后为他获得一种有利的职业过渡，这种过渡是连续不断的。此外，还有同样的连续性过渡，即由一个人向这样的一个人的过渡：此人工作和等待是为了能使儿子受到长期教育，而且在习艺时可以不要报酬工作，不像为自食其力而早早就被迫参加工作的勤杂童工，这种童工的工资比较高，因为这种工作对他的未来发展没有什么帮助。

的确，在现存社会制度下，只有父母才愿在发展青年能力的人力资本上付出很大的代价。而许多头等才能之所以未得到培植，是由于能发展这种才能的人对此事没有任何特殊兴趣。实际上这种事实至关重要，因为其影响是积累性的。但这并不能使物质生产要素和人力生产要素发生根本的区别，因为与这样的事实相似：许多良田耕作得很差，其实是因为善耕者未能耕种这种良田。

另外，因为人的成长很慢，并且会慢慢老死，所以父母为子女选择职业时，通常必须展望一代人之后的前景。需求的变动要充分发挥作用，在人力要素这方面比在其他物质生产设备方面所需要的时间更长。而在劳动的情况下，如果那些使供求趋于协调的经济力量充分发挥作用，则必须需要特别长的时间。因此，总的来说，任何一种劳动对于雇主的货币成本，在长期内与生产该劳动的**实际**成本都大体上一致①。

§2. 续前　一边是人力生产要素的效率，另一边是物质生产要素的效率，权衡二者之后再与货币成本相比较。如果一种要素的效率相对于货币成本来说大于另一种要素，那么这种要素就有得到使用的趋势。企业的主要职能在于方便伟大的代用原则自由发生作用。企业家在不断比较着机器和劳工、有特殊技能的工人和无特殊技能的工人，还有额外监工和经理所提供的服务时，一般是为了公共利益，但有时也与之相反。他们对于各种不同生产要素的使用经常筹谋划策、重新组合，并且选择对他们最有利的那些组合②。

因此，在一个或一个以上的生产部门中，几乎总是不断地将每一类劳动的效率（相对于其成本）与其他几类劳动的效率进行比较，其中每类劳动的效率又与其他各类劳动的效率相比较。这种竞争本质上是"纵向的"竞争，因为这是在同一生产部门内并受其限制的不同等级的劳动群体，为获得雇佣场所而进行的斗争。但同时，"横向的"竞争也在时时进行着，而所用的方法却比较简单。首先由于成年人在本行业中可以从一种职业自由地转向另一种职业；其次由于父母一般都能使子女参加同他们那一阶层相近的任何其他行

---

① 比较第四篇的第5、第6章与第六篇的第4、第5、第7章三章。
② 比较第五篇第3章中的第3节与第六篇第7章中的第2节。

业。由于纵向的和横向的竞争共同发生作用，虽然事实上不论哪一阶层的劳动力量大部分都可以从本阶层的子女中得到补充，但各阶层劳动力得到的报酬是按他们提供的服务而得到合理有效的调整的①。

可见，代用原则的作用主要是间接的。如果用一条管子连接两只装满液体的桶，那么液体水平面较高的桶内，靠近该管子的液体即使很稠，也会流入另一桶内。这样，即使没有液体从此桶的一端流向彼桶的另一端，两桶的总体液体水平也会趋于一致。假设有数桶都用管子相接，那么各桶中的液体必将趋于同样水平状态，虽然其中有几只桶和别的桶并不直接相连。同样，代用原则不断通过间接的途径，使所得的分配和各行各业，甚至各工种的效率标准都出现一致的趋势，而所谓的各行各业和各工种彼此并没有直接的接触，乍一看上去彼此似乎无法竞争。

§3. **续前** 从无特殊技能的工人到有特殊技能的工人，再到监工，到主管，到大企业的总经理（以红利作为部分报酬），再进而到股东，到大私营企业的财东，其中都是相连不断的。而在股份公司中，从董事到承担企业最终主要风险的普通股东，我们看到他们层层下降，呈一个梯形。不过，企业家在某种程度上另成一类。

因为代用原则在比较一生产要素与另一生产要素时主要是通过他们的自觉作用，所以对他们来说，代用原则没有别的媒介，只有他们相互竞争的间接影响。因此，此原则盲目地发生作用，并且造成极大的浪费，迫使许多如果有良好的开端就能作出极大贡献的人遭到失败；在与报酬递加趋势相结合之后，此原则使强者更强，并使弱的企业落入已拥有部分垄断的那些人的手中。

但在另一方面，能打破旧的垄断，并给自身有极少资本的人提供创办新企业和升任各大公司经理的机会的那些力量也在不断增长着，而这种力量能使运用资本所需要的经营能力发挥出来。

总的来说，企业管理工作是廉价进行的，也许的确不如将来价廉，因为在将来，人们的集体智慧、责任感和公共精神都会发展得更充分；社会更努力使出身卑贱的人的才能有所发展；企业的秘密减少了；各种投机和竞争的

---

① 比较第四篇第 6 章中的第 7 节与第六篇第 5 章中的第 2 节。

浪费方式也都会得到制止。但是，甚至现在管理工作的低廉对生产的贡献也都会大于对它的报酬。因为企业家像熟练的工匠一样，提供的服务是社会需要的，如果没有他来提供这种服务，那么取得这种服务所用的成本也许更大。

一方面决定普通能力与另一方面决定运用资本的经营能力的正常报酬的诸因素之间，相同点并不适用于当前报酬的变动。因为雇主居于缓冲地位，在商品的买主和生产商品的各种劳动者之间起着媒介作用。他获得商品的全部价格，再付给工人。他的利润随着出售的商品价格的变动而同时变动，并且变动幅度较大；而他的雇工的工资变动得较晚，并且变动幅度较小。在任何特定时期，他的资本和能力的所得都是有时很大，有时也是负数；而他的雇工的能力所得永远都不会很大，也不会成为负数。领工资者如果失业，势必会受很大的痛苦，但这种痛苦的产生并不是因为他是领工资者，而是因为他手中没有积蓄①。

某人因拥有特殊天赋能力而获得的那部分收入是对他的一种赠品；从抽象观点来看，与其他大自然的恩赐品（如土地固有的属性）的地租相似。但就正常价格来说，这应与荒地开垦者所获利润或者与寻找珍珠者的所得列入一类。在拓荒者中，有的人的土地比原来预想的要好一些，而有的人的土地却差一些；寻珍珠者一次潜水的丰富收获，与多次毫无所获的潜水相抵消。必须将律师、工程师或商人得自其天赋的高额收入，与许多其他人的失败相比较；而失败者在年轻时似乎具有相同的前途，所受的教育和立业机会也都一致，但是，他对生产提供的服务，相对于该服务的成本来说却比成功者提供的要小些。最有能力的企业家一般都是那些获利最多的人，而同时他们做的工作反而却极其低廉；如果社会把这种工作交给能力较差、索价较低的人来做，毋宁等于浪费。这样就如同把一块贵重的钻石交给一个工资很低但技术很差的人去加工一样。

§4. **各种不同的生产要素争相雇用，但它们也是相互雇用的唯一泉源** 回顾本篇第 2 章中的论点，我们应当铭记于心的是各种不同生产要素彼此保持着双重关系：一方面，它们往往为得到使用而相互竞争。当任何一种要素的效率相对于其成本来说大于另一种要素时，便有代替该要素的趋势，从而

---

① 比较第五篇第 2 章中的第 3 节与第六篇第 4 章中的第 6 节、第 8 章中的第 7~9 节。

限制着它的需求价格；另一方面，所有的要素都为彼此提供了使用的场所，除非其他要素给它提供了使用场所，否则任何一种要素都得不到使用。一切生产要素随着共同创造的各种要素的供给量的增加而增加的国民收入，也是其中各要素的需求的唯一源泉。

因此，物质资本的增加开辟了新的应用场所，虽然在进行新投资时，这可以减少少数行业中的手工劳动的使用场所，但总的来说，会大大增加对手工劳动和其他生产要素的需求。因为这将大大增加作为一切要素需求的共同源泉的国民收入。由于使用资本的竞争加强了，利率势必会有所降低，从而资本和劳动共同创造的那部分国民收入将在对劳动比以前有利的条件下进行分配。

对劳动的这种新需求在部分上是由于新事业的开辟，而这种事业以前也许无法偿其所负；而一部分新需求是由于制造昂贵的新机器需要工人。因为当人们说用机器代替工人时，指的是用与大量等待相结合的劳动来代替与少量等待相结合的劳动；只根据这个理由不可能用资本代替一般劳动，除非就一个地方来说，是从其他地方输入资本的。

不过，资本的增加给劳动带来的主要利益，并不是会使劳动得到新的就业机会，而是增加了土地、劳动和资本（或土地、劳动和等待）的共同产品，还减少了任何既定资本（或等待）数量在该产品中当做自己报酬所能要求的那一份额，这一点仍然是千真万确的。

§5. 任何工种的工人人数的增加或效率的提高都有利于其他工人，但是当后者受益时，前者却受其害。这会改变自己和其他工人的边际产品，从而影响工资。计算正常边际产品时，要谨慎小心 在讨论任何一组工人的劳动供给量的变动对其他各种工人的雇用所产生的影响时，无须追问这种劳动量的增加是由于该组工人增加了人数，还是由于他们提高了效率。因为这个问题与其他问题没有直接关系。不论是哪种情况，对国民收入的增加都相等；不论是哪种情况，竞争都会迫使他们不得不在相同程度上退入边际效用较小的使用之处，从而在相同程度上减少他们在共同产品中所能得到的份额，以作为某种工作的一定劳动量的报酬。

但是，这个问题对于该组内的工人极其重要。因为如果这种变动使他们的平均效率提高了十分之一，那么他们十人中每人所得的总收入，将等于人数增加十分之一而效率却不变的十一个人中的每个人所得的总收入①。

每组工人的工资都取决于该组工人的人数和效率,这是以下总原则的一个特例。此总原则为:在竞争影响之下,当决定一个人的工资接近纯产品时,环境(或机遇)至少与他的精力和能力起同等的作用。

任何一组工人的工资接近的那种纯产品都必须以下述假设为计算标准:生产已达到这样一点,在该点上,产量的销售仅能带来正常利润,而不是更多的利润。同时必须就具有正常效率的工人来计算利润,而此工人增加的产品只能作为具有正常能力、正常环境条件和正常资金的雇主的正常利润的报酬,而不是更多的利润(如求高于或低于正常效率的工人的正常工资时,必须在该纯产品中增加或减去某种数额)。选择的时间也必须是生意正常的时间,而各种劳动供给都比较合适。例如,假如建筑业特别衰败或特别繁荣,或者如果它的发展因砖匠或木匠供给不足而受到阻碍,而其他建筑工人的供给却有所过剩,那么这种时机就不适合估计砖匠或木匠的正常工资和纯产品的关系②。

---

① 例如,如果该组劳动供给增加 1/10,便会使他们劳动的边际效用降低,从而使任何既定劳动量的工资降低 1/30;如果这种变动是由于他们人数的增加,则他们的工资便会降低 1/30。但是如果是由于他们效率的增加,那么他们的工资会上升大约 1/16(更确切地说,他们的工资是以前工资的 $1\frac{19}{300}$)。

② 关于工资与劳动边际纯产品的关系,参阅第六篇的第 1 章和第 2 章两章;这个问题将在第六篇的第 13 章,特别是在此章的第 8 节注解中进一步讨论。关于寻求一个真正有代表性的边际的必要性,参阅第五篇第 8 章中的第 4 节、第 5 节两节,那里的论点是:如果已经达到的边际是在就业中,已算入任何一组工人的供给对其他组工人工资的影响,任何一个工人对一国工业的总的经济形势的影响极小,而与其纯产品和工资关系的计算无关。在第五篇的第 12 章和附录八中,提到产量急剧增加的种种障碍,甚至在那里这种增长在理论上也会提供许多大规模生产的经济;还提到在这种经济中使用"边际"一词时所需要的那种十分谨慎的态度。

第 12 章　进步对价值的总的影响

§1. **在新开发国家中，资本和劳动投放场所的有利程度部分上取决于和旧世界市场的联系。在这些市场上它可以出售自己的产品，并以其未来的收入换取目前所需要的各种供应品**　任何地方对劳动与资本的运用都取决于三个条件：第一，本地的自然资源；第二，知识进步和社会与工业组织的发展所产生的善于利用这些资源的力量；第三，靠近出售剩余产品的市场。人们往往忽视最后这一条件的重要性。但是，当我们观察新开发国家的历史时，这一条却显得十分突出。

人们常说，哪里有不收地租的大量肥沃土地和适宜的气候，哪里的劳动实际工资和资本的利息就高。但这只说对了一部分。美国初期殖民者过的生活很苦，大自然免费给予他们木材和肉类，但他们却很少享有生活上的安逸和奢侈。甚至现在也有许多地方（尤其是在南美和非洲）自然资源极其丰富，但却缺乏资本和劳动，因为这些地方缺少与外界联系的交通工具，因而与外界隔绝。相反，位于沙漠中的一个矿区一旦与外界有交通相连就可以给劳动与资本提供高额报酬；地处荒凉海岸附近的商业中心也如此。如果靠本地资源，这些地区也许只能维系少数居民的赤贫生活。自从蒸汽轮船交通得到发展以来，欧洲这个旧世界对新世界产品提供的有利市场，就使北美、澳洲、非洲及南美洲的某些部分成为资本和劳动前所未有的极其有利而巨大的运用场所。

但是，令新开发国家出现现代繁荣的主要原因毕竟在于欧洲所提供的市场不是现货市场，而是期货市场。一小撮殖民者在取得大量肥沃土地的产权之后，更想在当代就获得未来利益。他们无法直接实现这一目的，而只有通过间接的办法，即以支付他们的土地在未来生产的大量物资这一承诺来换取欧洲的现货。他们用种种形式把自己的新地产以很高的利率抵押给欧洲。积累了现成享乐物资的英国人和其他国家的人，就立即用这些物资来换取大于他们在本国所能得到的期货：大量资本流向新开发的国家，而资本的流入大大提高了当地的工资率。新资本慢慢渗入边远地区。那里非常缺乏资本，而迫切需要资本的人又非常多，因此在很长的时期内，资本往往能得月息二厘，后来逐渐降至年息六厘或者五厘。因为殖民者富有进取性，同时又看到取得产权不久便会具有极大的价值，因此，如果可能的话，他们都想成为独立的业主或雇主。所以，必须用高额工资才能吸引住工人，而这种工资大半都是用从欧洲抵押贷款或其他方式而得到的商品来支付的。

不过，准确估计出新开发国家中边远地区的实际工资率是很难的。工人都十分优秀：富于冒险、能吃苦耐劳、坚决果断、精明强干。他们都正值壮年，从不生病；他们遭受的各种压力是英国普通工人（尤其是欧洲普通工人）所不能忍受的。他们中间没有穷人，因为大家身体都很强壮。如果有人生病，便只好到人口比较稠密的地区去居住。那里工资较低，但也有可能过上一种清静而安闲的生活。如果用货币计算，他们的工资很高，但对于许多安逸品和奢侈品，他们必须用极高的价格购买或者完全弃而不用，而如果他们住在人口比较稠密的地方，便会自由地（或按低价格）获得这些东西。不过，其中多数只是满足人为的需要，这些东西在没有人有或者没有人要的地方是很容易被弃而不用的。

随着人口的增长和优等土地被占用，大自然对耕作者的边际劳作一般便会较少地提供农产品报酬；这就使工资出现稍微下降的趋势。但即使在农业中，报酬递增规律也时时在与报酬递减规律相抗衡，许多最初被人忽略的土地在细心耕种以后可以获得丰收；同时公路和铁路的开通、各种市场和工业的发展都使生产变为经济成为可能。这样，报酬递增和报酬递减规律似乎势均力敌：有时是这一规律占优势，而有时则是那一规律占优势。

如果劳动和资本的增长率相等；如果综合起来看生产规律是报酬不变规律，那么每一边际资本和劳动所分享的报酬并没有变，即按以前那样的比例分配给资本和劳动的报酬不变。因此，工资或利息也无须发生任何变动。

但是，如果资本的增长比劳动要快得多，那么利率势必会下降，工资率也许会以牺牲一定量资本所应得的份额的代价而上升。不过，资本总份额的增长可以大于劳动总份额的增长①。

但是，无论商品生产规律是否是报酬不变规律，新地契的生产规律却都是报酬急剧下降的规律。外国资本的流入虽然与从前相比也许相同，但与人口比较起来反而减少了。工资大多不再靠从欧洲借来的商品支付。这就是一定效率的工作量能赚取的生活必需品、安逸品和奢侈品随之减少的主要原因。但是，另外还有两种原因使用货币计算的平均日工资趋于下降。随着安逸品和奢侈品种类的增加，劳动的平均效率却由于劳动人口体质比殖民者初期流入时期而有所下降。同时这些新的安逸品和奢侈品中，大多数并不直接列入货币工资的范围内，而是在此范围之外②。

§2. **在上一世纪，英国的对外贸易增加了英国对安逸品和奢侈品的支配，而只是近来才大大增加了对必需品的支配** 英国经济现状是大规模生产和大规模交易（不论是商品还是劳动）的趋势直接造成的，也是在长期内慢慢发展起来的。但在18世纪曾获得两种动力：一方面是由于机械的发明；另一方面是由于输入大量相同货物的海外消费者有所增加。当时已经开始用机器制

---

① 例如，假定 C 量的资本与 L 量的劳动结合，共同生产出产品为4P，其中 P 作为利息归资本，而余下的3P 归劳动（劳动有许多级，包括管理在内。但是，这里指的都是有一定效率的一天的无特殊技能的劳动的共同单位，参阅第四篇第3章中的第8节）。假定劳动量增加1倍，资本量增加3倍，而生产各自的任何一定数量的绝对效率仍旧不变，那么，我们可以预料 4C 和 2L 共同生产的产品将为 $2 \times 3P + 4P = 10P$。现在假定利息率，即对任何资本量的报酬（除对管理等工作的报酬之外）降低到原利息率的 2/3，因此，4C 得到的利息只是 $\frac{8}{3}P$，而不是 4P；而对各种劳动余下的将为 $7\frac{1}{3}P$，而不是 6P。归各宗资本的数量和归各种劳动的数量都将有所增加，但是归资本的总量将依 8：3 的比例增加，而归劳动的总量将依 22：9 的较低比例增加。

在这方面最好是把利息分开，但是比较资本家（而不是资本）和雇佣劳动的份额时，我们当然指的是利润，而不是利息。

② 当我们得出的结论为报酬递增趋势大体上和报酬递减趋势相抵时，便是将它们考虑在内。在研究实际工资的变动时，我们应该不折不扣地把它们计算进去。许多历史学家在比较各个时期的工资时，注意的只是那些普通的消费品。但是从这个问题的性质来看，普通消费品恰恰是遵循报酬递减规律的那些东西，并且随着人口的增加而有稀缺的趋势，因此，这样得出的结论是片面的，且就其一般意义而言，也是错误的。

造部件，用特殊机器制造各生产部门中使用的特殊机器。当时报酬递增规律在地方性工业和大资本的工业国家里首次充分显示了作用。特别是当大资本联合成为股份公司、母子公司或现代的托拉斯时，情况更是如此。后来对运销远方市场的货物开始了精细的"分等定级"，这就使农产品市场和股票交易所中出现了国内的甚至国际的投机组织，这些组织的将来与生产者中间的企业主或工人的持久性组织一样，是未来一代人必须解决的最严重的实际问题的根源。

现代运动的关键在于把大多数工作化为同一类型的工作，以减少各种摩擦。因为这些摩擦使得强大的要素不能充分发挥集体作用，并且妨碍强大的要素将影响散布到广大的区域里；妨碍用新的方法和新的力量来发展运输。公路和18世纪轮船运输的改善打破了地方性的组合和垄断，并给广大地区中的组合和垄断的发展提供了便利。在我们这个时代，海陆交通、印刷机、电报和电话的每一次扩展和减价，都可以产生上述双重趋势。

§3. **续前** 虽然在18世纪像现在一样，就英国的国民收入出口来说，大多取决于报酬递增规律的作用，但这种依存的方式却有很大的变动。当时英国几乎垄断了新的工业生产方法，出售的每包货物（总之，人为地限制货物供给量时）可以换取大量的外国产品。但是，部分上是由于远途运输笨重货物的时机尚未成熟，所以从远东和美洲输入的商品主要是供中产阶级享用的安逸品和奢侈品；而这些商品对于降低英国工人生活必需品的劳动成本起到的直接影响很小。不过这种新兴贸易的确间接地降低了五金、服装和英国工人消费其他本国工业产品的成本，原因是为海外消费者大规模生产这些东西使英国工人获得了低廉的产品，但这对英国工人的食物的成本却没有什么影响。而在报酬递减规律作用下，食物成本只会上升。报酬递减规律之所以发生作用，是由于新工业区人口迅速增加，那里狭隘的农村生活传统的限制不复存在。法国大革命后不久，连年歉收，使食物成本提到欧洲前所未有的高度。

但是，对外贸易会逐渐影响我们主要食品的生产成本。随着美国人口从大西洋沿岸移向西部，越来越富饶的、适于种植小麦的土地获得了耕耘。运输上的经济（尤其是在近几年）有了极大的增加，因此从耕作区以外的农场运输一夸脱小麦的总成本急剧下降，虽然距离有所增加。所以，英国就没有必要更加精耕细作了。在李嘉图时代曾苦苦经营的种植小麦的贫瘠山地已经变成了牧场。现在农民只耕种那些能给自己的劳动提供丰富报酬的土地。相反，如果英国只靠自己的资源，势必会在日益贫瘠的土地上挣扎，并不断反复耕耘那些已经耕作得很好的土地，以便靠这种繁重的劳动来使每亩增产一二蒲式耳。也许现在从一般的年成来看，仅够支付开销的那种耕作（即处于耕种边际上的耕作）提供的产量比李嘉图时代多一倍，是英国在现有人口下不得不生产的全部粮食的四倍。

§4. **英国从工业进步中获得的直接利益比最初看起来要少一些，但从新的运输业中得到的利益要多一些** 工业生产技术的进步提高了英国满足落后国家的各种需要的能力。因此，符合落后国家把用手工制造产品供自己使用的那种精力，转而用于生产购买英国工业品的原料这一目的。这样，发明的进步为英国的特殊产品开辟了广阔的销售场所，并使英国有可能专门在报酬递减规律不充分发挥作用的条件下生产粮食。但是这种好运却昙花一现。英国在工业上的改良为美国、德国和其他国家所效仿，而且近来它们又往往领先。这样，英国的特殊产品便几乎丧失了自己的全部垄断价值。例如，用一吨钢材在美国能购买的粮食和其他原料的数量，并不多于在当地用新方法炼一吨钢所用的劳动和资本能提供的产品量。因此，交换比率随着美国和英国工人在炼钢方面效率的提高而有所下降。正是由于这种原因以及由于许多国家对英国商品征收很重的关税，所以，尽管英国拥有大宗贸易，但工业生产技术上的发明进步对其实际国民收入的增益却比最初想象得要少一些。

英国能廉价生产服装、家具及其他商品以供本国消费用，这可是不小的利益。但是，英国同其他国家分享的那些工业生产技术上的改良，并没有直接增加其用一定量的资本和劳动的产品在别的国家所能换取的农产品数量。英国从19世纪工业进步中获得的全部利益当中，也许四分之三以上都是由于这种进步的间接影响，即降低旅客和货物的运输成本、自来水和照明的成本、电力和新闻的成本。因为我们时代的主要经济事实是运输业的发展，而不是工业的发展。无论在总体上还是在个别威力上，正是运输业发展得最快，而且也正产生着最令人头痛的问题：出现了大资本可以使经济自由的力量转而消灭那种自由的趋势。但在另一方面，也正是运输业对英国财富的增长作出了最大的贡献。

§5. **谷物、肉类、住房、燃料、衣着、自来水、灯光、新闻纸和旅行的劳动价值的变动** 这样，新的经济时代带来了劳动和生活必需品的相对价值的巨大变动，其中许多变动的性质在上一世纪初是预料不到的：当时人们认为美国不适合种植小麦，而陆路远途运输小麦的成本又太高，所以当时小麦的劳动价值——购买一配克小麦所用的劳动量——达到了最高点，而现在却降至最低点。农业当中的日工资似乎一般都在一配克小麦以下。但在 18 世纪前半期却是一配克左右；在 15 世纪为一配克半或略多于此数；而现在农业当中的日工资则为二至三配克。在中世纪，甚至在相当丰收的年份，小麦的质量也低于现在的普通小麦；而在歉收年份，多数小麦都发了霉，如果是在现在，或许就根本不会有人吃。而且当时如果不对庄园领主的磨坊付出很高的垄断价格，小麦就很难变成面包。

的确，在人口稀少的地方，大自然几乎**毫无代价**地供给草及饲料；而南美洲的乞丐甚至骑马行乞。但在中世纪时期，英国的人口总是很稠密，致使肉类即使质量很差也有很大的价值，因为当时牛虽说只有现在的五分之一重，但却有庞大的躯体；牛的肉主要长在四肢附近。由于牛在冬季吃不饱，而吃了夏草便很快长膘，所以肉中含有大量水分，在烧煮时便会失去大部分重量。每当夏末秋初，人们把牛宰了，把肉用盐腌起来，而当时盐却很贵，甚至连中产阶级在冬季也很难吃到新鲜的牛肉。一世纪以前，工人阶级吃的肉很少，而现在虽然肉的价格比以前略高，但工人平均消费的肉也许比英国历史上任何时期都多。

另外是关于房租。我们知道城市的地租在深度和广度上都有所上升。这是因为日益增加的居民住的房屋都必须按城市标准付租，而这种标准正在节节上升。但是，房租本身（即总租额减去地皮的总租值的余额）也许比以前任何时期租用相同的房屋所付的租金都只是略有上升而已（如果要说有所上升的话）。这是因为现在建筑业中的资本周转利润率较低，而建筑材料的劳动成本也没有多大的变动。应该记住的是：付出高额城市地租的人换取到的是现代城市生活的各种娱乐以及其他的便利，而对于这一切许多人都不愿弃而不用，因为其利益要比他们的总租额大得多。

木料的劳动价值虽比 19 世纪初期低，但比中世纪时却有所提高；不过泥、砖和石墙的劳动价值并没有很大的变动；而铁的劳动价值——更不必说玻璃了——却大大降低了。

的确，房租上涨这一想法似乎来自对我们祖先的实际住宅状况的无知。现代郊区工匠住宅中的卧室要比中世纪乡绅的讲究得多；而那时工人阶层只有铺在潮湿泥地上的满是臭虫虱子的散草床铺。这种生活在时时散发着垃圾气味的草堆里的条件，对人的健康的损害程度也许比一丝不挂和人畜共居的条件还要大一些。但不可否认的是：现在我们城市中最贫困的阶层的住宅条件也有害于身心健康；而照我们现有的知识和资源来说，我们既没有理由，也没有借口使这种状况继续下去①。

像草一样的燃料往往是大自然对稀有人口的恩赐品。在中世纪时期，村民一般都能（虽不总能）用劈柴生着一小堆火，借以在室内围火取暖。他们的小茅草屋没有烟囱，因此热量不会散发出去浪费掉。但是，随着人口的增长，燃料的缺乏对劳动阶层的压力很大。如果没有煤来代替木料作为家用和炼铁的燃料，那么英国的进步实在是不堪设想。现在煤非常便宜，甚至比较贫穷的人也都能在室内取暖，而无须生活在有损人的健康的令人头晕的空气当中。

这是煤对现代文明作出的最大贡献之一；其次的贡献是提供了廉价的内衣，而对于居住在寒冷气候当中的广大民众来说，没有内衣是不可能讲什么清洁的。这也许是英国从直接使用机器为本国制造消费品中获得的主要利益；再次的重要贡献是提供了大量的自来水，甚至在大城市中②；第四个重要的贡献是借助于石油提供了廉价的照明，这不仅是人的某些工作所必需的，而且更重要的是夜间消遣所必不可少的。在一方面来自煤，而在另一方面来自现代运输工具的这些文明生活所必需的东西当中，我们还必须加上（如上面所提到的）那廉价而完备的用蒸汽发动的印刷机和运送信件以传播新闻和思想的工具，还有靠蒸汽力而得到的旅行上的便利。这些工具辅以电力使得那些气候并非热到使人萎靡不振程度的国家中，大众有可能享受到文明；同时不仅是为一个城市（如雅典、佛罗伦萨或布鲁日）的全体居民，而是为一个大国，甚至在某些方面是为整个文明世界的全体人民的真正自治和统一行动而铺平了道路③。

---

① 但是过去的这种弊端比人们通常认为的要大一些。例如，从沙夫茨伯里爵士和奥克塔维亚·希耳女士在1885年住宅调查委员会上的有力证词中，就可以看出这一点。现在伦敦的空气满是烟雾，但这对人健康的损害也许比提倡科学卫生以前要小一些，尽管那时人口较少。
② 原始设备把水从高地引向少数公用水池，但是如果不用煤发动的泵和用煤制成的铁管，是不可能对清洁卫生的自来水起主要作用的。
③ 参考附录一，特别是第6节。

§6. **进步提高了英国城乡土地的价值，虽然它使大多数物质生产工具的价值有所降低。资本的增加降低了它应得的收入，但并没有减少它的总收入**

我们已经看到国民收入是一国所有生产要素的纯产品总额，同时又是支付这些生产要素的唯一源泉。在其他条件不变的情况下，国民收入越多，每种生产要素所得的份额也就越多，任何要素的供给量增加一般都会降低它的价格，并对其他要素有利。

上述一般原理特别适用于土地。供应某市场的土地的生产力的增加，首先会有利于那些拥有供应同一市场的其生产要素的资本家和工人。新的交通运输工具在现代对价值的影响，在土地史上表现得再明显不过了；土地的价值随着与农产品销售市场的交通的每一次改善而上涨，也随着较远地区可到其产品市场上出售而下降。不久前，伦敦附近的六郡都害怕修好公路会使英国偏远地区在供给伦敦粮食方面与它们竞争。而现在英国农场的优势在某些方面由于粮食的输入而正在减少，这些粮食是经过印度和美国的铁路运输，再通过轮船装运到英国的。

但是，正如马尔萨斯所主张的，而且又为李嘉图所承认的：凡是能增进人民福利的事在长期内也能增进地主的福利。的确，在 18 世纪初期，当连年歉收困扰着无法输入粮食的人民时，英国的地租大涨。但是，就其性质来说，这种上涨是不能进一步持续的。在 19 世纪中叶实行了谷物自由贸易，随后美国麦田扩大，这就迅速提高了城乡土地的实际价值。也就是说提高了所有城乡土地所有者用总租金能购买的生活必需品、安逸品和奢侈品的数量①。

§7. **续前** 虽然工业环境的发展大体上有提高土地价值的趋势，但也往

---

① W. 斯特奇（在 1872 年 12 月，测量学院宣读的一篇有价值的论文中）估计，英国的农业（货币）地租在 1795 至 1815 年间增长了一倍，而到 1822 年却下降了三分之一；此后，时涨时落，与最高年份 1873 年左右的 5 000 万镑到 5 500 万镑相比，地租现在大约只有 4 500 万镑到 5 000 万镑。1810 年约为 3 000 万磅，1770 年约为 1 600 万镑，1600 年约为 600 万镑（比较吉芬的《资本的增长》，第 5 章；波特尔的《国家的进步》，第二篇的第 1 章）。但是现在英国城市土地的租金比农业土地的地租要高得多。而要计算地主阶级由于人口增加和总的进步而得到的全部利益，我们就必须把现有的公路、矿场和船坞等的土地价值也计算进去。把一切都加在一起，全英国的货币租金总额相当于谷物条例废止时的 2 倍以上，而实际地租总额也相当于那时的 4 倍。

往降低机器和其他固定资本的价值,只要它们的价值可以和所在地的价值分开。骤然变得繁荣的确能使任何一个行业中的现有生产工具暂时得到极高的收入。但是,可以无限增加的东西是不能长期保持稀有价值的;如果这些生产工具是相当耐久的东西(例如轮船、高炉和纺织机)便很可能由于技术的迅速进步而大大贬值。

不过,像铁路和码头这样的东西的价值在长期内主要取决于地理位置。如果地理位置相当,那么即使除去使这些地方的设备保持现代化所需要的费用之后,其工业环境的进步也会提高其纯价值①。

§8. 续前　可以说政治算术在英国起始于17世纪。自那时以来,我们知道人口中每人积累的财富量一直都在不断上升②。

虽然人们对等待还多少有些不耐烦,但却越来越愿意牺牲现在的利益以获得将来的安逸或其他享受。人们获得了较强的"远视"力,也就是说人们预测将来和防患未然的能力增强了。人们更加勤俭、更能克己,因此也就能比较乐于重视将来的不幸与利益——这些词一般广泛包括人心灵中的高尚和卑贱的感情。人们更不自私了,因此也更愿意工作和等待,以便使家人无后顾之忧;光明的未来已隐约可见,而那时人们一般都会愿意工作和等待,以便增加公共财富,并使大众有机会过一种较高水准的生活。

虽然人们比以往的时代更愿意为了将来的利益而忍受现时的不便,但是,我们现在是否能发觉人们为了实实在在的快乐(不论是现在还是将来的)而愿意付出更大的努力呢?这是值得怀疑的。许多世纪以来,西方世界的人们变得越来越勤勉——假日减少了,工作时间增加了,人们出于自愿或被迫而越来越不愿意在工作范围以外寻求乐趣了。不过,这种动向似乎已经达到了极点,现在正在走下坡路。在除了最高级的各种工作中,人们都比从前更重视休息,而且对于过度紧张而引起的疲劳越来越不耐烦了。一般来说,人们也许不如以前那样为取得现在的奢侈品而愿意经受长时间工作的不断"折

---

① 当然是有例外的。经济进步也可以采取建筑新铁路的形式,这些铁路将把现有铁路的大部分运输力夺去;或者采取另一种形式,即加大船的体积,直到不再能通过浅水进入船坞为止。

② 见第四篇中的第7章。

磨"。这些原因使他们不如以前那样愿意辛勤劳动以应未来的需要。如果不是这样的话,那么人们预测未来的能力甚至提高得更快,也许(虽不无怀疑之处)对于因拥有少量积累起来的财富而获得社会地位的那种欲望也会大大提高。

每个人资本的增加有使其边际效用降低的趋势,因此,对新投资的利率下降了,虽然降得不一致。据说在中世纪很长一段时期内,利率为一分,但在18世纪上半期却降低到三厘。后来因工业和政治上大量需要资本而使利率有所提高,在大战时期,利率相对很高。当政治上的急需用款停止以后,当时黄金的供给量又很少,所以利率便下降了;但在18世纪60年代,由于黄金产量上升,再加上建筑铁路和开发新国家都需要大量资本,利率便又上涨了。在1873年之后的和平时期,加上黄金供给量有所削减,使得利率又下降了。但是,现在利率又在上涨,部分原因是由于黄金供给量增加了①。

§9. 不同工业阶层的所得的变动性质和原因 总的启蒙运动的发展和对青年人的责任心的提高,使国家把大部分增加的财富都从物质资本的投资转向培养人才方面去了,结果使技能的供给大量增加,而这些技能大大增加了国民收入,并提高了全体人民的平均收入。但这却剥夺了技能一向具有的大部分稀有价值,并使技能的所得相对于总的进步(的确并非绝对)来说有所降低;同时使不久以前算做技术性的而现在仍然叫做技术性的许多工作在工资上与非特殊技能性劳动平等。

抄写工作就是一个显著的例子。的确,办公室中的许多种工作都需要智力和品质的高度结合,但是,几乎每个人都能很容易地学会记录工作,也许不久以后,不论英国男人还是女人都能写得很好。当大家都会写字时,那一向都比几乎任何一种体力劳动赚的工资都要高的抄写工作就将成为普通的工作,而不算技术工作。事实上,较好的技术工作对人更有教育意义,而且比那些既不需要判断力又不需要责任心的职员工作的报酬优厚。就一般而论,技工对儿子的最大贡献莫过于培养他从事自己那一行的工作,从而他的儿子便可以了解和这一行有关的机械、化学以及其他科学原理,并对该工作的革新产生兴趣。如果他的儿子有相当的天赋,那么他做技工比做职员更容易崭

---

① 见第六篇第6章中的第7节。

露头角。

另外，一项新的工作从事起来往往很难，只因为一般人对此不熟习。但是，如果需要有巨大精力和技能的人来做的工作一旦成为常规工作，一般人（甚至妇女和儿童）也都能做。开始时此工作工资很高，但随着这种工作的普及会下降。这就造成对平均工资的上升估计不足，因为事情是这样的：许多统计数字似乎代表了工资的总的变动趋势，但其实却是根据这样一些行业做出的：这些行业在一二百年前比较新，而现在却为那些实际能力低于他们的先驱者的人所掌握①。

这些变动的结果势必会增加从事所谓技术工作的人数，不论技术一词现在用得恰当与否。高级行业中工人人数不断增多，这使得全体工人的平均工资比各行业中平均典型工资上涨得要快得多②。

在中世纪，虽然某些有才能的人终身为技工，并成了艺术家，但当时技工作为一个阶层比现在更接近于无特殊技能的工人。在18世纪中叶的工业新纪元初期，技工丧失了许多旧的艺术传统，并且不如现代的熟练技工掌握的技术多，也不如他们能准确而机敏地完成艰难工作。上一世纪初，开始出现一种变化，观察家们都对有特殊技能的工人和无特殊技能的工人之间日益扩大的社会鸿沟而深感震惊；技工的工资上涨到一般工人工资的两倍左右。因

---

① 比较第四篇第6章中的第1节与第9章的第6节。随着商业的发展，机器的改良势必会减轻完成任何一项工作所用的劳动量，从而使计件工资急剧下降。但同时机器的运转速度和每个工人看管的机器数量增加很多，因此一日的劳动总量比以前要大一些。对这个问题雇主和工人们往往有不同的看法。例如，纺织业中计时工资肯定是上涨的；但是和雇主们相反，工人们认为他们劳动强度相对于工资增长来说要大得多。在这种争论中，曾用货币来计算工资；不过如果考虑到货币购买力的增长，那么实际效率工资无疑是增加了。这就是说，一定量的体力、技巧和精力比以前要得到更多的实物报酬。

② 可以举例说明这一点。假设甲级中有500人，每周工资12先令；乙级中有400人，每周工资25先令；丙级中有100人，每周工资40先令。如果不久之后有300人从甲级转到乙级；300人从乙级转到丙级，而各级中的工资不变，那么这1 000人的平均工资大约将为28.6先令。即使各级中的工资率同时下降10%，全体工人的平均工资也仍然大约为25.6先令。这就是说上涨了25%以上。正如吉芬爵士指出的，忽略这样一些事实很容易酿成大错。

为对高技术劳动需求的大量增加（尤其在冶金业中），使得劳动者中的优秀分子及其子女迅速参加到技工队伍中去。就在当时，技工原有的排外性消除了，这使他们更凭才能成为工人贵族，而不像以往那样单凭出身了；技工质量的提高使他们在长期内获得的工资率大大超过一般工人。但是，有一些比较简单的技术逐渐丧失了稀有值，因为它们不再是新奇的技术了；同时对那些传统上认为是非技术性职业中的人的能力的需求正在日益增长着。例如，挖土工和农业劳动者越来越多地使用昂贵而复杂的机器，而这些在从前却被认为仅属于有特殊技能的劳动，而且这两种有代表性的职业中的实际工资上升得很快。如果现代观念在农业区的传播没有使那里许多最有能力的儿童离开农村而奔向铁路、工厂，或进城当警察、车夫或脚夫，那么农业劳动者的工资上涨得比现在还要显著。留在农村的那些人受到的教育比以往更完善，虽然他们的天赋也许不及一般水平，但得到的实际工资却比他们的父辈高得多。

有些需要责任心的技术工作（如铁厂中的炉前工和转滚工）需要有强壮的体力，并且引起很大的不便。这样的工作工资很高，原因是时代的趋势使那些能从事高级工作并能轻易获得优厚工资的人，除非有很高的报酬，否则是不会愿意忍受折磨的①。

§10. 续前 再一个我们应当讨论的是男工（老年和壮年）、女工和童工工资的相对变动。

工业条件变化极快，因此在某些行业中几乎毫无用武之地；而在许多行业中，长期经验的价值远远不如迅速掌握新的观念以及使自己的习惯适应新的情况。一个人在五十岁以后比在三十岁以前赚的工资势必会有所减少。这种情况会引致那些技工向无特殊技能的工人看齐：他们早婚的自然倾向往往受到这样一种愿望的鼓励，即在工资开始缩减以前，他们的家庭花销也可以减少。

性质相同的第二种倾向甚至更有害，这就是童工的工资相对于其父母的工资来说却有上涨的倾向。机器曾代替了许多工人，但并不是代替了许多童

---

① 上面关于工资演变的简要叙述极可以由施穆勒在其《经济原理大纲》中所作的考察来补充：第3章的第7节（第2卷，第259~316页）。特别值得注意的是他考察范围广泛，并与进步的物质因素和心理因素巧妙配合。另外请参阅同书第二篇的后半部。

工；把儿童排除在某些行业之外的那些习俗上的限制正渐渐消失；这些变化连同教育的普及几乎在其他各方面都有益，而在这方面却有害：这一切会使男孩（甚至使女孩）有可能蔑视他们的父母而自谋生路。

由于相同的理由，女工的工资与男工的相比要上涨得更快。就女工发展自身才能的趋势这一点而论，这是一个很大的优点。但是，这会促使女工忽略在建立美满家庭和大力培养自己的子女的品质和能力方面所应尽的义务，就这一点而论却是一种损失。

§11. **特殊才能的报酬**　许多格外有才能的人的收入的上升，使得有中等能力（虽然经过慎重的训练）的人获得的收入相对下降变得更加突出。在过去，中等水平油画的售价从来不像现在这样便宜，而上等水平油画的售价也从来没有现在这样昂贵。一个能力和运气都一般的企业家现在从他的资本上获得的利润率，要比以往任何时候都低；而具有特殊天赋和运气的人能从事的投机买卖非常广泛，因而能以前所未有的速度积聚大量财富。

这种变动主要归因于两点：第一，财富的普遍增长；第二，新的交通工具的发展。借助于新的交通工具，人们一旦获得了支配地位之后，就能把他们的组织才能或投机才能运用到比以前范围更大而且涉及区域更广的那些事业上。

几乎只凭第一个原因就能使某些律师收取极高的费用。因为当关系到名誉和财产关系时，富有的委托人会不惜以任何高价聘请最好的律师。这也正是这第一个原因能使那些具有特殊才能的马术师、画家和音乐家获得极高的价格。所有这些职业在我们这个时代所得的最高收入都是史无前例的。但是，只要能听到歌唱家歌声的人数极为有限，那么并非任何歌手都有可能赚得一万镑。而据说在上一世纪初，毕灵顿夫人在一个季节中就赚这么多，这几乎与当代企业界的巨头赚得一样多。

这两个原因结合起来就使得巨大的权力和巨额财富都由现代美国和其他国家的企业家操纵。他们有头等的天赋，而且又有运气。的确，在某些情况下，在他们获得的财富当中，有很大一部分在某些情况下是来自竞争中失败了的投机对手的破产；而在另外一些情况下，这些财富主要来自于一种伟大的组织对天赋的高度节约的力量，这种天赋在处理新的重大问题时能运用自如。例如，范德比尔特家族的创始人把混乱的纽约中央铁路系统搞得有条不萦，他为美国人民节约的也许超过他为自己积累的①。

§12. 进步对劳动工资提高的促进作用比一般想象得要大一些，而且也许减少了而不是增加了自由劳工的就业无常 但这些财富是例外的；教育的普及、人民群众中的节约成风以及新的企业方法为小宗资本提供的保险投资的机会，却对中等收入的人越来越产生影响。所得税和房税报表、商品消费统计、政府和公司中各级职员的工资卡，这一切都表明中产阶级的收入比富人增长得快；技工的工资比自由职业者阶层增长得快；强健的无特殊技能的工人的工资甚至比一般技工增长得还快。与从前比起来，富人的总收入也许并不占英国全部收入的较大部分，但在美国，土地的总价值正在急剧上升；优等的劳动人民正在把土地转让给劣等的移民；财政寡头日益获得大权：财产所得总额比劳动所得有所增加，而且富人的总收入增长得最快，这也许可能是真的。

不能否认如果伴随着失业现象的增加，工资的上涨就会失去部分利益。就业的无常是一种极大的弊端，应当引起公众的注意。但是，几种原因凑在一起就会使这个问题有所夸大。

如果一个大工厂部分开工，消息便会传遍邻里，也许报纸还会把这事传遍全国。但是，当一个独立生产者或者一个小业主在一个月内只能有几天的活干时，却很少有人知晓。因此，在现代，工业上不论发生什么纠葛都似乎比以前更重要。以前，有些劳动者是长工，但却没有自由，是在体罚下干活的。我们没有充分的理由去设想中世纪的技工就总是有活干。现在欧洲最严

---

① 不过应该注意的是，这些财富中有些也许是由于有机会成立由少数能干、富有而且勇敢的人操纵的那种商业联盟组织。这些人为了自己的利益而占有广大地区的大部分工业、商业和运输业。他们的权力当中，以政治，特别是以保护关税为转移的那部分权力也许消失了。但美国幅员辽阔，而且形势变动不居，因此大股份公司的那种英国式的稳健而迟缓的管理与一小群富有的资本家的那种精明强干的策划和意志果断相比，便处于劣势。这些资本家在庞大事业上情愿比在英国情况下更充分地运用自己资金，并且他们也能这样做。美国商业生活千变万化，一批最优秀的商业人才自然会从广大居民中脱颖而出。他们几乎每个人一踏入社会就决定在死之前成为富翁。现代商业的发展和商业财富的积累使英国人有莫大的兴趣去接受极大的教益，但是，除非把欧洲和美洲商业生活的基本不同条件时时记在心中，否则将不能从中汲取教训。

重的就业无常现象，存在于西部最带有中世纪色彩的手工业以及东欧与南欧中世纪传统最浓厚的那些工业中①。

在许多方面，雇工中实际上成为长年工的那部分人正越来越多。例如，这在发展最快的许多运输业部门中就是一个通例。运输业在某些方面是19世纪后半期的典型工业，就如同加工工业在19世纪前半期一样。虽然发明的迅速进步、式样的千变万化，尤其是信用的不稳定，的确给现代工业带来一些干扰因素，但正如我们很快就会看到的那样，其他影响正在朝着相反方向起着强大作用。因此，似乎没有充分理由认为就业无常现象从整体上来说是在增长着。

---

① 这里不妨说一下作者亲自观察到的一个事例：在巴勒摩，技工和顾客之间存在着半封建关系。每个木匠或裁缝都有一所或一所以上的大房屋用来招揽生意。如果他善于处事，实际上就无竞争可言，不会有巨大的商业恐慌。报刊从来没有登载过失业者的苦难，因为他们的状况很少有所改变。但在巴勒摩繁荣时期，技工失业的百分比甚至比近年来英国大恐慌时期还要大。在第六篇第13章中的第10节中还将进一步论述就业无常现象。

第 13 章　进步和生活标准的关系

§1. 活动程度和需求程度；生活程度和安逸程度。一世纪以前英国的安逸程度提高了，便可以通过节制人口的办法大大提高工资，但由于从新开发国家中易于取得食物和原料，所以很少向那方面发展　首先，让我们进一步讨论第三篇中讨论过的有关活动与需求的问题。在那里我们有理由认为经济进步的真正关键是在于新的活动的发展，而不是新的需求的发展。现在，我们就当代特别重要的一个问题进行研究，即在生活方式和收入率的变动之间有什么联系？在多大程度上可以将其中之一视作另一个的原因？而在多大程度上又可以视为其结果？

生活标准一词在这里指的是适应需求的活动的标准，因此，生活标准的提高意味着知识、能力和自尊心的增强；在开销方面更加审慎；对只能满足食欲却不会增加体力的食物避而不吃，而且对有损于身心健康的生活方式加以拒绝。全民生活标准的提高会大大增加国民收入和各行各业所得的份额；任何一个行业的生活标准的提高都将提高其效率，从而增加其实际工资，这便会使国民收入稍有增加；并使其他行业能以相对于其效率来说稍小的成本得到帮助。

但是，许多学者曾认为对工资有影响的不是**生活**标准的提高，而是**安逸**程度的提高。这后一个词可能只表示增加人为的需求，而其中低级粗俗的需求也许占优势。的确，安逸程度的总的提高很可能会带来一种更好的生活方式，并为新的高级活动大开方便之门。而以前既没有生活必需品又没有生活方便品的人们，无不由于更安逸而朝气蓬勃、干劲冲天，不论他们对这种安逸所持的态度如何粗俗、如何只偏重于物质因素。因此，安逸程度的提高也许会引起生活标准的某些提高；而且如果是这样的话，还会增加国民收入和改善人民生活。

不过，当代和以前的一些学者不仅有这样的看法，而且还认为仅仅是需求的增加就有提高工资的趋势。但是，需求增加的唯一直接结果势必会使人们比以前更痛苦。如果我们避而不谈需求在增加活动或用别的方法提高生活标准方面可能产生的间接效果，那么需求只有靠减少劳动的供给才能提高工资。这一点应该进行更详细的讨论。

§2. **续前** 前文已经指出，在一个不容易进口粮食的国家中，如果历代人口都是以很高的几何级数不断增长着的，那么劳动与资本向自然资源索取的总产量仅够养活和培养新生一代而已。即使我们假定几乎全部国民收入都归于劳动，几乎没有任何份额分配给资本家或地主，那么这种说法也成立①。如果总产量在该水平之下，那么人口增长率势必会下降，除非缩减维持生活和培养的费用。而这样的结果是降低效率，从而减少国民收入，并因此减少收入。

但事实上人口的迅速增长也许会更早得到抑制，因为一般人大多都不会把自己的消费局限于生活必需品上；一部分家庭收入无疑要用来获得与维持生活和效率关系不大的那些消费品上。这就是说，保持多少超过维持生活和效率所必要的那种水平的安逸程度，势必会抑制人口的增长，而且如果以与养马或蓄奴的支出原则相同的原则维持家庭开支的话，这一阶段的到来要更早。还有更多类似的情况。

充分维持效率有三个必要的条件——希望、自由和变化②——这些是奴隶很难得到的。但是，狡猾的奴隶主照例出资搞一些简单的音乐或其他娱乐，其用意就和他供给药品相同。因为经验表明，如果奴隶生活单调，那就会像疾病或煤渣塞住炉道那样浪费。如果奴隶的安逸程度提高到这样的地步，即除非供给他们昂贵的安逸品或者奢侈品，否则即使对处罚和死亡的恐惧也不能使他们工作，那么，他们就会得到这些安逸品和奢侈品。不然的话，他们就像一群不能自食其力的马一样行将消失。如果劳动者的实际工资真的主要

---

① 参阅第六篇第 2 章中的第 2 节和第 3 节；第四篇中的第 4 章和第 5 章；第六篇中的第 4 章。

② 参阅第四篇第 5 章的第 4 节。

是由于难以获得食物而被迫下降（正如英国一百年以前的情况那样），那么劳动阶层只有减少人数才能摆脱报酬递减规律的压力。

但是，他们现在不必这样做，因为这种压力并不存在。1846年英国港口的开辟是促使铁路发达起来的原因之一。这些铁路把南北美洲和澳洲的广大农田同海口连接起来，在最有利的条件下，生产的小麦被运给英国工人食用，而且小麦供应充分，足以维持工人养家糊口，而所用总成本只占他工资的一小部分。人数的增加提供了许多新的机会，使为满足人们的需要而共同起作用的劳动与资本的效率有所提高。因此，如果新事业需要的资本存量增加得足够快的话，那么便可以使工资在某方面的提高相当于在别的方面的下降。当然，英国人并非不受报酬递减规律的影响：英国人不能用像靠近广袤的未开发的处女地那样少的劳动为自己收获粮食。但是，现在既然粮食对于英国人的成本主要是由新开发国家的输入量决定的，所以大都不受本国人口的增加或减少的影响。如果英国人能提高自己在生产换取进口粮食的那些产品上的劳动效率，那么不论英国人口的增长是迅速的还是缓慢的，他们都能以少于自己所用的实际成本获得粮食。

当全世界的麦田利用到了极点时（如果粮食不能自由输入英国，这个时期的到来甚至更早），英国人口的增长的确可能会降低工资，或者起码会使得自生产技术不断完善的工资上涨受到抑制。在这种情况下，安逸程度的提高只能通过限制人数的增加才能实现。

但是，当英国人民现在获得大量的进口粮食时，他们安逸程度的提高并不能只靠对人数的作用来增加他们的工资。此外，如果工资上涨是由于采取了某些压低资本利润率的措施，而且这种利润率甚至低于那些吸收资本的能力比英国大的国家中所能有的水平，那么，这样就会抑制英国资本积累，并且加速资本输出。在这种情况下，英国的工资与其他国家相比，不仅会相对下降，而且还会绝对下降。反之，如果安逸程度的提高使效率大大提高，那么（不论这是否伴随着人数的增加），这会使国民收入相对于人口来说有所增加，并且使实际工资的上升建立在持久的基础上。例如，工人人数减少十分之一，而每个工人做的工作和以前一样多，这不会使工资上升多少。因此，每人完成的工作量减少十分之一，而人数不变，一般都会降低工资的十分之一。

上述论点当然是和这样的想法一致的，即一个工人团体能够在短时间内使用减少工作量的办法，牺牲社会其他成员的利益，以提高自己的工资。但是，这种策略绝不会持久成功。不论他们建立的那种防止他人分摊利益的障碍机制有多么坚固，都总是会有渔利者乘机而入的：有的人回避这种障碍机制，有的人则用这种障碍机制作掩护，也有的人利用这种障碍机制。同时人们开始利用别的方法或从其他地方获得该团体认为在生产上拥有局部垄断的那些东西；而且对这些人甚至更不利的是新东西的发明和推广使用。这些东西几乎满足相同的需要，却不必使他们劳动。因此，在短时期后，力图以垄断巧取豪夺的那些人就会发觉他们的人数不是减少了，而是增多了，同时对他们劳动的需求总量却减小了。在这种情况下，他们的工资便大大下降。

§3. **通过缩短工作时间来调节活动的种种努力。过长的劳动时间并不经济。但是不长的劳动时间缩短一般会减少产量，因此，虽然其直接结果也许可以刺激就业，但是除非这种剩余时间是用来发展更高级的、范围更大的产业，不然就会很快减少一定工资下的就业量。资本输出的危险。从观察材料中寻找真正原因的困难。直接结果和最后结果往往大相径庭** 工作效率和工作时间的关系很复杂。如果紧张过度，长时间工作便很容易使人疲乏，令人难以处于身心俱佳的状态，而且往往远远低于这种状态，甚至生病。一般来说，在计件付酬时工人的劳动强度比计时付酬时更大。如果真是这种情况，那么短工时特别适合实行计件工作的那些行业①。

如果工作时间、所做工作的性质、工作场所的物质条件和补偿方法是造

---

① 这些事实令人质疑，部分原因是因行业的不同而有很大的差异；而熟谙这些事实的那些人往往有所偏向。当计件工资可以通过工会而进行集体议价时，设备改进的头一个结果就是提高实际工资。为了使工资和其他职业中难度相当而且需要同样责任心的工作的工资相称，调整计件工资率的任务就落在了雇主的肩上。在这种情况下，计件工作一般都对工人有利。凡在工人组织很好的地方（如在采煤工作方面），甚至对那些工作并不一律，但他们也按件计算。但在许多其他情况下，计件工资却会引起他们怀疑利益不公。见以下第8节。根据希穆勒教授的计算，计件工制按照工人的速度和行业的性质与技术而能使产量提高30%到100%（《经济原理大纲》第208节）。柯尔在他著的《工资的支付》第2章中，对某些行业使工人一般反对计件工资，而另一些行业计件工资却备受欢迎的那些原因，进行了发人深省的详细论述。

成身体、心理或身心二者巨大损害的原因，并导致生活水平下降（如缺乏产生效率所必需的闲暇、休息和睡眠），那么从一般社会观点来看，这种劳动便不经济，就如同个别资本家使他的马或奴隶劳累过度或营养不良所造成的低效率一样。在这种情况下，适当缩短工作时间只会暂时减少国民收入，因为一旦生活改善对工人的效率充分发挥作用之后，他们的干劲和智力的提高以及体力的增强，就会使他们能在较短的时间内完成和以前一样多的工作。因此，即使是从物质生产的角度来看，最终也没有损失，正像把一个生病的工人送到医院去恢复体力一样。下一代关心的是把人们（尤其是妇女）从过度劳累中解救出来，这种关心至少像留给下一代的相当数量的物质财富一样有价值。

上述论点认为这种新添加的休息和闲暇能提高生活质量。而在我们现在所讨论的那些过度劳累的极端情况中，这种结果在所难免。因为仅仅减少紧张就是提高生活质量的必要条件。最低级别的那些诚实的工人工作时很少卖力气，因为他们没有耐久力，其中许多人疲惫不堪，或许在短时期休息之后，他们才能在较短的工作日内完成像以前在较长工作日内所完成的工作①。

此外，有些工业部门现在对贵重设备的利用一天才只有九至十个小时。而在这些部门中，逐渐推行八小时工作制甚至八小时以下的双班制是有利的。这种变革需要逐渐来推行，因为现有的熟练工人数量还不足以使这种计划在所有适合使用的工厂内同时采用。但是，有些机器在用坏或陈旧以后，可以在较小的规模上进行更换；而在另一方面，许多新机器一天使用十小时没利，便可以使用十六小时；一旦这样实行以后，就会进一步推行这种变革。这样，生产技术的进步更快，国民收入也会增加；工人能获得较高的工资，而无须抑制资本的增长，或使资本流入工资较低的国家中去。而社会各阶层都能从这种变革中获利。

这一问题的重要性越来越明显，因为机器日益昂贵起来，而且又会迅速变陈旧，这使机器在二十四小时中闲置十六小时所造成的浪费更多了。不论在哪个国家中，这种变革都会增加纯产品，从而增加每个工人的工资。因为从

---

① 在英国工业史上，关于劳动时间的差异对产量的影响有极其多样、明确而且极富有一般教益的实验，但是国际上对这个问题的研究似乎以德国见长，如伯纳德的《缩短劳动时期，提高劳动强度》，1909年。

总产品中减去的机器、设备和厂租的费用比以前要少得多。但是英国的技工技巧高明、精力过人。如果他们让机器一天充分开工十六小时的话，即使他们自己只工作八小时，增加的纯产品也要比任何其他国家的工人增加得多①。

　　双班制在欧洲大陆上比在英国用得多，但是在那里没有得到合理的试验。因为劳动时间太长，以致两个班几乎整夜都在工作。而夜间工作向来不如日间工作，部分原因是由于值夜班的人在白天得不到充分休息。无疑，对双班制是可以提出某些实际的反对意见的。例如，两个人负责管理一台机器不如一个人管理得那样好；而工作上的差错由谁负责有时也很难确定。但这些困难在很大程度上是可以通过把机器和工作交给两个同组的人来负责而加以克服的。此外，在让行政措施适合一天十六小时的安排方面也不无困难。不过雇主和工头并不把这些困难看做是不可克服的。而经验表明，工人们很快就克服了他们最初对双班制产生的那种厌恶情绪。一班可以在中午下班，而另一班从中午上班；或比较理想的也许是：一班从上午五点到十点，下午一点半到四点半上班；而第二班从上午十点一刻到下午十三点一刻，下午十六点三刻到二十一点三刻上班。在周末或月底，两班可以互换上班时间。如果把昂贵机器的使用扩展到各个劳动部门，并对劳动时间有可能大大减至八小时以下能起到充分作用的话，那么普遍采用双班制是有必要的。

　　但是，应该记住的是，倡议这种缩短工作时间只适用于那些使用或能够使用贵重设备的行业；而在许多情况下，为了使设备几乎经常开工，已经采用了轮班制。例如，在采矿业和有些铁路工作部门中就是这样的。

　　因此，在其余的许多行业中缩短工作时间势必会减少目前的产量，也未必能立即提高效率并使每人完成的平均工作量达到原有的水平。在这种情况下，变动工作时间就会减少国民收入。其中，引起的大部分物质损失便由工作时间得到缩减的那些工人负担。的确，在某些行业中，劳动量的减少在相当长的时间内会提高劳动的价格，并且会牺牲社会其他成员的利益。但是，劳动实际价格的上涨照例会造成产品需求的减少（部分原因是由于增加使用代用品），同时也引起工人从待遇较差的那些行业中流入。

---

① 关于这个问题，参阅《经济学杂志》第 19 期发表的卡普曼教授于 1909 年在英国科学协会上的讲话。

§4. 续前 仅仅使用劳动量减少的办法一般就能提高工资的这种普遍的想法值得解释。首先，很难设想这种变动的当前和永久的效果如何不同，甚至往往相反。人们看到当电车公司门外有许多称职的人在等待工作时，那些在职的工人想的往往是如何保住自己的工作，而不是要求提高工资。如果没有这些等工作的人，雇主们就不能抗拒提高工资的要求。他们仔细考虑的一个事实是：如果电车工人的工作时间短，同时在现有线路上电车跑的里程又没有缩短，那么势必要雇用更多的工人，而且雇用时也许按较高的小时工资，或也可能按较高的日工资。他们明白在着手进行一项事业（例如建造一所房屋或一艘船）时，无论如何一定得完成，因为半途而废是得不偿失的。其中任何一个人做的工作多，就可以给别人留下较少的工作。

但是，还有其他的一些结果需要讨论。尽管这些结果虽然不必迫使人接受，但却更重要。例如，假如电车工人和建筑工人人为地限制自己的劳动时间，那么电车路线的延伸便会受到妨碍；在筑路和司机方面雇用的人数也将减少；许多工人和其他的人本来可以乘车，而现在却只得步行进城；许多人本来可以在郊区享受花园里的新鲜空气，却不得不硬挤在城里；尤其是工人阶级将无力租用本来可以租得起的合适住宅；建筑行业也将萎缩。

总之，限制劳动时间可以不断提高工资的这一论点，是建立在这样一个假设的基础上的，即存在着永久固定的**工作基金**，亦即不论劳动价格如何，都总有一定量的工作必须要做。而这种假设是没有根据的。相反，工作的需求来自国民收入。也就是说，来自工作。某种工作较少，对其他种工作的需求也较少；如果劳动稀少，所办的事业势必会较少。

其次，就业的永恒不变取决于工商业组织，并取决于安排供给的人预见到需求和价格的未来变动从而调整自己行动的成效，但这并不能因工作日较短而做得更好。的确，如果不用双班制，只实行短工时制就会阻止贵重设备的使用，而这种设备的存在使得雇主很不甘心歇业。差不多各种人为的限制工作都会引起摩擦，从而往往使就业无常趋于增加，而不是减少。

的确，如果泥瓦匠或鞋匠不受外部竞争的影响，而仅仅用缩短工作时日或其他办法来减少各自完成的工作量就有机会提高自己的工资。但是，这种利益的获得只能以国民收入的其他分配者的较大损失为代价。因为国民收入是国内各行业中的工资和利润的源泉。这一结论由于下述事实而更具有说服力。这个事实是经验证明了的,而且是通过分析得到阐明的。此事实是,运用工会策略提高工资的大多数事例都出现在这样一些工业部门里:这些工业部门的劳动需求不是直接的,而是从许多工业部门协同制造的产品的需求中**派生**出来的。因为在策略上占优势的任何一个部门都能把归于其他部门的成品价格的一部分攫为己有①。

§5. 续前 现在我们来看一看坚持抑制劳动的供给一般能永久地提高工资的这个想法的第二个原因。这个原因低估了劳动供给的变动对资本供给产生的影响。

由于(比如说)泥水匠或鞋匠的减少而造成的损失,将由劳动者阶层以外的人负担,这是事实。而且就其影响而言,还是一个重要的事实:一部分损失无疑会落在建筑业或制鞋业的雇主和资本家的肩上;一部分损失由富有的房屋或鞋子的使用者或消费者负担。此外,如果各劳动者阶层都用限制劳动时间的有效供给的方法来提高工资,那么由于国民收入的减少而带来的大部分负担在短时间内势必会落在本国其他阶层身上,特别是资本家的身上,但这只是在短时期内。因为投资纯收益的大量减少会使新资本的供给迅速流往国外。鉴于这种危险,所以有时主张铁路器材和国内的工厂设备不能出口。但是,差不多全部原材料和大部分生产工具每年都被消费掉了、用坏了或陈旧了,而且它们都需要更换。而这种更换规模的缩小,再加上游离出来的一部分资本的出口,也许会使本国在几年内对劳动的有效需求都将有所减少,结果工资反而会远远降至现有的水平以下②。

虽然资本的输出并不是在任何情况下都会遭遇许多困难,但是,资本家

---

① 见第五篇第6章中的第2节。
② 例如,我们假定鞋匠和帽匠属于同一个等级,在劳动时间普遍缩减的前后,他们工作时间相等,领的工资也相等。那么,在发生这种变化的前后,帽匠用一个月的工资可以购买相当于鞋匠一个月劳动的鞋子(参阅第六篇第2章中的第7节)。如果鞋匠工作时间比从前减少了,从而做的工作也比以前减少了,那么,他一个月劳动的纯产品势必会有所下降。除非通过采用双班制的办法,雇主和他的资本才能获得两班工人的利润,不然的话,雇主的利润便会减少,而所减之数等于全部减产额。最后这个假设不符合我们所知道的决定资本和经营能力的供给的那些原因。因此,帽匠的工资所购买的鞋不如以前多。而其他行业也以此类推。

由于充分的经营理由和情感上的偏好而宁愿在国内投资。因此，在某种程度上，使一个国家更适合人们居住的那种生活水平的提高，势必会抵消导致资本输出的那种投资纯收益的下降。相反，用减少工作量的反传统的做法来提高工资的做法，势必会使一些富有的人不得不移居国外，特别是那些乐于进取和克服困难的劳动者阶层和资本家。因为他们工作的主动性有助于使他们在国内处于领导地位，与此同时还能促进那些提高效率的生产工具供给量的增加，从而保持国民收入的增长，并提高人们的实际工资。

工资的普遍上涨（不论是怎样形成的）如果遍及全世界，就不会使资本从一处流向他处，这是真的。全世界体力劳动者的工资有希望主要通过增加生产量而及时上涨；但部分原因也是由于利率下降，还有甚至从最广泛意义上来说维持有效率的工作所必需的那种收入的相对（如果不是绝对的话）减少。但是，提高工资的种种方法，即用降低而不是提高效率的手段来维持较高的安逸程度的方法，是损害社会利益的，也是近视的，从而会迅速遭到报复。也许绝不会有大多数国家采取这些方法的机会；如果几个国家采用了这些方法，那么向提高生活水平和效率水平迈进的另外一些国家，就会迅速把大部分资本和核心力量从采取那种卑鄙限制政策的国家吸引到自己的国内。

§6. **续前** 在讨论这个问题时，有必要坚持一般性的推理。因为很难直接诉诸经验。而如果轻易引用经验，却只能导致错误。不论我们看到的是工资改变之后短期内的工资与生产的统计数字，还是改变之后长期内的统计数字，突出的事实很可能主要是由于其他原因，而不是我们所要研究的那些原因。

例如，假使工作时间的缩短是罢工胜利的结果，那么很可能是这样的：选定举行罢工的时机是工人在战略上处于优势的时机，是总的商情使他们有可能提高工资的时机，如果工作时间没有变动的话。因此，这种变动对工资的直接影响看上去很可能要比实际情况更有利。此外，有许多曾订了合同而且必须履行合同的雇主，在短时间内对短工时比以前对长工时所出的工资可能还高，但这是骤然变动的结果，而且只是昙花一现。如上文所述，这种变动的直接结果很可能与后来的那些更持久的结果相反。

相反，如果人们过度劳累，而工作时间的缩短又不能使他们立即振作起来，那么工人的物质与精神生活条件的改善，以及由此而来的效率的提高与工资的上涨，就不能立即显现出来。

此外，工时缩短后几年内的生产和工资的统计数字，反映的很可能是国家繁荣的变化景象，特别是该行业的景气的变动，还有生产方法与货币购买力的变动。将工时缩短的影响分离出来很难，不亚于分出呼啸的海浪中的一块一石子时所产生的影响①。

因此，我们必须要明辨两个问题：是否某种原因有产生某种结果的趋势；是否该原因必然产生该结果。打开水库的闸口有使水位出现下降的趋势。但是，如果同时有较大的流量从另一端流入水库，那么打开闸口后水位也会上涨。同样，虽然工作时间的缩短使那些未曾充分开工，而且又无法实行双班制的行业出现减产的趋势，但是很可能随之而来的是，由于财富和知识的普遍增进而得到的生产量的提高。不过，在这种情况下，不管工时是否缩短了，工资都照样会上涨，而且这也并非是由于工时缩短了的结果。

§7. 职工工会的最初目的在于提高工资，同时也在于使工人具有独立性，从而提高他们的生活水平。这种尝试的成功证明了他们的主要武器——共同章程——的重要性。但是如果严格执行该章程，往往会造成虚假的劳动标准，并挫伤工人的积极性和驱逐资本，还有在其他方面损害工人阶级和其他社会阶层的利益 在现代英国，几乎所有我们讨论的这种运动都是由工会指导的。充分评论工会的目的和结果，不在本书的讨论范围之内。因为那必须建立在对结社、工业变动与对外贸易的研究之上。但是关于工会政策同生活标准、

---

① 例如，当我们回顾澳大利亚采用八小时劳动日的历史时，就会发现在以下这些方面都有巨大的波动：金矿和黄金供应的繁荣、牧场和毛价的繁荣、向早开发国家借贷资本而用澳洲工人建筑铁路，还有在移民和商业信用方面。所有这些都是使澳大利亚工人状况改变的强大因素，因此掩盖了工作总时数从 10 小时（除用餐时间外为 8 又 3/4 净工作小时）减至 8 小时（净工作小时）的各种影响。澳大利亚的货币工资比劳动时间缩减以前要低得多，尽管货币购买力也许有所增强，从而实际工资并没有下降。但是似乎毋庸置疑，澳大利亚劳工的实际工资与英国相比，几乎没有劳动时间缩短以前那样高了。而尚未得到证明的是，并不比没有发生变化以前低。缩短劳动时间不久之后，澳大利亚经历的商业危机无疑主要是由连年的旱灾和任意扩大信用而造成的。但是一个辅助性的原因似乎是由于过分乐观地估计了短工作时间的经济效率，从而在那些不适宜于缩短劳动时间的行业里提前缩短了劳动时间。

工作和工资最相关的那一部分，在这里还必须加以说明①。

职业上的变动不居，使这一代某群工人的工资和工业政策对下一代某群工人的效率和收入能力的影响，不论好坏都是模糊不清的②。年轻一代的培养费用的来源——家庭收入，现在很少来自单一的行业。子承父业者不太多见了。比较强壮和有为者（任何职业的报酬都有助于其性格的形成）很可能到别处谋求更高的待遇；体质弱者及生活放纵者很可能会在这种待遇下去谋求工作。因此，越来越难以用经验证明任何工会会为提高会员的工资而作出的努力，在提高借助于高工资而培养的这一代的生活水平和工作水平方面是否卓有成效。但是某些显著的事实仍然十分突出。

英国工会的原始目的在于提高工资率和工人的生活水平。最初极大促进工会的是这一事实：法律直接或间接地准许雇主结社以规定工资和保护自己的利益；但严禁工人结社，违者受罚。这种法律不仅使工资有所下降，而且使工人的意志力受到压制。工人的视野受到局限，结果完全纠缠在琐碎的事务当中，而对国家大事毫不关心。因此，除了和自己及其家庭与邻人直接有关的事情之外，工人很少考虑其他的事。与同行业其他工人结社的自由势必会开阔工人的视野，令工人思索一些较大的问题，还会提高工人的社会责任感，虽然这种责任也许会打上阶级的烙印。因此，凡是雇主在自由结社中能做的事，工人同样也可以做。而早期为实现这一原则而进行的斗争，既是为提高工资而进行的斗争，其实也是为取得与真正自尊和广大社会利益相符的生活条件而作出的一种努力。

在这方面曾取得了彻底的胜利。工会组织曾使熟练的技工，甚至许多种无特殊技能的工人用常见于大国外交中的那种严肃、克制和庄重的态度来同雇主进行谈判。这使他们普遍认识到单纯进攻的政策是一种愚蠢的政策，而运用灵活的手段则更有利于和谈。

在英国的许多工业部门里，工资调整委员会工作起来顺利无阻，因为存

---

① 我著的《经济学纲要》第1卷中附有关于工会的一个简要叙述，此书在其他方面是本书的一个提要。1893年分工调查委员会的最后报告对工会的目的和方法的阐述，是在雇主和具有特殊才能与经验的工会领袖的合作下提出的唯一可靠的根据。

② 比较第六篇第3章的第7节与第5章的第2节。

在着一种避免在小事上浪费精力的强烈愿望。如果一个工人认为雇主或工头对自己的工作或报酬的规定不公而产生异议，那么雇主首先要求职工会的干事进行仲裁，仲裁结果一般为雇主所接受，当然也必须为工人所认可。如果这种具体纠纷牵涉到调资委员会过去没有明确规定的一个原则问题，那么此事可以提交雇主联合会和职工会的干事开会讨论；如果他们达不成协议，便可以交给工资调整委员会处理；最后如果争论的利害关系甚大，双方互不让步，则这个问题可以通过罢工或雇主的停工而由双方的力量来解决。但是即使在这种情况下，有组织的工会在处理这种冲突中，几代以来都起着模范作用，而这种冲突在方法上和一世纪以前的劳资冲突一般有所不同，正如现代文明民族之间光明正大的战争和野蛮民族之间凶恶的游击战争有所区别一样。在国际劳工会议上，英国代表的那种克制、谦虚和目的的坚定，是其他国家的代表所不及的。

但是工会服务的这种伟大性质给工会本身提出了相应的义务。**位高者从不轻率**。工会注定要对那些夸大其能用特殊伎俩（特别是当这种伎俩含有反社会的因素时）来提高工资的人存有戒心。的确，不受指责的运动是极其罕见的。几乎在各种伟大的事业中，都总是潜伏着一些破坏作用。不过不应曲解这种弊端，而应慎重检验，以取得息事宁人的效果。

§8. **续前** 对某工种一小时的工作或对某种计件工作所应付的标准工资的"共同章程"，是工会借以取得按平等条件和雇主谈判的权力的主要手段。习俗和法庭对工资的那种相当无效的规定虽然阻止了工人闹事，但也保护了工人不受极端的压迫。但当竞争成为自由竞争时，无组织的工人在同雇主议价时却处于不利地位，这是因为甚至在亚当·斯密那个时代，雇主们一般都正式或非正式地约定在雇用劳工时不得争相抬价。而随着时间的推移，当单独一个工厂往往就能雇用几千工人时，此厂本身就具有一种紧密而巨大的议价力量，而这一点是小工会所无法比的。

的确，雇主们在不争相抬价方面达成的协议和谅解并不普遍，而且也往往遭到破坏或回避。的确，如果追加的工人的劳动纯产品大大超过他们所得的工资，那么贪婪的雇主就会不顾同行的愤慨，用较高的工资把工人吸引到自己一方。的确，在先进的工业地区，这种竞争足以保证大量工人的工资不能长期地大大停留在他们纯产品的等价之下。有必要在这里重提一个事实，即一个具有正常效率的工人的工资所接近的那种纯产品，是一个具有正常效率的工人的纯产品，因为有些主张严格执行章程的人确实曾经认为竞争趋于使有效率的工人的工资和无效率的工人（其效率很低，雇主只是凑合着雇用他）的纯产品相等①。

但事实上竞争并不起这样的作用。竞争并没有使相同职业中的周工资出现相等的趋势。竞争使周工资和工人们的效率出现相适应的趋势。如果甲将做的工作量为乙工作量的两倍，那么对是否增雇工人还在犹疑不定的那个雇主，以四先令雇用甲和分别用两个两先令雇用两个乙是同样有利的交易。决定工资的因素可以同样从以四先令雇用甲和以两先令雇两乙的那一边际情况中清楚地看出来②。

§9. 续前 一般来说，当工会通过运用那种使工作和工资趋向真正标准化的章程，特别是当伴以尽量发掘国家资源，从而促进国民收入的增长时，

---

① 往往由于对这个问题的误解，使工会领袖在许多方面对社会福利起到的有益影响都受到损害。他们往往把韦伯夫妇那本极其重要而且优秀的著作《工业的民主》当做自己的根据，但此书是有这种误解的。例如，韦伯夫妇说（第710页）："正如我们在《经济学家的判断》一章中所知道的，现在从理论上论证的是在'完全竞争'和自由选择职业的情况下，工资的一般水平趋于边际劳动者（他超过了不被雇用的边际！）的劳动纯产品的情况。"他们又在第787页的脚注中把边际劳动者当做工业上的废物或乞丐时说："如果在完全竞争下，各类分工的工资趋于处在该类劳工中的边际劳动者不被雇用的边际的劳动纯产品中，那么，通过提高边际工资劳动者的能力，从竞争的劳动市场中，而不必从为自己的生产劳动中，就能把这些乞丐吸引过来，这样似乎就会提高整体工人阶级的工资。"

② 说在这种情况下竞争有使雇主情愿给甲支付是乙的两倍工资的趋势，其实是言不尽意的。因为一个有效率的工人会使同样的厂房、设备和监督所产生的效率为一个无效率的工人的两倍，他对雇主的价值就不只是两倍的工资，实际上他也许值三倍（见第六篇第3章中的第3节）。当然，雇主对比较有效率的工人也许不敢按其实际纯产品发给工资，唯恐在工会支持下，那些无效率的工人过高估计自己的利润率，从而要求增加工资。但是在这种情况下，当考虑值得给效率高的工人出多少工资时，引起雇主注意效率较低的工人的纯产品的那种原因其实并不是自由竞争，而是由于误用章程而对自由竞争的抗拒。有些现代"分红"计划旨在大体上按有效率工人的纯产品的比例，也就是说按高于计件工资率的比例来提高他们的工资，但工会总是不赞成这些计划。

既对自己有利，也对国家有利。工资的任何上涨或生活条件的改善以及用这些合理方法所能获得的就业，很可能对社会福利也有益。这不可能挫伤进取心，不会使那些大政治家的步调失调，也不会使资本大量外流。

而运用有错误标准化倾向的章程时，情况却有所不同。这会使雇主出现对比较无效率的工人和对比较有效率的工人支付同等工资的趋势；或者阻止任何人做能胜任的工作，而理由是这种工作在技术上不属于他的范围之内。这样来运用章程显然是反社会的。的确，也许有比表面上看去更有力的理由采取这种行动，但是这些理由的重要性往往由于工会人员热衷于他们所负责的组织上的技术完善而有所夸大，因此，虽然外界批评对这样一些理由不表同情，但也许有用。我们可以首先讨论一个现在意见分歧不太大的突出事例。

在工会还不十分懂得充分自尊的时代，错误标准化的形式屡见不鲜。先进生产方法和机器的使用曾受到多方刁难；并且有人试图按照用早已过时的方法完成一种工作时的劳动等价来规定标准工资。这又有维持有关工业特定部门中的工资的趋势，但只有通过大大缩减生产的政策才能办到这一点。如果这种政策普遍成功，就会大大降低国民收入，并减少全国按合适工资的一般就业量。人们永远不会忘记杰出的工会活动家因为禁止使用这种反社会的措施而对国家作出的贡献。虽然某个较民主的工会部分上脱离了高尚原则，因而引起了1897年工程业中的大纠纷，但是很快这种错误的主要方面便得到了纠正①。

此外，至今许多工会仍然采用一种与错误标准化有关的办法，坚持使一个不再能从事一整个标准工作日的年长工人获得全部标准工资。这种做法使该行业的劳动供应稍稍受到限制，而且似乎对实行这种做法的那些人有利，但是并不能长期限制人数。这对工会福利基金的压力往往很大。因此，即使从纯粹自私的观点来看，这也是一种鼠目寸光的做法，会大大降低国民收入，并使年长的工人在令人压抑的环境中和不适合自己工作的劳苦环境中任选其

---

① 在《工业的民主》（第二篇的第8章）中，有一段可供参考的反对机器的历史，其中有这样一个意见，即不是要普遍反对引进机器。而是不要为了和机器竞争而接受按旧方法劳动的较低工资。这对青年人来说是金玉良言，但是往往不能为成年人所接受。而且如果政府的行政权力提高得比从私营企业中承担的那些新任务要快一些，那么，这对于解决那些由于方法改良而使中老年人的技术几乎无用时所引起的社会冲突，也许会作出巨大的贡献。

一。这是苛刻而反社会的做法。

让我们再考察一个更可疑的事例：划定各群工人职能的界限对实行章程很有必要。每个城市技工都应力求精通某部门的工作，这自然对工业进步有利。但是，如果不准一个工人做对他来说是相对容易的工作，而借口说这种工作在技术上属于另一个部门，那么，一个好的原则往往会因为被实行得过火而产生弊端。这种限制在生产大批相同商品的工厂中为害较小。因为在这些工厂中，有可能这样安排生产任务，即许多不同工种的工人都大致有固定的数目。所谓**固定的数目**是指其中没有在别处谋生的工人。但是这种限制对小雇主压力很大，特别是对那些在一两代之内就能成为国家领导阶层的阶层中，最低层次的人的压力更大。即使在大工厂中，这种限制也增加了这样的机会，即当时很难为自己找到工作的人，将被送往别处谋职，从而在短时期内扩大了失业队伍。这样看来，如果适可而止地划定界限，对社会是件好事；如果为了社会提供技术上的小小利益而走向极端，就变成了坏事①。

§10. 与货币购买力，特别是与商业信用变动相关的困难　我们还可以考察一个更微妙而且更棘手的问题，这就是共同章程似乎失灵的问题。之所以出现这种情况，并不是由于对这种章程的运用太轻率，而是由于用此章程解决的任务要求它比现在或比所能拟定的实际上要更完善，问题的焦点在于标准工资的表现形式是货币。因为货币的实际价值前十年与后十年有所不同，并且年年都有急剧的波动，所以僵硬的货币标准不能成为真正的标准。使这种标准具有适当的灵活性即使不是不可能的，也是很困难的。这就是反对极端运用共同章程的一个理由，因为这将不得不使用非常僵硬而又不完善的一个工具。

在短时期内使价格上涨并使货币购买力下降的信用膨胀过程中，工会自然会有要求提高标准货币工资的倾向，而这一事实使得上述考虑更迫切。此时雇主们甚至对那些尚未达到完全正常效率水平的工人也情愿支付很高的工资（用实际购买力计算很高，而用货币计算则更高）。这样，工作效率较差的工人也获得很高的标准货币工资，实现了参加工会的愿望。但不久之后，信用膨胀停止，经济继而出现了衰退，物价便下落，而货币购买力却上升；劳

---

① 不妨指出，上面所说的那个工程师联合会导致了在类似工业部门间消除严格界限的共同行动。

动的实际价值下降，而货币价值降得更快。膨胀时期形成的货币工资的高标准，现在高得甚至使那些十分有效率的人也不能提供适当的利润。而在这种高效率水平以下的那些人更不值这种标准工资了。这种错误的标准化对于该行业有效率的成员来说，并不纯粹是种坏事，因为会对他们劳动的需求有增加的趋势，就如年长工人被迫赋闲便会对他们劳动的需求有所增加一样。但是只有通过缩减其他工业部门的生产，从而缩减其劳动需求，这样才能有所增加。工会越坚持这种政策，国民收入受到的损害就越大，而全国按适当工资的就业总量就越小。

如果各工业部门发奋建立几种劳动效率标准和相应的工资标准，一旦物价高涨的巨潮过去了，就迅速降低适应这种暴涨的高额货币工资标准，那么在长期内各部门都会获得较大的利益。这种调节存在着许多困难，但是如果普遍而明确地认识到通过阻碍任何工业部门的生产而取得的高额工资，势必会增加其他部门的失业人数这一事实，那么也许会很快获得这种调节。因为医治失业唯一有效的药方就在于不断地使手段和目的相适应，这样才能使信用建立在相当可靠的基础上；才可以将信用的任意膨胀（一切经济病症的主要原因）限制在狭小的范围内。

这个问题不便在这里加以论证，但略需解释一番。穆勒说得好："构成商品支付手段的东西仅仅是商品而已。各人用来购买他人产品的支付手段是由他所拥有的那些东西构成的。所有卖主不可避免地都是买主（就此词的意义来说）。如果我们能把全国的生产效率立即提高一倍，就会使各个市场的商品供应量增加一倍，但同时我们会使购买力提高一倍。每个人的供给和需求都增加一倍，每个人能买的东西也增加一倍，因为每个人拿出交换的东西也增加了一倍。"

虽然人们有购买能力，但是也许不愿使用它。因为一旦破产动摇了信心之后，便不会用资本来成立新公司或扩大旧公司。兴修铁路的工程无人问津；船只停运，新船订单绝迹；对挖掘机几乎没有任何需求；对建筑业和机器制造业的工作需求也不大。总之，在任何生产固定资本的企业中，工作都很少。这些行业中的资本家和技术工人赚得极少，从而购买其他行业的产品也极少。而当其他行业发觉自己的商品销路很差时，便会减少生产量；收入也减少了，因此，购买量也减少了。对这些行业商品需求的减少，使它们对其他行业的商品的需求也减少，结果全国商业一片混乱。一个行业的混乱使其他行业失常，而其他行业又对此行业起着反作用，并加深其混乱程度。

造成这种混乱的主要原因是缺乏信心。如果信心可以得到恢复，并用其魔杖触动所有的工业，使之继续生产并对其他各行业的商品继续有需求，那么这种混乱大多会立即消失。如果生产直接消费品的各行业同意开工，并像往常一样互相购买商品，那么，就会相互提供获得适当利润率和工资率的手段。生产固定资本的那些行业也许不得不等待较长的时间，但是当信心恢复得使有资可投的那些人决定如何投资的时候，这些行业也会获得工作。有信心就会增加信用；信用增加了购买手段，从而物价会有所回升。已经开业者会获得适当的利润；新公司将要成立；旧企业也将要扩大；不久甚至对那些生产固定资本的企业的工作也有适当的需求。关于重新全部开工并为各自的商品相互提供市场一事，各行各业当然没有正式的协定。但是工业的复苏是通过各行业信心的逐渐增强，而且往往是同时性的增强来实现的；一旦商人认为物价不会继续下跌，工业就开始复苏，而随着工业的复苏，物价便会上涨①。

§11. 关于社会进步的可能性的临时结论。国民收入的平均分配会降低许多技工家庭的收入。社会的最底层需要特殊对待，但是提高非技术性劳动的工资的捷径，莫过于使各阶层人民的性格和才干受到完备的教育，以使它一方面大大减少那些只能胜任无特殊技能劳动的人的数量，另一方面增加那些善于独立思考（这是人对自然控制的主要源泉）的人的数量。而真正的高标准的生活是不会达到的，除非人们学会了善于利用空闲时间：这是剧烈的经济变革为害的许多迹象之一，这些变革超过了人类从长期自私自利和斗争中继承下来的那种性格的逐步转变　对于分配论的研究意义表明：现有的社会经济力量使财富的分配日趋完善；这些力量经常起着作用，而且日益强大起

---

① 引自穆勒的那段原文和其后的两段文字都摘自1879年我和妻子共同出版的《工业经济学》（第三篇第1章中的第4节）。这些指出大多数追随古典经济学家对生产和消费的关系所持的态度。的确，在萧条时期，消费的瓦解是促使信用和生产继续瓦解的原因。但是救治的方法并非像某些轻率的学者所主张的那样来自对消费的研究。不过研究时如果任意改变对就业的影响，无疑是有好处的，不过所需要的主要研究是对组织生产和信用的研究。经济学家们虽然在这方面没有成功，但他们失败的原因是在于问题极其暧昧以及时代在不断改变，而不是在于忽视问题的重要性。经济学自始至终都是研究生产和消费的相互调节的，当讨论其中一种时，也绝不能遗忘另一种。

来，影响也大多是积累性的；社会经济组织比初看上去要更微妙而复杂；考虑不周的巨大变革会引起严重的后果。这种意义尤其表明：政府占有全部生产资料，即使这种占有是逐渐而稳步地实现的，但也像比较负责的"集体主义者"提倡的那样，对社会繁荣的损害比初看起来要大得多。

国民收入的增长取决于发明不断进步和费用庞大的生产设备不断积累。从这一事实出发，我们不得不想到让我们驾驭大自然的无数发明几乎都是由独立的工作者创造的；全世界的政府官吏在这方面的贡献都比较小。几乎中央政府或地方政府集体所有的全部贵重生产设备，是用主要借自企业家和其他私人储蓄的资金购置的。集权政府在积累集体财富方面有时也付出了巨大的努力。也许可以指望在将来预见和忍耐将成为大部分劳动阶层的共同财产。但事实上，把进一步控制大自然所需要的资金委托给一个纯粹的民主政府，也会引起巨大的风险。

因此，显然有很强烈的理由担心生产资料的集体所有制，除非在实行这种所有制之前，全体人民已养成现在比较罕见的那种忠于社会福利的能力，不然便会挫伤人类的积极性并阻碍经济进步。虽然此刻不能讨论这个问题，但是这也许会把私人和家庭生活关系中最美丽和谐的东西毁掉大半。这些就是使那些慎重的经济学家一般认为经济社会和政治生活条件的急剧改善是害多益少的主要理由。

此外，我们不得不想到国民收入的分配虽然有缺点，但也不像一般说的那样多。实际上英国有许多技工家庭，美国这种家庭甚至更多（尽管在那里曾发现了巨大的宝藏），它们会因国民的平均分配而遭受损失。因此，人民群众的境遇虽然通过废除一切不均而在短时间内自然会有很大的改善，但是甚至暂时也绝不会改善到社会主义者所憧憬的那种黄金时代所给予他们的那种规定的水平①。

---

① 几年以前，英国 4 900 万人的年收入约在 20 亿镑以上。许多重要的技工一年大约收入 200 百镑。为数众多的技工家庭当中有四口或五口之家，每人每周得到的收入为 18 先令到 40 先令。这些家庭的开支即使不比平均分配总收入，从而每人每年获得 40 镑时大一些，至少也与之相等（1920 年补写）。在这方面没有新的统计资料可以利用，但似乎可以肯定的是，工人阶级收入的增长速度至少和其他阶层相等。本章提出的一些意见在《经济改革的社会可能性》一文中（《经济学杂志》1907 年 3 月）得到进一步的发展。

但是这种谨慎的态度并不意味着默认现时财富分配不均。许多世纪以来，经济科学越来越相信极端贫困与巨大财富并存没有实际的必要，从而，在伦理上是不对的。财富不均虽说没有像遭到指责的那样厉害，但的确是我们经济组织的一个严重缺点。通过不会伤害人们的主动性，从而不会大大限制国民收入的增长而能减少这种不均的那种方法，显然对社会有利。虽然算术提醒我们不可能把一切收入都提高到超过特别富有的技工家庭业已达到的那种水平，但是没达到该水平的应加以提高，甚至不惜以在某种程度上降低该水平以上的收入为代价，这自然很合算。

§12. **续前** 对那些往往在体力上、智力上和道德上都不能做一整日工作、挣一整日工资的"社会残渣"（此类人很多，虽然现在有不断减少的迹象），需要迅速采取措施。这个阶层除了那些绝对"不能就业的"人之外，也许还包括一些其他的人。但这是一个需要特殊处理的阶层。对于那些身心健康的人来说，经济自由制度不论是从道德还是从物质的角度来看也许都是最理想的制度。但是那些社会残渣却不会善于利用这种制度。如果让他们按自己的方式教育子女，那么盎格鲁·撒克逊的自由通过他们势必会贻害后代。而如果把他们置于像在德国流行的那种家长制纪律之下，对他们有利，对国家则更有利①。

要尽快铲除这种祸害，因此，迫切需要一种反祸害的有力措施。政府当局给男工和女工都规定一种最低工资，而在这种工资以下，他或她都可以拒绝工作。这样的建议很早就引起学者们的注意，如果行之有效，那么此建议

---

① 可以从对无依无靠者进行救济着手，救济面要广，而且要有教育意义。在进行正式区别时，存在着难题。在正视这种困难时，中央和地方当局要获得大量情报作为指导，而在极端情况下这些情报是管理那些弱者，特别是管理对下一代造成严重危险的那些人所需要的。可以就其经济和个人的所有方面来帮助年长的人。但是对于那些抚养年幼儿童的人来说，他们需要大量公共基金的开支，需要使个人的自由严格服从社会的需要。消灭社会残渣，头一个极其重要的步骤是坚持正常的学校教育；儿童应当衣着整洁、身体干净、吃得饱。如果做不到这些，就应当警告和批评其父母，以封发或限制父母的某些自由为最后的手段。这种费用很大，但是再没有比这种巨额开支更迫切的事了。这会消除感染全民的那个大毒瘤。一旦消除之后，就可以将过去用于这方面的资会腾出来用在那些有益而且比较不迫切的社会事业上。

的利益会非常大，人们也会欣然接受，甚至不顾它会引起某些副作用和在某些毫无理由的情况下把此建议用做要求严格的虚拟工资标准的手段。虽然最低工资计划的细节在最近（尤其是在近两三年以来）曾有很大的改进，但是人们还没有正视基本困难。除了澳大利亚的经验之外，几乎没有任何经验可供我们参考。在那里，每个居民都是大块地产的所有者。近年来，有许多年轻力壮的男男女女都移居到那里。而这种经验对我国人民来说也许用处不大，因为他们的活力曾受到过去的济贫法和谷物条例的伤害，受到滥用工厂制度（当不理解其危险时）的伤害。任何实用可行的计划都必须建立在对那些赚不到最低工资，从而不得不申请国家补助的人的人数统计之上；特别要查明其中有多少人任其工作便大体上可以维持生活，并在许多情况下，是以家庭为单位而不是以个人为单位来调节最低工资①。

§13. **续前** 讲到那些身心相当健康的工人，大致可以得出这样的结论：只能胜任无特殊技能劳动的人占人口的四分之一；适合低级技能性劳动，而不适合高级技能性劳动，又不能在责任重大的岗位上得心应手的人，占人口的四分之一左右。如果在一个世纪之前对英国进行同样的估计，则比例会截然不同：除了普通的农业劳动之外，不适合任何技能性劳动的，也许占人口的一半以上；适合高级技能性劳动或责任重大的工作的人，也许还不到人口的六分之一。因为那时并不把人民教育当做国家的义务和国家的经济。如果这是唯一的变动，那么，对无特殊技能性劳动的迫切需求，势必会迫使雇主支付几乎和对技能性劳动一样多的工资。技能性劳动的工资会略有下降，而非技能性劳动的工资会上升，直至这两种工资大致相等为止。

尽管如此，非技能性劳动的工资涨得比任何其他劳动的工资都要快，甚至比技能性劳动的工资还要快一些。如果自动化机器和其他机器代替完全无特殊技能性劳动的工作甚至没有比技能性劳动的工作还要快的话，那么，这

---

① 人们似乎忽略了最后这一点，这主要是由于错误地分析了"寄生性工作"的性质及其对工资的影响。就地理上的迁移而论，大体上家庭就是一个单位。因此，在钢铁工业或其他重工业林立的地区，男人的工资较高，妇女和儿童的工资较低；而在某些地区，父亲的收入却不及全家货币收入的一半，男人的工资比较低。这种自然调节对社会有益；国家关于男人和妇女的最低工资（不是遭到忽视，就是遭到反对）的严格规定势必会遭到反对。

种工资平均化运动也许会进行得更快。因此,现在完全不需要技术的工作比以前要少一些。的确,有几种历来都属于熟练技工的工作现在所需要的技巧不及以前那样高,而相反,所谓的"非技能性"工人现在却往往需要操纵非常精巧昂贵的工具,而一世纪前的英国普通工人或现在某些落后国家的人是不便于使用这样的工具的。

这样看来,机械进步是各种劳动报酬之间仍然存在着巨大差别的一个主要原因。初看起来,这似乎是一种严厉的控诉,其实不然。如果机械进步慢得多,那么无特殊技能性劳动的实际工资比现在要低一些,而不会高一些。因为国民收入的增长会受到极大限制,甚至连技能性工人也不得不满足于一小时工作的收入还不及伦敦瓦工六便士的实际购买力,而非技能性工人的工资当然还会更低一些。曾经有一种观点认为,如果生活上的幸福取决于物质条件,那么当收入足以提供**最必要的**生活必需品时,便可以说是幸福之日的开始;而此后,收入增加一定的百分比,便会增加大约等量的幸福,不论收入有多少。这种粗浅的假设导致这样的结论:贫困阶层中实际工人的工资(比方说)增加四分之一时,要比其他阶层中相同人数的收入增加四分之一时对幸福总量的增益要大一些,这似乎很合理。因为这样会阻止出现绝对的痛苦,会消除堕落的活跃因素,会打开幸福之门,而这是收入的其他比例的增加所不及的。从这一点来看,贫困阶层从机械和其他方面的经济进步中获得的实际利益,比他们的工资统计数字所代表的要大一些。但是社会的当务之急仍然是力求用这样低的成本来进一步增加福利①。

可见,我们必须力求保持机械的全力向前发展,并减少不能从事任何技术性工作的劳动供给,以便使全国的平均收入增加得甚至比过去还要快一些,使每个非技术工人的收入份额增加得都更快一些。为了这个目的,我们需要向近年来的那种方向挺进,但须更加努力。教育必须更加普及。学校教师必须懂得他们的主要任务不是传授知识,因为从几先令买来的报刊上获得的知识都超出一个人大脑里所容纳的东西。教师的主要任务是培养个性、能力和才干。因此甚至那些考虑不太周全的父母的子女也有机会被培养成下一代的

---

① 见第三篇第 6 章的第 6 节与数学附录中注 8;并参阅卡弗教授在 1908 年《经济学季刊》上发表的《机器与工人》一文。

谨慎的父母。为了这个目的，必须大量使用公款来提供新鲜的空气和场所，以供工人阶级住宅区内的儿童做有益的游戏①。

这样看来，国家似乎需要对贫苦的工人阶级本身无法提供的那种福利进行大力投资，同时要坚持室内必须清洁，以适于日后成为强壮而有责任感的公民居住。必须稳步提高每人都应有若干立方尺清新空气的强制性标准，这与不准建造前后没有适当空地的高楼的规定结合起来，会加速工人阶级从大城市中心市区移向可能有比较空旷场所的那些地方。同时国家对医药卫生的补助和管理将在另一方面减轻贫困阶层的儿童迄今所受的压迫。

有必要将非技术性工人的子女培养得能够赚取技能性劳动的工资；也有必要用同样的方法将技能性工人的子女培养得更能够担当更加负责的工作。把他们挤入中下阶层对其本人来说不但不利，而且确实有害。因为，正如已经指出的那样，只会书写和记账实际上属于比技能性手工劳动还要低一级的劳动。这在过去之所以高于技能性手工劳动，只是由于曾经忽视了普及教育。而将任何一级的儿童挤入高于他们的那一级，往往对社会既有利而又有害。但是我们现在还存在着最贫困的阶层，这的确是一种罪恶：不应做任何能促进该阶层人数增加的事，而且应当帮助不幸生为该阶层的那些儿童摆脱这个阶层。

在上层技工中有广阔的天地；而在上层中产阶级中也有容纳后来者的广阔天地。正是由于这个阶级的卓越人物的创造和智慧，才出现了大多数的发明和改良，而这些发明和改良使今天的工人有可能拥有几代以前最富有的人也不常有的或不知道有的那些安逸品和奢侈品。没有这一切发明和改良，英国甚至不能为现有的人口提供充足的普通食物。如果任何一个阶层的子女挤入那些从事新发明并把这种发明运用在实际工作中的一小群人当中，那确是一种巨大的收获。他们的利益有时很大，但是他们为世界赚得的也许比为自己赚得的要多一百倍以上。

的确，许多巨大的财富都得自投机，而不是得自真正建设性的劳动。这种投机大多和反社会的策略分不开，甚至和恶意操纵一般投资者用作导向的

---

① 在附录七的第 8、第 9 节中认为：工人阶级的健康，特别是其子女的健康，首先有权利用那因人口集中而对城市土地征收的特殊价值税。

那些消息分不开。不易有补救的方法，而且也许永远不会有完善的补救方法。用简单的法令来控制投机的那种草率的做法，结果不是无效，就是有害。但这是经济研究那日益壮大的力量有希望在本世纪对世界作出巨大贡献的问题之一。

在许多其他方面，可以通过认识社会在经济上的慷慨捐献而减轻这种罪恶。富人对社会福利的热心，可以大大有助于征税人尽量利用富人的资金来为穷人谋福利，并可以消除国内贫困的危害。

§14. **续前** 上面讨论了财富的不均和贫困阶层的微薄收入，特别提到了这些使人不能满足需要并阻碍各种活动的种种影响。但在这里和往常一样，不得不让经济学家注意的一个事实是，正确使用一个家庭的收入和家庭所拥有的机会的那种能力本身就是一种最高级的财富，是各阶层中极其罕见的一种财富。甚至在英国每年用得不当的钱中，各劳动阶层约有一亿镑，其他阶层约有四亿镑。虽然缩短劳动时间在许多情况下的确会减少国民收入和降低工资，但是只要人们能学会善于利用自己的闲暇，那么缩短大多数人的工作时间也许更理想，只要这引起的物质收入的损失可以完全从各阶层抛弃的那种最无谓的消费方法中得到补偿。

但遗憾的是，人性改善得很慢，而且在任何方面都没有比在学会善用闲暇这方面更慢了。在各个时代、各个国家和各个社会阶层中，懂得善于工作的人比懂得善于利用闲暇的人要多得多。但在另一方面，只有通过有利用闲暇的自由，人们才能学会善于利用闲暇。没有一个缺乏闲暇的体力劳动者阶层能够具有高度的自尊并且完全成为公民。在进行使人精疲力竭而且毫无教育意义可言的工作之后，有一些可以自由支配的时间是高等生活标准的一个必要条件。

在这种情况下，就像在所有类似的情况下一样，正是青年人的能力和才干才对道德家和经济学家具有头等重要的意义。我们这一代最迫切的任务是为青年人提供发展其所长，并使之成为有效率的生产者的各种机会。而达到这个目的的一个主要条件是长期免于机械的劳动，使其有上学和进行各种有助于个性发展的游戏的充分时间。

即使我们只考虑到那些因生活在父母都过着不快乐生活的家庭中的年轻一代所受到的损害，那么适当体恤他们也会对社会有利。能干的工人和优秀的公民大多不是来自那些母亲白天大部分时间不在家，或者父亲很少在孩子没睡着时回家的家庭。因此，总的来说，社会与限制过长的不在家的时间一般也有直接的利害关系。即便对那些守矿车的和工作本身并不繁重的其他人员来说也一样。

§15. **续前** 在讨论使各种不同工业技巧的供给和需求相适应的困难时，我们曾注意到这样一个事实：这种适应不会完全准确，因为工业方法变动很快，而工人在掌握技巧之后还要用上四十，甚至五十年[①]。造成上述困难主要是由于生活习惯和思想情感的持久性。如果我们的股份公司、铁路或运河的组织有缺点，用上一二十年的时间就可以纠正过来。但是在几世纪以来的战争、暴力和卑鄙下流的放荡行为中形成的那些人性因素，用一代人的时间也不能有极大的改变。

现在像往常一样，那些高尚而热心的社会改造家们曾对他们想象的虚构制度下的生活描绘了美丽的图像。但那是一种不负责任的想象，这是因为这种想象的出发点是这一压抑的虚伪假设：在新制度下人性将迅速改变。而这种改变在一世纪内甚至在有利的条件下也是不可企求的。如果人性可以得到这样理想的改造，那么，即使在现存私有财产制度下，经济上的慷慨捐献也会在生活中占统治地位；而且源于人类天性的那种私有财产就成为无害的了，同时也成为不必要的了。

因此，我们有必要提防那种夸大我们这个时代的经济弊端，并忽视以往更严重的类似弊端的诱惑，尽管某些夸张在短时间内可以刺激我们和其他人更坚决要求立即消除现有的这种弊端。不过，蒙蔽正义事业的真相和蒙蔽利己勾当的真相同样有害，而且往往更愚蠢。悲观主义者对我们这一时代的描绘，再加上对过去幸福的那种浪漫的夸张，必然有助于抛弃那些工作虽缓慢却踏实的进步方法；有助于轻率采纳许下更大诺言的其他方法——这些方法像江湖医生的烈性药一样，在立见微效的同时，却播下了长期到处腐烂的种子。这种不耐烦的虚伪的危害很大，仅次于这样一种麻痹的思想：在我们现代资源和知识的条件下，对不断毁坏无数生命中值得拥有的一切泰然处之，并以我们时代的弊端总不及过去的这种想法来安慰自己。

---

① 参阅第六篇第 5 章中的第 1 节和第 2 节。

现在我们必须结束这部分研究。我们得到的实际性结论很少，因为在解决一个实际问题之前，一般有必要来考察其经济全貌，更不用说伦理方面和其他方面了。在现实生活中，每一个经济问题都多多少少直接取决于信用对对外贸易和垄断组织的现代发展的错综复杂的作用和反作用。但是我们在第五篇和第六篇中讨论的那些问题，在某些方面是整个经济学领域中的最棘手的问题，懂得这些问题便可以研究其他问题了。

附录一　自由工业和企业的发展

§1. 在首先发端于温带的文明的早期阶段，自然因素的作用极其强烈
在第一篇第 1 章的最后一节中，指出了附录一与附录二的目的，我们可以把这当做这两个附录的导论。

虽然可以从每个人的行为来说明历史上主要事件的近因，但是，使这些事件成为可能事件的大多数条件都来自传统制度、种族的品质和自然环境的影响。而种族的品质主要是在悠久的岁月中形成于个人行为中的物质的因素。不论在事实上还是在名义上，强大的种族都往往出自身体强壮和性格坚强的祖先。使一个种族在和平时期和战时都强盛的那些原因，往往都是由于少数大思想家发挥智慧，用道德上的戒律，或用几乎无形的影响，解释并发展此种族的习俗和制度。但是，如果气候对人的活动不利，那么这一切都不会有明显的作用，而大自然的恩赐、大自然中的土地、河流和气候决定着不同种族的人所从事工作的性质，从而给予社会政治制度一定的特征。

当人尚且处于野蛮时期时，这些区别并没有清楚地显示出来。我们关于野蛮部落的习惯虽然知道得很少，也不可靠，但就我们所知道的那一点也足以肯定这些习惯在许多不同的细节上都存在着普遍的一致性。不论他们的气候和祖先如何，我们发觉，野蛮人都生活在习俗和冲动的统治下：从不为自己开辟新途径；从不为遥远的未来作打算，甚至也很少为最近的将来作准备。尽管他们受习惯的支配，但由于一时的冲动而往往变化无常；有时也准备付出最艰巨的努力，但却不能长期坚持工作。他们尽量避免繁重的劳作，而那些不可避免的繁重劳动则强制妇女去做。

正是当我们从野蛮人的生活转向早期文明时，才不得不注意自然环境的影响。这在部分上是因为缺乏早期的历史资料，我们很少了解指引和操纵民族进步的进程,还有加速和阻碍民族进步的那些特殊事件对个人个性的影响。但主要是因为在人类进步的这个阶段上,人同大自然作斗争的能力很弱,没有大自然的慷慨赐予,人是什么也做不成的。大自然在地球表面上划出少数几个特别适合从最初的野蛮状态中分离出来的地方;而文化和工艺的萌发正是由这些得天独厚的地区的自然条件孕育出来的①。

除非人的劳动除了提供自己的生活必需品之外还绰绰有余,不然甚至连最简单的文明也是不可能有的;超过生活必需品的某些剩余,是维持那促成进步的脑力劳动所必要的。因此,几乎所有的古代文明都产生在气候温和的地方。在那里,维持生命所需要的东西很少,而大自然甚至对最粗陋的耕作也报以丰厚的回报。这些地区往往聚集在大河两岸,大河灌溉着土地,并提供了交通上的便利。统治者一般都是新近来自遥远的异乡或比较寒冷的气候的附近山区,因为温和的气候有损于人的精力,而使他们有可能进行统治的那种力,却几乎都出自他们故乡比较温和的气候。的确,他们将自己大部分精力都在新迁来的地方保存上好几代,同时靠被征服民族的剩余劳动产物过着奢侈生活,并把自己的才能大多用于统治者、战士和牧师的工作上。最初他们愚昧无知,但很快便学会了应该向臣民学的一切东西,而且超过了他们。但是,在文明的这个阶段中,有进取心的文化特点,仅仅限于少数的统治者,而在劳苦大众中几乎绝无仅有。

这里的原因是,孕育早期文明的那种气候也必然会使之衰落②。在比较寒冷的气候中,大自然提供了一种使人精神焕发的气氛;虽然人们最初进行着艰苦的斗争,但是,随着知识的增加和财富的积累,人们能够丰衣足食;在稍后的阶段中,人们为自己建造了宽敞而坚固的房屋,而这些房屋在天气严寒的那些地区中是生活所最必需的,因为几乎一切家务和社交活动都需要有

---

① 关于自然环境直接或间接地通过决定主要职业的性质而对种族性格所起的影响,参阅克尼斯的《政治理济学》、黑格尔的《历史哲学》、布克尔的《文明史》,并参阅亚里士多德的《政治学》与孟德斯鸠的《法的精神》。

② 孟德斯鸠危言耸听地说(第十四篇中的第 2 章):"寒冷气候造成的体力上的优越也产生了其他的影响,其中'优越感较大(即报复心较小)和比较重视安全(即坦白有余,而怀疑、权谋与欺诈不足)'这些美德对经济上的进步显然是有帮助的。"

房屋庇护。但是，如果大自然不予施舍①，人们便根本无法得到维持充沛精力的那种令人精神焕发的气氛。尽管在热带的阳光下可以看见进行着艰苦的体力劳动的工人；尽管手工业者匠心独具；尽管圣人、政治家和银行家机智灵敏，但高温气候使艰苦的持续性体力劳动和高度文化活动不相容。在气候和奢侈生活的共同影响下，统治阶级逐渐丧失了自己的力量，他们中间能成大事的也越来越少。最后，被那多半来自比较寒冷气候地区的强大民族所推翻。有时他们形成一个中间阶层，介于为他们所统治的人和他们的新统治者之间，但更常见的是他们湮没在无精打采的人民大众之中。

这样的文明往往有许多令哲学史家感兴趣的东西，其全部生活都几乎无意识地浸透了少数的简单思想，这些思想交织得十分和谐，就像东方地毯那样美丽动人。在民族、自然环境、宗教、哲学和诗歌的共同影响以及在战争和坚强个性的共同影响中，追溯这些思想的根源是有价值的。所有这一切在许多方面都可以启发经济学家，但不能直接阐明经济学家专门研究的那些动机。因为在这样的文明中，最有能力的人都轻视劳动；没有那种大胆进取心的自由工人；也没有那种冒险的资本家；习俗调节着为人所鄙视的劳动，而这种劳动甚至把习俗看成是免受暴虐压迫的唯一护身符。

绝大部分的习俗无疑只是压迫和迫害的体现形式，但只有摧残弱者的那种习俗寿命不会太长。因为强者靠弱者过活，没有弱者的支持，强者便无力自持；如果强者组织的社会活动使弱者负担重得无以复加，也就毁灭了他们自己。因此，经得起时间考验的那些习俗，总是含有保护弱者免受随意侵害的规定②。

实际上，当经营的事业规模很小，没有什么有效竞争的余地时，习俗不仅是防御比他们强的那些人所必要的，而且甚至是防御其同行、邻居所必要的一面挡箭牌。如果乡村的铁匠除了本村之外就无法出售自己的犁头，而如果那个村子除了向他购买，否则便无法买到犁，那么，由习俗规定的一个适

---

① 戈尔顿认为，在一个热带国家中的少数统治民族（例如在印度的英国人），通过大量使用人造冰或冷气而能使他们的体力保持许多代而不变。如果他的这种想法证明是对的，那么这一点也许必须略加修正，但只是一点点而已。
② 参阅贝奇特的《物理学与政治学》及斯宾塞和梅因的著作。

当的价格水平便对大家都有利。这样，习俗成了神圣不可侵犯的东西。在进步文明的初期，没有什么东西能有破坏原始的习俗，而这种原始习俗却把革新者视作异端或敌人。这样，经济原因的影响就被抛到幕后，并实实在在地缓慢起着作用；经济原因用了几个世纪，而不是几年才产生自己的影响。经济原因的作用很微妙，往往为人忽略。除了那些通过观察现代类似的原因那更显著、迅速的作用，从而知道在何处寻找经济原因的人之外，经济原因几乎不易为人察觉①。

§2. **所有权的分割会加强习惯势力并抗拒各种变革** 早期文明中的这种习惯势力既是限制个人财产权的原因，又是其结果。就一切或多或少的财产，特别是就土地来说，个人的权利一般是从家族和家庭（从这个词的狭义来说）的那些权利中得来的，并且受其约束，而且处处都得服从它们。家族的权利间或服从村社的权利；而根据传说（如果不是事实的话），村社往往只是一个扩大发展了的家庭而已。

的确，在文明的初级阶段，极力想摆脱在人们中间流行的常规约束的人也许极少。尽管每个人对自己的财产的权利都有明确而完善的规定，他们可能不愿把自己置于那敌视革新的邻居的愤怒之下，也不愿受到那种针对任何自称比祖宗高明的人的嘲笑。但是，比较胆大的人也许会想到许多小小的改变。如果他们为自己的利益可以随便进行试验的话，那些改变也许便会渐渐地、几乎不知不觉地发展起来，直至一般常规变得足以使习俗上的规定难以分辨，并使个人选择有很大的自由为止。但是，当各个家长被视作唯一的长辈和家产的经管人时，稍微偏离祖先的陈规陋习，就会遭到那些有权有势的人的反对。

此外，在家长反对的背后，还有村社的反对。因为虽然在短时期内家家都有固定使用的耕地，但许多操作一般都是共同进行的。因此，在同一时间内人人都必须做同样的工作。当每一块田地轮休时，就变成公共草地的一部

---

① 例如，如果分析所指的是在长期内给予铁匠的报酬（其中包括他的各种特权和犒赏），约等于对他那从事难易相等的工作的邻居的报酬。或者换言之，如果分析指的是我们在自由经营、交通便利和有效竞争制度下所说的正常报酬率，那么就会发现习俗依照规定犁价的"适度水平"。如果环境的改变使对铁匠的报酬（包括各种间接的利益在内）小于或大于此数，那么习俗的内容总会开始变动，而这种变动往往不易为人所察觉，同时一般也不改变形式，并将使报酬重新回到这种水平。

分；村社的全部土地经常重新分配①，因此，村社显然有权禁止任何技术革新。因为那种革新也许会妨碍他们集体耕作的计划，也许会最终破坏土地的价值，从而，当下次重新分配时，使他们遭受损失。因此，往往有一套极其繁琐而复杂的规定紧紧地束缚着各个农户，结果农户甚至在最细小的工作上都不能行使自己的判断力和选择权②，这也许是阻滞人类自由经营精神发展的所有原因中最重要的一个。不妨指出，财产的集体所有制与弥漫在许多东方宗教中的那种无为主义相调和；在印度人中间长期保留这种所有制的部分原因，是由于他们的宗教经卷中宣扬的那种静寂主义。

人们也许过高估计了习俗加于价格、工资和地租上的影响，却过低估计了习俗加于生产形式和一般社会经济形式上的影响。在一种情况下，这些影响很明显，但却不是累积性的；而在另一种情况下，这些影响不明显，但却是累积性的。某种原因的结果虽然在任何一个时间很小，但是如果不断朝着同一方向发生作用，就会比初看起来似乎可能有的影响大得多。这一点几乎是普遍的规律。

不论早期文明中习俗的影响有多大，而希腊人和罗马人还是充满了进取精神，他们为什么会对我们认为很有趣的那些社会经济方面的问题漠不关心呢？这倒是值得研究的问题。

§3. 希腊人把北方人的精力和东方文化结合起来，但他们把劳动看成是专门属于奴隶的事情 古代文明的发源地大多在大河流域，这里的平原因灌溉方便，很少受到饥荒的袭击。因为在不缺乏热量的那种气候中，土壤的肥沃度几乎和湿度成正比例地变化着，大河也提供了有利于简单的作业分工和劳动分工及交通上的便利，并且不妨碍调动用来维持中央政府暴力的大军。

---

① 我们现在的确知道日耳曼人的马克制度远不及某些历史学家所想象的那样普及，但在马克制度完备的地方，一小部分（即住用马克）被长期划分出来，以供居住用，各家都永久保有在住用马克上的份额。第二部分（即耕用马克）分为三大块田地，在其中的每块田地上各家一般都有几块零散的田地。每年耕种其中两块田地，而让一块休耕。第三部分，也是最大的一部分，用做全村的公用草地。耕用马克上的休耕地也是如此。在某些情况下，耕用马克会时时变为草地，而用于新耕用马克的土地则会削弱公共马克，这就引起了重新分配。各家对自己的土地处理得好坏，都影响村社的全体成员。

② 参阅阿格尔大公的《看见的社会基础》中的第9章，关于共耕制的叙述。

的确，腓尼基人靠海为生。这个伟大的塞姆族在为各民族自由往来创造条件方面，还有在传播书法、算术和度量衡的知识方面，都作出了很大的贡献，但是他们主要从事商业和工场手工业。

正是希腊人的创造精神，他们才能充分享受海上的自由，并把旧世界中高尚的思想和优美的艺术吸收在自己的自由生活中。在小亚细亚、马格那、格来细亚和希腊本部的无数殖民地上，在迎面扑来的新思想的影响下，他们的理想得到自由发展；因为这些殖民地彼此之间以及和原来的学术中心都经常保持接触、彼此交流经验和取长补短，而且不受任何权威的束缚。他们的精力和进取心没有被传统习惯的重荷压制住，却用来自由建立新的殖民地以及创造新观念。

气候使他们不需要从事艰巨的劳动，他们把那些必要的繁重劳动都交给奴隶去做，而自己却沉浸于深思默想之中。衣、住、取暖所费无几，那晴朗而温暖的天空使他们习惯室外生活，从而方便进行社交和政治活动，并且不费钱。地中海的凉风使他们精神振作，许多世纪以来一直都没有丧失他们从北欧家乡带来的那种坚韧不拔的性格。在这样的情况下，就孕育了各种各样的美感，出现了奇妙的幻想和创造性的思维，并且人们热衷于政治生活，个人乐于服从国家。而这一切都是空前甚至绝后的①。

在许多方面，希腊人都比中世纪欧洲各民族还更接近于现代；在某些方面甚至比我们的时代还要进步。但是，他们没有获得人之所以为人的尊严概念，把奴隶制度看做是天定的；他们容忍农业，但认为所有其他行业都是可耻的；他们对我们时代认为有莫大兴趣的那些社会经济方面的问题不是所知甚少，就是一窍不通②。

他们从来没有感到贫困的极大压力。土地和海洋、阳光和气候一起使得他们容易获得完美生活所需要的物质资料，甚至连奴隶也有大量机会接触文

---

① 参阅纽门和帕迟的《希腊的自然地理》，第1章；格罗特的《希腊史》，第二篇第1章。
② 见本书第1章。例如，甚至柏拉图也说："鞋匠和铁匠都不是天生的；这些职业使从事者堕落；可怜的雇工正是由于自己的身份而被剥夺了政治权利。"（《法律》，第12章）亚里士多德接着说："在治理得好的国家里，公民们绝不应该靠手段或做生意为生，因为这种生活不高尚，有损于德行。"（《政治学》，第7章的第9节和第3章的第5节）这两段代表了希腊人关于商业的基本思想。但因古代希腊不劳而获的财富极少，所以许多希腊的大思想家也不得不做一些生意。

化。如果不是这样，就无所谓希腊人的性格了，世人也就无须严肃考虑直到那时所受的教益了。希腊人的卓越思想成为后代许多大思想家进行研究的试金石。古代学者不耐烦对经济学进行研究，这在很大程度上是由于希腊人对经营中的操劳和琐事感到不耐烦。

但是，从希腊的衰亡中也许可以得到教益。希腊的衰亡是由于缺乏达到目的的坚毅热忱；而如果不勤劳锻炼，任何民族都不能在好几代人之内都保持这种坚毅热忱的。他们在社会和文化方面是自由的，但他们却不懂得好好运用这种自由；他们优柔寡断，没有坚定不移的决心；他们的领悟力很强，也时刻准备推陈出新（这都是进取精神的要素），但他们却没有固定的目标和坚韧不拔的精神。温暖宜人的气候逐渐使他们的体力懈怠下来；他们对来自艰苦劳动中的那种坚韧不拔的意志力等闲视之，而最后却沉湎于无聊的琐事之中。

§4. **罗马与现代经济条件的相似是表面上的；但是斯多葛学派和晚期罗马法学家见多识广的经验对经济思想与经济行为产生了巨大的间接影响** 文明再向西扩展，就到达了下一个中心——罗马。罗马人是一支庞大的军队，而不是一个伟大的民族。正像希腊人一样，他们尽可能把工作交给奴隶去做。但在其他许多方面，罗马人却和希腊人截然不同。雅典人的生活新颖充实，他们尽量以儿时的喜悦施展自己的才能，并发挥自己的特长。罗马人与这一切正相反。他们表现出坚强的意志和铁一般的决心，并具有成熟人全面发展的那种坚定不移的严肃目的①。

罗马人完全摆脱了习俗的约束，以前所未有的那种郑重选择精神塑造自己的生活。他们坚强勇敢、目标坚定、聪明机智、行动有序，而且判断明确。因此，他们虽酷嗜战争和政治，但却经常运用经营上用的各种才能。

---

① 黑格尔在他的《历史哲学》中，对希腊人和罗马人性格之间的根本对立作了明确的描述："讲到生活在一个真正自由形态中的希腊人，我们不妨说，他们并没有良心；为祖国生活而不需要进一步分析、反省的那种习惯，是他们的主义原则……主观性使希腊世界陷入灭亡之中。"而希腊人的和谐的诗意给"罗马人那种淡泊的生活"开辟了道路，那种诗意充满了主观性和"对一定志愿的深思熟虑"。罗雪尔在他著的《德国国民经济学史》（第188节）中，赞扬黑格尔对历史经济学做出的间接贡献，虽然这种赞扬是有分寸的。参阅蒙森的《历史》中关于宗教的那几章，这几章似乎深受黑格尔的影响；并参阅考奇的《国民经济学的发展》，第一篇。

联合结社的原则也并非没起作用。尽管自由技工很穷，而行会却相当发达。希腊人从东方学到的那些经营上的协作方法，还有用奴隶在工厂中进行大规模生产的方法，一经输入罗马就获得了新的力量。罗马人的才能和性格特别适合经营合资的事业；比较少的富人不用中产阶级，而借助于奴隶和自由人，就能在国内外进行大量的海陆贸易。他们把资本变成令人憎恶的东西，但却使资本具有威力和效率；他们大力发展了借贷工具。部分原因是由于罗马帝国的统一和罗马语言的普及，在某些重要方面，罗马帝国时代文明世界中的商业和往来甚至比我们现在还要自由。

如果我们追忆罗马是一个如何大的财富中心；罗马人的财产如何大得可怕（他们只是近来才被超过）；而罗马的军民机构和维持这些机构所需要的给养以及运输机构又是如何庞大，那么对于许多学者认为他们发现罗马的经济问题和我们当代的经济问题有许多共同之处，就不会感到奇怪了。但这种共同性是表面的和靠不住的，只涉及形式而没有涉及国民生活的真正精神，没有涉及对普通人生命价值的承认，而这一点在我们时代却使经济科学有莫大的兴趣①。

在古代罗马，工商业缺乏在现代所具有的那种活力。古罗马的输入品是靠武力得来的，而不是靠像威尼斯、佛罗伦萨或布鲁日的市民引以为荣的那些技术劳动的产品换来的。创办工业和设立交通的唯一目的在于获利；而商业生活风气因官方的鄙视而有所败坏，这种鄙视表现在元老院除了对土地之外的各种商业形式都加以"法律的和实际有效的限制"②。骑士团在包揽租

---

① 参阅第 1 章的第 2 节。这种误解在某种程度上归咎于总的来说是敏锐而稳健的罗雪尔的影响。他特别喜欢指出古代和现代问题上的相同点，虽然他也指出了其间的差异，但他的著作的普遍影响有令人误解的趋势（克尼斯对他的立场有适当的批判，参阅《从历史观点来看的政治经济学》，特别是第 2 版的第 391 页）。

② 弗里德兰德的《罗马民俗史》中第 225 页。蒙森（《历史》第四篇中的第 11 章）甚至这样说："讲到贸易和工业，除了意大利民族在这方面仍像野蛮时期那样不活动之外，就没有什么可说的了……罗马私人经济的唯一异彩是货币交易和商业。"凯恩斯的《奴隶强国》中有许多段落读起来都仿佛是蒙森《历史》的现代翻版。甚至在城市里，贫苦的罗马自由人的命运也类似于美国南部蓄奴诸州中的"无产的白种人"和"意大利的庄园主"，但它们是一些像美国南部诸州的农场，而不像英国的农场。关于罗马自由劳工的软弱，参阅李卜诺的《罗马工会史》。

税、劫掠各省以及后来在博得皇帝的宠爱中大发横财。他们缺乏缔造伟大的国家商业所需要的那种一丝不苟的正直精神；最后，私人企业因为国家日益扩大的限制阴影而受到挫折①。

虽然罗马人对经济科学的进步没做出什么直接贡献，但是，不管是好是坏，他们却因奠定了现代法学的基础而对经济学间接地产生了极其深刻的影响。罗马的哲学思想主要是斯多葛派；而罗马斯多葛派的伟人大多来自东方。他们的哲学在移植罗马之后，发挥了实际威力，而且丝毫没有减少情感强度；尽管此哲学持严厉的节欲态度，但和现代社会科学的见解却有许多类似之处；罗马帝国的大法律家多数都信仰这种哲学，从而影响了后来的罗马法，而通过罗马法又影响了所有现代欧洲的法律。罗马国家的力量使国家权力消灭氏族和部落的权力，在罗马比在希腊要早一些。但是，许多亚利安人关于财产的原始思想习惯甚至在罗马也残存了很长的时间。家长对其成员的权力虽然很大，但他所支配的财产在很长时间内都被认为是把他看做家庭的代表，而不是一个个人而委托给他的。不过，当罗马变成帝国之后，罗马的法律家就一跃而为许多国家的法权的最终解释者。而在斯多葛派的影响下，他们致力于自然根本大法的发现，而他们认为这种法隐藏在各种具体的法典之中。追求这种有别于偶然司法因素的普遍法规，解释了公共持有权，而它除了当地习俗就再也没有别的理由来解释了。因此，后来的罗马法逐渐而稳步地扩大了契约的范围；使契约更精确、伸缩性更大、力量也更强；最后，几乎一切社会事务都置于其支配范围之内；个人财产划分得十分清楚，个人可以任意

---

① 其中的一个方面在希穆勒关于古代贸易公司的简练而生动的叙述中有所描述。在指出全体成员都属于一个家族的商业团体如何在原始民族中也可以得到发展以后，他认为(《立法年鉴》，第16期，第740～742页)，现代类型的商业组合形式，除非拥有像税吏团所拥有的那些额外的特权或利益，不然在像罗马所处的那种环境中，是无法长期存在的。我们现代人能把许多人召集起来，在"共同目标下"一道工作，而古代人却不能，其中原因不外乎是"现在比那时的文化道德水平高一些，通过社会同情把人们在商业上的自私自利的活动结合在一起的可能性大一些"。参阅德鲁姆的《罗马的钱商》；W. A. 布朗在《政治科学季刊》(第2期)上发表的《四世纪时国家对工业的管理》一文；布朗基的《政治经济学史》，第5章和第6章；英格拉姆的《政治经济学史》，第2章。

处理自己的财产。现代法学家从斯多葛的各种高尚品质中继承了一种高度的责任感；从其严厉的自我决断中获得了明确规定个人财产权的趋势。因此，我们现在的经济制度中许多好的和坏的方面都可以间接地从罗马的影响，特别是从斯多葛派的影响中得到说明：一方面个人在处理自己的事务方面放任自由；另一方面又不容许在法律体系所确立的权力的掩护下，粗暴地做出任何一点错事。而这是确定不移的，因为主要原则是公平合理的。

斯多葛派从东方家乡带来的那种强烈的责任感本身也多少含有东方无为主义的气息。斯多葛主义者虽然积极行善，但以脱俗为荣；他们也分担人生之苦，因为有这个责任，所以从不向苦难妥协；他们生活凄惨而严肃，因为生活本身的失败而深受压抑。就如黑格尔所说的，除非把德性当做只能用否定自我而达到的那种目的，否则这种内在的矛盾是不会消失的；从而，追求这种目的，就安于一切社会工作所必然带来的种种失败。犹太人强烈的宗教情感为这种巨大的变动铺平了道路。但是，在基督教因深受日耳曼民族的相信而盛行之前，世人并不轻易充分接受基督教精神。甚至在日耳曼各民族之间，基督教的发展也很慢。而在罗马灭亡后的一段很长的时间内，西欧都处于混乱状态。

§5. 条顿族不善于向他们所征服的民族学习。撒拉逊人高举学术火炬
条顿人虽然刚勇强悍，却很难摆脱愚昧无知和习俗的束缚。那给他以特殊力量的热诚和孝心易于使他们过分重视家庭和部落的制度和习俗①。没有其他强大的征服民族像条顿族那样不善于从其被征服的文化较高的弱小民族中接受新思想了。他们以蛮勇而自豪，却不喜欢知识和艺术。因此学术只能暂时停留在地中海的东岸，直到来自南方的另一个征服民族才使文化重新发展起来。

撒拉逊人热切地学习着从被他们征服的民族中应学的最好的东西。他们提倡科学和艺术，在基督教世界对学术漠不关心的时候，他们却高举学术的火炬，这一点我们总该铭记于心。但他们像条顿族人那样有十足的道德观念。温暖的气候以及追求感官享受使他们的体力迅速衰退，所以他们对现代文明起到的直接影响微不足道②。

---

① 黑格尔（《历史哲学》，第四部）在谈到日耳曼人的精力、自由的精神、绝对的自我决断力和热诚之后，又接着说："忠诚是日耳曼人的第二个口号，就像自由是他们的第一个口号一样。"这样，他道出了这个问题的根源。

② 德莱柏在《欧洲的文化发展》第13章中，对他们的贡献大加歌颂。

条顿族人的开化进展比较缓慢，但却比较稳健。他们把文明传播到北方，在那里，坚韧不拔的劳动和各种健康的文化形式逐渐成长且并列而行。他们又把文明向西传播，直至大西洋沿岸。这在很早以前就离开大河流域而到达内海沿岸的文明，最终就要横渡大洋了。

但是，这种变迁是慢慢地实现的。新时代中使我们感兴趣的第一点，是因罗马大军一统局面而终止了的城市和国家之间的旧有冲突又重新出现了。罗马的确是一支庞大的军队，城市是大本营，而广大的国土却是它力量的源泉。

§6. **自治只能存在于自由城市中** 还在几年前，在一个大国中是不可能有完全直接自治的民主政府的；这样的政府只能存在于城市或很小的领土内。政府必然操纵于少数人的手中，这些人把自己看做是特权阶级，而把劳动者看做是下等阶层。因此，劳动者即使被容许管理自己当地事务，也往往缺乏勇气、自信和思想，而这些都是经营企业的要素。实际上，中央政府和地方当局都直接妨碍了工业自由，禁止人们自由迁徙，并且征收各种苛捐杂税。甚至下等阶层中那些名义上自由的人，也遭受着以各种借口的任意罚款和摊税、不公道的裁判以及公开的劫掠。这些负担恰恰主要落在那些比邻居更勤俭节约的人的肩上。在这些人中间，如果乡村得到解放，势必就会逐渐提高经营中的进取精神，并摆脱传统和习俗的束缚。

城市居民的情况却迥然不同。那里各个工业阶层的力量都取决于他们的人数。即使当他们不能完全制胜时，也不会像乡村的那些同行一样，被看做仿佛和统治者属于不同的阶层。在佛罗伦萨和布鲁日，就像在古代雅典那样，全体居民都可以听到（有时的确听到）政府领导人关于他们自己的计划和提出这些计划的理由的报告，并且在进一步采取措施之前，可以表示同意或反对。全体居民有时可以在一起共同讨论当时的社会工业问题，彼此交换意见、交流经验、取长补短和共同做出决定，并且自己来实行这个决定。但是，在发明电报、铁路和廉价印刷机之前，是不可能在广大的区域内进行这一切的。

借助于电报、铁路和印刷机，国民在早晨便可以知道政府领导人在前一天晚上发表了些什么意见；而在翌日前，全国人民对这些意见的看法就人所共知了。借助于这一切，各大工会的理事会能以很少的费用便把一个难题交给全国各地的会员来讨论，并且在几天内就可以得到他们的答复。现在即使是大国也可以由人民来治理了；但直到现在，所谓的"民治"实际上只能是或多或少的一种寡头政治：只有那些可以经常到政府中心或者至少和政府保持密切联系的少数人，才能直接参与管理。虽然更多的人通过选举自己的代表，便足以知道自己的意愿实现到什么程度，但直至几年以前，这样的人只占全国人口的一小部分；代议制只是新近的产物。

§7. 续前 中世纪城市兴亡的历史，是进步浪潮跌宕起伏的历史。中世纪的城市一般都起源于工商业，因而并不藐视工商业。虽然较富有的市民有时能建立一个不准工人参加的限制性政府，但他们很难长期保持自己的权利。大多数居民经常享有充分的公民权利，自己为自己决定本城的对内对外政策，并且同时以自食其力为荣。他们组织成行会，从而加强了团结并养成自治的习惯。虽然行会往往具有排外性，其章程最终阻碍了工业发展，但在这种阻碍性影响出现以前，行会却作出了巨大的贡献①。

市民们获得了文化，而并没有丧失精力和忽略自己的生意。除了他们自己的生意之外，他们对有关许多事情的知识都产生了兴趣；他们在艺术方面领先，而在作战技巧方面也不落后；他们把大量经费用于公共事业，并以此为荣；同时他们也节约使用公款和保持预算平衡，实行以健全商业原则为基础的公平税制，并且也以此为荣。这样，他们就成了现代工业文明的先驱。如果他们在进行中一帆风顺，并保持最初对自由和社会平等的热爱，那么他们也许很早以前就解决了我们现在才开始遭遇的许多社会经济问题。但是，在久经战乱的蹂躏之后，他们最后屈服于周围的强大邻国。的确，当邻国隶属于他们时，他们的统治往往非常残暴，所以最终被邻国而推翻。这在某种程度上是公平报复的结果。他们因不义而备受折磨，但是，他们辛勤劳动的果实仍然存在，而且是我们时代从前代继承的社会经济传统中的许多精华的源泉。

§8. 骑士和教会的影响。庞大军队的建立导致自由城市崩溃。但是印刷术的发明、宗教改革和新大陆的发现又燃起了进步的火焰 封建主义也许是

---

① 凡适用于实际上拥有自治权的那些大自由城市的，在较小程度上也适用于英国所谓的自由市县。其组织甚至比政治特权组织还要多种多样，但现在似乎可以肯定的是，它们一般民主较多，寡头政治较少，这并不像过去一个时期内人们所想象的那样。尤其要参考格洛斯的《行会商人》的第7章。

条顿族发展过程中的一个必要阶段。封建制度给予统治阶级发挥政治才能的机会，并使庶民养成遵守纪律、讲究秩序的习惯。但是，封建主义在某种外部美的形式下，却掩盖着许多道德或肉体方面的残忍和肮脏。骑士的做法是当众对妇女卑躬屈膝，而在家里却暴虐无礼。骑士的许多繁文缛节正是靠对下等阶层的残酷和勒索才得以维持的。统治阶级多以坦率而慷慨的态度来解除他们彼此之间的义务①。他们的生活也有理想，而且这种理想并不缺乏高尚的因素。因此，对于那些有思想的历史学家，还有对记载那些场面豪华的战争及爱情决斗的编年史家来说，统治阶级的性格总是具有某种魅力的。但是，当骑士履行了本阶层要求他们履行的那种义务之后，他们就心安理得了。而义务规定中有一条是使下等阶层安分守己，虽然他们对终日与其相处的家仆往往是仁慈爱护的。

就个人的苦难而言，教会力求保护弱者，并减轻穷人的痛苦。如果那些优秀的教士可以娶妻还俗，也许往往会产生更深刻而广泛的影响。但这并不是说我们低估了教士（尤其是僧侣）对比较贫困阶层提供的利益。寺院是工业的发源地，特别是农艺的发源地，是学者们信得过的大学，是苦难者的医院和救济所。不论大小事情，教会都加以调解。在教会容许下举行的节日和集市使商业获得了自由与安全②。

---

① 但是背信弃义在意大利的城市十分普遍，而在北方的城堡也不罕见。人们常暗杀或毒害亲朋，当主人给客人上茶或用餐时，往往要先尝一番。就如同一个画家把他能发现的最美的画面展现在画布上，却尽可能把不美的部分藏起来一样，一个通俗历史学家突出男女贵族们的生活，并借此力求回避周围道德败坏的那些历史画面，以激发青年人的进取心。这样做也许是对的，但是如果我们要考察世界的进步，就必须考虑过去实际存在着的弊端。偏袒我们的祖先，就是失信于我们的民族。

② 我们也许易于过分强调教会对"高利贷"和某几种商业的禁止。当时借给商业用的资本的机会不多，而在有机会时，也可以用许多方法来回避这种禁止，其中有些的确是教会认可的。虽然圣克里索斯顿说过"凡以贩卖物品取利者，死后便不能升入天堂"的话，但是，教会仍鼓励商人在集市和其他地方做生意。教会和国家的权力与人们的偏见结合起来，就使得那些为零售获利而购买大批货物的人困难重重。虽然这些人的生意大都合法，不过其中有些的确像现代谷物市场上的垄断居奇。参阅阿什利在他著的《经济史》中关于教会原则的那一章，以及杰文斯在《经济评论》第 4 期上的书评。

此外，教会经常反对等级门户的偏见，教会内部组织民主，就如同古代罗马的军队那样。教会随时准备让无论什么出身的最有才能的人担任最重要的工作；教会和各个教派做了许多有益于人民的物质和精神福利的事情，有时教会甚至领导人民公开反抗统治者的暴政①。

但在另一方面，教会并没有致力于帮助人民发展自立和自决的能力，从而得到真正的内在自由。在希望那些具有特殊天赋的人通过自己的职务而攀登到最高地位的同时，教会不是阻止了，而是帮助了那些封建势力，竭力使劳动阶层成为一群愚昧无知、缺乏进取心和处处依靠上等阶层的人。条顿族人的封建主义在本质上比罗马的军事统治要温和些；僧侣们虽然不能深刻理解基督教关于人之所以为人的尊严的教义，但却受其影响。但在中世纪早期，乡村的统治者把东方神权等级的妙术和罗马人的纪律与果断力中最强有力的东西结合起来，他们把这些力量运用得完全阻滞了下等阶层的人的意志力的成长和个性的发展。

不过，封建主义军事力量因地方上的倾轧而长期受到削弱。这恰好适合把广大区域的治理在查理大帝的天才领导下整合成一个有机的整体。但是，一旦这种领导天才消失了，也易于把这个区域分成几个组成部分。意大利长期受着城市管辖，其中属于罗马系统的具有罗马人的野心和坚定意志的一个城市，直到近代还守水路以抵御外来侵略。在尼德兰和欧洲大陆上的其他地方，长期以来自由城市都能抵抗国王和男爵的挑衅。但最后，奥地利、西班牙和法兰西都建立了稳固的王国。由少数能人专权的专制王国，训练并组织了由广大的无知而强壮的农民组成的军队；自由城市的经营以及其文化与工业的高度结合，没有等到矫正以前的错误就告中断。

如果在当时没有新的力量起来冲破束缚，并把自由传播到大地上，那么世界也许会倒退。在很短的时期内，发明了印刷术，出现了文艺复兴和宗教改革，并且发现了到美洲和印度的航路。这其中任何一个事件都可能足以开

---

① 教会通过组织十字军而间接有助于进步；讲到十字军时，英格拉姆说（《政治经济学史》，第2章），他们"由于在许多情况下把封建领主的财产转移给工业阶级而产生了巨大的经济影响，并通过使各个不同国家和不同民族互相接触，通过开阔居民的眼界以及通过对航海的特殊刺激，推动了国际贸易"。

辟历史上的新纪元；但是，因为它们都一道出现，并且都向着同一个方向起作用，所以便引起了一个全面的革命。

思想变得比较自由了；知识对人民也并非高不可攀。希腊人的自由性格复活了；坚强的志士仁人获得了新的力量，并能把影响扩大到别人身上。一个新大陆对有思想的人提出了各种各样的新问题，同时也使勇敢的冒险家有了用武之地。

§9. 海外发现的利益首先归于西班牙和葡萄牙，进而归于荷兰和法国，再进而归于英国　带头进行新的航海事业的国家是西班牙和葡萄牙。世界的领导权仿佛最初落在地中海最东部的半岛，此后又移向中部半岛，再后来又暂时定在分属于地中海和大西洋的西部半岛了。但是，此时工业的力量已经成长得足以使北方富有财富和文明了。西班牙和葡萄牙是不能长期抵抗北方民族那种坚毅的力量和更慷慨的精神的。

荷兰人民早期的历史的确是一部卓越的传奇史。他们以捕鱼和织布为生，创造了高尚的文学和艺术，建立了科学和政府机构。就像波斯围困爱奥尼亚却只是更加激起希腊本土人的士气那样，奥匈帝国征服荷兰也只能更加激发荷兰人和英国人的爱国心和意志力。

因为英国嫉妒荷兰的商业，尤其是因为法国有着跃跃欲试的军事野心，所以荷兰受到侵害。不久就会清楚地看到，荷兰抵抗法国侵略而保卫着欧洲的自由。但在那历史上的生死关头，荷兰没有得到信新教的英国理应给予它的那种援助，虽然自1688年起，荷兰得到过大量的援助，但那时荷兰最勇敢慷慨的儿女已经战死于战场，同时也负债累累了。荷兰变得越来越不为人注意了，但是英国人应当最先承认荷兰对自由和进取心所作出的贡献，或许还会作出更多的贡献。

这样，只剩下英国和法国来争夺海上霸权了。法国拥有的自然资源比其他任何北欧国家都丰富，也比任何一个南欧国家拥有更符合新时代的精神；有一个时期，法国曾是世界上最大的强国，但在连年战争中，法国挥霍了自己的财富，断送了那些并没有因宗教迫害而遭到驱逐的最优秀的公民的生命。文明进步的本身并没有使统治阶级对被统治阶级施行仁政，也没有使开支更加合理。

受压迫的法国人民起来反抗统治者的主要动力是来自革命的美国。但是，法国人十分缺乏美洲移民所特有的那种克己的自由。法国人的精力和勇敢在伟大的拿破仑革命战争中再一次表现出来。但是，他们野心太大，实现不了，最后不得不把海上经营的领导权让给英国。这样，新世界的工业问题是在英国人性格的直接影响下解决的，就如同旧世界的工业问题是在英国的间接影响下解决的那样。那么，让我们更详细地来研究一下英国自由企业的发展过程。

§10. **英国人的性格很早就显示了他们具有现代组织才能的迹象。农业资本主义组织为工业资本主义组织开拓了道路** 英国的地理位置促使北欧最强大民族中的最强大的成员移来居住，自然淘汰过程使那些最勇敢而且自力更生的人相继移入英国。英国的气候比北半球任何其他地方都更适合保持精力。这里没有崇山峻岭的阻隔，任何一个地方与另一个地方可通航的水道都不超过二十英里。所以，英国各地可以自由往来，没有自然障碍；同时诺曼和普拉特琴各个国王的力量和英明的政策，又使当地诸侯不能设立人为的障碍。

罗马在历史上起的作用主要是曾把大帝国的军事力量同城中寡头政治成员的胆识和坚定的意志结合起来；同样，英国的伟大之处也在于把中世纪城市的自由风气同国家的力量广泛地结合起来，正如荷兰从前在较小规模上所做的那样。英国的城市没有其他国家的城市那样声势显赫，但比任何其他国家都容易同化这些城市，从而最终从这些城市中获得实惠。

长子继承制使贵族之家长子以外的诸子倾向于自谋生计；他们没有特殊的阶层特权，很容易和普通人打成一片。不同阶层的这种融合使政治很有条理，同时也使商业冒险具有贵族那种勇敢而传奇式的抱负的性情。英国人一方面坚决反对强暴；另一方面勇于服从权威（当他们的理性认为应该时）。他们进行过许多次革命，但没有一次革命没有明确的目的。在修改宪法时，他们遵守法律。如果不算荷兰人，那么只有英国人才懂得如何把纪律和自由结合起来，只有他们把崇古和为将来（而不是过去）而生活的能力统一起来。但是，后来使英国成为工业进步的领先者的那种意志的力量，最初主要表现在政治、战争和农业方面。

英国的射手是英国技工的前身，他们以自己的食物和体格都胜过欧洲大陆上的对手为荣；在学习熟练运用自己双手的过程中，他们具有同样的顽强性、同样的自由独立性、同样的自制力和赴汤蹈火的精神；他们在适当场合同样可以表现出诙谐，但在危急之际，即使面临艰苦和不幸，他们也同样惯于遵守纪律①。

但是，英国人的工业才能长期隐而不显。他们一向不大熟习，也不大喜欢文明提供的安逸品和奢侈品。在各种工场手工业方面，英国落后于意大利、法国和西班牙这些拉丁国家，还有北欧的自由城市。后来比较富有的阶层逐渐喜欢上进口奢侈品，因而英国的贸易便慢慢发展起来。

但在很长一段时间内，表面上还看不出英国未来商业的模样。的确，在商业形成过程中，如果说英国的特殊环境不比他们的某种天性还重要，那么至少也具有相同的作用。他们最初和现在都不像犹太人、意大利人、希腊人和亚美尼亚人那样特别喜欢讨价还价，也不像他们那样特别喜欢比较金融业务的抽象方面；同他们做生意，总是直截了当，而不是尔虞我诈。甚至现在伦敦股票交易所中最巧妙的金融投机，也主要是由那些继承了生意习惯的民族来进行的，而英国人却继承了同样的实践传统。

使英国后来在各种不同环境中探索世界，并成为世界加工厂的那些因素，甚至在中世纪时期就使英国为现代农业组织开拓了道路，从而为许多其他现代企业的建立树立了榜样。英国首先把劳役改成交纳货币，这是一种变革，大大增进了每个人根据自己的自由选择来调理自己生活的能力。不论好坏，人民都可以自由交换对土地的权利和义务。在 14 世纪，黑死病造成实际工资急剧上涨；16 世纪时因银价跌落、货币贬值和寺院收入划归王室挥霍而引起实际工资急剧下降；最后是牧场的扩大使许多劳动者流离失所，减少了留守者的实际收入并改变了他们的生活方式。所有这些都使习惯越来越不能维持下去。这一运动因都铎王朝诸王手中权力的增长而进一步扩大，而这种权力的增长结束了私人之间的战争，并使贵族和乡绅们豢养的大批食客皆无用武之地。把不动产留给长子而把动产分给全家成员的这种习惯，一方面扩大了地产的规模，另一方面也减少了土地所有者在土地经营中运作的资本②。

---

① 要进行统计比较，必须将富农与今日的中产阶级并列，而不能与今日的技工划归为一类，因为比他们富有的人为数甚少；而大多数的人却远比富农穷，几乎各个方面的处境都不如现在。

② 罗杰斯说，13 世纪时耕地的价值只等于经营耕地所需要的资本的三分之一。他相信只要土地所有者保有自己耕种的习惯，那么长子往往会用各种方法把一部分土地分给弟弟，以便换取他们的一些资本（《六百年来的劳动与工资》，第 51~52 页）。

上述原因有助于英国建立租佃关系。特别是在 16 世纪，外国对英国货的需求和英国对外国奢侈品的需求，使许多份土地集中成资本主义农场主经营的大规模牧场。这就是说，那些自己经营农业、自担风险、自己出一部分资本但每年付一定的租金租用土地并雇用工人的农场主人数有了很大的增加。如同后来英国的新型企业家一样，他们自己经营工业、自担风险、自己出一部分资本，但凭利息借用其余部分的资本，并雇用工人。自由经营发展得快而猛，作用是片面的，对穷人是无情的。但是，如同说英国的箭术是英国工匠技术的前身一样，用借贷资本经营的英国大农场（不论用于耕种还是放牧）是英国工厂的前身，也仍然是正确的①。

§11. 宗教改革的影响 当时，英国人的性格在不断受到锻炼。在英国海岸上定居的那些坚强民族天生拥有庄重和大无畏的精神，这使他们很容易接受宗教改革的理论。这些理论对他们的生活习惯起了作用，而对他们的工业也有所影响。人原原本本地被直接置于上帝的面前，其间用不着他人做媒介；大多数粗野而无文化的人第一次向往绝对精神自由的奥秘。如果正确理解每个人的宗教责任与同辈的宗教责任分离，这便是最高精神进步的一个必要条件②。但这个概念对世人来说是崭新、朴素而且毫无掩饰的，尚未交织在快感之中；甚至在温和的人身上，个性也表现得十分分明，而粗俗的人也自觉地变得自尊起来。特别在清教徒当中，赋予他们宗教信条、逻辑明确性和严密性的那种热切情感，是一种全神贯注的情感，他们敌视一切肤浅的思想和不健康的娱乐形式。必要时，他们采取一致行动，这种行动由于他们意志坚定而成为不可抗拒的。但是，他们很少分享社会上的快乐；他们不参加公共娱乐活动，宁愿待在家里享受比较安静的生活；必须承认，他们当中有些人对

---

① 在第六篇，特别是在第 9 章的第 5 节中，将进一步说明类似的情况。
② 宗教改革"是对个性的确认……个性并不是生命的总和，而是在我们为部分和为全体工作中，在我们的天性和工作的任何一个领域中的一个主要生活部分。我们只能与上帝同生死、共患难，这是真理，虽然并不是全部真理"。参阅韦斯科特的《基督教的社会相》，第 121 页；黑格尔的《历史哲学》，第四部第三篇的第 2 章。

艺术持有敌视态度①。

可见，意志力的最初成长本身含有某些粗暴不雅的因素，但那种力量是社会生活下一个阶段所必要的。在新的本能围绕着它成长，以便用更高的形式把原来集体趋势中最美丽、最殷实的东西恢复过来之前，那种力量必须经过许多磨难加以提炼和柔化；必须变得既不太武断又不失原有的力量；增进家庭情感——这种世俗情感中最丰富、最充实的情感。也许从来没有过如此结实而又纤细的原料可用来组成社会生活的高尚结构。

荷兰和其他国家也和英国一起经受了中世纪末期精神革命的伟大考验。但是，从许多观点来看，特别是从经济学家的观点来看，英国的经验最有教益和最丰富，而且是所有其他经验的典范。在由主动性和自由意志促成的现代工业企业的进程中，英国起了领导作用。

§12. 续前　许多其他国家接受新教义的人为了逃避宗教迫害而来到了英国，这一事实使英国工商业的特点更加突出。由于某种自然淘汰规律，那些性格与英国人十分接近，并且由于那种性格而曾使他们掌握了工业技术的法国人、法兰明斯人和别的人，来和英国人住在一起，并把完全适合他们性格的那些技术教给他们。② 在 17 世纪和 18 世纪中，伦敦和上层社会仍然有些骄奢淫逸，但是中产阶级和一部分劳动阶级对生活却十分严肃。他们不喜欢妨碍工作的那种娱乐，并且对那些只有用坚持不懈的劳动才能获得的物质安逸品也具有很高的标准。他们力求生产的是坚固耐用的东西，而不是仅仅用来装饰门面的东西。这种趋势一旦开始之后，就因气候而有所增进。因为这里的气候虽然不太寒冷，但却特别不适合那种轻松的娱乐。在这种气候中，一种舒适生活所需要的衣着、住房和其他必需品的特点都是特别昂贵。

---

① 某些猥亵的艺术形式使那些严肃而狭隘的人对各种艺术抱有成见。而相反，社会主义者现在攻击宗教改革，说它损害了人的社会和艺术本能。但值得怀疑的是，宗教改革产生的各种强烈的情感使艺术丰富的程度，是否大于它的严肃性对艺术的损害。他们发展了自己的文学和音乐；如果他们曾使人瞧不起自己的创作之美，那么他们无疑会提高人对自然美的欣赏能力。山水画大多在新教流行的那些国家里发达起来，这绝不是偶然的。

② 斯迈尔斯曾经指出，这些移民对英国的贡献比历史学家们想象的要大些，尽管他们往往对这种贡献有很高的评价。

英国现代工业生活借以发展的条件是物质享受的欲望使人们不断努力从每周中付出最大可能的工作量；要让各种行为服从于理性判断这一坚定的决心，使每一个人经常反省他们是否不能因改变企业或经营方法而改善自己的处境；最后，完全的政治自由和安全使每一个人都有可能按照他们认为有利于自己的做法来调整行为，并毫无顾虑地把他们的财产用于新的未来事业。

总之，影响英国和殖民地的现代政治的那些因素，也影响了现代企业。给予他们政治自由的那些因素，也给他们带来了工商业的经营自由。

§13. **需要大量简单商品的海外消费者的增长促进了英国企业的发展。企业家最初只是从事组织供应，而不是监督工业；后来才把他们的工人集中在工厂中**　就工业企业自由的作用而论，有使每一个人都把自己的资本和劳动运用得恰到好处的趋势。而这又使他们在某特定工作上力求获得特殊的技巧和能力，并借助于这种技能可以获取购买他们所需要的东西的那种手段。因此，就产生了分工十分精细的复杂工业组织。

在任何一种长期持续的文明中，不论是类型多么原始的某种分工形式都势必会出现。甚至在十分落后的国家里，我们也看到了在极其专门化的行业中，工作是这样划分的：足以使企业的计划和安排以及管理和风险都由一伙人来承担，而企业所需要的体力劳动却通过雇用工人来担当。不过，我们并没有在各行各业中都看到这种工作划分。这种分工形式总的来说是现代世界的特点，尤其是英国民族的特点。这也许只是人类发展中的一个过渡阶段，也许会被使它存在的那种自由企业的进一步发展消灭掉。但就目前而论，这种分工不管是好是坏，都表现为现代文明形式中的一个主要事实，表现为现代经济问题的核心。

直到现在，在工业生活中发生的那些极其重大的变化都是围绕着**企业家**①的成长进行的。我们已经看到企业家在英国农业初期是如何出现的。农场主向地主租得土地，并雇用必要的劳动，而自己负责管理并承担企业风险。农场主的选择的确不是由完全自由竞争来决定的，在某种程度上受到财产的继承和其他影响的限制，而这些因素往往使农业领导权操纵于那些并没有特殊

---

① 这一名词来自亚当·斯密，一般习惯用于欧洲大陆，似乎非常恰当地指那些把企业的风险和管理，都看做是自己在组织工业工作中应尽的本分的人。

农业经营才能的人的手中。但英国是唯一的自然淘汰规律起着很大作用的国家。欧洲大陆上的农业制度曾容许出身来决定每个人参加农业或经营农业上的事情。英国仅凭这种狭隘的选择作用所获得的威力和弹性，也足以使其农业比所有其他国家都先进，并有可能比欧洲任何别的国家用同样的土地和等量劳动所获得的产量都要多得多①。

但是，物竞天择，适者生存（即创办、组织和管理企业）在工业中有大得多的活动余地。在英国对外贸易得到很大发展以前，工业企业家已经在逐渐成长，实际上在15世纪的毛纺织业中就可以看出迹象来。但是新开发国家中庞大市场的开辟，通过对工业布局（即把特定工业部门集中在一定的地区）的影响，直接而极大地推动了这一运动。

中世纪的集市和行商的纪事表明：在许多东西当中，每一种东西只在一两个地方生产；从那里再分发到欧洲各处。但是因生产局部化而运销很远的那些商品，几乎总是价格很高而体积不大的商品；价格较低和体积较大的商品都由各地自行供应。不过在新世界的各个殖民地，人们并不总有余暇为自己提供工业品，并且，即使他们能生产，往往也不容许他们生产。因为英国对待殖民地虽然比任何其他国家都更宽大，但却认为自己为殖民地出的费用使它有理由强迫殖民地向它购买各种工业品。销售于印度和落后民族的简单商品有很大的需求量。

这些原因导致加工工业中许多繁重的工作都局部化。在那种需要有高度技巧和丰富想象力的工作中，组织有时倒居于次要地位。但在对少数式样简单的商品有大量需求时，组织多数人的能力却具有无比的优势。这样，由于相同的总的原因，工业布局和资本主义企业家制度的成长是两个并行的运动，并且彼此相互促进。

工厂制度和工业中贵重设备的运用，是在后一阶段出现的。这些通常被

---

① 在18世纪后半期，农业改良尤其进展迅速，各种农具都得到了改进。根据科学原理进行排水；牲畜的饲养由于贝克威尔的天才而得到了彻底的改革；三叶草、黑麦草等都为人普遍使用，并且能以轮耕制来代替休耕制。这些和其他变化不断地增加了耕种田地所需要的资本。而商业财富的增长使那些有能力情愿通过购置大地产而在农村立足的人有所增加。这样，现代商业精神就从各个方面渗入农业中了。

认为是企业家握有英国工业大权的渊源，因而无疑增加了这种权力。但是还没等人们察觉到这一切的影响，这种权力就已经清楚地表现出来了。法国大革命时期，投资在以水或蒸汽为动力的机器上的资本并不太多；工厂的规模不大，为数也不多。但那时几乎英国的全部纺织工业都是按合同制进行的。纺织业控制在为数不多的少数企业家的手中，他们力图查明买卖什么东西、在哪里买卖以及在什么时候买卖是最有利的和生产什么东西是最有利的，然后他们就和分散在全国各地的为数众多的人订立合同来生产这些东西。企业家一般供给原料，有时甚至供给所需要的简单工具。那些承包人用自己和家人的劳动以及有时用少数童工的劳动（但未必总是如此）来完成包工任务。

随着时间的推移，机械发明的进步使工人们越来越聚集在靠近水力的那些小工厂里，而当蒸汽逐渐代替了水力之后，他们又聚集在大城市的大工厂里。这样，那些承担生产上的主要风险而又不直接进行管理和监督的大企业家开始让位于富有的雇主，这些人经营着大规模的整套加工生产。这些新的工厂引起了那些最漫不经心的观察家的注意，就像以前的变动一样，那些实际上并不从事商业的人也不轻易忽略这种变动①。

这样，酝酿已久的那种工业组织的巨大变革终于引起了普遍注意。人们见到的是，由劳动者管理的小企业制度正在被那些由有特殊才能的资本主义企业家管理的大企业的制度所代替。即使没有工厂，这种变革也会照样实现。即使电力或其他动力的零售使得现在在工厂中做的那部分活儿可以拿回到劳

---

① 在1760年后的二十五年中，工业上的改良和发明相继出现，速度甚至凌驾于农业之上。在这个时期，布伦德莱的运河使笨重货物的运输便宜了；瓦特的蒸汽机使动力生产费用低廉了；柯特的炼铁法以及娄巴克用煤代替木炭（当时已感到缺乏）的冶炼法，使铁的生产费用降低了；哈格里夫斯、克朗普顿、阿克赖特、卡特赖特和其他人发明了纺织机、锤纺机、梳棉机和动力织布机，使这一切变得经济实用；韦季伍德大大地促进了那正在迅速发展着的陶瓷业的进步。在印刷方面、用化学方法漂白方面以及其他生产方法方面都有重大的发明。在这个时期的最后一年，即1785年，出现了第一个直接使用蒸汽动力的棉纺厂。19世纪初，出现了轮船、汽力印刷机，而且城市照明中使用了煤气。不久之后，又有了火车、电报和照相术。详见克拉潘的《剑桥近代史》，第10卷。

动者家里去做，这种变革也会实现①。

§14. **此后，工人得到成批的雇用。新的组织带来了一些巨大的灾难，不过其中有些是由于别的原因，这种新制度使英国免于法国军队的蹂躏** 不论就这种新的变动以前的形式还是以后的形式来说，都有趋势不断冲破那几乎使每个人都定居在出生地的那种束缚；开辟了自由劳动市场，招引人们来寻求就业的机会。由于有了这种变动，决定劳动价值的那些因素就开始了新的一页。直到18世纪，工业劳动一般都总是零雇的，虽然在那以前，一个大而流动的劳动阶层（可以大批地雇用）在欧洲大陆某些特定的地区和英国的工业史上起了重大的作用，而在18世纪中却一反常态，至少对英国如此。劳动价格不再由习惯或小市场上的议价决定了。在最近几百年中，越来越由广大区域（一个城市、一个国家或全世界）中的供求情况来决定。

这种新的工业组织因为作用很大，而大大地提高了生产效率，可以保证每个人都应该从事最能胜任的那种工作，并保证每个人的工作都适当地辅之以当代的知识和财富下所能提供的最好的机械与其他帮助。不过这也带来了巨大的灾难，至于其中哪些灾难是不可避免的，我们是无法判断的。因为正当那种变革在急剧进行时，英国受到史无前例的各种灾害的袭击。这些灾难是人们所遭受的，通常被认为是无限制竞争的骤然出现而造成的大部分苦难的原因（究竟有多大的部分是不可能判断出来的）。英国丧失了一些大的殖民地之后，接踵而来的是拿破仑战争，结果使英国遭受的损失比在战争开始时英国拥有的蓄积财富的总价值还多。空前的连年歉收使谷价暴涨，而最糟糕的是采用了实施济贫法的方案，损害了人民的体力和自立精神。

因此，在上一世纪的前半期中，英国是在有利条件下确立自由经营的。外部灾难加剧了这种经营带来的灾难，因而又破坏了这种经营的有利影响。

§15. **续前** 过去保护弱者的那些商业习惯和行会规章现在不适应新的工业了。在有的地方，人们因一致同意而废除了它们；有的地方在短时期内却成功地保留了它们。但那是一种得不偿失的成功，因为在旧有束缚下得不到

---

① 参阅赫耳德的《英国社会史》，第二篇的第3章。

发展的新工业会离开那些地方，而转向可以有更多自由的其他地方去了①。于是工人们请求政府实行规定商业经营方式的那些议院的旧法案，甚至请求恢复由治安机构来规定价格和工资。

这些努力注定是要失败的，旧有的规章制度是当时社会、伦理和经济思想的体现，是摸索出来的，而不是想出来的；是那些在几乎不变的经济条件下生息的人们多少代经验的自然结果。而在新时代中，变化非常快，以致没有时间来这样做。每个人都必须自行其是，很少借鉴过去的经验。那些力图保存旧传统的人很快就被抛在一边。

新兴的企业家族主要是由一些自力更生、坚强、敏捷并富有进取心的人组成的。当他们看到凭自己的努力而获得成功时，便往往认为贫穷人和弱者的不幸应归罪于他们自己，而不应怜恤他们。这些人有感于那些力图支持被进步潮流削弱了的经济秩序的人们的荒谬做法，往往认为除了使竞争完全自由并让强者自行其是之外，再没有什么可需要的了。他们赞扬人的个性，而且并不急于寻求一种现代替代品来代替那从前使人们结合在一起的社会工业约束。

同时，这种不幸曾减少了英国人民的纯收入总额。1820 年，仅国债的利息就用去了纯收入总额的十分之一。因新发明而价格低廉的那些商品主要是工业品，而这种工业品劳动者消费极少。因为那时英国差不多是工业的垄断者，如果工业家可以自由地以自己的商品交换外国的粮食，那么他显然会得到便宜的食物，但是议会中掌权的地主阶级却禁止他们这样做。就普通的食物而论，劳动者的工资等于他们在一块很贫瘠的土地上劳动所生产的数量，这块土地是为了补充比较肥沃的土地所提供的数量不足而被迫耕种的。劳动者必须在市场上出卖自己的劳动，其中供求力量即使自由发挥作用，也只能给他们带来低微的工资。但是劳动者并没有享受经济自由的全部利益，他们同其他工人也没有进行有效的联合；劳动者既缺乏市场知识，又缺乏商品卖主们所具有的那种坚持不卖以求好价格的能力；劳动者被迫在不卫生的条件下工作，并使家人也在这种条件下进行长时间的劳动。这就影响了劳动人民

---

① 工业撤出基尔特管理过严的那些地方的倾向由来已久，13 世纪时就有了这种倾向，虽然当时比较薄弱。参阅格罗斯的《基尔特商人》，第 1 卷的第 43 页和 52 页。

的效率，从而也影响了他们劳动的纯价值，因而降低了他们的工资。雇用童工进行长时间的劳动并不是一件新鲜事，甚至在 17 世纪的诺尔维奇和其他地区就已经十分普遍了。但是在 19 世纪 30 年代，因在恶劣条件下过度劳动而造成的道德上的败坏、身体上的痛苦和疾病，在工业居民中都达到了顶点。在 19 世纪中叶，这一切逐渐减少，此后减少得更快。

当工人们认识了企图恢复管理工业的旧规章很愚蠢之后，就再没有压制经营自由的任何愿望了。英国人民所受的痛苦再糟糕也比不上革命前的法国人民因没有自由而造成的那些痛苦。有一种论点认为，如果不是由于英国从新兴工业中得到的那种力量，英国也许会屈服于外国的军事独裁之下，就如同从前的那些自由城市的遭遇那样。英国人口虽少，但有时却几乎独自负担着战争重担，反抗几乎控制欧洲大陆全部资源的征服者；而在反抗那个征服者的斗争中，英国有时又资助一些较大而且较贫的国家。不论正确与否，当时人们认为，如果自由的英国工业不供给反对共同敌人的战费，那么欧洲也许会长期受法国统治，如同以前受罗马统治那样。因此很少听到抱怨过度进行自由经营了，而多数的抱怨是针对限制英国人以自己廉价生产的商品来交换外国的粮食。

当时工会正在开始英国史上几乎比任何其他事物都更有趣和更有教益的生涯，光辉但却波折重重，甚至连这样的工会也转入明哲保身时期。工会根据辛酸的经历，知道企图实行政府用来指导工业行为的那些旧规章是荒谬的；但是关于如何用自己的行动来调节商业，这些工会还没有远见，关心的是通过取消反工人结社的立法来增加本身的经济自由。

§16. **电报和印刷机现在有可能使人们对它们的灾难采取补救措施；我们正在逐步走向集体主义形式，如果以坚定的个人克制为基础，这些形式将比旧的形式更高级**　察觉经济自由的急剧增长所带来的各种危害就有待于我们这一代了。现在我们才第一次逐渐懂得不尽自己新义务的资本家如何力图使工人的福利服从于他的致富愿望；现在我们才第一次逐渐知道坚持富人除了享受权利之外，还得以个人和集体的身份尽义务的重要性；现在新时代的经济自由才第一次如实地出现在我们面前。这在部分上是由于人们的知识增长了，也更加热切了。但是不论我们的祖先如何明智，都不能像我们那样了解事物。因为他们忙于应付各种紧急需要和可怕的灾难①。

我们必须用更高的标准来衡量自己。因为虽然英国近来为了民族生存而再次要求进行斗争，但是生产力有了巨大的提高；自由贸易和交通的发达使大大增加了的人口有可能以有利的条件获得充足的粮食。人民的货币收入平均增长了一倍以上；除了饲料和住房以外，几乎所有商品的价格都下降了一半，甚至更多。的确，即使现在如果平均分配财富，全国的总生产也许只足以提供人民的必需品和比较必要的安逸品，而实际上许多人只有最低生活必需品。但是国家的财富增加了、卫生条件改善了、教育发达了、道德增进了，我们不再被迫几乎把其他各种考虑都置于提高工业总产量的需要之下。

尤其是这种更加繁荣的现象使我们很富强，足以对自由经营进行新的限制。虽然为了更高尚、更多的最终利益而必须忍受暂时的物质损失，但这些新的限制与旧日的限制是不同的。这些限制并不是作为一种阶级统治的手段而强加上的，而是为了在那些不能利用竞争力量来保护自己的事务中来保护弱者，特别是儿童和有子女的母亲。目的是周到而迅速地提供一些适合现代工业急剧变化着的环境的药方，因而从以前其他时代里逐渐由习俗来对弱者的保护当中是获得了好处，而不是害处。

即使当工业性质有好几代都没发生变动时，习俗的成长也太慢，盲目性也太大，以致不能在压力有利时来施加压力。在后一个阶段，习俗利少而弊多。但是借助于电、印刷机、议会政治和商会，人们有可能对自己的问题想出解决的办法。知识的增进和自立性的加强，曾给予他们真正克己的自由，而这种自由使他们有可能自愿约束自己的行为；集体生产、集体所有和集体消费这些问题正在进入一个新的阶段。

现在和以往一样，实行巨大而急剧的变革计划注定是要失败的，而且也会引起反作用；如果我们前进步伐非常快，以致新的生活方式超过了我们的

---

① 在和平时期，没有人敢公开把金钱看得和人的生命同样重要；但在费用庞大的战争的紧急关头，金钱往往能被用来拯救人的性命。一个将军在紧急关头可能会为保护物资而牺牲生命，而如果这种物资损失了，便会造成许多人死亡，那么此将军的行动就被认为是正确的；但在和平时期，没有人敢公开主张为了保护少许军用物资而牺牲士兵的性命。

本能，那么我们便不能稳稳当当地前进。的确，人性是可以改变的——新思想、新机会和新的行为方式甚至用几代的时间就可以使人性有很大的改变，就如历史所表明的那样；人性的这种改变涉及的范围也许从来没有现在那样广泛，进行的速度也从来都没有像现在那样快。但人性仍然在发展着，从而是渐进地发展着；我们社会组织的变革必然来自人性的发展，因此也必然是渐进的。

虽然社会变革是由人性的发展而生的，但往往会多少走在前面。原因是这种变革常常使人承担某种新的更高尚的工作和争取某种远大的实际理想，因而促进我们向更高级的社会发展。这样，慢慢地我们就会达到一种社会生活秩序，在这种秩序中，公益战胜了个人的反复无常，程度甚至超过个人主义开始以前的那些时代。但那时大公无私将是有意识的产物，虽然借助于本能，那时个人自由将在集体自由中发展自己。这与旧的生活秩序成为一个可喜的对照：在旧的生活秩序中，个人受习俗的奴役而造成了集体的奴役和停滞，而这些只有用专制主义或变化无常的革命才能打破。

§17. **续前** 直到现在我们都是从英国的角度来考察这种运动的，但是其他国家也向着同一个方向迈进。美国以勇敢而直率的态度来处理新的实际困难，结果已经在某些经济事务中获得了领导权。美国提供了当代最近经济趋势中最有教益的事例，如各种形式的投机和商业联盟的发展。不久美国也许将在为世界其他各国开拓道路方面起主导作用。

澳大利亚也不甘示弱，而且因为它的人口比较同一化，显然比美国具有某些优越性。因为虽然澳大利亚人（加拿大人大体上也如此）来自许多国家，但是，通过各种各样的经验和思维方式可以启发新的思想和激励进取心，尽管差不多所有的澳大利亚人都属于一个民族。因为不必去适应各个不同民族的能力、性格、趣味和需要，所以社会制度的发展在某些方面可以进行得更顺利和更迅速。

在欧洲大陆上通过自由结社而获得重要成果的力量比讲英语的国家差一些。因此，在处理工业问题上采取的办法比较少，也比较不彻底。但是对这些问题的处理没有任何两个国家是完全相同的。它们采取的方法各有特点，也各有所长，特别是关于政府行为方面，在这方面德国领先。德国的加工工业比英国发展得晚，这是一种很大的优势；德国可以借鉴英国的经验而少走许多弯路①。

在德国,绝大部分本国的高级知识分子都在政府部门任职。也许没有任何国家一个政府像德国那样容纳了这么多的有才华的人。另一方面,造就了英美最优秀的企业家的那种精力、创见和勇敢在德国最近才得到充分的发挥;同时德国人民具有很大的服从性,因此他们和英国人有所不同。在必要时,英国人有毅力能使自己完全遵守纪律,但却并非生来就是百依百顺的。在德国,可以看到政府管理工业的最好的和最吸引人的方式,同时,私营工业的种种特长、活力、弹性和方法也开始在德国得到充分发展。因此,关于政府经济职能的问题在德国已进行了仔细而有成效的研究,而这些对讲英语的民族来说也许很有教益。只要他们记住,最适合德国人性格的那些措施对他们也许并非十全十美。因为即使愿意,他们也不能像德国人那样有坚定不移的服从性,还有安于简陋的衣、食、住和娱乐的条件。

此外,德国比别的国家拥有更多的最具有本民族文化修养的人,而这些人有着世界一流的强烈宗教感和敏锐的商业投机头脑。在各国(尤其是德国)经济实践和经济思想中最卓越而且是最富有教益的东西大多来自犹太人。而我们特别感激德国犹太人的是,他们大胆猜测着有关个人与社会之间的利害冲突,还有有关这些冲突的最终经济原因与可能的药方。

但这就要涉及附录二的主题了。在这里我们已经见到经济自由如何在最近才发展起来,而经济科学现在必须讨论的问题的本质又是如何新颖;另外我们必须研究的是,此问题的形式是如何由于事件的发展和大思想家个人的特点而形成的。

---

① 李斯特得出了一种很有参考价值的观点。他认为,一个落后国家必须向那些进步的国家学习,但要学习的是当它们处于它今天所处的阶段时的那些措施,而不是它们当前的措施,但是正如克尼斯指出的(《政治经济学》,第 2 章的第 5 节),商业的发展和交通运输的改良有使各个不同国家的发展同时并进的趋势。

附录二[1] 经济学的发展

§1. 现代经济科学受古代思想间接影响多，而直接影响少 我们已经看到经济自由有其历史根源，但基本上还是近代的产物；另外，我们必须探究经济学的相应发展。现代社会借助了希腊思想和罗马法，使从早期亚利安人和塞姆人的制度到现在有了进一步的发展。不过，现代经济学的研究却很少受到古代人的理论的直接影响。

的确，现代经济学和其他科学一样，都起源于文艺复兴时期。但是，建立在奴役制基础上的那种工业体系以及鄙视工场手工业和商业的哲学，与那些顽固的市民格格不入，他们以自己的手工业和商业为荣，就如同以参与管理国家政治为荣一样。这些顽强而粗野的人很可能从过去大思想家的那种哲学特征和广泛的兴趣中得到实惠。但事实上，他们却大力着手解决自己的问题。现代经济学在初期具有一定的局限性和朴素性，同时对把财富当做目的而不是当做维持人的生活的手段抱有偏见。现代经济学直接讨论的大体上是公共收入、租税的收益和效果。在这一点上，随着商业的扩大和战争费用的增加，自由城市和大帝国的政治家们都同样越来越感到自己的经济问题迫切而棘手。

在历代，尤其是在中世纪早期，政治家和商人都忙于尽力通过管理商业来使国家富强起来。他们主要关心的一点是贵金属的供给，而且认为不论对个人还是对国家来说，这种贵金属都是财富的指标，如果不是财富的主要因素的话。瓦斯哥·达·加马和哥伦布发现了海上航线，因而把商业问题在西欧各国从次要的地位提升到主要的地位。有关贵金属的重要性以及获得贵金属供应的最好方法的理论，在某种程度上成了公共政策的决策依据，足以决

---

[1] 参阅第一篇第1章中的第5节。

定战争与和平以及引起国家兴亡的那种结盟。有时，这类理论还大大地影响了各民族在地球上的迁徙。

有关贵金属贸易的种种条例只不过是许多条例之一，这些条例力图以不同程度的细节和严密性来规定每个人应该生产什么、如何生产、应该赚取什么以及如何使用其收入。在中世纪早期，条顿民族的自然吸引力使其习俗有种非凡的力量。在应付那些发生于美洲贸易中的连续变化的趋势时，这种力量影响了商人行会、地方当局和国家政府。在法国，条顿人的这种倾向通过罗马人的天才而转化成制度，家长式的统治达到了顶点；科尔伯特的贸易条例已成为金科玉律。就在此时，经济理论出现了，所谓重商主义体系显露出头角；贸易条例以前所未有的严厉程度实行着。

随着岁月的推移，产生了一种走向经济自由的趋势，反对新思潮的人们在从自己方面援引前代重商主义者作为根据。但他们体系中包含的那些规定和限制是当时的时代精神，他们力图实现的许多变革方向都是**企业自由**。与主张严禁贵金属出口的那些人相反，他们特别论证的是，在长期内凡是能使本国金银的输入多于输出的各种贸易都不应加以禁止。让商人自由经营企业是否会使国家蒙受其害呢？通过提出这个问题，他们曾倡导了一种新的思潮，这就不知不觉地走向经济自由，其中一方面是由于时势，而在其他方面是由于西欧人心所向。这种节制贸易限制的运动一直继续到18世纪后半期。此时，时机成熟了，出现了这样的理论：如果国家企图以人为的规定与每个人各行其是的天生的自由权相对抗，那么社会福利一般就会深受其害①。

§2. 重农学派。亚当·斯密发展了自由贸易论，并认为价值论是使经济科学成为一个统一体的核心 18世纪中叶，法国一群政治家和哲学家在路易十五②的御医魁奈医生的领导下，首次开始在广泛基础上有系统地建立经济科

---

① 同时德国"财政学"的研究发展了对于国家事务的科学分析，最初只就财政方面，但自1750年以后，越来越侧重于有别于人的因素的国家财富的物质状况。

② 坎蒂恩于1775年写的内容十分广泛的《商业性质的考察》一书，堪称为有系统的著作，立论尖锐，而且在某些方面也是超时代的。尽管我们现在知道早在六十年前尼古拉·巴本就在著作中提过了他的几个重要论点。考奇是第一个肯定坎蒂恩著作的重要性的人；杰文斯宣称他是政治经济学的真正奠基者。关于坎蒂恩在经济学上所占地位的公平论证，参阅希格斯在《经济学季刊》（第6期）上发表的论文。

学，他们政策的基石是顺从自然①。

最初宣布自由贸易主义学说是行动的一般原则的人们就是他们。在这方面他们比起英国的学者达德利诺斯爵士，实在是有过之而无不及；在他们讨论政治社会问题的语调和性质中，许多都预示着后代情况。不过他们思路不清，而这又是当时科学家的共同特点。这种思路不清的现象，经过了长期的斗争方从自然科学中清除出去。他们把顺从自然的伦理原则和因果规律混同起来，前者用的是祈使语气，规定某些行动规律；而后者用的却是陈述语气，是由研究自然而为科学发现的规律。由于这一点以及其他理由，他们的论著很少有直接的价值。

但此学说对现代经济学的间接影响却很大。理由有二：第一，重农学派论证清晰、逻辑一致，对后代的思想产生了很大的影响；第二，重农学派研究的主要动机并不像他们大多数的前辈，不在于增加商人的财富和填充国库收入，而在于减轻过度贫困引起的痛苦和堕落。这样，他们就给予经济学以寻求有助于提高人类生活品行的现代目的②。

---

① 在前两个世纪中，讨论经济问题的学者们时时诉诸自然。争论的一方宣称自己的方案比另一方更接近自然。18世纪的哲学家中，有些对经济学产生了巨大的影响，他们也常常依照大自然来作为确定是非的标准。特别是洛克在诉诸自然的问题上以及在他的理论的细节上，有许多都比法国经济学家先走一步。但是魁奈和追随他的其他法国经济学家对于社会生活的自然规律的研究，除了受英国的影响之外，还受其他原因的支配。

法国宫廷的豪华以及使法国日趋灭亡的那些上层阶层的特权，都显示了人为文明的罪恶，并引起了一些有思想的人向往着比较原始的社会状态。许多法国能言善辩的法学家深通晚期罗马帝国斯多葛派法学家们制定的自然法；而随着岁月的推移，卢梭竭力提倡的对美国印第安人的那种"自然"生活的崇拜，开始对经济学家产生了影响。不久他们就被叫做重农主义者或自然秩序的维护者。这个名称源于1768年出版的杜邦著作的书名。不妨指出的是，他们对农业的热衷和对自然状态与朴素的乡村生活的贪恋，部分上取决于他们那些斯多葛大师。

② 甚至宽宏的沃邦（写于1717年）也不得不为他对人民福利的关心辩解。他说使人民富有就是使国王富有的唯一方法：穷了人民，便穷了国家；穷了国家，便穷了国王。相反，对亚当·斯密有巨大影响的洛克不仅在重农主义者持有的某些奇特的经济见解上，而且在他们倡导的博爱精神上，也是先走一步的。重农主义者惯用的口号是放

§3. **续前** 在前进中的第二大步，即经济学曾迈出的最大的一步，并不是一个学派的著作，而是一个人的著作。的确，亚当·斯密并不是当时英国唯一的伟大经济学家。在他著书前不久，休谟和斯图亚特对经济学已作出很重要的贡献；安德森和扬格也发表了一些极其有价值的学说。但亚当·斯密的讨论范围足以包括他同时代的英法同辈著作中的全部精华，虽然他无疑承袭了不少别人的东西，但是我们越是将他和他的前辈和后继者相比较，就越是觉得他有才华、知识渊博和判断公正。

亚当·斯密在法国住过很长的时间，与重农主义学者有过接触；他钻研过当时英国和法国的哲学，而实际上他通晓世事则是由于他远游异乡以及和苏格兰商人来往密切。除了这些有利条件之外，还有他那非凡的观察力、判断力和推理力。结果，凡是他和前辈有意见分歧的地方，他都几乎比他们更正确一些。而现在所知道的经济学上的真理，几乎没有一个不是他涉猎过的。因为他是头一个就各个主要社会方面论述财富的人，单凭这个理由，他也许就有权被视做现代经济学的奠基者①。

但是亚当·斯密开辟的领域太广，一个人无法全部勘测完。有时他看到的许多真理，而在另一个时候却从他的视野中消失了。因此，在对他引证的许多东西加以纠正后，会发现他总是向着真理迈进②。

任、自便，而现在一般都遭到了误用。"放任"的意思是，人人都应该准许随其所好，并按其所好行事；各种商业都应该向每个人开放，像科尔伯特派主张的政府不应该给工业家们规定生产什么样式的布一样。"自便"的意思是，人和货物都应该准许自由通行各地，特别是从法国的一地到另一地，而不用缴纳各种苛捐杂税，也不受繁琐规章的限制。不妨指出的是，"自便"是中世纪时主帅命令比武双方停止时用的信号。

① 参阅瓦格纳的《基础》第3版第6页以及其余诸页中关于亚当·斯密应占最高地位的简要叙述；哈斯巴赫的《亚当·斯密研究》（其中关于荷兰思想对英法思想的影响的讨论很有趣）；普赖斯的《亚当·斯密及其与近代经济学的关系》（《经济学杂志》，第3期）。坎宁安（《历史》，第306页）坚决认为："他的伟大贡献在于把国家财富的概念抽出来，而以前的经济学家却有意识地把它置于国家权力之下。"但是这种比喻也许过于呆板。坎南在他给"亚当·斯密的演讲"所作的序言中指出了哈奇森对他的影响的重要性。

② 例如，他并没有完全摆脱当时十分流行的那种把经济学法则和应依从自然的伦理戒律混为一谈的情况。对于他，"自然的"有时是指现有的各种力量实际上产生的或者会

他以丰富的常识和渊博的实际商业知识发展了重农学派的自由贸易理论，因而使得这一理论成为现实生活中的巨大力量；他因论证政府干涉贸易有害无益而扬名国内外。在举出利己心会使商人对社会有害的种种例证的同时，他认为即使政府行事用意至善，对公众的服务也几乎总比商人的进取精神差一些，不论该商人如何自私自利。他对这一理论的辩护给予世人的印象非常深刻，因而大多数德国学者在谈到斯密主义的时候主要指的是这一点①。

但毕竟这不是他的主要功绩。他的主要功绩在于综合并发展了当时英法学者和前辈关于价值的研究。说他在思想上开辟了一个新纪元，是由于他首先慎重而科学地研究了用价值测量人类动机的方式，其中一方面用价值测量买主获得财富的欲望，另一方面用价值测量生产者付出的劳作以及做出的牺牲（或"实际生产成本"）②。

他进行的工作的要旨很可能连他自己都不知晓，自然许多后继者也没有看出来。尽管如此，《国民财富的性质和原因的研究》以后的上乘经济学著作和以前的著作有所区别，这种区别在于更清楚地看到，用货币一方面衡量获得一物的欲望，而另一方面衡量生产该物直接或间接引起的种种劳作和自制。其他学者向这方面作出的努力虽然很重要，但是他极大地发展了这种观点，实际上是倡导了这种新见解。在这方面，不论他还是他的前辈和后继者都没

产生的东西，有时是指他的本性使他希望它们产生的那种东西。同样，他有时把阐明一种科学看做是经济学家的本分，而有时又把提出一部分政治管理措施当做他的本分。不过虽说他的用语往往不严谨，可是我们仔细推敲之后就知道，他自己完全懂得他从事的是什么。当他探求因果规律，即现代所谓的自然规律时，他使用的是科学方法；而当他谈论实际戒律时，他一般知道他只是表示自己认为应当做的事而已，即使他似乎认为这些戒律有自然根据。

① 德国对这一名词的通俗用法，不仅指亚当·斯密认为个人利益的自由发挥作用对社会的福利比政府的干预还要大，而且还指这几乎总是按最理想的方式发生作用。但是德国的一些大经济学家十分清楚斯密不断坚持个人利益与社会利益经常发生矛盾，而斯密主义一词的旧用法日趋过时。例如，克尼斯在他著的《政治经济学》第3章中的第3节中，从《国民财富的性质和原因》中引用了许多这样的矛盾；参阅费尔鲍根的《斯密与杜阁》，蔡叶士的《斯密与利己主义》。

② 重农主义者和许多早期学者（如哈里斯、坎蒂思、洛克、巴本、配第）曾指出了生产成本和价值的关系；甚至布斯也模糊地暗示了富裕取决于人对自然物的加工和积累所用的劳动和节欲。

有发明一种学术上的新概念,他们只不过把日常生活中惯用的概念明确化。事实上不善于分析的一般人很容易把货币看做是动机和幸福的尺度,比实际更精确。其中原因在部分上是由于他们没有想到尺度形成的方式。经济学上的用语似乎比日常生活中的用语更专门化和不那么现实,但事实上更真实,因为经济学上的用语更慎重和更周密地考虑到了各种分歧和困难①。

§4. **他的后辈们并没忽视对事实材料的研究,虽然他们中间有些人对演绎法持有偏见** 在亚当·斯密的同辈和直接后继者中,没有人具有他那样广泛而不偏的才智。但是他们都作出极有价值的贡献,每个人都从事某类问题的研究,其中有些问题的研究是出自个人的天赋,而有些问题却源于当时的特殊事件。在18世纪晚期,主要的经济著作是史实性和叙事性的,论述劳动阶层(特别是农业区劳动阶级)的状况。扬格继续写他那有名的旅行纪要;伊登记述贫民史,此书充作所有后来工业史家的基础和范例;而马尔萨斯通过对历史的钻研指出在不同时期和不同国度中,实际决定人口增长的各种因素。

但总的看来,在亚当·斯密的直接后继者中,最有影响的人物当数边沁了。他在经济学方面的著作很少,但对19世纪初期新兴的英国经济学派却产生了重大的影响。他是一个顽强的逻辑学家,反对贸易方面的各种毫无理由的限制和规定;他严正要求这些限制和规定要提出足以证明其存在的合理性的理由来,而这种要求当时得到大力支持。英国由于迅速使自己适应各种新的经济运动而称雄世界;中欧各国却由于墨守成规而不能利用其丰富的自然资源。因此,大多数英国商人都认为商业上的清规戒律是有害的,至少在英国有所减少或正在减少,并且不久就要消失。边沁的门徒们立即得出结论说,他们无须对习俗多操心;对于他们来说,根据各人都在追求自己的私利这一

---

① 亚当·斯密清楚地知道,经济学必须建立在对事实材料研究的基础上,而事实材料又非常复杂,一般不能直接告诉我们什么,必须通过慎重的推理和分析来解释事实材料。正如休谟所说的:"《国民财富的性质和原因的研究》有许多用奇异的事实材料进行说明的论证,一定会引起公众的注意。"亚当·斯密的确是这样做的:他往往不用详细的归纳来证明一个结论,他的证明论据主要是人所共知的一些关于自然、精神和道德的事实材料。但是他用奇异而有意义的那些事实材料来解说他的证明,这样就使它们有血有肉,并使读者觉得它们是在讨论现实世界的种种问题,而不是在玩弄抽象概念;他的书虽然布局欠佳,却提供了方法上的一个范例。尼科尔森教授在《剑桥近代史》第10卷的第24章中,非常清楚地说了亚当·斯密和李嘉图各自的长处。

假设来讨论人的行为的趋势就够了①。

因此，对 19 世纪初期英国经济学家经常提出这样的指责：他们没有仔细研究社会经济生活中与个人行为相比的集体行为。此外，他们过分夸大了竞争的力量及其迅速的作用。这些指责相当公正。至于他们的研究因为有某种僵硬的概括，甚至语气刻薄而遭到损害的这种非难，也不无小小理由。这些缺点部分原因是由于边沁的影响，部分原因是由于他所代表的那个时代的精神，还有部分原因也是由于这样的事实：经济学研究大多操于那些将力量寄寓于干劲而不是哲学思想的人手中。

§5. **续前**　政治家和商人们又一次热衷于货币与对外贸易问题的研究，他们现在投入的精力甚至比这些问题最初发生在中世纪末的那个巨大经济变革的早期还要大一些。他们同现实生活的接触，他们的丰富经验，还有他们的渊博知识，乍一看起来似乎很可能使他们对人性进行广泛的研究，并把推理建立在宽泛的基础之上，但是，实际生活的熏陶往往使他们从个人经验中草率地作出概括性结论。

在他们从事的领域中，他们的研究极有价值。因为在经济学中，货币理论正是忽略人类动机（除致富动机外）却不会有什么害处的那一部分；李嘉图领导的那个有名的演绎法学派在这里却立于不败之地②。

---

① 他影响周围那些年轻经济学家的另一个方式，是在于他对安全的热爱。他的确是一个热诚的改革家，他竭力反对各个不同阶层之间的一切人为的区别；他强调说，任何一个人的幸福和任何另一个人的幸福都同样重要，一切行为的宗旨都应该是增进人类的总体幸福；他承认，在其他条件不变的情况下，财富分配越平均，这种总体幸福就越大。但是他的心灵中满是法国大革命的恐怖，而他又把对安全的极小威胁看成是非常巨大的灾难，因而，尽管他是一个勇敢的理论家，但同时他自己也培养门徒们，使他们对现存的私有财产制度崇拜到了迷信的程度。

② 他往往被认为是个典型的英国人，但实际却不然。他那卓越的创造力是各国最高天才的标志。但是他厌恶归纳，而喜欢抽象的推理。这并非是由于他受了英国教育，而是像贝奇特指出的那样，他有犹太血统。差不多各个犹太民族的分支都有一些从事抽象研究的特殊天才，其中有几支特别喜欢对货币交易和股票交易进行相关的抽象计算。李嘉图走过曲折的道路但从未失足。他获得新奇结果的那种能力是空前绝后的，甚至英国人也很难理解他；而外国批评家们照例都没有理解他的著作的真谛，因为他自己从来没有解释过。他最初用一种假设，继而又用另一种假设，其目的何在，他从来没

另外，经济学家们进行对外贸易理论的研究，并弥补了亚当·斯密在这方面留下的许多不足。除了货币理论之外，在经济学中没有其他部分更属于纯演绎推理的范围。的确，对自由贸易政策的充分讨论必须考虑到许多严格说来不是经济学上的问题，而这些问题中的绝大多数虽然对农业国家（特别是新兴国家）来说十分重要，但对英国却关系不大。

在这整个时期，英国都从未忽略过经济事实方面的研究。配第、扬格、伊登和其他学者的统计研究由图克、麦卡洛克和波特加以继承和发挥。虽然在他们的著作中，似乎过分突出了那些和商人及其他资本家们有直接关系的事实，但对议会关于工人阶级状况的大量调查研究却不能这样说，而这一切就是在英国经济学家影响下完成的。事实上，在18世纪末期和19世纪初期，在英国问世的官方与私人的统计资料和经济史，堪称为经济学上有系统的历史和统计研究的起点。

不过他们的研究具有一定的狭隘性。的确，这种研究是历史性的，但大部分却不是"比较性的"。虽然休谟、亚当·斯密、扬格和其他学者曾受到自己的直觉天才和孟德斯鸠的范例的指引，也偶尔比较不同时代和不同国家中的社会现象，并从中吸取教训，但他们没有一个掌握了按系统的方案对历史进行比较研究的观念。因此，当时的学者在搜求材料方面认真、能干，而在研究工作上却相当盲目。他们把我们现在认为极其重要的大批材料都忽略了，而且往往不能善于利用搜集到的东西。当他们从搜集材料转向一般推理时，这种狭隘性就更突出了。

§6. 但他们对人性决定于环境估计不足。社会主义者和生物学家的研究在这方面的影响。约翰·斯图亚特·穆勒。现代著作的特点　为了论证简单，李嘉图及其追随者似乎往往把人看成是一成不变的，而且从未大力研究过人的变异。他们最熟悉的人是城市居民；有时由于表达不慎，几乎暗示其他英

有说明过；如何通过把根据各种不同假设而得到的结果适当地结合起来，如何将各种各样的实际问题包括进去，他也从来没有说明过。原来他写文章的目的并不是为了发表，而是为了澄清他和几位朋友关于一些特殊疑难问题的疑虑。他们与他一样，是些精通现实生活的实践家。这就是他偏好与一般经验相结合的广泛原理，而不喜欢从特选材料中作出具体归纳的一个原因。但是他的知识是片面的，他了解商人，而不了解工人。不过他同情工人，支持朋友休谟提倡工人像雇主那样结社互助的权利。参阅以下附录九。

国人和他们所熟悉的城市居民完全相似。

他们知道其他国家的居民有自己的特点并值得研究，但又似乎认为这些差别是表面性的，而且一旦其他民族学会英国人准备教给他们的那种更好的生活方式，这些差别也一定能够消除掉。这种想法曾使我们的律师把英国民法强加于印度人身上，使我们的经济学家暗中根据世界是由城市居民构成的这一假设来推导自己的理论。如果讨论的是货币和对外贸易，那么便没多大害处；如果讨论的是不同工业阶层之间的关系，却会使他们误入歧途，会使他们把劳动说成是商品，而不去研究工人的观点，不仔细考虑工人的情感、本能和习惯，忽视工人的同情和反感以及嫉妒和友情，还有缺乏知识和自由活动的机会。因此，他们认为供求力量具有比现实生活中更机械而规则的作用；他们定下的利润和工资规律甚至在当时的英国也是站不住脚的①。

不过，他们的致命缺点是不懂得工业上的常规和制度是极易变动的。他们尤其不明白穷人的贫困是造成他们贫困的那种衰弱和劳动效率不高的主要原因。现代经济学家对于大大改善工人阶级状况的可能具有信心，而他们却没有。

诚然，社会主义者主张人全面发展，但是他们的见解却很少有历史和科学研究的根据；同时由于表达狂妄，就引起了当代严肃的经济学家的鄙视。社会主义者没有研究过他们所攻击的那些理论；也很难指出他们所不理解的

---

① 关于工资，在他们从自己的前提推出的结论中甚至也有一些逻辑上的错误。如果追溯根源，这些错误也无非是出于表达方法草率。但是这些错误立刻成为这样一些人们的借口：他们不潜心于经济学的研究，而只愿引用经济理论，以便使劳动阶层安分守己；也许从来没有其他伟大学派因其"寄生者"（用德国常用的一个名词）的作为而如此信誉扫地。这些"寄生者"在宣称简化经济学说时，实际上是在没有使经济学说成立的那些条件下来进行表述的。马蒂诺女士在反对工厂法的言辞激烈的著作中，就有这种特点；西尼尔也是如此。但马蒂诺女士并不是一个真正的经济学家。她自己承认，在写一篇阐明经济原理的故事之前，她从来没有一次读完超过一章的经济学书籍，唯恐束缚了她的思想。而在她死以前，她对经济学原理（如她所理解的）是否站得住脚，曾有所怀疑。当西尼尔刚刚开始研究经济学时，就写文章反对工厂法。几年后，他正式收回了他的意见。有时人们认为麦卡洛克是工厂法的死对头，但实际上他是热烈拥护工厂法的。图克是委员会小组的负责人，该委员会关于在煤矿中雇用童工和女工的报告使群情激愤，坚决反对这种做法。

现存的社会经济组织的性质和效率。因此，经济学家不屑于认真检验他们的任何学说，尤其是他们关于人性的各种臆测①。

但是社会主义者情感强烈，他们懂得经济学家所未考虑的那些人类行为的潜在动机。在他们的狂文绝句之中，潜伏着敏锐的观察和建设性的意见，其中有许多值得哲学家和经济学家们学习。他们的影响逐渐扩大，孔德非常得益于他们的帮助；约翰·斯图亚特·穆勒一生中的转变，是由阅读社会主义者的著作而来的，正如他在自传中告诉我们的那样。

§7. 续前　当我们拿现代人对于财富分配这一重大问题的看法和19世纪初流行的见解进行比较时，就会发现除了细节上的各种改变和推理上的科学精确性方面的改进之外，在对待问题上有了根本性的转变。因为以前的经济学家的论证仿佛把人的性格和效率看成是不变量的，而现代经济学家却始终不忘人是他所生存的那个环境的产物这一事实。经济学观点的这种改变部分原因是由于这样的事实：在19世纪最后的五十年中，人性的改变非常迅速，结果迫使人们不得不对此加以注意；部分原因是由于各个学者、社会主义者以及其他学者的直接影响；部分原因是由于自然科学中某些部门有类似改变的间接影响。

在19世纪初，数理科学大有欣欣向荣之势。这些科学虽然彼此有区别，但却有一个共同的特点，即他们的研究对象在各个国家和各个时代中都是固定不变的。人们熟知科学在进步着，但对科学对象的发展却很陌生。随着岁月的推移，生物学在逐渐进步着，人们开始对动植物生长的性质有了比较明确的概念，懂得了如果科学对象经过不同的发展阶段，那么适用于某一阶段的规律如果不加修正，就很难适用于其他阶段；科学规律必须同研究对象的发展有一个相应的适应。这种新观念的影响逐渐扩展到人文科学，并且在歌德、黑格尔、孔德和其他人的著作中显现出来。

后来，生物学研究有了跨越性进步。各种发现极大地引起了世人的注意，

---

① 马尔萨斯是部分例外情况，他对人口的研究大多得力于戈德温。但他并不真正属于李嘉图学派，他也不是一个商业家。半世纪后，出现一个叫巴斯夏的通俗作家，他不是深邃的思想家。他高唱一种理论，即在竞争影响下的社会自然组织，不仅在实际可行方面，而且在理论所能及的方面，都是最理想的组织。

就像早年物理学上的发现一样；伦理和历史科学的风格有了显著的改变。经济学也参加到这个总的运动中来，一年比一年更注意人性的柔韧性以及财富的生产、分配和消费的先行方法对人性的作用和反作用。在约翰·斯图亚特·穆勒那有名的《政治经济学原理》中，我们可以看出这种新趋势最初的重要痕迹①。

穆勒的追随者离开李嘉图直接继承者采取的立场，向这个方向继续前进着；与机械因素有区别的人的因素在经济学中占有越来越重要的地位。且不提当时在世的经济学家，这种新的风气弥漫于克利夫·莱斯利的历史研究中，以及贝奇特、凯恩斯、汤因比和其他学者的多方面的著作之中，尤其是杰文斯的著作巧妙地综合了各种最大的优点，因而在经济学史上取得了名垂千古的地位。

到处都流行着一种新的社会责任观。在议会中，在报纸和讲坛上，人道主义精神响彻云霄。穆勒和追随他的那些经济学家促进了这一运动，反过来他们又从这个运动中得到很大的启发。一半是由于这个原因，另一半是由于现代历史科学的发展，他们对事实材料的研究也更广泛而达观。的确，有些早期经济学家在历史和统计方面的研究，即使有超过者也不多见。但是，他们从前无法知道的许多情况现在都是人人皆知的了。既不像麦卡洛克那样深通商业，又没有他那渊博历史知识的经济学家，对经济理论和事实材料的关系也能提出比他更广泛而明确的见解。在这方面他们曾得益于各种科学方法

---

① 詹姆斯·穆勒用严谨的边沁和李嘉图理论来教育儿子，并且使他养成好的习惯。1830年约翰·斯图亚特·穆勒写了一篇讨论经济学方法的文章，在这篇文章中，他提倡经济学要有轮廓分明的抽象理论。他坚持李嘉图的假设，即除了贪财的动机之外，经济学家无须更多考虑其他动机；他认为这个假设如果不明确表达出来，便很危险。他打算有意识地、公开地根据这个假设写一本书，但他并没有履行诺言。在1848年发表经济巨著之前，他的思想感情发生了变化。他把此书叫做《政治经济学原理及其对社会哲学的某些应用》（他不说对其他社会哲学的应用是有意义的；参阅英格拉姆的《政治经济学史》，第154页），在这本书中，他没有严格区分这两种推理：根据人的唯一动机乃是追求财富这一假设的推理与不依据这一推理的结果会怎样。他态度上的改变归因于周围世界正在进行着的巨大的变化，尽管他并不完全知道这些变化对他的影响。

的普遍改进，包括历史学在内。

因而，现在经济学上的推理在各方面都比过去更精确了；在任何研究中假设的前提表达得也比从前更严谨了。但是思想的缜密性在运用中却起到了部分破坏作用。事实表明，一般理论在以前的许多运用现在都站不住脚，因为以前没有想到所暗含的全部假设以及在所讨论的特殊事例中，是否大体可以做出这样的假设。因此，许多教条都被打破，这些教条仅仅因为表达得不严谨，所以看起来似乎十分简单；但是由于同样的原因，这些教条被充作那些以此武装自己而进行斗争的卫道士（主要是资本家阶级）的武器库。这种破坏作用乍看起来似乎贬低了经济学中的一般推理过程的价值，但结果适得其反。它为我们正在兢兢业业建立的那种更新、更强大的理论机器扫清了道路；它使我们有可能比那些最初着手解决经济难题的能工巨匠（我们现在的坦途正是由他们开拓的）对生活看得更全面，能更稳妥地前进，虽然步伐有所放慢；还能更讲究科学性而不那般教条。

也许可以将这种变化看成是从经济学方法发展的初级阶段到高级阶段的过渡。在初级阶段，对自然运转的描述照例很简单，为的是能用简单的语句表达出这些现象；而在高级阶段，对自然现象的研究却更仔细，描述得也更真实，甚至牺牲一定程度的简明性和通俗性也在所不惜。因此，经济学上的一般推理有了更迅速的发展，并在走每一步都容易引起敌对批判的这个世纪中，建立起比在威望极高时还要巩固的阵地。

上面我们仅从英国的观点考察了近来的发展，但英国的发展只不过是扩展到西欧各国的这一广泛运动的一个侧面而已。

§8. **续前** 英国经济学家在国外有许多信徒，也许还有许多批判者。法国学派从本国 18 世纪的大思想家那里继续发展，并且避免了二流英国经济学家们常犯的（特别是与工资有关的）许多错误和混乱。自从萨伊以来，法国学派做了许多有用的工作。库尔诺是法国学派最有天才的建设性思想家；而傅立叶、圣西门、普鲁东和路易·勃朗却提出了许多最有价值也是最狂妄的社会主义见解。

近几年来，发展最快的也许要算美国了。一世纪前，"美国学派"被认为是由凯雷领导下的一群保护主义者组成的，但现在由一些英明思想家组成的新学派正在形成。有迹象表明，美国在经济思想上正在取得它在经济事务中已经取得的那种领导地位。

经济学在它的两个策源地——荷兰和意大利——大有复苏之势。奥地利经济学派的精湛的分析更是引起了各国极大的注意。

但总的看来,近代欧洲大陆曾做出的最重要的经济研究工作是在德国。在承认亚当·斯密的领导地位的同时,德国经济学家们首先被他们认为的那种岛国褊狭性和李嘉图学派的自信所激怒。他们尤其不满的是英国自由贸易主义者做出的那种假设,即就一个像英国这样的工业国家所确立的命题,可以原封不动地搬到农业国家中去。李斯特的卓越天才和爱国热忱推翻了这个假设,并指出李嘉图主义者很少考虑到自由贸易的间接效果。就英国而论,忽视这一切也没多大害处。因为这些效果基本上是有益的,并从而扩大了直接效果的影响。但他指出在德国(尤其在美国)自由贸易的许多间接效果都是有害的,他认为这种害处超过其直接利益。他的许多论点都站不住脚,但有些却很适用。因为英国经济学家不屑于对他的论点进行耐心讨论,所以那些为他的正确论点打动的政客们,为了鼓动群众而对那些不科学的但对工人阶级具有较大感染力的论点的使用也默不作声。

美国企业家把李斯特当做自己的代言人。他给他们写的一本通俗小册子广泛流行,这是他在美国的名望和有系统地阐述保护主义理论的开始①。

德国人喜欢说重农主义者和亚当·斯密学派过低估计了国民生活的重要性,说他们有倾向一方面为了自私的个人主义,而另一方面为了无力度的博爱的世界主义而牺牲国民生活。他们认为李斯特在激起爱国主义情感方面做出了很大的贡献,爱国主义的情感比个人主义的情感更慷慨大度,比世界主

---

① 前面已经指出,李斯特忽略了现代交通有使各国同时发展的这个趋势。他的爱国热忱在许多方面伤害了他的科学判断力。但是德国人很喜欢听他的这个见解:各国都必须经过英国曾经历过的发展阶段。当在从农业阶段过渡到工业阶段时,必须对本国企业家进行保护。他有追求真理的热诚愿望;他的方法是和德国各类学者,特别是德国历史学家与法学家所厉行的比较研究方法一致。他的思想产生的直接和间接的影响很大。他的《政治经济学大纲》于1827年出版于美国费城,他的《政治经济学的国民体系》出版于1840年。凯雷是否更多地受益于李斯特,是有争论的;参阅赫斯特女士的《李斯特传》,第4章。关于他们学说之间的一般关系,参阅克尼斯的《政治经济学》,第2版的第440页及其余诸页。

义的情感更坚强明确。值得怀疑的是,重农学派和英国经济学家的世界主义情感是否像德国人想象得那样强烈。但近代德国政治史对德国经济学家在民族主义方面的影响是毫无疑问的。为侵略大军包围的德国,只有借助于爱国热忱才能存在。德国学者竭力主张(也许有些过分),利他主义感在国与国之间的经济关系方面的活动范围,比在个人与个人之间的经济关系方面还要狭隘。

虽然德国人在情感方面是民族主义的,但在研究上却是高尚的国际主义的。在经济史和通史的"比较"研究方面他们是领先的。他们罗列了各个国家和各个时代的社会工业现象,并进行整理,以便阐明各现象彼此之间的关系,并将这些现象与可供参考的法学史结合起来进行研究①。

德国学派中少数成员的著作有夸张的毛病,甚至对李嘉图学派的理论持有褊狭的轻视态度,而这种理论的要旨和目的连他们自己也不懂,这就引起了许多索然无味的激烈争论。但这个学派的领导者几乎都没有这种褊狭心理。很难过高估价这个学派及国外同行在研究和解释经济习惯和经济制度的历史方面所进行的工作。它是我们时代最大的成就之一;是我们真实财富中的一项新的宝贵财富;几乎比任何其他东西都能开阔我们的眼界、提高我们对自己的认识、帮助我们理解人类社会伦理生活和它所体现的那种神圣原则的进化。

他们把注意力集中在从历史角度探讨科学上;集中在把科学应用于德国社会政治生活条件,特别是德国官僚政治的经济义务上。但是由于赫尔曼的卓越天才的指导,他们曾进行了精辟的理论分析工作,这种分析丰富了我们的知识,同时也大大地扩大了经济理论的范围②。

---

① 这种卓越的研究在部分上也许应归因于德国(正像对其他欧洲大陆国家)的多种谋生门路的法律研究和经济研究的结合。瓦格纳对经济学的贡献就是其中一个显著的例子。

② 在这方面,英国人、德国人、奥地利人和各个民族对自己成就的肯定都要比其他民族愿意承认的要多一些。之所以如此,部分原因是各个民族的文化都有自己的优点,而外国人的著作却缺乏这些东西;同时各民族也不十分理解其他民族对它的缺点进行的责难。但主要的原因是,一种新思想的发展一般是循序渐进的,而且往往也是由几个民族同时提出的,其中每个民族多半都认为是自己的思想。这样,每个民族都容易低估其他民族的思想独创性。

德国思想也促进了对社会主义和国家职能的研究。为世人所知的近代极其彻底的大多数倡议,即为了社会的利益而几乎无偿地征用私有财产,正是来自德国学者,其中有些是犹太血统。的确,经过仔细研究之后,便可发现他们的著作不如初看起来那样深刻而见解独特。但是他们的著作从那辩证法的妙术和优异的风格中,从那渊博(虽被歪曲了)的历史知识中,汲取了巨大的力量。

除了革命的社会主义者之外,德国还有许多思想家坚决认为,私有财产制度的现存形态缺乏历史根据;并根据许多科学和哲学的理由要求重新考虑和个人相对的社会权利。德国人民的政治军事制度近来助长了他们那种自然趋势,即比英国人更多地依赖政府,而更少地依赖个人企业。在有关社会改良的各种问题上,英德两国有许多值得相互学习的地方。

但在当代的各种历史知识和要求改良的热潮中,经济学上一件棘手但却十分重要的工作有遭到忽略的危险。经济学的流行在某种程度上有忽略慎重而严密的推理的趋势。所谓科学的生物学观的抬头,有把经济规律和经济尺度的概念抛到幕后的倾向,仿佛这些概念太严谨死板,不适用于那种活生生的、不断变化着的经济有机体。但是生物学教导我们说,脊椎动物的机体是最发达的。现代经济组织是有脊椎的,而讨论它的科学也不应是无脊椎的。它应当有使自己密切适应世界现实现象所需要的那种巧妙和敏感,但是还必须具有一个仔细推理和分析的坚固脊椎支柱。

附录三① 经济学的范围和方法

§1. 统一的社会科学可望而不可即。孔德建议的价值，他的非难的弱点

有些人和孔德同样认为，人类社会行为任何有益的研究范围都必须和整个社会科学一样广泛。他们认为，社会生活各个方面都密切相关，单独对其中任何一个方面进行研究都必然是徒劳无益的；他们力劝经济学家放弃经济学研究，而致力于发展统一的、包罗万象的社会科学研究。但是人类社会行为的范围太广、太繁杂，是不能单独由一种科学进行分析和解释的。孔德本人和斯宾塞都曾以超人的知识和卓越的才能从事过这一工作。他们以广泛的研究和建设性意见开辟了思想新纪元，但却很难说在统一的社会科学的建立上迈出了第一步。

当卓越的但却性急的希腊天才们坚持寻求单一的基础以解释一切自然现象时，自然科学的进步很慢；而现代自然科学之所以有了迅速的进步，是由于把广泛的问题都分割成了几个组成部分。毫无疑问，所有自然力量都有统一的基础，但是在发现这种统一性的过程中所取得的任何进展，虽然取决于对整个自然领域进行的偶然性观测，但也同样取决于得自执著的专门化研究知识。而且需要同样耐心细致的研究，才能为后代提供材料，使他们有可能比我们更好地了解支配社会组织发展的那些因素。

但在另一方面，也必须完全承认孔德的看法：即使在自然科学方面，专门从事某一领域研究工作的人，也有责任和从事相近领域的人经常不断地保持接触。那些视线永远都不超过自己领域的专家们，往往会把事物看得与实际不相符；他们搜集的知识相对来说大多用处不大；他们在一些旧问题的细

---

① 参阅第一篇的第2章。

节上绕圈子，而这些问题多数失去意义，并且为用新观点提出的新问题所代替；他们没能得到通过各种科学进步而得到的真知灼见。因此，孔德的一大功绩是坚持认为社会现象的统一性必然使社会科学家们单一的研究工作甚至比自然科学家们的单一的研究工作更加徒劳无益。穆勒在承认这一点的同时，继续说："对其他事物一窍不通的人不可能是一个好的经济学家。各种社会现象都彼此相互作用着，如果孤立起来，就不能正确理解。但这绝不是说社会物质工业现象本身不容做出有用的概括，而只是说，这些概括势必会与一定的文明形态和一定的社会发展阶段相关。"①

§2. **经济学、物理学和生物学的方法**　的确，经济学讨论的种种力量在使用演绎法方面具有一个有利条件，即正如穆勒所说的，各种力量的结合方法是机械性的，而不是化学性的。这就是说，当我们分别知道两种经济力量的作用时（例如，工资率的提高和某行业工作难度的下降，会分别对该行业的劳动供给产生影响），就能大致预料出这两种力量的联合作用，而无须等待其真正出现②。

但即使在机械学当中，冗长的演绎推理法也只能直接适用于实验室里发生的现象。仅凭这些推理，还不足以处理参差不齐的材料和现实世界中各种因素错综无常的结合。因此，演绎推理法必须补充以具体经验，并与不断研究新的材料、不断寻求新的归纳法结合起来加以运用才行（而且演绎法往往

---

① 穆勒的《论孔德》，第82页。孔德对穆勒的攻击说明了这样一个准则：在讨论方法和范围方面，当一个人坚持认为自己的方法有用时，几乎总认为自己是对的；而当他否认别人方法有用时，却几乎总是认为他人是错的。美国、英国和其他国家目前出现社会学运动，这是认识到有必要大力研究经济学及其他社会科学。但是社会学这一词语的使用也许为时过早，因为它似乎认为各种社会科学的合并业已在望。虽然在社会学的名义下，已经发表了一些有价值的透彻研究，但是那些对合并做出的努力，除了为我们的后代（他们对这种巨大工程的才智并不比我们差）创造条件和提供线索之外，是否还取得了任何其他的巨大成就就值得怀疑了。
② 穆勒夸大了这种预测可能达到的程度，从而特别强调经济学上的演绎法。参阅他的《论文集》中的最后一篇论文；他的《逻辑学》中第六篇，特别是第9章；《自传》中的第157~161页。像许多其他讨论各种经济方法的学者一样，他的实践不像他的理论那样极端。

居于次要地位)。例如,工程师们可以相当精确地计算出装甲舰在静水中失衡的角度,但是在预料出该舰在暴风雨中的状况之前,他们会利用一些有经验的水手的观察结果,他们曾在平常海上见过此舰的航行情况。经济学必须考虑的力量要比机械力量数目多和确定性小,而且不易被人察觉,性质也更不同;而经济力量影响的材料更是变动不定如统一性更小。此外,在有些情况下,经济力量的结合更取决于化学上的随意性,而不是机械上的纯规则性。这样的情况既不是极其罕见的,也不是无关紧要的。例如,某人收入稍稍增加时,一般会使他各种东西都多买一点;但是当收入大大增多时,便有可能会改变他的习惯,也许会提高他的自尊心,使他完全不喜欢某些东西。一种时尚从上流社会传到下等社会,会使之在上流社会中绝迹。另外,当我们怜悯贫民更心切时,可能会乱施舍,也可能会完全毁掉某些慈善形式。

还有,药剂师研究的东西始终不变,而经济学像生物学一样,所研究的东西在内部构造、本性和外形方面都经常变化着。药剂师的预测全都基于这样的假设之上:所用的试用药就应该是那种样子,或者至少可以忽略其中的杂质。但即便是药剂师,在处理人的情况时,如果离开具体经验也很难有多大进展。他主要依靠的经验是能告诉他新药对健康人的影响如何,还有对患有某种疾病的人的影响又如何;甚至在得到一些一般性的经验之后,他在该药对体质不同的人进行试验并制成的新配方后,也可能获得出人意料的效果。

如果我们看看一些经济关系严格的历史,比如商业信贷与银行、工会与合作社,就会知道在某时某地大体上算做成功的经营方式,而在他时他地却完全失败了。这种区别有时可以仅仅归结为文化或道德和相互信赖有所不同,但往往更难做出解释。在某时某地人们会过于彼此信赖,并牺牲自己以求公共福利,但这只是在某些方面;而在他时他地会有同样的限制,但是限制方面却有所不同。而每一次这样的变动都会使经济学上的推理范围受到限制。

就眼下的目的而言,种族的易变性比个人的易变性更重要。的确,个人性格的改变一半是任意性的,一半却是按照常规的。例如,参加劳资纠纷的工人的平均年龄的确是个重要因素,可用来预测这种纠纷会发生在什么样的年龄段。但总的来说,因为年轻的和年老的、性情刚强的和性情沮丧的人,在某时某地和在他时他地约占有相同的比例,所以个人性格上的特点和性格的改变,对于演绎法的一般性运用,比初看起来妨碍要小一些。这样,通过对自然的耐心研究和分析上的进步，规律的作用便侵入到医疗学和经济学这两个新的领域中；不靠具体经验，也可能对相关的日益增加的各种因素的单独作用和共同作用做出某种预测。

§3. 解释和预测是方向相反的同一过程。只有以全面分析为基础的对过去材料的解释才能作为将来的借鉴　可见，经济学中分析和演绎的作用，并不在于锻造出几条推理的长链锁，而在于恰当地锻造出许多短链锁和基本环节。但这也并非轻而易举。如果经济学家漫不经心地进行草率推理，就很容易使自己的研究工作的每一环节都联系得很糟糕。他需要仔细利用分析和推理，因为只有借助于这些，他才能选择正确的材料和进行适当的分类，并使这些材料在思想上有参考价值，在实践上有指导作用；同时因为每一次推理都必须建立在归纳的基础上，所以每个归纳过程都势必会包括分析和推理。换言之，解释过去和预测未来并不是两件不同的事，而是同一件事的两个相反方面：一个是从结果到原因，另一个是从原因到结果。穆勒说得对："要获得各个个别原因的知识，我们需要归纳法；而最终结论不是别的，只不过是演绎法所用的三段论法的倒置而已……归纳法和演绎法都建立在同样的趋势、同样的信念和同样需要我们的理性的基础上面。"

只有通过发现能够影响某事件的所有事件，还有其中各个事件独自影响的方式，我们才能全部说明该事件。只要我们对其中任何一事件或关系的分析不完全，只要我们的解释有错误的倾向，那么内在的推论便会向已经建立的那种归纳发展着，而这种归纳虽然似乎可以自圆其说，但却是错误的。而只要我们的知识和分析是完全的，那么只要颠倒思维过程，就能够推知未来，几乎就像我们根据同样的知识对过去所能作的解释那样准确。只有当我们越过第一步时，预测的准确性和解释的准确性才有很大的区别。这是因为在预测的第一步中出的任何错误，在第二步中都会有所积累和加剧；而在解释过去方面，错误多半不易积累起来。因为观察或者有记载的历史在每一步中都可以重新予以检查。归纳和演绎的同一过程几乎可以同样应用于解释历史上的已知事件和预测未知事件①。

因此，绝不能忘记，观察或历史虽然可以告诉我们一件事和另一件事是

---

① 参阅穆勒的《编辑学》，第六篇的第3章。

同时发生的或是连续发生的,却不能告诉我们第一件事是否为第二件事的原因。只有通过对事实材料进行推理,才能求得答案。当人们说历史上某个事件会教导这点或那点时,该事件发生时存在的全部情况从未得到正视。有些情况被暗地(如果不是无意识地)假设成不相关的;这种假设在某种情况下可能是对的,但也可能不对。丰富的经验和比较仔细的研究可以证明,如果没有外援,那些被认为是引起这一事件的原因,或许并不会造成这一事件;甚至也许证明,这些原因阻碍了该事件的发生,是那被遗漏了的其他原因产生了这个事件。

这种困难在关于我国当代事件的最近争论中,表现得十分突出。每当从这些事件得出有反对意见的结论时,就必须接受一种考验;不同的解释被提了出来;新的材料被发现了;旧的材料被审查并重新整理了,而在某些情况下还与支持最初从这些材料中得出的结论相反的结论。

因为没有两个经济事件在各方面都完全相同,所以增加了分析上的难度和对分析的需要。当然,两个单纯事件之间可能会十分相似,比如,两个农场的租佃条件几乎由相同的原因决定的;交给咨询委员会的两个工资案几乎可以提出大致相同的问题;但是,即使在小规模上的完全重复也不存在。不论两个事件如何相似,我们都必须决定二者之间的区别是否因为实际无关紧要而可以忽略;但这也许不很容易,即使这两个事件是在同一个时间和同一个地方。

如果我们讨论的是古代材料,就必须考虑到同时涉及经济生活全部性质的那些变化;不论现在的问题和历史上记载的另一个问题在外表上如何相似,进一步研究都很可能会发现它们在本质上有根本的区别。除非这样,不然从前者到后者都是不可能做出有效的论证的。

§4. 借助于常识往往能进行广泛的分析,但只凭常识很少能发现不明的原因,特别是原因之原因。科学机器的职能 现在我们就来考察经济学和古代事实材料的关系。

经济史的研究有各种不同的目的,从而也相应有各种不同的方法。把经济史当做通史的一个分支时,其目的也许在于帮助我们理解"各个时期曾出现的社会组织、各社会阶层的结构以及相互关系";经济史也许要问"什么是社会生活的物质基础;如何生产生活必需品和生活便利品;什么组织提供并指导劳动；从而所生产的商品如何分配；什么是以此为基础的制度和分配"，等等①。

这种工作虽然本身很有趣、很重要，但却不需要进行大量的分析；一个勤奋好学的人可以为自己提供大部分所需要的知识。深通宗教伦理、文化艺术和社会政治状况的经济史家可以扩大我们的知识范围，提出宝贵的新见解，即使他满足于观察那些靠近表面的近似现象和因果关系。

但是，在不知不觉当中，经济史学家的目的势必会超出这些范围，并试图发现经济史的底蕴，揭示风俗兴衰的秘密，并解释那些不再认为是自然赋予的难以解释的其他现象。经济史学家根本不会回避借鉴过去以指导现在。的确，人类理智不喜欢在所遇见的那些事件的因果关系的概念中留有空白。仅仅通过按一定顺序整理材料，并有意无意地提防因果倒置，经济史学家就担负了向导的责任。

例如，英国北部实行了按固订货币地租的长期租佃，接着农业和当地居民的一般状况就有了很大的改善。但是，在推断它是这种改善的唯一的或者是主要的原因之前，我们必须研究同时还发生了哪些别的变化，以及这种改善在多大程度上归于其他各种变化。例如，我们必须考虑农产品价格的变动和边陲社会秩序确立的影响。这就需要谨慎和科学方法。除非这样，否则就不可能得出关于长期租佃制的一般趋势的可靠结论。即使这样，我们也不能根据这种经验主张在（比方说）现在的爱尔兰实行长期租佃制，而不考虑各种农产品的国内市场和国外市场的质的区别，还有金银产销方面可能发生的变动，等等。使用土地的历史充满了对古代的兴趣，除非借助于经济理论对此进行仔细的分析和解释，否则就不可能很好地说明什么是各国现在应采用的最好的土地使用形式这一问题。例如，有的人认为，因为原始社会通常都共同占有土地，所以土地私有制显然是一种人为的过渡制度；有的人同样自信地认为，因为土地私有制随着文明的进步而扩大了范围，所以是未来进步的必要条件。但是，要想从历史中汲取关于这个问题的真正教益，就需要分析过去共同占有土地的种种影响，以便发现其中各种影响在多大程度上始终保持同样的作用，还有在多大程度上因人类习惯、知识、财富和社会组织的

---

① 阿什利的《论经济史的研究》。

改变而有所改变。

工业、国内贸易和对外贸易方面的行会与其他同行业会社和团体的那些声明（即他们利用全部特权以求公众福利）的历史，甚至更有趣和更富有教益。但是，要对这个问题作出完全的判断，尤其是要以它作为我们现在的借鉴，就不仅需要老练的历史学家们的丰富知识和机警的直觉，而且还需要掌握有关垄断、对外贸易和租税源法等方面的许多非常难的分析和理论。

而如果经济史学家的目的是在于发现世界经济秩序的动力，是在于借鉴过去以指导现在，就应当利用有助于他去粗取精、去伪存真的各种方法；就应当找出各种事件的真正原因，并使之占有适当的地位，尤其要找出变动的原因。

让我们试用海事进行类比。使用陈旧武器的战斗细节也许会令那个时代的通史学者很感兴趣，但对今日的海军指挥却没有多大的指导意义，因为他必须应付的是性质完全不同的战争。因此，正如马汉上尉所说的，今日的海军指挥更注意过去的战略而不是战术，并不十分关心各个具体战役的细节，却关心那些基本作战原则的实际运用。这些原则使他能统率全军，而各部队仍不失应有的主动性；可以保持广泛的人员交流，却仍能迅速集中起来，并以优势兵力突破一点。

同样，深通某时期通史的人，可以生动描绘某战役中所用的战术，而这种描绘的主要轮廓是真实的，即使有时错了，也无妨大体；因为武器已经过时了，人们多半不会抄袭战术。但是，一个人要了解一个战役的战略，要区别过去某大将的真正动机和表面动机，就必须是一个战略家。而如果他负起责任，提出（不论如何谦逊）今日战略家从他所记载的战役中必须受到的一些教益，那么他对今日和往昔的海军状况势必要进行详尽的分析；他绝不会忽视在许多国家中，研究棘手的战略问题的人的著作对他的帮助。海军史是这样，经济史也是这样。

只是在最近，而且主要由于历史学派批判的有益影响，经济学上的一种区别开始为人所注目，这种区别相当于战争中战略与战术的区别。相当于战术的是经济组织的外部形态和偶然事件，它们取决于暂时的或当地的倾向、风俗和阶级关系，取决于个人的影响，或取决于生产资料；而相当于战略的是经济组织的比较根本的本质，主要取决于人所具有的欲望和活动、偏好和嫌恶。的确，它们在形式上并非始终如一，甚至在本质上也不十分相同，但却具有永恒性和普遍性的因素，足以使它们在某种程度上加以概括，而借助于这种概括，某时某代的经验便可以说明他时他代的困难。

这种区别和经济学上运用机械学和生物学类比的区别相似。19世纪初期的经济学家们对此没有充分认识到，李嘉图的著作也显然缺乏这种区别。当人们没有注意他的研究方法中包含的原理，而只注意他所作的具体结论时；当这些结论被变成教条并生硬地运用于与他不同的时间地点时，无疑会有很大坏处。他的思想象锋利的凿子一样，一不小心就很容易割破手，因为凿子的柄十分笨拙。

但现代经济学家在去其糟粕、取其精华、反对教条、发展分析和推理原理时，却发现了一中有多和多中有一。例如，他们知道李嘉图分析地租的原理，不适用于许多今天通常被叫做地租的东西，还有中世纪历史学家往往不正确描述为地租的绝大部分东西。但地租原理的运用范围是在扩大，而不是在缩小。因为经济学家们也知道：只要谨慎小心，此原理便可以适用于各个文明阶段初看起来似乎完全不像地租的许多东西。

当然，战略家是不能忽视战术的。虽然人的寿命有限，不能详细研究在同经济困难进行的每一次搏斗中所使用的战术。但是，除非把人在某特定时代和特定国家中，与困难作斗争的战术和战略的渊博知识结合起来进行研究，否则对经济战略中的各个广泛问题的研究很可能不会有很大的价值。此外，各个战略学家都应当根据个人的观察，仔细研究某些具体问题的细节，其目的未必在于出书，而在于锻炼自己。而这对他解释和权衡从书报上得到的不论关于现在还是过去的事例都有很大的帮助。当然，一个有思想并善于观察的人，总能从谈话和当代文学中获得关于他那个时代，特别是他周围的经济材料的知识。他这样不知不觉地积累起来的材料，在某些方面有时比他从所有文献上得到的关于他时他地的某类材料还要生动全面。且撇开这一点不谈，任何一个严肃的经济学家对材料（也许主要对他自己那个时代的材料）进行直接而认真的研究所需要的时间，都会大大超过纯粹分析和理论的研究，即使他是一个重视思想远远超过重视材料的人；即使他认为与其搜集新材料，不如更好地研究现成材料，这种研究是我们现在所迫切需要的，或是在提高人与困难作斗争的战术和战略方面对我们会有很大帮助的。

§5. 续前 毫无疑问，许多这样的工作的确需要不多的细致的科学方法，而更多需要的是机智灵活、把握好分寸和丰富的生活经验。但在另一方面，如果没有这种方法，许多工作就不易完成。人的自然本能会做出正确的选择，并适当地综合与所述问题有关的那些事项；但主要是从熟悉的事物中进行选择，很少使人洞察自己的个人经验的底蕴，或将目光放在远远超出这种经验的范围之外。

碰巧的是，在经济学中，已知原因的那些结果和已知结果的那些极其明显的原因，一般都不是最重要的。"看不见的东西"比"看得见的东西"往往更值得研究。如果我们并不是在讨论仅仅具有局部兴趣或暂时兴趣的某一问题，而是在制定谋求公众福利的长远政策方面寻求指导；或者如果我们由于某种别的原因而很少考虑直接原因，却更多地考虑原因的原因，那么情形尤其如此。因为经验表明，常识和机智就如同所预期的那样，是不足以胜任这种工作的。即使实际锻炼也往往不能使人摸清超出他的直接经验范围之外的那些原因的原因；即使他想这样做，也往往不会使他成功。为了做到这一点，每个人都得求助于历代逐渐积累起来的思想和知识这一强有力的方法和武器，因为有系统的科学推理在产生知识中所起的作用的确像机器在生产货物中所起的作用一样。

当必须用相同的方法重复进行同一种操作时，制造一台机器来做这种工作一般很有利。但是当工作细节变化不定时，使用机器便很不利，这样就必须用手工生产货物。在知识方面也一样。如果在任何研究或推理过程中，都必须用相同的方法重复进行同一种工作，那么就把过程化成体系和组织推理方法，并确定一般命题，这就如同用做材料加工的机器和在工作中牢牢地把材料固定住的一把钳子一样是值得的。虽然经济原因和其他原因相互交错，以致精确的科学推理对我们所寻求的结论很少有很大的帮助，但是，不在可能的范围内尽可能地利用科学推理来求得帮助，却是愚蠢的。这与科学万能，而实践才能和常识都无用武之地这一极端相反的假设同样愚蠢。不论某建筑家具有多么丰富的机械学知识，如果他没有丰富的常识和高雅的审美观念，他也只能建筑一所很不雅观的房子；而一个不懂机械学的人，建筑的房子不是不稳固，就是在施工过程中有所浪费。没有受过高等教育的布林德利，也许比一个不太机智，但却受过良好训练的人会把某种工程做得更好；一个聪明的护士看病人一眼,也许在某些方面就会比一个有学问的医生提出更好的诊断意见。但是,工程师却不应当忽视理论机械学的研究,医生也不应当忽视生理学的研究。

因为才智和手艺一样,是与其所有者同生共灭的。但每代人对工业机械或科学工具的改进却会传于后一代。现在也许没有一个雕刻师比修建巴特农神殿的雕刻师更能干,没有一个思想家比亚里士多德更睿智。但思想工具的发展像物质生产工具的发展一样,是累积发展起来的。

不论科学艺术思想还是实用工具中所体现的思想,都是历代相承的最"真实的"遗产。如果世界物质财富遭到破坏,而制造这种财富的思想却保留了下来,那么这种物质财富会很快得到补充。但是如果丧失的是思想,而不是物质财富,那么这种财富便会逐渐消失,而世界又会复归于贫困状态。如果我们丧失了对纯事实材料的绝大部分知识,但却保留了建设性的思想观念,那么我们会很快重新获得这种知识;而如果思想消灭了,那么世界势必会复归于黑暗时代。可见,从严格意义来说,与搜集资料相比,追求思想并不是不"真实的"工作;虽然在某些情况下可以适当地用德语把搜集材料叫做实际研究(Realstudium),也就是说,特别适合实验学校(Realschulen)的那种研究。在经济学广大领域中对任何部门的研究,搜集材料和把材料联系起来的分析与构思都配合成这样的比例,而这种比例被认为最能增进知识和促进一定特殊部门的发展。从严格使用这个词的意义来说,这种研究才是最"真实的"。至于什么是这样的比例,却不能随便决定,而只能由潜心的研究和具体经验来解决。

§6. 续前 经济学取得的进步比任何其他社会科学都要大,因为比其他社会科学更精确。但是,经济学范围的每一次扩大,都总会使这种科学的精确性有所损失。而这种损失究竟大于还是小于因范围扩大而带来的利益这一问题,是不能呆板决定的。

对经济问题具有很大的,但却不是唯一的重要性有很大的争论范围;每一个经济学家都有权合理地为自己决定在该范围内到底将探索多远。他离开据点越远,就会越多地考虑那些不能在某种程度上至少是可以纳入科学方法的生活条件和行为动机,这样他就会越来越没有信心发表意见。每当他从事于生活条件和动机的研究,而这一切表现形式又不能化成确定的标准时,他便绝不能借助于古今国内外其他学者的观察和思想,他必须主要依靠自己的直觉和推测;他必须凭个人判断力所具有的那种谦逊态度说话。但是,如果深入到社会研究的偏僻领域时,他会谨慎地进行自己的工作,并完全认识到他的研究工作的局限性,那么他就会作出极大的贡献①。

---

① 比如,迈克尔·安杰拉的模仿者只学了他的缺点,卡莱尔、拉斯金和莫里斯认为现在的模仿者也是如此,他们本人缺乏灵感和直觉。

附录四[1] 抽象推理在经济学中的运用

§1. 经济学中没有进行一长串演绎推理的余地。数学所提供的服务的性质及其局限性 借助于分析和演绎，归纳法汇集有关各类材料进行整理，并从中推出一般原理或规律。而演绎法又将这些原理彼此联系起来，从中暂时求出新的、广泛的原理或规律，然后再由归纳法主要分担搜集、选择和整理这些材料的工作，以便检验和"证实"这个新规律。

很显然，经济学中没有进行一长串演绎推理的余地。没有哪个经济学家做过这样的尝试，甚至连李嘉图也没有。经济研究中经常使用数学公式，而初看起来似乎主张相反的东西；但是，经过研究之后，我们发现这种主张是虚幻的，当然，这里某个理论数学家为了数学游戏而使用经济学假设的情况除外。因为此时他所关注的是，根据经济研究已提供的适合使用数学方法的材料这一假设来证明这种方法的潜力。他对这种材料不负技术上的责任，而且往往并不知道这种材料是如何不足以承担他那强大方法的压力的。但数学上的熏陶有助于运用极其简练的语言，来清楚地表述出经济学推理的某些一般关系和某些简短的过程，而这些虽然能用日常语言表达，但不会同样清晰明朗。尤其重要的是，用数学方法处理物理学问题中的经验，使我们对经济变动的交互作用的理解，比用任何其他方法所能获得的理解更深刻。近来大数学家直接运用数学推理去发现经济学真理，这对研究统计平均数和机遇率，还有衡量相关统计表的一致程度都提供了很大的帮助。

**§2. 独立思考是科学工作中的主要力量，但其作用并不在于提出抽象的假设，而在于使广大范围内发生作用的现实经济力量的错综复杂的影响相连

---

[1] 见第一篇的第3章。

起来 如果我们闭上双眼,不看现实,便可以凭想象来建造一所水晶大厦,这会间接说明现实问题,并且对那些根本没有像我们那样所遇到的经济问题的人来说也很有趣。这种游戏往往有意想不到的价值,能启发心智,并且如果清楚了解其目的的话,似乎只会带来好处。例如,货币是动机的尺度而不是努力的目的这一论断,导致了货币在经济学中占支配地位,这可以由下述假想加以说明,即货币充当动机尺度的这种专门用途可以说是一个偶然现象,也许只是我们世界中所特有的偶然现象。当我们想要某人给我们做事时,一般就会给他钱。的确,我们可以唤起他的慷慨或责任感,但这就要引动那已有的潜在动机,而不是补充新动机。如果我们必须补充一个新动机,一般就要考虑恰好使他值得做某事会需要多少货币。诚然,有时感恩、尊敬或荣誉可以表现为一个新动机,尤其是如果能体现为一定的具体形式。例如,像有权使用学士字样或佩带勋章或爵士最高勋章那样,这些荣誉比较罕见,而且也只和少数事件相关,不能充当支配人在日常行动中的那些普通动机的尺度。但是,政治功绩通常都以这些荣誉作为嘉奖,很少用别的方式。这样,我们就逐渐习惯于用荣誉而不是用货币来衡量政治功绩。比如我们假定某甲为其党派或国家利益效劳,依照情形可适当酬以骑士身份,但这种身份对某乙的酬劳却显然不足,因为他已获得了男爵身份。

很可能在某些世界中,没有人听说过物质东西或一般人所理解的财富私有制;各种善行都按等级授予荣誉。如果没有外力干涉,这些荣誉就能彼此转让,那么便可以充当衡量动机力量的尺度,如同货币对我们那样方便和精确。在这个世界中,尽管很少提到物质东西,也完全不提到货币,但也可以出现与我们现在相似的经济理论著作。

看来坚持这一点似乎无足轻重,但情况并非如此。因为在人们的心中,对经济学上占支配地位的动机尺度和极端重视物质财富而忽略其他更高尚的目的这两件事情,产生了错误的联想,衡量经济动机的尺度所需要的仅有条件是:应当是某种确定的、可以转让的东西;实际上采取一种物质形态很方便,但却并不必要。

§3. 续前 如果限制在适当的范围内,追求抽象概念是件好事。英国和其他国家的某些经济学家曾过低估计了经济学讨论的那些人类经济动机的广度,而德国经济学家对此的强调却是一种贡献。但他们似乎误以为英国经济学的鼻祖也忽略了这一点。殊不知留有很大余地让读者用常识去补充是英国人的一种习惯，而在这种情况下，这种过分保持缄默已经常常引起国内外人们的误解。这种缄默也曾使人们认为经济学的基础比实际情况还要狭窄，而与现实生活的联系就更不密切了。

例如，人们过分注意穆勒的这一论点："政治经济学把人看做是专门从事于获得财富并消费财富的人。"（《论文集》第138页；《论理学》，第六篇第9章中的第3节）但人们忘了他在那里是就抽象讨论经济问题来说的，这种抽象讨论他曾经设想过，但从未实现过，因此宁愿著《政治经济学及其对社会哲学的某些应用》一书。人们忘了他继续说道："在一个人的一生中，既不受除了追求财富以外的任何动机的直接影响，也不受其间接影响的行动，也许是没有的。"另外，人们忘了在讨论经济问题的过程中，他经常考虑到追求财富以外的许多动机（见以上附录二中的第7节）。不过，他对经济动机的讨论，不论在本质上还是在方法上，都不及当时的德国经济学家，尤其是赫尔曼。在克尼斯的《政治经济学》第3章第3节中有这样一个具有启发性的论点：不能购买的不能衡量的愉快因时代的不同而不同，并且随着文明的进步而有增加的趋势。对此，英国读者可以参阅塞姆著的《工业科学大纲》。

这里似乎有必要指出瓦格纳的巨著第三版中关于经济动机分析的主要项目。他把经济动机分为利己动机和利他动机两类。利己动机有四：第一个也是经常起作用的动机是，争取个人的经济利益和畏惧个人的经济困难；第二个是畏惧惩罚和希望报酬；第三个是荣誉感和争取得到承认，其中包括渴望得到他人的赏识，以及畏惧羞耻和轻蔑；第四个是利己动机是贪求职业和活动的乐趣，还有工作本身及工作环境的舒适，其中包括"打猎的快乐"。利他动机是"内心命令善行的冲动力和责任感的压力，还有畏惧个人内心的谴责，也就是说畏惧良心的谴责。在纯粹形态上，这个动机表现为'绝对命令'。人之所以遵从这个命令，是因为人在内心感觉有照这样或那样的方式行事的命令，并且感觉这种命令是对的……遵从这种命令无疑会产生快感，而违反这种命令则会感到痛苦。这些感觉在驱使我们或参与驱使我们继续或停止行动方面，往往有与无上命令同样强烈的作用，甚至有过之而无不及。就这点而论，这个动机本身也具有利己因素，或者至少与之融为一体"。

附录五[①]　资本的诸定义

§1. 产业资本不包括雇用劳动的全部财富　在第二篇第4章中说过，经济学家对于资本一词的用法，除了遵从一般商业习惯（即商业资本）之外，别无他法，虽然这种用法的缺点很多，也很明显。例如，这样会迫使我们把游艇看成是资本，而不把游艇制造商的车看成是资本。因此，如果游艇制造者过去一直是常年租车，而不是偶尔租车，当他把一艘游艇卖给过去一直租游艇的汽车制造商，并买一辆车供自己使用时，结果是本国的资本总额便有所减少，而减少之数为一艘游艇和一辆车。虽然没有东西遭到破坏，虽然储蓄品仍旧相同，但这本身会给当事人和社会带来和以前相同的甚至更大的利益。

这里我们也不能利用资本因为具有雇用劳动的特别力量而区别于其财富形式的这一概念。因为事实上当游艇和车在商人手中，从而算做资本时，就比在私人手中，而不算做资本的时候，对劳动的雇用会有所减少，而减少之数等于划船和驾车的劳动。以饮食店和面包房（那里所有的设备都算做资本）来代替私人厨房（那里没有东西算做资本），对劳动的雇用不会增加，而只会减少。在企业雇主手下，工人也许可能享有更多的个人自由，但得到的物质福利和工资相对于他们所做的工作来说，却比在私人雇主松散的制度下要少些。

但是，这些不利条件一般都被忽略了，几种原因结合起来就使得资本的这种用法风行一时。其中的一个原因是，私人雇主和受雇人之间的关系很少

[①]　见本书第二篇第4章中的第8节末注。

涉及企业主和工人之间，或一般所说的劳资双方之间在战略和战术上的冲突行动。马克思和他的追随者们曾经强调过这一点，他们公开使资本的定义以此为转移。他们断言，算做资本的生产资料只有这种：由某人（或某群人）所占有，一般通过雇用第三者的劳动，以用于生产他人享用的东西，从而使生产资料所有者有机会掠夺或剥削别人。

另外，资本一词的这种用法，在货币市场上和劳务市场上都很方便。商业资本通常与信贷有联系。如果人能看见运用资本的好机会，便会毫不犹豫地借款，以便增加自己支配的资本，为此他能通过一般商业手续提出自己的商业资本作为担保，这比提出他的用具或私人车辆更简便易行。再一点，某人仔细计算他的商业资本账目，当然会加进去折旧，从而使自己的资本不动。当然，一直常年租车的人能用铁路股票的售价购买一辆车，而这种股票的利息比他支付的车租要少得多。如果他把年收入积累到车被用坏的时候，那么这种收入将能给他购买一辆新车，而且还绰绰有余。这样，他的总资本因这种变动而必将有所增加。但是，他也许不这样做，如果该车为商人所有，那么他可以通过一般商业活动对车进行补偿。

§2. **关于两种主要性质即预见性和生产性的相对重要性的争论是无谓的**

让我们从社会的观点来看资本的定义。前面已经指出，唯一严格的逻辑立场是大多数用数学阐明经济学的那些学者采取的立场，此立场把"社会资本"和"社会财富"等同起来，虽然这种方法使他们失去一个有用的术语，但是，不论某个学者在开头采取什么定义，都会发觉包含在那个定义中的各种因素，以不同的方式进入各个相关联的问题之中。因此，如果他的定义以精确自居，那么他势必会用解释各资本要素和所述问题的关系来补充这个定义；而这种解释在本质上和其他学者的解释十分相似，从而最后结果趋于一致。而读者不管经由什么途径，都可以得到十分相同的结论，虽然要看出潜藏在形式和措辞上的差异在本质上是统一的也许比较费事，但原来开头的分歧却比想象得要小一些。

此外，尽管措辞不同，但各代和各国的经济学家对资本下的定义却是一脉相承的。的确，有些经济学家侧重资本的"生产性"，而有些经济学家则侧重资本的"预见性"，这两个术语都不完全精确，都没有指出严密的分界线。虽然这些缺点对精确分类来说是致命的，但那只是次要的问题。有关人类行为的问题从来都不能根据任何科学原理进行精确的分类。纳入一定类别的供警官或关税人员参考的那些东西可以制定一个精确的表，不过这个表也显然是人为的。我们应该慎重保存的是经济传统的精神，而不是其字句。正如我们在第二篇第4章末指出的，没有一个聪明的学者曾遗忘了生产性方面或预见性方面的东西。但有的人侧重讨论了某一方面，而另有的人却侧重讨论了另一方面。不论在哪方面都难以划一条明确的分界线。

现在我们来看一看把资本当做人类劳作和牺牲的结果，以及主要用于获得将来利益（而非现在利益）的各种东西的积累这一概念。这个概念本身很明确，但不能使我们做出确定的分类；如同长度的概念是明确的，但除非用武断的界尺，否则便不能使我们划分出高墙与矮墙一样。当野蛮人收集树枝以让自己过夜时，便表现出某种预见性。如果他用木杆和兽皮搭一个帐篷，那么表现出来的预见性则更多。如果他建造一个小木屋，他所表现的预见性就越发多了。当文明人用坚固的砖房或石房代替小木屋时，便表现了日益增长的预见性。不论什么地方都可以划出一条线以区别是为了未来的满足，而不是为了现在的满足而生产东西。但这种界线也是人为的和不稳固的。寻求这样一条线的人们发现自己的地位不稳固时，除非把全部积累的财富都当做资本包括进去，否则就不能达到一个稳固的立足点。

这个合乎逻辑的结果是由许多法国经济学家得到的。他们沿着重农学派指示的方向，运用资本一词以包括全部积累财富，即生产超过消费的总差额，这种用法同亚当·斯密和他的直接继承者运用股本一词的意义大致相仿。虽然近几年以来，他们明显表现出从狭义的英国意义来使用资本一词的趋势，但同时德国和英国的某些渊博的思想家却沿用从前广义的法国定义。这个特别显著地表现在这样的学者身上：他们和杜阁一样，喜欢运用数学的思维方法。其中最著名的是赫尔曼、杰文斯、瓦尔拉和帕累托与费希尔教授。费希尔教授的著作立论精辟，见解丰富，赞成资本一词的广泛定义。从抽象的数学观点来看，他的论点是无可争议的。但他似乎很少考虑到那种合乎市场用语的现实讨论的必要性；也似乎忽略了贝奇特的警告，即"以固定使用的有限词汇来表示复杂事物的不同意义"①。

---

① 见本书第二篇第1章的第3节与第4节。

赫尔曼说（《政治经济学研究》，第3章和第5章），资本是"由有交换价值的作为满足的不断源泉的那些财物构成的"。瓦尔拉（《政治经济学原理》，第197页）给资本下的定义是："完全不被消费的或消费很慢的各种社会财富；是数量有限，经过初次使用而尚存的各种使用价值；一句话，资本可以使用一次以上，如一所房屋和一件家具。"

克尼斯给资本下的定义是："准备用于满足未来需求的那些现有的财物量。"尼科尔森教授说："亚当·斯密提出的，而为克尼斯发展了的那种思想，结果导致了这样的结论：资本是为了直接或间接满足未来需要而被分开的财富。"但是整个句子，特别是"被分开"一语似乎不太明确，似乎回避问题的困难，而不是克服这种困难。

§3. 续前　不论在英国还是在其他国家，给资本下一个严格的定义时大多侧重于它的生产力方面，而比较忽视资本的预见性。他们把社会资本看成是生产手段或生产资料的积累。但这个概念一般却有不同的解释。

根据从前英国的传统，资本是由生产中**辅助**或**维持**劳动的那些东西构成的，或如最近所说的那样，是由这样一些东西构成的：没有这些东西便不能以相同的效率进行生产，但这些东西不是自然恩赐品。正是根据这种观点，才得出了上述消费资本与辅助资本的区别。

对资本的这种看法，是由劳务市场上的事务提供的，但从来都不是完全一致的。因为这种看法把雇主直接或间接提供的支付工人劳动的各种东西——**工资资本**或所谓的**报酬资本**都算做资本，但却没包括他们自己、建筑家、工程师和其他自由职业者维持生活所需要的任何东西。而为了求得一致，资本必须包括各类劳动者维持效率所需要的必需品，并排除体力劳动阶层和其他劳动阶层的奢侈品。不过，如果过去得到了这个合乎逻辑的结论，那么资本在所讨论的劳资关系中也许会起着比较不显著的作用[①]。

---

① 下面是亚当·斯密的英国门徒给资本下的一些主要定义。李嘉图说："资本是在生产中使用的，由实现劳动所必要的食物、衣着、工具、原料和机器等构成的那部分财富。"马尔萨斯说："资本是一个国家在生产和分配财富中，为了获利而保有或使用的那部分财物。"西尼尔说："资本是在财富的生产或分配中所使用的作为人类劳动成果的一件物品。"约翰·斯图亚特·穆勒说："资本对生产的功用是提供生产所需要的厂

但在某些国家,特别是在德国和奥地利,有把资本（从社会观点来看的资本）局限于辅助资本或工具资本的一种趋势。论点是,为了使生产和消费截然分开,凡是不直接进入消费的东西,都应该看成是一种生产手段。但是,为什么不应该以双重资格看待一种东西呢?这看来似乎是没有适当理由的①。

另一个论点是,有些东西对人提供的服务不是直接的,而是通过它们在生产供人使用的其他东西中起的作用来服务的,这些东西形成完整的一类,因为它们的价值是从它们辅助生产的那些东西的价值中来的。给这类东西命名固然有许多话可说,但是否可以叫做资本是值得怀疑的;是否像乍看起来那样完整,也是值得怀疑的。

例如,我们可以给工具物品下定义,将电车及其他东西包括进去,这些东西从它们为人提供的服务中获得自己的价值;或者我们沿用生产劳动的旧概念,从而认为只有那些劳务直接体现在物品上的东西才可以看做是工具物品。前一个定义使该术语的这种用法和上节所述的用法颇为接近,都有含混不清的缺点;后一个定义稍微明确一些,但似乎作了一种本来不存在的人为区别。这和生产劳动的旧定义一样,也不适合科学的目的。

结论是:从抽象的观点来看,费希尔教授和其他学者主张的法国定义立于不败之地。某人的上衣是过去劳作与牺牲的积累,是专供给他提供未来满足的一种手段,正如工厂一样,二者都能给他直接遮蔽风雨。但是,如果我们寻求一个与市场相符合的现实经济学的定义,那么必须仔细考虑市场上认为是资本,但不属于中间品范围的那些东西的总量。倘若有所怀疑,最好是

房、工具和原料,并在生产过程中养活或维持工人。凡用于此项目的皆为资本。"在讨论工资基金学说时,我们还要考察资本这个概念,见附录十。

如赫尔德所说,18世纪初期突出的那些实际问题使人们产生了这种资本概念。人们坚信,工人阶级的福利取决于预先储存的雇用手段和食物,并且急于强调在保护制度和旧济贫法的荒唐措施下,企图人为地使他们就业的那种危险性。在坎南那妙趣横生的《生产和分配》一书中,赫尔德的观点得到了进一步的发展:虽然早期经济学家们（1776~1848）的某些言论似乎比坎南的解释能有更合理的其他解释。

① 关于与此意相同的论证和对整个问题的困难的彻底讨论,参阅瓦格纳的《基础》,第3版,第315~316页。

依据传统。出于这些考虑，我们从企业和社会观点给资本下了一个如上面所述的双重定义①。

---

① 见第二篇第 4 章的第 1 节和第 5 节。资本生产性和资本需求的关联，还有资本的预见性和资本供给的关联，早就为人所察觉，但多为其他考虑所掩盖，其中许多考虑现在看来都似乎是建立在错误观念的基础上。有的学者比较注重资本的供给，而有的学者却比较注重资本的需求。不过他们的区别往往不全是各自侧重点的区别。注重资本生产力的那些学者，对人们不愿储蓄和牺牲现在以成全将来的这一事实，并非熟视无睹和充耳不闻。而相反，注重延期所引起的那种牺牲的性质和程度的那些学者，把生产工具的储藏使人类满足其需要的能力大大增加这一事实看做是不言而喻的。总之，没有理由使人相信庞巴维克教授对资本和利息的"纯生产力理论"和"效用理论"等的叙述，会被前辈经济学家当做公正而全面的提法接受下来。他似乎也没有找到一个明确而一致的定义。他说："社会资本是一堆用来进行生产的产品，或简单地说，是一堆中间品。"它本来不包括（第一篇的第 6 章）"住宅和各种直接用于娱乐、教育与文化的其他建筑物"。为求一致起见，它必须不包括旅馆、客轮和火车，等等，甚至也不包括供应私人住宅电力的发电厂；但那就会使资本这一概念丧失其全部实际意义。包括电车而不包括戏院似乎并没有适当的理由；那也不会成为包括生产手织物的工厂，而不包括生产花边的工厂的理由。在回答这种反对意见时，他理直气壮地说，经济学上的各种分类必须在两类之间留有一条界线，以包括那些在部分上属于其中每一类的东西。但是，对他的定义的责难是在于，这条界线和它所划定的范围相比宽得太不相称了，完全违背了市场的惯例。不像法国的定义那样，含有完全一致而相互关联的抽象思想。

附录六[①]　物物交换

§1. 在物物交换中，市场交换的不稳定性比使用货币的地方大；部分原因是由于某人一般能够以货币形式付出或收回一定量（非一定的百分比）的价值，而不会大大改变货币对他的边际效用。不过以单一商品的形式则不然让我们考虑两个人进行物物交换的那种情况。假如甲有一篮苹果，乙有一篓胡桃；甲需要一些胡桃，而乙需要一些苹果。乙从一个苹果得到的满足也许超过他让出十二个胡桃失去的满足。而甲也许从三个胡桃中所得到的满足超过他出让一个苹果失去的满足。交换将在这两个比率中间的某一点开始。但是，如果继续进行交换，那么甲出让的每个苹果都会增加苹果对他的边际效用，并使他不愿意再出让更多的苹果，而他每增加一个胡桃都会降低胡桃对他的边际效用，并使他不愿要更多的胡桃；乙的情况则恰恰相反。最后，甲对胡桃的热衷和苹果相比不再超过乙，而交换势必会停止。因为一方愿意提供的任何条件都不利于他方。直到这一点，交换一直都在增加双方的满足，以致不能再继续下去，因此，便出现了均衡。但其实这并不是**唯一**的均衡，而是一种偶然的均衡。

但是，有一种均衡交换率可以叫做真正均衡率，因为一旦遇着这种交换率，便会被保持到底。很明显，如果始终要用许多胡桃交换一个苹果，那么乙愿意交换的量极少，而如果要用很少的胡桃交换一个苹果，那么甲愿意交换的量也极少。必须有一种使双方都愿意进行同样程度的交易的中间比率。假定这个比率是六个胡桃换一个苹果，那么甲愿意以八个苹果换四十八个胡桃，而乙愿意按照那个比率收八个苹果；但是，甲不愿意用第九个苹果再换

---

① 见本书第五篇第 2 章末。

六个胡桃，而乙也不愿意再用六个胡桃换第九个苹果。这就是那时的真正均衡位置。可是，没有理由假定实际上会达到这种均衡。

例如，假定甲的篮子里原来有二十个苹果，而乙的篓子里有一百个胡桃，假定开始时甲让乙相信他不大愿意要胡桃，从而设法以四个苹果换了四十个胡桃，以后又用两个苹果换了十七个胡桃，再以后又用一个苹果换了八个胡桃。假定当时达到了均衡，进一步交换对双方都不利，那么甲便拥有六十五个胡桃，而不愿意再用一个苹果甚至来换八个胡桃；而乙因为只有三十五个胡桃，所以对其估价很高，也不愿意用八个胡桃再换一个苹果。

另外，如果乙交易有术，他也许可能会使甲以六个苹果换十五个胡桃，然后又以两个苹果换七个胡桃。那时甲让出八个苹果而得到了二十二个胡桃。如果开始时的条件是六个胡桃换一个苹果，他便用八个苹果换得了四十八个胡桃，那么他也许不肯再用一个苹果甚至来换七个胡桃。但是，因为他拥有的胡桃非常少，他急想多得到一些，并且愿意再用两个苹果换八个胡桃，然后再用两个苹果换九个胡桃，再用一个苹果换五个胡桃，于是便又达到了均衡。因为乙只有十三个苹果和五十六个胡桃，也许不肯以多于五个胡桃之数换一个苹果，而甲所剩苹果也无几，也许以一个苹果换不到六个胡桃就不会换了。

在这两种情况下，就交换来说，都增加了双方的满足。当交换中止以后，进一步交换势必会至少减少其中一方的满足。在各种情况下，都达到了均衡，但这是一种任意的均衡。

我们再假定有一百个人和甲处的情况相同，每人都约有二十个苹果，而且与甲一样，对胡桃都具有同样的欲望；而对方也有一百个人，和乙最初所处的情况相同。市场上最机敏的卖主也许有些在甲方，有些在乙方。不论市场上是否可以互通信息，交易的平均数多半不会远离六个胡桃换一个苹果的比率，像在两个人之间进行交易的情况那样。但是，多半没有我们在谷物市场上见到的那种紧密依附该比率的可能性。交易时甲方的人很可能在不同程度上战胜乙方的人，因此，接着就用七百个苹果换了六千五百个胡桃；甲方的人既然拥有这样多的胡桃，除了至少按一个苹果换八个胡桃的比率之外，也许并不愿意再进行任何交易。而乙方的人因为每人平均只剩下三十五个胡桃，所以按照那个比率也许拒绝继续出售。另一方面，乙方的人交易时也许在不同程度上战胜了甲方的人，结果不久就用四千四百个胡桃换了一千三百个苹果，那时乙方的人因拥有一千三百个苹果和五千六百个胡桃，所以除非按五个胡桃换一个苹果的比率，否则就不肯多出售；而甲方的人因为每人平均只剩下七个苹果，也许会拒绝那个比率。在一种情况下，按八个胡桃换一个苹果的比率达到了均衡，而在另一种情况下，按五个胡桃换一个苹果的比率才达到了均衡。

借以达到均衡的那种比率之所以不稳定，间接地取决于这一事实，即一种商品和另一种商品交换，而不是和货币交换。因为既然货币是一般购买手段，那么似乎有许多人能方便地收回或抛出大量的货币，这就有使市场稳定的趋势。但在易物交换盛行的地方，苹果很可能有时和胡桃交换，有时和鱼交换，有时和箭交换，等等；使市场（其中价值表现为货币）统一的那些稳定因素是不存在的，我们不得不把各种商品的边际效用看成是可变的。的确，如果胡桃种植业是我们这个物物交换地区的主要产业，所有的买主和卖主都存有大量的胡桃，只是甲方的人拥有苹果，那么，几宗胡桃交易不会显著影响其储量，对其边际效用也不会有显著的改变。

例如，假设某甲有二十个苹果和某乙进行交易。如果某甲愿意以五个苹果买十五个胡桃，第六个苹果买四个胡桃，第七个苹果买五个胡桃，第八个苹果买六个胡桃，第九个苹果买七个胡桃，以此类推，因为胡桃对他的边际效用始终不变，所以，他恰好愿以第八个苹果买六个胡桃，不论在从前的交易中他是否占了乙的便宜。同时假定乙购买头五个苹果时，宁愿付五十个胡桃也不愿放弃苹果，购买第六个苹果付九个胡桃，购买第七个苹果付七个胡桃，购买第八个苹果付六个胡桃，购买第九个苹果只付五个胡桃。因为胡桃对乙的边际效用不变，所以他恰恰愿以六个胡桃买第八个苹果，不论他以前买的苹果的价格是贱还是贵。在这种情况下，第八个苹果既然只卖六个胡桃，那么交易**势必**以八个苹果的转移而告终。当然，如果甲开始时在交易中占了便宜，他也许用头七个苹果买了五十或六十个胡桃；而如果乙开始时在交易中占了便宜，他也许用三十或四十个胡桃换取了这头七个苹果。这和文中所述的谷物市场以三十六先令的最终价格出售七百夸脱左右的小麦这一事实相符；但是如果卖主开始时占了上风，那么所付的价格总额也许大大多于七百夸脱乘以三十六先令的总额，而如果买主开始时占了上风，那么所付的价格总额也许大大小于七百夸脱乘以三十六先令的总额。交易理论和物物交换理论的真正区别是在于：在交易理论中，假定市场上所存储的商品与另一种商品交换的数量很多，并且操于许多人之手，那么此商品的边际效用实际上是不变的。这种假定一般是对的；而在物物交换的理论中，这种假定一般却是错的。参阅数学附录中注12（乙）。

附录七[1]　地方税的征税范围及有关政策的几点建议

§1. **地方税的最终征税范围极为不同，取决于居民是否流动，取决于是有偿税还是无偿税，条件的巨变使准确的预见成为不可能**　我们已经看到[2]，对印刷业征收新的地方税和国税不同，这种不同主要在于会使印刷业的某些便于转移的部分转移到地方税的范围之外。那些需要在当地印刷的顾客就要付相当高的印刷费；排字工人也开始外流，直到只剩下在当地就业能维持以前的工资水平的人数为止；而有些印刷机构则改行从事别的行业。对不动产征收的地方税在某些方面却遵循着不同的途径，逃税力度在这里是一个重要的因素，如同对印刷业征收的地方税那样。但也许更重要的事实是，大部分地方税都用于直接增进当地居民和工人的福利，否则他们也许就会离开。这里我们需要两个术语。无偿税是不给纳税人提供补偿利益的税。某市政府借款搞一个企业，但此企业失败了，只得半途而废，而用于支付这笔借款利息的税，就是无偿税的一个极端的例子。主要向富人征收的济贫税也是一个比较典型的例子。当然，无偿税有驱逐纳税人的趋势。

反之，有偿税是用在照明、排水及其他用途方面的税，会给纳税人提供生活上的某些便利和福利，而这些便利和福利只有当地政府才能以极为便宜的办法来提供，其他机构是办不到的。如果这种税管理得当，可以使纳税人受到实惠；增加这种税也可以吸引（而不是驱逐）居民和工业。当然，某税可能对居民中的一个阶层是无偿的，而对另一个阶层却是有偿的。用在举办

---

[1] 见本书第五篇第 11 章的第 6 节及第 7 节；第六篇第 11 章的第 10 节。

[2] 见第五篇第 9 章的第 1 节。此附录大多是以那里所指的备忘录为基础的。

完善的初级和高级小学上的高税率,可以吸引技工居民,却会排斥富裕居民。"偏重于全国性的服务","一般是无偿的",而"偏重于地方性的服务,一般给予纳税人的直接利益和特殊利益是和他们的负担多少相称的"。①

但是,就不同种类的地方支出,"纳税人"一词必须有不同的解释。用于清洗街道的税对住户来说是有偿的;而用于永久改良物的那些税,当然只给住户提供部分收益,而大部分收益终归地主所有。

住户把向他征收的税一般看成是构成他的租金总额的一部分;但是,他也考虑那些由于地方有偿税的支出而得到的生活福利。这就是说,在其他条件不变的情况下,他有选择租金或在无偿税总额较低的地区生活的可能。可是,要估计出于这种考虑以及实际迁移的困难极为困难。因为它受消息不灵通和漠不关心的阻挠也许要比一般所想象得小一些,但受个人具体要求的阻挠却很大。得文郡的低税率不会将喜欢伦敦生活的人吸引到那里;某些企业家阶层对于定居在哪里,实际上也很少有选择的余地。除了人事和商业关系之外,住户还受到迁移中的辛苦和费用的阻挠。如果这种辛苦和费用相当于两年的租金,除非他获得的利益是按百分之十的比率计算三十年,否则他势必会因迁移而受到损失。但是,当某人因为某种理由搬家时,他很可能会充分考虑适合他居住的地区的当前税率和未来税率。

劳动阶级的流动性在某些方面大于中产阶级;但是,如果税赋很重,有时会对租户方面产生压力,因为这种新的负担会延续转嫁给他。企业家所受到他的工人的住宅税的影响,与受到他自己的住宅税的影响相同。虽然高税率也许是使某些企业家离开大城市的原因之一,但是,如果运用得很经济,是否会产生这样的结果就值得怀疑了。因为这种税的大部分新支出如果运用得当,从工人的观点(如果不从企业家本身的观点)来看,便会大大增进当地的福利,或者减少当地的不便。此外,虽然权衡之下有倾向表明租户会慎重考虑地方税的现在及其未来的状况,但他们不能预测得更远,甚至也很少作出这样的预测②。

对租税征收范围的分析必须是指一般趋势,而不是指实际事实。使这些

---

① 《皇家地方税调查委员会的最后报告》,1901年,第12页。
② 皇家地方税调查委员会就这几点提出了大量的证据。

趋势得不到预测的原因，类似于不能用数学推理来计算在逆流中摇摆前进的船甲板上滚动着的球的轨道的那些原因。如果该船只向一侧倾斜，便可以计算出球的运动。但是，在任何一种趋势有可能产生许多结果之前，都必将停止，而继起的趋势便不能得到预测。正是这样，虽然经济学家几乎在一世纪以前曾经一度解决了租税转嫁的一般趋势问题，但是各地无偿税的相对压力往往变化得非常迅速，以致一种趋势在受到那些预料不出的变化的阻止甚至逆转之前，即告中断。

§2. 地产的"建筑价值"和地基价值加起来就构成全部价值，条件是建筑物和该地基相称，否则另当别论 我们已经看到，某建筑商对任何地基所愿支付的地租，都取决于他对那块地基对建筑物所增加的价值的估计。在承租之前，他的资本和他因建筑而借的资本是"流动"资本，并表现为货币；他投资的预期收入也表现为货币。他一方面列出建筑费用；另一方面列出建筑物同地基的租值和他即将支付的地租的差额，他计算这一差额（比方说）九十九年租期的折现值（也许是主观上的大致估计，而不是明确的数学计算）。最后，如果他看见有相当可观的利润可图[①]，而他的企业眼下又没有更好的机会，他就会租下那块地基。

他竭力设法使该地基和在上面建筑的房子（或其他建筑物）会永久彼此相称；如果他能做到这一点，那么该地产在将来任何时期的租值都等于它的年地基价值与年建筑价值之和。他期待这笔款项对他的支出提供充分利润，其中算进去对一种相当冒险的事业的保险费。租金中的第二部分一般叫做（年）建筑价值或房子的建筑租，虽然这种叫法也许并不十分确切。

随着时间的推移，货币的购买力可能发生变动；该地基适合建筑的那种房子的等级也可能会有所改变；建筑技术也势必有所进步。因此，该地产后来的年价值总额包括它的年地基价值，还有建筑一所和当时已有的房子提供同样便利的房子的成本的利润。但是，所有这一切都服从房子的一般性质始终和它的地基相称这样一个先决条件。如果不相称，就不能精确说明总价值、

---

① 见第五篇第11章的第3节和第8节。建筑商一般在租期未满之前希望出售自己的产业，他预期得到的价格是该产业的租价减去未来几年地租的差额（折现值）。因此，他的计算本质上和他企图自己保有该产业时大致相同。

地基价值和建筑价值之间的关系。例如，假使为了充分发挥该地基的潜力而需要建筑一个货仓或一所性质完全不同的房子，那么该地产的总价值也许会小于它的地基价值。因为不拆除旧房而建筑新房，就不能提高地基价值。而原房上的旧材料的价值也许比拆除它们的成本还要小一些，其中算进去因此而受到的时间上的耽误和损失。

§3. 向地基价值征收的无偿税主要由地基所有者负担，或者如果事先不知道，则由承租人负担 在其他方面都同样合适的两所房子中，住户将对位置较好的那所房子支付一笔等于它的特殊利益的年金；他不会管这笔款项中哪部分充当租金，哪部分充当税。因此，地基价值的无偿税趋向于从地主或承租人所收的租金中减去，因而此租税如果能事先预料得出，就将从建筑商（或任何别的人）对建筑权所愿支付的地租中扣除。有偿的地方税在长期内是由住户支付的，但对他不是真正的负担。"在长期内"这个条件很重要，例如，城市改良在未来几年中将阻塞交通，那么对这种改良的偿债基金和利息而征收的税，对住户（如果他纳税的话）来说是无偿的。就公道而论，这种税应该从他的租金中扣除。因为当改良完毕，特别是当债务付清后，从而应该取消该税时，地产所有者将获得因改良而向最初住户征收的无偿税的利益①。

§4. 但是，对建筑价值征收的无偿税（全国一致）主要由住户负担。特别重要的地方无偿税即使根据建筑价值来征收，也主要为所有者（或承租人）来支付 对建筑价值征收的税却处于不同的状况。如果该税遍及全国，就不能改变有利地基的差异优势。从而不能（或者至少不能直接）使建筑商或其他别的人对好地基不愿支付高额地租；如果税很重，以致大大缩小建筑用地的面积，那么将的确降低一切建筑用地的价值，而特殊的地基价值随着其他地基价值的下降而下降。但是，这种税在这方面的影响很小，因此，认为建

---

① 这假定不论如何使用土地，土地负担的税额都相同。因特殊使用而征收的附加税可用第五篇第10章的第6节中的方法进行处理。如果农业土地免税，则乡下的房客或工厂主就会逃避对建筑用地价值超过农业土地价值的差额所征的那部分地基税。这也许使城市稍稍更集中化，从而多少减轻城市地基所有者的负担；但是实质上不会影响城市中心的那些地基的价值。见以下第6节。

筑价值的税不由地主负担的这种看法不会有很大的错误。倘若建筑商预料到这种税，便可以根据税来调整自己的计划。他力求建造这样一用费的房子：此房能按给他提供正常利润的租金租给住户，而让租户纳税。他当然可能会算错，但在长期内作为一个阶层的建筑商，和所有其他商人一样，几乎是不会算错的。在长期内，建筑价值税落在住户身上，或者如果他把那所房子用来做生意，而他的竞争对手也纳相同的税的话，那么最后由他的顾客负担建筑价值税。

但就对建筑价值征收特别高的无偿地方税而言，情况却截然不同：这里出现了不动产国税和地方税的主要区别。这种税的有偿支出对生活福利的增进大于其成本等价时，当然不能驱逐住户。其中征自建筑价值的部分税由住户来支付，但对他并不是一种真正的负担，就如我们在征地基价值有偿税的情况中见到的那样。

但是，建筑价值税超过其他地区的那个无偿部分，主要不是由住户负担的。任何额外负担都会使他们移出此地区的范围之外，迁移的人数足以减少对该地房屋和其他建筑物的需求，直到这种额外建筑价值税由承租人或地主负担为止。因此，建筑商如果能预测将来，势必会从他们所愿支付的地租中，扣除这种额外建筑价值税和各种地基价值税。

但其中这种扣除很大税的情况并不很多，也不重要。因为无偿税虽然长期极为不等，但这种不等却不像一般所想象得那样大。其中许多是由于不易预料的事件造成的，比如某些地方官失职。的确有一个显著的因而也许是永久性的原因能显出预兆，即富户有从热闹区迁往空旷而时髦的郊区的趋势。因而，在为穷人征收的国税中，使劳动阶级担负了一个不适当的份额。但是，不等这种弊端变得十分明显，人们就会通过立法扩大税区，或用其他方法把穷人区和富人区置于同一预算之下。

更重要的是不应当忘记，建筑价值的额外无偿税，在征收该税的地区中虽有降低地基租和租契更新时的地租的趋势，但对全体土地所有者的负担并不像初看起来那样严重。因为在受到这种税的节制之后，建筑业的大部分经营不是被破坏了，而是被导向别的地区，并加剧那里对新建筑权的竞争。

§5. 如果向住户征收原有捐税，其负担的部分很少受到影响，但在目前课税制度下，无偿税的急剧增加对住户（特别是店主）是一种严重的负担向住户而不向土地所有者征收旧税，对征收范围的影响极小。虽然地基价值税和建筑价值税的比例对其影响很大。另一方面，在最初几年中，无偿税增额的征收范围却很受征收方式的影响。住户所负担的增加额，比部分征自土地所有者的税或从他的租金中扣除一部分税的条件下要多一些。不过这只适用于正在发展的那些周围地区。在人口少而建筑业停顿的地区，无偿税有由土地所有者负担的趋势。但在这些地方，经济阻力一般很大。

无偿税对建筑投机商和其他中间人的经营的总负担似乎很可能不太大，他们抱怨的许多税实际上使他们大发横财。但是，税的变化使建筑业冒的那些巨大风险略有增加，从而社会对这些风险付出的代价不可避免地超过它们的实际等价。所有这一切都指明那些由于急剧增税而带来的严重弊端，特别是那些房屋的增税。房屋应承担的税值相对于住户的纯收入而言是比较高的。

总之，只要商人（尤其如果是一个店主）经营的商品不易从远方得到，便往往能把他所负担的税部分转嫁给他的顾客。但是，店主的税和他的收入相比是很大的；其中有些开支在富有的居民来看是有偿的，但在他看来却是无偿的。他的工作属于这样一种类型：其中经济进步提高供给比提高需求多。不久前，他的报酬是以牺牲社会为代价而人为地提高的，但现在报酬正在降到一个更为合理的水平，而他却不轻易承认现实。他念念不忘那种因急剧增税而使他遭受的真正不公平，并把那些实际上由于更深刻的原因而对他造成的某些压力归咎于这种不公平。他的不公平感因他总不能和地主以相当公平的条件议价这一事实而变得更加敏锐。因为撇开固定设备的成本和一般的迁徙费用不算，即使他就近迁到同样适宜的场所，也会失去大部分顾客。但绝不能忘记店主有时的确会迁移，他警惕着，并充分考虑到税金；从而，几年以后，他把无偿税的负担转嫁给土地所有者和顾客，甚至比任何阶层中的人都更彻底（旅馆主、公寓主在这里和店主相同）。

§6. 根据资本价值向空建筑地基征税和将建筑价值税部分转移到地基价值上，一般说来是有益的，条件是这一切要逐步进行，并伴之以关于建筑物高度与其前后应留空地的严格规定　靠近一个新兴城市附近的仍然当做农田使用的土地，提供的纯租也许极少，但可能是一块有价值的地产。因为它的未来地租已经包括在它的资本价值当中了。此外，对该地的占有除了收取货币地租外还很可能提供一种满足上的收入。在这种情况下，即使按该地全部租值征税，也征得很少了；因此，就产生了是否应该按它的资本价值的百分之几，而不按地租的百分之几来征税的这样一个问题。

这种趋势会加速建筑业市场阻塞的趋势。因此，房租趋于下降，而建筑商也许不能租用高地租的建筑地基。这种变动因此也许会把现在归于那种土地所有者的一部分"公有价值"转移给一般的人，而那种土地是已经盖了房的，或者多半是要盖房的。除非城市当局采取有效措施，制定出城市应当发展的规划，不然就会造成建筑多而质量差的局面。这是一种错误，后代也许会为之付出损失美观甚至健康的巨大代价。

这种计划依据的原则有着广泛运用的余地。我们可以谈一谈近来曾引人注意的一个极端性建议，大意是在将来应该主要（甚至全部）对地基价值征税，而很少参考或不参考建筑物的价值。这直接结果是以牺牲其他地产为代价而提高某些地产的价值，特别是会使重税区中高大豪华的建筑物的价值提高得甚至比低税区还要厉害，因为这样可以减轻较大的负担。但是此建议会使重税区中大地基上低矮而又破旧不堪的那些建筑物的价值有所降低。不久之后，一块地基上的建筑物的量在建筑章程范围内，一般会和位置上的有利条件成比例，而不像现在这样部分和位置上的有利条件成比例，部分和税额成反比例。这就会增大集中程度，并有提高有利地区中总地基价值的趋势，但是会使这种税的总支出也有所增加。因为这种支出由地基价值负担，所以纯地基价值可能会很低。总的来看，很难判断人口集中是否在加剧。因为大量的建筑也许在郊区进行，那里空地不再逃脱重税。许多都取决于建筑章程，集中程度可能因高大建筑物的前后都应有很大空地这一严格章程而大大降低①。

---

① 例如，假定在一块一百万平方尺的土地上盖四十尺高，间距四十尺的几排房子；建筑法规定天空必须对着地面前后成四十五度角，这会使各排之间的距离为四十尺，那么总建筑量将等于四十尺乘五十万尺（总面积的二分之一），即二千万立方尺。现在假定房屋高度为以前的三倍，在同一建筑法下，各排之间的距离必然为一百二十尺。根据不便把房屋的高度增加到四十尺以上的这一假设，那么总建筑量将为一百二十尺乘总面积的四分之一，即三千万立方尺。因此，房屋总量将只增加二分之一，而不是增加三倍，就像各排之间的距离仍保持原来的四十尺时那样。

§7. **再论农业税** 我们已经谈过英国农业中佃户和地主的共事关系①。在农村中，竞争不如在城市中有效；但另一方面，地主对农场基本建设的投资是有伸缩性的，往往由于环境的压力而有所改变。这种调节将使农业税的归宿变得模糊，就如旋风掠过房顶时，往往会使雪花飞扬，但只是压抑而不是消灭地心引力的趋势。因此，就产生了下面的一般说法：如果对农场的竞争激烈，则农场主将支付他和地主所应负担的部分农业税；如果地主有理由害怕农场脱不了手，那么他将支付全部农业税。

但是，农村居民负担的无偿税也许比一般要少些。他们因警察服务的改善和通行税的废除而获得了利益，并且越来越享有附近城市居民所缴纳的税所换来的种种利益，而对这些税他们并没有出任何力，并且这些税一般比他们自己的税要高得多。倘若税在眼前是有偿的，即使住户纳税，该税对他也不是一种纯负担，但农业税会占农场主纯收入的一个很大比例部分。在无偿的农业税急剧增加的那些稀有情况下，农场主的负担往往过重。正如已经指出的，在一个地区范围内的无偿税比在全国范围内的一般无偿税对当地地主和农场主的压力好像更严重②。

§8. **一些实际建议。土地供给的永久局限性以及集体行动对其现有价值的巨大贡献，为了征税目的，有必要把它列入单独项目** 本书主要从事于科学研究，但对那些有经济研究旨趣的实际问题也不无涉猎③。在这里，有关租税政策的某些讨论似乎很合适，因为所有的经济学家都认为，早开发国家中的土地在许多方面和其他财富形式相同，而在另一些方面却有所区别；在最近的某些争论性文献中，有把不同点降至次要地位，而把相同点提到首要地位的趋势。如果只有那些相同点对迫切需要解决的实际问题具有重大的意义，那么，适当偏重这一方面也许是明智的。但事实恰恰相反，因此似乎有必要来考虑财务、行政方面的某些重大问题，其中土地所有的特点起着重要的作用，而其他财富形式大多没有这些特点。因此，必须谈一谈公平原则。

首先，如果因某特定用途而征收一种特别税，同时在这种情况下政府当

---

① 见第六篇第 10 章的第 10 节。
② 见本书第五篇第 10 章第 4 节末。
③ 见第一篇第 4 章的第 2～4 节。

局又不干涉现存的所有制（例如，像建立土地排水系统时），那么对地产收益户可以适当地按"股份原则"征税。根据这一原则，受益多者多出，受益少者少出。不管每一种这样的税公平与否，都必须分别加以判断。相反，不管一切无偿税公平与否，都必须从总体上加以判断。几乎就每一种无偿税本身而言，都对某阶层或其他阶层施加不当的压力。但是这并不重要，只要各种税的不均为其他税的不均所抵消，并且各部分的差异同时发生。如果这个困难条件得到满足，那么租税制度可以说是公平的，虽然只就其中任何一部分来看稍欠公平。

其次，大家一致认为租税制度应当根据人们的收入，或者最好是根据人们的支出划分适当的等级而加以调节。因为一个人储蓄的那部分收入在用完之前，都有助于充实国库。因此，当我们考虑到现行租税制度（一般的和地方的）加于房屋的负担很重这一事实时，绝不应该忘记房屋大，支出也大。一般支出税（特别是等级支出税）对征税人有很大的技术上的困难。此外，一般支出税使消费者直接或间接出的费用，比给国库带来的收入要大得多，而房屋税则更简便易行，征收费用又低廉，又不易逃税，并且易于划分等级①。

再次，不过这个论点不适用于住宅以外的其他建筑物。由于这种原因，对店铺、货仓和工厂等征的税比对房屋征的税低，这也许是公平的。无论如何，就新税而论，应该如此。旧税已经从营业所占用者那里转嫁出去，一部分转嫁给他们的房东，一部分转嫁给他们的顾客。转嫁在不断地进行着。因此，如果对城区商人从每一便士新课的税中一次征收一法寻，以后逐年再按很小的百分比征收其余三法寻的一部分或全部，那么他们不会感到很大的痛苦。如果市政府的经费增加得很快，这种方法也许是必要的。

---

① 古时候，房屋上的窗户被看做代表房屋，征税很重。但这种税并不是（而且原意也不是）仅仅使窗户的所有者或使用者来负担；而原意是（并且的确也是）使房屋的所有者或使用者来负担。正如同窗户多少可以代表房屋一样，而房屋也是家庭开支的某种规模和方式的代表，也许还是更合适的代表；如果对房屋征税，则此税是（并且原意也是）对生活手段（在某种安逸和社会地位的条件下）的所有权和使用权的征税。如果对房屋征的税有一部分被取消，并以对家具和家庭佣人的征税来补充不足部分，那么租税的实际归宿大致与现在相同。

上述种种考虑使我们不得不重申这样一种看法：不论在早开发的国家里还是在新兴的国家里，一个有眼光的政治家感到对土地立法，比对其他财富形式进行立法，对后代将负有更大的责任。从经济和伦理的观点来看，土地总是必须处处被划作为一个独立的自在之物。如果国家最初就把真正地租保留在自己手中，那么工业的元气和积累未必会受到损害，虽然在少数情况下会略微耽搁向新开发地区移民进度。而对来自人为产业的那些收入却绝不能这样说。但在讨论土地公有价值是否公平时，有关的公共利害关系非常大，因此使我们特别有必要牢记的是，国家忽然把曾认为是私有权的那些地产的收入攫为己有，就会破坏安全并动摇社会的根基。轻率而极端的措施是不公平的。部分上由于这种原因（而不是完全由于这种原因），这些措施是不明智的，甚至是愚蠢的。

警惕是必要的，但地基价值很高的原因是由于人口的集中，而这种集中有使新鲜空气、阳光和活动场所发生严重不足的危险，以致毁坏年轻一代人的体力和幸福。因而，巨大的私人利益不仅是由那些社会性质（而不是个人性质的）的原因造成的，而且是以牺牲一种主要的公共财富形式为代价的。获得新鲜空气、阳光和活动场所是需要巨额经费的。而为这些经费开支的最合适的来源似乎是土地私有的那些极端权利，而这些权利从代表国家的国王是唯一**土地所有者**的时候起，就几乎不知不觉地形成了。私人只是**土地持有者**，有义务为公众福利服务。他们没有用拥挤不堪的建筑来损害那种福利的合法权利。

§9. 续前　因此，似乎可以提出以下几点实际建议：关于旧税，骤然改变纳税人似乎是不可取的；但是在可能方便的条件下，应该向最终负担者征收新税；除非像征收所得税那样，向租户征收这种税时，说明将从他的租金中扣除此税。

这样做的理由是，对土地的公有价值或地基价值征的旧税几乎全部都已经为所有者（包括承租人在内，就这些税而言，虽然是旧税，但他们在订租约时却没有事先料到）来负担；其余部分差不多完全由租户或他们的顾客来负担。这种结果不会因让租户从他的租金中扣除一部分或甚至全部税金都由他负担而受到很大的干扰，虽然这样一种法律有把所有者的一部分产业转让给承租人的危险，但他们订立租约时就会料到要缴纳那部分旧税。另一方面，分担新税（即增加的税）的规定有很大的优点：不论农场、店铺，还是住宅的租户，都要从他的租金中扣除二分之一的新税；他的直接地主（或房东）再从他对上级地主（或房东）的支付中按比例加以扣除，以此类推。此外，如上面所说的，各个营业所的新的地方税最初不能征收全额，以后再逐年增加。通过这些规定，农场主、店主和其他商人就不会有那种偶然不公的待遇和对这种不公的经常性的顾虑，而这种不公现在是和突然不适当地增加特殊阶层的公共负担有关联的。

关于地基价值不妨这样规定：一切土地（不论在技术上是否属于城市土地）在不按建筑物计价而按每亩不太高的价格（比方说二百镑）出售时，就应被视为具有特殊的地基价值。对此建筑物的资本价值征一般的地基税，此外，并征收"新鲜空气税"，以便由当地政府集中用于上述目的。这种"新鲜空气税"对所有者不会是一种很重的负担，因为其中大部分都会以所余建筑地基的价值增加的形式还给他们。事实上，像首都公园协会这些私人团体的支出和大部分为市政建设而征收的建筑价值税，其实是对那些已经很幸运的所有者的一种无代价的财富。

城乡地区都一样，除了原来的土地税之外，获得其余的必要基金的最好办法也许是不动产税，再辅以地方当局所征收的一些地方捐税。可以禁用住宅税，除非要用此税来征集像养老金那种新的巨额经费，主要的税率可以像现在的住宅税那样划分等级；不过，对一般的住宅要低一些，而对很大的住宅要高一些。因为在一个人对租税的征收和使用有权投票表决的情形下，他一点都不负担租税是不妥当的。但是以等于他的税款的这些利益（如增进身心健康与精力和不趋向于政治腐败）来酬报他或他的子女倒是妥当的和合理的①。

---

① 最近成立的地方税调查委员会着重解决确定地基价值税的困难，解决甚至更严重的困难，即同时做出把旨在最后应由土地所有者担负的一部分（不论多少）税，由住户转给租户的那些措施（见该委员会的"最后报告"，特别是第153~176页）。定税的这种困难无疑很大，但是通过经验可以很快减少困难：最初一千个这样的定额比以后两万个定额也许还难和还不准确。

附录八[①] 关于报酬递增静态假设运用的局限性

§1. 严格的供给表的假设会导致多重均衡（稳定的和不稳定的）位置的可能性。但是就报酬递增来说，这一假设与现实相距甚远，以致只能在狭隘的范围内进行尝试性的运用。因此，在使用正常供给价格一词时须加小心。我们已经暗示了那些遵循报酬递增规律的商品的均衡理论所遇到的困难，现在需要稍稍再进一步加以暗示。

关键是在长期内就生产成本随着产量逐渐增加而减少的那些商品来说，"生产边际"一词没有意义。而在短期内一般不存在报酬递增的趋势。因此，当我们讨论遵循报酬递增规律的那些商品的价值的特殊条件时，应该避而不用"边际"一词。就需求上的短暂而迅速的变动而言，此词当然可以用于这些商品，就像用于所有其他商品一样。因为适应这些变动的那些商品和其他商品的生产，遵循的是报酬递减而不是报酬递增规律。但是，在报酬递增规律发挥有效作用的那些问题中，是不能给边际产品下明确的定义的。在这些问题上，我们不得不选择较大的单位，必须考虑的是"代表性"企业，而不是某个个别企业的情况。我们尤其必须考虑的是整个生产过程的成本，而无须把单个商品（如一支来福枪或一码布）的成本从中分离出来。的确，如果某工业部门几乎全部操于少数大企业的手中，那么其中没有一个企业堪称为"代表性"企业。如果这些企业融合成一个托拉斯，或者彼此密切地联合起来，那么"正常生产费"一词就没有精确的意义。如在后面书中将充分论证

[①] 见本书第五篇第12章的第3节。

的那样，表面上必须把它看成是一种垄断，必须根据第五篇第 14 章中的原则分析其进程，虽然 19 世纪末和 20 世纪初表明，即使在这种情况下，竞争仍有非常大的作用，而且"正常"一词的使用不像原来似乎可能出现的那样不合适。

§2. **续前** 我们再回到这个例子上：时尚运动造成了对无液气压表的需求有所增加，不久之后，便导致组织改善，并降低了供给价格①。最后，当时尚的力量消失时，对气压表的需求又只建立在其实际效用的基础上，因而这个价格可能大于或小于相应生产规模的正常需求价格。在前一种情况下，资本和劳动会躲避该行业。在那些已经成立的企业中，有的也许继续营业，虽然所得纯利比希望的要少一些；而有的却渐渐转入某些比较兴盛的相近的生产部门。而由于旧厂衰落，新厂起而代之者寥寥无几，所以生产规模也会有所缩减，而且旧有的均衡位置也许显得相当稳定，不易遭到破坏。

但是，现在让我们考虑另一种情况，在这种情况下，已增产量的长期供给价格急剧下降，以致需求价格仍居于此价之上。在这种情况下，企业家们测算着他们所办的厂的寿命，考虑它成功和失败的机会，折算它的未来支出和未来收入，最后也许会断定收入大大超过支出。资本和劳动会迅速流入该行业；而在需求价格下降和长期供给价格下降相等，并发现稳定的均衡位置之前，生产也许会增加十倍。

因为虽然在第 3 章说明的供给和需求围绕着的一个均衡位置在摆动中，的确像一般暗示的那样，我们暗示了在一个市场内只能有一个稳定的均衡位置。但实际上在某些可以想象出来的虽然极其罕见的情况下，可以有两个或两个以上的真正供求均衡位置，其中任何一个均衡位置和该市场的一般情况都同样一致，而且其中任何一个均衡位置一经确立，直到出现某种大的干扰之前，都将会是稳定的②。

---

① 见第五篇第 7 章中的第 1 页。
② 除了稳定均衡位置之外，从理论上讲，至少还有一些不稳定均衡位置：它们是两个稳定均衡位置之间的分界线，宛如划分两个流域的分水岭一样，价格趋向于从此流向每一方。

当供给与需求处于不稳定均衡状态时，如果生产规模受到干扰，就会造成多少偏离稳定均衡位置而迅速移向其他均衡位置，就像一个直立的鸡蛋稍受震动就会倒卧一

§3. 续前　但是，必须承认，这个理论与现实生活脱节，只要假定的是某商品的正常生产先增加，继而又减至原有的产量，那么需求价格和供给价格便又会回到它们产量的位置上①。

不论某商品遵循的是报酬递减规律，还是报酬递增规律，价格下降只能使消费逐渐增加②。此外，某商品在价格低时，人们一旦形成使用它的那种习

样。从理论上讲，一个鸡蛋平稳直立是可能的，而实际上却是不可能的。同样，生产规模在不稳定均衡中保持均衡，这在理论上也是可能的，而实际上却是不可能的。

例如，在图-38中，诸曲线相交几次，ox上的箭头表示R有沿着ox移向原位的趋势。这就表示，如果位于H或L点的R向左右稍离原位，一旦干扰因素消失了，就将复归其离开的均衡位置。但是如果R位于K点，并偏向右方，那么，甚至在干扰因素停止之后，它也将继续向右方移动，直到L点为止；而如果偏向左方，则将继续向左方移动，直到H点为止。这就是说，H与L为稳定均衡点，K为不稳定均衡点，从而我们可以得出这样的结论：

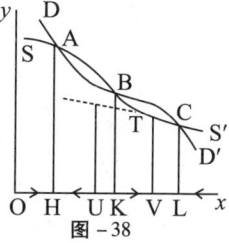

图-38

位于供求曲线交点上的供求的均衡是稳定均衡或不稳定均衡，取决于需求曲线在该点左方是位于供给曲线之上还是位于供给曲线之下；又取决于需求曲线在该点右方是位于供给曲线之下或位于供给曲线之上。

我们已经知道，需求曲线是全部向下倾斜的。由此可得出结论：如果供给曲线在任何交点的右方且位于需求曲线之上，那么，如果我们沿着供给曲线向右方移动，势必就会使需求曲线位于供给曲线之上，直到第二个交点为止。这就是说，在稳定均衡点右方的第二个均衡点必然是不稳定均衡点。同样可以证明，在左方相邻的交点也是不稳定均衡点。换句话说，在供求曲线相交一次以上的那些情况下，稳定均衡点与不稳定均衡点是交替着的。如果我们向右移动，那么最后的交点也必然是稳定均衡点。因为如果产量无限增加，销售价格势必就会降到几乎等于零的程度；但是补偿其生产费用所需要的价格不会如此下降。因此，如果把供给曲线充分向右延长，那么该曲线最后必然位于需求曲线之上。

我们从左向右所得出的第一个交点，可以是稳定均衡点，也可以是不稳定均衡点。如果是不稳定均衡点，就表明所述商品的小规模生产将对生产者无利可图；因此，除非一时的事件暂时引起了该商品的迫切需求，或暂时降低了它的生产费用，或一个大展宏图的工厂准备运用大量资本来克服生产上的初期困难，并按行将保证巨额销量的价格来生产这种商品，否则就绝不会开始生产这种商品。

① 见第五篇第3章的第6节。
② 见第三篇第4章的第6节。

惯，便不会很快在这种商品价格复涨时放弃掉。因此，如果在供给逐渐增加之后，此商品的某些来源受到阻塞，或者由于任何其他原因的出现而使该商品稀少，那么许多消费者都不会愿意放弃旧习。例如，在美国战争时期，棉花价格很高，而如果以前的低价没有使棉花用来满足那些由于价格低而产生的需要，那么棉花的价格也许就不会那样高了。因此，对某商品生产的前进运动有效的需求价格表，很少适用于它的倒退运动，不过一般会需要加以提高①。

此外，供给价格表也许颇能代表供给正在增加时出现的商品供给价格的实际下降。但是，如果需求减少了，或者如果由于任何其他原因而使供给必须减少，那么供给价格便不会沿着原道后退，而会采取较低的供给价格。对前进运动有效的供给价格表不适用于后退运动，必须以较低的供给价格表来代替。不论商品生产遵循的是报酬递减规律还是报酬递增规律，都是如此。但在报酬递增的情况下特别重要，因为生产遵循这一规律的事实，证明此商品生产的增加导致了组织上的极大改善。

因为当任何偶然的干扰使某商品的生产有了很大的增加，从而导致产生大规模经济时，这些经济都不易丧失。机械工具、劳动分工和交通运输的发展，还有各种组织上的改进一旦得到利用之后，便不会轻易放弃。资本和劳动一旦投入某特定工业部门，而且如果对所生产的商品的需求减少，那么这些商品的确会贬值，但资本和劳动不能迅速转向其他职业，在一段时间内，竞争会使已减少的需求不能提高商品的价格②。

---

① 这就是说，对于销售量的任何倒退运动来说，需求曲线的左端也许有必要加以提高，以便使它代表新的需求情况。
② 例如，图-38中的供给曲线的形状意味着，如果所述商品每年是按 OV 的规模生产的，那么生产中出现的经济便会大得足以使此商品按 TV 的价格销售。如果这些大规模生产经济一旦实现，曲线 SS′ 的形状也许就不再能确切地代表供给情况。例如，产量 OU 的生产费用在比例上也许并不再比产量 OV 的生产费用大得多。因此，为了使这一曲线还可以代表供给情况，就有必要作一条较低的曲线，如图中的虚曲线。布洛克教授（《经济学季刊》，1902年8月，第508页）认为，这条虚曲线不应从 T 向上倾斜（哪怕是倾斜很小），而应向下倾斜，以表示生产缩减将"通过挤掉弱小生产者"而降低边际成本。因此，边际成本将来就是那些比现在更加胜任的生产者的边际成本了，

附录八　关于报酬递增静态假设运用的局限性　647

部分上由于这种原因，即使有关的商人能了解市场的全部实情，也不可能在许多情况下同时并存两种可更替的稳定均衡位置。但是，当某工业部门处于生产规模急剧扩大时，供给价格便会迅速下降，而可以使该商品的需求出现增长的那种短暂的干扰，可能会使稳定均衡价格大大下降；此后，商品生产在数量上比以前多得多，并且会按比以前低得多的价格出售。如果我们把供求价格表向前推得很远，就总能发现它们十分接近①。因为如果那些激增产量的供给价格略居于相应的需求价格之上时，那么需求的适度增加，或稍微新一点的发明，或其他使生产变低廉的方法，就可以使供求价格相遇，并形成新的均衡点。这种变动在某些方面类似从一个稳定均衡位置移向另一个均衡位置，但又有所区别。这种区别就在于，除非正常需求或正常供给的情况发生某些变动，不然是不能出现这种变动的。

上述种种结果不尽如人意，这在部分上是因为我们还没有完善的分析方法。因为我们的科学方法在逐渐改进，所以日后可以想象得出的这种不满意会越来越少。如果我们能把正常需求价格和正常供给价格表现为正常生产量和该产量成为正常产量的时间的函数，我们就大大地迈进了一步②。

这种结果是可能的。但是绝不应该忘记，最弱小的生产者的边际成本并不决定价值，而只是表明决定价值的那些因素的作用。如果大规模生产经济是"内部"经济，即属于各个工厂的内部组织的经济，那么各弱小厂必然迅速为强大厂所驱逐。各弱小厂的继续存在是强大厂不能无限增加其产量的明证；之所以不能无限增加产量，部分原因是由于扩大市场的困难，而部分原因也是由于一个厂的力量并不能长期保持。今日强大的工厂在过去一个时期也许由于时间短而弱小；而在未来一个时期却由于衰老而虚弱。产量虽然减少，仍有一些处于边际的弱小厂；随着时间的推移，它们也许会比保持过去总产量时有所削弱，外部经济也将有所减少。换句话说，代表性企业的规模也许会比较小，力量比较弱，拥有的外部经济也较少。见福拉克斯教授在《经济学季刊》（1904年，2月）上发表的论文。

① 这就是说，当在均衡点右方很远的时候，供给曲线仅稍位于需求曲线之上。
② 有一种困难源于这一事实：扩大一次生产规模的时间，对于另一次更大规模的生产扩大是不够长的。因此，我们必须事先选定一段相当长的时间，而当前的特殊问题会提示出这种时间，并使所有的供给价格与之相适应。

如果我们可以用更复杂的例解，就能进一步摸清问题的性质。我们可以用许多曲线，其中第一条曲线算做一年内生产规模扩大而引起的规模经济，第二条曲线算做两

§4. **续前** 另外，让我们重申平均价值和正常价值之间的区别①。在静态中，因为可以事先准确地预算出各生产工具获得的收入，所以，这种收入便是使该工具出现所需要的劳作与牺牲的正常尺度。

边际费用乘商品的单位数量，或把商品各部分的实际生产费加起来，再加上生产上的差异优势所得的全部地租，就求出了生产费用总额。既然生产费用总额是这种方法决定的，那么平均费用便等于生产费用总额除以商品数量，其结果就是长期或短期的正常供给价格。

但在现实世界中，"平均生产费"一词有些令人不解，因为制造某商品的大多数生产工具（物资的和人力的）很早就存在了。因此，它们的价值很可能并不恰是生产者原来期望的价值。它们的价值有的较大，有的较小。它们现在赚取的收入，是由其产品的一般供求关系来决定的；它们的价值是这些收入的资本还原。因此，当我们在制作正常供给价格表时，将它和正常需求价格表连接起来，这就是决定正常价值的均衡位置。如果认为这些生产工具的价值已定，我们就不能不陷入循环论。

就有报酬递增趋势的那些工业来说，有这种谨慎特别重要。这种谨慎可由在静态中（也只是在静态中）可能有的那些供求关系的图解来加以强调。在那里，各种特定的东西在一般成本中都负有相应的份额；生产者除非按总成本（其中包括建立典型工厂的商业往来关系和外部组织的酬劳）的价格来计算，否则是不值得接受某种特殊的订货的。这个图解没有积极的价值，仅仅防止抽象推理中可能犯的错误②。

年内生产规模扩大而引起的规模经济，第三条曲线算做三年内生产规模扩大而引起的规模经济，等等。从纸板上把它们剪下，并把它们并排立起，我们就有了一个平面，它的长、宽、厚分别代表产量、价格与时间。如果我们在各条曲线上画出相应于那一产量的点，可以预料出这一产量似乎很可能是与此曲线相关的那一年的正常产量，那么这些点就会在平面上形成一条曲线，而这条曲线就是遵循报酬递增规律的那种商品的真正长期正常供给曲线。参阅坎宁安在《经济学杂志》（1892年）上发表的论文。

① 见第五篇第3章的第6节、第5章的第4节与第9章的第6节。
② 右图中的 SS′ 不是与我们生存在其中的这个现实世界的情况相符合的真正供给曲线；但是它有一些往往遭人误解的性质，我们把它叫做特殊生产费用曲线。同往常一样，Ox 代表商品的数量；Oy 代表商品的价格；OH 是每年所生产的商品数量；AH 是单位

商品的均衡价格；第 OH 单位的生产者被假定是不拥有级差利益的，而第 OM 单位的生产者却拥有级差利益，这种利益使他用 PM 的支出生产一个单位，而如果没有这种利益时，生产一个单位势必会使他用去 AH 的支出。P 点的轨迹就是我们的特殊生产费用曲线。它是这样一条曲线，即在上边任取一点 P，并通过 P 作 PM 垂直于 Ox，PM 就代表生产第 OM 单位所用的特殊生产费用。AH 与 PM 之差等于 QP，是生产者的剩余或租金。为方便起见，拥有级差利益的生产者可以从左到右按下降的次序进行排列。从而，SS′ 就成为一条向右上方倾斜的曲线。

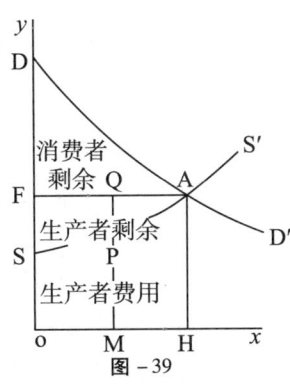

图 — 39

正如在消费者剩余或租金的那种情况（第三篇第 6 章的第 3 节）下的制图方法一样，我们可以把 MQ 看做是一个薄薄的平行四边形，或一条粗直线。随着 M 在 OH 上依次采取的位置，我们就得出由曲线 SA 分成两段的许多粗直线，各直线的下段代表单位商品的生产费用，而上段则为对租金的贡献。所有粗直线的下段连在一起，就成为面积 SOHA，代表产量 OH 的总生产费用。粗直线的上段连在一起，就成为面积 FSA，因此代表生产者的剩余，或日常所指的租金。除过上述面积（第三篇第 6 章的第 3 节），剩下的 DFA 则代表消费者的剩余，即从 OH 数量所得的满足超过以货币总额 OH×AH 所代表的满足的剩余。

特殊生产费用曲线和正常供给曲线的区别是在于：在前一种情况下，我们把大规模生产的经济始终看做是固定不变的；而在后一种情况下却不然。特殊生产费用曲线完全是建立在这一假设的基础之上的，即总生产量为 OH，所有的生产者都拥有属于这个生产规模的外部经济和内部经济；如果把这些假设牢记在心，那么此曲线可以用来代表任何一个行业如农业或工业上的一个特定阶段，但是不能用来代表此行业的一般生产情况。

只有通过正常供给曲线才能代表该行业生产的一般情况，其中 PM 代表第 OM 单位的正常生产费用，而根据的假设是，OM 单位（而不是任何其他数量，如 OH）正在被生产着，现有的大规模生产的内部经济和外部经济都属于总产量为 OM 的代表性企业的那些经济。这些经济一般比总产量为较大数量 OH 时要小些；因此，既然 M 在 H 的左方，那么此供给曲线与 M 的纵坐标比总产量为 OH 的特殊生产费用曲线与 M 的纵坐标要大些。

由此可知，如果 SS′ 过去是农产品的正常供给曲线（DD′ 为正常需求曲线），那么在我们现在图中代表总租额的面积 SAF，在过去所代表的租额势必会小于此总租额。因为，甚至在农业中，生产上的一般经济也是随着总生产规模的扩大而扩大的。

不过，如果我们为了某特定论证而宁愿忽略这一事实，也就是说，如果我们宁愿假定，MP 是在生产 OM 单位时，在极其困难条件下（因此不支付租金）生产的那部分产品的生产费用，那么它也甚至是在生产 OH 时，生产第 OM 单位的生产费用（不包括租）。换言之，如果我们假定产量从 OM 增加到 OH 而并不改变第 OM 单位的生产费用，那么即使当 SS′ 是正常供给曲线时，我们也可以把 SAF 看做是总租额的代表。这样做有时也许比较方便，不过要时时注意所作特殊假设的性质。

但是对遵循报酬递增规律的商品的供给曲线来说，是不能作这样的假设的。这样做就是自相矛盾。遵循报酬递增规律的商品生产这一事实，意味着在总产量很大时，提供的一般经济要比总产量很小时提供的大得多，结果便战胜了大自然对该行业使用的原料在增加时所遇到的越来越大的困难。在特殊生产费用曲线的情况下，MP 将总是小于 AH（M 在 H 的左方），不论商品遵循的是报酬递增规律，还是报酬递减规律；而相反，在遵循报酬递增规律的商品的供给曲线的情况下，MP 一般大于 AH。

尚待指出的是，如果我们在讨论这样一个问题，即其中甚至把人造的那些生产工具在短时期内也必须看做是一个既定量，从而，它们的报酬会具有准租的性质，那么，我们便可以作出一条特殊生产费用曲线，其中 MP 代表狭义的，不包括这种准租的生产费用；这样，面积 SAF 就代表租和准租的总额。处理短期正常价值问题的这种方法很吸引人，也许最后还有用，但是需要谨慎从事，因为它所根据的假设极不可靠。

附录九[1]　李嘉图的价值论

§1. **虽然李嘉图的价值理论含糊不清，但比杰文斯和其他一些批评家更能预见到近代关于成本、效用与价值之间的关系**　李嘉图在给一般听众发表演说时，大量援引丰富详尽的现实生活材料，用来"说明和证明他的论点或论点的命题"。但在他的《政治经济学原理》一书中，"讨论同样的问题，却偏偏不涉及他周围的现实世界"[2]。1820年5月（同年，马尔萨斯出版了《政治经济学原理》），他在给马尔萨斯的信中写道："我想，我们的分歧在某些方面可能是由于你认为我的书比我的本意更实际一些，我的目的是要阐明原理，而为了做到这一点，我设想出一些有力的实例，以便可以表明那些原理的运用。"他并不自命自己的书有系统性，而且他的好朋友们劝他出版这本书曾费了很大劲。如果说他在著书时心中想到读者的话，也主要想到的是他交往的那些政治家和商人。因此，他故意省略了使他的论证完全合乎逻辑所必要的许多东西，因为他认为这些东西对他的那些读者来说是不言而喻的。此外，正如他在次年10月告诉马尔萨斯的那样，他"只是一个不擅长舞文弄墨的人"。他的论述杂乱无章，同他深邃的思想形成鲜明对比；他用词牵强附会，却不加解释，同时也不固守其虚构的意思；而且他总是从一个假设转向另一个假设，却不加以说明。

因此，如果我们想正确理解他，就必须宽宏大量地对他进行解释，也许比他对亚当·斯密的解释还要更宽宏大量。因为他的文辞变得含混不清，我

---

[1] 比较第五篇的结束语与附录二的第5节。

[2] 见已故的登巴教授在哈佛大学《经济学季刊》第1期上发表的那篇优秀论文，《李嘉图的使用材料》。

们就必须用他著作中其他段落所表明的意思加以解释。如果我们抱着确定他的本意的态度行事，并说他的学说远不尽完善，那么就无法从他的学说的许多错误中摆脱出来。

例如（《原理》，第1章的第1节），他认为效用虽不是衡量（正常）价值的尺度，但对价值是"绝对必要的"；而"数量极有限的"东西的价值，"是随着那些想要占有它们的人的财富数量和愿望而改变的"。在别处（同书第4章）他坚持认为，市场价格的波动一方面是由可供出售的商品数量，而另一方面是由"人类的欲望和愿望"来决定的。

此外，在关于《价值和财富》一书中所进行的一个深刻而根本不完全的讨论中，他似乎在探索边际效用和总效用之间的区别。因为他把财富理解成总效用，他似乎总是要叙述说，价值相当于刚好值得买主去购买的那部分商品所产生的财富增加量；当供给由于偶然事件而暂时减少，或由于生产成本的增加而长期减少时，由价值衡量的财富的边际增加额便会增加，而这种商品所产生的财富总体效用即效用总额却会减少。在全部分析中，他力图说，一旦供给受到任何抑制，边际效用就会增加，而总效用却会减少，虽然（因不知道微积分的简明术语）他没有找到能够精确表达这个意思的用语。

§2. 续前　但是，他不认为对效用这一问题有很多重要可说的东西，而同时他相信人们对生产成本和价值的关系的理解是不全面的，而且关于这个问题的错误见解在实际租税和财政问题中极易使国家误入歧途。因此，他特别从事于这个问题的研究。不过在这里，他也走了捷径。

因为虽然他知道商品按遵循报酬递减、报酬不变或报酬递增规律而分成三类，但却认为在适用于一切商品的价值理论中最好不管这种区别。随便取一商品，都可能遵循报酬递减规律，也同样可能遵循报酬递增规律。因此，他认为自己有理由暂时假定所有商品都遵守报酬不变规律。在这方面也许他是对的，但他没有明确表达自己的意图，这却是一种错误。

在《原理》的第1章第1节中，他认为"在社会的初级阶段，当时几乎很少使用任何资本，任何一个人的劳动和任何其他人的劳动都几乎具有相等的价格"。一般说来，的确"商品的价值或将交换的商品量，取决于生产该商品所必要的相对劳动量"。这就是说，如果两个东西是由12个人和4个人一年的劳动生产的，并且所有的人都属于同一等级，那么前者的正常价值相当于后者的正常价值的3倍。因为如果对一种情况下投的资本增加10%的利润，对另一种情况下投的资本也必须加10%的利润（如果w代表此类工人每人一年的工资，那么生产成本 $=4w\times\dfrac{110}{100}$ 和 $12w\times\dfrac{110}{100}$。二者的比率为4：2或1：3）。

但他继续指出，在文明的晚期阶段不宜于作出这样的假设，而且价值和生产成本的关系比他开始研究时的关系更复杂。而他的下一个步骤便是在第2节中加入"性质不同的劳动，报酬也不同"这样的观点。如果珠宝匠的工资是普通劳动者工资的两倍，那么前者一小时的劳动必须算做后者两小时的劳动。如果他们的相对工资发生改变，那么他们生产的东西的相对价值当然也相应改变。但是，他不像当代经济学家那样去分析（比方说）使一代接着一代的珠宝匠的工资相对于普通工人的工资来说在不断改变的那些原因，却反过来满足于说明这种差别不很大。

另外，在第3节中他认为，在计算商品的生产成本时，不仅要计算直接生产商品的劳动，而且还要计算用在辅助劳动的器械、工具和建筑物上的劳动；在这里必须纳入时间因素，而这种因素是他在开头时力求避免的。

因此，在第4节中，他更充分地讨论了对"一组商品"（他有时用这种简单的方法来避免直接成本与总成本的区别上的困难）的价值所产生的各种不同的影响；特别是他考虑到运用一次性消耗完毕的流动资本和固定资本的不同结果，又考虑到用在制造生产商品的机器上的劳动时间。如果时间很长，商品的生产成本将更大，并"具有更大的价值，以便补偿商品运入市场以前所必须经过的一段较长的时间"。

再一点，在第5节中，他总结了投资的时间不等（不论是直接的还是间接的）对相对价值的影响。他正确地指出，如果工资一同涨落，那么这种涨落对各种不同商品的相对价值将不会产生永久性的影响。但他认为如果利润率下降了，那么就将降低那些商品的相对价值，这些商品的生产在能把它们运到市场以前需要长时间的资本投资。因为，如果在一种情况下平均投资是一年，并且需要在工资总额上加10%的利润，而在另一种情况下，平均投资是两年，需要增加20%的利润。那么，当利润下降1/5时，在后一种情况中附加利润将从20减少至16，而在前一种情况中将从10减少至8（如果它们的直接劳动成本相等，那么利润变动以前它们价值的比为

120/110 或等于 1.09；而利润变动以后的比为 116/108 或等于 1.074；下降 2% 左右）。他的论证显然只是临时性的；在以后几章中，除了投资的期限之外，他还考虑到使不同工业部门中利润不等的其他原因。但是，很难设想他还会比在第 1 章中对劳动和时间或等待是生产成本的要素这一事实进行强调。而遗憾的是，他喜欢用简短的语句，并且认为读者总会自己补充他所曾暗示的那些解释。

的确，在他的第 1 章第 6 节的尾注中，他曾说过："马尔萨斯先生似乎认为，在我的理论中，某物的成本和价值是相同的。如果他指的成本是包括利润的'生产成本'，那么他的看法就对了。但在上一节中，他指的不是这个意思，因此，他显然不理解我的学说了。"但洛贝尔图斯和马克思都认为，李嘉图主张东西的自然价值只是由消耗在其上面的劳动构成的；甚至那些极力反对这两个学者的结论的德国经济学家们，也往往认为他们对李嘉图作出了正确的解释，他们的结论是李嘉图结论的逻辑结果。

这一点和其他类似的事实表明，李嘉图的沉默引起了误解。如果他反复申述可以将两种商品的价值在长期内看做是和生产它们所需要的劳动量成比例，但只是在其他条件不变的情况下。这就是说，在两种情况下所使用的劳动都具有相同的熟练程度，因此也获得同样高的报酬；根据投资的期限，劳动辅之以相应的资本数量；利润率也相等。那么误解也许会少一些。他没有清楚地说明，在正常价值问题中各种因素是如何**相互**制约着，而不是在因果关系上**依次**制约着。而且在某些情况下他也许没有充分理解这一点。他的一个最大的错误就在于力图用简短的语句来表达深奥的经济学的观点①。

---

① 阿什利教授在对这个注解作出的那种发人深省的批判中（作为"李嘉图的复原"的一部分，见《经济学杂志》，第 1 期）认为，一般人们都相信李嘉图事实上的确认为只有劳动数量才构成生产成本和决定价值，不过"略需修正"，并且认为，对他的这种解释毫无疑问是和他的整个著作极其一致的，许多有资格的学者都曾接受这种解释，否则就没有必要来"重述"他那十分朴素的学说了。但是，李嘉图是否被认为在其著作的第 1 章中没有讲什么东西，仅仅因为他没有不断地重复其中所含的解释这一问题，这是一个仁者见仁，智者见智的问题。这不宜于通过辩论来解决。这里并不认为他的学说包含一种完全的价值理论，而只是认为就这些学说来说大体上是正确的。洛贝尔图斯和马克思对李嘉图学说的解释是，利息不包括在决定（或参加决定）价值的

§3. 续前　在现代一些学者中，极少有像杰文斯那样接近李嘉图的奇特而新颖的理论的人。但他对李嘉图和穆勒的评判似乎过于苛刻，并似乎把他们的学说说成是比他们原来主张的还要狭隘些和科学性少一些。他想强调他们未曾充分讨论的价值的一个方面，这在某种程度上也许可以用他的话来说明："反复的思考和研究使我得到**价值完全取决于效用**这样一个比较新的见解。"（《理论》，第1页）这种说法与李嘉图由于不慎省略词句而往往把价值说成是取决于生产成本的说法相比，更片面和错误性更大。因为李嘉图只把它看做是整个学说的一部分，对其余部分他曾试图加以解释。

杰文斯继续说："我们只需仔细寻找出取决于我们所持有的商品数量的效用变化的自然规律，以便求得一个令人满意的交换理论。而供求的普通规律只是这种理论的必然结果……人们往往认为劳动决定价值，然而劳动只是以间接方式，通过供给的增加或减少去改变商品的效用的大小，来决定价值的。"我们将在下面看到，在这两种说法中，从前李嘉图和穆勒也以几乎以相同的草率而不确切的形式表达了一种说法。但是，他们绝不会接受前一种说法。因为他们把效用增减的自然规律看做是不言而喻的，无须进行详细解释。他们认为，如果生产成本对生产者拿来销售的数量没有影响，那么对交换价值也不会有影响；他们的学说暗示着，凡是适用于供给的，如果稍加适当的修正，也适用于需求。如果商品的效用对买主取自市场的数量没有影响，则对商品的交换价值也不会有影响。那么，让我们来检验一下杰文斯在他的《政治经济学理论》第二版中所表达的基本论点的因果关系，然后再拿它同李嘉图和穆勒的论点进行比较。他说（第179页）：

"生产成本决定供给，

供给决定限界效用，

限界效用决定价值。"

如果真正存在这种因果关系的序列，那么删去中间环节而只说成本决定价值，也不会有很大的害处。因为如果甲是乙的因，乙是丙的因，丙是丁的

生产成本之中，关于这一点，当阿什利教授（第480页）确认李嘉图"把利息（即超过资本更新的部分）的支付视为理所当然"时，他似乎完全同意这里的看法。

因，那么甲必是丁的因。但实际上这样的序列是不存在的。

对他的理论的第一点反驳是，"生产成本"和"供给"的意义含混，而这种含混是杰文斯本该有的，而李嘉图却没有用半数学用语的分析工具来加以避免。第二点也是更严重反驳的一点是针对他的第三种说法的。因为一个市场上的不同买主愿意对一种东西支付的价格不仅仅取决于此物对他们的限界效用，而且取决于限界效用连同他们各自所拥有的购买力的数量。一种东西的交换价值在市场上到处都相同，但与此价值相适应的限界效用在市场上任何两个地方都不相同。杰文斯在说明决定交换价值的原因中，以"限界效用"代替"消费者恰好愿意支付的价格"一语时（在本书中，此话简化成"边际需求价格"），他自认为摸到了交换价值的核心含义。例如，当描述（第二版，第105页）一个只有小麦的商业团体和另一个只有牛肉的商业团体成交时，他用图代表"一个人"所得的"效用"（沿着一条线测量）和所失的"效用"（沿着另一条线测量）。但这并不符合实际情况；一个商业团体并不是一个人，它所出让的东西对其所有成员来说都代表相等的购买力，但却代表着不同的效用。的确，杰文斯自己也意识到了这一点。只有进行一系列的解释才能使他的说明和现实生活相一致，这种解释就是以"需求价格"和"供给价格"来代替"效用"和"负效用"。但是，一经这样的修正，他的学说就大都失去对旧学说的批判力了。如果二者都严格按字面意义来解释，那么旧的说法虽不完全确切，但似乎也比杰文斯和他的追随者们曾力图用来代替的理论更正确些。

但是，对他基本理论的正式陈述的最大一点反驳是，他的陈述并没有把供给价格、需求价格和产量说成是彼此相互制约的（在一定的其他条件下），而说成是按顺序一个决定一个的。正如同一个碗中有甲、乙、丙三个球彼此相依，他不说这三个球在地心引力的作用下彼此制约着，而他却说，甲决定乙，乙又决定丙。但是另一个人也许同样合理地可以说丙决定乙，而乙又决定甲。我们可以颠倒他的顺序而提出一个和他同样真实的因果关系序列来回答杰文斯：

"效用决定必须供给的数量，

必须供给的数量决定生产成本，

生产成本决定价值。

因为它决定使生产者照常生产所需要的供给价格。"

让我们回过头来再考察李嘉图的学说,这个学说虽然缺乏系统性并有许多争议之处,但在原则上似乎更高明一些,而且同现实生活更密切。他在上面所引的给马尔萨斯的信中说:"当萨伊先生认为商品的价值和效用成比例时,他对价值这一概念没有一个正确的概念。如果只是买主调节商品价值的话,那么他的看法就是正确的;那时,我们会料到所有的人都愿意按照他们对商品估价的比例来规定商品的价格。但事实上,买主在世界上对调节价格所起的作用最小;价格都是由卖主的竞争来调节的,尽管买主们也许真正愿意对铁比对黄金支付更高的价格,但他们不能这样做,因为供给是由生产成本来调节的……你说需求与供给调节价值(原文如此),而我认为这等于什么都没说。理由像我在这封信的开头时指出的那样:正是供给调节价值,而供给本身又受相对的生产成本的制约,所以用货币计算的生产成本是指劳动和利润的价值。"(参阅鲍纳博士编的《通信集》,第 173~176 页)他又在第二封信中说:"我既不争辩需求对谷物价格的影响,也不争辩需求对其他一切东西的价格的影响,但是供给紧跟在需求后面,并且很快就握有调节价格的大权,而在调节价格时,供给是由生产成本来决定的。"

当杰文斯著书时,这些信还没有发表,但在李嘉图的《原理》中,也有类似的见解。穆勒在讨论货币的价值(第三篇第 9 章的第 3 节)时,也提到公认的适用于一切商品的供求规律,在货币的情况下和在大多数其他的情况下一样,受生产成本规律的支配,而不是把它置之一边,因为如果生产成本对供给没有影响,那么对价值也不会有影响。在总结他的价值理论时(第三篇 16 章的第 1 节),他又说:"由此看来,供给和需求似乎支配着各种情况下的价格变动和一切商品的永久价值,而这些商品的供给除了由自由竞争决定之外,是不能由其他媒介来决定的。但是,在自由竞争制度下,商品大体上是按能给各生产者阶层提供相等利益的价值和价格来相互交换和出售的;而这只有在商品按各自的成本相互交换时才成为可能。"在第 2 页提到具有连带生产成本的商品时,他又说:"因为在这里我们没有生产成本,所以,我们必须采用存在于生产成本之前的更基本的价值规律——供求规律。"

杰文斯(第 215 页)在提到上一段时,谈到"穆勒思想中存在着一个错误,即他又回到**一个先在的价值规律**即供求规律中。事实上在引用生产成本原理时，他始终都没有离开供求规律。生产成本只是支配供给的一个条件，从而只是间接地影响价值"。

虽然这个批评的最后一部分的措辞有争议，但似乎含有一个重要的真理。如果这个批评发表在穆勒活着的时候，他也许会接受的，而且也许因为不能表达他的原意而撤销"先在"一词。"生产成本原理"和"最后效用"原理无疑是支配一切的供求规律的组成部分；每个原理都可以比做一把剪刀的一叶刃片。当一叶不动而由另一叶刃片的移动来进行裁剪时，我们可以草率地说，进行裁剪的是剪刀的第二叶刃。但这种说法不能作为正式的说法，也不是经过深思熟虑的辩护词①。

如果杰文斯没有养成一种习惯，谈论实际上只在需求价格和价值之间存在着的那些关系，就好像李嘉图和穆勒认为在效用和价值之间的关系一样；如果他像库尔诺一样强调（数学形式的运用可能会使他这样做）供求与价值保持的一般关系基本对称，而这种对称是和那些在细节上的显著差别共存的，那么他对李嘉图和穆勒的攻击也许会小一些。我们绝不应该忘记，在他著书时，人们大多忽略其对价值理论的贡献。事实上，他因提醒人们注意价值理论并发展价值理论而作出了极大的贡献。在思想家中，没有几个值得我们像对杰文斯那样进行感激的，不过这种感激绝不应该使我们草率地接受他对他以前那些伟大经济学家的批评②。

---

① 见第五篇第 3 章的第 7 节。
② 参阅作者在《学术杂志》（1872 年 4 月 1 日）上发表的关于杰文斯的《政治经济学理论》的论文。在 19u 年他儿子出版的那个版本中，有一个讨论利息的附录，是针对那篇论文的（并见第六篇第 1 章的第 8 节）。他认为他父亲的理论，"就其所涉及的是正确的"，虽然他"沿用了李嘉图学派的那种不幸的做法，即为了讨论而把某些思想抽象化，并以为他的读者懂得它们的关系并同意他的观点"。这个儿子可以被认为是他父亲的正确的解释者。杰文斯对经济学的贡献无疑大得可以与李嘉图对经济学的卓越贡献相比，但是杰文斯的《政治经济学理论》既有建设性的一面，也有争论性的一面。其中很大一部分是对他在自己序言中所说的"那个能干而顽固的，使经济学误入歧途的李嘉图"的攻击。由于假定李嘉图认为价值取决于生产成本，与需求无关，所以他对李嘉图的批判取得了某些显然不公正的辩词上的胜利。对李嘉图的这种误解在 1872 年为害很大。似乎有必要指出，如果照他对李嘉图的解释那样解释的话，杰文斯的利息理论是站不住脚的。

作为答复李嘉图而选择杰文斯的攻击似乎做得对。因为尤其是在英国，这种攻击比任何其他人的攻击都更引人注意。许多别的学者对李嘉图的价值理论也曾有过类似的攻击。其中特别要提到的是麦克里奥先生。他在1870年前的著作中，先于其他现代批评家而在形式和内容上，对价值和成本的关系的古典理论提出了批评，而这些批评家有的是和杰文斯同时代的（如瓦拉斯和门格教授，有的却在杰文斯之后，如庞巴维克和维塞尔教授）。

李嘉图的批评家曾效仿他对时间因素的疏忽，从而成为双重误解的源泉。因为他们企图借助于以价值的暂时改变或短期变动的原因为基础的论点，来否认关于生产成本和价值之间的关系的最后趋势或原因之原因的学说。毫无疑问，当他们表达自己的见解时，的确几乎所说的一切都按照他们自己的意思来解释。其中有些是新的，而好些在形式上却有所改进。但是，在建立与旧学说截然不同或者与旧学说的发展、引申有所区别的崭新的价值理论方面，似乎并没有多大进展。

这里，仅就李嘉图的第1章中关于支配各种商品的相对交换价值的原因进行了讨论，因为它对后来思想的主要影响是在这个方面。但是，这原来是和劳动价格衡量货币的一般购买力的标准究竟合适到什么程度的争论有关。在这方面，主要是对历史感兴趣。但是可以参阅霍兰德教授在1904年《经济学季刊》上发表的那篇著名的论文。

附录十[①] 工资基金学说

§1. 一个世纪以前，资本的缺乏使经济学家过分强调资本的供给在决定工资方面所起的作用 19世纪初，虽然英国人民很穷，但欧洲各国人民更穷。尽管大多数国家的人口都很稀少，粮价低廉，但是即使如此，人们仍然食不果腹，并且不能自筹军饷。法国在最初几次胜利后，靠勒索他国度日。而中欧各国如果没有英国的帮助，也就不能维持自己的军队。就连年轻力壮而且拥有大量资源的美国也并不富裕，不能补助欧洲大陆上的军队。当时的经济学家们寻求解释，并且认为主要是由于英国的资本积累，而以现在的标准判断这种资本虽为数很少，但在当时，英国的资本积累比起任何别的国家都多得多。其他各国都很羡慕英国，想效仿英国，但又力不从心。这部分上是由于别的原因，而主要是由于这些国家没有足够的资本，年收入都需要用于直接消费。在这些国家中，没有大批的人存有无须立即消费的大量财富，并可以把这些财富用于制造机器以及辅助劳动的其他东西上，以使劳动能生产大量物资以供未来消费用。由于到处（甚至包括英国在内）都缺乏资本；由于劳动日益依靠机器的辅助；由于卢梭信徒们的那一番蠢话（他们告诉工人阶级，如果根本没有资本，他们的生活便会大大改善），使他们的说法具有一种特殊的色调。

因此，当时经济学家们极其强调的是：首先，劳动需要资本来维持，即需要供给已经生产出来的新衣服等等；其次，劳动需要资本采取工厂、原料贮藏等形式的辅助。当然，工人也许会自供资本，但实际上他只有几件衣服和家具，也许还有自己的少数简单工具，而在其他方面都得依靠别人的储蓄。

[①] 见本书第六篇第2章第10节。

劳动者领到的是现成的衣服、可食用的面包或用来购买这一切的货币。资本家得到的是将毛纺成毛线、毛线织成毛布或土地得到耕耘，而只有在少数情况下，才得到供直接使用的商品，或供现穿的衣服，或供食用的面包。诚然有一些重要的例外，但雇主和雇工之间一般的交易是，后者得到的东西是供直接使用的东西，而前者得到的东西是有助于生产以后将使用的东西。经济学家们是这样表达事实的：一切劳动都需要资本来维持，不论这种资本是属于自己还是属于别人的；此外，当任何一个人受雇于人时，他的工资照例都是从资本家的资本中预付给他的——所谓预付，指的是不等到工人生产的东西可以供直接使用的时候。这些简单命题受到很多批评，但只要按照它们的原意来理解，从来都没有人否认过它们。

不过，早期的经济学家们继续说，工资数量受资本数量的限制。而这个命题不能成立，充其量只不过是一种粗枝大叶的说法而已。这曾让人有这样的想法：一个国家在（比方说）一年中能支出的工资数量是一个固定的数量。如果一群工人用罢工来威胁或用其他方法而提高了工资，人们便会告诉他们，其他广大工人群众会因此受到损失，而损失的总额恰好等于他们的工资增加额。说这种话的那些人也许想到一年只收获一次的农产品。如果一次收获的小麦在次年收获之前势必会吃光，而且如果本国不输入小麦，那么，任何人食用的小麦份额如果有所增加，其他人便恰好会减少同样的份额。但是，这一点并不能作为一个国家应付工资数量由该国资本所规定这一命题的理由，这个命题被称为"庸俗形式的工资基金理论"①。

§2. 可以从穆勒的《价值论》的第二篇《工资论》中看出来这种夸大；但在第四篇《分配论》中，却不再有这种夸大。资本和劳动以及生产和劳动之间相互关系的部分对称　前面已经指出（第1篇第4章的第7节），穆勒晚年在孔德和社会主义者以及大众民心的总趋向的交错影响下，特别强调经济学中和机械因素相对立的人的因素。他想让人们注意那些习俗和社会不断的变迁以及人性的不断改变对于人类行为的影响；他和孔德一致认为从前的经济学家们过低估计了人性的易变性。正是这种愿望推动了他晚年从事经济研

---

① 这三段摘自给《合作年刊》写的一篇论文，后来又载入《工业报酬会议报告》（1885年），这个报告含有第六篇头两章的一些主要论点。

究工作，而这种工作和他写《关于未解决的几个问题的文集》时根本不同；也正是这个愿望诱使他把分配和交换区别开来，并主张分配规律取决于"特定的人类制度"，并随着人类的情感、思想和行动从一种状态转入另一种状态，因而变化不断。从而，他把分配规律和他认为建立在一成不变的自然基础上的生产规律，以及和他认为与数学的普遍性十分相似的交换规律都对立起来。的确，他有时说仿佛经济学主要讨论的是财富的生产和分配，因此，这似乎是暗指他把交换理论视为分配理论的一部分。但实际上，他把这两种理论区分开了：他在《原理》的第二篇和第四篇讨论分配，而在第三篇讨论交换的机器（参考他的《政治经济学原》，第二篇第 1 章的第 1 节和第 16 章的第 6 节）。

这样做的时候，他任由经济学那更合乎人情的热诚战胜他的判断力，并且促使他进行不完全的分析。因为他把主要的工资理论放在供求的说明之前，这样就使他失去讨论工资理论的一切机会；而事实上，他竭力主张（《原理》第二篇第 11 章的第 1 节）"工资主要取决于人口和资本的比例"；或者像他后来解释的，取决于"雇佣劳动阶层的人数"和"由用来雇用劳动的那部分流动资本构成的所谓工资基金总额的比例"。

事实是，分配和交换的理论联系密切，略多于同一个问题的两个方面；其中每个方面都有机械准确性和普遍性的因素；每个方面都取决于"特定的人类制度"，并因时因地的不同而不同。如果穆勒认识到这个伟大的真理，也许就并不会像他在第二篇中所述的那样，力求用提出工资问题的方法来代替这个问题的解决方法，而也许会把他在第二篇中的描述和分析同第四篇中关于决定国民收入的因素的精湛研究结合起来。这样，也许会大大促进经济学的发展。

实际上，当他的朋友桑顿追随郎格、克利夫·莱斯利、杰文斯和其他学者后，使他相信他在第二篇中的措辞不当时，他完全接受了这个意见，并夸大叙述了自己过去的错误以及他不得不向对手做出的让步。他说："没有一种自然规律自来就会使工资不可能上涨到这样一点：在这一点上，不仅吞尽他（雇主）打算用在经营上的基金，而且还吞尽了他生活必需品以外的全部私人费用。这种上涨的真正限界是，对他有多大的损害或迫使他歇业的实际考虑，而不是一成不变的工资基金限界。"（《论文集》第 4 卷，第 46 页）他并没有说明他指的是直接结果还是最终结果,或指的是短期结果还是长期结果,但不论在哪种情况下,这种说法似乎都站不住脚。

就长期结果来说,限界定得太高,因为工资不能长期上涨得几乎吞尽像这里所指的那样多的国民收入。就短期结果来说,限界又定得不够高,因为在危急时刻组织得很好的罢工,在短时间内便可以向雇主强索一种超过支付该时期原料以后的全部产值,从而使雇主在当时的毛利成为负数。的确,不论是较旧形式还是较新形式的工资理论,都和劳动市场上的任何特定斗争没有直接的关系,它取决于斗争双方的力量对比。但是,工资理论对劳资关系的一般政策却有很大的影响。因为它表明哪些政策本身含有或不含有最终失败的因素;哪些政策可以通过适当的组织加以维持;哪些政策最终会使劳资双方都两败俱伤,虽然他们组织得十分完善。

后来,凯恩斯在他的《基本原理》中力图用一种他自认为可以避免攻击的叙述形式来恢复工资基金学说。虽然在他的大部分叙述中避免了从前的陷阱,但是,他之所以能这样做,只是因为他把这个学说的大部分特征都给解释没了,而只剩下那一点点名副其实。不过,他说(第203页)"在其他条件不变的情况下,工资率和劳动的供给成反比例变化着"。就劳动供给的**急剧**增加的直接结果来说,他的论点是对的。但是,在人口增长的一般过程中,不仅资本的供给有某些增加,而且同时劳动的分工也会更细和效率更高,他使用"成反比例变化着"这句话是错误的。他应当说"在短时间内至少向着相反的方向变化着"。他进而得出一个"**出乎意料的结果**",即劳动供给的增加(如果与固定资本和原料一同使用的那种劳动)会使工资基金"随着领工资的人数的增加而减少",但这只是在工资总额不受生产总额的影响的条件下才会产生的结果;而实际上在影响工资的所有因素中,生产总额是最强有力的因素。

§3. **续前** 不妨指出,工资基金的极端形式把工资说成是完全由需求决定的,虽然粗浅地将需求表达为取决于资本的数量,但有些经济学的通俗解释者似乎同时主张工资基金学说和工资铁律(认为工资严格取决于人的培育费)。当然,他们可以把这两种理论加以改造成一个多少算是和谐的整体,就如凯恩斯后来所做的那样。但他们似乎并没有这样做。

工业受资本的限制这一命题,实际上将其看成和工资基金理论意义相同,就可以得到正确的解释。但一种类似的解释可以使"资本受工业的限制"这一句话同样正确。而穆勒使用此命题主要和这个论点有关：用保护关税或其他方法使人们不按他们所喜好的方式来满足自己的需要，一般是不能增加劳动雇用人数的总量的。保护关税的影响极为复杂，在这里无法进行讨论，但显然穆勒说得对：一般来说，用来维持或辅助任何一种保护关税所建立起来的新工业中的劳动的资本，"一定是撤自或停办某种别的工业而来的，在原工业中，资本雇用或势必雇用的劳动量，大概等于资本在新工业中所雇用的劳动量"。或用比较现代的语言来表达这个论点：这种立法显然既不增加国民收入，也不增加归于'劳动的国民收入份额。因为它不增加资本的供给，也不能使劳动的边际效率与资本的边际效率相比有所提高。因此，使用资本时须付的利息不会降低；国民收入得不到增加（实际上，几乎一定有所减少），因为劳动和资本在期望分配国民收入时，没有一方能得到新的利益，所以，都得不到这种立法的好处。

可以把这个学说颠倒过来说：推动保护关税所建立起来的新工业中的资本所需要的劳动，一定是由撤自或停办某种别的工业而来的，在原工业中，劳动推动或势必会推动的资本量也许等于劳动在新工业中推动的资本量。这种说法虽然同样正确，但不易为一般人接受。因为人们通常认为货物的买主给予卖主特殊的利益在实际上与两者彼此提供的服务在长期内是相等的。同样，人们通常认为雇主给予工人特殊的利益与两者彼此提供的服务在长期内也是同等的。这两件事的原因和结果，会在我们以后的研究中进行大量讨论。

某些德国经济学家曾这样认为：雇主支付工资的资金取自消费者，但这似乎出于一种误解。如果消费者预购个别雇主生产的东西，那么这种说法也许对他适用。但事实上却有相反的规则：消费者往往过期付款，买现成商品时只给一种对它们的延期支配权。不能否认如果生产者不能出售货物，那么在短时间内也许就雇用不到工人，但这只是意味着生产组织部分出现障碍。如果机器的一个连杆坏了，机器便可能会停下来，但这并不意味着机器的原动力就是连杆。

雇主在任何时候支付的工资额也不是由消费者对他的货物支付的价格来决定的，虽然雇主对消费者**行将**支付的价格一般都有很大的影响。的的确确，在长时期的正常条件下，消费者们支付的价格和他们行将支付的价格其实是相同的。但是，当我们从一个雇主的特殊付款转向一般雇主们的正常付款（我们此刻讨论的其实只是这种付款）时，消费者就不成为一个独立的阶层了，因为人人都是消费者。当羊毛或印刷机从库房或车间转移到毛纺企业家或印刷家的手中时，从广义上讲，就可以说它们进入了消费领域。这种国民收入专用于消费者，而这些消费者也是生产者。这就是说，也是劳动、资本和土地这些生产要素的所有者。他们供养的儿童和其他人，还有向他们征税的政府①，只消耗他们的部分收入，因此，认为一般雇主的资金最后取自一般消费者，这无疑是正确的。但那只不过是下述事实的另一种说法而已，即被转成适用于延期使用而不适于直接使用的所有资本，都是国民收入的组成部分，如果这些资本当中有些现在用于其他目的，而不用于直接消费，那么势必会由国民收入的流入来代替（带有增加额或利润）②。

穆勒的第一个基本命题与他的第四个基本命题，即**商品需求不是劳动需求**是密切相关的。但是，这个命题又没能很好地表达出他的意思。的确，购买某特定商品的那些人，一般都不供给辅助和维持生产那些商品的劳动所需要的资本。他们只是把资本和劳动的雇用从别的行业转向那种行业，而这种行业的产品是他们增加需求所必需的。但是，穆勒不满足于证明这一点，他似乎是说，把货币用在雇用劳动上比用在购买商品上对劳动者更有利。这种说法在某种意义上含有一点点真理，因为商品的价格包括工业家和中间人的利润；如果买主充当雇主，那么便会稍微减少对雇佣阶层服务的需求，并且增加劳动需求，这正像他不买机制花边而买手织花边所增加的劳动需求一样。但这个论点假定，工资是在工作过程中支付的，就像一般的做法那样；而按照普通的办法，商品的价格是在商品生产出来之后支付的。我们发现，在当穆勒拿来说明他的学说的那种观点中，暗示着（虽然他自己似乎不知道）消

---

① 的确除非我们把政府提供的安全和其他利益算做国民收入的独立项目。
② 沃克的著作对工资基金这一问题以及相关的各种争论都作了精辟的论述，他所收集的雇工在接到报酬以前提供服务的那些事例，其实与争论的某些说法有关，而与主要问题无关；坎南（1776～1848）的《生产与分配》对早期的工资理论进行了极其尖锐的批评，有时还过于苛刻了；陶西格在《资本与工资》这一重要著作中采取的态度比较保守。欲知文中所说的那些德国理论的详细内容和对它们的批判，英国读者一定要参阅此书。

费者从购买商品转向雇用劳动时，把他自己消费劳动果实的日期推后了。而同样的延期对劳动者会产生同样的利益（如果买主花销的方式没有改变的话）①。

§4. 产业资本和其他财富形式与工资的关系　对国民收入进行讨论的整个过程，都与饭店的厨房用具和私人家中的厨房用具同雇用厨师的关系一样。这就是说，就广义资本而言，资本并不仅仅局限于产业资本。不过，关于这个问题还须略加讨论。

的确，人们往往认为虽然那些稍有或自己没有积累财富的工人们，因资本的增加而大获其利，但这里的资本是狭义上的资本，是与维持并在工作中辅助劳动的产业资本大体相同。但是，他们从不属于自己所有的其他财富形式的增加中很少获得利益。毫无疑问，有几种财富的存在几乎不影响工人阶级，而他们却差不多由于（产业）资本的每一次增加而直接受到影响。因为较大部分的资本是在他们的工作中由他们经手的工具和原料；同时很大一部分都由他们直接使用甚至消费掉了②。因此，当其他财富形式变成产业资本时，工人阶级似乎势必得利，反之亦然。但实际情况并非如此。如果一般私人不再置车或购船，而从资本家那里租用，那么对劳动的需求必然会减少。因为从前当做工资支付的部分，现在当做利润归中间人所有③。

也许可以反对的是，如果其他财富形式大规模地替代了产业资本，那么用来辅助劳动或维持劳动所需要的东西就会不足。这也许是某些东方国家的真正危险。但在西方国家（尤其是在英国），资本总额在价值上等于工人阶级许多年中消费的商品总值。对那些与其他形式相比更能直接适应工人阶级需要的资本形式的需求稍有增加，就会很快使其供给增加，其中有的是由别国

---

① 见纽科姆著的《政治经济学》第四篇的附录。
② 无论如何，根据大多数定义都如此。的确有些人把资本只限于"中间品"，因此必须把那些旅馆、宿舍和工人住宅（总之，一旦它们被使用之后）排除在外。但是在附录五的第4节中，已经指出对采用这种定义的严重非难。
③ 见本书附录五的第1节。此外，增用需要经常清洗的铜器家具的佣人，对劳动需求的作用和用手工制品代替昂贵机器与其他固定资本制品的作用相同。雇用大批佣人也许是一种不明智的巨大浪费，但假如没有其他同样利己的用钱方法，只能如此直接地增加工人阶级所应得的国民收入份额。

输入的，或者有的是为了适应新的需求而特地生产的。因此，我们不必为这点担心。如果劳动的边际效率保持得高，那么它的纯产品便很多，从而劳动工资也高。源源而来的国民收入将分割成几个相应部分：一部分总会提供足够的商品供给，以供工人直接消费用；一部分把所生产的那些商品充为大量的工具储备。当供求的一般情况决定了其他社会阶层可以随便花用国民收入的那些部分时；当那些阶层的嗜好决定了有多少支出可以用于现在的满足，而又有多少支出可以用于未来的满足时，那么，不管兰草是来自私人的温室还是职业花匠的玻璃温室（因此，它是产业资本），对工人阶级来说都无所谓。

附录十一　几种剩余

§1. 任何生产部门的实际成本总额都以几种方式小于和它相应的诸边际成本，从特殊的角度来看，可以将其中的每一种都视为剩余。但是只有那些**在文中所讨论的剩余需要进行慎重研究**　我们还必须对各种不同剩余的相互关系及其与国民收入的关系做些研究。这种研究很难，同时也没有多大的实践意义，但从学术的观点来看，却具有某种魅力。

当按各种生产要素的边际价格将国民收入全部配给所有者时，一般还会给他提供一种剩余，这种剩余有两处不同，虽然不是独立的方面。国民收入给消费者提供的剩余，是由商品的总效用超过消费者对该商品曾支付的实际价值的差额构成的，对于那些恰好能诱使消费者进行购买的边际购买额来说，二者是相等的。但是，那些消费者宁愿出较高的价格也要买的部分，便给他提供了一种满足的剩余，这是一种消费者从环境或际遇给他提供的便利中得到的真正纯利益。如果消费者的处境改变了，以致使他不能再得到这种商品，并迫使他把用来买这种商品的资金转用在按其各自的价格他也不愿多买的其他商品（其中的一种商品也许是增进安逸的）上，他就会失去这种剩余。

如果某人因直接劳动或自己拥有积累的（即获得并储蓄起来的）物质财富而被视为生产者，那么他就会更清楚地看到从环境中得到的剩余的另一个方面。作为一个工人，他获得**工人的剩余**，因为他的全部劳动是按这样一种工资率付酬的：在这种工资率下，他恰愿提供最后一部分劳动，虽然其中大部分劳动也许给了他很大的快乐。作为一个资本家（或一般作为任何一种积累财富的所有者），他获得**储蓄者的剩余**，因为他的全部储蓄（即等待）是按恰好能诱使他提供一部分储蓄的这样一种利率付酬的。虽然他也许会再储蓄一些，但一般说来他也是按那种利率付酬的。而如果他被迫支付保管费，那么他从这些储蓄中得到的却是负利息①。

这两种剩余并非互不相干，计算时很容易把同一种剩余计算两次。因为当我们按照生产者从其劳动或储蓄中获得的一般购买力的价值来计算其剩余时，就已经暗中计算了他的消费者的剩余。如果他的嗜好和所处的环境是既定的话，在分析上也许可以避免这种困难，但实际上要对这两种剩余进行估计并把它们加起来是绝不可能的。任何一个人能从环境中得到的消费者的剩余、工人的剩余和储蓄者的剩余，都取决于他个人的嗜好。这些在部分上取决于他对消费、劳动和储蓄分别有满意和不满意的感觉，部分上也取决于他的感觉的弹性。这就是说，取决于一种随着消费、劳动和储蓄各自的增加而变动的比率。消费者的剩余首先与各个商品有关系，其中各部分都对影响获得商品的条件和时机有直接的关系，而这两种生产者的剩余总是以时机所给予的一定数量的购买力所得到的满足的收益来表示的。这两种生产者的剩余是独立的和累积性的，而且在一个人为自己劳动和为自己储蓄的情况下，显得各不相同。这两种生产者的剩余和消费者的剩余之间的密切关系可以用下述事实来说明：在估计鲁滨逊生活中的苦乐时，最简单不过的方法是来计算他的两种生产者的剩余，将他的全部消费者的剩余都包括在内。

工人大部分的工资在性质上都是对培养他能够工作所需要的操劳和费用的延期报酬，因此，很难估计他的剩余。也许工人的全部工作都几乎很愉快，而且就他的全部工作来说，工人也许得到优厚的工资。但是，在权衡人的苦乐时，我们还必须加上他父母和他过去所忍受的牺牲和劳作，但是说不清楚到底有多少。对少数人来说，也许苦多乐少；而对大多数人，或许是乐多苦少。这个问题既是经济上的，又是哲学上的，并因下列事实而更加错综复杂：人的活动本身既是目的又是生产手段，同时清楚地区分人类劳作的直接（或主要）成本与总成本是很难的。这个问题肯定得不到完全解决就会被丢下②。

当我们考察物质生产工具的所得时，这个问题在某些方面就比较简单了。提供物质生产工具的劳动和等待，提供了上面所说的那种工人的剩余和等待。此外，还提供了另一种剩余（或准租），即总货币收益超过直接费用的差

---

① 戈森和杰文斯都强调这一点。并参阅克拉克的《劳工的剩余收益》。

② 见第六篇的第5章。

额——如果我们只就短时期来说。但就长时期来说，在经济科学所有比较重要的问题当中，特别是在本章讨论的问题中，是不存在直接费用和总费用的区别的。在长时期中，各生产要素的所得按照其边际率只足以报酬生产它们所需要的劳作和牺牲的总和；如果小于这些边际率，那么供给势必就会减少。因此，总的来看，在这方面一般是没有额外剩余的。

上面最后一个论点在某种意义上适用于新开垦的土地。如果我们能追本溯源，这很可能适用于早开发国家中的许多土地。但是，这种做法会引起历史学、伦理学和经济学上的争论。不过我们当前研究的目的是展望未来，而不是回顾过去；只要向前看，而不要向后看；同时不过问现存土地私有权的范围及公平与否，我们就知道作为土地报酬的那部分国民收入，是在其他生产要素的报酬不算为剩余的意义上的一种剩余。

从本章的观点来说明第五篇第 8～10 章中最后讨论过的理论：一切生产工具，不论是机器、工厂及其建筑用地，还是农场，都同样给占有并使用这一切的人提供超过特定生产行为的主要成本以上的大量剩余；但在长时期的正常状态下，这不会给他提供一种超过他购置和使用这一切所用的劳作和牺牲及费用以上的特殊剩余（没有和他的一般工人的剩余和等待者的剩余相对立的特殊剩余）。不过，土地和其他生产要素有这样一种区别：从社会的观点来看，土地提供的是一种永久的剩余，而人造的易坏的东西则不会。保持任何生产要素的供给越是需要报酬，其供给也就越是这样变动着，以致从国民收入中能够汲取的份额和维持该供给的成本一致。而在一个早开发的国家中，土地却是例外情况，因为土地的报酬不受这个因素的影响。不过，土地和其他耐久工具的区别主要是一种程度上的区别，而研究地租的主要兴趣，是由于地租说明了一个贯穿在经济学中的伟大原理。

附录十二① 李嘉图关于农业税和土地改良的理论

§1. **他的部分理论是根据潜在的、不可能的假设来做的。他虽然在逻辑上站得住脚,但却不适用于实际情况** 我们谈了许多有关李嘉图思想的精髓及其表达的不完整性,尤其指出了他对报酬递减规律不加限制的种种原因。我们这种意见也同样适用于他所讨论的土地改良和农业税的归宿问题。他对亚当·斯密的批评极不慎重,就如马尔萨斯公正指出的那样(他的《政治经济学》第10节的结束语),"李嘉图先生一般注意的是永久性的最终结果,而关于地租他总是采取相反的政策。但只有注意暂时的结果,他才能反驳亚当·斯密的这一论点:种植稻米或马铃薯比种植小麦会提供更高的地租"。马尔萨斯还补充说:"实际上,有理由相信地租甚至不会暂时下降,因为把小麦改种成稻米必然是逐步性的。"他这样说也许不会太错。

但是,在一个不能输入很多小麦的国家中,很容易这样来调整田赋和阻碍土地改革,以使地主阶级在短时间内大发横财,却使人民大众贫困不堪。认识到这一点在李嘉图时代具有重大的实际意义,甚至现在认识到这一点也有莫大的科学兴趣。毫无疑问,当人民贫困交加时,地主阶级的钱袋势必会受到损害。但这个事实并不能削弱李嘉图的下述论点:在他的一生中,农业价格和地租的暴涨,表明了国家受到的损害比地主阶级得到的利益大得不可计量。

但是,让我们来考察李嘉图的某些论证。他喜欢从定义明确的假设开始这些论证,以便求出引人注意的精确结果。而这些结果读者可以自行综合,

---

① 参阅第六篇第9章的第4节。

以便能将其应用于现实生活。

我们首先假定某个国家种植的"小麦"是绝对必需的，也就是说，小麦的需求是没有弹性的。边际生产成本发生任何变动，都只会影响人们对小麦支付的价格，而不会影响小麦的消费量。其次假定不进口小麦。那么，对小麦征收十分之一的税的结果，就会使其实际价值提高，直到和以前一样多的十分之九足以报酬边际投资量，从而足以报酬各宗投资量为止。因此，每块土地的小麦总剩余和以前一样。但是，既然十分之一的小麦被当做租税而得到征用，那么余下的只是以前小麦剩余的十分之九。因为小麦各部分的实际价值都按九与十的比例上升，所以，实际剩余不变。

但是，农产品的需求绝对没有弹性的这一假设是反常的。其实价格上涨势必会使某些农产品（如果不是主要粮食）的需求有所减少，因此，小麦价值（即总产量的价值）永不会与税额成正比例地上涨，而用在一切土地耕作中的劳动和资本将有所减少。从而，一切土地上的小麦剩余都势必会减少，但减少的比例却因地而异。既然十分之一的小麦剩余被当做租税而得到征用，同时各部分的实际价值都按小于九与十的比例上升，那么实际剩余将会出现双重下降。

在现代条件下，小麦的自由进口使租税不能大大提高实际价值，这种实际剩余会下降得很快；即使没有进口，如果小麦实际价值的上涨使人口减少，或至少很可能降低劳动人民的生活水准和效率，那么也会逐渐产生同样的结果。降低生活水准和效率的这两种影响对生产者的剩余也有类似的作用：前者使劳动对雇主来说很贵，而后者又使工人的实际计时工资变得低微。

李嘉图关于所有这些问题的推理都很难理解，因为他往往不加以说明。当他不再讨论那些"直接的"并相对于人口的增长来说属于"短时期"的结果时，就转向那些"最终的"和属于"长时期的"结果。而在长时期中，农产品的劳动价值会大大影响人口的数量，从而影响农产品的需求。如果补充了这种解释，那么他的推理很少有站不住脚的地方。

现在我们可以考察他提出的有关农艺改良的问题。他把农艺改良分为两类，而特别富有科学趣味的是他对第一类的讨论。所谓第一类的改良是指"我能用较少的资本获得同样的产量，却不会破坏各资本生产力之间的差别"

的改良①。当然,为了他的一般论证,可以忽略这一事实:任何一种改良对一块地的贡献都比对另一块地要大一些(参阅本书第四篇第3章的第4节)。李嘉图和以前一样,假定小麦的需求没有弹性,他证明资本将从较贫瘠的土地(或从较肥沃的土地上进行较多的集约经营)中撤回,因此,在最有利条件下投资而得到的用小麦计算的剩余(如果我们指的是小麦剩余)与那些不是像以前处于耕作边际的土地相比较,将是一种剩余;由于根据假设两次投资的生产力的差别不变,所以,小麦剩余势必会减少。当然,这种剩余的实际价值和劳动价值下降得更多。

可用右图来说明这一点。图中曲线 AC 代表将全国土地当做一个农场时对各宗资本和劳动的投资所提供的收益。各宗劳动和资本都不是按投资而是按生产力的顺序来排列的。均衡时的投资量是 OD。小麦的价格是使收益 DC 正好足以报酬一宗投资的价格;面积 AODC 代表小麦的全部产量,其中AHC 代表小麦剩余总额(不妨指出,使该图代表全国而不代

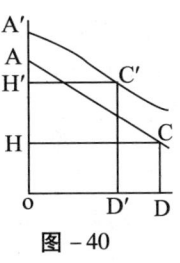

图-40

表一个农场在解释上的唯一变动源于这一事实:我们现在不能像过去那样假设所有各宗资本都是在同一地区投放的,从而同一种农产品的相等部分的价值也相等的。但是,我们可以克服这个困难,办法是把运输农产品到共同市场的费用算做其部分生产费用;每宗资本和劳动中都有一定的部分充当运输费用)。

李嘉图第一类的改良会使在最有利条件下的投资量的收益从 OA 增加到OA′,使其他投资量的收益也有所增加,但不按相同的**比例**而是按相等的**数量**增加。结果是新产量曲线 A′C′ 将是旧产量曲线 AC 的重复,但是却又高出了AA′段的距离。因此,如果对小麦的需求是无限的,以致在维持原有的各宗投资量 OD 时还仍有利可图,那么小麦剩余仍然会与改变以前一样。但实际上这样一种直接增产是不可能有利的,因此,这种改良势必会减少小麦剩余总额。根据李嘉图在这里所做的假设,总产量完全没有增加,只有 OD′ 的投资量,因而 OD′ 由 A′OD′C′ 等于 AODC 这一条件来决定。那么小麦剩余总额将缩减至

---

① 《全集》第2章第42页。参阅坎南的《生产与分配》,第325~326页。李嘉图对两类改良的区别并不完全令人满意,这里无须加以讨论。

A′H′C′。这个结果不以 AC 的形状,也就是说,不以李嘉图为了证明自己的论点而采用的特定数字为转移。

这里我们可以顺便指出,一般只能可靠地将数字例证作为说明,而不能用做证明。这是因为要知道这个结果是否暗含在证明该特定事例而使用的数字之中,要比独立断定该结果是真是假还要难得多。李嘉图本人没有受过数学训练,但他有着无比的直觉才能;很少有训练有素的数学家能在最危险的推理过程中像他那样安全可靠。甚至穆勒那种锐利的逻辑才智也不能胜任这种工作。

穆勒指出,一种改良使对不同种类的土地的投资的收益更可能按相等的比例来增加,而不是按相等的数量来增加(参阅他的第二个例证,《政治经济学》第四篇第 3 章的第 4 节)。他没注意这样做就取消了李嘉图严密论证的基础,而这个基础是:改良并不改变不同投资在利益上的差异。虽然他和李嘉图都得到了相同的结果,但那只是因为他的结果已经暗含在他用做说明的数字中了。

右图有一种趋势表明:有一类经济问题是不能由那些既没有李嘉图的天才,又不借助于把关于报酬递减或供求规律的经济力量表现成一个连续整体的数学或图表的工具的人来解决的。此图中曲线 AC 的意义和上图中的相同。但改良对各宗资本和劳动都有增加三分之一收益的作用。也就是说,增加的是一个相等的比例,而不是一个相等的数量。新产量曲线 A′C′ 位于 AC 之上,并且曲线的左端比右端高得多。耕作只限于 OD′ 投资量,代表新产量总额的面

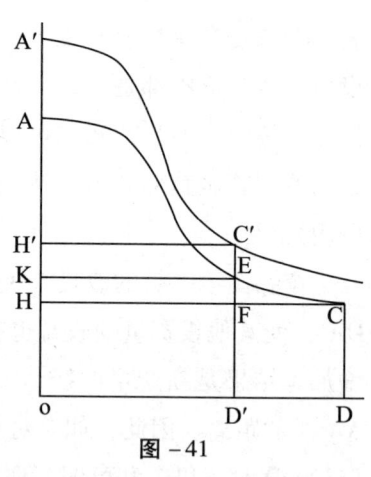

图-41

积 A′OD′C′ 和以前一样等于 AODC;而 A′H′C′ 和以前一样是新小麦剩余总额。那么,很容易证明 A′H′C′ 等于 AKE 的四分之一,而 A′H′C′ 大于或小于 AHC 却取决于 AC 的特定形状。如果 AC 是一条直线或近于一条直线(穆勒和李嘉图的数字代表了产量直线上的点),那么 A′H′C′ 势必会小于 AHC;而根据我们图中 AC 的形状,A′H′C′ 大于 AHC。因此,就结论来说,穆勒的论证取决于他们假定的总产量曲线的特定形状,而李嘉图的却不是。

〔穆勒假定，一个国家包括三种数量的耕地，各按相等的费用生产六十、八十和一百蒲式耳；然后他证明，使各宗资本投资的收益增加三分之一的那种改良会使小麦地租按六十与二十六又三分之二的比例下降。但是，如果他把一国土地的肥沃程度分成三类，而每类土地按相等的费用生产六十、六十五和一百一十五蒲式耳（如图中大致表明的那样），他就会发现在那种情况下的改良会使小麦地租按六十与六十六又三分之二的比例增加〕。

最后不妨指出，李嘉图关于改良对地租的可能影响的见解，既适用于农业土地，又适用于城市土地。例如，如果由于建筑技术、照明、通风设备和电梯制造的改进，而使美国建造带有电梯的十六层高的钢筋百货大楼的计划，立刻变得既有效率，又可提供经济和方便。如果真是这样，那么各城中的商业区所占的土地面积就会比现在要少一些；而大批的土地就会转向报酬较低的用途方面；其最终结果也许很可能是城市地基价值总额有所下降。

数学附录

注1（见本书第三篇第3章第3节）边际效用递减规律可说明如下：如果 μ 是某商品 x 量在某时间内对某人的总效用，那么边际效用等于 $\frac{d\mu}{dx} \cdot \delta x$，而 $\frac{d\mu}{dx}$ 测量的是**边际效用度**。杰文斯和其他学者用"最终效用"来表示他在别处叫做最终效用度的东西。究竟哪种表示方法更方便是值得怀疑的，但其中并不牵涉原则问题。$\frac{d^2\mu}{dx^2}$ 在文中论述的限制条件下总是负数。

注2（见本书第三篇第3章第3节末注），如果 m 是某人某时所拥有的货币或购买力的数量，代表此数量对他的总效用，那么 $\frac{d\mu}{dm}$ 便代表货币对他的边际效用度。

如果 P 是他对给他提供总快乐 μ 的商品量 x 所恰愿支付的价格，那么

$$\frac{d\mu}{dm}\triangle P = \triangle \mu; \quad \frac{d\mu}{dm} \cdot \frac{dp}{dx} = \frac{d\mu}{dx}$$

如果 P′ 是他对给他提供总快乐 μ′ 的另一种商品量 x′ 所恰愿支付的价格，那么

$$\frac{d\mu}{dm} \cdot \frac{dp'}{dx'} = \frac{d\mu'}{dx'}$$

因此

$$\frac{dp}{dx} : \frac{dp'}{dx'} = \frac{d\mu}{dx} : \frac{d\mu'}{dx'}$$

（参考杰文斯关于**变换理论**的那一章，第151页）。

他的资金的每一次增长都会倾向对他的边际效用度，也就是说，$\dfrac{d^2\mu}{dm^2}$总是负数。所以商品量 x 对他的边际效用不变，他的资金的增加使$\dfrac{d\mu}{dx} \div \dfrac{d\mu}{dm}$有所增加，也就是说，它增加$\dfrac{dp}{dm}$，即他愿意买更多的商品的一种比率。我们可以把$\dfrac{dp}{dx}$看做是 m、u 和 x 的函数，那么，我们总使$\dfrac{d^2P}{dmdx}$为正。当然，$\dfrac{d^2P}{d\mu dx}$总为正。

注3（本书第三篇第4章第1节末注），设 P、P′ 为需求曲线上的两个连续点，作 PRM 垂直于 Ox，并设 PP′ 与 Ox 和 Oy 分别交于 T 和 t；因此，P′R 是因单位商品价格减少 PR 而增加的需求量。

因此，P 点的需求弹性是由下列公式测定的：

$$\dfrac{P'R}{OM} \div \dfrac{PR}{PM}，即 \dfrac{P'R}{PR} \times \dfrac{PM}{OM}$$

$$即 \dfrac{TM}{PM} \times \dfrac{PM}{OM}$$

$$即 \dfrac{TM}{OM} 或 \dfrac{PT}{Pt}$$

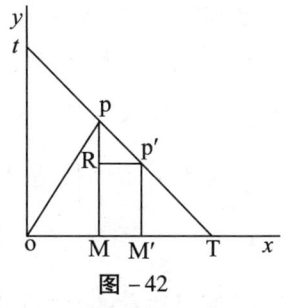

图-42

当 P 与 P′ 之间的距离无限缩小时，PP′ 成为一切线，从而证明了第三篇第1章第1节论述的命题。

显然，相应改变测量与 Ox 和 Oy 平行的距离的比例尺，并不能改变对弹性的测量。但用平面图的方法很容易求得这个结果的几何证明。从分析上来说，很明显，作为测量弹性的分析式的$\dfrac{dx}{x} \div \dfrac{-dy}{y}$，并不改变它的值，如果曲线 y = f（x）是按新的比例尺作图，那么它的方程式就成为 qy = f（px），其中 p 与 q 均为常数。

如果就商品的所有价格来说，需求弹性等于1，那么价格的任何下降都会使购买量成比例地增加。因此，买主们购买该商品所支出的总数将不变。因此，这样的需求可以叫做**支出不变的需求**，而代表这种需求的曲线可以叫做**支出不变曲线**，它是直角双曲线，以 Ox、Oy 为渐近线，许多这样的曲线都是由下图中有虚点的曲线来表示的。

看惯这些曲线是有好处的,这样当一个人看到一条需求曲线时,就能立即辨别出此线是否在某点比通过该点的支出不变曲线部分以较大还是较小的角度向 x 轴倾斜。在薄纸上画些支出不变曲线,再把纸置于需求曲线之上,就可以得到更精确的结果。例如,用这种方法立即可以看到,图中需求曲线在 A、B、C、D 各点上所代表的弹性大约都等于 1;在 A 与 B 之间以及在 C 与 D 之间代表的弹性大于 1;而在 B 与 C 之间代表的弹性却小于 1。这种做法很容易发现关于某商品需求性质的假设的性质,而这种假设是暗含在作任何形状的需求曲线之中;同时还可以提防无意识地引用不可能的假设。

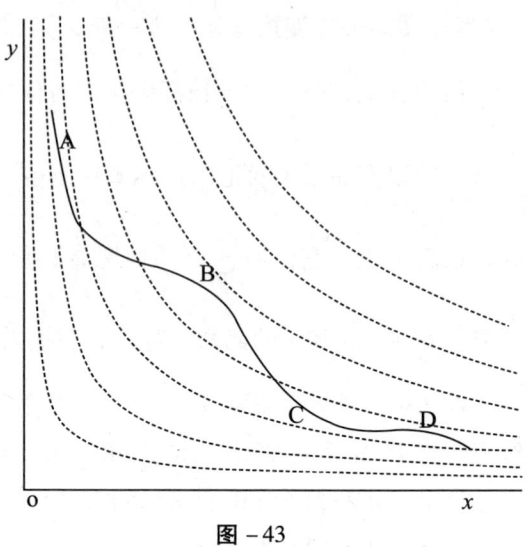

图 — 43

各点需求弹性等于 n 的需求曲线的一般方程式为 $\dfrac{dx}{x} + n\dfrac{dy}{y} = 0$,即 $xy^n = C$。

值得注意的是,在这样的曲线上 $\dfrac{dx}{dy} = -\dfrac{C}{y^{n+1}}$;这就是说,由于价格微跌而需求量的增加部分和价格的第 (n+1) 的乘方成反比。在支出不变曲线的情况下,它和价格的平方成反比;或和数量的平方成正比;二者皆相同。

注 4(本书第三篇第 4 章第 6 节),因经过的时间是沿着 Oy 向下测量的,所记载的消费量是由和 Oy 的距离测量的;从而,P 与 P′ 是代表消费量增长的曲线上的两个邻点,所以,在很小的单位时间 N′N 内的增长率为:

$$\dfrac{PH}{P'N'} = \dfrac{PH}{P'H} \cdot \dfrac{P'H}{P'N'} = \dfrac{PN}{Nt} \cdot \dfrac{P'H}{P'N'} = \dfrac{P'H}{Nt}$$

因为 PN 与 P′N′ 在极限上相等。

图 — 44

如果我们把一年作为时间单位,就求出年增长率为 Nt 年数的倒数。

如果 Nt 等于 C（曲线上各点的常数），那么增长率不变，并等于 $\frac{1}{C}$。在这种情况下，对于所有 x 值来说，$-x\frac{dy}{dx} = C$；即此曲线的方程式为 y = a - clog x。

注 5（本书第三篇第 5 章第 4 节），我们从正文中已经知道，对于未来快乐的折现率大多因人而异。设 r 为年利率，必须与现在的快乐相加，以便使现在的快乐与未来的快乐相等（当未来的快乐出现时，对于快乐的享有者具有相等的数量），那么 r 对于某人也许是 50%，或者 200%，而对于其邻居却是一个负量。此外，有些快乐比另外一些快乐更为人所急需。甚至可以想象的是，某人也许随便把未来的快乐折成现值，也许情愿把某种快乐延期两年，而几乎和延期一年一样；或反之，他也许极力反对延期很长的时间，而几乎不反对延期很短的时间。关于这种不规则性是否为经常现象，意见大多不一致，这个问题是很难决定的；因为权衡一种快乐纯粹是主观的，即便确实出现了不规则现象，也很难察觉。在没有不规则现象的那种情况下，折现率对于各种时间因素都会不变。或换一句话说，都将遵循指数规律。如果 h 代表机遇率为 p 的未来快乐，而这种快乐如果出现就会出现在时间 t 内，那么如果 R = 1 + r，快乐的现值便为 phR^{-t}。但应该记住的是，这种结果属于快乐论，而不属于经济学。

仍然根据同一假设，我们可以论证说，如果 w 为某人因拥有（比方说）一架钢琴而在时间因素 △t 内所享有的快乐因素 △h 的机遇率，那么，钢琴对他的现值为 $\int_0^T wR^{-t}\frac{dh}{dt}dt$。如果我们将某一事件在不论多长的时间内所产生的全部快乐包括在内，就必须使 T = ∞。如果用边沁的话来说快乐的来源"不纯"，那么对 t 的某些值来说，$\frac{dh}{dt}$ 也许将为负数；当然，积分的全值也许是负数。

注 6（本书第三篇第 6 章第 4 节），如果 y 为某商品 x 量在某市场上能找到买主的价格，y = f（x）为需求曲线方程式，那么该商品的总效用的测定为：

$$\int_0^a f(x)\,dx$$

有 a 量的商品得到消费。

但是，如果该商品的数量 b 是维持生命所必需的数量，那么对小于 b 的各 x 值来说，f（x）将为无限量，或至少是无限大的。因此，我们必须理所当然地看待生命 a，而单独计算该商品超过绝对必需品的供给部分的总效用。当然，它为 $\int_b^b f(x)dx$。如果有几种商品都将满足同样迫切的需要，例如，水和牛奶都能止渴，那么我们认为，在一般生活条件下，必要的供给只取自最便宜的商品这一简单的假设是不会有什么大错的。

必须指出，在讨论消费者的剩余时我们假定：货币对个人买主的边际效用始终不变。严格说来，我们应当考虑到这一事实，即如果个人买主在茶叶上用的货币较少，那么货币对他的边际效用就不如现在那样大，他会从购买那些以现在不给他提供消费者剩余的价格的其他东西上面而获得消费者的剩余。但是，根据作为我们全部推理的基础的假设，即他用在任何一种东西（如用在茶叶）上的支出只占他全部支出的一个很小的部分，便可以忽略这些消费者的剩余的变动（比较第五篇第 2 章的第 3 节）。如果由于某种原因有必要考虑到他用在茶叶上的支出对货币对他的价值所产生的影响，那么只需在上述积分中用 f（x）乘 xf（x）（即他已经用在茶叶上的货币量）的函数即可，这个函数代表他所拥有的货币在减少该数量之后对他的边际效用。

注 7（第三篇第 6 章第 6 节）。如果 a_1，a_2，a_3……为几种商品的消费量，其中 b_1，b_2，b_3 是维持生命所必需的，如果 $y=f_1(x)$，$y=f_2(x)$，$y=f_3(x)$……是它们的需求曲线方程式，如果我们可以忽略财富分配的种种不均，那么，在假定维持生存的条件下收入的总效用可以用下列公式表示：

$$\sum \int_b^a f(x)dx$$

其实我们能找到一种方法把满足同样需求的一切东西和竞争品以及各类在服务上相互补充的东西（第五篇的第 6 章）都列入一条共同的需求曲线中。但我们是不能这样做的。因此，公式只是一个一般的列式而已，没有实用价值。参阅本书第三篇第 6 章的第 3 节附注及注 14 的后半部分。

注 8（本书第 3 章第 6 篇第 6 节），如果 y 是某人从他的收入 x 中获得的满足，如果我们依照贝诺利的假定，不论此人有多少收入，他每增加百分之

一的收入所增加的满足都不变,当 k、c 都是常数时,我们求得

$$x\frac{dy}{dx} = k \text{ 和} \therefore y = k\log x + c$$

我们再依照贝诺利的假定,a 是用来购买生活必需品的那部分收入,如果收入小于 a,那么苦多于乐;如果收入等于 a,那么二者相等。于是我们的方程式就变成 $y = k\log\frac{x}{a}$。当然,k 与 a 因各人的性情、健康、习惯和所处的社会环境的不同而不同。拉普拉斯把 x 命名为**物质境遇**,把 y 命名为**精神境遇**。

贝诺利似乎曾认为 x 与 a 是代表一定的财产数量,而不是代表一定的收入数量。但是,如果不知道它维持生命用多长时间,也就是说,如果不实际地把它当做收入的话,我们就无法估计维持生命所必需的财产。

在贝诺利之后最引人注意的一种臆测也许要算克拉默的那个建议了,他说可以将财富提供的快乐看成是和它的数量的平方根成正比例的。

注 9（第三篇第 6 章第 6 节首注）,公平的赌博是一种经济上的错误这一论点,一般是以贝诺利的假设或其他一定的假设为根据的。但所需要的假设只不过是:首先,赌博之乐可以忽略不计;其次,对 x 的一切值来说,ø″(x) 为负,而 ø(x) 为取自等于 x 的财富的快乐。

因为假定某特殊事件发生的机会为 p,某人以 py 和将要发生的 (1 − p) y 相赌。这样做,他就把从 ø(x) 预期得到的快乐进而改变成为 Pø{x + (1 − P) y} + (1 − P) ø (x − Py),用泰勒定理展开后,这个列式变为:

$$\phi(x) + \frac{1}{2} \neq P(1-P)^2 y^2 \phi''\{x + \theta(1-P)y\} + \frac{1}{2}P^2(1-P)y^2\phi''(x - \theta py)$$

假定对 x 所有的值来说,ø″(x) 为负,那么这个列式的结果总是小于 ø(x)。

的确,这种可能的快乐的损失未必大于从赌博中所得到的快乐,从而我们又回到用边沁的话来说赌博之乐是"不纯"这个意思上去了。因为经验表明,那种快乐很可能产生一种急躁而狂热的性格,既不适于坚定不渝地工作,又不适于获得日常生活中高尚的快乐。

注 10（本书第四篇第 1 章第 1 节末）,依照注 1 的同样原理,让我们用 v 代表一个劳动量 l 的负效用或不便利,那么 $\frac{dv}{dl}$ 为劳动的边际负效用度;在正

文论述的限制条件下，$\dfrac{d^2v}{dl^2}$ 为正。

设 m 为某人拥有的货币或购买力的数量，μ 是它对他的总效用，因此，$\dfrac{d\mu}{dm}$ 为此数量的边际效用。从而，如果 △w 为诱使他提供劳动 △l 所必须支付的工资，那么 $\triangle w\,\dfrac{d\mu}{dm}=\triangle v$，$\dfrac{dw}{dl}\cdot\dfrac{d\mu}{dm}=\dfrac{dv}{dl}$。

如果我们假定他不愿劳动并不是固定不变的，而是一个可变的量，就可以把 $\dfrac{dw}{dl}$ 看做是 m，v 与 l 的函数；而 $\dfrac{d^2w}{dmdl}$ 和 $\dfrac{d^2w}{dvdl}$ 总为正。

注 11（本书第四篇第 8 章第 5 节），如果任何一种鸟类开始养成水栖习惯，那么趾间的蹼的每一次长大（不论是由于自然长大的，还是由于运动而迅速长大的），都会使它们更适宜水栖生活，它们繁殖的机会也更取决于蹼的增长。因此，如果 f（t）是 t 时的蹼的平均面积，那么蹼的长大率随着蹼的每一次长大而增长（在一定的限度内），从而 f″（t）为正，根据泰勒定理我们知道

$$f(t+h)=f(t)+hf'(t)+\dfrac{h^2}{1.2}f''(t+\theta h)$$

如果 h 大，而 h^2 更大，那么，即使 f′（t）小，而 f″（t）从来都不大，那么 f（t+h）也会比 f（t）大得多。由于在 18 世纪末和 19 世纪初，将微积分用于物理学上而带来的进步，使得这二者之间的关系远远不是表面的。在社会学和生物学中，我们逐渐学会观察各种力量的积累性影响，这些力量最初虽然很弱，但是由于其影响的增加而越来越强；泰勒定理是一般的形式，而各种这样的事实是其特殊的体现；或者如果同时考虑一种以上的原因的作用，就相应地有几个变数的一种函数。即使进一步的研究证实了孟德尔主义者的见解，即人种的逐渐改变是由个体与一般类型的很大差异演化而来的，上述结论也是站得住脚的。因为经济学是对人类、特定国家和特定社会阶层的研究，只是间接涉及那些非凡天才家和穷凶极恶者的生活。

注 12 甲（本书第五篇第 2 章第 1 节首注），如在注 10 中的论述，如果 v 代表某人为获得他能享有快乐 u 的商品量 x 而必须提供的劳动量的负效用，那么当 $\dfrac{du}{dx}=\dfrac{dv}{dx}$ 时，更多的商品供应所产生的快乐将等于获得那些商品的痛苦。

如果把劳动的痛苦看做是负快乐，而我们用 $U \equiv -v$，那么 $\dfrac{du}{dx} + \dfrac{dU}{dx} = 0$ 即 $u + U =$ 劳动终止点上的最大量。

注12乙（本书附录六末），埃杰沃斯教授在 1891 年 2 月的《经济学家杂志》上发表的论文中制作了如下的一个图，这个图代表我们在第五篇第 9 章中的第 1 到第 2 节中论述的苹果与胡桃的各种交换情况。Ox 表示苹果，Oy 表示胡桃；a 代表 40 个胡桃与 4 个苹果交换的第一次交易的结束。在交易中，甲开始时占了便宜；b 代表第二次交易情况；c 代表最后一次的交易情况。另一方面，a′、b′、c′、d′ 各代表第一次、第二次、第三次以及最后一次的交易情况，其中乙开始时占了便宜。QP 是 c 与 d′ 必然位于其上的轨迹，埃杰沃斯教授称之为**交易曲线**。

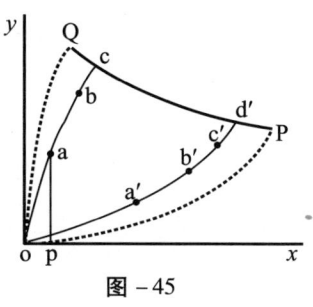

图 -45

沿用他的数学心理学（1881 年）中所用的方法，他以 U 代表某甲出让了苹果 x 而获得了胡桃 y 之后苹果与胡桃对他的总效用，V 代表某乙获得了苹果 x 而出让了胡桃 y 之后苹果与胡桃对他的总效用，如果以追加的苹果 △x 与追加的胡桃 △y 相交换，如果 $\dfrac{du}{dx}\triangle x + \dfrac{du}{dy}\triangle y = 0$，那么，交换对某甲将可有可无；交换对某乙也可有可无。因此，这两个方程式是图中无差异曲线 OP 与 OQ 的方程式；而作为对某甲和某乙同时都是无差异的交换条件的点的轨迹的交易曲线，具有这样的方程式：

$$\dfrac{du}{dx} \div \dfrac{du}{dy} = \dfrac{dV}{dx} \div \dfrac{dV}{dy}$$

如果胡桃对某甲和其乙的边际效用都不变，那么 $\dfrac{du}{dy}$ 与 $\dfrac{dV}{dy}$ 都不变；U 变为 ø（a-x）+ay，而 V 变为 Ψ（a-x）+βy；交易曲线变为 F（x）=0，或 x = C，即是一条平行于 Oy 的直线和无差异曲线 △y：△x 的值是 C 的函数。从而证明易物交换不论从哪条路径开始，都将出现交换苹果 C 的那点均衡，而最后的交换比率是 C 的函数，也就是说也是一个常数。最初是贝利先生运用埃杰沃斯教授运用数学方式表达的易物交换理论来证明文中得到的结果的，并把它发表在了 1891 年 6 月的《经济》杂志上。

埃杰沃斯教授以 U 与 V 代表 x 与 y 的一般函数的方法，对于数学家有很大的吸引力。但是，就表述经济生活中的日常事实来说，它远不及把苹果的边际效用只看做是 x 的函数，就像杰文斯那样的做法。在这种情况下，正如在所讨论的特殊事例中假设的那样，如果某甲开始时没有胡桃，那么 U 采取的形式是：

$$\int_0^x \phi_1(a-x)\,dx + \int_0^y \psi_1(y)\,dy$$

V 的形式也相同。而交易曲线方程式的形式是：

$$\phi_1(a-x) \div \psi_1(y) = \phi_2(x) \div \psi_2(b-y)$$

这个方程式是杰文斯著的《政治经济学理论》（第二版，第 108 页）中的交易方程式之一。

注 13（本书第五篇第 4 章第 1 节末注），用注 5 中所用的符号，让我们把开始建造房屋的日期作为我们时间的起点，并设 T′ 为建造期间占用的时间，那么他对该房屋预期得到的快乐的现值为：

$$H = \int_{T'}^{T} \tilde{w}\, R^{-t} \frac{dh}{dt} dt$$

设 △v 为他在时间 △t 中（即在时间 t 与时间 t + △t 之间）建造房屋将付出的劳作，那么劳作总额的现值为：

$$V = \int_0^{T'} R^{-t} \frac{dv}{dt} dt$$

如果是否需要劳作还难以预料，那么就必须计算各种可能因素，并乘以需要劳作的机遇率，那么，V 就等于 $\int_0^{T'} \tilde{w}'\, R^{-t} \frac{dv}{dt} dt$。

如果我们把起点移至竣工日期，那么就得出：

$$H = \int_0^{T_1} \tilde{w}\, R^{-t} \frac{dh}{dt} dt \text{ 和 } V = \int_0^{T'} \tilde{w}'\, R^{t} \frac{dv}{dt} dt$$

其中 $T_1 = T - T'$。虽从数学的观点来看这个起点比较勉强，但从一般商业的观点来看却更自然。我们采取这个起点时，就知道 V 是所受痛苦的预计总额，其中各自都实际上负有等待的积累性负担，这种等待就是从开始的时间和收到成效的时间之间的等待。

因为代表投资的函数是一次式这一不必要的假设，杰文斯关于投资的讨论受到了一些损害；当他讨论戈森的著作，并指出对他（和休厄尔）用的以直线代替那些表示经济数量变异的真实性质的多样曲线的方法的反对意见时，这种损害就更明显了。

注 14 甲（本书第五篇第 4 章第 4 节注），设 a_1，a_2，a_3……为某人按既定计划建造房屋所用的各种不同的劳动（如锯木、运石和掘土等）的数量；β，β'，β''为该房根据该计划所提供的不同的便利（如休息室、卧室和办公室等）的数量，那么，按前一注解中的用法使用 V 和 H 时，V，β，β'，β''都是 a_1，a_2，a_3……的函数，而 H 既为 β，β'，β''的函数，那么也是 a_1，a_2，a_3……的函数。因此，我们必须求出每一种劳动对每一种用途的边际投资。

$$\frac{dV}{da_1} = \frac{dH}{d\beta}\frac{d\beta}{da_1} = \frac{dH}{d\beta'}\frac{d\beta'}{da_1} = \frac{dH}{d\beta''}\frac{d\beta''}{da_1} = -\cdots\cdots$$

$$\frac{dV}{da_2} = \frac{dH}{d\beta}\frac{d\beta}{da_2} = \frac{dH}{d\beta'}\frac{d\beta'}{da_2} = \frac{dH}{d\beta''}\frac{d\beta''}{da_2} = -\cdots\cdots$$

上述方程式表示劳作与利益相等。木匠额外劳动对他的实际成本，正好与他这样做而得到的额外休息室或卧室的利益相等。但是，如果他自己不劳动，而再雇用木工来做，那么我们必须用 V 代表的就不是他的劳作总额，而是他的一般购买力的支出总额。那么，他对木工追加劳动所愿支付的工资率，即他对木工劳动的边际需求价格，是由 $\frac{dV}{da}$ 来测量的；而 $\frac{dH}{d\beta}$ 和 $\frac{dH}{d\beta'}$ 都是用货币表示的额外休息室和卧室分别对他的边际效用，即他对它们的边际需求价格；$\frac{d\beta}{da}$ 和 $\frac{d\beta'}{da}$ 为建造这些房间的木工的边际效率。这些方程式的意思是说，木工劳动的需求价格有等于额外休息室的需求价格和额外卧室等的需求价格各自乘以增建这些房间所用的木工劳动的边际效率的趋势（各个要素都选用适当的单位）。

如果概括一下上述论点，以便包括市场上对木工劳动的各种不同的需求，那就等于：木工劳动的（边际）需求价格等于木工劳动在增加任何产品供应中的（边际）效率乘以该产品的（边际）需求价格。或换言之，一个单位的木工劳动的工资有等于该劳动借以生产的代表一个单位木工劳动的边际效率

（就该产品而言）的那部分产品的价值的趋势；或者用我们在第六篇第 1 章中着重讨论的那句话来说，有等于木工劳动的"纯产品"的价值的趋势。这个命题非常重要，并且本身包含有分配论中需求方面的核心。

那么，让我们假定某建筑商打算要建造某些房屋，并且考虑要建造什么不同式样的房屋，如住宅、货栈、工厂和零售商店等。他将有两类问题需要决定：建造多少房屋和用什么方法来建造。例如，除了决定是否要建造有一定房间数量的乡村别墅外，他还须决定将用哪些生产要素并按着什么样的比例使用。例如，他是否将用瓦或石板瓦；他是否将用若干石头；他是否将用汽力来制造灰泥或只用汽力来担任起重工作；如果他在一个大城市的话，他是用专业工人搭架，还是用普通工人搭架，等等。

首先，设此人决定建造别墅的数量为 β，货栈的数量为 β'，工厂的数量为 β''，等等，而且各按一定的等级建造。但是，不像以前那样假设他只雇用各种不同的劳动量，a_1，a_2，a_3……让我们把他的支出分成以下四项：（1）工资；（2）原材料的价格；（3）资本利息；（4）他自己的工作与经营的价值。

设 x_1，x_2……为他雇用的各种不同种类的劳动量（包括监督劳动在内）；各种劳动量是由工作时间和劳动强度构成的。

设 y_1，y_2……为建造房屋所用的各种不同原材料的数量，而且可以假定房屋能自由出售和自由保存。在这种情况下，从现在的观点，即从个人企业家的观点来看，房屋的建筑用地只是原材料的特殊形式而已。

其次，假定 z 为建造各种房屋所用的资本数量，在这里必须把它化为以共同的货币尺度为计算的单位，其中包括预计的工资、原材料的购买以及各种设备因使用而产生的磨损，等等；还有按同样的原则计算的他的车间和车间用地。各种资本在闲置期间将有所不同，但是都必须按"复比例"，即按"几何级数"化为标准单位，比方说化为一年。

再次，设 u 代表他在各种工作中所付出的劳动、操心和折磨等的货币价值。

此外，有几种因素也许可以另成项目，但也可以假定它们和上述各项合并。例如，可以由上述后两项来共同承担风险费用。经营上的一般费用（"补充成本"，见本书第五篇第 4 章第 6 节）将适当地分配给以下四项来承担：工资、原材料、作为一个发达的企业组织（它的商誉等）的资本价值的利息，还有对建筑商本人的劳动、经营与操劳的报酬等。

在 V 代表他的总支出，H 代表他在一定的总收入下，他竭力设法使 H – V 成为最大额。据此，我们求出和以前相同的一些方程式，即：

$$\frac{dV}{dx_1} = \frac{dH}{d\beta} \cdot \frac{d\beta}{dx_1} = \frac{dH}{d\beta'} \cdot \frac{d\beta'}{dx_1} = \cdots\cdots$$

$$\frac{dV}{dx_2} = \frac{dH}{d\beta} \cdot \frac{d\beta}{dx_2} = \frac{dH}{d\beta'} \cdot \frac{d\beta'}{dx_2} = \cdots\cdots$$

……

$$\frac{dV}{dy_1} = \frac{dH}{d\beta} \cdot \frac{d\beta}{dy_1} = \frac{dH}{d\beta'} \cdot \frac{d\beta'}{dy_1} = \cdots\cdots$$

……

$$\frac{dV}{dz} = \frac{dH}{d\beta} \cdot \frac{d\beta}{dz} = \frac{dH}{d\beta'} \cdot \frac{d\beta'}{dz} = \cdots\cdots$$

$$\frac{dV}{du} = \frac{dH}{d\beta} \cdot \frac{d\beta}{du} = \frac{dH}{d\beta'} \cdot \frac{d\beta'}{du} = \cdots\cdots$$

这就是说，该建筑商对第一类劳动的一个很小的追加额 δx_1 所产生的边际支出即为 $\frac{dV}{dx_1}\delta x_1 = \frac{dH}{d\beta} \cdot \frac{d\beta}{dx_1}\delta x_1$，也就是等于他的总收入的增加额 H，这个增加额是因他使用第一类劳动很小的一个追加额而增加了的别墅将要获得的增加额。就货栈和其他各种房屋来说，这也将等于相同的数额。这样，他势必会把资源在各种不同用途上进行这样的分配：他不能因把任何生产要素（劳动、原材、资本的使用）的任何部分或把他自己的劳动和经营从某个等级的建筑转向另一个等级的建筑而获利；他也不能因在自己企业的任何部门中用一种要素代替另一种要素，或者增用或者减少用任何要素而获利。从这个观点来看，我们的方程式和第四篇第 5 章中关于同一种东西在各种不同用途之间的选择具有相同的意义［参照埃奇沃斯教授在英国科学协会的演说词（1889 年）的后面的最有趣的注释（f）］。

关于解释任何生产要素，不论是特种劳动还是其他任何"纯产品"，都实在是有许多话可说（参阅第五篇第 11 章的第 1 节，还有第六篇第 1 章的第 8 节）；本注解的其余部分虽与上述部分类似，但也许留在后一阶段来读更方便。建筑商对第一类劳动最后的极小部分付出了 $\frac{dV}{dx_1}\delta x_1$，因为那是它的纯产品；如果用它来建造别墅，那么就会给他带来 $\frac{dH}{d\beta} \cdot \frac{d\beta}{dx_1} \delta x_1$ 的特殊收入。如果 p 为他出售别墅数量 β 而得的单位价格，从而，pβ 为他出售全部别墅 β 所得的价格；而且为简单起见，如果我们用 Δβ 来代替 $\frac{d\beta}{dx_1}\delta x_1$（即因追加劳动 δx_1 而增加的别墅），那么，我们所求的纯产品就不是 pΔβ，而是 pΔβ + βΔp。其中 Δp 为负量，是因建筑商提供的别墅数量的增加而引起的需求价格的下降。我们必须对 pΔβ 与 βΔp 这两个因素的相对量进行一番研究。

如果建筑商垄断了别墅的供给，那么 β 代表别墅的总供给。当出售别墅量 β 时，如果它的需求弹性碰巧小于1，那么，由于他增加了供给，便会减少总收入；而 pΔβ + βΔp 必为负量。但是，当然他不会使自己的生产恰恰进行到使需求没有弹性的一种数量。他给自己选择的生产边际势必是这样的：在该边际上，负量 βΔp 小于 pΔβ，但不必一定要小得在比较时可以不考虑。这是第五篇第 14 章中讨论的垄断理论中的一个很重要的事实。

对于任何一个顾客有限而又不能很快增加顾客的生产者来说，那也是很重要的。如果顾客已经向他买了自己喜欢买的那么多的商品，从而，他们的需求弹性暂时小于1，那么，他因增雇一个人来给他工作而会受到损失，即使那个人是白给他工作。唯恐暂时破坏一个人的特殊市场的这种恐惧，在有关短时期的许多价值问题（参阅第五篇第 5 章、第 7 章和第 11 章），特别是在我们将在后半部部分中讨论的商业萧条时期和在那些正式与非正式的商业团体的章程中，都起着重要的影响。在那些生产费用因产量的每一次增加而迅速下降的商品量的情况下，存在着类似的困难。但在这里决定生产限界的那些因素非常复杂，以致似乎不值得用数学把它们表示出来。

但是，当我们研究企业家个人的行动，以阐明决定对各种生产要素的一般需求的原因的作用时，似乎很明显地应当避免类似的种种情况。我们应当把它们的特点留在特殊的讨论中分别进行分析，而从这样一种情况中给出我们的正常解释是：在这种情况下，个人只是许多能（如果是间接的）接近市场的人中的一个，如果 βΔp 在数值上和 pΔβ 相等，其中 β 是一个大市场上的全部产量，而企业家个人生产的 β′ 是 β 的千分之一，那么因增雇一个人所增加的收入是 pΔβ′，即等于 pΔβ；而从其中减去的只是 β′Δp，它是 βΔp 的千分之一，可以忽略不计。因此，为了阐明分配规律的一般作用，我们有理由认为任何生产要素的边际纯产品价值量都是该纯产品按产品正常售价所出售的数额，也就是说等于 $P\Delta\beta$。

不妨指出，这些困难并不取决于劳动分工和工资制度，虽然因为使用和这种制度相关的价格来衡量劳作和各种需求会使这些困难显得更突出。给自己建造房屋的鲁滨逊不会认为增建以前房屋的千分之一而会使他的安逸程度增加千分之一，他所增建的部分和其余的部分也许具有相同的性质。但是，如果有人把它按对鲁滨逊有相同的实际价值的比率计算进去，那么此人必须要考虑这一事实：新建部分使他对原有部分的需求不太迫切，那部分对他的实际价值也较低（参阅本书第五篇第9、第2章节末的注）。另一方面，报酬递增规律也许会使他很难把它的实际纯产品限定在某半个小时的工作上。例如，假定有些既能调味又便于运输的小草，就生长在他岛上半天里程的一个地方。有一次，他曾到那里采了几小束，后来因为没有重要的事能占用他半天的时间，所以他便用了一整天的时间采了比以前多九倍的味草回来。但是，我们不能把最后半小时的报酬和其余时间的报酬分开；我们唯一的方法是把整天当做一个单位，并拿它在满足上的报酬与用在其他方面的天数所得的报酬进行比较。在现代工业制度下，我们有类似的但更艰巨的任务，即为了某种目的把整个生产过程当做一个单位。

也许很有可能扩大我们讨论的方程式体系的范围，并增加其细节，甚至包括分配问题中需求的各个方面。虽然用数学概念阐明某些既定原因的作用的方式本身也许是完全的，在其定义明确的范围内，也许是极其精确的，但是，企图用一系列的方程式来理解现实生活中一个复杂问题的全部情况，或者其中任何很大的一部分却并非如此。因为许多重要事情，特别是和时间因素相关的那些事情，是不易用数学方式来表示的，必须将它们全部删去，或是削减得像装饰艺术品上的鸟兽一般。因此，就产生了一种倾向，使各种经济力量有错误的比例，因为最容易接受分析的那些因素得到了大力强调。毫无疑问，不仅是把数学分析，而且是把任何一种分析应用于现实生活中，其本身都含有这种危险，这是经济学家必须随时留意的胜过任何其他危险的一种危险。但是，要完全避免这种危险，就等于放弃科学进步的主要手段。而在专门为数学读者写的讨论中，大胆追求广泛的概括无疑是对的。

例如，在这些讨论中，也许正确的是把 H 看做是由于经济原因使社会享有满足的总和，把 V 看做不满足的总和（劳作、牺牲等）；为了使这些原因发生作用的概念简单化起见，我们在采用和各种不同形式的下述理论中，多少有意识地采用了大致相同的假设。这一理论是，这些原因不断使社会各阶层获得**最大限度的满足**（纯总量，见本书第五篇第 13 章的第 5～6 节），或换句话说，有一种不断的趋势，使 H－V 对全社会来说都是最大的数量。由此而来的像我们曾一直讨论的那同一类微分方程式，将被解释成价值在经济学的各个领域中是由效用组和负效用组、满足组和实际成本组的平衡来决定的。这类问题自有讨论的余地，但在目前的讨论中，却并非如此。因为在这种讨论中，数学只是用来以简练而更精确的语言来表达那些分析和推理的方法，而这些方法是一般人在日常生活中或多或少有意识采用的。

不容否认，这类讨论和第三篇中对特定商品总效用的分析方法有某些相同点，这两种情况的区别只是一种程度上的区别，不过这种程度上的区别非常大，它实际上是一种性质上的区别。因为在前一种情况下，我们考虑的是和某特定市场有关的各种商品本身；我们仔细考虑消费者在所述时间与所处地点的环境。因此，我们沿用财政部长在讨论财政政策时所用的方法，虽然也许我们应更谨慎。我们知道少数商品主要是由富人消费的，因此，实际总效用比那些效用的货币尺度所显现的要少一些。我们同世人一道假定，在没有相反的特殊原因的情况下，主要由富人消费的两种商品的实际总效用彼此之间的关系，照例是和它们的货币尺度的关系大致相同。这也适用于那些是由富人、中产阶级和穷人按相同的比例来消费的商品。这种估计只是略微相近而已，但各种特殊的困难和各个可能错误的根源，因为我们用语明确而更加突出：我们并没有引用那些在日常生活中不暗含的假设；同时我们也不准备担任那种在日常生活中不能用比较粗浅（但有益处）的方式来解决的任务；我们没有引用新的假设，而是阐明那些不可避免的假设。虽然在讨论和各个特定市场有关的各种特定商品时，这是可能的，但就处于包罗万象的最大限度满足的理论中的无数经济因素来说，那似乎是不可能的。供给的力量特别不同质、特别复杂：这些力量包括来自所有各种工业等级的人们付出的千变万化的劳作和牺牲。如果对最大限度满足的理论的具体解释没有其他障碍的话，那么致命的障碍就在于这种暗含的假设：能用同样的方法来衡量儿童的培养教育费和机器的建造费。

由于类似上述典型事例中所提到的那些原因，我们的数学注解随着讨论的问题就越来越复杂，而所涉及的范围却越来越小。下面的几个注解和垄断有关，它们提供了完全可以用直接分析来讨论的几个方面。但是，其余的绝大部分将用来说明连带与复合的供给和需求，而这些和下述注解中的内容有许多共同之处；注 21 的最后一部分稍稍讨论了分配和交换问题（不予考虑时间因素），不过是在下述范围内进行的：确保所用的数学例解倾向于一个方程式体系，这些方程式的数目比其中所用的未知数既不多，也不少。

注 14 乙 本书第五篇第 6 章第 2 节及本章各图中，各供给曲线都向上倾斜；当我们用数学用语表述它们时，就假定边际生产费用是以现实生活中没有的那种确定性来决定的；我们将不考虑那种发展一个具有大规模生产的内部经济与外部经济的典型企业所需要的时间，我们将忽略和第五篇第 12 章中所讨论的报酬递增规律有关的那些困难。采取任何别的途径都会把我们引向极复杂的数学上去，这种复杂的数学虽不无用处，但却不适合我们的讨论。因此，只能将本注解和下面各注解中的讨论看做是概略，而不能看做是全面的研究。

设商品 A 的生产要素为 a_1，a_2……；设它们的供给方程式为 $y = \Phi_1(x)$，$y = \Phi_2(x)$……设生产商品 Ax 单位所需要的生产要素的单位数为 m_1x，m_2x……；其中 m_1，m_2……一般都不是常数，而是 x 的函数。从而，A 的供给方程式为：

$$y = \phi(x) = m_1\phi_1(m_1x) + m_2\phi_2(m_2x) + \cdots = \sum\{m\phi(mx)\}$$

设 $y = F(x)$ 为成品需求方程式，那么制造商品 A 的第 r 个要素 a_r 的派生需求方程式为：

$$y = F(x) - \{f\phi(x) - m_r\phi_r(m_rx)\}$$

但在此方程式中，y 不是一个要素单位的价格，而是 m 个单位的价格；要求用固定单位表示的一个方程式，设 η 为一个单位的价格，并设 $\xi = m_rx$，那么，此方程式即成：

$$\eta = f_r(\xi) = \frac{1}{m_r}\left[F\left(\frac{1}{m_r}\xi\right) - \left\{\phi\left(\frac{1}{m_r}\xi\right) - m_r\phi_r(\xi)\right\}\right]$$

如果 m_r 为 x 的函数，比方说等于 $\psi_r(x)$；那么 x 必须由方程式 $\xi = x\psi_r(x)$ 来决定（以 ξ 表示），因此，可以把 m_r 写成 $x_r(\xi)$，我们求出 η 为 ξ 的

函数，以此代之。a_r 的供给方程式仅仅是 $\eta = \Phi_r(\xi)$。

注 15（本书第六篇第 5 章第 2 节），设刀的需求方程式为：

$$y = F(x) \quad \cdots\cdots\cdots\cdots\cdots\cdots (1)$$

设刀的供给方程式为：$y = \Phi(x) \quad \cdots\cdots\cdots\cdots\cdots (2)$

设刀柄的供给方程式为：$y = \Phi_1(x) \quad \cdots\cdots\cdots\cdots (3)$

设刀身的供给方程式为：$y = \Phi_2(x) \quad \cdots\cdots\cdots\cdots (4)$

设刀柄的需求方程式为：

$$y = f_1(x) = F(x) - \Phi_2(x) \quad \cdots\cdots\cdots\cdots (5)$$

(5) 的弹性为：$-\left\{\dfrac{xf_1'(x)}{f_1(x)}\right\}^{-1}$

即 $-\left\{\dfrac{xF'(x) - x\phi_2'(x)}{f_1(x)}\right\}^{-1}$

即 $-\left\{\dfrac{xF'(x)}{F(x)} \cdot \dfrac{F(x)}{f_1(x)} + \dfrac{x\phi_2'(x)}{f_1(x)}\right\}^{-1}$。

越充分满足下列条件，弹性值就越小：(1) 必然为 $-\dfrac{xF'(x)}{F(x)}$，如果其值很大，也就是说刀的需求弹性很小；(2) $\Phi_2'(x)$ 是正数，而且很大，也就是说，刀身的供给价格随着供给量的增加而迅速增加，而随着供储量的减少而迅速减少；(3) $\dfrac{F(x)}{f_1(x)}$ 应当很大，也就是刀柄的价格应当是刀价的一个很小的部分。

如果生产要素的单位不是固定不变的，而是像前一注解中那样可以改变的，那么同样的、更复杂的研究可以得到大致相同的结果。

注 16（本书第六篇第 5 章第 2 节）假定生产 1 加仑啤酒用 m 蒲式耳蛇麻来表示，在均衡时以价格 $y' = F(x')$ 出售了 x' 加仑的啤酒。设 m 变为 $m + \triangle m$。因此，当出售的啤酒仍为 x' 加仑时，设它们以 $y' + \triangle y'$ 的价格找到了买主，那么 $\dfrac{\triangle y'}{\triangle m}$ 代表蛇麻的边际需求价格：如果它大于蛇麻的供给价格，那么在啤酒中多用蛇麻对酒商有利。或者把这个事例说得更普通一些，设 $y = F(x, m)$，$y = \Phi(x, m)$ 为啤酒的需求方程式和供给方程式，其中 x 为加仑数，m 为每加仑啤酒中所用蛇麻的蒲式耳数，那么 $F(x, m) - \Phi(x, m)$

需求价格超过供给价格的差额，在均衡时它当然等于零。但是，如果有可能因改变 m 而使其成为正额，则情况就会改变。因此（假定除了因一定量的蛇麻的消费而使啤酒的生产费用有所变动之外，再没有其他的显著变动） $\frac{dF}{dm} = \frac{d\phi}{dm}$，前者代表蛇麻的边际需求价格，而后者则代表蛇麻的边际供给价格。因此，二者相等。

当然，这个方法可以推广到这样一些情况当中：在这些情况下，两种或两种以上的生产要素同时发生变动。

注 17（本书第五篇第 6 章第 4 节注），假定一个东西（不论是制成的商品还是一种生产要素）有两种用途，在总量 x 中有 x_1 部分用于第一种用途，x_2 部分用于第二种用途。设 $y = \Phi(x)$ 为总供给方程式；$y = f_1(x_1)$ 和 $y = f_2(x_2)$ 为第一种和第二种用途的需求方程式。那么，均衡时这三个未知数 x，x_1，x_2 是由这三个方程式 $f_1(x_1) = f_2(x_2) = \Phi(x)$ 和 $x_1 + x_2 = x$ 来决定的。

另外，假定想要独自求出该物在第一种用途上的供求关系，所根据的假设是，不论在第一种用途中有多大的变动，第二种用途的需求与供给仍保持均衡。也就是说，第二种用途上的需求价格等于实际生产的总量的供给价格，即 $f_2(x_2)$ 永远等于 $\Phi(x_1 + x_2)$。从这个方程式中，我们可以用 x_1 来决定 x_2，从而用 x_1 来决定 x；因此，我们可以写成 $\Phi(x) = \Psi(x_1)$。这样，该物在第一种用途上的供给方程式成为 $y = \Psi(x_1)$；而这个方程式和我们已经知道的方程式 $y = f_1(x_1)$ 就给予了我们所需要的关系。

注 18（本书第五篇第 6 章第 4 节注）设 a_1，a_2……为连带产品，其中 m_1x，m_2x 由于其连带生产过程的 x 单位而被生产着，它的供给方程式为 $y = \Phi(x)$。设 $y = f_1(x)$ 和 $y = f_2(x)$……为它们各自的需求方程式。那么，均衡时，$m_1f_1(m_1x) + m_2f_2(m_2x) + \cdots\cdots = \Phi(x)$。设 x' 为此方程式所决定的值，那么 $f_1(m_1x')$，$f_2(m_2x')$……为各连带产品的均衡价格。当然，如果必要的话，可用 x' 表示 m_1，m_2。

注 19（本书第五篇第 6 章第 4 节末注）这种情况如果必要改变，那么与注 16 中论述的那个情况相符。如果在均衡状态下，每年以售价 $y' = \Phi(x')$ 供给牛 x' 头，每头牛产肉 m 单位；而且如果养牛户发觉通过改变牛的饲养管理可提高产肉量△m单位（牛皮和其他连带产品的平均变化值），所引起的额外费用为△y′，那么$\frac{\triangle y'}{\triangle m}$代表牛肉的边际供给价格。如果这个价格小于销售价格，那么实行这种改变对养牛户有利。

注20（本书第五篇第6章第5节），设 a_1，a_2……为适合完成几乎同样一种任务的东西，设选择它们单位中任何一个东西的一个单位都等于任何别的东西的一个单位；设它们各自的供给方程式分别为 $y_1 = \Phi_1(x_1)$，$y_2 = \Phi_2(x_2)$……

在这些方程式中，设变数有所改变，并把它们写成 $x_1 = \Psi_1(y_1)$，$x_2 = \Psi_2(y_2)$……设 $y = f(x)$ 为它们都能胜任的那种服务的需求方程式。那么，在均衡状态下，x 与 y 是由方程式 $y = f(x)$；$x = x_1 + x_2 + \cdots$，$y_1 = y_2 = \cdots = y$ 来决定的（这些方程式必须是这样的：其中 x_1，x_2……量不能有负值。当 y_1 已经降至一定的水平时，x_1 变为 o；而对较低的值来说，x_1 仍为 0；它不能变为负数）。如在正文中指出的那样，必须假定各供给方程式都遵循报酬递减规律，也就是说，$\Phi_1'(x)$，$\Phi_2'(x)$……总为正值。

注21（本书第五篇第7章第1节），我们现在可以概括一起出现的连带需求、复合需求、连带供给和合成供给的一些问题，以便证实我们的抽象理论中有多少未知数就有多少方程式，既不多，也不少。

在连带需求问题中，我们可以假定有 n 个商品 A_1，A_1……A_n。设 A_1 有生产要素 a_1，A_2 有生产要素 a_2，等等，因此，生产要素的总数为 $a_1 + a_2 + a_3 + \cdots + a_n$，并使其等于 m。

首先，假定所有的生产要素都不相同，因此没有复合需求；其次，各要素各自都有独立的生产过程，因此没有连带产品；最后，假定没有能用于同一种用途的两种要素，因此没有合成供给。那么，我们就有 2n + 2m 未知数了，即商品 n 和生产要素 m 的数量和价格；要决定它们，我们就得有 2m + 2n 个方程式：（1）n 个方程式，其中各个方程式把各商品的价格和数量连起来；（2）n 个方程式，其中各个方程式使该商品的任何数量的供给价格都等于其生产要素相应数量的价格总和；（3）m 个供给方程式，其中各个方程式把要素的价格和它的数量连起来；（4）m 个方程式，其中各个方程式表明生产该商品的一定数量所用的生产要素的数量。

其次，让我们不仅考虑连带需求，而且也考虑合成需求。设生产要素 β_1 是由同一种东西构成的，例如，具有一定效率的木工劳动；换言之，设木工劳动为 n 个商品 A_1，A_2……的生产要素 β_1 之一，那么，因为不论在什么生产中使用何种木工劳动都被认为具有相同的价格，因此，这些生产要素中的各个要素都只有一个价格，而未知数的数目减少 β_1-1，供给方程式的数目也减少 β_1-1；其他情况也依此类推。

再次，让我们考虑一下连带供给。设生产商品所用的东西 γ_1 为同一个生产过程的连带产品，那么未知数的数目不变；但供给方程式的数目减少（$\gamma-1$）。不过，连接这些连带产品的可用一组新的方程式（$\gamma-1$）补足这个缺额，以此类推。

最后，设所用的东西之一由竞争品货源 δ_1 组成合成供给，那么在保留第一种竞争品的原有供给方程式的同时，我们有 2（δ_1-1）的增加未知数是由所余竞争品（δ_1-1）的数量和价格构成的。这些未知数包括在竞争品的供给方程式（δ_1-1）和竞争品 δ_1 的价格方程式里面去了。

这样看来，尽管这个问题很复杂，但我们能看到它在理论上是一个定量，因为未知数的数目和我们所求的方程式数总是完全相等的。

注 22（本书第五篇第 14 章第 3 节注），如果 $y=f_1(x)$ 和 $y=f_2(x)$ 各为需求曲线和供给曲线的方程式，那么提供最大限度垄断收入的产量是使 $\{xf_1(x)-xf_2(x)\}$ 成为最大额的那个数量，这就是说，它是下列方程式的根或是诸根之一。

$$\frac{d}{dx}\{xf_1(x)-xf_2(x)\}=0$$

这里供给函数不像以前用 $\Phi(x)$ 来表示，而是用 $f_2(x)$ 来表示，一则是由于强调这一事实，即在这里供给价格和以前注解中所指的意义不完全相同；二则是由于要适合避免混乱所需要的那种记号曲线体系（因曲线数目增加）。

注 23 甲（本书第五篇第 14 章第 3 节），如果所课的税的总额为 F（x），为了求出使垄断收入成为最大数量的 x 的值，我们就有 $\frac{d}{dx}\{xf_1(x)-xf_2(x)-F(x)\}=0$；很明显，如果 F（x）不变（像征收牌照税那样的情况)，或因 $xf_1(x) - xf_2(x)$ 的不同而不同（像征收所得税那样的情况），那么此方程式和 $F(x)$ 等于零时所具有的根相同。

用几何讨论问题时，我们看到如果加于垄断的一个固定的负担足以使垄断收入曲线完全落于 Ox 之下，并使 q′ 为图-35 中正位于 L 下的新曲线上的一点，那么，这条新曲线将与许多直角双曲线（以 Oy 与 Ox 为其渐近线）之一相切。这些曲线可以叫做固定损失曲线。

此外，和垄断收入成正比例的一种税（比如 m）与该收入相乘（m 小于 1），将以一条曲线来代替 QQ′，这条曲线的各纵坐标为 $(1-m) \times$ QQ′上的相应点的纵坐标，即具有相同的横坐标的点。如平面图法所示，在 QQ′原来位置和新位置上的相应点的切线，将与 Ox 相交于同一点。但具有相同渐近线的各直角双曲线的规律是，如果画一条直线平行于一条渐近线并与各直角双曲线相交，并在各交点画直角双曲线的各切线，那么它们与另一条渐近线将交于同一点。因此，如果 q_3' 为 QQ′新位置上相应于 q_3 的一点，如果我们把 G 叫做直角双曲线的公共切线和 QQ′与 Ox 相交的一点，那么 Gq_3' 将为经过 q_3' 的直角双曲线的切线，即 q_3' 为新曲线上最大收入的那一点。

本注解的几何方法和分析方法可适用于正文第 4 节后一部分中所讨论的那些情况。在这些情况下，租税是针对垄断产量征收的。

注 23 乙（本书第五篇第 14 章第 7 节末注），上述结果用牛顿的方法和用直角双曲线那人所共知的特点，都很容易从几何上得到证明，也可以用分析来证明。如前面设 $y = f_1(x)$ 为需求曲线方程式；$y = f_2(x)$ 为供给曲线方程式，而垄断收入曲线方程式则为 $y = f_3(x)$，其中 $f_3(x) = f_1(x) - f_2(x)$；消费者的剩余曲线方程 $y = f_4(x)$，那么

$$f_4(x) = \frac{1}{x} \int_0^x f_1(a)\, da - f_1(x)$$

总利益曲线方程式为 $y = f_5(x)$，其中

$$f_5(x) = f_3(x) + f_4(x) = \frac{1}{x} \int_0^x f_1(a)\, da - f_2(x)$$

当然这是可以直接求出的结果。折中利益曲线方程式为 $y = f_6(x)$，其中 $f_6(x) = f_3(x) + nf_4(x)$；消费者的剩余为垄断者以其 n 倍的实际价值计算

在内。

要求 OL（图 -37），即提供最大限度垄断收入的销售额，我们所用的方程式是：

$$\frac{d}{dx}\{xf_3(x)\} = 0; \text{ 即 } f_1(x) - f_2(x) = x\{f_2'(x) - f_1'(x)\}$$

此方程式的左端必为正，从而右端也为正。用图表示也很明显，它表明如果延长 Lq_3 与供求曲线交于 q_2 与 q_1，在 q_2（如果向下倾斜）的供给曲线与垂线的角必然大于该线与需求曲线在 q_1 点所成的角。

要求 OW，即提供最大限度总利益的销售额，我们用

$$\frac{d}{dx}\{xf_5(x)\} = 0; \text{ 即 } f_1(x) - f_2(x) - xf_2' = 0$$

要求 OY，即提供最大限度折中利益的销售额，我们用

$$\frac{d}{dx}\{xf_6(x)\} = 0; \text{ 即 } \frac{d}{dx}\{(1-n)xf_1(x) - xf_2(x)\int_0^x + nf_1(\alpha)d\alpha\} = 0$$

$$\text{即}(1-n)xf_1'(x) + f_1(x) - f_2(x) - xf_2'(x) = 0.$$

如果 OL = c，那么当用 c 代 x 时，OY 大于 ON 的条件是 $\frac{d}{dx}\{xf_3(x)\}$ 为正；也就是说，因为 x = c，$\frac{d}{dx}\{xf_3(x)\} = 0$ 所以，如果 x = c，那么 $\frac{d}{dx}\{xf_4(x)\}$ 为正。当用 c 代 x 时，是为正，也就 $f_1'(c)$ 为负。但是，不论 c 的值如何，这个条件总是可以满足的。这证明了第五篇第 14 章第 7 节所求出的两个结果中的第一个，而第二个结果的证明也同样如此（这两个结果及其证明的行文暗地假设只有一个最大限度的垄断收入点）。

除文中所述的结果外，还可以求出另一个结果。设 OH = a，那么当 a 代替 x 时，OY 大于 OH 的条件是 $\frac{d}{dx}\{nf_6(x)\}$ 为正。也就是说，因 $f_1(a) = f_2(a)$，所以，$(1-n)f_1'(a) - f_2'(a)$ 为正。既然 $f_1'(a)$ 总为负，那么这个条件 $f_2'(x)$ 即为负。即供给遵循报酬递增规律，tanφ 在值上大于 $(1-n)$ tanθ，其中 θ 和 φ 为供求曲线上 A 的切线与 Ox 所成的角。如果 n = 1，那么唯一的条件是，tanφ 为负，即如果供给曲线在 A 向下倾斜，那么 OW 大于

OH。换言之,如果垄断资本家把消费者的利益看成是自己的利益,他将使生产超过那样一点,即在该点上供给价格(从我们在这里用的特殊意义来说)等于需求价格,如果该点附近的供给遵循报酬递增规律的话。但如果供给遵循报酬递减规律,那么他的生产将远不及那一点。

注 24(本书第六篇第 4 章第 3 节末注),设 $\triangle x$ 为他在时间 $\triangle t$ 内可能生产的财富数量,$\triangle y$ 为他可能消费的数量,那么他的未来服务的折现值为 $\int_0^T R^{-t} \left(\frac{dx}{dt} - \frac{dy}{dt} \right)$,其中 T 为他最大可能的参数。根据同样的方法,他过去的培养和教育费用为 $\int_{-T'}^0 R^{-t} \left(\frac{dy}{dt} - \frac{dx}{dt} \right)$,其中 T′ 代表他的出生日期。如果我们假定,他对终生居住的那个国家的物质福利既无增也无减,我们就求得 $\int_{-T'}^0 R^{-t} \left(\frac{dx}{dt} - \frac{dy}{dt} \right) dt = 0$;以他的出生日期为始点,并且 1 = T′ + T 等于他最大可能的参数,那么上个列式采取了较简单的形式。

说 $\triangle x$ 是他在时间 $\triangle t$ 内可能生产的数量,也就概括了这一更精确的表达:设 p_1, p_2 …… 为他在时间 $\triangle t$ 内将生产的财富因素 $\triangle_1 x$, $\triangle_2 x$ …… 的机会,其中 $p_1 + p_2 + \cdots = 1$;一个或一个以上的 $\triangle_1 x$, $\triangle x$ …… 级数也许等于零,那么

$$\triangle x = p_1 \triangle_1 x + p_2 \triangle_2 x + \cdots$$

英汉人名、地名、术语对照表

（每当看到参见某一篇章的内容时，便表明该主题在此篇章中有详尽的论述，读者可以根据目录中所示的章节参考更多的细节分析。）

A

Abstinence（See waiting） 节俭；省用（参见等待）亚巴西德诸王统治下的

Accumulated outlay 累计支出

Activities in relation to wants 与需求有关的活动

Adams, H. C. 亚当斯. H. C

Advertisement in relation to prime and supplementary costs 有关最初成本和追加成本的广告

Agents of production, classification of 生产要素的分类

Agricultural Holdings Act 农业财产法案

Agricultural improvements; slow movement of 农业改良的缓慢运动

Agricultural labourers, improved condition of; diminution of, less than appears; movement of ablest to other employments; values, marginal cost in relation to 改善了条件的农业劳动者；农业劳动者数目减少比表面上看起来少；从最能干的到其他雇用状态的运动；与价值标准有关的边际成本

Agriculture, qualities of soil required for; law of diminishing return in; must be relative to time and place; influence of a dense population on; large and small production; improvemens in, their influence on rents; tendency towards methods of manufacture in; English system of（See also Land, Land tenure, Diminishing return） 农业必需的土壤质量，农业上的报酬递减法规；农业一定要与时间和空间成比例；密集人口对农业的影响；大生产和小生产；农业的改良，农业改良对租金的影响；农业向制造业发展的趋势；英国农业体系（参见土地，土地所有制，报酬递减）

Allotments 分配

Allowances in aid of wages 工资津贴

American, economic problems; influence on economic theory; birthrate; standardization; recent improvements in cities; agriculturist; factory workers; insurance companies; economy of high wages; choice of occupation by different nationalities; plan of building; land tenure; shifting conditions of business life 美国的经济问题；对经济

理论的影响；出生率；标准化；近来城市的改进；农业学家；工厂工人；保险公司；高工资经济；不同国籍的人的职业选择；建筑计划；土地所有制；经营环境的转变

Analysis, its function in economics 分析在经济学方面的作用

Annual site value of land 土地每年的地皮价

Applied and pure economics 应用经济理论和纯经济理论

Apprenticeship 学徒期

Appropriate distribution of resources; in relation to principles of diminishing utility and return 资源的适当分配；与效用递减和报酬递减法则相关的资源财力的适当分配

Arbitration 仲裁

Argyll, Duck of; on Runrig cultivation 阿格尔公爵论小块土地的耕作

Aristotle 亚里士多德

Art, education in; influence of traditional instinct on 艺术教育；传统对艺术的影响

Artisan work, its educational value 技工的工作，技工工作的教育价值

Ashley, Sir W. on Canonist doctrine; on the work of the historian; on Ricardo 阿什利, W 爵士, 有关圣徒的学说；关于历史学家的著作；关于李嘉图

Auspitz 奥斯皮茨

Australia, fall of birth-rate in; eight hours'day in; bold economic ventures in 澳大利亚出生率的下降；八小时工作日；大胆的经济冒险

Austrian economists; their tendency to minimize influence of cost of production on value (See also Böhm-Baw-erk, Manger, Wieser) 奥地利经济学家；他们倾向把生产成本对价值的影响减到最小（参见庞巴维克、门格尔、维塞尔）

Auxiliary capital; increase of expensive forms in recent years 近年来昂贵的备用资本形式的增加

Avenel, Vicomte d' 艾夫利子爵

Average, in relation to normal price 与正常价格有关的平均数

B

Babbage, on division of labour 拜比吉论劳动分工

Bagehot, on definition; on early forms of saving; on business management 贝奇特，论定义；论早期储蓄形式；论企业管理

Banfield, on the theory of consumption 班斐尔德关于消费理论的论述

Barbon, anticipates Cantillon 巴本先于坎蒂隆

Barone 巴罗奈

Barter, equilibrium of supply and demand in 物物交换的供求平衡

Bastiat 巴师夏

Bell, Sir Lowthian 贝尔爵士

Beneficial rates 有利的地方税

Bentham, his analysis of wants; his infiuence on English economists 边沁，他对于需

求的分析；他对英国经济学家的影响

Bernard 伯纳德

Bernoulli, Daniel 贝诺利，丹尼尔

Berey 贝里

Bertland 伯特兰德

Biology, its influence on economics 生物学对经济学的影响

Birth-rate, in England and Wales; comparison of rural and urban; in France 英格兰和威尔士的出生率；城市和乡下出生率的比较；法国的出生率

Black Death 黑死病

Blanc, Louis 勃朗，路易

Blanqui 布朗基

"Blind alley" occupations "没有前途"的职业

Böhm-Bawerk, von; on roundabout processes of production; on theories of capital; on wages; his interesting suggestion on derives demand 庞巴维克论迂回的生产过程；关于资本的理论；关于工资；他有关派生需求的有趣的建议

Bonar 波拿

Booth, Charles, on birth-rate and death-rate in London; on occupations in the United Kingdom 布思，查尔斯，论伦敦的出生率和死亡率；论英国的职业

Bounties, effect of, on supply and consumers' rent; indirect cost of; on monopolies 奖金对供给和消费者租金的影响；奖金的间接成本；对垄断的影响

Bowley, A. L. 包莱，A. L.

Boys, employment of 雇用童工

Brentano, his contributions to the study of demand and supply in relation to labour 布伦塔诺在研究劳动需求和供给方面的贡献

Brown, W. A. 布朗，W. A.

Buckle, on the influence of climate 布克尔论气候的影响

Budgets, working men's 劳动工人的预算

Building land and diminishing return; causes governing value of 建筑工地和报酬递减；控制建筑工地和报酬递减的价值的种种原因

Building regulation and concentration of population 建筑规划和人口集中

Building value; taxes and local rates on 建筑物的价值，税收和地方不动产税

Bullock, on increasing and diminishing return; on the shape of the supply curve 布洛克论报酬递增与递减；供给曲线的形状

Business; in relation to academic studies; concerned with money costs 与纯理论研究相关的行业；行业与货币成本有关

Business management, principle of substitution in; (See contents; See also Management, earnings of) 在企业管理方面的替代准则；（见目录；又见管理、收入）

Bylaws as to building 关于建筑物的地方法则

C

Cateris Paribus, its use in study of economic

problems 在其他条件不变的情况下对研究经济问题方面的作用

Cairnes, on definition; on demand; on grades of labour; on cost of production; Slave Power; on Wages Fund theory; 凯恩斯论定义；论需求；论劳动力等级；生产成本；奴隶劳力；关于工资资金理论

Cannan, E.; on Malthus; 坎南，E. 论马尔萨斯

Cantillon; 坎蒂隆；

Capital, its relation to wealth; Trade; Consumption; Auxiliary or Instrumental; Circulating and Fixed; "Free" or "Floating"; Pure; Social; Jevons on; Adam Smith on; Ricardo and Mill on; B? hm-Bawerk on; Clark on; Interest on; demand for, governed by productiveness; supply of, limited by prospectiveness; a correlative term with income; definitions of; standard use of term; growth of; adjustment of, to business ability; investment of; demand for, in a trade; in relation to wages in general; "industry is limited by"; in relation to land; in relation to employment of labour (See Contents and Appendix) 资本与财富的关系；贸易；消费；备用资金；流动与固定资本；流动资本；纯资本；社会资本；杰文斯的理论；亚当·斯密的理论；李嘉图和穆勒的理论；庞巴维克的理论；克拉克的理论；资本利息；生产控制的对资本的需求；受预期限制的资本供给；与收入相关的术语；资本的定义；术语的标准使用；资本的增长；调节资本适应商业能力；资本投资；贸易对资本的需求；资本在总体上与工资的关系；工业受资本所限；资本与土地的关系；资本与劳动力雇佣的关系（见目录和附录）

Capital Goods 资本商品

Capitalization 资本化

Carey, his relation to the "American school"; his misunderstandings of Ricardo; on cost of reproduction 凯里与"美国流派"的关系；对李嘉图的误解；对再生产成本的研究

Carlyle 卡莱尔

Carrying trades 运输业

Cartels, in relation to highly organized buying and selling 卡特尔与组织性极强的购买与销售的关系

Carver, on use of terms Increasing and Diminishing Returns 卡弗关于使用报酬递增与报酬递减术语

Cassell 卡塞尔

Caste system 社会等级制度

Chapman, C. J. 查普曼，C. J.

Character, influence of work on; influence of poverty on 劳动对性格的影响；贫穷对性格的影响

Child, Sir Josiah 蔡尔德，约西亚爵士

Children, mortality of; education of; employment of 儿童死亡率；儿童教育 雇用童工

Chivalry, economic 经济学的骑士精神

Christianity, gradual influence of 基督教的

逐渐影响

Church, the mediaeval; its relation to "usury" 中世纪的教会与"高利贷"的关系

Circular reasonings as to value; theory of interest 关于价值的循环推理；利息的理论

Circulating capital 流动资本

Clapham, J. H. 克拉潘, J. H.

Clark, J. B., on elasticity of demand; on "pure capital" 克拉克, J. B 论需求的弹性；论"纯资本"

Classification, principles of 分类法则

Cliffe Leslie, on the Love of Money; on local variations of wages; on usury; on profits 克利夫·莱斯里论《金钱的热爱》；论工资的局部变动；论高利贷；论利润

Climate, influence of 气候的影响

Colbert 柯尔培尔

Cole 柯尔

Collective action, modern tendencies of 集体行为的现代趋势

Collective, goods; property; use of wealth 集体商品、财产；集体财富的使用

Colonies, cause of vigour in 殖民地有活力的缘由

Colquohoun 科胡恩

Combination laws 联合法规

Combinations, weakest members often their rulers 联合，最弱的成员通常是他们的控制者

"Common Rule"; a chief instrument of trade unions; in relation to true and false standardization; to variations in purchasing power of money "普遍规则"是行业联盟中的重要方式；与真假标准化有关；与货币购买力的变化有关

Common-sense, its use in economics 常识在经济学中的运用

Communication, means of, in relation to progress of civilization, and to earnings of exceptional genius 交际方式与文明进步有关，与拥有非凡才能者的收入有关

"Comparative" study of economics "比较"经济学的研究

Competition, fundamental characteristics of; its tendency to apportion wages to efficiency; principle of substitution a form of; neutral zone of; of different crops, and of factories etc, for the same land; evils of; vertical and horizontal (See Substitution) 竞争的基本特征；主要趋势是工资与效率成比例；是一种替代原理的形式；其中立地带；不同谷物的竞争；工厂之间的竞争；竞争同一片土地；不良竞争；水平竞争和垂直竞争（见替代）

Complementary monopolies 互补性垄断

Composite or aggregate demand; supply; rent; quasi-rent 总需求；供给；租金；准租金

Compromise benefit; curve 折中利益曲线

Comte 孔德

Conciliation 调节

Conjuncture; as affecting profits and earnings; in relation to quasi-rent; and consumers' surplus 行情影响利润与收入，与准租

金和消费者剩余有关

Constant, return, law of; curve; revenue curve; outlay demand; loss curve　不变报酬规则；曲线；收入曲线；投资需求；损失曲线

Consumers' associations　消费者协会

Consumers' surplus; analysis of; how affected by boundaries and taxation　消费者剩余的分析；消费者剩余如何受到补贴和税收的影响

Consumption; ethical aspects of; of different grades; its relation to production　消费的伦理方面；不同级别的消费；与生产相关

Consumption or Consumers' goods; capital　消费品或消费者商品；资本

Continuity, principle of, in economic problems　连续性的原则，在经济学问题中的连续性

Contract curve　契约曲线

Conventional necessaries　常规必需品

Co-operation, advantages of in organized buying and selling; its difficulties; hopes for its future; in agriculture　合作在有组织买卖中的优势；它的困难，对未来的预期；在农业中的合作

"Corn" in sense usual by classical enconomists　古典经济学家所用的"谷物"的意思

Cosmopolitan wealth　世界财富

Cost of Marketing (See Marketing)　营销成本（见营销）

Cost of production; estimated with regard to a whole process; its influence on value, (See Prime cost)　生产成本；考虑整个过程而进行的评估；对价值的影响（见原始成本）

Cost of reproduction　再生产成本

Cournot, metaphor of the mean sun; on increments; on markets　库尔诺的平太阳这一比喻；论增加额，论市场

Cramer　克拉姆尔

Credit, disorganization of, its effect on production and consumption　信用瓦解；信用对生产与消费的影响

Crusades, influence on trade　改革运动对贸易的影响

Cumulative, distinction between causes whose effects are or are not　其影响是累积的或不是累积的各种原因的区别

Cunningham, on mediaeval theories of interest　坎宁安论中世纪利息理论

Cunningham, on supply curves　坎宁安论供给曲线

Custom; its influence generally greater or less than appears, as it is or is not cumulative; its plasticity in land tenure; its protective force　惯例的影响通常比它所呈现出来的要大或小；是渐进的或非渐进的；在土地使用期限方面的可塑性；它的保护力量

D

Darwin　达尔文

Davenant, on personal wealth; on population of London　达芬南论私人财产，论伦敦

人口

Deduction and induction; Schmoller on　施穆勒论演绎和归纳

Definition, principles of　定义的原则

Defoe　笛福

Deloume　德鲁姆

Demand, its increasing prominence in economic discussions; efficient; increase of; point; law of; gradation of consumers'; Mill's use of term; elasticity of; element of time in; of rich and poor; for necessaries; indirect, derived and joint; composite or aggregate; rival or competitive; meaning of increase in normal; effects on price of increase and failing off of normal; in relation to changes of supply　需求在经济讨论中变得日益突出；有效率的需求，需求的增长，需求点；需求法则；消费者需求的不同层次；穆勒对此术语的使用；需求弹性；需求中的时间因素；富人与穷人的需求；对必需品的需求；间接需求；派生需求和共同的需求；总需求；竞争需求，通常的增长含义；对价格脱离正常状态下或高或低的影响；与供给的变化相关

Demand curve; elasticity of; for various classes of consumers; for rival commodities; for wheat; for tea, illustrating consumer' surplus; whole length of, seldom required; general and particular; contrasted with demand and supply surface　需求曲线；其弹性；为各阶层消费者提供的；竞争性商品的需求曲线；小麦的需求曲线；茶的需求曲线；表明消费者剩余；很少要求需求曲线的全长；普遍的和特殊的；与供求表面相对照

"Demand for commodities is not a demand for labour"　"对商品的需求并不是对劳动力的需求"

Demand price; measures marginal utility not average utility; of accumulation　需求价格衡量边际效用而不是平均效用；积累的需求价格

Demand schedule; raising of; negative inclination of (see Demand curve)　需求表；需求的上升；其消极倾向（见需求曲线）

Depreciation　折旧

Depression of trade　贸易萧条

Derived demand; schedule of; law of　派生的需求；派生需求表；派生需求法则

Derived value has something in common with Imputed value　派生的价值与估算价值的共性

Devas　德伐斯

Development of faculties by use　在应用中发展能力

Differentiation　微分

Diminishing return, tendency to; relates to amount not value of produce; Ricardo's statement of, was inaccurate; applies to building land; in relation to mines and fisheries; and machinery; analogy between in and tendency to diminishing utility; note on; graphical illustrations of; in relation to tendency to increasing return; and to principle of substitution; in agriculture is from the social point of view something more than special ease of diminishing return due to inappropriate distribution of effort; in relation to taxation and bounties; counteracted by cheap transport; pressure in England of 报酬递减趋势；与产量而不是与产品价值有关；李嘉图对此进行的论述是不确切的；应用于建筑用地；与矿业和渔业相关；与机械行业相关；与效用递减趋势的类比；对其进行的注释；图解；与报酬递增趋势的关系；与替代法则的关系；在农业领域中，从社会角度看报酬递减趋势不仅仅是由于投入的不恰当分配造成的报酬递减的特例；税收和补助中的报酬递减趋势；廉价运输对它的抵消作用；在英格兰报酬递减趋势的压力

Diminishing utility; analogies with tendency to diminishing return from land; its close connection with principle of substitution 效用递减；与土地报酬递减趋势的类比；与替代法则的密切关系

Direct cost (See Prime cost) 直接成本（见原始成本）

Discommodity 负商品；

Discounted value 折价

Discounting future pleasures and pleasurable events 对将来享乐与乐事的贴现

Distinction, desire for as an economic motive 对荣誉的追求是经济动机

Distribution (see Contents); in relation to Exchange 分配（见目录）；与交易相关的分配

Distribution of resources according to marginal utilities 根据边际效用分配资源

Dividend, National (See National) 国民股息（见国民部分）

Division of labor, its advantages and disadvantages 劳动分工的优势与劣势

Domesday Book 最终税册

Domestic economy, its faults due to production as well as to consumption; and business economy compared 生产与消费造成的国内经济缺陷；与商业经济比较

Domestic industry 国内工业

Domestic servants; wages of 国内雇员工资

Dose 剂量

Dose of capital and labour 劳资用量

Draper 德雷珀

Dunbar 邓巴

Dupuit 杜波伊

E

Earnings (Book); early theories of; law of; in relation to efficiency; equal to net product of labour; influence of, on willingness to work; general rate of; piece work; effieiency; Rieardo on; real and nominal; influence of uncertainty on; fluctuations of; supplementary and family, high in new countries; of artisans; relatively to unskilled labour; of eldefly men tend to fall; of women and children to rise; of professions; how influenced by "parasitic" work; by machinery (See Contents and Appendix) 收入（见相关章节）；早期

的理论；收入法则；与效率的关系；等同于劳动的净产品；对工作自主性的影响；一般收入率；计件工作；一般效率；李嘉图学说；实际和名义上的；不确定性对收入的影响；波动；额外收入与家庭收入；新兴国家收入高；有技能与无技能工人相对比的收入；老年人的收入趋于下降；妇幼收入趋于上升；职业收入；"寄生性"工作对收入的影响程度；借助机械（见目录和附录）

Earnings of Management (See Management) 管理收入（见管理部分）

Earnings of undertaking 项目收入

Economic aims 经济目标

Economic freedom; growth of 经济自由的增长

Economic chivalry, its possibilities 经济中可能出现的骑士精神

Economic goods 经济商品

Economic Harmonies 经济和谐

Economic law; nature of 经济法则的本质

"Economic man" "经济人"

Economic method, both inductive and deduct in relation to equilibrium; and "stationary state"; statical; and analysis; and abstract reasoning; and biology (See Contents and Apendices) 经济方法，与平衡有关的演绎归纳法；与"静止状态"相关；静止的；分析的；抽象推理的；生物学方法（见目录和附录）

Economic motives; not exclusively selfish; generally measurable 经济动机并非出于极端自私；总体可测性

Economics, provisional definition; a modern science; this term to be preferred to "Political Economy"; growth of; modern tendencies of; its relation to socialscience; concerned chiefly with measurable motives; its claims to be a science; methods of study; questions it investigates is concerned with organic growths and not mere mechanical movements; in relation to Mathematics 经济学的临时定义；一门现代学科；"经济学"优先于"政治经济"这一术语的使用；经济学的发展；现代趋势；与社会科学的联系；主要与可测的动机有关；有权成为一门学科；研究的方法；所研究的问题与有机增长相关，而并不仅仅是机械运动；与数学的关系

Economies, external and internal; of organization (Book); of buying and selling; of production, not readily lost 外部与内部经济；有组织的（见具体内容）；买卖经济；不易损失的生产中的外部与内部经济

Economist, faculties required by 经济学家应具备的能力

Eden 伊登

Edgeworth; on consumers'surplus; on Hobson 埃奇沃斯论消费者剩余；论霍布斯

Education, general; technical; in art; as a national investment; its influence on relative earnings 普通教育；技术教育；艺术教育；教育作为一种国家投资；教育对收入的影响

Efficiency, meaning of 效率的意思

Efficiency of labour, conditions of; how influenced by town life; by the home; in relation to earnings (see contents) 劳动效率，其条件，如何受城镇生活影响；受家庭影响；和收入的关系（见目录）

Efficiency earnings; tend to equality; effect of improved machinery on 收入效应；平均趋势；机械改善对其产生的影响

Efficient demand 有效需求

Eight hours'day, in Australia 澳大利亚八小时工作制

Elasticity of demand; measurement of… 对需求弹性的衡量

Elasticity of supply 供给弹性

Ellisan 艾利生

Employment, inconstancy of 雇用的不连续性

Engel, statistics of expenditure; on elements of efficiency 恩格尔论消费统计学；关于效率因素的论述

England, growth of free industry and enterprise in; her geographical advantages; growth of population of, marriage-rate of; how reckoned; movements of industry in; and protective duties; land tenure of; her gains from cheap transport, her loss of monopoly in manufacture 英格兰自由产业和自由企业的增长；她的地理优势；人口增长；婚姻率；如何计算；产业运动；保护性关税；土地使用权；从低运费中获利；丧失制造业上的垄断

English, characteristics of 英国人的特点

English economists early in last century; regarded savings as made almost entirely from profits 上世纪初英国经济学家认为储蓄几乎全部来自利润

Environment (see conjuncture) 环境（见行情）

Equilibrium, biological and mechanical notions of; simple ease of; instance of temporary; in exceptional cases; of normal demand and supply; amount; price.; stable; unstable; multiple positions 均衡，生物学和机械方面的定义；简单的实例；暂时的实例；在特殊实例中的均衡；正常的供给和需求；数量；价格；稳定；不稳定；均衡的多重观点

Equilibrium amount and price 均衡量和均衡价格

Expenses of production; average, and aggregate 平均和总计的生产费用

External and internal, economics 外部经济学和内部经济学

F

Factor s of production 生产要素

Factory system, improvement in; rise of 对工厂系统进行的改进；提高

Facts, difficulty of interpreting 诠释论据的困难

Farms, large and small 大小农场

Farr, 法尔

Fashion, influence of 时尚的影响

Feilbogen 费尔博根

Fertility of land, conditions of; relative to

time and place; importance ascribed to it by English economists 土地的肥力，其条件；相对于时间和地点；英国经济学家认为地的肥力很重要

Fetter, on Theory of Rent 费特关于租金理论

Feudalism 封建主义

Final utility 最终效用

Fisher 费雪

Fisheries 渔业

Fixed capital 固定资本

Fleeming Jenkin 弗雷明·詹金

Flux 流动

Foot-pounds, measurement by 按英尺——磅来衡量

Foreign trade, England's gain from 英格兰外贸收益

Fourier 傅立叶

Foxwell, H. S 福克司威尔 H. S

France, population of; taste in; Metayage in 法国人口；品味；土地收益分成制

Free competition, horizontal and vertical 水平的和垂直的自由竞争

Freedom, economic 经济自由

Freedom, objective and subjective 客观的和主观的自由

Freedom of industry and enterprise; need for preserving; growth of (see contents, appendix) 产业和企业的自由需要得以保持；其增长（见目录，附录）

Free goods 免税商品

Free trade, and cost of food; and value of land 自由贸易与食品成本；自由贸易与土地价值

French economists (see physiocrats) 法国经济学家（见重农主义者）

French revolution; its influence on Bentham 法国大革命；法国大革命对边沁的影响

"Fresh air rate" 空气清新率

Friedlander 弗里德兰德

Fuel, price of 燃料价格

Fuller 富勒

"Futures", dealings in "期货"交易

G

Galton, F; on town and country population; on the influence of the mother; on provision for the future 高尔顿 F 论城市乡村人口；论母亲的影响；论未雨绸缪

Gambling involves economic loss 赌博包含经济损失

Garcke and Fells 葛尔克和费尔斯

Garden cities 花园城市

General ability; causes determining the supply of; much of it runs to waste; in business 总体能力；对供给起决定性作用的原因；大部分趋于浪费；在行业里

George, Henry 乔治，亨利

German, cartels; experiments in governmental action; influence on economic theory; treatment of Residuum 德国卡特尔；对政府行为的实验；对经济理论的影响；剩余产品的处理

Germany, technical education in 德国的技术教育

Giddings, on classification of labour 吉丁斯论劳动力的分类

Giffen, on a rise in the price of bread; on growth of capital 吉芬论面包价格的上涨；论资本的增长

Grids, their influence on industry 行会对工业的影响

Gilman 吉尔曼

Godwin 戈德文

Goethe 歌德

Gold supply and rate of interest 黄金供给和利率

Gonner 戈纳

Goods; classification of 商品的分类

Goodwill of a business, an instance of conjuncture or opportunity value 行业的信誉，商机或机遇价值的一个例子

Gossen 戈森

Government undertakings 政府企业

Gradations of demand 需求的等级

Graded goods, marketing of 分级商品的营销

Grades of labors 劳动力等级

Graduated taxation 累进税

Graphical method yields illustrations not proof 图表法提供说明，而不是证据

Greece, ancient 古希腊

Green, T. H, on the relation of pleasure to duty 格林 T. H 论快乐与义务的关系

Gross earnings of management 管理总收入

Gross interest; analysis of; does not tend to equality 毛利；毛利分析；毛利没有平等的趋向

Gross, on free towns; on gild regulation 格洛斯论自由城镇；论行会章程

Grote 格罗特

Ground-rent; in relation to site value; theory of, substantially the same as that of farm rents, in relation to the valne of products made on it; in relation towholesale and retail prices; rise in indicates scarcity of land 地租；与场地价值有关；地租理论；地租与农场租金实质上一致；与在地租上生产的产品价值有关；与批发零售价格有关；涨价显示土地稀缺

H

Hackle 赫克尔

Harris, on value and use 哈里斯论价值和使用

Hasbach 哈斯巴赫

Haycrait, on race progress 韩克莱夫特论种族进化

Hearn 赫恩

Hedonism and economics 享乐主义和经济学

Hegel, on influence of physical surroundings; on objective and subjective freedom; influence of biological sciences on 黑格尔论自然环境的影响；论客观和主观自由；生物科学对其的影响

Held; on definition of capital as related to practical problems 赫尔德对与实际问题有关的资本定义

Heredity, principle of 遗传原则

Hermann, on external and internal goods; on classification of wants; on capital 赫尔曼论外部商品和内部商品；论需求的分类；论资本

Hewins 休因斯

Higgs, on Cantillon 希格斯；论坎蒂隆

Hill, miss Octavia 奥克塔维亚·希尔小姐

Hirst, miss 赫斯特小姐

Historical school 历史学校

Hobbes 霍布斯

Hobson, on organization of industry; on marginal product 霍布森，论工业组织；论边际产品手工作坊

Holland, her achievements 荷兰的成就

Hollander 霍兰德

Hooker 胡克

Hours of labour, limitation of; in Australia 澳大利亚的劳动时间限制

House industry 家庭工业

House room, cost of 住房空间成本

House tax 房产税

Howell 霍威尔

Hume, on Wealth of Nation 休谟论国家财富

Hunter, sir W 亨特尔，W 爵士

Hypotheses in economics 经济学假说

I

Ideas, their importance not realized at once; their reality 思想，其重要性不能马上被认识；思想的现实性

Imagination, function of, in economics, in material progress 想象力的作用；经济学中的想象力；在物质进步方面的想象力

Immigrant, estimation of value of an 对移民的价值估计

Improvements in agriculture; compensation for; taxes on 农业改善；对农业改善的补偿；税收

Imputed value, Austrian doctrine of 奥地利人对估算价值的信条

Income; its relation to capital; and to various forms of investment'gross; net; social; of United Kingdom; taxes on (see National Income) 收入与资本有关；与投资、净投资、社会投资各种形式有关；英国国家收入；所得税（见国民收入）

Inconstancy of employment; influence of Trade Union action on; and trade fluctuations 就业的不稳定性；工会行为对其产生的影响；行业波动对其影响

Increasing return; Bullock on; in relation to profits; a relation of quantities; in relation to tendency to diminishing return; to supply price; to rival commodities; and to cost of marketing; seldom shown in short periods; character of commodities which it strongly affects; its relation to protective duties, and to taxation and bounties; limitations of use of statical assumptions in regard to 报酬递增；布洛克理论；与利益有关；与数量有关；与走向有关；与报酬递减有关；与供给价格有关；与竞争商品有关；与营销成本有关；短期内不显现；受它

影响极大的商品特性;和保护关税、税收及补助有关;静态的假定学说在报酬递增中应用有局限性

India, poverty caused by ceremonial extravagance in spite of personal thrift; illustration of government undertaking in; land tenure, plasticity of customary 在印度,尽管个人节约但礼仪奢侈造成贫穷;阐述印度的政府企业;土地使用;习惯的可塑性

Indirect demand 间接需求

Induction and deduction; Sehmoller on 施穆勒论归纳和演绎

Industrial BoardsIndustrial efficiency; training (see Efficiency) 工业委员会产业效率;培训(见效率)

Industrial environment 产业环境

Industrial organization (see Organization) 产业组织(见组织)

"Industry is limited by Capital" "资本限制产业"

Inequalities of wealth (see Wealth) 贫富不均(见财富)

Infant mortality, causes of; in town and country 婴儿死亡原因;城镇和乡村婴儿的死亡

Ingram 英格拉姆

Inhabited House Duty 居住房产税

Instrumental capital 器械资本

Instrumental goods 器械商品

Insurance against risk 风险保险

Integral number 整体数字

Integration 一体化

Interchangeable parts 通用件

Interest; a ratio; its relation to saving; strictly applicable only to fluid capital; rate of, how determined; equilibrium level of; its relation to rent and quasi-rent; condition under which it might be negative; history of theory; gross and net; in relation to changes in purchasing power of money 利息;金银比价;和储蓄有关的利息;利息仅严格适用于流动资本;利率;如何决定利息;均衡水平;与地租和准租金的关系;负利息的条件;利息理论史;毛利与纯利;与货币购买力的变化有关

Intermediate goods 半成品

Internal economics (see External and internal economics) 内部经济学(见外部和内部经济学)

Internal goods 内部商品

Interpretation clauses, may be used to supplement definitions in economics 解释条款可以用来补充经济学定义

Investment of capital 资本投资

Investment of resources for a distant return 期待远期收益的资源投资

Ireland, influence of potato famine on…; land tenure in 土豆饥荒对爱尔兰的影响;爱尔兰的土地占有制

"Iron" or "brazen" law of wages; assumptions which undedie it 工资的"钢铁"或"黄铜"法规;以此为根据的假定学说

Irregularity of employment (see Inconstancy) 不规则就业(见"反复无常")

J

Jenkin, Fleeming 詹金，弗莱明

Jessop, on money lending 杰索普论资金外借

Jevons, on Cantillon; on the pain of idlenss; on capital; on the theory of wants; on estimation of future pleasures; on gambling; on labor; on margin of indifference; on markets; on rent; on value; on advantage of capital to industry 杰文斯论坎蒂隆，论闲散的痛苦，论资本，需求理论，论对未来快乐的估计，论赌博，论劳动力，论漠视限度，论市场，论租金，论价值，论对工业的资本优势

Jewish influence on economic thought 犹太人对经济思想的影响

Joint demand 共同需求

Joint products; Mill 穆勒论共同产品

Joint-stock companies 股份公司

Joint supply 共同供给

Jones, D. C. 琼斯，D. C

Jones, Richard 琼斯，理查德

Jowett 周维特

K

Kautz; the first to recognize Cantillon 考奇最先重视坎蒂隆理论

Keynes 凯恩斯

King, Gregory 金，格雷戈里

Knies; progress of different nations tends to synchronize; Adam Smith not guilty of Smithianismus; non-purchasable pleasures tend to increase; on capital 克尼斯论各国一体化的进程；认为亚当·斯密并没有错；斯密主义认为非购买得到的快乐倾向于增长；论资本

Korosi 卡洛斯

L

Labor; marginal disutility; its supply price; producers' surplus of; quasi-rent; skirlled and unskilled; efficiency of; disputes, illustration of derived demand; inconstancy of employment of; limitation of hours of; value of wheat (see Earnings) 劳动；边际负效应；供给价格；生产商的剩余劳动；准租金；熟练与非熟练劳动；劳动效率；有关派生需求例证的争论；就业的不稳定性；劳动时限；小麦价值（见"收入"）

Labor market, changes in marginal utility of money as affecting; peculiarities of 劳动力市场，货币边际效应变化影响；劳动力市场特性

Labor value 劳动力价值

Laisser faire, laisser passer 自由主义

Land; fertility of; original and artificial properties of; order of fertility of, changes with circumstances; value of, in different countries; relation of interest to value of; rent of, in a new country; difference between it and other agents of production; influence of situation on value of; public value; capital value of; influence of transport on value of, speculation in; onerous rates on; assessment of vacant building; public policy with regard to, land holder and land owner not identical: rates on site value of; "Fresh air" rate on urban (see Rent) 土地；肥力；原始及人为属性；土地肥力状况；随环境而变化；在不同国家的价值；利率与土地价值的关系；在一个新国家的租金；与其他生产要素不同；位置对土地价值的影响；公共价值；土地的资本价值；交通对其价值的影响；投机买卖；有偿税收；对空建筑物的估价；有关土地的公共政策，土地使用者与土地所有者不同；场所价值税；市内"新鲜空气"税（见"租金"）

Land tenure, in relation to improvements; historical study of; early forms of, their plasticity; in India; in Latin, Europe; in America; in England. 土地所有制：与其改进有关；历史研究；早期形式，其可塑性；在印度、拉美、欧洲、美国和英国

Landry 兰德利

Lassalle 拉萨尔

Lauderdale, Lord 罗德戴尔勋爵

Law; a statement of tendency; social and economic laws: "normal" the adjective corresponding to "law" in this use; normal action not morally right action 法规是一种倾向的陈述；社会法规与经济法规；相当于"法律"的形容词"正常的"；正常的行为而非道德上正确的行为

Lecky 累基

Legal and economic studies, union of… 法律与经济研究的结合

Leisure; difficulty of using it well 难以有效利用闲暇

Le Play 娄帕雷

Leroy-Beaulieu, on tendency of poor lands to rise in value 波流论贫瘠土地的升值趋势

Levasseur, on growth of population in France 论法国人口的增长

Liebenam 李卜诺

List, overlooked the tendency of nations to synchronize 李斯特，忽视国家一体化的趋势

Lloyd 劳埃德

Local rates, incidence of 地方税的负担者

Localized industries, early forms; causes of 地方化产业早期形式；形成的原因

Locke anticipated the Physiocrats 洛克预见到重农主义者的出现

London, death-rate of 伦敦的死亡率

Long leases and improvement in agriculture 长期租赁与农业发展

Long and short periods, classification of 长短期分类

Long-period supply price 长期供给价格

"Long run," meaning of the phrase; in relation to normal value "长期"的含意；与正常价值的关系

Longe 郎格

Luxuries, elasticity of demand for 奢侈品的

需求弹性

M

Machinery, in modem manufacture; analogy between scientific reasoning and; marginal use of; in relation to division of labor; lessens fatigue; and monotony of life; in relation to large factories; duration of; in relation to wages; opposition to; has diminished demand for unskilled labor; has displaced men more than boys; in relation to double shifts 现代化大生产中的机械；科学推理与机械相似；机械的边际使用；与劳动分工有关；减少机械疲劳；以及生活单一；与大工厂有关；持续期；与薪水有关；对机械作用的反对；对非熟练工需求的缩减；更多地雇用成年男子而不是童工；有关两班轮班制

Mackay 马凯

Macleod 麦克里奥

Mac Vane 麦克文

Maban on strategy and tactics… 麦本论政策与策略

Maine 梅因

Maitland 麦特

Malthus, his study of facts; his relation to Godwin; definition of capital; on population; on importation of foreign corn; his correspondence with Ricardo on value; on wages; on improvements in agriculture 马尔萨斯对论据的研究；与戈德温的关系；资本定义；论人口；论外国谷物进口；与李嘉图在价值观点上的一致；论工资；论农业的发展

Man, both the end and an agent in production 人是生产的目的及手段

Management, earnings of; gross and net; various forms of; adjusted by principle of substitution; in jointstock companies; their adjustment to difficulty of work done, accurate knowledge as to, difficult to obtain; are high when circulating capital is large relatively to fixed (See Contents) 管理收入；毛收入与净收入；各种管理收入形式；通过置换原则调整管理收入；股份公司中的管理收入；根据工作难度调整管理收入；很难获得有关管理收入的精确信息；周转资金相对庞大时管理收入偏高（见目录）

Mangoldt 曼戈尔德

Manufacture; percentage of English population engaged in, not increasing 制造业，英国从事制造业的人口比例没有上升

Margin, of building; of cultivation; of indifference; of production; of profitableness 边际，建筑边际；耕地边际；无差别边际；生产边际；利润边际

Marginal, demand price; disutility of labor, dose; purchase; product; return; net product, of labor, of capital; shepherd; uses indicate but do not govern value, utility; of money varies with a person's income; marginal cost in relation to value; to agriculture; to a single crop; to urban values (see Contents) 边际需求价格；无效

性劳动边际需求价格，剂量；购买；生产；收益；净产量；劳动力边际；资本边际；工头；使用表明了而不是制约着价值，效用；货币因个人收入而不同；与价值、农业、单一农作物、城市价值相关的边际成本（见"目录"）

Mark system 马克体系

Market; wholesale and retail; highly organized; local; in relation to time and space; for rare things; of individual producer is limited 批发与零售市场；组织良好的市场；地方市场；与时间、空间有关的市场；稀有商品市场；个体生产者市场是有限的

Marketing, cost of; in relation to law of increasing return; difficulties of 营销成本；与报酬递增法规有关；营销困难

Marriage-rate, causes affecting 影响结婚率的原因

Martinean, Miss, On Factory Acts 马提诺小姐论工厂法案

Marx, Karl, his misunderstanding of Ricardo; on definition of capital 卡尔·马克思对李嘉图的误解；论资本定义

Material and non-material goods 物质与非物质商品

Mathematical treatment of economics 用数学解释经济学

Maximum satisfaction; and taxation; limitations to doctrine 最大满足与税收；受信条限制

Mc Cullock, on wants; on wages 麦卡洛克论需求；论工资

Meat, changes in value of… 肉类价值的变化

Mechanical analogies, their use in economics 在经济学中应用机械这一类比

Mediaeval, artisan; theories of interest; towns 中世纪技工；当时的利润理论；中世纪城镇

Menger, Carl, on "orders" of goods 门格尔，卡尔论商品的"订购"

Mercantilism 商业主义

Metayer system 收益分成佃农制度

Meteoric stones, illustration of… 陨石例证

Method（see Economic method） 方法（见经济方法）

Meyer 麦耶

Middle Ages, rate of profits in…; labor value of commodities in… 中世纪利润率；商品的劳动价值

Migration, hindrances to, in Middle Ages; from country to town 中世纪移民的阻力；从乡村到城镇的移民

Mill James, on the term Dose 詹姆斯·穆勒论术语"Dose"

Mill, John Stuart, influence of Socialists on; his relation to abstract economics; on Comte; on economic method; on definition; on capital; on demand; on grades of labor; on change of occupation; on cost of production; on rent; on joint products; in relation to Jevons; on improvements in agriculture; on wages; on the wages fund; his propositions on capital 社会主义者对约翰·穆勒的影响；他与抽象经济学的关

系；论孔德；论经济学方法；论定义；论资本；论需求；论劳动力等级；论职业的变化；论生产成本；论租金；论共同产品；与杰文斯的关系；关于农业的发展；论工资；论工资基金；他关于资本的主张

Mines, whether law of diminishing return is applicable to; large and small; rent of 矿区，报酬递减的法规是否适用于矿区；大小矿区；矿区租金

Minimum wage 最低工资

Mobility of labor 劳动流动性

Mommsen on Roman trade 蒙森论罗马贸易

Money; its use as a measure of motive; changes in purchasing power of; effect on spending and saving; changes in marginal utility of; its steadying influence in a market 作为动力方法使用货币；货币在购买力中的变化；货币对消费与储蓄的影响；货币边际效应的变化；它对市场持续的影响

Money cost of production; its relation to real cost 生产的货币成本；它与实际成本的关系

Money income 货币收入

Monopolies in relation to national wealth; in relation to law of increasingreturn; theory of; revenue; in relation to railways; taxes on; forces tending to break up 与国家财富有关的垄断；与报酬递增规律有关的垄断；垄断的理论；垄断收益；垄断与铁路系统有关；对垄断的税收；趋向打破垄断的力量

Monopoly revenue; curve; schedule 垄断收入曲线表

Monotony of life, and in some cases of work, diminished by machinery 生活的单调，有时是工作的单调因机械化而减少

Montesquieu, on the influence of climate 孟德斯鸠论气候的影响

Moore 莫尔

Morris, William 摩里斯，威廉

Motives, their quality cannot be measured, but their strength can, subject to certain limitations; economics is concerned with altruistic motives and 动机的本质不可估量，不过受一定的限制，动机的本质力量可以估量，经济学与利他动机有关，也越来越倾向与集体行动有关

with the growing tendency to collective action 均衡的多种看法

Multiple positions of equilibrium 市政企业（见政府）

N

Nasmyth 纳斯密斯

National income or dividend; estimation of; a stream not a fund; is at once the net output of production and the basis of consumption; influences affecting growth of, in England; in relation to lessening of hours of labour 国民收入或收利；对其评估；一种趋向而不是一项基金储备；既是生产的净产出，又是消费的基础；影响国民收入增长的因素；英国的国民收入；与减少劳

动时间有关

National wealth; growth of 国民财富的增长

Natura non facit suhum 大自然是不可超越的

"Natural", Adam Smith's use of the word "自然的", 亚当·斯密使用的词

Natural and artificial selection 自然选择与人为选择

Nature increase of population 人口的自然增长

Nature, rule of 自然规律

Necessaries for life, for efficiency, conventional; nature of demand for; taxation of, its effect on consumers' surplus; foreign trade and price of; in relation to efficiency 生活必需品；效率必需品；传统的必需品；必需品需求的本质；对其收税，必需品税收对消费者剩余产生的影响；对外贸易及价格；与效能有关

Negative inclination of curves 消极曲线倾向

Nervous strength distinguished from nervousness 神经强度有别于神经紧张程度

Net advantages; vary with individuals and races 纯优势随着个人及种族的不同而变动

Net earnings of management 管理的净收入

Net income 净收入

Net interest; tends to equality 纯利息趋于平等

Net product; estimation of, at the margin of production; in relation to net earnings 以边际产品来估计净产品；净产品与净收益有关

Netherlands; agriculture in 荷兰农业

Neumann, on relation of "natuml and economic laws" 纽门论"自然法规与经济法规"

Newcomb 纽科姆

New countries, causes of high wages and interest in 新兴国家中高薪高息的原因

Neymarck 南马克

Nieholson, on capital; misconceives the nature of the doctrine of consumers' surplus; on agriculture improvements; on Adam Smith and Rieardo 尼科尔森论资本；他误解了消费者剩余原理的本质；论农业改良；论亚当·斯密和李嘉图

Nominal wage 名义工资

Non-material goods 非物质商品

Normal; elasticity of term; supply price in relation to "average" and "aggregate"; in a stationary state in relation to increasing return; demand and supply, increase of (see contents) 标准的；此术语的弹性；标准供给价格与"平均"和"总计"有关；处于静止状态；与报酬递增有关；需求与供给的增长（见目录）

Normal action; not always competitive or right 正常运作；并不总具有竞争性也并不总正确

North, Dudley 诺思，达德利

O

Occupation, its influence on character; on health 职业对性格、对健康的影响

Ogle, on marriage returns 奥格尔论婚姻收益

Onerous rates; on site values; on building values 场地价值有偿此率；建筑物价值有偿比率

Open spaces, public interest in 公众对空地的兴趣

Opportunity as affecting profits and earnings 影响利润和收益的机遇

Orders of goods 商品的定购

Organization, an agent of production 组织是生产的机构

Organization of industry, its growth in England (see Contents) 英国工业组织的增长（见目录）

Organized markets 有组织的市场

"Over capitalization" "超资本化的"

Overcrowding, evils of 过多的弊端

P

Palermo, unemployment 巴勒莫的失业

Pantaleoni 庞塔勒奥尼

"Parasitic" races; work "寄生似"的种族；工作

Pareto 帕累托

Particular expenses curve 特殊花费曲线

Partnership; in land 土地合作制

Patents 公有土地的转让

Patten, on consumers' surplus 裴登论消费者剩余

Peasant, proprietors, prudence of; contrasted with American "farmer"; compared with heads of small business 农民、业主的谨慎；与美国"农场主"成对比；与小型商业主相比

Periods, long and short, in relation to value (see also Time) 长期和短期，与价值有关的期限（看"时代周刊"）

Personal, goods; risks; wealth; estimation of 私人商品、个人风险、个人财富，个人预测

Petty; on the term "corn"; on the law of rent 配第论"谷物"一词；论租金法

Physiocrats; their cosmopolitan principles; on productive labor; on capital; on population; on producer's surplus 重农主义者的世界性原则；论有生产力的劳动力；论资本；论人口；论必需品；论工资；论生产者剩余

Piece-work wages; in relation to efficiency 与效率有关的计件工资

Pigou, on measures of desire 庇古论欲望的衡量

Pitt 皮特

Place, Francis 普雷斯，弗朗西斯

Plato 柏拉图

Playgrounds, provision of 有关活动场所的规定

Pleasure, effect of postponement of 推迟享乐带来的影响

Political economy (see Economics) 政治经济学（见经济学）

Poor law; its influence on population; on saving 济贫法对人口、储蓄的影响

Population, doctrine of; causes that govern

the growth of; history of, in England; statistics of; health and strength of; influence of natural and artificial selection on; pressure of, on means of subsistence; concentration of; advantages of dense 人口原则；控制人口增长的原因；英国人口历史；人口统计；人口的健康和体力；自然选择与人工选择对人口的影响；人口对生存方式的压力；人口集中、密集的优势

Porter 波特

Poverty, a cause of degradation; remedies for 贫困是退化的原因；贫困的补救

Prediction in economics 经济学中的预测

Price; its use as a measure; equilibrium; supply; market and normal; short and long period normal supply; marginal supply; periods for which reckoned; influence of custom on 价格使用作为一种标准；均衡价；供给价；市场价与标准价；短期及长期的正常供给价；最低限度供给的价格；估计的价格时间；习俗的影响

Price, D. L 普莱斯，D. L

Prime cost; its relation to normal price; to joint products; to supplementary costs; to quasi-rent; of human effort 原始成本与标准价格的关系；与合资产品的关系；与追加成本的关系；与准租金的关系；人类努力的原始成本

Printing trades, influence of machinery in 机械对印刷业的影响

Primogeniture, its influence in England 长子继承权在英国的影响

Process of production, rather than a certain parcel of goods, is the unit of cost of production for long periods 长时期的生产成本的一个单位是生产过程而不是一定量的商品

Producers' goods; surplus (see Rent) 生产者的商品；剩余（见租金）

Production; on a large scale (see contents) 大规模生产（见目录）

Production and consumption, correlation of 生产与消费相关联

Production goods 生产商品

Productive 有生产力的

Productive consumption 有效益的消费

Productiveness and prospective of capital 资本的生产力与预期

Profits; analysis of; how far a tendency to equality; vary nearly with the wages bill; risk as an element in; normal rate of may be lowered by increase in production; on the "turnover"; a "fair" rate of; in relation to fluctuations in price; in relation to quasi-rent; and to rent in English land tenure 利润分析；距离利润均等还有多远；几乎随着工资单改变而变动；风险作为一种因素存在于利润中；增加生产可能会降低利润的正常比率；对"周转"的影响；一种"合理的"利润比率；与价格浮动有关；与准租金有关，并与英国的土地保有期租金有关（见书中内容）

Progress; its influence on values; on rent; on wealth; on interest; on earnings (see contents) 发展对价值、租金、财富、利息、收入的影响（见目录）

Property, rights of 财产的权力

Protection, to nascent industries; Mill on; its effect on national dividend 对新兴行业的保护；穆勒的论述；对国内股息的影响

Proudhon 蒲鲁东

Public value of land 土地的公共价值

Purchasing power, fictitious unit of constant, corresponds to "mean sun"; changes in purchasing power of money affect rate of interest 假定购买力是不变的单位，与"太阳"概念相符；货币购买力的改变影响利率

Pure and applied economics 纯理论与应用经济学

Pusey 普希

Q

Quasi-rent or income from an appliance for production made by man; likeness and unlikeness of true rent and quasi-rent; misconceptions of the nature of; in relation to supplementary costs; and to interest; as an element in earnings of labor and in business profits 准租金也叫收入，来自于人工产品所用的器具收入；与租金相同或不同的准租金；准租金本质的错误概念；与追加成本相关的准租金；与利息有关的准租金；是劳动收入和商业利润中的一个要素

Quesnay 魁奈

R

Railways, early; relation of rates changed by, to prime costs; problem of railway rates in relation to theory of monopolies (see Transport) 早期的铁路；改变了利率之间的关系；与原始成本有关；与铁路利率的问题有关；与垄断理论有关（见交通）

Rates, onerous; beneficial or remunerative; how far a burden; evils of sudden changes of; on shops; rural; transference of, from building to site values; shifting of; suggestions as to old and new; on urban land; "fresh air rate"; graduation of (see Taxation and Contents, Appendix) 有偿利率，是有利的或有报酬的；负担还要担负多久；利率突然变化的弊端；有关商店的利率；乡村利率；从建筑到工地价值的转换；利率的改变；关于新旧利率的建议；关于城镇土地的利率；"空气清新率"；利率的逐渐变化（见税收、目录及附录）

Ravenstein 腊芬斯泰恩

Real cost of production; its relation to money cost 实际生产成本；它与货币成本的关系

Real value 实值

Real wages 实际工资

Reformation, its influence on industry; on art 改革对工业的影响；对艺术的影响

Remunerative rates 报酬利率

Rent; graphic representation of; a leading species of a large genus; in a new country; marginal cost in relation to; scarcity and differential; true or pure; of mines, a royalty is not a rent; ground; differences between rents and other incomes; in relation to cost of marketing; of a monopoly; its relation to effects of improvements on; in relation to retail prices; difficulty in deciding a normal; estimates of changes in English (see contents and Appendices) 租金；图表显示；在一个新兴国家里租金的重要类型；边际成本与租金有关；稀缺与级差租金；纯租金；矿区租用费不是租金；地租；地租与其他收入的区别；与营销成本有关；租金的垄断；对利率改进的效果；与零售价格有关；决定一个标准的困难性；对英国租金变化的估计（见目录及附录）

Representative firm 代表性公司

Reproduction, cost of 复制品的成本

Residuum 残留物

Retail prices, vailations in 零售价的变化

Retail trade, advantages of large and small establishments 零售贸易中大小机构的优势

Return Schedule 收益表

Richardo, his method; definition of capital; stress laid on cost of production; on law of diminishing return; on value; on rent and cost of production; on rent of mines; on effects of improvements on rent; on wages 李嘉图的方式；他对资本下的定义；对生产成本的强调；关于报酬递减规律；关于价值；关于租金和生产成本；关于矿区租金；关于租金提高的效果；关于工资

Risks; Trade; Personal; in relation to profits 贸易风险；个人风险；与利润相关的风险

Rival commodities, in relation to elasticity of demand; in relation to law of increasing return 竞争性产品与需求弹性有关；与报酬递增规律相关

Rival or competitive, demands; supplies 竞争性需求供给

Rodbertus 洛贝尔图斯

Rogers, on the value of land; on the Black Death; on localized industries; on metayer system; on wages 罗杰斯；论土地的价值；关于黑死病；关于地方性工业；关于对分佃农体系；关于月薪

Rome, Ancient, her economic strength and weakness; the influence on economic history of her law of property; population in 古罗马的经济优势和劣势；古罗马资产法对经济史的影响；古罗马人口

Roscher; on population; on manufacture; on wages 罗雪尔论人口；论生产；论工资

Roundabout methods of production as compared with direct 迂回生产方式与直接生产方式比较

Rousseau 卢梭

Royalties are not rent 矿区租地费不是租金

Rumelin 吕梅林

S

Sadler 赛德勒

Sanger 塞哲

Saracens, influence of 萨若的影响

Sargant 萨更特

Satiable wants, Law of 可以满足需求的法则

Saving, slow growth of habits; conditions of its connection with rate of interest 储蓄习惯的缓慢形成；储蓄的条件与利息率的关联

Say 萨伊

Schaffle 谢夫莱

Sehloss 施洛斯

Schmoller, on induction and deduction; on piece-work; on trading companies 施穆勒论归纳和演绎；关于计件工作；关于贸易公司

Sehonberg 薛恩伯克

Scodand, influence of education on progress; long leases in 苏格兰教育对进步的影响；长期租赁权

Secular movements of normal prices 常规价格的长期运动

Seebohm, on vinage communities 西博姆论村庄社区

Seligman 塞利格曼

Senior, on consumption; on definition of capital; on desire for distinction; on lent and profits; on taxation; on Richardo's use of the term wage; on rate of profits on large and small capitals; on Factory Acts 西尼尔论消费；关于资本的定义；关于对荣誉的渴望；关于租金和利润；关于税收；关于李嘉图对工资这一表达方式的使用；关于大型和小型资本的利润率；关于工厂法案

Settlement laws 财产过渡法

Sheffield trades 设菲尔德贸易

Shifts of labor 劳动转换

Ships, eeonomies of large 大型轮船经济

Shops, advantages of large; rent of; rates on 大型店铺的优势；店铺租金；店铺比率

Site value; causes of high; rates on 地皮价值趋高的缘由；地皮利率

Situation, its importance in determining value of land in new countries 位置在决定新兴国家土地价值的重要性

Situation value; in relation to external economics; how far due to individual effort 位置价值与外部经济学有关；个人努力的限度

Skill, a relative term 技术是一个相对的词语

Slavery, among the Greeks; the Romans; Adam Smith on 希腊奴隶制；古罗马的奴隶制；亚当·斯密对奴隶制的论述

Small holdings 小块土地

Smith, Adam, on the word "value"; "undertakers"; his genius, his method; his relation to the Physiocrats; his cautiously guarded advocacy of freedom for private enterprise; his use of the word productive; necessaries; definition of capital; on population; on Settlement laws; on division of labor; on natural value; on risk; on slave labour; on rent; on wages; on comparison between machinery and skilled labor; on profits 亚当·斯密关于词语"价值"、"企业家"的论述；其天才和方法；他与重农主义者的关系；他小心谨慎地维护私企自由；他对生产力、必需品的使用；资本的定义；关于人口、财产过渡法、劳动分工、自然价值、风险、租金、工资、奴隶劳动、机械装置与技术性劳动的比较以及利润的论述

Smith, H. L 斯密, H. L

Social capital; income; wealth 社会资本、收入、财富

Social law 社会法

Socialists, their influence on economies; in France; in Germany; their views on pleasurableness of work 在法国、在德国的社会主义者对经济学的影响；社会主义者对工作愉悦性的观点

Sociology 社会学

Special cost (see Prime cost) 额外成本（见原始成本）

Specialized ability 特殊化能力

Speculation, in land; in relation to "grading"; anti-social forms of 地产投机与"分级"有关；反社会形式

Spencer, Herbert; on development of faculties by use 斯宾塞，赫伯特论使用能力的培养

Stable equilibrium; theory of; oscillations about 稳定均衡的理论；稳定均衡的摇摆不定

Standards of comfort in relation to wages 与工资有关的舒适标准

Standard of life; influence of trade union on 生活水平受工会的影响

Standardization; true and false, of labor 劳动的真假标准化

"Standard rule" (See Common Rule) "标准规则"（见普遍规则）

Statical method, its use in economics; deficiencies of 静力学方法在经济学中的运用；缺陷

Stationary state 静止状态

Statistical tables of, expenditure; price of wheat and marriage rate; exports as an indication of prosperity; growth of wealth; population; urban and rural birth-rate; wealth of the British Empire 开支的统计表：小麦价格和结婚率的；将出口作为繁荣象征的；财富增长的；人口的；城市和乡村出生率的；大英帝国财富的

Statitics of consumption; difficulty of interpreting; shopkeeper's facilities for collecting; need for further; importanee of well organized 消费的统计数字；解释的困难；零售店老板收集消费的统计数字的便利性；远期需要；组织良好的消费的统计数字的重要性

St Chrysostom, on usurp 圣克利索斯论侵占

Steffen 斯特芬

Steuart (Sir James); on population 斯图亚特（詹姆斯先生）论人口

Stork Exchange, securities; speculation 股票交易，证券；投机
Stock watering 清水股
Stoics 斯多葛派学者
Stourbridge Fair 斯多大桥集市
Strategy and tactics in relation to the economic teaching of history 与历史经济教育相关的战略与策略
Strikes, conditions of their success 罢工成功的条件
Struggle for survival 生存斗争
St·Simon 圣西门
Sturge on history of agricultural rent 斯特季论农业地租的历史
Subsidiary trades 附属贸易
Substitution, principle of; its affinity to those of diminishing utility and diminishing return and the competition of crops in agriculture; in relation to theory of distribution; a form of competition; its relation to law of survival of fittest; its action in controlling earnings of management 替代原则；与效用递减和报酬递减的相似之处；农作物的竞争力；关于分配理论；一种竞争形式；关于适者生存原则；在控制管理收入方面的行为
Supplementary Cost; large in things which obey law of increasing return 追加成本；符合报酬递增规律的事物追加高成本
Supply curve; distinguished from particular expenses curve; of individual producer must be coupled with demand curve of his special market; lowering of (see Elasticity of supply) 供给曲线；与个别支出曲线不同；个体生产者的供给曲线必须结合他的特定市场的需求曲线出现；降低（见供给弹性）
Supply point 供给点
Supply price; long period and short period 长短期供给价格
Supply schedule 供给表
Surplus produce; in relation to rent 与租金有关的剩余产品
Surplus, consumers' (see consumers' surplus) 消费者剩余（见消费者剩余）
Surplus, worker's; saver's or waiter's; relation of these surpluses to one another 工人过剩；储蓄者或服务人员过剩；这些剩余与其他剩余的关系
Survival of the fittest law of; its relation to law of substitution 适者生存规律；它与替代规则的关系
Sweating system 血汗制

T

Taussig 陶西格
Taxation, its influence on smuggling; in relation to Bernoulli's suggesting; shifting and ultimate incidence of; its incidence on rents, quasi-rents and profits; theory of, an integral part of theory of value; its effects on supply and consumer's rent; indirect costs of; ad valorem; of monopolies; building ground; "joint stock principie" in; systems of, to be judged as a whole;

in relation to poverty 税收对走私的影响；与贝诺利建议有关的税收；税收转移和最终负担者；对租金、准租金和利润的影响；税收理论是价值理论的组成部分；对供给和消费者租金的影响；其间接成本；税收从价；垄断中的税收；建筑物地租；税收中的"联合股票原则"；税收系统；作为总体看待的税收；与贫穷有关

Taxes, shifting "forwards" and "backwards"; on income; on printing; on agricultural produce; and consume' surplus; on a special crop; contrast between local and general; on factories; onerous; on building value; on houses; on trade premises; windows; on public value of land; on true rent; on vacant building ground (see Rates) "向前"和"向后"转移的税；关于收入税；关于印刷税；关于农产品税；关于消费者剩余税；关于特别农作物税；地方税和整体税的对比；关于工厂税；有偿税；关于建筑物价值税；关于房产税；关于贸易场所税；窗户税；关于土地公共价值税；关于真实租金税；关于空闲建筑场地地租税（见比率）

Technical education 技术教育

Technical terms, their use 技术术语及其应用

Temporary equilibrium 暂时性均衡

Tenant's-share curve 租地人股份曲线

Tenure of land (see Land Tenure) 土地持有权（见土地持有权）

Teutonic spirit 条顿精神

Textile industries; percentage of population in 纺织工业中的人口百分比

Thornton 桑顿

Thunen, von, his phrase "Der Boden an sich"; on business risks; on relative efficiency of capital and labor 图能的短语"土壤的原始状态"；论行业风险；论资本和劳动的相对效率

Tides, science of, its analogies to economics 潮流科学；与经济学的相似性

Time, the element of, in economic problems Time earnings do not tend to equality; high in new countries 在经济问题中的时间要素 计时收入不会带来平等；在新兴国家中及时收入高

Tithes, incidence of 什一税的负担

Tooke, on fluctuations in demand 杜克论需求浮动

Total benefit; curve 总收益曲线

Total cost 总成本

Total utility 总效用

Town life, influence of 城镇生活的影响

Toynbee 汤因比

Trade capital 行业资本

Trade combinations (see Combinations) 贸易联盟（见联盟）

Trade risks 贸易风险

Trade Unions, early policy of; in relation to law of derived demand; in relation to raising the standard of life; their influence on wages, and piecework; their chief instrument the "Common Rule"; influence of cheap press on 工会早期政策；关于派生需求准则；关于提高生活质量；对工资及计件工资的影响；"普遍规则"主要手段；廉价印刷品的影响

Transfetable and non-transferable goods 可转移的和不可转移的商品

Transport, improvements in, effect on geographical distribution of industries; their influence on value 交通的改善及其对行业地域分布产生的影响；交通对价值的影响

Truck system 实物工资制

True rent 纯租金

Trusts 托拉斯

Turgot; on population; on iron law of wages 杜尔哥论人口；论工资刚性

Turnover, profits on 资金周转利润

U

Undertaker; gradual rise of function of (see Business management) 企业家的作用逐渐增大（见企业管理）

Undertaking, earnings of (see Management, earning of) 企业收入（见管理收入）

Unemployment (see Inconstancy of employment) 失业（见就业的多变性）

Unit of the family 家庭单位

United Kingdom, marriage-rate in; value of land in; statistics of wealth of; living capital of; income of 英国结婚率、土地的价值、财富统计、现有资本、收入

United States, property returns of; value of land of 美国财产收益、土地的价值

Unskilled labor 非熟练工人

Unstable equihbrium 不稳定均衡

Urban rent (see Ground-rent) 城市租赁（见场地租金）

Usury, its condemnation by the church; its relation to interest 高利贷遭到教会的谴责；与利息的关系

Utilitarianism and economics 功利主义与经济学

Utility; total; marginal; Jevons on; measurement of; average and additional; influence of, on value 效用；总的；边际的；杰文斯的论述；衡量；平均与附加；对价值产生的影响

Utilization of waste products 废弃产品的利用

V

Value 价值

Vanderbilt 范德比尔特

Vauban 沃邦

Vigour, general conditions of 活力的总体情况

W

Wages, early theories of; iron law of; and net product wages; "general rate of"; dependence of on efficiency; effects of reducing hours of labor on; international movements of; methods of raising; influence of machinery on (see Earnings) 早期的工资理论；工资刚性；净产品工资；"总比率"；依赖工资对效率产生影响；减少劳动时间带来的效应；国际工资运动；涨工资的方法；机械化对工资的影响（见收入）

Wages Fund 工资基金

Wagner, his analysis of motives; on capital; his definition of conjuncture; on Malthus 瓦格纳对动机的分析；论资本；他关于商机的定义；论马尔萨斯

Waiting rather than abstinence, involved in saving and rewarded by interest, this term first used by Prof. Mcvane 等待参与储蓄并获得利息，而不是节流；麦克文教授首次提出这一术语

Wakefield 威克菲尔德

Walker, F; on wages; on the wages fund; on business power; on profits 沃克，F；论工资；论工资基金；论商业权限；论盈利

Walker, J. H 沃克，J. H

Walras; on capital 瓦尔拉斯论资本

Wants; classification of; in relation to activities 需求的分类；与活动有关的需求

Waste products, utilization of 废弃产品的再利用

wealth; its relation to capital; a stock of goods; collective use of; and wellbeing; growth of; modern forms of; estimates of; its inequalities 财富；与资本有关；库存商品；集体使用财富；财富与福利；财富的增长；财富的现代形式；财富评估；它的不平等性

Webb, Sidney, Mr and Mrs, on the Common Rule; on opposition to machinery 韦伯·希德尼夫妇关于普遍规则的论述；对机械化的反对

Wedgwood 韦季伍德

Wells 威尔斯

Welton 威尔顿

Westcott, on the Reformation Wheat, price of; labor value of; its connection with marriage-rate and mortality 韦斯科特论改革小麦的价格；小麦的劳动力价值；小麦与结婚率和死亡率有关联

Wicksteed; on rent 威克斯提德论租金

Wieser 维色

Willcox 威尔金森

Wilkinson 威尔科克斯

Window tax 窗户税

Women, changes in employment of; wages of; excessive work of; legislation in interests of 雇用女工的变化；女工工资；超劳动量；对女工有利的立法

Wood, change in value of 木材价值的变化

Work Fund; fallacy of 有关劳动基金的谬误

Working classes, condition of, early in the century; latent genius among; improvement in condition of 本世纪初劳动阶级的条件；其中潜在的天才人士；劳动阶级条件的改善

Workingman, his opportunities of rising and his difficulties; a rapid rise not an unmixed benefit; influence of extension of vast business on 工人升职的机会和困难；迅速升职并不完全是好处；行业的大规模扩张对工人的影响

X

Xenophon, on division of labour 色诺芬论劳动分工

Y

Yeoman, English, precursor of English artisan 英国的自耕农是英国工匠的前身
Young, Arthur, his study of facts 扬格，亚瑟对论据的研究

Z

Zeyss 蔡叶士
Zone of competition 竞争区域

西方经济学圣经译丛书目

《不完全竞争经济学》
作者：（英）琼·罗宾逊
定价：49.00 元
出版日期：2012 年 01 月
ISBN：978-7-5080-6789-6

《政治经济学原理》（上、下）
作者：（英）约翰·斯图亚特·穆勒
定价：79.00 元
出版日期：2009 年 09 月
ISBN：978-7-5080-5148-2

《人口原理》
作者：（英）托马斯·马尔萨斯
定价：58.00 元
出版日期：2012 年 01 月
ISBN：978-7-5080-6750-6

《垄断竞争理论》
作者：（美）爱德华·张伯伦
定价：42.00 元
出版日期：2009 年 03 月
ISBN：978-7-5080-4842-0

《风险、不确定性与利润》
作者：（美）弗兰克·奈特
定价：29.00 元
出版日期：2010 年 01 月
ISBN：978-7-5080-6487-1

《区际贸易与国际贸易》
作者：（瑞典）伯特尔·俄林
定价：62.00 元
出版日期：2008 年 08 月
ISBN：978-7-5080-4851-2

《金融资本》
作者：（奥地利）鲁道夫·希法亭
定价：58.00 元
出版日期：2010 年 01 月
ISBN：978-7-5080-4179-7

《制度经济学》（上、下）
作者：（美）约翰·康芒斯
定价：98.00 元
出版日期：2009 年 01 月
ISBN：978-7-5080-3991-6

《政治经济学的国民体系》
作者：（德）李斯特
定价：36.00 元
出版日期：2009 年 01 月
ISBN：978-7-5080-3993-0

《国富论》
作者：（英）亚当·斯密
定价：69.00 元
出版日期：2009 年 01 月
ISBN：978-7-5080-3608-3

《经济学原理》
作者：（英）阿尔弗雷德·马歇尔
定价：68.00 元
出版日期：2009 年 01 月
ISBN：978-7-5080-3607-6

《就业、利息和货币通论》
作者：（英）约翰·梅纳德·凯恩斯
定价：29.00 元
出版日期：2009 年 01 月
ISBN：978-7-5080-3610-6

《财富的分配》
作者：（美）克拉克
定价：49.00 元
出版日期：2008 年 05 月
ISBN：978-7-5080-4083-7

《福利经济学》
作者：（英）庇古
定价：69.00 元
出版日期：2007 年 07 月
ISBN：978-7-5080-4276-3

《〈资本论〉选读和简论》
作者：（德）卡尔·马克思
定价：58.00 元
出版日期：2007 年 03 月
ISBN：978-7-5080-4121-6

《政治经济学及赋税原理》
作者：（英）大卫·李嘉图
定价：28.00 元
出版日期：2005 年 09 月
ISBN：978-7-5080-3808-7

《赋税论》
作者：（英）威廉·配第
定价：20.00 元
出版日期：2007 年 04 月
ISBN：978-7-5080-3990-9

《关于财富的形成和分配的考察》
作者：（法）杜尔哥
定价：16.00 元
出版日期：2007 年 01 月
ISBN：978-7-5080-4082-0

《英国得自对外贸易的财富》
作者：（英）托马斯·孟
定价：18.00 元
出版日期：2006 年 09 月
ISBN：978-7-5080-3992-3

《货币哲学》
作者：（德）西美尔
定价：18.00 元
出版日期：2006 年 09 月
ISBN：978-7-5080-3992-3

《魁奈〈经济表〉及著作选》
作者：（法）弗朗索瓦·魁奈
定价：42.00 元
出版日期：2006 年 01 月
ISBN：978-7-5080-3821-6

《政治经济学概论》（即将出版）
作者：（法）萨伊

《政治经济学原理的研究》（即将出版）
作者：（英）詹姆斯·斯图亚特·穆勒